本辭典編撰經費承
嘉新水泥公司捐助壹佰萬元
嘉新文化基金會捐助貳拾伍萬元

雲五社會科學大辭典

臺灣商務印書館發行

總目錄

總序	劉季洪	撰
序	王雲五	撰
社會科學的性質及發展趨勢	魏鏞	撰
第一册 社會學	龍冠海	主編
第二册 統計學	張果爲	主編
第三册 政治學	羅志淵	主編
第四册 國際關係	張彝鼎	主編
第五册 經濟學	施建生	主編
第六册 法律學	何孝元	主編
第七册 行政學	張金鑑	主編
第八册 教育學	楊亮功	主編
第九册 心理學	陳雪屛	主編
第十册 人類學	芮逸夫	主編
第十一册 地理學	沙學浚	主編
第十二册 歷史學	方豪	主編

總序

昔莊周有言：「吾生也有涯，而知也無涯，以有涯隨無涯，殆已。」時至今日，由於世界學術文化之發展與交流，知識領域之擴大更千百倍於往昔。因此，吾人治學求知，必須講求方法，且不得不借重於工具用書。我國舊時典籍浩繁，涉獵不易，久有多種分門編纂之類書，與訓詁考訂之專書，用爲工具，以便檢稽。但其範圍均限於國學，實不能滿足現代學術之需要。民國以來，各大書局出版有普通辭書，如辭源、辭海等，及部分專科辭書，如教育辭典、理化辭典等，流傳頗廣，讀者稱便。惟更爲完備之綜合性百科全書或大辭典，至今仍付缺如。反觀他國，此種內容完備之辭書則早多問世。例如大英百科全書（Encyclopedia Britannica），創刊於一七六八年至一七七一年間，嗣後陸續修訂，近年已增至二十四巨冊。在英文大辭書中，流行最廣。又如法蘭西百科全書（Encyclopedia ou Dictionnaire raisonne des Sciences, des Arts,et des Metiers），於一八五一年至一八七二年間出版，以後又增加補篇及索引，在法文中則首屈一指。再如大美百科全書（Encyclopedia Americana）於一九〇三年創行，現已增訂爲三十巨冊，正與大英百科全書互爭雄長。以上所舉各書均爲編印較早，而內容包涵自然科學、社會科學與人文學科之綜合巨著。本世紀以來，由於社會科學之迅速發展，又有專屬於社會科學之綜合辭書問世。其中最早者爲美國之社會科學百科全書（Encyclopedia of Social Sciences），於一九三〇年至一九三五年出版，分爲十五卷，合訂八巨冊。是書出自美國十個著名學術團體之合作，而由經濟學者Edwin R.A. Seligman 董其成。其次爲德國出版之社會科學大辭典（Handwörterbuch der Sozialwissenchaften），共十二巨冊，於一九五六年開始刊行，一九六五年完成。另有美國出版之國際社會科學百科全書（International Encyclopedia of Social Sciences），由David Sills 主編，於一九六八年刊行，共十七冊，我國已有翻印本行世。此外，意大利及日本等國現亦編有此類辭書。

我國學術界多年來亦深知綜合性大辭書之重要，惟鑑於各國編印經過，均經長期籌備，耗大量資金，而集合多數專家學者共同撰寫尤爲不易，故多不肯輕於嘗試。民國五十六年值王雲五先生八十大慶，學界友好以先生多年來對於學術文化倡導推廣，不遺餘力，遂提議編刊「雲五社會科學大辭典」，以資慶祝。當由季洪邀請程天放、楊亮功、陳雪屏、蔣復璁、阮毅成、羅志淵諸先生，及嘉新水泥公司主持人張敏鈺、翁明昌兩先生共策進行。張翁兩先生首先慨允由嘉新水泥公司捐助編輯費新臺幣一百萬元，於是此一計劃始告確定。（其後因全書字數超出原計劃，又由嘉新文化基金會捐助二十五萬元）遂即組織出版委員會，推由季洪主持，負策劃聯繫之責。另組織編輯委員會，負編纂任務，並公推程天放、楊亮功、陳雪屏三先生爲召集人，後以天放先生遽歸道山，乃改推羅志淵先生繼任。

編輯工作開展前，首須確定者爲全書所應包括之學科。按美國於一九三〇年編輯社會科學百科全書之際，將社會科學分爲三類：一爲純社會科學（Purely Social Sciences），即政治學、經濟學、法律學、人類學、社會學、刑罰學（Penology）及社會工作；二爲準社會科學（Semi-social Sciences），如倫理學、教育學、哲學及心理學；三爲社會關連科學（Sciences with Social Implications），如生物學、地理學、醫學、語言學（Philology）及藝術。其他社會科學百科全書分類又各不相同。本辭典大體參照多數成例，並順應社會科學之新發展，如由政治學發展而有國際政治及行政學，遂暫定內容包括社會科學及其最有密切關係之學科共十二部門，爲：社會學、統計學、政治學、國際關係、經濟學、法律學、行政學、教育學、心理學、人類學、地理學及歷史學。此十二部門分請龍冠海、張果爲、羅志淵、張彝鼎、施建生、何孝元、張金鑑、楊亮功、陳雪屏、芮逸夫、沙學浚及方豪諸先生擔任主編，並均擔任編輯委員，合組而爲編輯委員會。

編輯委員會及出版委員會會集會多次，先後商定有關編輯及出版事項數端：㈠由各主編分別約請各該部門之編輯人及撰稿人。㈡各部門應闡釋之名辭條目確定後，交由編輯委員會轉送其他部門，互相參考，藉免重複。㈢各名辭之撰寫，均以語體文爲原則。名辭條目數量及其內容因受總字數之限制，雖須力求簡要，但仍儘可能敘及各名辭之主要意義及歷史與理論背景，期使讀者檢閱後能有一概括之瞭解。㈣各名辭文末均書撰寫人姓名，擔負文責。㈤每一部門於付印時分別裝訂一冊，字數各以五十萬字爲度（但完稿後多數超過）。㈥各部門編排體例，得先就內容區分類別。名辭或依筆劃爲序，或依性質排列，則由主編決定。㈦排印方式採直排上下兩欄式，惟統計學改爲橫排左右兩欄式。㈧各冊之末均附該冊中西文索引。中文索引以名辭首字筆劃爲序，西文索引以字母爲序。又因同一名辭在不同學科中常有不同之解釋，有時在各部門難免重複，故當全部十二冊出齊後，將另編一總索引，使各冊各辭之間得以相互溝通，而讀者藉此可得較多方面之瞭解。㈨本辭典交由商務印書館發行，在完稿後分月出書一年印成。

此外，尚有二事須加說明：一爲公推王雲五先生爲本書名譽總編輯，請其就多年之豐富編輯出版經驗，對同人隨時加以指教。二爲另請魏鏞博士撰寫「社會科學的性質與發展趨勢」專論長篇，詳述社會科學之性質範圍、研究方法、發展歷史、近年趨勢，及其在現代社會中之使命，刊於全書之首，使讀者對於社會科學可先得一較爲明確之概念。

本辭典自五十六年進行編輯以來，承海內外專家學者二百餘人惠然參加，歷時三載，全稿現已大體完成。如與其他各國同類著作相較，所用時間及經費均遠爲短少，以是全書內容自難完全達於理想。但各國此類巨著亦均經陸續修訂，始臻完善。故本辭典印行之後，務請讀者不吝指教，多予批評，俾以後能再加改正，並增多辭目，擴充部門，使其逐漸成爲充實完備之大辭書。若因現有此項工作之開始，而能引起其他學術團體或出版界之注意，另着手編印同樣性質之新書，或進而更編著綜合自然、社會、人文各科之大辭書，以應社會需要，尤爲幸事。

現本書即將陸續付印，本人謹代表出版委員會，對於專家學者諸先生之撰稿編輯，嘉新水泥公司之鼎力資助，以及商務印書館之排印發行，敬致謝意。而雲五先生多年來熱心教育，重視學術，其德望之感召，實乃此書得以完成之主要原因。季洪幸得參加此一盛舉，謹略述籌辦經過，並藉表欣慶之意焉。

劉季洪　中華民國五十九年序於臺北。

序

余對於綜合大辭書之編纂，曾有兩度嘗試，而無一非功敗垂成。其一，爲民國十三、四年開始計劃編纂之中國百科全書，其體例模仿世界上著名之 Encyclopedia 。首先在商務印書館編譯所組織百科全書編譯委員會，聘定專家六七人分科主持，而助以編譯員一、二十人。同時收集各國所有著名百科全書多種，經詳加比較後，發覺美國印行之 New International Encyclopedia 體例最適宜，遂采爲外國題材的主要藍本，另以英、德、法、日諸國之百科全書爲參考。至於本國題材，則分約國內專家特撰。原計劃各條內容務求詳盡，期與大英百科全書相若。全書字數，當不下一億。迄民國二十年，成稿已達五千餘萬言，約占全書之半。不幸遭一二八之戰火，全部被燬。商務因此停業半年。復業後，百廢待舉，未遑及此。遂告停頓。

其二，爲自民國十七年籌編之大規模辭典。先由個人以業餘搜集資料，嗣得家人友好相助。迄二十五年，七八載間，得八百餘萬件，一一分列卡片。以資料藏在私宅，得免一二八之刧。稍後又得孫哲生先生領導之中山文化教育館資助，籌編工作益具體化。所收單字辭語，以六十萬條爲鵠的，全書字數約五千萬，其體例以英國之牛津大字典，按史則編制爲準。此與中國百科全書之區別，則前書條數較少，而敍述特詳，後書條數較多，而敍述握要。及二十六年八月中日全面戰事起，未幾國軍撤守淞滬；此一艱鉅工作不得不停頓。同年十月，余轉移出版中心於香港。南下之日，隨身携有是稿「一」字爲首之資料盈篋。其餘資料，雖未必如中國百科全書成稿之全燬，以陷於匪區，命運殊不可知。所有移港之「一」字資料，經營半載，以中山大辭典一字長篇爲名付排印。閱十月而畢事，得五千四百七十四條，排成十六開大本，四百十八面，每面平均二千餘字，不下百萬言。是書現已在臺重版，碩果僅存者祇此。

至於專科大辭書，除商務在余加入以前已出版之中國人名大辭典等若干種外，余首先計劃籌編教育大辭書；蓋以專科辭書最需要者，莫如教育一種。自二十世紀以來，各國教育學說日新而月異，其制度亦經重要之演變。我國適當新舊學說之過渡，日美德等國學制更番輸入，變革尤多；非有系統分明之辭書，爲研究教育者導線，將無以通其統系。間嘗博覽各國出版之教育辭書，爲數頗多，經詳加比較，法國畢維松氏 Buisson 之作，以比例勻稱勝；德國萊因氏 Rein, W. 之作，以範圍完備勝；斯密特氏 Schmid, K.S. 之作以詳盡勝；英國瓦特孫氏 Watson, Foster 之作，以新穎勝；美國孟祿氏 Monroe, Paul 之作，以精審勝；日本同文館之作，則以包括東方教育勝。上舉諸辭書，固各爲彼國之教育家或研究教育者而編纂，於我國教育家或研究教育者初未注意也。其體例縱極完善，祇對於彼國人為完善，於我國人不能謂為完善也。故我國編纂之教育辭書當針對於我國教育家或研究教育者，以本國教育問題及狀況為中心，博采各國教育辭書之特長，而去其缺憾，始適於用也。本辭書之編纂，即基於上舉之需要與原則，初以唐擘黃君主其事，嗣唐君他去，由朱經農君繼任；十六年五月朱君又他去，高覺敷君續竟其功。雖主編屢易，以計劃固定，卒如原議完成。識者定評，咸謂是書為商務出版專科辭書之冠，非過譽也。

余對上述三書之成敗利鈍，既有深切之經驗，故於民國四十五年前教育部長張曉峯君宣布其着手中華民國大辭典之編輯計劃時，曾以公開信表示意見，勸其先以若干年分編專科辭典二三十種，各守範圍，力避涉及其他題材。俟各分科辭典完成，然後合編一百科全書，或先就各專科辭典編制綜合索引，俾彼此溝通，聯成一氣。余所以如是主張者，一以專科辭典，由一專家主編，約集許多專家分別執筆，所學相同，範圍亦較狹，成功自易。二則綜合的百科全書，範圍太廣，主編之人較難物色，而執筆人衆多，且所學不同，統一聯繫，困難十倍。三則各書分科出版，經各該科專家分別利用鑒衡，如有疏漏，貢輸意見較易，修訂亦較易。四則處此動盪時世，曠日持久，難免功敗垂成，不若分科編印，事輕易舉，而各科分別完成之後，集合大成，奏效較易。

今者，余雖重主商務書館數年，限於物力，尚未遑一償宿願。如天之福，一部綜合性之社會科學大辭典，於無意之中竟告完成，今且已出版其半數之六册；尚有半數，半載以內定可陸續問世。此全賴學術界知好之盛情毅力，余則未嘗盡一臂之助也。三年前，余虛度八十，若干親友為余發起募集獎學基金。國立政治大學校長劉季洪先生則與學術界知好集議，另謀更有意義之紀念。以余夙對社會科學饒有興趣，且悉余迭次為綜合性大辭書努力，而卒未有成。遂發起編纂社會科學大辭典，冠以余名，藉留紀念。當承嘉新水泥公司主者張敏鈺翁明昌兩先生贊助，慨捐編撰經費新臺幣一百萬元，嗣又得嘉新文化基金會加捐二十五萬元。於是計劃與經費均有着落。

自時厥後，除雲五獎學金已成立委員會，由孫哲生先生領導，每年以基金孳息，頒獎於優秀而清寒之大學在學生三十名外，雲五社會科學大辭典之編撰，即由劉季洪先生組織出版委員會，經一致推為主任委員。別組一編纂委員會，以社會科學（包括人文科學）十二部門之主編人組成之，並公推程天放、楊亮功、陳雪屏三先生為召集人。旋天放先生作古，改推羅志淵先生遞補。此十二部門之主編為社會學龍冠海先生、統計學張果為先生、政治學羅志淵先生、國際關係張彝鼎先生、經濟學施建生先生、法律學何孝元先生、行政學張金鑑先生、教育學楊亮功先生、心理學陳雪屏先生、人類學芮逸夫先生、地理學涉學浚先生、歷史學方豪先生，並分別就其所主編之部門，負責延聘學者專家，由十數人至數十人不等，全部不下二百人，皆爲國內社會科學與人文科學之權威。間亦有少數留居海外之學人，各就約定範圍，分條撰述，每條各署撰人姓名，以明責任。三年以來，在分工合作之下，業已全部脫稿，全部字數，達七百萬以上，除一二門字數較少者外，平均每一部門爲六十萬言，最多者，且超過八十萬言。

余被推任名譽總編輯，固辭不獲，偶亦參加出版或編纂會議。經一致決定每一部門自成一册，除正文各按其不同之性質，分定系統撰寫外，書末一律附編兩種索引：一爲中文名詞，按筆畫排比；一爲西文名詞，按字母排比。因而每册各自成爲此一部門之專科辭典；俟全書十二册排印完成，再由出版者商務印書館負責編輯一綜合而詳盡之總索引，其條數一時雖尚難預定，當在萬數以上；爲檢查便利計，自以按照四角號碼檢字法，另印一册爲宜。此種編輯方法，與余前致張曉峯先生公開信之主張正同，故能於三年之短期成此鉅製。又日本學研社最近出版之現代科學大事典七册，亦分別以宇宙、地球、植物、動物一、動物二、人間、生命，分册印行，而殿以總索引一册。是則我國之社會科學大辭典分科分册體制，在國外亦不乏其例也。

是書十二部門，除九部門已完全繳稿，陸續付排印外，尚有三門，當於一二月內全部繳齊。經從本年八月起，按月出版一册，至明年七月全部完成；然後籌編詳盡之綜合索引，以工程浩大，約計當於全書十二册出版後一年以內問世。

余維社會科學與人文科學各部門咸互有關聯，非藉彼此溝通，不能起完善之作用。民國五十三年余曾有社會科學綜合研究所設置之計議，意欲集中有關社會科學各科系專家，就理論與實用上，對於政治、法律、國際關係、教育、財政、經濟及生產、貿易、管理、勞工種種問題綜合研究，以達溝通學術爲目的。其研究報告須經研究所各科研究員之無記名投票決定，始作爲定論，而予以發布。其詳細計劃，列入余所著岫廬論教育。當以限於經費，未能實現。今劉季洪先生等編撰社會科學大辭典，搜集有關社會及人文科學各部門資料於一書，以供社會科學研究者之參考，與余前擬社會科學各問題綜合研究之旨不謀而合；余所感快慰，誠不可言狀。

社會科學大辭典，在我國尚屬創擧，即在世界各國爲數亦極有限，美國祇有二種，一爲三四十年前由哥侖比亞大學教授 Edwin R. A. Seligman 主編之十五册一部，與最近 David Sills 主編之十七册一部，其他各國聞祇有德國一部十二册已於數年前全部出版；他如義大利及日本各一部，陸續印行，迄今尚未完成。設所訪查不謬，則是書就其完成出版而言，在我國爲第一部，在全世界殆爲第四部矣。茲經劉季洪先生登高一呼，全國社會及人文科學家一致響應，以不滿三年之短時日，成此七百餘萬言與十二鉅册之創製。除嘉新水泥公司慨捐編撰費一百萬元，稍後嘉新文化基金會另捐二十五萬元，熱心至可感外，商務印書館斥資百餘萬元，肩負排印與編製綜合索引之責，自屬當然之舉。然而稿酬微薄，撰稿諸先生於百忙中撥冗爲此，皆非爲此微薄之稿酬，甚至有全盡義務，不支稿酬者，其對於讀書界之嘉惠，與對余之厚愛，眞非言詞所能表其謝意也。又商務印書館除負擔本書印刷經費外，將來售書所得，並依例繳付版稅，移贈雲五獎學金會，藉以增益獎學基金，並擴充受獎名額。此舉經本書出版委員會通過，並與雲五獎學金會協調。此亦余所同深感謝，並爲獎學金受益人代表道謝者也。

是書每册由各該册主編人撰一序文，全書第一册之社會學，則另由魏鏞博士撰「社會科學的性質與發展趨勢」長文。至於編撰本書之經過與大旨，業由季洪先生另撰總序，冠於首册。余承季洪先生切囑，略述所見如上。

中華民國五十九年十一月三十日王雲五識

社會科學的性質及發展趨勢

魏　鏞

一、前　言

在廿世紀七十年代，人類對於自己在發展科學上所得的成就，一方面感到十分滿意和驕傲，另一方面也感到惶惑與迷惘。滿意的是，在過去大半個世紀中，人類在追求科學知識，尤其是自然科學和生物科學的知識上，獲得了許多革命性的發見；在利用這些新知，控制自然環境，開發天然資源，改善人類生活的工業技術上，也有極輝煌的成就。但使人感到惶惑和迷惘的是，隨着科學和工技的進步，人類所面臨的各種政治、經濟、和社會問題也與日俱增，而且有嚴重到根本威脅人類和平和生存的趨勢。

在這一世紀中、發生了兩次世界大戰，和無數次地域性的戰爭。這些戰爭給人類帶來的死亡及痛苦，遠超過科技未發達前傳統式的戰爭。毒氣和原子彈的使用，德國人對猶太人的集體屠殺，日本人對中國人的蹂躪殘害，以及奈及利亞人在最近內戰中使成千累萬的本國人飢餓致死，都構成了對人道主義最大的諷刺與挑戰。

除戰爭外，人種歧視和因而引起的種族仇恨也是近代人類社會的一大問題；在南非、在美國、在馬來西亞、在印尼，到處都發生因種族衝突而導致暴亂和流血。新興的國家在擺除殖民統治後，對國境內少數民族所採取的苛刻和壓迫性的政策，使人懷疑人類是否能從自己的痛苦中獲得教訓，從而抱着「己所不欲，勿施於人」的胸襟來和平共處。

戰爭及種族衝突，只是目前人類社會最嚴重的兩項問題。此外尚有許多社會病象，使人對於現代文明感到厭惡和失望。人口的激增，阻止並抵消了許多落後國家在消除其人民飢餓和貧困上所作的努力。在產業發達的國家中，由於全力開發天然資源，增加運輸和動力，造成了對大自然環境的極度污染，構成對於人類健康，甚至生命安全的極大威脅。加之人口日益集中於都市，整日為工作和生活而陷入極度的忙迫和緊張之中。這種忙迫和緊張的生活方式，直接地剝奪了人們內心的寧靜，形成了焦慮（anxiety）、孤立（isolation）、疏隔（alienation），和毫無目的缺乏生活中心的所謂「哀落迷克」

（anomic）的精神狀態；間接導致了種種形式的頹唐、逃避主義，以及各色各樣的精神失常和精神病。於是吸毒、自殺，和反社會的暴力行爲（anti-societal violence），便成爲生活在現代社會中而不能適應的一些人的病態性的反應。

的確，人類社會正面臨着一種所謂「社會的危機」（social crisis）（一）。宗教家對於這項危機，每每以人類過分追求物質的和肉體的享受，忽略了對於宗教性的性靈生活的培養來解釋，因而呼籲人們皈依宗教，實踐信仰的生活；道德家則把人類道德的墮落，視爲現代社會中種種社會問題形成的主要原因，於是乃大聲疾呼，希望喚醒人類的良知，來解決或減輕種種社會上的病象；文學家，哲學家和藝術家，則常以爲現代社會的主要問題的產生，是由於現代人類在忙迫的生活中，缺乏一種哲學的、文學的、和藝術的修養，心靈無所寄託而陷於偏枯所致，於是便想以培養人類的文學和藝術修養，發展出一種健全的人生觀和宇宙觀，來陶冶和調劑現代人的精神生活，免其陷入徨惑虛脫的心理狀況。

對於以上宗教家，道德家，哲學家，文學家，和藝術家所提出的解決社會問題的辦法，社會科學家都不否認其有或多或少的可行性；但是對於他們所提出的對於現代社會各種問題形成的原因，却有着極大的保留態度。因爲在過去兩百年，尤其是最近的數十年中，社會科學得到很大的進展，對於人類行爲和社會演變，已經獲得了許多切實可靠的知識，這些豐富可靠的知識，使得社會科學家了解現代社會中種種複雜的社會現象的形成，其間有着各種心理的、社會的、經濟的、地理的、政治的種種因素。因此他們認爲要解釋社會現象，必須要以社會科學的理論和發見爲依據，而不能專走宗教的、道德的、哲學的、文學的、和藝術的任何一條「捷徑」；至於根本解決社會問題，更非要依靠社會科學經驗性的理論和資料（empirical theories and data）不可。基於這種認識，現代社會學家乃以實事求是的精神，孜孜不息地研究人類社會中的種種現象，希望能一點一滴地逐漸擴大我們對於人類社會的了解，從而解決人類所面臨的種種問題。

本文的主要目的，便是藉此機會，將現代社會科學的性質，範圍，方法，研究趨勢，以及社會科學在現代社會中所扮演的角色，加以簡略的介紹。在選擇材料和撰寫方式上，是遵循以下幾項原則：㈠在介紹社會科學發展的過程上，特別着重於近數十年來，尤其是二次大戰後的新發展；㈡在討論社會科學各科的內涵時，着重於各科間彼此的關係，以及目前社會科學的科際性和統合性（interdisciplinary and integrative）的新趨向；㈢在討論社會科學的研究方法時，着重於最近幾年內數學，統計學，及電子計算的新發展；㈣社會科學之能否爲世人所重視，與其發見是否能有助於具體社會問題之解決有密切關係，因此筆者特別將社會科學與現代社會的關係專闢一章予以剖析。筆者心目中的本文讀者，不僅限於受過高深教育的專家學者，而是包括一切對社會科學有興趣之人士在內，因此在行文上力求平易，以適應多數讀者的水準與需要。

（一） 見National Academy of Sciences and Social Science Research Council, *The Behavioral and Social Sciences, Outlook and Needs*（Englewood Cliffs, N. J. :Prentice—Hall, 1969）,p.1.

二、社會科學的性質及其研究對象

社會科學是研究人類行為，人際關係，以及人類及其生存環境之間的關係的科學。

關於社會科學的內涵，有許多不同的定義。涂爾幹（Emile Durkheim）認為是研究「社會事實」（social facts）或「社會現象」（social phenomena）的科學（二）。杜維耶（Maurice Duverger）認為是「研究生活在社會中之人（men living in society）」的科學（三）。何曼史（George C. Homans）則簡稱為一切以「人類行為（the behavior of men）」為研究對象的學問（四）。至於以上本章起始處所下的定義，則近乎美國科學院和社會科學研究會在最近所作的「行為及社會科學」的一項調查報告中的描敍（五）。

㈠社會科學之研究對象

從上述各種定義中，我們可以綜合得知社會科學研究的對象有三，即：㈠人本身之行為；㈡人與人之間的關係；㈢人與其生存環境之關係。玆分別闡述如下。

研究人類的個人行為（individual behavior），一向是社會科學家的主要任務。此處所謂個人行為的研究，並不是指社會科學家將人類的行為，個別地一個個加以研究，而是指在研究時將個人行為，作為分析的單位（unit of analysis），來比較各種不同的人的行為模式（behavior pattern）的異同。諸如心理學家研究人類感覺器官的功能，認知的過程（cognitive process），學習、記憶、和動機；人類學家（尤其體質人類學家）研究世界不同人類團體成員的體質上的異同；以及社會學家研究人類對於群體生活的適應，諸如個性（personality），角色（role），及社會化過程（socialization）時，都是以個人作研究單位。由於這三種學科均以個人行為為研究中心，有的學者乾脆將人類學、心理學，和社會學合稱之為「行為科學」（behavioral sciences）（六）。

除個人行為外，社會科學家也留意個人的集合體（aggregates of individuals）諸如社團，社會組織，社會制度等群體行爲（group behavior）的研究；並且留意因群體生活而產生的價值觀念及文化諸問題。由於這些問題或現象均是從人與人之間發生關係後產生，因此有的社會科學家便認爲「社會互動」（social interaction）（七），或「社會體系」（social system）（八）是社會科學主要的研究對象。包含在這種研究中的學科有文化人類學、社會學、社會心理學、經濟學、政治學、大衆傳播學等等。

上述社會科學研究各以「個人」及「群體」爲對象，只是研究時重點上的分別，實際上要我們去決定一個社會科學家在什麽時候是以個人爲研究單位，什麽時候是以群體爲研究的單位是很不容易的事。因爲人類根本是種社會動物，除了初生嬰兒沒有很明顯的社會需要之外，幾乎所有的人都日日生活在與他人的互動（interaction 也可譯爲互相反應）之中。家庭、學校、機關，無一不是個人與他人發生接觸的場所。尤有進者，人類是有强烈記憶（memory）力的動物，又是有評價傾向（evaluative tendency）的動物，其思想行爲可說無時無刻不受他人之影響；因此卽使在獨處時，其從人際關係得來的記憶，價值觀念仍無時不在其腦海中起伏，甚至在睡眠時亦在夢境中出現。因此當我們說某些社會科學家研究「個人行爲」（individual behavior），某些研究「群體行爲」（group behavior），某些研究「社會制度」（social institutions）時，只是指他們研究時着重（emphasize）之「分析單位」（unit of analysis）之不同，而不是指他們能將個人行爲及群體行爲在研究時完全分開，在研究一者時可以完全不顧他者。

此外還須提出一點加以闡明者，卽社會科學家在研究人類行爲時，並不僅限於肉眼可直接觀察的人際關係，而要進一步去了解人類如何經由群體生活中發展出共同的認同，價值觀念，和個性。這些都不是可以從人類的具體行動中來作浮面的觀察，而是需要從人類的心理上的學習過程去了解的。有的社會學者，乾脆進一步地說：「社會是存在於個人（複數）的心中（Society is in the mind of individuals）。」（九）美國社會學家匹資（Jesse R. Pitts）引敍涂爾幹的理論說：「社會基本上是一套爲人們所共有的想法（a set of ideas shared by individuals）。『社會事實』（social facts）是『東西』（things），但這些東西只存留在人們的心中。社會有如宗教，是抽象的、規範性的、和情緒性的。」（一〇）除涂爾幹外，弗洛伊德（Freud）和威伯（Max Weber），也在他們的理論體系中，强調人類行爲的主觀性質，以及個人的信仰，權威和個性對決定一個社會之能否維持和延續之重要性。

除個人行爲與人際關係外，社會科學研究的第三個重點是人類與其生活環境之關係。由於人類之食、衣、住、行、及繁衍後代，均不能脫離地球之自然環境，東方及西方學者很早便留意人類生存與大自然之關係。舉凡天然資料之分佈，動植物之種類、人口社區之形成、人口之分佈和移動、交通路綫之發展等等，都是研究人類及生活環境之學者所關心的問題。他們研究的成果累積起來，便成爲今日地理學知識的基礎。不過地理學中的自然地理（physical geography），其研究內容近乎自然科學中的地質學（geology）。嚴格說來，只有人文地理（human geography）（包括經濟地理、政治地理等等）才能算是社會科學。

除了人類與「自然環境」（natural environment）關係外，人類和「人造環境」（man-made environment）的關係，也是晚近社會科學研究的一個對象。此處所謂人造環境，是指一切經人工改造以後的環境。在工業未發達，人口未集中都市之前，人類生活，基本上還是在天然環境之中，但是自從工商業發達，人口集中都市之後，人類的生活，便愈來愈和自然世界遠隔，而逐漸生活在一種人造的環境中，產生了許多特殊的社會問題，於是研究都市生活便成爲社會科學中一個重要的項目。這類研究，有時被逕稱爲「都市研究」（urban studies）。最近有些學者從都市社區研究（community studies）中發展一種叫做「人類生態學」（Human Ecology）的學科，其主要研究對象，便是人類對於都市環境的適應過程（一一）。

本來「生態學」（ecology）一詞，是指研究物質和生物環境對各種生物（有機體）（organism）的行爲和成長的影響的科學，與生物科學（biological sciences）有密切的關係。但是近年來由於天然環境逐漸被人類改造和破壞，間接地影響到人類本身的生存與發展，引起了許多學者的關切；因此便有一些文化人類學家，社會學家，心理學家，人口統計學家，以及生物學家，大家彼此合作，共同研究人類對於空間及地域環境（spatial and territorial environments）的適應行爲。對於這種由各種科學家所作的種種關於人類和其天然或人造環境的研究，晚近學者統稱爲「生態學研究」（ecological research）（一二）。目前這種研究法正方興未艾，在目前世界各國都已開始關心環境污染及環境保持之際，生態學研究的前途可說是未可限量。

綜合以上對於社會科學研究對象的討論，我們可以得到一項基本的結論：便是社會科學，是以「人」爲中心的科學。無論是研究個人行爲，群體行爲，或人與自然環境的關係，其重心或中心都是在「人」身上。事實上，各種社會科學家研究的最後目標都是——人。不過他們是從不同的角度去研究人罷了。體質人類學家（physical anthropologist）是從人類的身體特徵去研究人；文化人類學家（cultural anthropologist）是從人類的生活方式去研究人；心理學家是從人類的思想（即頭腦）去研究人；社會學家是從人類的群居生活中去研究人；經濟學者是從人類的交換行爲中去研究人；政治學家是從人類的權力關係（power relations）中去研究人；地理學家是從人類與環境的關係中去研究人；歷史學家是從人類的「記憶」（memory）中去研究人；法律學家是從人類社會中的强制性的規範上去研究人。因此我們可以說各種社會科學家雖從不同的途徑，用不同的角度去研究有關人類的一切問題，但其想尋求了解的，最終還是在人；他們在研究的對象和目標上，是殊途而同歸的。這種殊途同歸的性質，可以用左圖來表示（一三）。

(二)社會科學的科學性質

社會科學的科學性質，是一個衆議紛紜的問題。不要說是一般人對於社會科學的科學性質不甚了解，自然科學家對於社會科學研究心懷輕視，就是社會科學家本身對其所治學科的科學性，也沒有一致的看法。因此引起了許多誤解和爭論。

要判斷社會科學的科學性質，先要了解「科學」一詞的意義。根據韋伯斯特新世界大字典中的定義，科學是「從以決定研究對象的性質和原則爲目的，而進行的觀察、研究、與試驗而得來的有系統的知識。」（一四）依照這個定義，我們可以知道科學主要是一種有系統的研究方法及由這種方法所獲得的知識。科學方法的重點在於觀察與試驗，其目的在於了解研究對象的性質和原則。說得更清楚一點，便是要通過科學的程序，收集有關研究對象

圖一　社會科學對「人」之研究的各種途徑

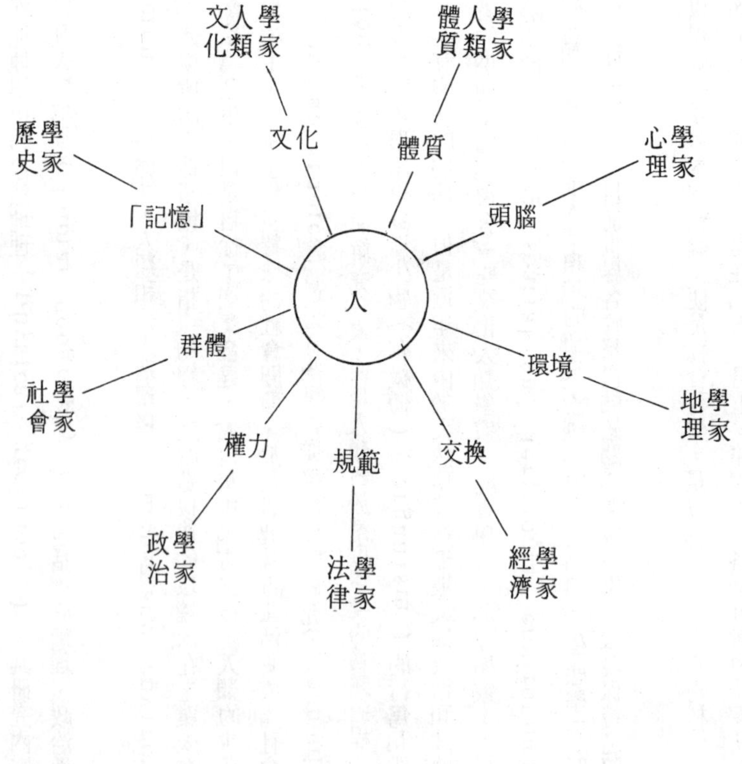

的資料（data），然後再對研究的結果（即發見）加以適當的解釋。

談到科學方法時，「有系統」（systematic）是一個很重要的條件。所謂「有系統」，一方面是指在選定研究題目提出研究設計（research design）及收集資料上須遵循一定的步驟；另一面也是指研究者在解釋他的發見時須合乎邏輯的原則。沒有受過科學訓練的人在觀察科學家從事研究工作時，常常會覺得科學研究的程序太瑣碎，有時候簡直顯得好像是在「無事忙」（much-ado-about-nothing），殊不知那些繁複的程序正是對於一項研究的有效性（validity）和可靠性（reliability）的保證（關於社會科學的研究方法，稍後再作進一步地闡述）。

科學方法與科學知識有幾種特性：第一種特性是規則性（regularity）。由於科學方法與知識着重於有系統的研究，以求了解自然及社會現象，科學家在從事研究時，特別講求程序及方法（methodology），因此任何人只要有一定水準的智商，便能學會這種方法。科學知識不是神秘不可測的，它是受到相當教育的人都能了解的。即使最高深、最複雜的科學知識，其發見人也必須要使他的同儕（peers）能够明白其意義。所以能够傳述（communicable）和示範（demonstratable），使研究者本身以外的人明白其研究成果，也是科學知識的一個要件。從這個角度來看，科學研究的目的不但不是把一件事物弄得更複雜，反而是儘量追求各種現象的法則，再來用簡單的方式，使大衆了解其研究所得並加以應用。

科學知識的第二種特性是經驗性。科學知識是從經驗世界（empirical world）得來的知識。所謂經驗世界，便是人類能够靠自己的知覺（senses）可以加以認識的周圍環境。科學和工業技術發達後，人類發明許多靈巧的觀察器具，諸如望遠鏡，顯微鏡，地震儀，使人能靠着這些儀器，間接地看到或測出原來看不到或感覺不到的外在世界。

科學的理論，都是經驗性的理論（empirical theory），換言之，即需經驗性資料（empirical data）去加以肯定或否定的理論。譬如楊振寧與李政道的對等性定律提出後，還要經過吳健雄用實驗所得來證實後，方爲科學界人士所接受而榮獲諾貝爾獎。由這個例證，我們可以知道，科學的知識，不能脫離經驗的世界，凡人提出與經驗資料無關，或無意與經驗資料相印證的理論或「知識」，均非科學知識。

科學知識的第三種特性是解釋性（explanatory）。科學研究的目的不僅是要知道「是什麽」（What it is?），還要知道「爲什麽」（why?）。一樣科學愈進步，便愈能給該門科學研究結果作有系統的解釋。譬如物理學是一般認爲科學度較高的科學，其科學性質乃是在於多數物理現象可以用少數幾條定律加以解釋上。以冰塊浮在水面之上爲例。根據阿基米德定律，一切在溶液中之物質，其重量等於該物體在液面之下所排開之液體的重量，由於水結冰後其密度較常態的水爲低，因此便不會排開同體積的水而浮游水面（事實上僅一小部分在水面之上）。一樣科學事實往往會有一個以上的解釋，但只要這些解釋不相互對立，則不損失其科學性。以上氷浮於水面上的例子，可以用阿基米德原則，但也可用作用力等於反作用力定律及有關密度的定律來加以解釋（一五）。

除規律性、經驗性、和解釋性外，科學知識還有另外一項重要的特性，那便是推測性（predictive）。推測性與解釋性有極爲密切的關係。質言之，推測或預測性實建立在解釋性之上。譬如化學家經過多年的探索，發現加鋅於稀硫酸之中可以製造氫氣，並且把製氫的過程濃縮成一個簡單明白的公式：$Zn+H_2SO_4 \rightarrow ZnSO_4+H_2\uparrow$ 這項公式，不但說明了鋅加稀硫酸可以產生硫酸鋅及氫氣之過程，而且還能幫助我們計算多少成份的鋅與稀硫酸，能製出多少硫酸鋅及氫氣。於是今天一個中學生，把鋅放在稀硫酸中，便能推測出從燒瓶中放出來的是氫氣（一六）。化學工廠更能根據各種化學知識，推測其產品之數量與性質。

有了以上幾點對於科學知識特性的認識，我們便可以對社會科學的科學性質，作一個冷靜的、客觀的衡量。根據多數學者，包括社會科學家本身的意見，社會科學是比物理科學（Physical Sciences）和生物科學（一七）（Biological Science）的科學性爲低的科學。不過各種社會科學的科學性並不在一個水平之上；一般說來，在社會科學中，要以經濟學的科學性最高，而以歷史學的科學性最低（一八）。

但是說社會科學的科學性較低，並不等於說社會科學是不科學的科學；更不等於說社會科學沒有變成更爲科學的可能性。說社會科學是不科學的科學，是物理科學家最常做的事。他們對於社會科學的主要批評是不精確（not exact），缺乏預測性。殊不知高度預測性雖然是所有科學家從事研究工作時所亟力追求的目標，預測性（尤是是非常精細明確的預測）並非科學知識的必要條件。於此我們可以舉兩個具體的例子加以說明。第一個例子是達爾文的進化論。沒有任何學者能够完全否定這項理論的科學性。但是進化論主要是靠過去動物的化石爲依據而建立起來的。它既無精確的申言（statement）；也無明確的預測。另外一個例子是地質學，這門科學主要是研究地層的構造，和各種地層之間相互的關係。其性質基本上是描述（describe）及解釋（explain）。一直到最近高空照相術和震測術發明後，地質學才具有較高的預測性。但是地質學早已被人們承認爲一種科學。

美國社會學家何曼史（George C. Homans）認爲決定一樣學問是不是科學，要看它的目的如何，而不應僅看其結果（一九）。他認爲只要一樣學問的目的是試圖建立有關大自然的各種事物之間的一般性關係；只要是這些一般關係的成立與否最後還要用從大自然中收集來的資料去印證，(換言之，是大自然對於一項理論的正確與否尚有機會說：「這個不對」)，那麽這樣學問便是科學。用這個標準來衡量，則幾乎所有的社會科學，包括歷史學在內，都是科學了。

批評社會科學缺乏科學性的人，每每從機械論的觀點來看社會科學。因而要求社會學家把人類行爲簡括爲一個個恒等式或類似化學中的一些公式。作這種要求的人顯然忘掉社會科學研究的主要對象—人—是有意志，有判斷，有好惡，而且還有學習能力的動物。化學家把鋅加在稀硫酸中，決不會擔心鋅或稀硫酸會自動自發地拒絕發生反應，或「知道」科學家的公式而故意不互相作用。這種事情只有在童話或科學神話中出現。但在社會科學家的研究中，這種事情常常發生。譬如民意測驗結果發現在某一特定選擧之前，某一候選人已獲得被調查的大多選民所支持，因此報紙便根據這項結果預測某人得勝，但是支持該候選人的選民看報之後，每每會認爲大局已定，自己這一票投不投都無所謂，因而不去投票。萬一抱這個看法的選民人數衆多，則本來穩操勝算的候選人反而很可能落選。這可說是社會科學的研究對象本身有意志（will）與學習力因而影響預測結果的一個典型的例子。

除研究對象本身有意志和學習力外，各種社會科學研究中牽涉的各種變數的衆多與複雜，也是社會科學不易達到精確的解釋和預測的主要原因。當物理學家和化學家研究物質的特性時，他們多半能將各種物質分別開來，由於有這種方便，物理學家及化學家便能控制一項研究中變數的數目，而集中其精力研究少數幾項變數間的關係。社會科學則沒有這種方便。譬如如果有一位社會科學家想研究宗教信仰與投票行爲的關係，他便不能找一群人或一個人僅僅是某一定宗教的信徒，而完全沒有其他的社會或心理的屬性（attributes）；因爲通常一個人，除了信仰（或不信仰）一種宗教外，尙屬於一定之社會階層，教育階層，和收入階層等等。這些變數（或變元）都會影響到他的投票行爲。由於我們無法單單把宗教信仰隔離（isolated）起來研究，便大大地限制了我們研究這個變數與其他變數的關係。這種情形在社會科學研究中非常普遍（二〇）。

社會科學研究還有一項主要的困難，便是對研究的對象缺乏控制（control）及操縱（manipulate）的能力。物理學家可以將各種物質任意加以運用，化學家可以將各種物質隨意加以配合；生物科學家也可在實驗室中將猴子或老鼠等動物加以控制試驗。社會科學家却不能爲了研究而把人類隨意加以控制而操縱。社會科學家卻不能把人當成猴子一樣地關在實驗室中來觀察其社會行爲；也不能爲了研究不同性質的戰爭對於社會的影響而製造出一場戰爭以供研究；也不能爲了研究種族隔離和種族歧視的關係，而强迫把一個多種族社會隔成一個個完全分開的單一種族社區，再觀察各種族集團間的關係。因爲社會科學家除了科學的考慮之外，尚有道德、風俗、和人道的考慮。除了納粹科學家曾在二次大戰中用集中營中的囚犯做過實驗外，文明世界中幾乎便沒有拿人來做實驗的例子。

由於社會科學家無法或很難將研究對象加以控制，他們便只有在自然景界（natural setting）中來研究社會現象，所謂自然景界，便是人類社會自然的未經操縱的狀態。這樣的研究，沒有把研究的對象和其環境（environment）隔離(如同製氫時燒瓶把瓶中的鋅和稀硫酸與瓶外的環境加以隔絶)，使得本來不是研究對象的許多變數也不時與研究的對象發生作用，大大地增加研究工作的困難，因此影響了結果的準確性。

社會科學研究還有一項基本的問題，便是研究者本身與研究的對象同屬一類。換言之，即研究者本身是人，其研究的對象也是人。這和物理科學家以物質爲對象及生物科學家以生物爲對象的情形頗不相同。科學研究一項最重要的先決條件便是研究者在研究時必須要以客觀的態度去觀察和分析。若要抱持客觀態度，研究者對被研究之對象一定要保持相當程度的距離（detachment）。這在物理科學和生物科學家不難做到，而在社會科學則頗有困難。社會科學家本人的思想、價值觀念、社會背景、或多或少地都會影響到他對於研究對象的態度，甚至進而影響到他的觀察的準確性和分析的正確性；這便是社會科學家所最感頭痛的價值問題(the problem of values)，一時似乎尚無根本解決辦法。

縱觀以上各點關於社會科學研究性質的討論，吾人可知社會科學知識的追求，實較物理和生物科學更爲複雜與困難。然而社會科學家却並未因此而踟躕不前。經過多年的努力，社會科學已大大地增加了其科學性。時至今日，運用統計學的原理分析社會現象的資料，已經獲得許多「或然率（或機率）模型」（probablistic models），運用這些模型及理論，社會科學已經能對許多社會現象，作相當準確的預測。譬如在美國大選期間，美國國家廣播公司和哥倫比亞廣播公司利用抽樣原理（sampling principles）取得全國選區的知識，經過電子計算機的計算，往往能够在全國選票只開票了五分之一或四分之一的時候，準確地預測當選的候選人。這便是對於選擧行爲的或然率模型加以實際利用的例證，其他類似的例子很多。

此外社會科學家在增進研究設計（research design）科學化上，也有相當的成功。以對於研究對象的控制（control）爲例，目前社會科學家利用控制群設計（control-group design）、統計控制法（statistical control)、和模擬法（simulation），已經能對研究設計中的變數（亦稱變項或變元），作或多或少的控制及隔離（isolation)

，從而促進了研究分析的精確性及發見的可靠性。（關於現代社會科學的方法，留在本文後半部再作詳細之討論）。

社會科學近年來在方法上的進步，產生了幾個具體的結果。第一是社會科學研究，因學者研究設計的謹嚴，而產生日形細密的分工；其研究結果，也逐漸地和自然科學的研究一樣地具有累積性（cumulative nature）；第二是由於着重經驗性的研究（empirical research），理論與資料（data）的關係日趨密切，理論之建立必須與資料相印證，資料之收集必須受理論之引導；第三是科學性的、經驗性的解釋遂取代臆測性（speculative）的判斷，成爲了解社會現象的主要依據。

近數十年社會科學科學性質的增加及科學知識的累積，可以從柏瑞生（Bernard Berelson）和史丹勒（Gary A. Steiner）二氏合著的人類行爲（*Human Behavior*）一書的豐富內容中得到證明（二一）。這本在一九六四年出版的書，收集了近代人類學、心理學、社會學、社會心理學、政治學、經濟學等社會科學的研究發見（findings），用極精簡的語言，一條條的摘要列出，總共有一千餘條之多！凡看了這本書的人，再也不能不承認現代社會科學，是一種具有高度科學性，而且已有極豐富收獲的科學。

㈢信仰、常識、與科學知識

雖然社會科學的知識，在近年來有顯著的增加，但是這些知識對人類社會生活，却沒有發生如同自然科學的知識那麼大的影響。目前只有在最現代化及社會科學最發達的國家，社會科學知識的性質，才得到較爲廣泛的認識和應用。究其原因，一方面是由於社會科學知識的科學地位的樹立，是相當晚近的事，多數人對於這種新興科學的可靠性和適應性，尙未有足够的認識；另一方面，更重要的原因是人類對於自己的行爲，從遠古以來，多半依靠信仰和普通常識加以衡量，積習難改。因此對於社會科學的新知，有意無意地就抱着抵制和排拒的態度。這種態度，很嚴重地影響到社會科學的發展。

先說信仰（beliefs），這是對大自然或人類社會現象未經嚴密的觀察與分析，便產生的一種執着的信念（faith），再由這種信念，有意無意地支配自己的行爲。我們常聽人說：人類是理性的動物（rational animal），其實並不盡然。人類的思想和行爲，在許多情形下都有極濃厚的非理性（irrational）的成分。美國學者賴特（Frank H. Knight）說：「人類根本是一種浪漫的（romantic），自以爲是（opinionated）的動物；他們無意追求眞理和面對事實。」（二二）賴特這種意見，雖然有點近乎偏頗，但也的確道出了社會（尤其是原始社會）中的許多人對事物不求甚解，一憑信仰和意見來解釋的實情。

人類由於對於自然現象的鉅變，如暴風、地震、洪水、雷電，深懷恐懼而又無足夠的科學知識去加以解說，其訴之超自然的力量，乃是極其自然的事。自初民社會以來，人類對於大自然（包括人類行爲）的解釋，便充滿了神秘主義（mysticism）的色彩。宗教的力量和巫師的權威，便是建立在對於自然現象的權威性的及神秘性的解釋之上。這些解釋，一方面有減除人類內心的畏懼與不安的作用，另一方面更有支持社會中既有的權力結構（power structure）的功效。西方的神權政治，和東方的君主專制，或多或少地都含有一些神秘主義的色彩。而現代的極權國家，如共產國家和法西斯主義式的政權，則以一種新的自稱能夠解釋一切的思想體系，來替代舊式的宗教教條，但基本上都是一種「謎」（myth）（二三）。其不同之點，僅在後者的「謎」或神話是着重對社會現象的權威性解釋；而前者是着重於自然現象的解釋罷了。

由於信仰和神話常常被統治階層用來支持既存的社會組織和權力結構，任何人公開對此種神話和信仰表示懷疑或反對，便會受到統治階層的迫害。一般人民由於思想上的惰性和安全感的需要，也每每對於任何「異端」，群起而攻之。這在原始社會和傳統社會固然如此，在多數現代社會中也無太大的改善。惟一不同者，在現代社會中，科學家（對信仰挑戰者）擁有更多更可靠的客觀知識，在面臨迫害時表現出更大的自信和勇氣而已。

除信仰之外，還有另外一種對人類行爲發生重要影響力的因素，這便是普通常識（common sense）。所謂普通常識，是指人類在日常生活中日積月累所逐漸集聚的一些實用性的知識。如耕田的農夫，對於土壤性質和四季變化的知識；漁夫對於水性和氣候的知識；老祖母對於育嬰的知識；都可算是人類普通常識的一部分。普通常識與科學知識有幾點基本上的不同。第一是普通常識的建立是由於日常生活的觀察而獲致，遠不若科學研究之有系統、有程序。第二是普通常識對於事物的解釋，不求通盤的貫通，而只求部分的自圓其說，科學知識則力求普遍性的界說；第三是普通常識由於是從日常生活中獲得，便有濃厚的地方性；科學知識則係由有系統的多次的觀察而得，其發見的眞確性是不受地域限制的（二四）。

從以上這些普通常識的特性及其與科學知識的不同來看，我們可知普通常識雖常被一般人用來作爲其行事的依據，其科學性是很低的。普通常識常常是似是而非的，「冬蟲夏草」、「腐草生螢」便是一例。在人際關係中，所謂普通常識常常充滿着道德判斷（moral judgement）和偏見（prejudice）的成分。譬如一般人均認爲猶太人小氣是天性使然，而不知是因爲他們多年遭受迫害，除金錢外更無其他足以產生安全感的東西所致。歐美人常以我國華僑爲守財奴，亦無視於我國華僑多年在外飽受壓迫無所依靠的事實。美國白人常以爲黑人不愛清潔常蹈法網發諸天性，而不察黑人之遭受歧視，經濟社會地位低落實爲造成上述現象之主要原因。

根據普通常識來分析社會現象，常常會有「公說公有理，婆說婆有理」的情形。究其原因，乃是因爲某甲心目中之所謂「普通常識」，每非某乙心目中之「普通常識」。社會大衆在討論有關社會的各種問題之不易獲得結論，各人所擁有的普通常識上的歧異實爲一主要原因。於此還有一更有趣的現象，便是一般人在利用普通常識判斷社會現象時，每每不知道自己所持各種立場本身之間便有矛盾。譬如社會上之人士常希望政府增加貨幣之流通量，但同時又企求通貨之穩定；希望他國早期清還債務，而防止該國貨物輸入（二五）；希望提高生活水準，却又不肯節制生育。這種種自相矛盾的主張，便是根據片面的普通知識來判斷事物的結果。

很不幸地，在目前人類社會中，信仰和普通常識，還是人類決定其社會行爲的主要依據，社會科學的知識，在一般人的所謂知識中，只佔很小的一部分。這種情形，可以用下圖予以表示（二六）：

圖二　信仰，普通常識，與社會科學知識間的關係

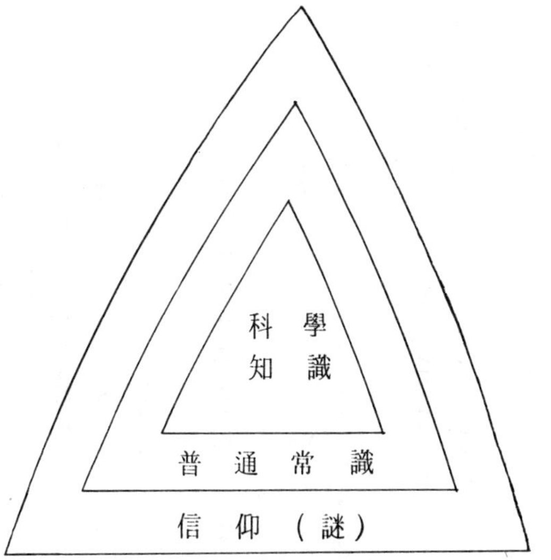

由圖二的表示，可以使我們認識社會科學知識，只佔一般人的「知識」中的一小部分，如果發展社會科學的目的之一是在是人們更合理地來處理各種問題（二七），則目前社會科學知識的景況，實値我們警惕而加倍努力。

(二) Emile Durkheim, *The Rules of Sociological Methods*, translated by Sarah A. Solovay and John H. Mueller and edited by George E. G. Catlin (New York: The Free Press, 1938), pp. 1-13. 涂爾幹的定義原來是爲社會學下的。但涂爾幹心目中的社會學之內涵，較目前一般社會學之定義爲廣。

(三) 見Maurice Duverger, *An Introduction to the Social Sciences, With Special Reference to Their Methods* (New York: Frederick A. Praeger, 1964), p. 11. (原本是法文，名稱是 *Methods des Sciences Sociales* (Paris: Presses Universitaires de France, 1959)).

(四) 見George C. Homans, *The Nature of Social Science* (New York: Harcourt, Brace & World, 1967), p. 3.

(五) 見 *The Behavioral and Social Science, Outlook and Needs* (以下簡稱 *BSSON*), *op. cit.*, p. 19.

(六) 見 Bernard Berelson (ed.), *The Behavioral Sciences Today* (New York: Harper & Row, 1963), pp. 1-2.

(七) Kaspar D. Naegele, "Interaction: Roles and Collectivities," in Talcott Parsons *et. al.*, (eds.), *Theories of Society, Foundation of Modern Sociological Theory*, (New York: The Free Press, 1961) Vol. 1, pp. 147-157。

(八) Talcott Parsons, *The Social System* (New York: The Free Press, 1951), *passim*,, especially Chapter II.

(九) Jesse R. Pitts, "Personality and the Social System: Introduction," in Parsons, *Theories of Society*, *op. cit.*, Part Three, pp. 685-716.

(一〇) 原文是"Society is essentially a set of ideas shared by individuals. Social facts are *things*, but things that exists only in the minds of individuals. Society, like religion, is abstract normative, and emotional," in Pitts, *op. cit.*, p. 686.

(一一) 見 A. Hawley, *Human Ecology: A Theory of Community Structure* (New York: Ronald Press, 1950); and G. A. Theodorsen (ed.), *Studies in Human Ecology* (Evanston, Ill.: Harpers and Row, 1961).

(一二) 見M. Bressler (ed.), *Human Ecology: A Collection of Readings* (Cambridge: Addison-Wesley, 1965); and J. Helm, "The Ecological Approach in Anthropology," *American Journal of*

Sociology, 67 (1962), pp. 630-639.

(一三) 根據 M. B. A. Bruckner, *Social Science and Society* (Berkeley, Calif.: McCutchan Pub., 1968), p.28 加以補充。

(一四) 原文是："Systematized knowledge derived from observation, study and experimentation carried on in order to determine the nature or principles of what is being studied." in *Webester's New World Dictionary of the American Language*, (College Edition; Cleveland and New York: The World Publishing Co., 1965), p.1305.

(一五) 見 Ernest Nagel, *The Structure of Science, Problems in the Logic of Scientitic Explanation* (New York: Harcourt, Brace & World, 1961), p. 17.

(一六) 要進一步的解釋製氫的化學作用，尚須討論分子與原子結構。同時硫酸的濃度與鋅之純度，以及試驗時之溫度，均影響試驗之結果。因涉及較高度之化學分析，故略。

(一七) 近年來生物科學突飛猛進，大有與自然（物理）科學並駕齊驅之勢。其中生物化學的進步，更是一日千里。

(一八) 見 Homans, *op. cit.*, p. 29.

(一九) 見 *Ibid*, pp. 4-5.

(二〇) 關於社會現象的複雜性，請參看 Morris R. Cohen, "Reason in Social Science," in Herbert Feigl and May Brodbeck, (eds.), *Readings in the Philosophy of Science* (New York: Appleton-Century-Crofts 1953), pp. 663-667

(二一) Bernard Berelson & Gary A. Steiner (eds.), *Human Behavior, An Inventory of Scientific Findings* (New York: Harcourt, Bract & World, 1964).

(二二) 見 Frank H. Knight, "Science, Society, and the Modes of Law," in Leonard D. White (ed.), *The State of the Social Sciences* (Chicago: The University of Chicago Press, 1956), p. 12.

(二三) 關於「謎」(myth) 和社會制度的關係，意大利學者帕銳圖 (Pareto) 曾有詳細的論述，見 Vilfredo Pareto, *The Mind and the Society, Trattato di Sociologia Generale*, edited by Arthur Livingston (5 Vols.; New York: Harcourt, Brace & Co., 1935), Vol.3, pp. 1527-1528.

(二四) 關於「普通常識」與「科學知識」的不同，可參閱 Negal, *op. cit.*, pp. 1-14.

(二五) *Ibid*, p. 6.

(二六) 根據 John C. Townsend, *Introduction to Experimental Method, For Psychology and the Social Sciences* (New York : McGraw-Hill Book Company, Inc., 1953), p. 4 中之圖表改製。

(二七) 見 *BSSON*, p. 20.

三、現代社會科學的發展經過

有人把社會科學在目前要比物理科學和生物科學的科學性不如的原因，歸之於社會科學發展的歷史較短，這不太合乎事實的。在西方，亞理斯多德對於政治制度的分析，要比阿基米德對機械的分析，早上兩個世代（generations）（二八）。在我國，孔子、孟子對於社會及政治現象的觀察和討論，也遠較任何國人對自然世界的觀察分析為早（二九）。

雖然有關於社會現象的分析為時甚早，但是具有現代科學性質的社會科學的興起，却只是在過去兩三百年以內的事。說得更精確一點，現代社會科學的發展，實肇端於十八世紀中葉。在此以前，有關社會科學的討論，都帶有極濃厚的哲學、道德以至宗教的成分。那時學者在分析社會現象，多偏重於臆測性的、推論性的理論之發揮，而缺乏有資料有方法的歸納性之研究。玆依醞釀期、奠基期、建立期、及蛻變期四個時期，來對近數百年來社會科學發展的歷史，作一極簡單之介紹（三〇）。

(一)醞釀時期

西方有歷史癖的人常將現代社會科學發展之始追溯到希臘時代的柏拉圖與亞理斯多德，正如在中國好古敏求的人士可以把一切學問的肇端歸之於孔子、孟子、老子、墨子等春秋戰國時代哲人一樣；這是沒有什麼太大意義的。如果我們硬要把社會科學發展的歷史向上推長一點，文藝復興（Renaissance）時代可以算是一個起點，而馬克維里（Niccola Machiavelli, 1469-1527）可以算是一位使客觀性的社會科學分析起步的中心人物。馬氏在他的霸王論（*The Prince*）一書中所用的比較性（comparative）、心理性、和非道德（amoral）性的分析法，實開現代社會科學研究的先河。但是馬克維里富有近代社會科學精神的著作，在當時只是一個孤立的例子，因此我們不能因為馬克維里便把社會科學的醞釀時期，提前到文藝復興時代。

具有現代科學精神的社會科學的眞正醞釀時期，要算十七世紀至十八世紀中葉這段時期。在此期間，自然科學在歐洲正得到一日千里式的發展。在英國、法國、荷蘭、瑞典，偉大的科學家們在各種自然科學中完成了種種重要的理論和發見：包括牛頓（Newton）和海金史（Huygens）在物理學上的貢獻；笛卡兒（Descartes）、萊布尼茲（Leibnitz）、巴斯可（Pascal）在數學上的突破；伽利略（Galileo）和海勒（Halley）在天文學上的發見，以及波爾（Boyle）在化學、雷溫胡克（Leeuwenhoek）在微生物學、哈爾維（Harvey）在醫學，李利亞斯（Linmaeus）在植物學、和畢奉（Buffon）在動物學上的種種輝煌成就。

和自然科學的成就比較之下，社會科學在同時期的發展似乎毫不出色。但是好幾位傑出的思想家在政治和社會哲學上却有很重要的貢獻。首先值得一提的是英哲浩布斯（Hobbes）和他的鉅著巨靈論（*Leviathan*）。這是一本爲君主專制和一切權威性政體（authoritarian regime）打下理論基礎的書。雖然浩布士在此書中的基本推論方式，還是如中世紀以來的哲人一樣地先下一些對人性和自然律的假定，再從這些假定發展出整套理論的方法，但是他却使用極嚴密的邏輯和心理分析來解析社會狀況和政治體系的關係。他認爲主權是基於人民之同意的看法，更是社會契約論的濫觴。

比浩布士遲生四十四年的另一英國學者洛克（John Locke），也運用社會契約爲其政治理論的基礎。但是他却不同意人類社會的天然狀態是痛苦的人與人相互攻戰的局面，他認爲人類的天然狀態是一種完全自由的情勢。人人得以做其想作之事，惟一缺陷是當人與人之發生爭執因而引起騷亂時，無人有權威來裁判是非。因此人民乃立約成立政府來解決及約束其間之爭端。在浩布士的理論中，社會契約一經成立，卽不可撤消；在洛克的理論中，人民給予政府之同意可以收回，換言之，卽一日政府不能善盡其職責，人民可撤消該政府而還其完全自由之身。洛克此種理論，實爲近世自由主義（liberalism）之先驅（三一）。

除英國的浩布斯和洛克外，十八世紀上半期的法國出了一位偉大的社會和政治思想家—孟德斯鳩（Montesquieu）。孟氏本有志於文學與歷史，中年以後才對政治法律發生興趣。五十九歲時才出版其名著法意（*L'Esprit des Lois*）（三二）孟德斯鳩爲人所知多半在其三權分立之理論，對於洛克之制衡理論頗有增益。其實就社會科學而言，孟氏之貢獻在於對政府的形式及結構和各種社會、地理、及人文條件之間關係的研討。孟氏在法意一書中，不厭其詳地將人口、氣候、地理位置、宗教、道德、商業、及社會制度等因素影響政府的形式及運作的過程加以分析。可說是現代政治社會學的闢荒者和奠基人(三三)。

比孟德斯鳩稍後的另一位重要的法國思想家是魯梭(Rousseau)。魯梭以兩本書知名於世，一本是論不平等之起源(*Discourse on the Origin of Inequality*)；一本是社會契約(*The Social Contract*)。在這兩本書中，他極力攻擊私有財產制和極權政體，認爲這兩樣都是「美好生活」(good life)的破壞者。魯梭基本上是一位社會和政治哲學家，而不是現代意義的社會學家或政治學家。他的天賦民權及人生而自由的看法，使他成爲後世革命思想的導師。但是或許是由於早期缺乏正規教育，魯梭的論著的邏輯結構不甚謹嚴，他的著作，對於後世的社會和政治思想家的啓發性，要遠比對社會科學家的幫助要大(三四)。

在十八世紀上半期還有另一位社會和政治哲學家對於社會科學頗有貢獻，此即出生於蘇格蘭愛丁堡之休謨(Hume)。休謨反對社會的起源是由於社會契約，也不認爲是地理環境的影響。他認爲社會制度的發生是由於社會生活的自然需要。政府的權力從歷史上看來是發自武力、擾亂、與風俗習慣。休謨是一位道德相對論者，他認爲道德與習尚是會變遷的，善與惡均視一社會中之人之判斷而定。休謨又是一位極端的懷疑主義者。在這方面，他上承笛卡兒的懷疑精神，特別重視邏輯，反對神學解釋。在人性論一書中，休氏用社會心理的方法，闡揚快樂論的原則，爲功利主義(utilitarianism)學派的先聲。

綜觀十七世紀至十八世紀上半期諸學者的貢獻；可說是已具有相當程度的科學精神，但是這些學者的著作，基本上還是脫離不了推論性的和臆測性的討論方式，仍然還帶有濃厚的哲學的氣氛。他們的理論，雖供給後來的學者一些可供考驗的命題(propositions)，但其眞正接受經驗性的判定(empirical test)還有待十八世紀中葉以後的學者們的努力。

(二)奠基時期

社會科學的理論與研究，到了十八世期中葉，起了一個基本上的變化，便是趨向於歸納性(inductive)，經驗性(empirical)的探討；這樣便使社會科學的理論與實際社會現象開始發生相互印證的關係。於是社會科學家乃逐漸地脫離了以往那種哲學的、冥想的、推論的研究方式，而進入了用從經驗世界(empirical world)中收集得來的資料(data)來考驗理論的正確與否的階段。經過一百多年的發展，到十九世紀末，具有現代精神的社會科學便紮下了穩固的基礎。

這種演變是有其歷史及社會的背景的。因爲歐洲到了十八世紀中期，資本主義已經成西歐和北歐的主要社會經濟制度。

新興的中產階級也已經在一些工業發展的國家，如英國、法國、和荷蘭取得了社會上的領導地位。德國和意大利工業化較遲，但中產階級的人數及勢力也逐漸增長。各國的中產階級，在獲得經濟上的地位之後，便圖攫取政治權力和社會地位。他們在受到頑固的封建君主勢力阻撓之下，便轉而懷疑既存的社會制度的合理性。於是當時的政治和社會體系和價值觀念，都成了客觀的分析和研究的對象。

除此之外，資本主義制度的毛病，在十八世紀中葉以後，也漸漸地顯露出來。人口的大量集中都市，形成貧民區以及其他種種不良的生活環境；童工和女工的僱用；在煤礦及其他惡劣環境中工作的工人們的悲慘遭遇；都引起了許多社會人士的關切和憂慮，於是社會問題便成爲當時學者們主要的研究對象。研究具體的社會問題，不能夠用哲學的玄思的方式，而要從實際的社會現象中去收集材料。因此逼使社會科學家逐步地走出他們書房，到外界去收集經驗性的資料。

在十八世紀中期和十九世紀末期這個階段，出現了許多傑出的社會科學的理論家和學者。他們的思想和研究，奠定了現代社會科學的基礎。諸如伏爾泰（Voltaire）的社會進步觀（the idea of progress）、亞當史密斯（Adam Smith）的國富論、馬爾薩斯（Thomas Malthus）的人口論、黑格爾（G‧W‧Hegel）的歷史哲學、彌勒（John Stuart Mill）的邏輯學、邊沁(Jeremy Benthan)的快樂論、托克維爾（Alexis de Tocqueville）的民主論、孔德（Auguste Comte）和聖西門（Comte de Saint-Simon）的實證論（positivism）及實證哲學（positive philosophy）、斯賓塞（Herbert Spencer）的社會演化論、馬克思（Karl Marx）的歷史唯物論(historical materialism），以及達爾文的進化論，均係在此時期內孕育和發展完成。

縱觀社會科學在此期間的成就，可以綜合爲以下幾個方面：㈠社會科學研究的客觀性的奠定；㈡社會演化論的確立；㈢社會科學方法論的發展；及㈣社會科學內涵的樹立及與其他學科的劃分。茲分別闡述如左。

先言社會科學客觀性的建立。這可說是十七、十八世紀學者們多年努力的目標，但是要等到孔德的實在論和聖西門的實在哲學提出之後才紮下根基。孔德被多數現代社會科學家公認爲社會學的創始人。他受聖西門的影響，認爲社會學的研究應該先把社會現象和社會道德及形而上學（metaphysics）分開來。孔德認社會事實（social facts）爲社會科學研究的對象。每一件社會事實並不是獨一無二（unique）的。相反的，我們可藉客觀的觀察，求出社會事實間的關係及法則。這正如同自然科學家求出物質事實（physical facts）間的關係一樣，不過社會事實間的法則要遠比物質事實的關係更複雜罷了（三五）。孔德這種看法，對於後來的社會科學的理論和研究，發出很大影響，其中尤以對凃爾幹（Emile Durkheim）

的影響最爲明顯。

其次談到社會演化論的建立。在十八世紀以前，學者解釋社會的起源及社會現象，要就根據超自然的解說，要就採用社會契約論。很少有把人類社會當作一個不斷演化的現象來看的。在這方面，斯賓塞（Spencer）的社會演化（social evolution）論實爲理論上的一大突破。斯賓塞認爲社會經常處於一種各種社會勢力相互平衡的狀態中。每一個人均爲求生存而奮鬥，每一個人也均爲追求快樂而努力。故衝突，亦即爲求生而競爭，實爲社會之維繫其繼續存在的主要過程。在此不斷地競爭與衝突中，人類社會逐漸變成更複雜與專門化。

斯賓塞的社會演化（或作「進化」）論，首先出現於一八五〇年出版的社會靜學（*Social Statics*）一書中。九年之後，達爾文的物種原始（*Origin of Species*）出版，證明了許多斯賓塞的社會進化論的假設，使此理論更爲人所接受。不過達爾文的物競天擇說中的分析，要比斯賓塞的社會演化論來得冷酷殘忍。後來達爾文的生物進化論，經後人擴充爲「社會的達爾文主義」（Social Darwinism），成爲人類社會中强權者侵凌弱小者的藉口。除斯賓塞及達爾文外，孔德和馬克思，也各自發展出各自的社會演化論，但前者的「社會動力（social dynamics）三階段法則（law of three stages）」失之過於抽象；後者的歷史辯證法和物質決定論則失之過於武斷，都未曾對現代社會科學發生像斯賓塞及達爾文學說那樣大的影響。

由於上述十八世紀中期以後的社會科學家把社會事實當成一種客觀的現象來研究分析，促進了社會科學研究方法的進步。馬爾薩斯、孔德、斯賓塞、亞當史密斯等人的研究，已經運用了一些數學以及早期統計性的分析。更由於交通及印刷事業的發達，各國學者逐漸得知其他國家和社會的情形，因此便開始用「比較法」（comparative method）來研判假設之是否能够成立，大大地增加了社會科學研究結果的普遍性。此外英哲彌勒（John Stuart Mill）發展出幾種重要的邏輯及實驗方法，包括「同一法」（method of agreement）、「互異法」（method of difference）、「共變法」（method of concomitant variation）、和「剩餘法」（method of residues），對社會科學研究的精密性，產生很大的有利影響（三六），而達爾文在收集資料及建立其理論的過程中所應用的嚴密科學方法，對後來的社會科學家，尤其是人類學家，更發生了積極的示範和啓發的作用。

經過社會科學家從十八世紀中葉至十九世紀末期不斷地努力，社會科學已取得無可否認的獨立的科學地位。它逐漸地從哲學及其他人文學科分開出來，而成爲與人文學及自然科學鼎足而立的情勢。同時在社會科學的範圍之中，各種科學也逐漸地分隔開來（differentiated），向着獨自的方向發展，先是海里柏瑞（Haileybury）的「東印度公司學院」於一八〇五年聘請馬爾薩斯（Thomas Malthus）任歷史、商業、和財政的教授；一八二五年牛津大學設立第一個經濟學教授席位；三年之後，劍橋大學也步牛津之後塵創設經濟學教席；一八四三年，民族學會（Ethnological Society）在英國成立；一八六三年，人類學會也宣告在英國誕生，不過第一個人類學教授要等到一八八四年纔在牛津大學取得一席地位。社會學首次取得獨立的學科的地位，一般認爲是在一八九一年芝加哥大學成立時實現的。至於政治學及心理學也先後在十九世紀結束之前，成爲獨立的學科。

(三)成長時期

社會科學中的各種學科，在十八及十九世紀先後取得獨立的學術地位後，很快地便得到急速的發展。不論是從理論的建造上、研究的方法上、和研究的發見上來看，都有很顯著的進步。這些進步，可以從一九三六年出版的社會科學百科全書（三七）內容的豐富得到證實。因此我們有把十九世紀末到二次大戰前，社會科學得到迅速成長的這段時期，特別劃分出來加以討論的必要。

由於上述這段時期中社會科學新學說、新方法、新發見層見迭出；各項社會科學範疇中卓越學者指不勝屈，因此我們只能就各科作極爲簡短提綱挈領的介紹。先就歷史學來說，這門科學，一向是充滿人文學及哲學意味的學問。但是在十九世紀末期，德國出了一位名叫瑞安克（Leopold von Ranke）的歷史學家，提倡以科學方法研究歷史。他主張學者在解釋歷史時應考慮到每一時代之背景及精神。這種主張不久便爲許多德國、法國、瑞士的歷史學家所接受。瑞士學者柏克哈（Jakob Burckhardt）、法國學者泰恩（Hippolyte Taine）、德國學者魏茲（Georg Waitz）都受了瑞安克的影響，寫了一些富有科學的歷史精神的著作。在英國和美國，以科學精神和方法來處理歷史資料，也引起了相當的反響。英國的格爾丁勒（Samuel R.Gardiner）、巴科（Henry Thomas Buckle）、及利其（William E.H. Lecky）；和美國的亞當姆斯（Henry B. Adams）、柏吉斯（John W. Burgess）、奧斯古（Herbert Levi Osgood）、及畢爾德（Charles A. Beard），都會以客觀的科學態度，重整及發掘歷史資料，寫下許多有價值的著作；其中畢爾德所著美國憲法的經濟解釋（*An Economic Interpretation of the Constitution of the United States*），尤其是一本別立門徑獨出機杼的巨構。

在人類學方面，十九世紀末期是人類學大批走出其研究室，走向原始部落中去實地研究（field research）民族與文化的時期。其中要以美國學者波阿斯（Franz Boa，研究印第安人的生活及神話），塞培爾（Edward Sapir，研究印第安人之文化、語言及性格）、班尼第克特（Ruth Benedict，研究各種文化模式，將日本、泰國、及印第安人之文化作比較研究）；英國的佛瑞瑟（Sir James George Frazer，研究比較宗教）和馬林羅夫斯基（Bronislaw Malinowski，研究原始部落之信仰、文化及性生活）；和比利時的根奈普（Arnold Van Gemep，研究比較宗教及神話）最負盛名。經過他們和其他人類學家在本期中的努力，人類學（尤其是文化人類學）無論在理論上及經驗性的發見（empirical findings）上，都有重大的成就。

十九世紀末到廿世紀卅年代也是社會學得到急速發展的一個時期。在此時期中的社會學家，已不再像孔德、聖西門、馬克斯那樣沉緬於建立對整個人類社會的一般性統包性的理論。他們逐漸認識要完成一項範圍較大的理論，先要建立一些範圍較小但卻得經驗性知識證實的理論才行。因此本期中的社會學家，要就以整個社會現象的一部分加以研究（如家庭、社會團體等等）；要就研究整個社會，但只着重於該社會中的一些特殊方面（如社會變遷、社會解體等等）。在此時期最負盛名的社會學家，包括德國的西謬（George Simmel，研究文化、宗教、與暴力）、威伯（Max Weber 研究宗教，尤其是基督教與資本主義間的關係與社會結構）、和密歇耳（Robert Michels，研究社會團體之組織與演變）；意大利的帕銳圖（Vilfredo Pareto，研究領袖人才（elite）及人類行為非理性之成分）和馬斯卡（Gaeturo Mosca，研究統治階級之形成與循環）；美國的沙姆勒（William Graham Sumner，研究社會傳統與道德）、枯利（Charles H. Cooley，研究社會組織與程序）、湯馬斯（William Thomas，研究「情勢社會學」（situation sociology））、帕爾克（Robert Ezra Park，研究罪行、都市問題、與移民）、及奧格本（William F. Ogburn，研究社會變遷）；此外法國學者涂爾幹（Emile Durkheim，研究社會分工、自殺、及方法論）及自德國前往英國的滿漢（Karl Mannheim）研究社會變遷及「知識的社會學」（sociology of knowledge），也都對這個時期的社會學，有很大的貢獻。

在此時期中社會學方法論（the methodology of sociology）得到很大的發展，其中韋伯强調社會是一種求取一般性規則的科學（generalizing science），涂爾幹主張用科學方法來分析社會事實（social facts），以及枯利運用心理學之理論與方法來研究社會現象，都對社會學方法論之精進頗有貢獻。

在經濟學方面，一直到一九三〇年左右還是新古典學派的天下。其主要發言人為馬歇耳（Alfred Marshall）。新古典學派中的健將除馬歇耳外，尙有孟格（Carl Menger），以及他們在英國及奧國的一些有名的學生。新古典學派上承古典學派的傳統，着重於生產、價格、及需求關係的研究，其分析單位還是在日常生活中的個人（man in the ordinary business of life），馬歇耳和孟格運用新的數學及統計分析，使經濟學獲得更高程度的科學性。

但是在一九三〇年後發生的世界大不景氣，是對新古典主義的一大挑戰，其結果產生了以凱因斯（John Maynard Keynes）爲首的巨視經濟學分析（Macro-economics），凱因斯在他的巨著就業、利息、與貨幣的一般理論（*The General Theory of Employment, Interest, and Money*）一書中，用極精密的數理分析，證明在一個社會中實行完全自由放任的經濟政策可能帶來禍害，而適度的政府調節及干預，則可產生很大的有利效果。凱氏的理論，是對於美國羅斯福總統的「新政」（New Deal）的理論上的基礎。

除英國和奧國學派外，從德國歷史學派及美國社會改革學派發展出來的「制度經濟學」（institutional economics）也是十九世紀末和二次大戰前經濟學的一個主流。此派學者最著名者爲維伯倫（Thorstein Veblen），他的有閒階級論（*The Theory of the Leisure Class*），爲從社會學的觀點研究經濟現象的諷刺性的鉅著。此外俄國革命及英國的社會民主運動也給本期帶來了許多以社會主義思想爲基礎的許多理論和研究。以篇幅所限，茲不贅。

在各種社會科學中，恐怕要算心理學在本期中得到最重大最輝煌的發展；而十九世紀末期心理學大師馮德（Wilhelm Wundt）揉合費希納（Fechner）的精神物理學及赫又賀玆（Helmholtz）的感覺心理學，發展出結構心理學（structural psychology），實爲廿世紀的心理學奠下發展的基礎。馮德把心理學的研究的主題放在有意識的分析上。他主張用實驗的觀察來研究心理問題，並從生理學的角度來探討心理現象的看法，得到與他同時期的許多心理學家的擁護。

馮德所發展出來的構造心理學，雖然風行一時，但仍有許多缺點，由是而產生了一些修正及反對他的主張的學派。其中包括史頓夫（Carl Stumpf）和何塞爾（Edmund Husserl）發展出來的完形心理學（Gestalt or configurationism），華生（John B. Watson）的行爲主義（behaviorism），詹姆士（William James）倡導的功能心理學（functional psychology），以及佛洛伊德（Sigmund Freud）的精神分析學（psychoanalysis）。在這些新學說中，對後來心理學及其他社會科學影響最大的是精神分析學，値得特別提出討論。

佛洛伊德是從診治精神及神經病患者的實際經驗中，發展出他精神分析的理論。佛氏由研究歇斯底里亞和夢境，發現人類行爲有許多方面是受與「性」（sex）有關的潛意識的支配。在各種潛意識中，最重要的一種是「意底帕思錯綜」（Oedipus complex，亦譯「戀母情結」）。這是指在兒童期對於和自己性別不同的父或母所發生的强烈的愛戀甚至性的慾望（三八）。佛氏認爲人類許多變態心理及行爲，都是無法解決「意底帕思錯綜」所致。罪惡感（guilt feeling）、焦慮（anxiety），以及其他許多心理問題均由是而生。

佛洛伊德的精神分析學說提出後，遭到歐洲許多心理學家的反對。直到一九〇九年他應美國心理學家霍爾（G.Stanley Hall）之邀，到美國克拉克大學作一連串的演講之後，才得到普遍的重視（三九）。美國的社會學家對佛氏理論反應的熱烈可以從許多人都把心理分析理論運用到其本行的研究中得到證明。克諾柏（Alfred L. Kroeber）首先運用佛氏的理論研究人類學；另一位人類學家馬林羅夫斯基（B. Malinowski）起而繼之；在社會學方面，美學者枯利（Charles H. Cooley）在解釋性格與文化的關係時也頗受佛氏之啓發。此外經濟學家維伯倫（T. Veblen）之思想，也可看出精神分析之痕跡。甚至美哲學家杜威（John Dewey）及宓德（George H. Mead）後期的學說，也頗受佛氏之影響（四〇）。

在各種社會科學中，政治學研究的趨向於科學化開始較遲。一直到二十世紀初期，政治學分析還是爲哲學、公法學、及歷史學所籠罩。甚至在許多大學中，政治學的課程根本便設立在法律系或歷史系裏面。這種情形到了一九二〇年左右起了一個轉變。其中心人物爲芝加哥大學政治學教授墨瑞安（Charles E. Merriam）。墨氏受佛洛伊德學說之影響，認爲分析政治現象應該用心理學和社會學之方法。他在一九二五年著政治之新方面（*The New Aspects of Politics*）一書，極力主張用科學方法研究政治行爲。墨瑞安在芝加哥所教導出來的一批學生，在後來的美國政治學界發生很大的影響，號稱所謂「芝加哥學派」（Chicago School）。

在芝加哥學派的學者中，特別應該一提的是拉斯維爾（Harold D. Lasswell），他在廿世紀卅年代中先後完成了病態心理學與政治（亦可譯爲精神病學與政治）（*Psychopathology and Politics*）、世界政治與個人不安（*World Politics and Personal Insecurity*）、及政治：何人在何時用何法得到何物（*Politics: Who Gets What, When, How?*）諸書；其中拉氏運用心理分析方法剖析政治行爲，實爲現在政治學行爲研究法的先驅。（拉斯維爾教授至今健在，尚不斷有新作發表）（四一）。

在十九世紀末廿世紀初的美國哲學家杜威（John Dewey）提倡「實證主義」（或譯「實用主義」）（Pragmatism），强調一切知識必須自經驗中得來，並由實際運用來考驗其有效性。杜威的這種實證主義，對於社會科學（尤其是教育學）的研究，發生了相當的影響。杜氏的學說經過其學生胡適博士的介紹，在中國學術界也產生了一些積極性的作用。

綜合以上對於十九世紀末到二次大戰前社會科學發展的敍述（四二），我們可以看出幾個明顯的趨勢，第一是各項社會科學理論與研究的迅速成長；第二是各種社會科學中名家輩出，形成百家爭鳴的局面；第三是各種社會科學已漸漸由「分」而產生某種程度的「合」的現象；所謂「科際性」（interdisciplinary）的研究已露端倪。除此之外，由於種種原因（如納粹政權開始迫害本國的猶太科學家，美國開始極力發展社會科學），在廿世紀初期，世界社會科學研究之重鎮，已漸漸有從歐洲轉移到美國的趨勢。

(四)收穫時期

從二次大戰開始到現在，可以說是社會科學發展中的「收穫時期」，也可說是「蛻變時期」。說它是「收穫時期」，是從二次大戰以來社會科學研究發見之豐富及其應用之廣泛來看的；說它是「蛻變時期」，是從在此期間中，社會科學逐漸發展出一個共同的發展中心—即行為科學—來看的。

由人類社會的安全及幸福看來，二次大戰無疑的是一大浩刼。但是這次世界大戰爭在促進科學和技術的發展上，却無可否認地發生了相當的作用。關於物理及生物科學在此次戰爭中的進步，尤其是在反軸心國家中的進步，諸如原子能的應用、航空工技的發達、以及醫療設備及技術的精進，已是公認的事實。社會科學在此次大戰中，也扮演了前所未曾扮演過的重要角色，擔負了前所未曾擔負過的使命。

以心理和宣傳戰而論，軸心國家以及反軸心的同盟國家，都會大量地引用心理學家（尤其是社會心理學家），來協助政府及軍方制定其作戰方案，及訓練軍事人員從事心理及宣傳戰工作。美國和日本在南太平洋作戰時，雙方都依靠其本國人類學家、社會學家、經濟學家、以至地理學家對此地區多年研究所得的資料。德國在處理集中營內難民以及美國在管理被拘留起來的日僑時，雙方都有社會科學家參與其事。如此應用社會科學家之專業知識，固然有違於人道原則及社會科學之超然中立地位，但是由此次戰爭而證明社會科學知識之有用性，則不能不說是一種成就。

此外參戰各國因戰時需要動員大量人力物力，不得不在行政管理上精益求精，以求對一國的資源人力，作最經濟、最有效之發揮，因此便促進了公共行政及工商業管理科學之進步，譬如一般人均認爲美國在二次大戰中所表現出來的龐大力量，係基於其豐富的資源及雄厚的工業；而不知美國企業管理科學之發達，也是使其能够迅速動員，發揮巨大戰力的重要原因。即以完成原子彈建造的「曼哈坦計劃」而論，原子彈之父奧本海默事後公開聲明此計劃之終獲實現，除科學研究人員的努力外，應歸功於主持聯繫此龐大計劃之無數政府及軍中之行政專家。

在二次大戰期中卓有貢獻的許多社會科學家，如今許多均尚健在，他們的思想、經驗、和研究、都在繼續發展和累積中，我們自不宜在此提前作結論性的介紹。而二次大戰以來各項社會科學研究的突飛猛進，理論的層見迭出，發見的繽紛雜陳，均使我們無法在此作一詳盡而面面俱到的報導。但是我們從一項追求社會科學的統合（integration）和科學化的運動中可看出社會科學在近卅年的演化；這個運動便是行爲科學學派（The Behavioral Science Approach）。

社會科學中行爲學派[四三]的興起，可以追溯到一次大戰前後部份歐洲的社會科學家、人文學家、及哲學家爲求打破當時科學界過分分化而發起的科學統一運動。由於當時發起的學人主要是奧國的維也納城，所以也稱之爲維也納學派，維也納學派初期對於學術研究的基本主張有以下幾點：㈠一切思考和理論，必須要遵循嚴密的邏輯（logic）程序；㈡任何關乎事實的（factual）的理論，一定要有「經驗性」(empirical)的資料加以印證（verified）後始能成立；㈢科學研究者必須發展出一種能够爲不同學科內的專家們共同了解的語言，以溝通彼此之間的思想；因此對於既存的語言，有加以邏輯分析的必要；㈣爲達到以上目的，各種科學家必須互助合作。

維也納學派的主張，在一九三〇年前後在歐洲及美國通過幾篇重要的論文公之於世後，很快地得到各國學者的共鳴，其中包括：德國的柏林經驗哲學學社（Berlin Society for Empirical Philosophy）、英國的劍橋解析哲學派（Cambridge School for Analytical Philosophy）、波蘭的華沙學派（Warsaw School）、美國的實證論（Pragmatism）和運作論（Operationalism 亦可譯爲實用論）、以及法國的新實在論（New-positivism）等種種學派的學者。形成了所謂「科學經驗論」（Scientific empiricism）或「科學統一」（Unity of science）的强大思想潮流。

科學統一運動形成後，會自一九三四年起前後召開了許多次國際會議，開會的地點包括布拉格、巴黎、哥本哈根、英國的劍橋、美國的哈佛大學及芝加哥等等。至一九四七年，此派學者成立了一個「科學統一研究所」（Institute for the Unity of Science），並出版國際統一科學百科全書（*International Encyclopedia of Unified Science*）及統一科學學報（*Journal of Unified Science*）[四四]。這些學術活動，對於推動社會科學的統一及科學化以及行爲學派的興起，發生了相當不小的影響。

除了由維也納學派發展出來的科學統一運動外，另一項間接促進行爲科學發展是操縱學（cybernetics）的提出，這是已故世原籍瑞典的麻省理工大學教授維納（Norbert Wiener）的思想結晶。操縱學是研究消息之傳遞（transmitting of message）以及機器和人類社會之控制的科學。它的理論一方面建立在數學、物理、和化學對機器運作的分析上；另一方面則建立在心理學、生理學、以及生物學對於生物以至人類通訊行爲的研究上，最後以「自動化」（automation）、「反饋」（feedback）、及「學習」（learning）等概念將機器的通訊行爲（communication behavior）和人類的通訊行爲融合爲一，成爲一個單獨的學科。（事實上，cybernetics 也可譯爲「人器（人類機器）學」或「器社（機器與社會）學」）（四五）

操縱學理論中有兩點對行爲科學發生重大的影響，第一點是把複雜的機器與人類等量齊觀，都看成是一種接收和放出消息的通訊系統（communication system）。第二是强調物理科學、社會科學、和生物科學的研究，最終均只能求出一種或然率（probablistic）性的關係，因此特別着重統計分析。這兩項觀點都對行爲科學的理論和研究，有着或多或少的影響。

以上所談到的科學統一運動和操縱學的提出，對於行爲科學的發展，基本上是一種啓發性的和催化性的作用。行爲科學眞正形成一種旗幟鮮明的運動，恐怕要歸之於一九四九年在芝加哥大學校園中所擧行的一次科際性（interdisciplinary）的會議，據美國學者宓勒（James G. Miller）的報導，當時與會學者討論我們是否有足够的旣存的科學知識，來發展出一整套關於行爲的一般性理論；這些理論必須要能够用經驗性資料來判定眞僞（empirically testable）。會中學者心目中的「行爲」，主要是指生物和社會科學中的行爲而言；因此便採用「行爲科學」（behavioral sciences）的這個名稱，通指上述兩樣科學。採用這個名稱，尙有另外兩個原因。其一是因爲它是個中立性的名稱，能爲生物及社會科學所普遍接受；其二是怕美國國會中保守派的議員或基金會人士，誤認「社會科學」爲社會主義（socialism）（四六）。

這群在芝加哥集會的社會及生物科學家們，經過多次討論逐漸獲得四項結論：㈠理論的肯定及證明必須要靠公衆均能觀察了解的客觀事實，而不能靠學者一己的經驗；㈡大家必須儘可能地用數量化的方式來陳述假設（hypotheses），俾其能够加以精密的判定（precisely testable）和修正；㈢儘量使各種陳述（statement）趨於精確，以便能用嚴密的試驗加以肯定及否定；㈣使用自然科學家所慣用的「公分—克—秒」制作爲度量的工具（四七）。

由於以上這些學者的努力，促使福特基金會（Ford Foundation）成立了一個「行爲科學部門」（Behavioral Science Division），並於一九五二年撥款在史丹福大學（Stanford University）附近成立了一個「行爲科學高級研究中心」（Center for Advanced Study in the Behavioral Sciences），每年甄選四十位來自美國和十位來自其他各國的行爲科學家在此聚集。他們在此除了進行其各自的研究工作外，別無其他責任。但是這個中心使這些學者們有一個愉快的工作環境和彼此交換意見的機會。十幾年來，去過這個中心的美國及其他各國的學者，已經在行爲科學的發展上先後扮演重要的開拓及領導研究的角色。

除了資助在史丹福大學的「行爲科學高級研究中心」外，福特基金會還在一九五三年撥款給哈佛、史丹福、芝加哥、密歇根、及北卡羅萊納等五所大學，委托這幾所大學中的學者，從事有關行爲科學的發展與研究（四八）此外先後撥款支持行爲科學研究的基金會還有洛克菲勒基金會（Rockefeller Foundation）和卡內基基金會（Carnegie Corporation）等等。美國聯邦政府也曾予行爲科學之研究予以大量經費的補助，其中尤以「教育、衞生、和福利部」（U.S. Department of Education, Health, and Welfare）撥款支助的數目最爲龐大。

由於以上各種機構對行爲及社會科學研究的亟力資助，許多以此爲研究對象的學術機構便得以建立及維持。諸如耶魯大學的「人類關係研究所」（Institute of Human Relations）、北卡羅萊納大學的「社會科學研究所」（Institute of Research in Social Sciences）（二者均在二次大戰前卽已成立）；哈佛大學的「社會關係實驗所」（Laboratory of Social Relations），密歇根大學的「社會研究所」（Institute for Social Research）、明尼蘇達大學的「社會科學研究中心」（Social Science Research Center）（以上四者均係在二次大戰後成立），均係附屬於大學但却有獨立研究計劃，專門從事行爲及社會科學研究的高級研究機構。

右列各種研究中心之學者在從事研究工作時，主要是運用行爲科學的重視理論、重視經驗性、科際性、和統合性的原則和方法。時至今日，行爲科學已成爲社會科學研究的主流。甚至行爲科學與社會科學根本有成爲一而二、二而一的情勢。在開始時，行爲科學研究還只包括人類學、心理學、及社會學三個學科（四九）。其後慢慢擴大範圍而加入經濟學、政治學、語言學、和精神病學。近幾年來，教育學、地理學、以至歷史學都漸漸採用行爲科學的理論與研究方法。以至最近美國國家科學院及美國社會科學研究會（Social Science Research Council），在對行爲科學及社會科學的現況作全面調查時，根本不將兩者區分，而逕行合稱之爲「行爲及社會科學」（Behavioral and Social Sciences）（五一）。

縱觀二次大戰以來社會科學在行爲科學研究的衝激下所發生的變化和獲得的成就，可以極簡短地歸納爲以下數點：

(1)社會科學在十九世紀末廿世紀初所建立的彼此間的藩籬已被打破，各項社會科學互相借用彼此的觀念、理論、與方法，而逐漸成一個相互溝通的多科性的和統合性的科學。

(2)由於行爲科學研究注重理論的嚴謹性和研究的客觀性，促進了社會科學方法論（methodology）的發展。數理及統計分析、實驗室研究、抽樣調查、以至電腦分析均先後爲社會科學家所使用，大大的增加了社會科學研究的可靠性。

(3)在近數十年中，社會科學界無論研究人員、研究經費、及研究中心，均有極顯著之增加。社會科學的專門刊物，更如雨後春筍，作幾何性地增進。

(4)社會科學之科學性質及其研究結果的可靠性及可用性，已獲得許多先進國家政府和民間的認識，政府在制定政策時及民間工商業發展其事業時，莫不延攬社會科學家，擔任備諮詢及指導之任務。

以上所述各點，俟以下介紹現代社會科學之方法及發展趨勢時，當作進一步之討論。

(五)我國社會科學發展經過簡介

具有現代意義的社會科學，對我國來說基本上是一種舶來品。部分國人把我國春秋戰國時代關於政治及社會的學術思想已極發展，作爲我國早已具有社會科學的證據。這是把政治和社會哲學與社會科學混爲一談，弄不清其界限與性質而犯的錯誤。

西方社會科學輸入我國主要的途徑有二：一是譯書、一是留學。先談譯書，我國大量翻譯西方科學書籍始於明末。徐光啓與利馬竇合譯幾何原本及其他西方數理書籍，對我國初期數學及自然科學之發展功不可沒。清朝道光年間，中國與西方各國多有衝突往還，學者們乃開始留意於地志之編纂，其中以一八四七年魏源撰成的海國圖志最有規模。該書共一百卷，其中不僅涉及各國之地理形勢，也對文化政治經濟情形加以介紹（五二）。

在魏源出版海國圖誌之後，咸豐年間的西方傳教士，同治年初設立的同文館，廣方言館及江南製造局，都從事於西書的翻譯。但是所譯之書多半是目前所認爲是物理科學及生物科學一類的書，包括當時所謂「格致」、「化學」、「天學」、「地學」、「農政」、「醫學」、「動植物學」、「礦政」、「兵政」等學科（五三）。有關社會科學只翻譯了一些「史志」、「官制」、「學制」、「法制」及「報章」等數目有限的書籍。留法歸國任職李鴻章幕府的馬建忠曾建議成立譯書院，專門着重於翻譯西方國家有關政治、經濟、法律、地理方面的書籍，但未蒙清廷採納。

西方重要社會科學著作的大量翻成中文，實以清末留英歸國的嚴復開端。從一八九六年開始，嚴氏先後將下列重要書籍翻爲中文：赫胥黎的天演論、亞當史密斯的原富、約翰穆勒的名學、斯賓塞爾的群學肄言、孟德斯鳩的法意、及甄克思的社會通詮等書（五四）。嚴復深通英文，復於桐城派古文極有修養，他在翻譯上述各書時所創下的「信、達、雅」三原則，至今猶爲譯書之規臬。除嚴復外，清末民初的學者如林紓（譯拿破崙本紀、布匿第二次戰紀）及梁啓超（普遍介紹西方社會科學），均對西方社會科學的傳譯具有貢獻，但均不及嚴復用力之深及態度之嚴謹。

民國以後，我國翻譯西洋社會科學書籍頗有增進。學者除自歐美原文書籍譯成中文外，也有從日文翻譯之西洋書籍再譯爲中文。至今我國社會科學尚有許多名詞是保留原來的日文翻譯的。若將我國的翻譯事業與世界各國比較，則我國落後先進國家甚多，不如隔鄰日本遠甚。我國科學（包括社會科學）之未能大有發展，譯書事業不發達實爲主要原因之一。

除譯書外，留學外洋也是我國吸收西方社會科學主要途徑之一。國人赴歐美留學，有史可考者第一位要算是於一八四七年赴美國留學的容閎（五五）。容氏於一八五四年自耶魯大學畢業。他囘到中國後得曾國藩之贊助，選拔學生赴美留學。在一八七二年至一八七五年間，共有一百廿名我國學生在清廷官費補助下赴美攻讀（五六）。這些學生按清廷原訂計劃爲修畢大學中的軍事、航海、造船、及測量等課程後歸國（五七）。但以種種原因，清廷於一八八一年未待多數學生修畢大學課程卽召之歸國。

從一八七五年起，沈葆楨也開始送學生赴歐洲遊學（五八）。同時我國學生留學日本者也逐漸增加，至一九〇六年我國已有一萬五千名留日學生。在第一次大戰期間，許多中國學生在「勤工儉學」計劃下赴法國留學，至一九二一爲數已近一千七百人（五九）。光緒卅四年（一九〇八年），美國國會議決退還庚子賠款，清廷便以該款按年派遣百名學生往美國留學，並建遊美學生肄業館於清華園，於是留美學生又復增加（六〇）。

早期我國留學生研習社會科學的比例的資料缺乏記載。惟汪一駒（季千）先生所著西方文化與中國知識份子一書中有一九〇九年至一九二九年間我國留美所習學科之統計如左：

攻習學科	百分比
工程學（Engineering）	卅二點卅三
科　學（Science）	十點九九
醫　學（Medicine）	五點一九
農　學（Agriculture）	三點六三

軍　事（Military Science）	一點九四
人　文（Humanities）	五點五四
音　樂（Music）	零點二五
社會科學（Social Sciences）	廿三點八四（共計）
法　律（Law）	二點七七
政　治（Political Science）	九點一五
經　濟（Economics）	十點三八
社　會（Sociology）	一點五四
教　育（Education）	五點零四
商　業（Business）	十一點二五

由右表看來，在一九〇九—一九二九年間我國留美學生習社會科學者已佔相當比例（六一）。這些早期攻習社會科學的留美學生歸國後，在我國社會科學的教學研究上發生很大的影響，他們對我國社會科學發展方向上的左右力量，要超過留學其他各國的學生（六二）。

在清末民初由翻譯及留學的媒介而興起的我國現代社會科學的發展，可以分爲幾個階段加以討論。從清末一直到五四運動，可以說是中國社會科學的胚胎階段。在此期間，我國學者的主要活動在於介紹西方社會科學的理論及研究結果，及訓練學生吸收社會科學之知識。這時社會科學發展的重鎮在北平，其中尤以在蔡元培主持下的北京大學人才濟濟。此外清華、燕京、及在南京、上海一帶的大學如滬江、復旦、金陵、南京高師等，都先後開辦有關社會科學的學系。

民國八年發生的「五四運動」，提出「民主」與「科學」兩大口號，倡導運用白話文，宣揚疑古及創造新文化，是對我國社會科學發展的一劑興奮劑。從民國八年一直到民國廿六年，爲我國社會科學急速成長的階段。五四運動後，美國學者杜威（John Dewey）及英國學者羅素（Bertrand Russell）先後來華講學，前者將實證哲學介紹於中國學術界，後者則講述數理邏輯及一般哲學文化問題。同時美國教育學家門若（Paul Monroe），德國哲學家褚瑞希（Hans Driesh）也都相繼應邀來華，就其專修對我國學者加以介紹（六三）。以上這些學者雖非專攻社會科學，但彼等重視經驗知識（empirical knowledge）及邏輯之思想，對我國社會科學研究的性質和方向，有相當啓發性的作用。

除歐美學者來華講學外，我國社會科學家本身也開始從事創作（original work）來推動這門新興知識。以社會學為例，民國元年前只有八本翻譯書籍；民國六年至十年創作和翻譯各七冊。到了民國十一年至廿年間，翻譯突增至廿五冊，創作更遽增至七十七冊（六四）。民國廿一年至卅年也維持同樣高水準之出產率，直至對日抗戰進入艱苦階段後才稍減退。由此一端可以看出我國社會科學在此時期研究出版活動的積極與收穫的豐富（六五）。

北伐成功全國統一後，我國最高學術機關「中央研究院」於民國十七年宣告成立。其中分設物理、化學、工程、地質、天文、氣象、歷史語言、及社會科學等研究所，推動並領導全國學術研究計劃。在丁文江氏主持之下，中央研究院及附屬機構很快便有卓越表現。諸如北京人的發見，安陽小屯的發掘，新疆省古代絲路及漢代文物之探測考證，以及全國各地普遍舉行之社會、語言、民俗、經濟諸方面的直接調查（survey），都有很顯著的成績，博得國際上的注視與讚譽，設無對日抗戰之爆發，我國社會科學研究，當能有更輝煌之成績。

自民國廿六年至民國卅八年，是我國社會科學的播遷及動亂時期。在此時期中，先是八年抗戰，各學術研究機構紛紛西遷至大後方，雖然在物質設備上頗有損失及限制，但是我國社會科學之教學研究却因而播遷到西南各省。同時因地理位置的關係，社會科學家（尤其是考古人類學家、語言學家、及社會學家）乃在後方展開對少數民族文化之研究，並分析西南各省之社會結構和社會流動（social mobility）。這也未嘗不是因戰亂播遷而得的收穫。

抗戰勝利後，各社會科學研究機構及學校紛紛復員。這本是學術發展一大良機，但不久內戰擴大，社會經濟皆受戰亂影響而呈不安，學者自亦無從安心研究。加以各大專院校內學潮頻仍，罷課停課時常發生。社會科學家既以人及社會為研究對象，其關切時局憂心國事每超過自然科學家，一旦面臨如此動亂情況，其處境之艱困可想而知。

自共產政權佔據中國大陸之後直至如今，可算我國社會科學之發展被壓迫而重整的時期。所謂「壓迫」，是指中共政權對大陸社會科學研究者多次迫害而言；所謂「重整」，是指隨中華民國政府播遷來臺及寄居海外之社會科學家孜孜不息，重整過去研究之成果，並開創新機而言。

中共政權成立之初，對社會科學家尚繼續其統戰的傳統加以籠絡及容忍。但不久即展開智識界之「學習」和「自清運動」（六六）。經過「百花齊放」、「整風」、及最近的所謂「文化大革命」，大陸上的社會科學家從事獨立客觀的研究工作的自由已剝奪幾盡。知名的社會科學家如馬寅初、費孝通、陳達、吳晗、鄧拓等都先後遭受清算鬥爭。目前在大陸以外可以看到的中共社會科學出版物，無不充塞馬列主義及毛澤東思想的僵硬教條，因此其研究成果多半極度缺乏客觀性的資料與分析，參考價值甚低。

當大陸上的共產政權限制社會科學之際，隨政府遷臺的社會科學學者，却隨着臺灣社會的安定與繁榮而逐漸重新得以在教學之餘，從事研究工作。隨着各種社會科學研究所的恢復和建立，新的一代社會科學研究人才紛紛完成高級研究學程而加入學術研究與教學的行列。於是老一輩的和年輕一輩的學人相互合作，乃造成了近幾年來臺灣社會科學界推陳出新的一番新氣象。

除了在臺灣的學者外，香港、美國、星加坡、和其他地區的中國社會科學家，也都一本初衷從事嚴謹的研究工作，獲得豐碩的成果（六七）。並且由於這些海外中國學者們的媒介，使西方社會科學家逐漸認識我國社會科學家的素養及其研究之成果，促進彼此理論與發見之交流。近年來西方學者對於研究近代中國社會問題日趨熱中，其原因固然一方面是因爲關注在大陸上的共產政權的演變，另一方面也是受我國執教歐美大學的社會科學家研究成果的吸引所致（六八）。

從臺灣社會科學界的新發展和在海外中國學者近年來的貢獻看來，我國的社會科學，在未來實有很大發展的潛力。至於我們能不能充分發揮此項潛力，就要看國內政府能不能對社會科學研究予以更大之鼓勵與支持，工商實業界會不會大量資助此項科學的研究，和國內外的社會科學家們能不能保持密切而經常的接觸，相互合作，共同爲社會科學的研究而努力了。

（二八） 見 Bert F. Hoselitz (ed.). *A Reader's Guide to the Social Sciences* (New York; The Free Press, 1959), p. 7.

（二九） 惟英人李約瑟著「中國科學思想史」，認爲道家爲我國自然科學思想之始。如此則我國社會科學之肇始與自然科學之發生時間相距不遠。此爲學者個人看法問題。關於道家與中國自然科學發展之關係，可參閱陳榮捷，「評李約瑟『中國科學思想史』」，東方雜誌，復刊三卷十一期（五十九年六月一日），八十至八十五頁。

（三〇） 要將過去兩三百年來社會科學發展的經過作一詳盡地歷史的陳述，顯然不是本文篇幅所能容納。筆者目的僅在對近代社會科學發展的重要過程及人物，作極簡短扼要的介紹。其間主觀的選擇與觀察是無可避免的。筆者撰述時主要根據之資料爲：Duverger, *An Introduction to the Social Sciences*, *op. cit.*, pp. 12–23; Bert F. Hoselitz, "*The Social Sciences in the Last Two Hundred Years*," in B. F. Hoselitz (ed.), *A Reader's Guide to the Social Sciences* (New York: The Free Press, 1959), PP. 7–25。遇有引用其他資料時當另行註明。

（三一） Andrew Hacker, *Political Theory*, *Philosophy*, *Ideology*, *Science* (New York: The MacMillan Company, 1961), pp. 233–286.

（三二） 孫本文，社會思想（臺北：商務印書館，一九六七年），八十五頁。

（三三） Harry Eckstein and David E. Apter (eds.), *Comparative Politics, A Reader* (New York; The Free Press, 1963), PP. 7–8.

（三四） Hacker. *op. cit*. PP. 287–339; Margaret Wilson Vine, *An Introduction to Sociological Theory* (New York; David Mckay Company, Inc., 1959), p. 15.

（三五） Vine, *op. cit*., p. 30–31; 龍冠海，社會學（臺北：三民書局，一九六六年），三一四頁。

（三六） Bernard S. Phillips, *Social Research, Strategy and Tactics* (New York; The MacMillan Co., 1966)), pp. 87–90.

（三七） E.R.A. Seligman *et al.* (eds), *Encyclopedia of the Social Sciences* (New York: The MacMillan Company, 1936).

（三八） 女兒對父親則爲「戀父情結」（Electra complex）。參考：胡秉正撰「戀母情結」，雲五社會科學大辭典（臺北：商務印書館，一九七〇年）第九册「心理學」，一二五－一二六頁。"Psychoanalysis: Classical Theory," in David L. Sills (ed.), *International Encyclopedia of the Social Sciences* (New York: The MacMillan Com-Pany & The Free Press, 1968), Vol. 13, p. 9.

（三九） 佛洛伊德的精神分析論曾受到他的學生的批評和修改。譬如佛氏的大弟卡爾庸（Carl G. Jung）便不贊同佛洛伊德完全用有關性的潛意識來解釋人類行爲。見 *International Encyclopedia of the Social Sciences*（玆後簡寫爲 *IESS* (1968), *op. cit*., Vol. 8, pp. 326–330.

（四〇） 見 Harold D. Lasswell "Impact of Psychoanalytic Thinking on the Social Sciences," in L. White (ed.), *The State of the Social Sciences*, *op. cit*., pp. 84–115.

（四一） 關於政治學行爲研究法，請參看筆者所撰：「行爲研究法」，在雲五社會科學大辭典中「政治學」部分。

（四二） 關於社會科學在一次大戰前後的發展，請參看 Seligman (ed.), *Encyclopedia of the Social Sciences*,（玆後簡稱 *ESS* (1936), *op. cit*., pp. 189–228.

（四三） 「行爲學派」（behavioral approach）不等於「行爲主義」（behaviorism）。前者是社會科學中多科際的一種研究法。後者是心理學家華生（John Watson）所倡導的一種心理學研究方式。詳情請參看蘇薌雨及莊仲仁合撰「行爲主義」，在雲五社會科學大辭典（見前）「心理學」，十五至十六頁；及筆者所撰同辭典「政治學」部門中之「行爲主義」條。

（四四） 關於維也納學派及科學統一運動的敍述，主要是根據以下幾種資料：徐道鄰，行爲科學概論（香港：友聯出版社，一九六〇），三一七頁；陳少廷，「行為科學與政治研究之關係」，東方雜誌，四卷一期（五十九年七月一日），卅六－四十四頁；Phillip Frank, *Modern Science and Its Philosophy* (New York ; George Braziller, 1955), pp. 1—52.

（四五）"Cybernetics"是從希臘文"Kubernetes"原意是掌舵人（Steersman），見 Norbert Wiener, *The Human Use of Human Beings, Cybernetics and Society* (Garden City, New York: Doubleday & Company, Inc., 1950), p. 15.

（四六）美國政界及金融界之保守派人士，極不喜社會主義及任何與此項主義有關之活動。由於這些人士對於社會主義缺乏了解，便常把共產主義與民主社會主義混為一談，也常把自由主義人士看成是社會主義者或共黨同路人。美國學術界人士對此深懷戒懼之心。當一九四六年美國國家科學基金會（National Science Foundation）向國會申請成立時，尚有少數參議員認為社會科學即「社會主義的科學」（Socialistic Science）。在我國，也會有人對社會學發生同樣的誤解。見 James G. Miller, "Toward a General Theory for The Behavioral Sciences," in L. White, *op. cit.*, pp. 29—30 ; David Easton, "The Current Meaning of Behavioralism," in James C Charlesworth (ed.), *Contemporary Political Analysis* (New York ; The Free Press, 1967), pp. 21；龍冠海，社會學（臺北：三民書局，一九六六年），三八二頁。

（四七）見Miller, *op. cit.*, p. 31.

（四八）徐道鄰著（見前），二十二頁。

（四九）見 Bernard Berelson (ed.), *The Behavioral Sciences Today* (New York : Harper and Row, 1963), p. 2.

（五〇）關於歷史學受行為科學的影響，可參看：Robert F. Berkhofer, *Behavioral Approach to Historical Analysis* (New York: The Free Press, 1969); Nicolas Rashevsky, *Looking at History through Mathematics* (Cambridge ; The M. I. T. Press, 1968); and Don Karl Rowney and James Q. Graham (eds.), *Quantitative History: Selected Readings in the Quantitative Analysis of Historical Data* (Homewood, Ill.: The Dorsey Press, 1969)。關於行為學派在政治學中的影響，可參看筆者在雲五社會科學大辭典「政治學」「行為研究法」條後所附之參考資料；其他各科可參看 *IESS* (1968) 及 *BSSON* 兩書中對各該科之簡述。

（五一）*BSSON, op. cit.*

（五二）原書僅五十卷，至道光廿七年增訂為一百卷。見柳詒徵編著，中國文化史（下冊）（臺北：正中書局，台八版，一九六八年），一七九頁。

（五三）　柳詒徵著（見前），一八三一一八四頁。

（五四）　同前，一八六一一八七頁。

（五五）　Arthur W. Hummel (ed.), *Eminent Chinese of the Ch'ing Period, 1644-1912* (Washington, D.C.,: U.S. Government Printing Office, 1964), pp. 402–405.

（五六）　見容閎，西學東漸記（容閎自傳），徐鳳石及惲鐵樵合作譯自 Yung Wing, *My Life in China and America*（臺北：文星書局，一九六五年）。

（五七）　Y.C. Wang, *Chinese Intellectuals and the West, 1872-1949* (Chapel Hill: The University of North Carolina Press, 1966), p. 42。該書五一〇至五一一頁有一九〇五年至一九五二年我國留美學生所習學科詳細資料。

（五八）　*Ibid*., p. 45.

（五九）　*Ibid*., p. 106.

（六〇）　柳詒徵著，（見前），一九三一一九四頁。

（六一）　自政府遷臺以後，我國留美學生習社會科學者日減，根據聯合國發佈的資料及筆者個人的調查，一九六八年我國留美學生在美攻讀社會科學者，尚不及百分之十。見 Yung Wei, "Socio-psychological Variables And Inter–Nation Intellectual Migration: Findnigs from Interviewing Returnees in the Republic of China," (Paper delivered at the Annual Convention of International Studies Association, Pittsberg, Pa., U.S.A. April 2–4, 1970), p. 15.

（六二）　見柳詒徵著（見前），一九四頁；及龍冠海著（見前），三八三頁。

（六三）　Chow Tse-tsung, *The May Fourth Movement, Intellectual Revolution in Modern China* (Stanford, Calif.: Stanford University Press, 1960), pp. 192, 232.

（六四）　見龍冠海，「社會學在中國的地位與職務」，在龍著社會學（見前），三三七一四一一頁。

（六五）　我國學者在八年抗戰前在社會科學上，尤其是社會經濟問題的研究上的成果，可以從孫本文著現代中國社會問題一書中引用本國研究結果之衆多獲得一概括性的印象。參看：孫本文，現代中國社會問題（重慶：商務印書館，一九四三年）；該書共分「家族問題」、「人口問題」、「農村問題」、「勞資問題」等四冊。

（六六）　參看 Theodore H.E. Chen, *Thought Reform of the Chinese Intellectuals* (Hong Kong: University of Hong Kong Press, 1960); and Robert Jay Lifton, *Thought Reform and the Psychology of Totalism*

（New York：W.W.Norton Company., Inc, 1961）.

（六七）以美國爲例，我國（指血統上）學者趙元任（語言學）、蕭公權（政治及歷史）、許烺光（人類學）、蔡樂生（心理學）、何炳棣（歷史學）、劉大中（經濟）、及陳錫恩（教育及政治）等，均在美國社會科學界卓著聲譽，其他未曾提及但却頗有地位名望者還很多。關於美國及國外其他地區中國學者的活動（包括學術活動）的情形，可參閱中華聯誼通訊（舊金山：中華聯誼會發行，不定期出版）中之「學術要聞」欄。

（六八）關於我國社會科學發展經過之參考資料甚爲缺乏，本文所及，只是一個簡略的描述，有些地方還是印象性的。甚望國內外歷史學家中有人能發宏願，寫一本詳盡的我國社會科學發展史。

四、現代社會科學的分類與內涵

我們從上章的討論中，可以知道社會科學的內涵經過了好幾個階段的演變。最初的社會科學，是從哲學、倫理學、以至宗教演化出來的，其內容主要是歷史、社會哲學、和法學。十八世紀以後，社會科學隨着理論和方法的進步，分工愈來愈細密，到了廿世紀初，已形成了一種支離分解的局面。但是在近卅年中，各項社會科學又有由分而合，通過科際統合及行爲科學重新融合的趨勢。本章的目的，便是將各種趨向統合（integration），而在現階段中仍然保留其獨立地位的各種社會科學加以介紹。

(一)社會科學與其他科學的分野

在還沒有討論各種社會科學的內涵前，先請將社會科學與其他各項科學的分野與關係加以說明。

關於人類知識的區分，有很多不同的分類法（六九）。最普通的分法是把人類知識分成四類：即以物理現象爲研究對象的物理科學（Physical Sciences），以生物和生命現象爲研究對象的生物科學（Biological Sciences），以人和人類社會爲研究對象的社會科學（Social Sciences），和以人類的信仰、情感、道德、和美感爲研究對象的人文學（Humanities）（七〇）。在以上四類知識中，人文學通常都只當作一種學科（Field of Studies），而不當作一種科學（Science）。因爲人文學科中的宗教、哲學、藝術、音樂、戲劇、文學（七一）等學問都是包含很濃厚的主觀性（subjective）的成分，着重於評價性（evaluative）的敍述和特殊性的表現。這和物理、生物、及社會科學摒棄主觀追求客觀知識的態度是絕然不同的，因此人文學不能當作一種科學（七二）。

在以上四大種人類知識中，各自又包含了許多更精細的分科。這些分科，基本上可以分爲兩大類。一類是着重基本的理論性的；另一類是着重於實際的應用性的。其區分情形可以用左表說明（七三）。

表一　人類知識的分類

知識＼性質	基本的（理論的）	實際的（應用的）
物理科學	物理學、化學、天文學、地球科學、（數學）（註）等	土木工程、機械工程、化學工程、電機工程、採鑛、冶金、太空科學等
生物科學	生物學、植物學、動物學、生理學、解剖學、微生物學、遺傳學等	農業、醫藥、公共衞生、護理、畜牧等
社會科學	人類學、社會學、心理學、經濟學、政治學、歷史學、地理學、社會統計學等	法律、教育、企業管理、外交、公共行政、大衆傳播、社會工作、精神治療等
人文學	哲學、文學、藝術、音樂、宗教、倫理學等	新聞、建築、電影、戲劇、廣告設計、演說、舞蹈等

【註】：數學與邏輯學是抽象的和形式的學問。它們實可獨自成爲一門學科，成爲人類知識中的第五大類。

在右表的各種知識中，要以物理科學的科學性最高；其次是生物科學；再次是社會科學；最後是人文學。雖然目前有少數人文學者也主張用客觀的，科學的方法來從事人文學科的研究，但基本上人文學是一種評估（evaluative）性的學問，是不能歸入科學的範疇的（七四）。

在我國，社會科學常常與人文學混淆不分，因而產生種種內涵曖昧的名詞，諸如「文科」、「文法科」、「法政」、「文史」等等。這些名詞，各有其發生的背景，也各反映社會科學在發展至一定階段之性質，但其不能正確指示現代社會科學性質則一。最近通用的「人文社會科學」一詞雖比以上列舉的各種名詞意義較為明確，但是還是犯了把人文學也當成科學的毛病。為了這兩門主要的人類知識內涵和性質得以澄清，則分別正名為「人文學」（七五）及「社會科學」是有其必要的。

以目前社會科學發展的趨勢來看，社會科學的性質與研究方法，已逐漸向生物科學接近，而與人文學疏遠。廿世紀以前，社會科學還是在哲學、倫理學、甚至神學的籠罩之下。如今則許多社會科學中的學科與生物科學以至物理科學發生密切的關係。以心理學而論，社會心理學屬于社會科學的範圍，動物心理學則實屬生物科學的範圍。心理學中有關生理的部分，亦涉乎生物科學。以地理學為例，人文地理是屬於社會科學的範圍，而自然地理則與地質學有密切的關係，應當算是自然科學（七六）。此外人類學中的文化人類學固是屬於社會科學，體質人類學則係生物科學（有時亦稱「生命科學」(Life Science）」的範疇。

在各項社會科學中，只有歷史學尚與人文學保持極其密切的關係。儘管自十九世紀以來便有學者主張採用科學方法來重整、分析、和記載歷史事實。直至目前，中外還有許多歷史學家認為歷史之使命是在忠實地記錄和描敍單獨的和特殊的（idiosyncratic）歷史事件，而非在許多歷史事實中求出任何客觀的規律。有的歷史學家更認為歷史之使命是道德性的，史家有藉著史而發生鑒古知今的作用（七七）。從這兩個角度看來，則無疑地歷史學要算是人文學（七八），或至少是與後者有極密切關係的社會科學。

(二)社會科學各科的範圍與分類

社會科學到底包括那些科學，學者們的意見頗不一致（七九）。正如我們已經談過，這和社會科學歷史的發展以及這門科學中的一些學科與其他學門界限不清有相當的關係。由於雲五社會科學大辭典選定了人類學、心理學、社會學、教育學、政治學、法律學、經濟學、行政學、統計學、歷史學、地理學、及國際關係等十二學門，本文便就以上這十二學門加以討論（七九）。

在前面的「表一」中，我們會將社會科學中的各科分爲基本（理論）及實際（應用）的兩大類，但是這還是不够詳細明確。事實上，包含在雲五社會科學大辭典中的十二學門，還可進一步的分爲以下五大類（八〇）：

(1)基本社會科學—在本辭典中的人類學、心理學、社會學、政治學、經濟學、及地理學等六門，比較傾向於人類社會基本知識之追求及理論之建造（ theory-building ），故可稱之爲基本或理論社會科學。上述六科除地理學外，均係直接研究人類行爲之學科，故亦稱之爲「行爲科學」（八一）。

(2)應用社會科學—在本辭典中之教育學、行政學、及國際關係三門，是比較傾向於實際運用的學科，故稱之爲應用或實際社會科學。（不過近年來這三門學科的學者們，除利用基本社會科學的發現及理論之外，自己本身也從事於獨立的創作性的研究（ original research，亦可譯爲「原本的研究」，獲得許多有價值的發見，並提出一些關於基本科學範圍的新理論，所以也不能說是完全應用性的科學）。

(3)規範性的社會科學（ normative social science)—在本辭典中的法律學，其主要內容爲研究並建立人類社會行爲之規範；在各種社會科學中獨樹一幟，故有特別標明的必要。

(4)分析性的社會科學（ analytical social sciences ）—本辭典所收諸學門之一的

圖三
社會科學的分類

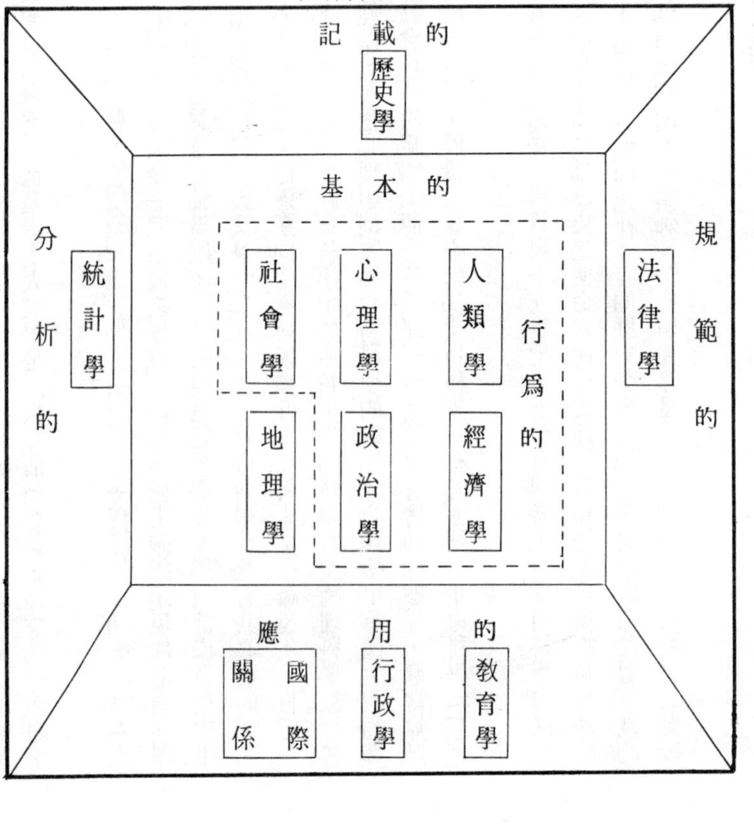

統計學，是一種建立在數學和邏輯學上的知識和方法。統計學本身正如數學一樣，並不包含對於外在世界（external world）的知識，但它們却是人們要了解外在世界各種事件之間的關係的不可少的工具；因此我們可以稱之為分析性的（或工具性的）社會科學（指社會統計而言）。

(5)記載性的社會科學—歷史學在各項社會科學中以至所有人類知識和經驗中，佔有一種很特殊的地位，便是它是無所不包無所不及的。史家的研究對象，幾乎包括了整個人類活動的經驗，而他們的主要職務，便是記載和整理這些經驗，因此我們有將它獨自成為一類並稱之為記載性的社會科學的必要。

以上所述各種社會科學的分類，可以用「圖三」來表明。

(三) 社會科學各科內涵簡述

將「圖三」中各種社會科學的內涵加以詳細的討論，非本文所能容納。事實上以社會科學各科中分工的細密，學派的衆多，和發見的豐富，很難有人能寫一本專書介紹某一學科而能為從事該項科學的學者們所普遍接受，認為是一部公平詳盡的介紹。但為使一般讀者了解各種社會科學大致的內涵起見，筆者仍決定將它們一一作最簡略的闡述如下（八二）：

人類學（Anthropology）

人類學英文名詞原意為「人之研究」（study of man），其內涵可說是非常廣泛。現代人類學一般包含以下四個分科（sub-fields），即：體質人類學（physical anthropology），考古學（archeology），社會或文化人類學（social or cultural anthropology），以及語言人類學（linguistic anthropology）。此外尚有應用人類學（applied anthropology），也常被列為第五個分科。

體質人類學與解剖學、古生物學、及人類遺傳學有密切的關係。這門學科研究人類身體的演進；人類的本源、頭腦、感覺及操縱器械的能力；此外還研究化石以及在自然狀態中生活的靈長類。

考古學主要以早期的人類及其文化為研究對象。考古學家發掘先民的遺物，諸如藝術品、葬地、日常用具、武器、居所、及灌溉設施，並經由這些人類的遺物來重造和了解早期文明的內容。

社會或文化人類學早年以處於孤立狀況的原始部落為研究對象，來分析它們的社會組織、信仰體質、和生活習慣。通常這些被研究的部落都還停留在沒有文字的狀態。近年來文化人類學家已轉移其興趣於現代社會中之農村及都市發展的研究上。調查親屬集團在社會變遷中的轉變便是熱門的研究主題之一。

語言人類學研究不同人類集團如何彼此了解通訊的問題，諸如人類語言之形成、分佈、與發展，和各種人類集團間之關係；以及人類如何因語言不同而發生許多誤會與衝突，均爲語言文化學家關心之問題。

應用人類學爲一新興學科，其主要內涵爲研究如何將人類學中之知識，用來處理有關管理文化程度較低的種族部落的問題，美國政府僱用人類學家協助「印第安人保留區」中的行政工作便是一例（八三）。

心理學（Psychology）

心理學之主要研究對象爲人類的精神現象與心理過程。正如人類學一樣，心理學與生物學、生理學、遺傳學、和醫學有相當的關係。

心理學家研究的重心爲人類的頭腦與其行爲之間的關係（brain-behavior relationship）。諸如感覺、認知的過程、學習、記憶、及動機等，均爲心理學研究的對象。心理學家在研究這些問題時所用的特殊技術包括神經解剖學（neuro-anatomy）、神經化學（neurochemistry），以及神經生理學中的各種觀察及實驗方法。

在各種社會科學中，心理學爲最着重實驗室研究（laboratory research）者。在從事實驗室研究時，心理學家有時利用鳥類、低等哺乳動物、以及靈長科動物；有時則對嬰孩、少年、及成人加以研究。經由嚴密的科學程序及細密的度量儀器，心理學家已在下列各方面獲致重大成就，其中包括：頭腦的結構和功能，利用放在腦中的電極或用化學藥物來控制動物的動機，用新方法研究學習和記憶的過程，睡眠與夢境的性質，以及行爲遺傳學的發展等等。

在心理學中有許多不同的分科（sub-fields 亦可譯爲副科）。其中包括普通心理學、生理心理學、結構心理學(constitutional psychology)，比較心理學、存在心理學（existential psychology）、臨床心理學（clinical psychology）、輔導心理學（counseling psychology）、社會心理學（social psychology）、教育心理學等等。在這些分科中，要以社會心理學與一般社會科學的關係最爲密切。社會心理學主要是研究人在社會環境中的行爲以及有關的心理反應，其研究對象包括語言、知覺（perception）、性格（personality）、社會學習與社會化（social learning and socialization）、角色與角色衝突（role and role conflict）、團體間之緊張與歧視（intergroup tension and prejudice）等等。從這些項目看來，我們便可知道社會心理學實在與社會學有極密切的關係（八四）。

心理學嚴格說來，是介乎生物（或生命）科學與社會科學之間的科學。就其與生物學與精神病學（psychiatry）的關係來看，應當算是生命科學；但就其與人類學、社會學、與政治學的關係來看，則是一種社會科學（八五），這種雙重的性質，是我們應當了解注意的。

社會學（Sociology）

社會學是一個範圍十分廣泛的科學。其研究對象包括家庭、鄉村與城市生活、種族關係、宗教、犯罪、政黨、人口、社會階層等等。

就其理論的架構（framework）來說，社會學的研究可以分成五個分科。第一個分科是人口及生態的研究；關乎這方面的研究的對象是在物質及生物環境中的人類組織的行為，其中包括人口中的生死速率、移民、空間的佔據及排列等問題。

社會學的第二分科是社會心理學。這項學問也是心理學中的分科之一。不過心理學家是從心理學的觀點出發，而社會學家是從社會學的觀點出發罷了。研究社會心理學的社會學家的主要研究對象包括個人的動機、認知、技能（skills）、社會態度、以及認同感（sense of identity）等等。

社會學的第三個分科是集體的社會行為；其研究對象為主要羣（primary group）、自發的集社（voluntary association）、正式的組織，以至整個的社會。從集體的社會行為來研究社會學的學者，在研究時着重社會互動中的集體表現，這和社會心理學學者着重個人的反應是有所不同的。

社會學第四個分科為結構關係（structural relation）。研究結構關係的社會學家的主要研究重點為某些由互動（interaction）而引起的特殊關係，諸如「夫與妻」、「政客與選民」、「雇主與員工」等等。社會學家用「角色」(role) 這個觀念來分析以上種種結構關係，進一步並探討由履行某種特定社會功能而形成的集合的角色模式—亦即社會結構—的行為。

此外社會學還有另一項分科，即對於文化現象的研究。文化是規範和使社會行為合法化（legitimize）的東西。包括在這個項目中的研究對象有規範（norms）、價值（values）、信仰體系（belief systems）等等（八六）。

經濟學（Economics）

經濟學是研究「在無限的與競爭性的使用中，對於有限的資源的分配」（八七）。人及社會均有一定之物質需要及慾望，經濟學的目的即在了解人類如何用有限的資源來滿足此種需要與慾望的過程。

以上的定義稱經濟學為對有限資源的分配的研究，意義並不完全，因為經濟學不僅研究物質資源如何分配給每一個人，並且也研究在一社會以至全世界的資源如何達到充份使用的目的，這便是微視經濟學（microeconomics）與巨視經濟學（macroeconomics）的分野所在。後者在近年來尤其得更大的重視。不過資源的分配（resource allocation，即微視經濟學）和貨幣、收入、及價格（巨視經濟學）在目前仍同爲經濟學研究的兩大重點。

經濟學內有許多分科，比較爲一般經濟學者所公認的有八種，其中包括：

①數理經濟理論—用數理方法來研究經濟理論。諸如使用高級統計學來分析經濟問題的計量經濟學（econometrics）即屬此種研究法的範疇。

②經濟思想史—爲研究過去經濟學家的理論及其彼此之間的影響的學問。

③經濟史—研究各地過去經濟發展的經過。此種研究對於比較各國經濟發展甚爲重要。近年來比較經濟開發地區和經濟落後或低度開發地區的經濟發展經過，爲經濟學研究中的一個熱門。

④工業組織—研究由公司、工業、和市場的結構上發生的問題。

⑤農業經濟—研究農業資源之有效使用，食物及纖維企業，農產品之分配，及農業人口之收入及福利等問題。

⑥勞工經濟—爲工業關係之科際性研究之一環。勞工經濟學家之研究對象爲工資、勞工量、工作時間、以及就業和工會等問題。

⑦公共財政—研究一個國家（state）之經濟活動對於私人經濟之影響，尤其是對國民之收入和就業之影響。

⑧國際經濟—研究國與國之間的經濟活動，以國際貿易爲主體。國際收支平衡爲度量一國他國經濟關係之基準，亦爲國際貿易學者研究之主要對象。目前有關國際貿易之理論已臻甚高之水準。故本科爲經濟學中甚爲發達之分科之一。

在各種社會科學中，經濟學是具有很高的科學性的一個。這可從一般經濟理論（general economic theories）之建立，以及這些理論對於實際經濟行爲之高度解釋性得到證明。經濟學目前已獲致現代科學的地位，還可從諸貝爾獎金自一九六九年開始，即已授與經濟學家一點得到證實（八八）。

政治學（Political Science）

政治學是研究人類政治行爲的科學。所謂政治行爲，是指人和人之間所發生的一種强制性的關係—即所謂權力性的關係（power relationship）。由於這種權力關係存在於家庭、學校、教會、以及其他社會群體中，便有家庭政治、學校政治、及教會政治等等。但是政治學家主要的研究對象，乃是以整個國家爲單位的强制性的權力（及其他價值）的分配結構—政府。

政治學研究的對象，可以以二次大戰作一分水嶺，在此以前為哲學性、歷史性、及制度性的政治學研究盛行的時期；在二次大戰後，則逐漸為重視經驗性的理論與資料的行為學派（behavioral approach）領導政治學研究的時期。

政治學行為研究的基本內容有四：㈠一切無行為性資料（behavioral data）支持之結論皆為假設；㈡政治學之研究必須要與人類學、社會學、心理學、經濟學相結合，而成為一種科際性的科學；㈢政治分析必須摒棄先入為主之價值判斷，做到價值袪除（value-free）；㈣儘量利用數學、統計學、及電子計算機等科學工具分析政治資料（八九）。

目前政治學之研究，一般分為以下四個分科：

(1)政治理論—包括規範性理論（normative theories）及經驗性理論（empirical theories）。前者繼承傳統政治思想研究之內容，討論政治哲學及政治思想中之諸問題；後者為建立在政治行為經驗性資料（empirical data）上之理論（或可以為經驗性資料所肯定及否定之理論）。

(2)比較政治—研究各種政治體系之結構及功能；比較各種政治體系之政治文化、領袖人才、政治社會化過程、政治結構、政治團體、投票行為及政治發展等等。目前比較政治為政治學中範圍最廣的一個分科，近年來研究結果至為豐碩，對於新的政治理論之建立，貢獻甚大。

(3)國際關係—研究政治體系間之關係（以下單獨討論）。

(4)公共行政—研究政府中人員及物質之管理（以下單獨討論）。

除以上四個主要分科之外，有的大學的政治系尚有把公法、方法論、政治行為、美國政治（在美國大學中）、政治心理學、或政治社會學單獨列成一門分科，與以上四科並列，為博士及碩士考試必修或選修分科之一。

由於政治學在近年來急速地趨向科學化的研究，其性質逐漸與經濟學、社會學、及心理學接近，而與哲學、歷史學、及法學疏遠。這對政治學之成為一項科學固甚有好處，但因此使部分政治學學生甚至學者不能明瞭新式政治學研究之方法及內容，亦為急須克服的問題（九〇）。

國際關係（International Relations）

國際關係這種學問，有人把它當做政治學內的一個分科；有人把它當做獨立於政治學之外的一個科際性的學門。這是一項見仁見智的看法問題。從目前許多大學的政治系中都列有有關國際關係或國際政治方面的課程來看，則國際關係應是政治學中的一個分科。但從許多大學都設有專門以國際關係為研究對象的研究院來說，則國際關係無疑地已成了一項專門的學科。

傳統性的國際關係的研究，建立在三個項目之上，第一是外交史，第二是國際法，第三是國際組織。就專注於外交史的學者來說，研究國際關係便是研究國與國間交往的歷史；就專修國際法的學者來說，國際關係之研究當以國際法為依歸，由此而探討國與國之間規範性的關係；就專修國際組織的專家學者而論，研究國際關係當以國與國之間交往之具體結構，即國際組織之分析着手。

以上三種研究途徑，對於國際關係方面知識之增進，皆有相當貢獻。但是近年來國際關係研究範疇，出現一批新派學者；他們主張把國際關係看成一種研究國與國之間的互動（interaction，或譯相互反應）的一種行為科學。此派學者把國家看成是國際社會中的一個行為者（actor），與其他國家在國際環境中不斷地發生合作及衝突（co-operation and conflict）的關係。持有此種看法的學者乃不再單單用歷史或國際法的角度來分析國際關係。而進一步用心理學、社會學、人類學、經濟學、地理學等各種理論與方法來剖析國際問題（九一）。

經過二次大戰以來廿多年的發展，國際關係研究無論在理論上和發見上都有很大的收穫，以理論而言，均衡理論（theory of balance）、融合理論（theory of integration）、環境論（environmental theory）、決策形成論（decision-making theory）、博弈論（game theory）、通訊論（communication theory）、學習論（learning theory）、映像論（image theory）、以及場地理論（field theory），均對國際關係之分析甚有貢獻，以發見而論，目前國際關係學者已對國與國之交往諸如戰爭、交涉、外交決策過程，以及外交人員在國際組織中的行為獲得許多可靠的資料（九二）。

國際關係之研究近兩三年內有與比較政治合流的趨勢，即研究此科的學者把國際關係看成是政治體系與政治體系之間的相互反應過程，從而研究及比較各種政治體系對於其環境（其他體系）反應之異同。此種研究，目前尚方興未艾，將來還大有發展餘地（九三）。

行政學（Administration）

關於行政學的研究，有公共行政（public administration）及企業行政（business administration）的區別。此處所言行政學是指公共行政而言。

「公共行政是運用到國家事務（affairs of the state）上的管理的藝術與科學。」（九四）「公共行政」一詞，通常有兩方面的含義。一方面它是指一門研究的學門（discipline or field）；另一方面指一種管理公共事務的活動。就前者來說，公共行政的研究爲一種科學；就後者來說，則公共行政往往是一種藝術。

正如我們已經提到過，公共行政一般認爲是政治學的分科之一，但是近年來公共行政學已有漸漸從政治學中分化出來自成一門獨立學科的趨勢。這可從美國許多大學已有獨立的公共行政學院（School of Public Administration）得到證明。即使如此，行政學是否應獨自成爲一項學科或與政治學合在一起仍是引人爭論的問題（九五）。

公共行政學的主要研究對象爲各種形式與性質的公衆組織；其核心觀點爲公共行政之目的在於儘量追求一團體之目標的實現（maximize the realization of the goals of an organization）。在研究團體目標之實現時，行政學者假定該團體成員的行爲是合理的（rational），由此而發展出所謂管理科學（management science）和公共行政學的合理性模型（rational model）。

除以組織爲主要研究對象之外，有些行政學者亦以個人和環境（environment）對於一特定組織之影響爲研究重點者，前者研究個人之性格、期望、與行爲和組織運轉的關係；後者研究文化、社會、及地理環境等種種因素對於組織的影響，這便是所謂公共行政的生態學的研究法（ecological approach in public administration），在近年來頗爲流行。

由於公共行政學是一種着重實際應用的科學，其研究成果已獲致各國政府的重視。非僅開發中國家常邀請公共行政學專家協助其籌劃行政結構，提高行政效率；高度開發國家如美國亦重用公共行政專家協助政府解決都市發展、區域計劃、及勞工管理等各種現代社會中之問題。

地理學（Geography）

地理學是研究人類和地球表面空間關係的科學，它既不是純粹的自然科學，也不是純粹的社會科學。事實上，地理學是介乎兩者之間的一種綜合性的科學。

現代地理學主要可以分成兩大類，一類基本上研究地表本身，稱之爲自然地理學（physical geography）。自然地理學與地質學、氣象學、和地球物理學有密切的關係。另一種地理學主要研究人類和其地理環境之關係，統稱之爲人文或社會地理學（human or social geography），人文地理學之研究與社會學、人類學、經濟學、和政治學等其他社會科學有極密切的關係。

在人文地理學的範疇中，尚有其他更精細的分科，其中包括政治地理學、經濟地理學、文化地理學、社會地理學等等；此外尚有統計地理學目前也逐漸形成一種專門的學科。

縱觀目前地理學研究的範圍，可說相當廣泛。其中包括：環境因素對人類開發大自然之影響，人羣居住及遷移的模式，人口之分佈及密度，市場之地點及銷售區，社區之形成及維持，交通網之形成與計劃，人類活動與大自然之平衡問題等等。對於以上各種研究，現代地理學家創造了一個統括性的新名詞—「空間組織」（spatial organization）—來泛指所有研究人與自然環境之關係以及文化景觀（cultural landscapes）的學問。

地理學的研究近來愈來愈趨向於高度統計性的量的分析。各種精密的度量及計算器具如電子計算機的運用，使地理學逐漸成爲一種具有高度科學性質的學科。地理學的知識在當前各國都市計劃和重建（city planning and urban renewal）、公路發展、資源管理（resource management）、和環境保持（environment conservation）上，都已得到普遍的應用（九六）。

歷史學（History）

歷史學無論在中外都是一項非常古老的學問。具有書寫的歷史與否常被用來決定一個社會是否已發展了高度的文明。廣義的歷史，包括一切關乎已成過去的人類活動的記錄。根據這種定義，則先民描寫其生活的圖畫及他們當時的用具遺留下來者都是歷史。狹義的歷史則專指經過整理的對於過去人類生活的文字記載。

歷史學到底是人文學或是社會科學，到現在還是一個聚訟紛紜的問題。除此以外，史學還常常被認爲是一種文學（九七）。這對早期的歷史學來說是很恰當的。因外那時中外史家均十分注意其寫史時所用的辭藻。一本好的史書往往也是一部優美的文學著作。不過十九世紀以來科學性歷史（scientific history）發展的結果，使史學逐漸與文學及一般人文學科疏遠，而與社會科學接近。結果使接受歷史學爲一種社會科學的人逐漸增加。

歷史學研究的目的一般來說是忠實地記載或重建（reconstruct）人類生活的經歷。但是很多史家都並不以此爲滿足。對於許多歷史學者而言，歷史的目的不僅在記載史實，而要進一步地找出歷史上各種事件之因果關係並建立歷史演變的法則。還有一些史家更認爲史學有一種道德意義和目的（九八）。「孔子著春秋，而亂臣賊子懼」便可說是一個例子。我國史家著史時常帶著這種道德的使命感，部分西洋史家也不例外。

由於歷史學是一項範圍非常廣泛的學問，史家在研究時便必須選定一特定範圍來研究，才會有所成績。於是以時間分乃有史前史、上古史、中古史、近代史、及現代史之分；以空間分則有本國史、外國史、地區史、亞洲史、歐洲史、中東史等等；以性質分則有政治史、經濟史、文化史、科學史等等。此外歷史哲學、歷史編纂法與歷史方法論（historiography and historic methods)（九九）亦爲史學研究的另三項分科。

如前所述，歷史學的研究近年來有日趨科學化及數量化的趨向。近年來歷史學家運用統計分析、模擬研究（simulations，例如重建「五月花號」航渡大西洋來印證歷史記載），以至電子計算（一〇〇）等科學方法來重建及整理歷史資料，獲得了許多前所未有的發見。

教育學（Education）

教育學可以算是一門非常古老的學科；也可以算是一門新興的學科。就二千多年前孔子與蘇格拉底分別在中國和希臘設帳授徒來看，則教育學當然是非常古老的，但就教育學開始利用心理學、社會學、行政學的觀念和方法，以及各種現代化的教學儀器來說，則具有現代內涵的教育學實爲一新興的學問。

教育學之內涵實包括所有人類知識與價值觀念（value）之傳授。就知識之傳授而言，則教育學爲研究學習（learning）過程的學問；就價值觀念之灌輸而言，則教育學實與社會化（socialization）之研究有極密切之關係。現代教育學之分科，大致可以歸納爲以下數類：

(1)教育哲學—運用哲學的觀念與方法，來探索及解釋教育之目的、本質、及意義。

(2)教育制度—研究及比較各種學制、教學內容、以及教育機構在政府社會中的地位等等。

(3)教育社會學—視教育爲一種社會活動，並把教育機構看成是一種社會結構，來研究二者與整個社會的關係，其研究項目包括教育與文化、教育與社會階層、教育與政治社會化（political socialization）、教育與社會流動（social mobility）、以及教育與社會變遷（social change）等等。

(4)教育組織—利用組織理論（organizational theories），把學校看是一種正式的組織（formal organization），來研究如何增加學校之行政效率，維持員工和睦，合理地分配教學任務，及處理學校財政等問題。其內涵一部分與「教育行政」一詞相當。

(5)教育心理學—與心理學中關於學習（learning）心理的研究有密切之關係。從事教育心理學研究之學者之主要研究對象爲：㈠在學校環境中之學習過程；㈡學習之興趣、能力、與動機；㈢心理衞生（mental health）及社會適應（social adjustment）；㈣度量與評估（measurement and evaluation）教學效果、教學問題、與評分標準。

(6)教育統計—運用統計學之方法分析有關教育學範疇中的各項問題，爲現代教育研究法中不可缺之一環。

除上述等六種分科外，在我國及他國的教育學中尙有訓育、輔導、體育、社會教育、特殊教育、教育研究法、教育測驗等分類（一〇一）。

教育學基本上是一種應用科學。在歐美教育學之講授泰半均限於獨立性與職業性之教育學院（school of education）之內。在我國的師範教育，也算是一種職業教育。近年來教育學的研究由於注重理論與方法，獲得了頗爲豐碩的發見，提高了教育學在行爲和社會科學中的地位。

法律學（Law）

法律學是一種規範科學（normative science）；其基本內涵爲關乎約束人類社會行爲，維護社會秩序的規範（norm）的研究。關於「法律」一詞的定義，有好幾種不同的說法。英國學者多受奧斯汀（Austin）的影響，認爲法律爲「主權者」之意志（命令）（command of the "Sovereign"）；美國現實派（realist）之學者，則多半接受何姆斯(Wendell Homes)的說法，認爲法律是對於「法院將予執行者（條例）的預測」（prediction of what a court will enforce）。目前爲最大多數接受的觀念是：㈠法律是維持一社會之秩序的一套規則（a body of rules）；㈡有一定機關經一定程序運用上述規則判定案件；㈢有一定機關及程序對於判定違反法律規定者加以制裁。

法律學的研究大致可以分爲以下幾個範圍：

(1)法律哲學—研究法律之本質及其哲學基礎。關乎自然法學派、理智法學派、歷史法學派、社會法學派、以及法學實在論、法學經驗論、和自由法律說的研究都屬乎這個範圍（一〇二）。

(2)對於各種法律本身之研究—包括法律之分類、法律條文之內容及其解釋、判例、以及古今各國法律之比較研究等等。其研究對象包括羅馬法、習慣法、憲法、制定法、行政法、國際公法、國際私法（conflict of laws）、民法與刑法等等。

(3)對於法律制度（legal system）之研究—對於各種不同的立法、司法、執法制度之研究，包括對英美法和大陸法系之比較研究、司法機關組織及權力之研究、以及審判之程序和犯人之管理等等。

(4)法律社會學（the sociology of law）—研究法律的社會基礎（social foundation）、法律與社會控制（social control）、以及法律與社會變遷之關係等問題。

5)法律與精神病（psychiatry）關係之研究—從精神病學之觀點研究法律問題，尤其是關於犯罪心理之分析。

(6)司法行為（judicial behavior）—用行為科學之理論與方法來研究法官之判案、社會背景、及政治態度等問題，近年來並推廣到律師的行為的研究上（一〇三）。

以上各種法律學研究範圍中，要以後三者與其他社會科學的關係比較密切，而這三種也正是目前歐美（尤其是美國）法學研究中的熱門（一〇四）。

統計學（Statistics）

統計學（statistics）一詞是由拉丁文status一字引申出來的。status 在拉丁文中指國家及狀態。根據這項意義，則統計為關乎一國之政治及社會狀況之知識（一〇五）；包括人口、財富、軍力、官吏之數目、幅員之廣度等等。但這只能適用於十八世紀以前的統計學。現代統計已不僅是一些數字，而是一整套協助我們從大量的資料中獲得知識的數學、邏輯及計算的方法。

統計學主要可以分兩大類，一類是描述性的統計學（descriptive statistics）；另一類是歸納性的統計學（inductive statistics）。描述性的統計學的主要用途是把大量的資料（data）加以有系統的整理並簡化，使這些資料所包含的知識能以摘要的形式（summarized form）顯示出來。諸如百分比、平均數、標準差（standard deviation），以及相關係數（correlation coefficient）的計算，都是幫助我們了解資料內容的統計方法。

歸納性的統計學是從抽樣（sampling）的結果中來對整個「人口」（population）的性質加以推測的方法。這種方法一般稱之為統計推理（statistical inference）。統計推理是建立在數學中的或然率（probability）的。統計學運用或然率的原理，可以從一個大城市甚至整個國家抽選出幾百或幾千個人作成一個樣本（sample），再從這個樣本中運用各種統計計算找出各種變數（variables）間的關係的方法。由於在樣本中的人（respondents）在理論上是全城或全國人口的代表，由分析樣本得來的發見便也就可以引申為對全城或全國所有居民調查的結果。對社會科學家來說，抽樣調查（sample survey）實為獲取知識的一項利器（一〇六）。（詳情在下章討論社會科學之研究方法時再予介紹）

歸納性統計最大的用途為對於假設之判定（testing hypothesis）。視各種資料性質之不同，目前社會科學學者可以用卡方試驗（Chi-square test），費雪精確試驗（Fisher's Exact test）、柯可然Q試驗（Cochran Q test）、中數試驗（median test）、科莫果若夫—史密兒羅夫試驗（Kolmogorov - Smirnov one-sample and/or two-sample tests）、史皮爾曼等級相關係數（Spearman rank correlation coefficient）、及堪道等級相關係數

(Kendall rank correlation coefficient)對各種有關社會現象的假設加以判定（決定其是否爲資料所支持）（一〇七）。

近幾十年來，統計學家不斷發明新的和更爲精巧的方法來分析各種資料（尤其是帶有時間性的資料（data related to time ）），使統計分析進入一個更高的境界，諸如多項變數分析（multivariate analysis ）、馬爾可夫鏈鎖(Markov chains ）、因素分析（ factor analysis ）、時間數列（ time series ）、以及貝思安推理（Baysian inference ）等等新方法都已普遍地應用到社會科學的分析上（一〇八）。自電子計算機日漸精密與高速化之後，統計學的計算可以不假人力及小型計算儀器，而逕由電子計算機代勞，以極高速的計算獲得極精確的結果，更使統計學的效果充分的發揮出來。

至此我們已對雲五社會科學大辭典所包含的十二個學門的內涵全部加以簡略的介紹。但是除這十二門學科外，語言學(linguistics)、精神病學（ psychiatry ）、大衆傳播（ mass communication ）、企業管理（ business administration ）以及社會工作（ social work ），也可算是社會科學的一部分（一〇九）；或者至少也算是與社會科學有密切的關係的學科。

㈣ 社會科學彼此之間的關係

前面已經說過，社會科學的各科並非完全分開不相連屬的。我們從社會科學彼此之間有許多分科（ sub-fields ）的相互重疊（ overlapping ）上可以看出社會科學之間的密切關係。自從社會科學中的行爲學派興起，倡導科際性（ interdisciplinary ）及統合性（ integrative ）的研究以來，社會科學各科之間的聯繫，更得到進一步的加强。

一門社會科學與其他社會科學具有共同的研究範圍的例子，可說是俯拾卽是。以政治學而論，有所謂政治心理學、政治社會學、及政治地理學（一一〇）；以心理學而論，有社會心理學、政治心理學、教育心理學；以地理學而論，有政治地理學、經濟地理學、文化地理學。就如法律學和統計學等性質比較特殊的學科，與其他社會科學也有相關的研究對象，例如法律社會學、社會統計、心理統計、教育統計等學科，便是明證。至於歷史學和教育學，其本身便是記載及綜合各種社會科學的學問，與其他社會科學的關係實無須闡釋。茲以人類學、心理學、社會學、政治學、經濟學、及地理學爲例繪圖解析其關係如下（見圖四）：

從「圖四」中我們可以看出在目前社會科學中，有許多研究項目是跨越及牽涉兩科學科的。事實上，目前許多社會科學中的研究，常涉及兩三個以上的學科。因爲對於許多現代社會問題，如都市環境(urban environment)、生態危機(ecological crisis)、種族關係、及社會變遷等等，都需要用多種社會科學的理論和方法來研究分析，而不能只單靠任何一種社會科學。由於這種現實的需要，促進了社會科學各科學者間的合作，因而導致了各科科際間理論、方法與發見上的「相互蕃衍」(mutual fertilization)，形成了今日社會科學各科常常引用其他學科的理論、方法、和發見，來充實本身的理論，改良本身的研究方法，和印證本科研究的發見的局面。

圖　四

社會科學部分學門間相互關係圖解

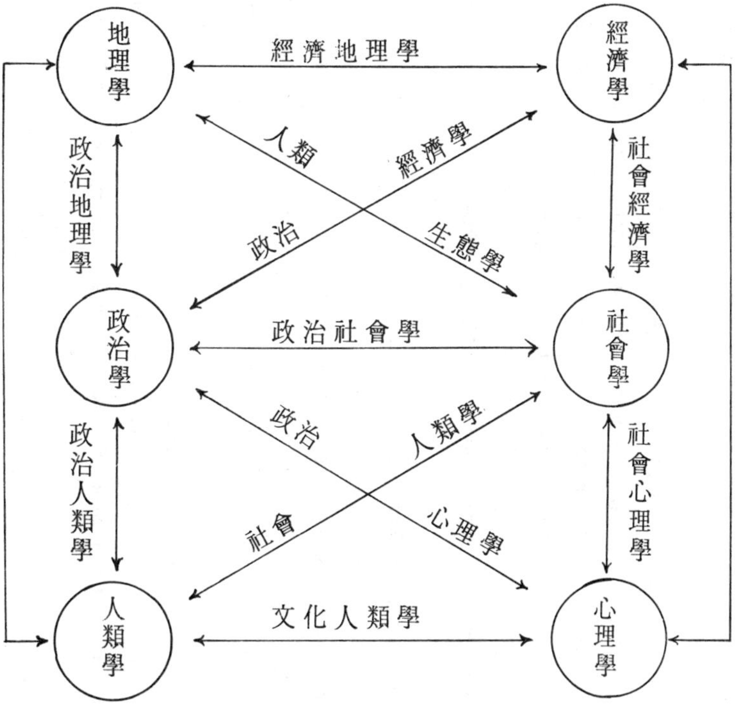

（六九）　參看龍冠海著（見前），二二三—二二五頁。

（七〇）　分法見Berelson, *The Behavioral Science Today*, *op. cit.*, p. 1；每科前的簡短解說，是筆者加的。

（七一）　參看Julian Harris (ed.), *The Humanities*, *An Appraisal* (Madison: The University of Wisconsin Press, 1962).

（七二）　參看筆者所撰：「關於社會科學」，中央日報（一九七〇年二月七日至八日），第九版。

（七三）　本表中的分類主要是參考李其泰先生的分法再參照其他資料加以補充而成者，見李其泰，「關於發展社會科學」，在李著，國際政治論集（臺北：商務印書館，一九六八年），三一—四二頁；龍冠海著（見前），二三—二五頁；A.D. Ritchie, *Scientific Method* (Paterson, N. J. : Littlefield, Adams & Co., 1960), p.17.

（七四）　不過有少數學者把人文學與社會科學混爲一談，統稱之爲「社會與人類科學」（Social and Human Sciences），這是一種落伍的分法。見Julian Hochfeld, " Introduction: Difficulties and Special Features of a Study of Research Trends in the Social Sciences and Humanities," *International Social Science Journal*, Vol.XVI,No. 4 (1964), pp. 479-495.

（七五）　筆者不厭其詳地區分人文學和社會科學，其意不在使二者分離而對立，而在於正本清源及正名。子曰：「名不正，言不順，言不順，事不成。」在科學落後之國家，社會科學的發展嘗因一般人把它看成是人文學科受阻礙。社會科學與人文學分開和正名後，則前者可以科學的學問身分從事於客觀知識之發掘；後者可以評估的學問身分從事於主觀的道德宗教及藝術理想的追求，如此對兩者均有益處，且可發生相輔相成之效果。關於此點，請參看Nathan M. Pusy, " The Centrality of Humanistic Study," in Julian Harris (ed.), *The Humanities*, *op. cit.*, pp. 75-86; Henry Guerlac, " Humanism in Science," also in Harris, *op. cit.*, pp. 87-115.

（七六）　現在自然地理學一詞有被「地球科學」（Earth Science）所取代的趨勢，其內涵甚廣，包含研究地表，地層構造，土地資源，海洋，氣象，等學科。見Arthur L. Bloom, *The Surface of the Earth* (Englewood Cliffs, N. J. : Prentice-Hall, Inc., 1969), and other Prentice-Hall earth-science series.

（七七）　關於現代歷史學家對於歷史學的性質與使命的意見，可參看 Hans Meyerhoff (ed.), *The Philosophy of History of Our Times: An Anthology* (Garden City, N.Y.: Double day and Co., 1959).

（七八）　方豪先生在最近一篇文章中便作如此的看法。見方豪，「社科辭典史學門釋疑」，中央日報（五十九年十一月十二日），第九版。

（七九）　雲五社會科學大辭典選定的十二門學科，或多或少都可算是社會科學。惟五十九年八月份的東方雜誌的廣告中稱：「就社會、統計、政治，國際關係、經濟、法律、行政、教育等八門社會科學，另加心理、人類、地理、歷史等四門人文科學，合成十二學門。」實則後四樣（尤其是心理學和人類學）也可算是社會科學，而不宜特別劃出。

（八〇）社會科學到底包涵那些學科，和如何將不同性質的社會科學加以分類，學者們的意見頗不一致。在一九六九年出版的*The Behavioral and Social Sciences*一書中，包括了人類學、經濟學、地理學、歷史學、語言學、政治學、精神病學、心理學、及社會學；再加上屬乎數理科學（Mathematical Sciences）方面的統計學、數學、及計算學（Computation）。（見*BSSON*, p.2）；該書並指出商學、教育、法律、公共衛生、醫學、及社會工作，均對社會科學頗有貢獻，但卻不把這九科包括在「行爲及社會科學」之中（*Ibid.*）。

Bert F. Hoselitz 編著之*A Reader's Guide to the Social Sciences*收集了有關下列七項社會科學之介紹：即歷史學、地理學、政治學、經濟學、社會學、人類學、及心理學。（見Hoselitz, *op. cit.*）.

George C. Homans 認爲「社會科學包括心理學、人類學、社會學、經濟學、政治學、歷史學，也許還可加上語言學。」（見Homans, *op. cit.*, p.3）.

一九三六年出版的社會科學百科全書（*Encyclopedia of the Social Sciences*, 1936）的編者E.R.A. Seligman 將有關社會科學之學科分爲三大類，即㈠純粹社會科學—政治學、經濟學、歷史學、法律學、人類學、刑罰學、及社會學；㈡半社會科學（Semi-Social Sciences指一部分有社會科學之內容者）—倫理學、教育學、哲學及心理學；㈢有社會含義之科學—生物學、地理學、醫學、語言學及美術學。色厲格曼這種分法，可說是各種分類中包含最廣的。（見*ESS*(1936)）, pp.xix-xx）但他編的這本書已出版三十多年，在此期間，社會科學有重大的變遷和發展，所以色氏的分類法已算是過時了。

此外尚有其他分類法，請參考龍著，社會學（見前），五十三頁中第四六註。

（八一）Bernard Berelson 所編*The Behavioral Sciences Today*, *op. cit.*一書，僅將人類學、社會學、心理學三科看成是行爲科學；惟近來行爲科學家已將行爲科學（Behavioral Sciences）之範圍擴大，除包括上三科在內外，並加進政治學、經濟學、以及語言學等學科。

（八二）筆者簡介今日社會科學內涵的主要根據爲⑴*International Encyclopedia of Social Sciences*（*IESS*(1968)）中有關各項社會科學內容的條目；⑵*The Behavioral and Social Sciences*（*BSSON*）, pp.27-52；⑶Hoselitz (ed.), *op. cit.*及⑷Berelson, *The Behavioral Sciences Today*, *op. cit.* 讀者若有意進一步了解社會科學各科之內容，應進一步參考上列各書，尤其是一九六八年出版的國際社會科學百科全書。除了上述資料之外，筆者在介紹某一特定學科引用其他資料時當再另行注明。

（八三）除註（八二）所引資料外，尚請參看H.R.Hays, *From Ape to Angel, An Informal History of Social Anthropology*（New York: Capricorn, 1964）；林惠祥，文化人類學（臺北：商務印書館，一九六八年）。

（八四）Eleanor E. Maccoby *et al.* eds., *Readings in Social Psychology*（New York: Holt, Rinehart and Winston, Inc., 1947).

(八五) Kenneth E. Clark and George A. Miller, *Psychology* (Englewood Cliffs, N.J.: Prentice-Hall, 1970), p.5.

(八六) Neil J. Smelser and James A. Davies (ed.), *Sociology* (Englewood Cliffs, N.J.: Prentice-Hall, Inc., 1969).

(八七) *IESS* (1968), Vol.4, p.472.

(八八) 諾貝爾經濟學獎金得主，在一九六九年爲挪威的Ragnar Frisch及荷蘭的Jan Tinbergen；在一九七〇年爲美國的Paul A. Samuelson。關於經濟學數學研究法，可參看Gerhard Tintner, *Methodology of Mathematical Economics and Econometries* (Chicago: Univ. of Chicago Press, 1968)。

(八九) 參看筆者所撰雲五社會科學大辭典「政治學」門中之「行爲研究法」條。

(九〇) 見Heinz Eulau and James G. March, *Political Science* (Englewood Cliffs, N.J.: Prentice-Hall, Inc., 1969); "Report of APSA Committee: Assessing Candidates for Graduate Study in Political Science," *PS: Newsletter of the American Political Science Association*, Vol. II, No. 4 (Fall, 1969).

(九一) 見Harold D. Lasswell, "The Scientific Study of International Relations," *Yearbook of World Affairs*, Vol. 12 (1958); Richard C. Snyder "Toward Greater Order in The Study of International Politics" *World Politics*, Vol. 7 (1955).

(九二) 見Richard C. Snyder, "Some Recent Trends in International Relations Theory and Research," in Austin Ranny (ed.), *Essays on the Behavioral Study of Politics* (Urbana, Ill.: University of Illinois Press, 1962), pp. 103-171; W. T. R. Fox (ed.), *Theoretical Aspects of International Relations* (Notre Dame, Ind.: University of Notre Dame Press, 1959); James N. Rosenau (ed.), *International Politics and Foreign Policy: A Reader in Research and Theory* (New York: The Free Press. 1969); Herbert C. Kelman (ed.), *International Behavior, A Socio-Psychological Analysis* (New York: Holt, Rinehart and Winston, 1965); Harold Guetzkow (ed.), *Simulation in International Relation: Developments for Research and Teaching* (Englewood Cliffs, N.J.: Prentice-Hall, 1963).

（九三） 一九七〇年四月在美國四次堡舉行的國際研究協會（International Studies Association）年會中，曾有部分學者主張成立「比較性及科際性研討會」（Comparative and Interdisciplinary Caucus），筆者爲當時以Fred. W. Riggs爲主席的八人籌備小組組員之一，目前該研討會已正式成立，展開活動。

（九四） 見Dwight Waldo, *The Study of Public Administration* (New York: Random House, 1955).

（九五） 見Dwight Waldo, "Scope of the Theory of Public Administration," in James C. Charlesworth (ed.), *Theory and Practice of Public Administration: Scope, Objectives, and Methods*, Monograph 8. (Philadelphia: The American Academy of Political and Social Sciences, 1968), pp. 1-26; and Fred W. Riggs, "Professionalism, Political Science, and the Scope of Public Administration," in Charlesworth, *op. cit.*, pp. 32-62.

（九六） 見Edward J. Taaffe (ed.), *Geography* (Englewood Cliffs, N.J.: Prentice-Hall, Inc., 1970).

（九七） 參看第七十八註。

（九八） 參看第七十七註。

（九九） 見許冠三，史學與史學方法（香港：自由出版社，一九六三年）。

（一〇〇） 參看Theodore Rabb, "Computers in Historical Research: A Bank and Its Purposes," in Edwin H. Fedder (ed.), *Methodological Concerns in International Studies* (St. Louis: Center for International Studies, 1970), pp. 87-108; also Yung Wei, "Elite Recruitment and Political Crisis: A Study of Political Leaders of the Ch'ing Period, 1644-1911," (unpublished Ph.D. thesis, University of Oregon, 1967); both Studies are examples of computer analysis of quantitative historical data.

（一〇一） 見雲五社會科學大辭典（教育學）（臺北：商務印書館，一九七〇年）。

（一〇二） 參看美濃部達吉著（林紀東譯），法之本質（臺北：商務印書館，一九六六年臺一版）；司丹木拉著（張季忻譯），現代法學之根本趨勢（臺北：商務印書館，一九六七年臺一版）。

（一〇三） 參看Glendon Schubert and David J. Danelski (eds.), *Comparative Judicial Behavior* (New York: Oxford University Press, 1969).

（一〇四） 參看Glendon Schubert, *Quantitative Analysis of Judicial Behavior* (Glencoe, Ill.: Free

Press,1960); James F. Davis *et al.*, *Society and the Law : New Meanings for the Old Profession* (New York: Free Press, 1962); and William M. Evan (ed.), *Law and Sociology : Explanatory Essays* (New York : Free Press, 1962).

（一〇五）見雲五社會科學大辭典（心理學）（臺北：商務印書館，一九七〇）中「統計學」條（蘇薌雨，莊仲仁合撰），八六—八七頁：Dennis J. Palumbo, *Statistics in Political and Behavioral Sciences* (New York: Appleton-Century-Crofts, 1969), p.1.

（一〇六）Hubert M. Blalock, *Social Statistics* (New York: McGraw-Hill Book Company, 1960), pp. 4-5.

（一〇七）參看Sidney Siegel, *Nonparametric Statistics for the Behavioral Sciences* (New York: McGraw-Hill Book Company, 1956)

（一〇八）近年來密歇根大學的社會研究中心（Institute for Social Research）與「校際政治研究結合」（Inter-University Consortium for Political Research）合作，每年暑假均舉辦討論會（Seminar），訓練學者運用這些高級統計分析法。

（一〇九）見「表一」。

（一一〇）關於政治學與其他社會科學之關係，請參看Seymour Martin Lipset (ed.), *Politics and the Social Sciences* (New York: Oxford University Press, 1969).

五、現代社會科學的研究方法

我們在第二章中討論社會科學的性質及其研究對象時，已經約略地提及一點社會科學研究的性質；此外在第三章中敍述現代社會科學的發展經過時，也簡約地談到近年來社會科學的研究趨向。本章的目的在於把現代社會科學的研究方法，作有系統地更進一步的說明（一一一）。

(一) 社會科學研究的基本假定與要件

在討論社會科學的研究方法前，先應將目前社會科學家從事研究工作時所共同接受的幾個基本假定加以闡明。根據多數社會科學家的意見（一二二），現代社會科學之研究，係建立在以下幾個假定之上：

(1)外在世界（External world），包括人類行爲及社會現象在內，不是雜亂無章，而是有一定規律可循的。

(2)以上所言及的規律，是可以用客觀的觀察程序及分析方法而獲知的（一二三）。

(3)客觀地的觀察與分析程序，是可以教授予人（teacheable）和說得明白（communicable）的。

(4)運用科學方法，社會科學家可相互印證其研究所得的結果之正確與否。

以上四種假定，是社會科學研究必不可少的。因爲如果人類行爲和社會現象每一件都是獨一無二（idiosyncratic）不相連繫的，則社會科學家追求有關其研究對象的知識，以及建立在這些知識上的一些一般性地解釋（generalization），都是不能成立的。其次，如果社會現象（包括人類行爲，人際關係，及人與環境的關係）是有規律的，但却無法用客觀的方法去獲知其規律的話，則目前社會科學所積聚的知識，均將失掉其意義。更進一步來說，假使有人接受社會現象是有規律可循，並承認這種規律是可由客觀觀察獲知，但却無法將其觀察的結果向旁人表達明白，也無法或不願和他人印證其發見的正確與否，則社會科學的研究，仍然無法成立。因此以上四項假定，對於現代社會科學知識的獲致，是必不可或缺的。

美國行爲科學家柏瑞森（Bernard Berelson）和史丹納（Gary A. Steiner）認爲社會和行爲科學的研究，應該具有以下數項要件：

(1)其程序是公開的—不論是結果或方法，都是可以爲人所了解的。一個受過相當訓練的學者，可以依照研究報告的內容，明瞭整個研究過程。

(2)其定義是確切的—每項定義必須非常清楚，毫不含糊，能夠加以度量（measured）。

(3)資料收集（data-collecting）的程序是客觀的—一旦調查開始，研究者必須客觀地收集資料，並客觀地解釋其結果。在科學研究中，不容許帶有偏見的態度去收集和解釋資料。

(4)發見（findings）必須能夠重複（replicable）—由於研究的過程是公開的，任何其他學者經由同經步驟必能獲得同樣結果；換言之，即研究的結果是可以重造的（reproducible）。

(5)研究途徑（approach）是系統性的和累積性的（cumulative）—科學的研究一方面要有一定的中心概念和可以用經驗性資料加以印證的命題（verifiable propositions）；另一方面還要有一套套的理論來把印證了的命題組織起來。

這樣研究的結果便會發生累積的功能，逐漸增加我們在一特定範圍內可靠的知識。

(6)研究的目的是解釋、了解、與預測—科學家研究的目標是要知道「爲什麼」（why）和「怎麼樣」（how），並試圖予以證明。科學家希望經由客觀研究的結果，能够推測在何種條件（condition）之下，何種特定行爲會發生（一一四）。

以上柏瑞森和史丹納二氏對於社會及行爲科學研究所認爲應具的條件，可說相當完備。（部分條件筆者在討論社會科學知識之性質時已提及）。但是我們還可再加上一條，便是：社會科學的研究必須具有自行修正（self-correcting）的功能。換句話說，社會科學研究所得的結論，必須不斷地與新發見相印證，如果一項理論或命題與新的資料、新的發見不合，則須予以放棄或修正。由此觀之，則社會科學的知識，只有相對的正確性，而沒有絕對的永久性的權威。說得更透澈一點，即社會科學領域中所謂「正確」的知識，只是在一定階段中尚未有與其相衝突相矛盾的理論與發見而已。

(二) 社會科學研究的特殊問題與困難

社會科學研究，有其特殊的問題與困難，筆者在討論社會科學之科學性質時，已提到一些，現在再加以有系統地闡述。縱觀社會科學研究的問題與困難，有兩種主要的來源；一種是從社會研究本身的性質來的，包括：

(1)研究的對象是多變數的（multivariate），而不是單變數（univariate）的。

社會科學的研究對象是含有極多極複雜變數組合的人類。易言之，人類行爲，始終便是受多數變數之影響，在不同環境及不同情勢下，不同的變數組合（combination of variables）便影響一特定個人的特定行爲。社會科學家不能像化學家那麼樣把一件原素一一分開，來研究它們彼此間的關係，大大增加了研究時的困難（一一五）。

(2)對於研究對象，沒有足够的控制（control）。

換言之，社會科學很難將其研究對象孤立（isolate）起來，使不是研究對象的各種變數（易言之，即環境），不能侵入研究範圍來影響研究的結果（請參看第二章第二節中的討論）。

(3)研究對象本身有意志（will）。

人類是有自由意志和學習能力的動物，他們常常會由於收集了新的情報（information）而修改（modify）自己原來習慣性的行爲（一一六）。這在物理科學中是聞所未聞；在生物科學中偶而有之，但遠不若在社會科學中之頻繁和嚴重。

(4)研究的對象是會生長（grow）的。

此處所謂「生長」，是個廣義的名詞，包括一切人類因時間的改變而產生的行爲模式上的變化，以至一個地區和國家隨時間而產生的種種變遷。由於研究對象有「生長」和「成熟」（maturation）的現象，社會科學的研究，便必須考慮到時間上的因素而作時間序列（time series）及連續的（sequential），猜測性的（stochastic）的分析（一一七）。並且須不時收集新的資料重複印證以往的發見是否仍然有效。

(5)研究者（researcher）與被研究者（the researched）會發生相互反應（interaction）。

這便是所謂觀察者（observer）與被觀察者（the observed）發生了互動的現象，因而影響到觀察結果的正確性。最顯著的例子便是當美國的白人訪問員訪問一位黑人時，其所提出的有關種族關係的問題，便不易獲得正確可靠的答案。黑人訪問員訪問白人時，也會有同樣的情形。

除了以上五種從社會科學研究本身的性質而產生的問題外，社會科學家的研究還不時遭遇到政治和社會方面來的阻力和困擾。衆所周知，極權國家，不論是右派或是左派的，對社會科學研究，都懷着猜疑及敵視的態度。因爲他們的統治的延續，是基於群衆對於官方的政治意的（political ideology）無保留的盲目信仰，因此對於立志發掘事實眞相的社會科學家的工作，便加以種種限制和阻撓。在這種情況下，社會科學家要就無法展開其研究工作，要就即使獲得客觀可靠的發見，也不敢加以發表。

社會科學的工作，也常常受到社會上一般民衆及自命的「道德家」的阻撓。因爲社會科學研究的目的是在發掘社會的眞相。而眞相往往與傳統的信仰（traditional beliefs）相衝突，因而常常會遭到人們羣起而攻之的命運。達爾文提出進化論（物種原始），佛洛伊德創性心理分析，和金賽（Alfred C. Kinsey）發表其性行爲調查結果時，都受到一般民衆以至一些學術界人士的猛烈抨擊，或斥之爲荒誕不經，或喻之爲洪水猛獸。這實在對社會科學家研究時應有的安全感的一大威脅。

關於因研究本身的性質而產生的種種問題和困難，社會科學家近年已逐漸用日益精進的研究技術（research techniques）加以克服。以對研究對象的控制而論，社會科學雖還不能達到如化學實驗中那樣嚴密的控制，却已發展出模擬研究（simulation studies），多項變數分析（multivariate analysis），及「準試驗性設計」（quasi-experimental design）（一一八）等種種方法，針對研究對象作試驗室、統計學、及研究設計上或多或少的控制。以觀察者與被觀察者間的互動問題而論，社會科學家也發展出來「量表法」（ scaling method ）和其他精密的問卷設計及訪問調查方法，大大地減低了所收集的資料的不確度。社會科學家對其他因研究對象本身性質而產生的問題，也有一些相當有效的克服辦法。

至於由政治和社會方面而來的阻撓，近年來也有消減的跡象。就政治壓力而言，現代社會科學知識與研究的中立性（neutrality）與有用性，連共產國家都已漸有認識，在波蘭、南斯拉夫、捷克、保加利亞，以至蘇俄，有限度的社會調查已經進行。雖然這些國家的政府還是基於收集政治及社會情況的情報的目的才容許這種研究，但總算是給社會科學家一些從事實際研究的機會。至於一般社會人民，尤其西歐及北美各國的人民，對於現代社會科學家專家的地位已逐漸了解，對於學者的調查研究，多能充分合作，對於社會科學研究的結果，也不像數十年前那樣懷着猜忌與敵意，這實在是極可喜的現象。

(三) 社會科學的各種研究方法

社會科學的研究方法，依其研究設計（ research design ）的性質及資料收集的程序，可以分爲「非實驗性的方法」、「準實驗性的方法」、和「實驗性的方法」等三類。茲分別簡述如下。

(1)非實驗性的方法（ Non-experimental Method ）

此處所謂「非實驗性的方法」，並非是指哲學的和玄思的思想方法，而係指學者在收集資料時，對其研究對象雖無任何控制，但仍力圖收集事實性的資料（ factual data ）的方法而言。據此則從事非實驗性研究的社會科學家與所謂「安樂椅中的科學家」（ armchair scientist ）有別。前者之目的仍在收集有關現象來印證其想法；後者則全憑其臆斷來解說事理。

在社會科學中，非實驗性的研究法有兩種，一種是個案法（case method），一種是文件分析（ document analysis）。所謂個案方法，是指學者對於個人的經歷、病歷、犯罪事件、商業發展、法院判決，以及訴訟程序作極其詳盡和有系統的記載和分析而言。在社會科學的範疇中，法律學者、歷史學者、公共行政學者，常常運用個案方法。這個方法的好處在於有關研究對象的資料保存的完整；壞處是用這種方法的人常常會在敍述和分析問題時犯自圓其說的毛病，因此個案研究法的結論中，往往有一廂情願「因爲如此（在此之後），所以如此」（ *post hoc ergo propter hoc* ）的傾向（一一九），這是運用這種方法的學者不可不注意的。

另一種非實驗性的研究法—文件分析法—在社會科學的研究中，有很悠久的歷史。事實上，一直到近幾十年前還有許多社會科學家認爲，到圖書館、公家機關、和私人收藏中去找尋材料，是惟一而且是自足的研究法。這種看法在目前只有少數社會科學家會同意。

使用文件分析法的學者，試圖用各種既存的史料、官書、報紙、回憶錄、日記等資料，來印證他們對於一件事物的看法，或找出一件事件的眞相（一二〇）。我國歷史學者的考據，可以說是這種研究法的典型。雖然文件分析是一種比較舊式的研究法，這並不是說作經驗性研究（empirical research）的學者完全不用這種方法。目前學者們在從事準實驗性的研究和實驗性研究時，仍需做一些圖書館裏的研究工作，包括收集各種統計資料及圖表，參看其他學者的理論和發現，和取得和研究對象有關的初步資料（preliminary data）等等。

最近在文件分析法中，興起了一種嶄新的研究方法，便是內容分析（content analysis）。所謂「內容分析」，是一種對於各種通訊（communication，包括演講、報紙、文件等）的內容，加以一種有系統地、數量化地、客觀地的統計分析。例如美國學者統計分析中共與蘇俄相互來往文件中包含的具有猜疑、仇恨、懼怕性的字眼，來測度二者關係的變化；教育學者用內容分析的方法，計算中共編印的教科書中所用權威性和教條性的字眼，來研究中國大陸上的政治社會化過程，都是這種方法的實際運用。由於電腦的日趨發達有效，從事內容分析的專家便大量利用電腦來協助處理分析資料的工作，得到許多極有價值的知識（一二一）。

(2)準實驗性的方法（Quasi-Experimental Method）

準實驗性研究（亦可稱爲半實驗性的研究設計），是指研究者在天然社會「景界」（natural social settings）中所做的相當有系統地資料收集程序的研究設計（research design）。這種研究設計，雖不能像實驗室研究（laboratory research）那樣對實驗變數（experimental variable）作能夠近乎完全控制的程度，但是却有一套辦法來對研究的對象和其他變數（環境）作或多或少的隔離（一二二）。這種研究方法，彌補了社會科學家不能隨意操縱和控制其研究對象的缺陷，增加了社會科學研究的科學性，故爲許多社會科學家所樂用。

一般學者心目中的準實驗性的研究法包括實地觀察、抽樣調查、測驗、定組重複法、長期縱貫研究法、比較研究法等等（一二三）。茲分別簡述如下：

1.實地觀察（Field Observation）

人類學和社會學家常用這種方法，包括有「無結構的觀察」和「有結構的觀察」兩種。所謂「無結構的觀察」（unstructured observation）是指研究者直接到行為發生的場所去直接觀察，但並不具有一定觀察程序和記錄方法。譬如人類學家到原始部落中去與該部落人民共同生活，來觀察他們的風俗習慣，社會學家到貧民窟去觀察貧民的生活狀況，都可算是無結構的觀察。有結構的觀察是指觀察者在進行研究調查時遵循一定的步驟甚至對天然情況加以一些操縱而言。譬如限定觀察對象，分組觀察事先指定的個人或羣體，並作有系統的記載等等。又如美國學者在研究黑白兩族之間的關係時，有意造成一種特殊情況但是使當事人不知情，再來觀察雙方的反應。都算是有組織有結構的觀察（一一四）。

2.抽樣調查（Sample Survey）

在近代社會科學研究法的發展中，最重要的恐怕要算直接調查（direct survey）方法的發明。所謂直接調查是指學者研究問題時，有系統地調查收集第一手資料（first-hand data）。目前在西方國家，民意調查、市場調查、及選舉行為調查已是非常普遍的研究方法。在比較高級（advanced）的調查中，其選擇調查對象時都經過極嚴密的統計選擇程序。這種具有嚴密選擇程序的調查，叫做抽樣調查（一一五）。

所謂「抽樣調查」的第一步是決定研究的對象，也就是資料收集的「範圍」（universe）。這在統計學名詞中叫做「人口」（population）。譬如我們要研究臺北市的選民行為，則所有臺北市的合格選民便構成這項研究的「人口」。但是通常一個大都市的應該包括在「人口」中的市民動輒數十萬，遠超社會科學家在一定時間內加以一一訪問的能力，因此他們便利用一種有系統的方法，在數十萬以至數百萬「人口」中抽選中數千以至數百有代表性的人羣（此處所謂有代表性，是指這羣人與整個「人口」的比較而言，而非指任何個人具有代表一切「人口」的特性）。這種有代表性的人群叫做樣本（sample），社會科學家決定樣本後，便只對樣本中的人（通常叫做「回答人」（respondents））加以調查，然後予以分析。由於樣本就人口而言是有代表的，學者從樣本中得到的知識便可推廣到全體「人口」上去。這樣學者只須調查一小部分人，便能得到有關整個都市、社區，甚至整個國家的知識，實在是極為有用的方法（請參閱有關「統計學」之解釋）。

抽樣的理論是建立在或然率（probability）上的；有許多不同的抽選法，包括任意隨機抽樣（random sample），分層抽樣（stratified sample），分群抽樣（cluster sample），及比重抽樣（weighted sample）等等，主要視學者研究對象而定。最重要者為學者須將其所得樣本可能發生的偏差（sampling errors）加以明白指出，使讀者了解其過程和衡量其結果。抽樣程序是一門專門的學問，既須高深的數學和統計學基礎，又須對其調查的對象極具了解才能勝任（一二六）。而一般人以至一些學者不太瞭解抽樣的理論與程序，隨便挑選一部人來作調查對象，而美其名曰抽樣。由這種荒疏的樣本所獲致的結論，其推廣（generalization）性是極有限的。

樣本抽定之後，便可開始調查。調查的方式主要有兩種：一種是面談（interview），一種是郵寄問卷（mailed questionnaire）。面談所問問題或是事先準備好了答案，叫回答人任選其一的；也有不加限制，任人回答而直接記錄下來的。後面這種方式叫做「開放式的問題」（open-ended questions）。製造調查的問卷是門特殊的學問。既要顧到回答人的背景及興趣，又要顧到研究者所想得到的知識，還要預先決定將來所用的統計分析的性質（一二七），否則要就是得不到正確的資料，要就是得到的資料雜亂無章，不易甚至無法作有系統之分析。

在問卷設計上值得把量度表法（scaling method）之製造特別提出加以討論。所謂「量度表方法」，簡單一點來說是用好幾個相近而不同的問題，去探出回答者對於某一種事件之反應或某一種特殊的心理狀態。這種反應或心理狀態，均不易用直接的問話來獲知的。譬如美國社會學者研究美國黑白人之相互態度時，很不易從「你喜不喜歡白（黑）人？」這類直接了當的問題來求取答案，因此便有學者想到用一連串的問題一層一層地來探測一個人的種族態度。譬如：

①你願意和黑（白）人同坐一輛公共汽車嗎？

②你願意和黑（白）人同桌吃飯嗎？

③你願意和黑（白）人成爲密友嗎？

④你願意你的親戚娶、或嫁給黑（白）人嗎？

⑤你願意把你的女兒嫁給黑（白）人嗎？

很顯然的，左列各問題由1至5，愈來愈難使回答人說「是」。調查人可以就回答人對上述諸問題的同意與否總和加以計算，而求出一特定回答人對異族好感的商數。最簡單的方法是第一題給一分，第二題給二分，依次類推，每同意一項問題即得該題之分數。如此最高分可得十五分，最低可得零分。由這樣得來的資料，顯然要比單一問題可靠多了。因此目前社會科學家在研究複雜的情緒和心理狀態，諸如教條主義（dogmatism）、權威主義（authoritorianism）、自由主義（liberalism）、保守主義（conservatism）、疏隔（alienation）、孤立（isolationism）、歧視（discrimination）、不容忍（intolerance）、以及冷漠（apathy）等，常用量度表法（一二八）。

製造量度表時常常使學者困惑的一個問題，便是如何知道同組內的各項問題，的確是問的相關的一項態度。換句話說，便是這些問題是不是同一向量的（unidimensional）。這個問題，近年已得到一些解決方法，其中最著名的是「格特曼量度計算法」(Guttman Scalogram)，格氏這種計算法，可以使我仍知道回答人的答案，是不是可以用量度法來分析（scalable），予學者方便甚大（一二九）。

3.測驗（Test）

用特定測驗來收集資料，是教育學家和心理學家常用的方法。教育學者每每作種種不同的測驗，來調查各種不同教學的效果，考試的有效性和可靠性，以及不同背景的學生接收知識之速度。心理學家則常用各種不同的測驗來測度各種不同的人的智商、性向、和性格等。近年來許多國家的政府以及工商企業界也常用測驗法來測定其僱用人員的性向和個性，作爲任用及分派工作的參考（一三〇）。

4.長期縱貫研究法（Longitudinal Study）

有許多社會現象和人類行爲，是不能僅靠一兩次的調查或測驗而獲知眞相的。正如我們在討論社會科學研究的特性時所指出，社會現象許多是隨時間而發展的，因此社會科學家便必須把「時間」的因素放在研究設計的考慮之中。部分社會科學家有鑒及此，乃從事對一特定對象作長時期的觀察，來收集時間性的資料。這種帶時間性的研究方法，有時叫做「發展性的研究」（developmental study），有時叫做「趨向分析」（trend analysis），有時叫做「時間性的分析」（time-wise analysis），此處我們通稱之爲長期縱貫性的研究。

縱貫性的研究可以用來研究個人、團體、和機關。其主要特點便是研究者對研究對象作長時間的有系統的觀察。譬如人類學家長期觀察原始社會與文明社會發生後所產生的社會變遷(social change)；心理學家及精神病學家長期觀察心理及精神失常的病人病情的變化；社會學家長期觀察一個社區中社會情況的轉變等等。在美國，哈佛大學、加州大學、及史丹福大學均會對小孩的生長過程作長期（數十年的）的觀察研究（一三一）。

政治學者廿多年前發展出一種對投票行爲的長期研究，叫做「定組研究法」（panel method）。其法是選定一組或數組選民，長期作多波次（multi-wave）的調查，來研究選民政治態度和投票行爲的轉變（一三二）。這種定組研究首次在一九四〇年爲拉塞斯弗友（Paul F. Lazarsfeld）所運用，來分析該年大選前後美國選民受大衆傳播影響的大小（一三二）。茲後定組分類法在研究投票行爲上，便日漸爲政治學家普遍採用。他們運用這種長期定組觀察的結果，擴充我們對於投票行爲長期性的知識不少（一三三）。

5.比較性的研究（Comparative Method）

這是對於一項問題，同時在不同「景界」（setting）中收集資料，再來比較其異同的研究法。人類學家在研究民族文化，社會學家在研究社會變遷，經濟學家在研究經濟發展，政治學家在研究政治行爲，以至教育學家研究教學制度時，都常常運用這種方法。此處所謂「比較」，有廣義與狹義的內含。廣義的比較泛指一切對同一問題自不同地點收集資料再加比較的研究。狹義的比較專指有系統地針對幾個有數的變數，用統一的程序在不同地區收集資料而言；由這種方法收集的資料，是可以用統計，資料處理，及電子計算的方式加以分析的。

比較研究法在社會科學研究中有極悠久的歷史。在西方，早至亞里斯多德便曾對希臘城邦的憲法加以比較研究。近數十年來由於非西方國家在世界舞台中的地位日趨重要，西方學者對於非西方社會研究的興趣日增，再加上學者日益體認社會科學的理論與發見，必須建立在世界性的資料上，因此比較研究法乃日漸爲人重視，成了一種極熱門的研究方法（一三四）。

(3)實驗性的方法（Experimental Method）

所謂實驗性的研究方法，是指研究者對其研究對象能够在一種特殊安排的環境中，作有控制的觀察而言。簡言之，這種研究法具有兩項特性：㈠研究者可以操縱和控制一部分或全部分的變數（variable）；㈡研究者對於研究對象（變數）可以作準確的有系統的度量。

實驗研究法的標準例子爲控制羣的設計（control group design）。其法是選定兩組完全相同研究物（或非常相同的研究物），把一組暴露於刺激物（stimulus）（例如一種新藥品、宣傳品、教材、工作環境），另一組則不予暴露（其暴

表　二

控制組研究設計圖解

	觀察之結果	
組別	前 (A)	後 (B)
試驗組 (E)	E_a	E_b
控制組 (C)	C_a	C_b

(1) E_a及E_b爲試驗組暴露於試驗變數（*experimental variable*）前後經觀察所得之結果。

(2) C_a及C_b爲控制組未暴露於試驗變數之兩次觀察結果。

(3) 試驗變數對於試驗組所發生之影響之計算法爲：

$(E_b - E_a) - (C_b - C_a)$

露於刺激物者稱爲試驗組（experimental group），其不暴露者稱爲控制組（control group），然後再來比較兩組的變化。如果試驗組在接受刺激後發生與控制組明顯不同的反應及結果，則研究者可推定刺激物發生了作用。其過程可以用(表二)說明（一三五）。

控制組設計僅爲實驗性研究方法之一，此外還有許多其他的方法（一三六）。在社會科學各科中，要以心理學用實驗性研究法的時候最多。不過由於近來模擬研究法（simulation）的流行，其他社會科學也如心理學一樣地運用起實驗室研究法來。諸如政治學者用模擬法及博弈論(game theory）來研究國與國間的互動（inter-nation interaction）；企業行政專家用模擬法來研究公司與公司間的競爭；以及社會學家用此法來研究羣際關係（inter-group relations）；都是讓參加模擬的人，扮演各種假想的角色，在如同心理學一般的實驗室中，遵循一些規律發生互動，再觀察其反應（一三七）。這種新的研究法，由於結合博奕論，實驗室法，與電子計算來分析人類行爲，引起了許多喜歡新鮮的社會科學家的興趣。

(4)資料處理（Data Processing）

社會科學家在處理所收集的資料時，在早期都是用瀏覽的方式，亦即我國學者所謂「排比纂索」的方式加以歸類整理。自從廿世紀以來，社會科學家在資料處理上有着極大的進步。目前許多社會科學家大部分的資料處理甚至分析的工作都已借助於機器，大大減少了學者本身的勞力並增加了準確性和可靠性。目前一般所謂資料處理的過程，包括以下幾個步驟。

(一)將資料打孔記載到資料卡上去（可用IBM26 or 29 打孔機）

(二)將記載資料的卡片依各種變數歸類分析（可用IBM82 or IBM83分類機）

(三)將卡片上的資料作交叉分析（cross tabulation）（可用 IBM82 or 83 分類計數機及 IBM101 電子統計機。）

(四)將卡片上之資料作各種統計分析並製作圖表（可用各種電腦。視其所需「記憶」（memory）之大小及計算之複雜程度，可用IBM1620，IBM1130，IBM360，及其他公司之電腦）

一般不熟悉資料處理過程的人，常常會對這種分析產生兩種誤解，其一是認爲用這種分析法必須要具備機械方面之知識，其二是認爲要運用電腦必須要完全了解電腦程式並須有高深之數學知識。這都是不確的看法，用機器和電腦來分析資料，並不一定要具備機械方面的知識，也不一定要有高深的數學素養（雖然有此二種條件更好）；因爲打孔機、分類機、和統計分析機的使用，均非難事，電腦程式（computer programming）也可委諸專業人員來寫（一三九）；最重要的倒是學者本身要對其研究的變數以及變數間的假定或假設關係，要有極清晰的觀念；同時對於研究步驟的邏輯過程，也要有明確的認識。有了這些觀念和認識，運用高級資料分析的方法是不難的。相反地，如果僅有技術性的知識，而無明確的觀念和邏輯素養，則即使把資料放進機器中去，並得到一些所謂的「輸出」（output），也只是西方學者所謂「垃圾進去—垃圾出來」（junk-in-junk-out）而已。

電腦的最大效用，在於：㈠迅速無遺漏之記憶；㈡高速而正確的計算；㈢按步就班的自行控制及學習；㈣高速的資料輸入與輸出。「電腦」一詞常使人發生誤會，以為這種機器是如同人腦一樣地會自由思想，自由作選擇，和具有意志和創造能力的結構，這是完全不確的。電腦在執行電腦程式時，若程式中少了一個「・」，或把零「○」誤寫為「O」，都不會自行更正。也許避免一般人產生誤會的辦法之一是把電腦的「腦」字的肉字旁改為「金」字旁，寫為「電錙」，或能使人認識其機械和工具性的本質。

社會科學家除了利用電腦作高速複雜的計算之外，還利用電腦來貯存資料。因為除資料卡片外，還有許多體積小而容量極大的並可用電腦來分析的貯器—如磁帶（Tape），「碟」（disk），及「鼓」（drum）等，都能在極小的範圍內，貯存大量的資料，極便攜帶和郵寄。此外社會科學家還利用電腦的鉅細無遺的記憶，叫它貯存大量的資料，需要時再以極快的速度，讓電腦自動輸送出來，這種方法，叫做「情報之取回」（information retrieval）（一四〇），其用途正在日益擴展之中。

(5)數學模型與統計分析（Mathematical Models and Statistical Analysis）

傳統社會科學表達和分析的媒介主要是書寫或口敍的語言，而人類語言是不够精確的，在一般日常生活上用來作表達情感和意思的工具還差强人意；用來作嚴密的科學分析，便常常會捉襟見肘，不能盡意，因而引起誤會和曲解，妨礙社會科學的進步。

數學是一種正式的（formal）邏輯的符號，其意義十分簡明固定，用它來作交換思想的媒介比較不易引起曲解，因此多數科學發展至一定階段後便愈來愈用數學來建立其理論之模型（theoretical model）。在社會科學中，經濟學、心理學、社會學所用數學分析最多，因此這幾科便被人目為比較其他各科為科學。近年來地理學、政治學、以至教育學也逐漸增加數學分析的運用（一四一）。

社會科學家目前所運用的數學，偏重在代數中的或然率、行列式、解析幾何、向量分析、及微分方程方面。近年來更趨向於運用有限數學（finite mathematics）的模型及分析法，於是集合論（set theory)、矩陣（matrix）、馬爾可夫鏈鎖（Marchov chains)、線形計劃（linear programming）、及時間序列（time series），都一一出現在社會科學的學術論文中。在經濟學、社會學、和心理學的研究中，以上這些分析法，已有相當普遍的運用。此外政治學的分析，也愈來愈依重有限數學（一四二）。在社會科學的研究中，有一種獨特而極有啓發性的數學的分析，便是博弈論(game theory）（一四三）。這種從或然率和矩陣發展出來的新分析法，對於人類的競賽行爲的分析，有極大的助力。其用途還在繼續擴展中。

關於統計分析在社會科學中的應用，我們在介紹統計學的內涵時已討論了一些。目前統計學在社會科學的應用，除了各種測定假設（hypothesis testing）的方法外，還包括抽樣理論（sampling theory)，相關和回歸分析（correla-

表　　三

控制職業階層後，種族態度與投票行爲之關係[1]

職業類別 對種族混合之態度	投票行爲 不投華萊士	投票行爲 投華萊士[2]	總 百分比	合 （人數）
白領階層				
贊成混合	83.3	16.7	100	(18)
維持現狀	79.4	20.6	100	(34)
更加隔離	54.2	45.8	100	(24)
	($X^2 = 5.93$	$P < .10$)		
藍領階層				
贊成混合	66.7	33.3	100	(6)
維持現狀	66.7	33.3	100	(9)
更加隔離	10.6	89.4	100	(19)
	($X^2 = 11.57$	$P < .01$)		

1. From Yung Wei and H. R. Mahood, "Racial Attitude and the Wallace Vote : A Study of the 1968 Election in A Mid-South City," (Scheduled for publication in the Spring, 1971 issue of *Polity*)
2. 華萊士（George Wallace）爲美國第三黨候選人，有明顯之隔離種族意向。

tion and regression analysis）、多項變數分析（multivariate analysis）、因素分析（factor analysis）、和因果分析（causal analysis）（一四四）等等。茲以多項變數分析爲例來說明統計學在社會科學研究中的實際運用。

譬如我們已知美國人民的種族態度與其選舉行爲有甚大的相關，但想進一步知道這種關係是否因職業階層之高低而有所分別，我們便可將職業階層加以控制，再將種族態度與投票行爲兩個變數交叉列表。根據筆者在一九六八年美國大選中所收集的資料，顯示了上表情形（見表三）。

「表三」顯出不論職業階層之高低，只要一白種選民贊成種族混合，則不投華萊士票的成份大；若主張更加隔離，則無論職業高低，多數均投華萊士的票。由此例可以看出，多項變數分析，甚有助於吾人對於有關人類行爲的各種變數間關係之瞭解，有勝於許多文字之解釋，這便是統計分析之最大優點。

(6)社會科學研究過程圖解

至此我們僅將社會科學各種研究及分析方法加以介紹，而未言及一般社會科學家研究一個問題所經歷之程序。茲就包含假設判定（hypothesis testing）之研究過程加以闡述。普通以判定假設之眞僞爲目的的研究均須經過以下步驟：

1.決定研究問題（研究對象）——首先應考慮該問題的範圍是不是太大。如果太大，便應縮小範圍，就該問題的一部分找出一子題來研究。

2.收集並瀏覽有關材料——包括其他學者對該特定問題研究之結果。

3.發展或找出有關的理論及命題（propositions）（一四五）。

4.對與理論和命題有關的基本概念（concepts）下定義。

5.從理論及命題中確定變數（variables）或變數羣（groups of variables）並區分相依變數（dependent variables）及獨立變數（independent variables）。

6.從變數間的關係中引繹（derive）出假設（hypotheses）——例如我們在瀏覽材料中得知在美國種族背景及居住社區與選舉行爲有相當關係。這是一個命題（也可是一種極簡單的理論）（一四六）。根據這個命題，我們便可確立兩個獨立變數（種族與居處）和一個相依變數（投票）。把這兩組變數的關係聯接起來，便得到了一個關於投票行爲的一個極簡單的模型（見圖五）。按照「圖五」中變數相互間的關係，可以引繹出一些假設。諸如「白人傾向於投尼克森及華萊士的票；黑人傾向於投韓福瑞的票」及「居住於都市中的人傾向於投民主黨的票；居於郊區及鄉下的人傾向於投共和黨的票」等等。

7.收集有關變數之資料（data）—先決定應收集資料之性質、份量、以及收集資料之「景界」（setting），再從事收集。

8.針對資料將假設予以判定（testing hypotheses against data）。

9.獲得發見（findings）—假設的證實或推翻（acceptance or rejection of hypotheses）。

10.解釋發見（interpretation of findings）。

11.新理論、新命題的樹立及（或）舊理論、舊命題的修改或推翻。

12.發表研究結果。

以上各種研究步驟，可以用電腦程式中的流程圖（flow chart）加以簡要的說明。

「圖六」中所描述的社會科學經驗性研究（即針對經驗性質資料對假設加以判定之研究）過程，雖然不能概括所有社會科學內各科的研究過程，但也說明大部分社會科學家研究時所遵循的步驟（對於從事調查研究的學者而言，「圖六」表解最接近他們的研究過程）。

圖　五

獨立變數與相依變數關係舉例圖解

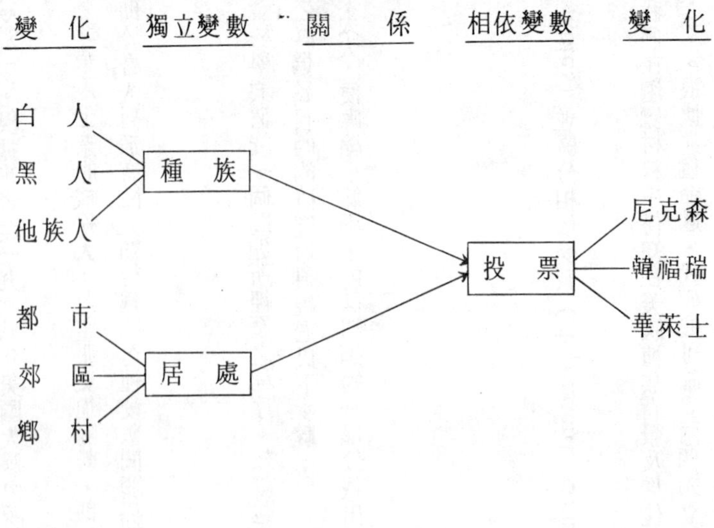

圖　　　六

社會科學經驗性研究（*empirical research*）之研究程序圖解

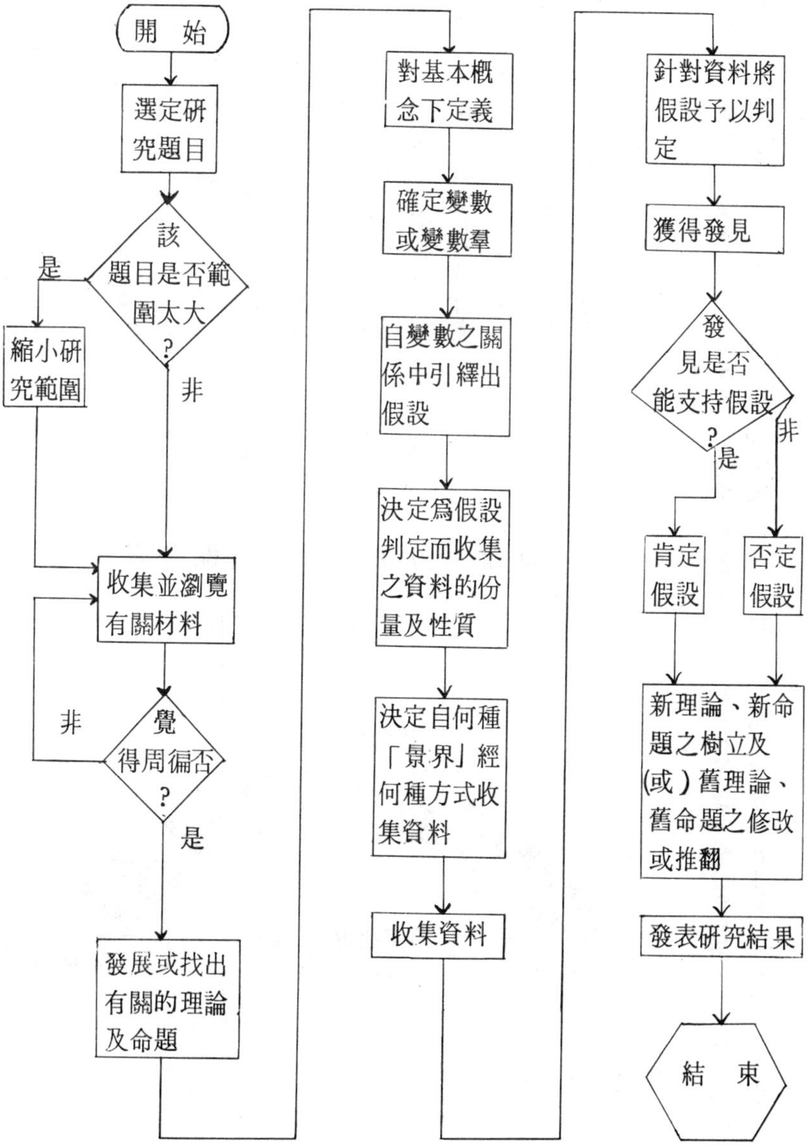

經驗性的社會科學研究所最值得注意的一點，便是理論、方法、與現實間的密切關係。就理論而言，所有理論中的命題必須經由一定的方法與現實世界中之事實相印證。就方法而言，所有研究技術必須促進理論與現實之間的關係，而非憑空冥想。就現實世界而言，一方面它供給發見，來考驗理論之正確與否；另一方面則構成對於研究方法不斷地挑戰（複雜之現象必須要有更精進之研究法來剖析）。這種關係，又可用下圖表示。

「圖七」說明了社會科學的理論與方法和現實世界（經驗世界）之關係。它使我們了解社會科學知識的精進，是靠不斷地通過更新更有效的研究方法把理論與現實相印證得來的。這樣經過繼續的研究與考驗，社會科學的理論，解釋以至預測現實世界中種種現象的能力愈來愈大，社會科學也就逐漸變成更具科學性的學問。

圖七

理論、方法、與現實關係圖

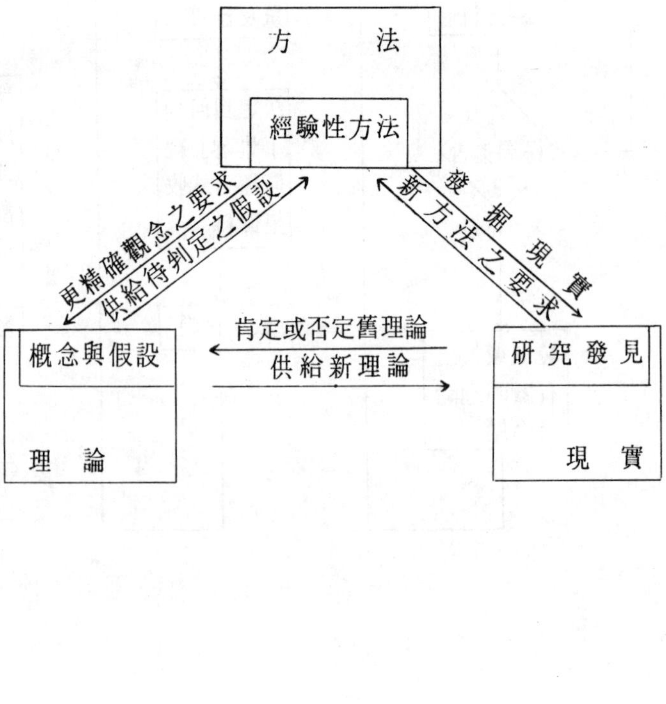

（一一一） 筆者在撰寫本章時，並不假定（assume）目前在社會科學界中，已有一種普遍為各種社會科學家所共同接受的研究方法。事實上，目前在任何一種社會科學中，也有不同的學派及其不同的研究方法。因此筆者在本章中的討論，只是取各科研究方法之大同而略其小異的一個一般性的介紹。

（一一二） 參看Morris R. Cohen, "Reason in Social Science," *op. cit.*; Eugene J. Meehan, *Explanation in Social Sciences* (Homewood, Ill.: The Dorsey Press, 1968), pp. 1-30; Fred N. Kerlinger, *Foundations of Behavioral Research* (New York : Holt, Rinehart and Winston, Inc., 1967), pp. 1-17.

(一一三) 外在世界之可知性，是哲學中認識論（epistemology）裏的一個爭論不休的問題。玄學家及唯心主義的哲學家嘗認爲每個人經由感官所得的有關外界的知識是特殊性的（unigue），即使兩人共同觀察同一事物，也無法獲得同一的映像（image）和經驗。因此他們否定知識的客觀性和互通性，甚至根本否定外界的客觀存在（境由心造）。科學家並不否認認知的過程是有人與人間的不同的，但却認爲這種差異是可以經由公開的比較以及精密的儀器的協助來加以覺察與控制的。請參看A. D. Ritchie, *Scientific Method* (Paterson, N. J. : Littlefield, Adams & Co., 1960), pp. 23-52.

(一一四) Berelson and Steiner, *Human Behavior*, *op. cit.*, pp. 16-17.

(一一五) 參看M. Cohen, *op. cit.*, p. 663-664.

(一一六) 見 Ernest Nagel, *The Structture of Science* (New York: Harcourt, Brace & World, Inc., 1961), p. 466.

(一一七) 關於「猜測（亦可譯「推測」）性的分析」(Stochastic analysis)，請參閱 John G. Kemeny *et. al.*, *Introduction to Finite Mathematics* (Englewood Cliffs, N. J. : Prentice - Hall, Inc., 1956), pp. 150-157；此外關於其他一些時間性的或然率分析，可參看 T. W. Anderson, "Probability Models for Analyzing Time Changes in Attitudes," in Paul F. Lazarsfeld (ed), *Mathematical Thinking in the Social Sciences* (Glencoe, Ill. : The Free Press, 1954), pp. 17-66.

(一一八) Donald T. Campbell and Julian C. Stanley, *Experimental and Quasi-Experimental Designs for Research* (Chicago : Rand McNally Company, 1963)

(一一九) 見 Maurice Duverger, *op. cit.*, pp. 95,274,276；*BSSON*, pp. 56-57；Dagobert D. Runes (ed.), *Dictionary of Philosophy* (Ames, Iowa : Littlefield, Adams & Co., 1959), pp. 243-244.

(一二〇) 見 M. Duverger, *op. cit.*, pp. 75-124.

(一二一) 見 Robert C. North *et al.*, *Content Analysis, A Handbook With Applications for the Study of International Crisis* (Evanston, Ill. : Northwestern University Press, 1963)；Ole R. Holsti, *Content Analysis for the Social Sciences and Humanities* (Reading, Mass

Addison - Wesley Publishing Co. , 1969).

(一二二) 關於準實驗性的研究，請參看 Campbell and Stanley , *op. cit.*. pp. 34-64.

(一二三) 有的學者對於此處所提及之研究法，一律都認爲是非實驗性之研究法，這是他們對於實驗性的研究法下了很嚴格狹窄的定義的緣故，見 *BSSON*, pp. 53-59.

(一二四) 實驗室中的研究，有時也算是有結構的觀察，見 Claire Selltiz *et al.*, *Research Methods in Social Relations* (rev. one-vol. ed. ; New York : Holt , Rinehart and Winston , Inc. ,1965), pp. 221-222.

(一二五) 參看 Charles H. Backstrom and Gerald D. Hursh , *Survey Research* (Evanston , Ill. : Northwestern University Press, 1963); Morris Rosenberg , *The Logic of Survey Analysis* (New York : Basic Books, Inc. , 1968); Bernard S. Phillips , *Social Research , Strategy and Tactics* (New York : The MacMillan Co. ,1966), pp. 263-278 ; Matilda White Riley , *Sociological Research , A Case Approach* (New York : Harcourt , Brace & World , Inc., 1963), pp. 256-305 ; and Robert S. Weiss , *Statistics in Social Research , An Introduction* (New York : John Wiley & Sons, Inc., 1968) , pp.220-243.

(一二六) 參看 Dennis J. Palumbo , *Statistics in Political and Behavioral Science* (New York : Appleton - Century - Crofts , 1969), pp. 79-94 ; Hubert M. Blalock , *Social Statistics* (New York : McGraw - Hill Book Company , 1960), pp. 392 - 412 ; Hubert M. Blalock , Jr. and Ann B. Blalock (eds) , *Methodology in Social Research* (New York : McGraw-Hill Book Company , 1968) , pp.278-332 ; Wilfrid J. Dixon and Frank J. Massey , Jr. *Introduction to Statistical Analysis* (New York :McGraw - Hill Book Co. , 1951), pp. 37-55 ; and Fred N. Kerlinger , *Foundation of Behavional Research* (New York : Holt , Rinehart , and Winston , Inc. , 1967), pp. 51-66.

(一二七) 一種調查結果能否用何種統計來分析，要看其所取得資料的量度 (scale) 而定，不同量度之資料須用不同之統計分析，請看 Blalock , *Social Statistics* , *op. cit.* , pp.11-21.

(一二八) Harry S. Upshaw ,“ Attitude Measurement ,” in Blalock and Blalock , *op. cit.*, pp.60-111 ; Warren S. Torgerson , *Theory and Methods of Scaling* (New York : John Wiley & Sons,

Inc., 1958); and Milton Rokeach. *The Open and Closed Mind* (New York: Basis Books Inc., 1960).

(一二九) Louis Guttman, "The Basis for Scalogram Analysis," in A. Stouffer *et. al.*, *Measurement and Prediction* (Princeton, N.J.: Princeton University Press, 1950), pp. 60 — 90.

(一三〇) *BSSON*, p. 57.

(一三一) *Ibid.*, p. 57 — 58.

(一三二) 見Paul F. Lazarsfeld *et al.*, *The People's Choice* (New York: Duell, Sloan, and Pearce, 1944).

(一三三) 關於其他長期性的研究，可參看Paul F. Lazarsfeld and Morris Rosenberg (ed.) *The Language of Social Research, A Reader in the Methodology of Social Research* (New York: The Free Press, 1955), pp. 206 — 289.

(一三四) 參看Harry Eckstein and David E. Apter. *Comparative Politics, A Reader* (London: Collier-MacMillan, Ltd., 1963); Schubert and Danelski (ed.) *Comparative Judicial Behavior*, *op. cit.*; and Robert M. Marsh, *Comparative Sociology* (New York: Harcourt, Brace & World, Inc, 1967).

(一三五) Berelson and Steines, *op. cit.*, pp. 19 — 21.

(一三六) 見Campbell and Stanley, *op. cit.*, pp. 13 — 33

(一三七) 關於「模擬研究法」，請參看Harold Guetzkow (ed.), *Simulation in Social Science: Readings* (Englewood Cliffs. N.J.: Prentice-Hall, Inc., 1962); and Harold Guetzkow *et. al.*, *Simulation in International Relations: Developments for Research and Teaching* (Englewood Cliffs, N.J.: Prentice-Hall. Inc., 1963)

(一三八) 參閱Kenneth Janda, *Data Processing, Application to Political Research* (Evanston, Ill.: Northwestern University Press, 1965).

(一三九) 關於電腦程式之撰寫方式和電子計算機之種類，可說是名目繁多，日新月異。以機器而言，有IBM1620, IBM1130, IBM360和其他公司之第一代，第二代，第三代之機器；以電腦語言而言，有Machine language, Symbolic Language (SPS), FORTRAN I to FORTRAN IV, and COBOL等等。可參閱Fred J. Gruenberger and Daniel D. McCracken, *Introduction to Electronic Computers* (New York: John Wiley & Sons, Inc., 1961); Elliott I. Organick, *A FORTRAN Primer* (Reading, Mass.: Addison-Wesley Publishing Co., Inc., 1963); Daniel D. McCracken, *A Guide to FORTRAN IV Programming* (New York: John Wiley & Sons, Inc., 1965); 范光陵，

電腦管理學（臺北：文星書店，一九六七年）。

（一四〇）參看Charles F. Balz and Richard H. Stanwood（eds.）, *Literature on Information Retrieval and Machine Translation*（New York: International Business Machine Corp., 1962）.

（一四一）關於數學分析在社會科學中的應用，請參看Paul F. Lazarsfeld（ed.）, *Mathematical Thinking in the Social Sciences*（Glencoe, Ill.: The Free Press, 1954）; Albert Ando *et al.*, *Essays on the Structure of Social Science Models*（Cambridge, Mass.: The M. I. T. Press, 1963）; Hayward R. Alker. Jr., *Mathematics and Politics*（New York: The MacMillan Co., 1965）; and Bernard R. Gelbaum and James G. March, *Mathematics for the Social and Behavioral Sciences: Probability, Calculus and Statistics*（Philadelphia: W. B. Saunders Co., 1969）.

（一四二）參看John G. Kemeny *et al.*, *Introduction to Finite Mathematics*, *op. cit.*

（一四三）參看J. von Neumann and O. Morgenstern, *Theory of Game and Economic Behavior*（Princeton, N. J.: Princeton University Press, 1953）; and Martin Shubik（ed.）, *Readings in Game Theory and Political Behavior*（Garden City, New York: Doubleday and Co., 1954）.

（一四四）Hubert M. Blalock, Jr., *Causal Inferences in Nonexperimental Research*（Chapel-Hill, N.C.: The University of North Carolina Press. 1961）.

（一四五）此處所謂「理論」，指「相互聯接起來的命題」（interconnected propositions），參看Hans L. Zetterberg, *On Theory and Verification in Sociology*（New York: The Bedminster Press, 1965）, pp. 88－100.

（一四六）不過George C. Homans認爲凡是只說兩物之間有關係而未指明關係究竟何如者均非眞正之命題。見Homans, *The Nature of Social Science*, *op. cit.*, pp. 10-21.

六、現代社會科學的發展趨勢

由上章的討論中，我們可以大略地知道目前社會科學研究所用的一些方法。此外從第三章社會科學發展的歷史中，我們也可獲悉這門學問近年來發展的方向。本章的目的一方面是就這二章中有關部分加以綜合，另一方面則就尙未言及的社會科學發展新趨勢，加以介紹和補充。

縱觀目前社會科學的發展趨勢，可以看出以下幾個方向：

(一) 科際性和統合性的研究

現代社會科學家深感社會現實的繁複，決非用一門學科的理論與方法所能完全解釋剖析。因此他們主張一方面分工，一方面更要互助合作。這裏所謂互助合作，有好幾個含義。其一是社會科學家必須在研究一項問題時，運用多種學科的理論與方法，並使其相互融合；其二是對於有些複雜的社會現象，應由受過不同學科訓練的社會科學家共同研究；其三是在訓練新一代的社會科學家時，除了使他精於其本科之專業知識及技術外，並要求彼能對其他相關社會科學中之各學科以至生物暨自然科學之知識有所認識；俾使他們成為具有多種技能的人才，能從事多方面的研究工作。

科際性和統合性研究的最終目的，在於建立有關社會科學知識範疇內的一般性的理論。目前已有一些社會科學家開始作此種嘗試（一四七），但是距離目標尚遠（一四八）。

(二) 世界性的比較研究與國際合作的增進

由於具有現代意義的社會科學主要發源於歐洲，後來又發揚光大於美國，這門學問直到如今還帶有極濃厚的歐美色彩。此處所謂「歐美色彩」，一是指社會科學高水準的研究中心目前都集中在美國與西歐；二是指絕大多數受過高級社會科學研究訓練的學者，都集中在這兩個地區；三是社會科學中的許多理論，尤其是歷史學、政治學、社會學、教育學之哲學理論方面，深受西方文化傳統之影響；四是即使是經驗性的理論，其支持的資料（supporting data）也多半限於自歐美社會中收集得來者。

社會科學如果成為一門眞正的科學，其理論及發見必須具有世界性。易言之，即應具世界性的解釋性、有效性（validity），和應用性（applicability）。而達成這個目標，社會科學研究必須突破和超越西歐及美國這兩個地理界限，發展全球性的理論；同時非要運用全球性的資料將此種理論加以判定不可。自從二次大戰以來，具有這種把社會科學世界化或國際化的意見的學者數目日益增多，近幾年來更浸浸然有變成社會科學研究的主流之勢（一四九）。

社會科學世界化雖然目前尚在起步階段，但是已產生一些具體的結果。第一是許多美國和西歐國家的社會科學家，在其本國各種基金會的龐大財力支援下，紛紛前往亞、非、及南美、澳洲等「非西方景界」（non-western setting）中將其在本國已獲經驗資料支持的假設重新予以判定；其二是社會科學家在建造其理論的模型（theoretical model）時，考慮到其在不同社會和地區的適用性，亟力避免受研究本身文化及價值觀念的侷限（cultural-bound or value-loaded）；其三是國際合作共同研究社會科學中各種問題之活動的增加。近幾年來，四、五個國家以上的學者共同研究一項問題已是司空見慣的事。以政治學的研究為例，美國、日本、印度、和墨西哥四國的學者目前正從事「超越國際」（cross-national）的一項有關「政治參與」（political participation）的研究，預定七年完成。此外另有十二個國家目前也正在共同研究不同國家教授數學及語言的方法及其效力（一五〇）。

在促成社會及行為科學研究的國際合作上，有幾個機構扮演着很重要的角色。譬如聯合國國際文教組織中的社會科學部(Dept. of Social Science,UNESCO），對聯繫各國社會科學家頗有貢獻；該機構出版國際社會科學期刊（*International Social Science Journel*），經常報導國際性的社會科學活動並登載有關社會科學的一般國際性論文（一五一）。美國的社會科學研究理事會（Social Science Research Council）也經常資助其他國家的學者與美國學者合作研究。除此以外，許多國際性的社會科學學會也對國際性的社會科學研究合作頗有貢獻，諸如「國際比較法委員會」、「國際政治學會」、「國際社會學學會」、「國際經濟學會」、「國際社會科學理事會」、「國際社會科學文件委員會」、及「民意研究世界協會」（WAPOR）等等，都是以促進國際合作而創立的國際組織。

社會科學走向世界性的比較研究，對於這門科學的發展，是絕對有益的。不過在目前國際間尚有政治、文化、經濟的各種壁壘存在之際，社會科學家在他國作純科學性研究時，常常會遭到地主國政府的猜疑與防範；因為各國莫不擔心他國學者或假學者披著學術研究之外衣而實際作情報收集之工作。此外各國學者合作時，由於彼此背景和訓練的不同，每每在研究設計和發見分析上產生異見，輕者稽延完成研究之時日，重者甚至使一計劃已久之研究宣告流產，這些都是有待克服的問題。

(三) 電腦及其他電子計算儀器的廣泛使用

前面已經說過，目前社會科學已經愈來愈趨向於使用數學及統計學的分析方法。這種分析方法的使用與電腦的發展是相輔相成的。電腦的出現使得社會科學了解理論與觀念必須要清楚明白能够加以度量和數量化，才能被這種高度準確的機器來分析；另一方面，社會科學研究牽涉變數數目的衆多，也構成對電腦系統專家和程式員的一個挑戰，使他們努力發展出更精密更有用的電腦分析程式來配合社會科學的特性（一五二）。

由於電腦的精確記憶能力和高速計算能力，促使愈來愈多的社會科學家想法使他們收集的資料數量化，以便利用電腦來分析；結果導致各國（尤其是美國和西歐各國）的研究機構逐漸貯存了大批的社會科學的「量的資料」（quantitative data）。這些量的資料，對於已經完成分析的一國學者而言，可能已無甚價值；可是對於其他學者，尤其他國學者，仍具有甚大的參考及比較價值。因此近年來在美國和西歐各大學和研究中心裏，已逐漸成立了許多所謂「社會科學資料檔」（Social Science Data Archives）（一五三）。這些資料檔的專家們的主要工作，在於把記載在資料卡、磁帶、或碟上的資料加以歸類整理，並應各地學者之請，免費或只收少許手續費用供給該處所貯存的資料。學者收到這種資料（目前多半存在磁帶上）後，便可依照說明該資料之「碼本」（codebook 之用為解釋資料卡或磁帶上之資料內容及記載之位置。沒有「碼本」，學者是無法得知卡片或磁帶之內容的），用己處的電腦將其讀出或與自己的資料作比較研究。

在各地的資料檔中，要以附設於密歇根大學的「校際政治研究結合」（Inter-University Consortium for Political Research（ICPR））最具規模（一五四）。每年暑期，自美國及世界各地均有學者來此進修及研究，鑽研及討論最新式的社會科學數學及統計分析法，並實地運用密歇根大學之巨型電腦分析社會科學資料。目前在該中心研究過的學者，（一五五），泰半都已成為美國及其他各地社會科學方法論（Methodology），尤其政治學方法論中之前驅。

正因數學、統計學、及電腦計算，已成為治社會科學者越來越不可少的工具，許多美國大學的社會科學院系均亟力鼓勵其學生，尤其是研究生攻讀這些學科。有的學系（如經濟系）更把這些科目列為必修，或把它們列為可以替代碩士或博士考試中的第一或第二外國語的科目。

除了大型的電腦外，最近電子計算工業界還有一個新的發展，這便是可以放在桌上的小型電腦的發明。在美國的Monroe，Burrough 和 Wang Laboratory，以及在日本的 Canon 公司，都已推出許多型這種介乎老式計算機（calculator）和大型電腦之間的有相當程度的「記憶」（memory）的小型電腦。這種電腦，對於一次只做少數統計分析的社會科學家們來說，實有極大的用途與方便。在美國和西歐的一些社會科學發達的院系，小型電腦已成為一種必不可少的設備了。

(四) 數量性生態分析與社會指標的發展

隨着電腦的普遍運用與社會科學資料檔的紛紛建立，最近幾年內在社會科學界興起一個新的研究方向，這便是數量性生態分析（Quantitative Ecological Analysis）（一五六）。數量性生態分析之肇端，可以追溯到一九六二年國際社會科學理事會（International Social Science Council）的發起各國學者共同商討如何改善和增進超國家（cross-national）和超文化（cross-cultural）研究的理論和方法。當時參與其事的學者主要來自美國及歐洲各國。美國學者的主要興趣在於國際性的抽樣調查（sample survey）；而歐洲學者，尤其法國學者則頗不能忘懷其傳統上的「地理－生態分析」(geographical - ecological analysis)（一五七）。美國學者喜歡抽樣分析主要是因爲這種方法能直接從各個行爲者本身收集包含各種變數的資料。歐洲學者喜歡生態分析則是由於他們認爲這種研究可以從官方的統計中獲得資料，無需直接調查，而且還能作長時間縱貫性的分析。

在強有力的電腦尚未普遍應用前，社會科學家（主要包括社會心理學家、社會學家，及政治學家）利用分類計數機(counter - sorter）及製表機（tabulator）便可將調查得來的資料（survey data）作種種交叉分類（cross - classification）及多項變數分析（multivariale analysis）；而綜合性的生態資料（aggregate ecological data）由於所含變數甚少，個案（cases）也不多，便使學者提不起興趣去加以統計分析。但自從性能強速度高的電腦普遍被用來分析社會科學資料後，此種情形卽迅速轉變。利用記憶大速度高的電腦，學者們可以隨意把生態資料（卽從地理單位而非從個人收集得來的資料，諸如以社區、鄉村、城市、以至國家爲單位而收集的有關收入、宗教、教育水準、投票、就業、婚姻、黨派、社團分配等種種變數長時期的情報（information））加以分析。

生態分析最大的優點在於長時間的縱貫分析（longtitudinal analysis）與預測的可能性；諸如相關矩陣（correlation matrix）、回歸與共變分析（regression and covariance analysis）、因子分析（factor analysis），因果途徑分析（causal path analysis）等與「計量經濟學」（econometrics）有關的分析法，都可以用來分析綜合性的生態資料（一五八）。目前歐美各國的社會科學家，運用上述這些高級的統計方法，藉電腦將自各國收集得來的各種綜合性資料（aggregate data）加以比較分析，已有相當的收穫，擴大了我們對於各國社會、政治、及經濟各方面變遷的程度及速度的知識；使我們對於國家建設（nation - building），都市化過程（the process of urbanization），以及社會動員（social mobilization）等具有時間性的各種問題的了解增進不少。截至目前爲止，數量性的生態分析仍在發萌階段，不過我們可以預期這種新興的社會科學研究法，在不久的將來還會有更進一步的發展。

除生態分析外，目前在美國社會科學界尚有另一項新穎的研究課題，此即「社會指標」（social indicators）的設計工作。所謂「社會指標」是指一種能將一國國民生活水準和社會行為加以衡量的度量法，諸如一般人對其所從事的工作的滿足程度，年青人與長輩和社會的「疏隔感」（alienation），國民教育的水準以及教育對社會變遷的適應性，普遍就業的程度，國民健康，國民住宅情形，犯罪率，以及國內少數民族之地位等，都是度量的對象。社會科學家希望能發展出一整套的社會指標，將社會上各方面的情況加以衡量，獲得一個總商數。如此則可使政府及一般人民了解一國社會的客觀情況，知道社會各方面的問題，那些已有改進，那些尚待努力（一五九）。

很顯然地，假使社會科學各科都能夠發展出像經濟學中的「國民總生產」（GNP）或「國民平均收入」（per capita income）一樣的客觀有效的度量標準，來衡量一國社會的情況，則必大有助於政府政策的制定和檢討；同時人民對其本身的生活的水準以及政府施政的成敗，也可有一公平可靠的評估依據。不過以現社會科學的知識和方法的精確度而言，尚無法立即發展出一整套的社會指標來實際度量人民的生活水準和社會福利。因此一項精確可靠的社會指標的建立，尚需待以時日。

(五) 社會科學之應用性的着重與加強

社會科學的研究對象，是與一般人的生活有密切關係的各種問題，因此社會科學知識的發展，自始便帶有濃厚的應用性。換言之，即研究社會現象的主要目的之一（甚至唯一目的）是要藉社會科學知識來解決社會問題。但是近數十年來，在少數社會科學高度發展的國家（如美國等），部分社會科學家的研究每每有過分傾向理論性及抽象性的問題，而與現實的社會需要脫節，形成了所謂「缺乏相干性」（lack of relevance）的毛病。

以美國而論，每年各種社會科學雜誌登載成千累萬的論文，其中有許多是範圍非常小，內容非常抽象的研究結果。這種情形頗引起撥款支助社會科學研究的美國政府及私人基金會的批評。加以近來世界各地的各種社會問題如種族暴亂，都市問題（包括貧民區、犯罪、不良少年、娼妓、交通諸問題）、毒品問題，殘暴行為諸問題日形嚴重，使得供應研究經費之機構，不得不增加對此類迫切問題之研究補助，同時也使一些社會科學家，尤其是年輕一輩的社會科學家，傾向於從事實際社會問題的應用性的研究（一六〇）。只要世界各國所面臨的社會問題的嚴重性不減，這種着重社會科學應用性的研究傾向當繼續會是社會科學研究的一個主流。

但是吾人須知，對於一項科學的理論性與應用性的研究，有時是很難加以區分的。譬如天文學家研究星體的運轉，太空中物體的性質及其運動情形，在過去被認爲是與人類生活不甚相關的理論性的研究；在如今人類至月球及其他星球探險的壯舉上，則一變而成爲必不可少的實用知識。又如社會科學家在實驗室中進行「小群行爲」（small group behavior）的研究工作，粗看起來似乎是與國家社會之重大問題漠不相關，其實近年來社會科學已逐漸利用這種研究所得的結果來協助解決社會上各種不同人群之間的衝突問題。因此一項社會科學的研究是否具有應用性，是不易回答的問題。這個問題，應由受過嚴格科學訓練的學者專家判斷決定，而不應僅由政府官員或供給研究經費的基金會人士決定，否則後者在缺乏對社會科學知識的情形下，任意通過其對研究經費的控制來左右社會科學研究的方向，每每會發生緣木求魚，揠苗助長一類的影響。

（一四七）　請參看Talcott Parsons and Edward A. Shils (eds.), *Toward a General Theory of Action* (New York: Harper & Row, 1962)（此書原由哈佛大學在一九五一年出版）；Nobert Wiener, *Cybernetics* (New York: John Wiley & Sons, 1961); N.Wiener, *Human Use of Human Beings*, *op. cit.*; Karl W. Deutsch, *Nationalism and Social Communication, An Inquiry into the Foundation of Nationality* (Cambridge, Mass.: The M.I.T. Press, 1953); James G. Miller, "Toward a General Theory for The Behavioral Sciences," in White, *The State of the Social Sciences*, *op. cit.*, and Robert K. Merton. *Social Theory and Social Structure* (rev. and enlarged ed.; Glencoe, Ill.: The Free Press, 1957).

（一四八）　美國「行爲及社會科學調查委員會」預言將來具有多種訓練的通才及理論家，在未來行爲及社會科學界會更爲普遍，更具影響力量：見*BSSON*, pp. 265—266.

（一四九）　見*BSSON*, pp. 250—260.

（一五〇）　*Ibid*, pp. 251—253.

（一五一）　該刊物在一九六四年曾登載有關介紹和調查社會科學的問題的論文，見"Problems of Surveying the Social Sciences and Humanities," *International Social Science Journal*, XVI, No. 4 (1964).

（一五二）　目前美國各電腦中心都蓄儲或獨立發展出各種電腦程式，協助社會科學家從事對他們所收集的資料作數學及統計分析。諸如University of British Columbia 所發展出來的"Multivariate Contingency Tabulation" (MVTAB)，Northwestern University所發展出來的"Northwestern University Multivariate Cross-classification Program" (NUCROS)，及密歇根大學的Institute for Social Research 所發展出來的OSIRIS，都是具有對大量資料做各種統計分析能力的電腦程式。利用這些電腦程式，學者可以在數小時內完成電腦未發明前需要數月以至數年始能完成的分析工作。

（一五三）　參看Ralph L. Bisco," Social Science Data Archives : A Review of Developments," *American Political Science Review*, LX (March, 1966), pp. 93-109; R. L. Bisco," Social Science Data Archive : Programs and Prospects," *Social Science Information*, Ⅶ (Feb., 1967), pp. 39－74 ; and *Social Science Data Archives in the United States*, 1967 (New York: Council of Social Science Data Archives, 1967).

（一五四）　參看Inter-University Consortiun for Political Research, *Biennial Report*, *1966－1968* (Ann Arbor, Michigan, 1969).

（一五五）　筆者於一九六九年暑假亦會以密歇根大學訪問學者之身份，在ICPR研究兩月，以是對該處主持之學者，設備，及資料，獲得直接的認識與了解。

（一五六）　參看Mattei Dogan and Stein Rokkan (eds.), *Quantitative Ecological Analysis in the Social Sciences* (Cambridge, Mass.: The M. I. T. Press, 1969)

（一五七）　*Ibid.*, p. vii.

（一五八）　*Ibid.*, p. viii

（一五九）　*BSSON*, pp. 101－105; Raymond A. Bauer (ed.), *Social Indicators* (Cambridge, Mass. : The M. I. T. Press, 1966); and Eleanor B. Sheldon and Wilbert E. Moore (eds.), *Indicator of Social Change : Concepts and Measurements* (New York: Russell Sage Foundation, 1968).

（一六〇）　以政治學爲例，近年來一些美國年輕的政治學者便甚不滿現在美國政治學研究着重基本抽象性的研究的傾勢，而要求政治學家研究越戰，種族問題，都市生活問題等具體政治及社會問題。此中情形，可參考David Easton," The New Revolutior in Political Science," *American Political Science Review*, LXIII (Dec., 1969), pp. 1051－1061.

七、社會科學與現代社會

我們在第一章「前言」中會經提到現代社會是充滿着戰爭、暴亂、種族歧視，都市危機、及精神不安的一種社會，形成了所謂「社會危機」（social crisis）；在這樣一個籠罩在種種危機的世界中，社會科學與社會科學家所扮演的角色爲何，這便是本章所要討論的主題。

(一)　社會科學在現代社會中的有用性

儘管有的社會科學家認為社會科學研究的目的僅在追求有關人類社會現象的知識，其基本出發點在於好奇心（curiosity），而非有用性（usefulness），社會科學未來的前途仍顯然要看它能不能對於解決人類社會實際問題有所貢獻而定。綜合多數社會科學家的意見，社會科學的知識，至少有以下數種實際用途（一六一）：

(1)解釋社會事件（social events）發展的趨勢並說明各種社會勢力（social forces）之間的相互關係。

(2)減少人類因對社會現象及自身行為缺乏知識而產生的衝突。

(3)減輕人類因錯誤不能成立的期望（faulty expectation）而引起的沮挫感（frustration）。

(4)使人明白人類的潛力（potentialities）及其限度（limitations）。

(5)顯示在一特定情況下，有那幾種解決一特定問題之途徑（alternatives）。

(6)對一項社會政策實施的結果加以評估。

以上社會科學知識的各項用途，已產生一些具體的結果。譬如隨着人類社會科學的增加，一般人已不再把外國人當做缺少信義無知無識的野蠻人；被雷打死的人不再被有知識的人認為是不孝的結果；長大痲瘋病的人不再一律被認為是因為違背了上帝的旨意；神經不正常的人不再被看成是魔鬼附身者；人類的犯罪行為不再一律用生性不良或前生罪惡的報應來解釋。由於以上這些因社會及自然科學發達而產生的認識，大大地增加了人們對身遭不幸者的容忍和同情心，同時促進了解決或避免種種人類痛苦的方法和政策的發展與施行。

(二) 社會科學與社會政策

雖然社會科學的知識的有用性已逐漸為一般人所認識，但是社會科學能不能有助於解決具體的社會問題，還是要看社會科學研究的結果，能不能為一國社會中的領導階層在其決策時加以採用而定。因為社會科學家的研究所得，不論多麼有價值和多麼有用，如果不能為一國政府的決策人及社會各界領袖所採用，則仍然不能發生具體的效果。

社會科學家在協助政府或工商界解決各種具體社會問題上，通常須經以下幾個步驟：

(1)經由科學程序獲取可靠的社會科學知識。

(2)貢獻此種知識於「決策者」（decision-maker），使其了解關於特定事件的實在情形（亦即使決策人了解「是」(is)怎樣)；同時並進一步提出解決或改善一特定問題的幾條途徑；並使其了解如果採用那種途徑，便會有那種結果(亦即使決策者明白「如果如何……便會如何」（if………then ……）。

(3)決策人根據社會科學家所供給的知識制定政策。

(4)該項政策在施行後產生具體結果。

(5)社會科學家觀察並評估（evaluate）該政策施行的結果並作成新的報告與建議。

右列各種步驟，可以用下圖加以說明。

由「圖八」的解析可知，社會科學知識能否產生具體效果以解決現代社會中的各種問題，其關鍵實在於一個社會中的社會科學家與社會決策人士能否建立相互合作的良好關係；而此種良好關係之建立，有賴於以下幾個雙方面的條件。

在社會科學家方面，他們必須：(1)不斷改進其研究方法，增加研究所得發見的可靠性；(2)儘可能使其研究結果，能與社會需要發生關聯，並想法使其研究成果，能運用到實際問題的解決上去；(3)嚴格保持社會科學學者的中立性，尤其要避免對於本身缺乏專業知識的社會現象任意加以批評，成爲與一般政治評論家一樣的「社會批評家」（social critic）（一六二）

圖八　社會科學與社會政策關係圖

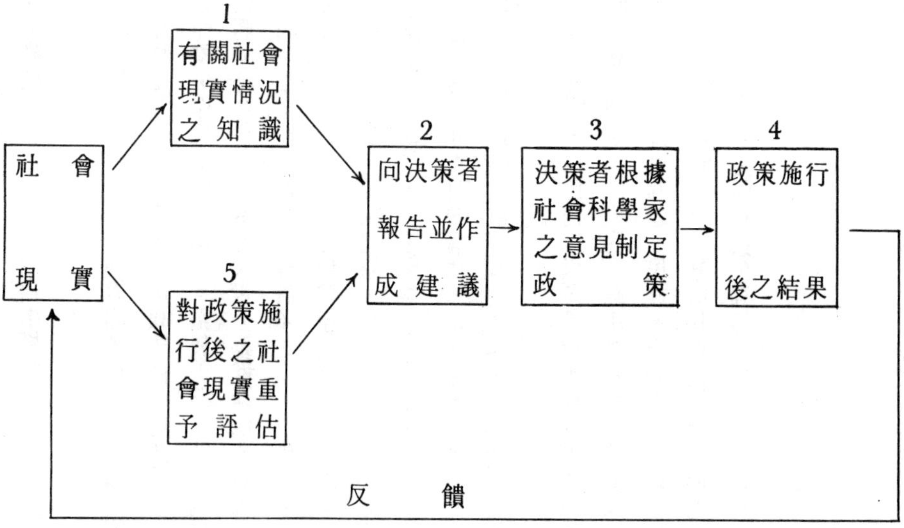

在決策者方面，他們必須：⑴認識現代社會問題的複雜性與現代社會科學與日俱增的可靠性；⑵放棄用普通常識來分析社會現象，尊重社會科學家的專業知識；⑶保障學術研究的獨立性，維護學者追求知識的自由權利；⑷給予社會科學研究大量的經濟支援。

上述各種條件，在社會科學發達的國家多少均已做到，因而促成了學者與政府和工商界的密切合作。以美國為例，聯邦及地方政府在制定政策時，常成立各種委員會，邀請社會科學家參加特定問題之研究，提出報告供政府施政的參考（一六三）。美國國會在討論各種法案時，亦常邀請社會科學專家至各委員會作證，作為立法的參考。至於美國民間工商界也對於社會科學知識，尤其是心理學、社會學和經濟學的知識非常重視；要就聘請社會科學家參與決策，要就請他們為備諮詢的顧問。

近年來由於美國國內社會問題日趨嚴重，社會科學乃得到更大的重視。在當前美國經濟不景氣，物理學家、化學家和其他自然科學家不易覓得理想工作之際，心理學家、社會學家（尤其是社會工作者），和地理學家竟然供不應求，充分反映全國上下對於社會科學家地位的重要，有日益增加的認識。最近美國國會部分議員更提出建議，在目前已有的「經濟顧問委員會」（Council of Economic Advisers）之外，再成立一個「社會顧問委員會」（Council of Social Advisers），協助美國總統處理社會問題。他們並且更進一步建議聯邦政府每年應提出一項「年度社會報告」（Annual Social Report），向民意代表及一般人民將美國社會情況以及政府的社會政策施行的成果作一總結的報導（一六四），作為後二者衡量政府政績的參考。

不僅美國政府及民間日益增加對於社會科學的重視，英國、法國、德國、以色列，以至部分東歐國家也對於這樣科學的有用性具有深刻的認識。以以色列為例，這個新興國在立國不久便成立一個極有規模的「應用社會科學研究所」(Institute of Applied Social Research)，邀集專家學者研究分析其所面臨的難民問題、民族融合問題、和國家認同問題，並向政府提供解決之道，獲得了極為輝煌的成就。近年來以色列的社會科學家更進一步地運用其專業知識，協助政府處理佔領阿拉伯國家地區人民的管理問題，也有顯著的成績（一六五）。於此我們雖不一定同意以色列佔領他國領土之行為，但卻不能不欣賞其運用社會科學知識解決實際問題上所獲致的成就。

㈢ 社會科學與道德問題

社會科學是以人類為研究中心的科學，而人類是具有評價（評估）能力的動物（evaluating animal），因此社會科學的研究始終脫離不開道德與倫理方面的問題（一六六）。事實上，如前所述，早期社會科學的內涵充滿了哲學與道德的價值判斷的句子，那時學者研究一項問題時，常常先入為主的判定研究的對象是「好」或「壞」、「善良」或「險惡」、「應該」或「不應」，然後再加以討論分析。

現代社會科學家摒棄這種以價值判定為基礎的分析方法，主張學者研究社會現象時應嚴格遵守客觀（objective）的原則，要儘量做到「價值祛除」（value-free），使研究的過程及結果不受自己個人好惡的影響，以保持社會科學研究的超然性及可靠性。

社會科學此項立場常常被道德家、倫理家、及宗教家所誤解或曲解。他們以為社會科學在研究時儘量避免價值判斷便是主張廢棄道德，甚至推論社會科學研究者本身便是無道德的人。於是研究宗教的學者便被視為反宗教的無神論者；研究暴力行為的學者便被視為提倡暴力者；研究種族關係的學者便被視為是挑撥離間者，研究人類性行為之學者便被視為是在提倡荒淫的登徒子。這些缺乏根據的指摘，常帶給社會科學家許多威脅和困擾。

道德家攻擊社會科學最振振有辭之點，便是近代社會科學雖日趨發達，而社會問題却有增無已，足見社會科學之進步無補於人類問題之解決。於是他們乃大聲疾呼，要促進人類幸福惟一之道在於提倡道德教條，而非發展社會科學。道德學家的這種觀念，犯了兩個基本錯誤：其一是把以往的社會認定是一種更美好的社會，其二是把社會科學知識的增加與這種知識的實際應用混為一談。

根據我們已有的具體資料，在世界多數社會之中一般人民的生活狀況，實遠比以往任何社會任何時期要好。譬如現代社會中的人際關係，要遠比以前的社會要更為平等；現代社會中的人民，獲得前所未有的衞生保健；現代人們交通往返，遠比以往來得方便快捷；現代人們的衣食穿着及一般享受都要超過前人；還有更重要的一點是，現代社會中的人，平均壽命要比以往長得多。此外在現代社會中，外國人及少數民族受到更大的保護；婦女的地位大為提高；童工女工受到法律保障；工作時間普遍縮短。這些現代人所享受的福利，直接間接都是社會科學發展的結果。

誠然，在現代社會中，也有一些今不如昔的現象，諸如離婚率大為提高，大家庭的結構受到威脅，學潮罷工此伏彼起，精神病患日益增多，吸毒罪犯有增無已等等。但這些人類社會的新問題，吾人只要稍作深入一點的觀察便會發覺這與人們所新獲得的自由、平等、富足、速度、與寬容有密切的關係。這些問題的解決，仍有賴社會科學的繼續努力。

於此我們還須認識一點，即社會科學所獲得的知識，有許多遲遲都未被重視和運用。譬如美國社會學家，早在廿世紀初期便已指出該國黑人遭遇的悲慘，提醒政府及社會領袖注意加以改善，否則將造成嚴重社會問題，但卻爲保守的白人政治家所抵制而未蒙採納。人類學家及心理學家早已確立人類基本智慧能力在各種族間沒有明顯的差異，可是希特勒時代的德國，東條時期的日本，以至目前南非及羅德西亞的白人仍持種族優越論的說法，引起戰爭及流血。這都是人類因一己的偏私及固執，不接受社會科學知識的例證。由此觀之，我們實不能把現代社會各種問題的存在，歸諸於社會科學知識的失敗；人類缺乏道德的勇氣去接受並運用社會科學的新知，反而是人類不幸的原因之一。

不過我們仍須了解，社會科學並非解決一切當前人類社會問題的萬應靈丹。社會科學知識可以減少人與人之間的衝突，預防暴亂行爲的發生，增加人類的社會安全和福利，但卻不能保證給予人們一種寧靜自足的滿足感。究其原因，乃是人們所謂「快樂」主要是一種主觀的感受所致（一六七）。在這方面，宗教的薰陶與道德的灌輸，實有其積極的意義與價值。因爲這兩種教導的主要內容，都在約束人類的慾望，使其從自制中產生一種滿足感，這樣自然會有助於人類社會的一些因私慾而產生的一些問題（一六八）。由此可見社會科學家與道德家和宗教家在解決現代人類問題的共同目標上，並不是沒有合作的餘地。

要使社會科學家與道德家合作，先要雙方拋棄彼此之間的誤解及敵意。就道德家而言，他們應當消除，至少也應減低對於現代社會科學的敵意，進而學習並了解現代社會科學的方法及發見，來充實及修改道德教條的內容，使其適應及配合現代社會；同時道德家在討論道德問題時，必須講求邏輯方法（一六九），庶免其論點前後矛盾，予人攻擊反駁的把柄。在社會科學家方面，則應改變其忽視或逃避道德問題之態度，積極研究道德、倫理與宗教對於人類行爲的影響；換言之，即把道德和宗教當成影響人類的一個變數來作客觀分析。此外社會科學家在研究過程中，必須留意自己的調查分析工作有否侵犯所研究對象(個人或羣體)的基本人權；同時對於社會科學研究結果的公佈所可以能引起的道德觀念的改變，予以適當的考慮（一七〇）。

如果道德家與社會科學家能各自做到以上幾點，則二者當可由近乎對立的關係演化成爲提攜合作的關係。我們對於道德學家與社會科學的合作的可能性，可以抱着審愼的樂觀態度。因爲純粹就社會科學與道德哲學的研究本質來說，二者並非處於絕對衝突的地位；前者主要是研究「是不是」及「如果如何……便會如何」的問題（一七一），後者主要是研究「應該如何」的問題。只要社會科學家與道德家各守本份，並尊重對方的研究範圍，避免越俎代庖，則社會科學家研究的結果可以供給道德家具體的事實性的資料，作爲衡量和評價的依據；而道德家思考的結論也可供給社會科學家規範性的啓示，使後者認識其研究工作的社會意義及其作爲一個研究者應負的道德責任。從這個角度來看，道德家與社會科學家彼此的職務實在是相輔相成，而具有相當大的合作潛在性的。

（一六一） 參看Pendleton Harring,"Toward an Understanding of Man: Some Introductory Remarks about the Objectives and Methods of the Social Sciences," *Proceedings of the American Philosophical Society*, Vol 99, No. 2 (April,1955), pp. 39-45; and *BSSON*, pp. 20-21.

（一六二） 這並不意味社會科學家應放棄其爲公民一份子的權利與義務，對國家大事緘口不言，而是指他們在批評不是自己專攻範圍之內的事務時，不應擺出專家的態勢。

（一六三） 參看Fred R.Harris (ed.) *Social Science and National Policy* (New York: Transaction Books by Aldine Publishing Company, 1970).

（一六四） 見*BSSON*, pp. 103-109; 關於社會科學家如何參與政府決策，尚可參考Daniel Lerner and Harold D. Lasswell, *The Policy Sciences: Recent Developments in Scope and Methods* (Stanford: Stanford University Press, 1951).

（一六五） ***IESS*** (1968), Vol. 15, p.15.

（一六六） ***BSSON***, p. 127.

（一六七） 關於人類「快樂」的意義，佛洛依德及佛洛姆均有極透澈之分析，請參看Sigmund Freud, *Civilization and Discontents*, trans. and ed. by James Strachev (New York: W.W.Norton & Co., Inc., 1961) and Erich Fromm, *Man for Himself, An Inquiry into the Psychology of Ethics* (Sept., 1965)（蔡伸章先生曾譯爲人類之路，由協志工業叢書出版公司印行）。

（一六八） 不過我們應當了解，狂熱的宗教信仰與固執的道德教條本身也是造成人類社會中不幸的原因，宗教戰爭與殉葬守寡便是很好的例子。

（一六九） 愛因斯坦便極力强調此點，見Albert Einstein, "The Laws of Science and the Laws of Ethics," in Feigl and Brodbeck (eds.), *Readings in the Philosophy of Science*, *op.cit.*, pp. 779 — 780.

（一七〇） 參看*BSSON*, pp. 127 — 135; and Alan F.Westin, *Privacy and Freedom* (New York: Atheneum, 1967).

（一七一） 關於此點，社會科學中的法律學是一個例外。因爲法律學是一種規範科學，其主要研究的出發點乃是人類行爲「應該如何」。不過近年來法學家在討論規範性的原則時，常引述心理學，社會學，人類學，政治學，及經濟學的各種論證。換言之，便是用「如果如何……便會如何」來支持其「應該如何」的觀點。這和傳統的道德家從幾個基本的道德命題演繹出來一整套的道德句子的方法是頗異其趣的。

八、結論

由討論社會科學的性質開始到分析社會科學與現代社會的關係結束，本文可說是對於社會科學有關的各方面都作了一些綜合性和一般性的介紹。從本文的討論中，讀者當可對社會科學的基本性質、研究對象、發展經過，社會科學的分類及各科的內涵，社會科學的研究方法，最近的發展趨勢，以及這種科學在現代社會中扮演的角色，獲得一個概括的印象。

筆者在此願陳述兩點意見對全文作一總結。第一，社會科學是一種範圍極廣泛的科學，非僅學者對整個社會科學的內涵與性質，有種種不同的說法；即社會科學各科之中，也有種種意見不同的學派與理論，因此讀者欲求對各種社會科學獲得更進一步的了解，仍須再研讀各科學者的專著。第二、社會科學是一門日新月異、在急速發展與轉變中的科學。隨着人類登陸月球、移植心臟、人工製造蛋白質等新境界新時代的來臨，社會科學也就獲得新的研究對象，擔負新的使命，也面臨新的挑戰，其繼續不斷的蛻變與演化，乃是必然的趨勢。因此我們必須不斷地吸收新知識，接受新觀念，方能保持對這門科學的高度認識與了解。

經過了幾百年無數學者孜孜不息的努力，社會科學逐漸突破了神學的、哲學的、與道德倫理學的籠罩，在理論上日新又新，在方法上精益求精，在發見上脚踏實地，終於形成了一種與物理科學及生物科學相鼎立的一種行爲科學和經驗科學。隨着社會科學本身的科學性質的不斷增進，以及世界各國對人類如何彼此和平相處並適應急速變遷中的社會諸問題的日增關切，社會科學正受到各國政府及民間前所未有的重視與支持。我們可以預見這門科學在最近的未來，將有更快速更驚人的發展。作爲一個歷史悠久，文化延綿的國家，我們實應認識這種社會科學發展的新趨勢，而全力推動有關這門科學的研究，使我國在未來世界社會科學的發展史上能佔一席地位。

【後記】本文是在王雲五先生及劉季洪校長的指示下，以及羅孟浩老師不斷地鼓勵與督促中寫成的。從開始收集資料到撰寫完稿，前後共計花了一年時間左右。其間筆者曾就本文的構想及內容與筆者在美國田納西州曼菲斯州立大學的同事史巴兹伍教授（Roger Spotswood），麥護教授（H.R.Mahood）及施友佛教授（Jacob Silver）多所討論，獲益匪淺。此外國立政治大學法學院院長朱建民教授及外交系主任李其泰老師安排筆者返國在母校執教，使筆者能在充滿師友溫情的安靜環境中從事寫作；又政治系教授王壽南兄建議臺灣商務印書館以限時郵贈筆者已出版之雲五社會科學大辭典各冊，使筆者能及時參考部分學門內容，均大有助於本文的完成。謹在此對以上諸先生，致最誠摯的謝意。本文牽涉的範圍至廣，而收集材料及執筆撰寫時間有限，如有錯誤遺漏，當由筆者個人負責。

雲五社會科學大辭典

第一冊

社會學

名譽總編輯　王雲五

編輯委員會召集人　楊亮功　陳雪屏　羅志淵

本冊主編　龍冠海

本冊編輯委員　朱岑樓　范珍輝　席汝楫
張宗尹　張鏡予　陳國鈞
楊懋春　龍冠海　謝康

出版委員會主任委員　劉季洪

出版者　臺灣商務印書館

本冊撰稿人

（以姓名筆畫為序）

朱岑樓　范珍輝　席汝楫

張宗尹　張鏡予　陳國鈞

楊懋春　龍冠海　謝　康

雲五社會科學大辭典

第一冊 社會學

序言

本辭典乃「雲五社會科學大辭典」中的一部分。本人僥倖被邀爲此一部分之主編，而聘范珍輝先生爲助理。但自從受命以還，因感於責任之重大以及所遭遇困難之繁多，心中時常戰戰兢兢，幸獲大辭典發起人之寬容與諸編輯委員之合作，歷時兩年餘終告完成。玆特將其編輯經過情形約略言之。

我們首先從現有之主要社會學參考書中選出較爲通用或常見之社會學名詞約一千個，然後將其分爲以下十五個主要部門或範圍：

一、社會學理論與社會思想，二、方法論及研究技術學，三、社會心理學，四、社會團體與社會互動，五、人文區位學（包括社區與區域的研究，鄉村社會學，及都市社會學），六、人口學，七、家庭與婚姻，八、文化，九、社會結構與社會分化，十、工業社會學與經濟社會學，十一、社會過程與社會變遷，十二、社會問題，十三、應用社會學，十四、社會控制，十五、特殊社會學及其他。

上述範圍之劃分可能尚有缺陷或重疊之處，同時各部門所選入之名詞也未必盡善盡美。此乃勢所難免。蓋社會學本身所涉及之範圍甚廣，而且日新月異，因此社會學家當中對於此門學科範圍之劃分及其所應包括之名詞，迄今尚無定論。此外，社會學與其他若干學科，尤其心理學，人類學，政治學，及經濟學等，多少都有關係，彼此所用名詞必然也有相同者，只是有的在各學科中的用法或許稍有差異而已。至於本辭典對各名詞的說明當然是以社會學的觀點爲依據。

各有關範圍的名詞選定之後，便予以依序排列付印，然後邀請在臺灣講授社會學之同仁數名（限於教授及副教授，其名單另列）聚會共商，由各人擇其特別有研究之部門負責撰稿，對於各部門所列名詞，各人有增減之自由。當會商時，我們曾向大家提出若干建議，作爲撰稿標準之參考，可惜後來由於種種關係，有少數人並未能依照這些建議去做，故結果大家所撰寫的標準頗不一致，又有的人所撰述之名詞也比原擬定者爲少，合計僅有五百多個，共四十餘萬言。然而，總而觀之，現代社會學中所通用之名詞大致皆已包括在內。以目前我們有限之人力和時間，而能大家合作，集體地完成此急需之工作，雖然難免有其瑕疵，對我國學術界，尤其社會學界，亦不無貢獻，這是我們可以引以爲慰的。

大家都知道，我國的社會學，和其他科學一樣，差不多完全係受西洋的影響，故其名詞也幾乎完全採用或迻譯自洋文，特別是英文。本辭典所包括之名詞亦不例外，但迄今爲止，有許多西洋名詞及人名尙無標準化的漢譯，於是各人有各人的譯法，很不一致。在編輯過程中，這乃最感困擾的問題。我們曾特別請兩位助教化了不少時間，幫忙將各人的撰稿列有洋文名詞及人名，全部按其字母先後排列出來，並附以各人的譯文，編成一巨册，然後由主編者依照多數人的或比較合乎標準的譯法，予以統一化。因爲此項工作相當繁雜而麻煩，難免有其漏誤之處。至於各名詞的解釋，其中有許多係依據現有的英文詞典或社會科學百科全書中的，爲了節省篇幅，差不多全用縮寫法將其簡化。例如：

D.S.——Dictionary of Sociology, edited by Henry Peratt Fairchild (Philosophical Library, 1944).

D.S.W.——The Dictionary of Social Welfare, edited by E.F. Young (Rainbow-Bridge Book Co., Taipei, 1965).

E.B.——Encyclopedia Britannica (Reprinted in Taipei, 1959).

D.S.S.——A Dictionary of the Social Sciences, edited by Julius Gould and William L.Kolb (Reprinted in Taipei, 1964).

I.E.S.S.——International Encyclopedia of the Social Sciences, edited by David L. Sills (The Macmilliam Company and the Free Press, reprinted by Rainbow-Bridge Book Co., 1968).

最後讓我將各編輯委員的姓名（按筆畫多寡排列）及其所擔任的部門列表於后：

朱岑樓：家庭社會學，人文區位學。

范珍輝：社會研究法，社會心理學，社會控制。

席汝楫：社會研究法，人口學。

陳國鈞：工業社會學、經濟社會學、應用社會學。
張宗尹：社會心理學、社會團體。
張鏡予：社會結構與分化、社會過程、社會變遷。
楊懋春（與馬立秦合作）：鄉村社會學。
謝　康：社會學理論、社會問題。
龍冠海：社會思想、都市社會學、社會團體、特殊社會學。

主編　龍冠海　民國五十九年四月

雲五社會科學大辭典（第一冊）

社會學

一夫多妻制 (Polygyny)

一夫多妻制是一個男人同時可以有兩個或更多合法之妻的一種婚姻方式。據人類學家牟多克 (G.P. Murdock) 之調查研究，行此制之社會，遠比行一夫一妻制者爲多（參閱「一夫一妻制」條），但實際並不普遍，主要由於成年男女，如無某種特殊因素，其數大致相等，多妻者便會造成無妻者。行多妻制之民族，以非洲巴干達 (Baganda) 最盛，蓋該族之男性死亡率甚高。男嬰常於出生時被殺，成男用爲祭神之犧牲，男僕得由主人任意處死，結果男女之性比例爲一對三。(R.L. Beals & H. Hoijer, An Introduction to Anthropology, New York: The Macmillan Company, 1953, pp. 428-9.) 美國的摩爾門教徒 (Mormons) 有一個時期是多妻的，除宗教信仰外，與當時移居猶他州 (Utah) 南部三郡 (Iron, Kane, and Washington) 之白人性比例甚低有關。其時三郡之白人幾全爲摩爾門教徒。(W.F. Ogburn & M.F. Nimkoff, Sociology, 3rd ed., Boston: Houghton Mifflin Company, 1958, p. 585.)

多妻之主要動機有三：㈠生物的—滿足男人的性慾及生育子女。㈡經濟的—多娶一妻，增加勞力與進款，並減輕主妻之家務重擔。㈢社會的—提高個人的社會地位。後二者在原始民族中尤爲重要，他們認爲男人之多妻非由於好色，亦非對女性之侮辱，而是爲了提高聲望與增加財富。有許多男子之多妻常出自首妻之要求。（參閱龍冠海著社會學，三民書局，民國五十五年，第二六八頁。）

多妻在婚姻調適方面所引起之問題，主要有二：性嫉妒與家務分工。各文化有種種解決的辦法，例如非洲的蘇丹部落 (Sudanese tribes) 將衆妻分居分爨，各撫養其所生子女，以避免磨擦與爭執，此一措施爲行多妻制者所常用。另一種辦法，以優越的地位與權威給予衆妻中的某一個（通常是首妻，有些社會以明文規定之），由她主持家政，分配工作，如果她是懦弱無能，才不濟位，則難免於勃谿時起，雞犬不寧。若衆妻爲姊妹，則稱曰姊妹共夫制 (Sororal Polygyny)，其處境比較順利，因出身於同一個家庭，早已建立人際調適的模式，將童年習得之習慣與態度帶至多妻的關係中，自然易於和諧相處。爲避免（至少是減輕）性嫉妒，通常是丈夫輪流與衆妻共宿，不論妻之妍媸及夫本身之好惡，依時間表行事。如此平等待遇，使各妻雨露同霑，且免於外來的嘲笑，以保護其地位，而維持家庭之安寧與穩定。(Ogburn & Nimkoff, op. cit., p. 560.)

我國古代，據典籍所載，在上流社會盛行此制。禮記昏義云：「古后立六宮，三夫人，九嬪，二十七世婦，八十一御妻，以聽天下內治。」至於諸侯以下，其娶婦之數，卽依次減少。禮記曲禮云：「公侯有夫人有世婦有妻有妾。」依周制諸侯之婦在十人以上。白虎通云：「卿大夫一妻二妾，不備姪娣，士一妻一妾。」民間之富庶者亦可以置妾。今則禁止任何人多妻，懸諸法律。「有配偶而重爲婚姻，或同時與二人以上結婚者，處五年以下有期徒刑，其相婚者亦同。」（見刑法第二三七條。）（朱岑樓）

一妻多夫制 (Polyandry)

一妻多夫制是一個女人同時可以有兩個或更多合法丈夫的一種婚姻方式。行此制之社會爲數甚少，又可以分爲兩類：兄弟共妻 (Fraternal Polyandry) 和非兄弟共妻 (Non-fraternal polyandry)，前者所含之意義是夫之弟有權利或機會接近其兄嫂，並非表示婦女在性方面之自由選擇。

印度的最下階級首陀 (Sudra) 有四、五兄弟共一妻之習俗。有錢的父親爲諸子各娶一妻，貧窮者僅能爲長子完婚，而兄嫂依習俗應接納夫之諸弟爲「副夫」。在性關係方面，雖然各地處理之方式不盡相同，通常是長兄具有優先權。如果諸弟均在外經商或作他事，其中有回家者，在停留的短期間內，兄許其與妻專房。如果諸兄弟均留家中，妻則周旋於衆夫之間，平分春色，儘量避免厚此而薄彼。家內通常備臥室二間，一爲妻單用，一爲兄弟共用，其中有一個入妻室過夜者，留其鞋或帽於門外作爲標誌，其他兄弟便見而止步。所生之子，通常稱爲長兄之子。子則稱母之所有丈夫爲父。父愈多，爲子者愈以爲榮。(See E. W. Burgess & H. J. Locke, The Family, 2nd. ed., New York: American Book Company, 1960, pp. 10－11.)

西藏之下層階級亦有行兄弟共妻制者。南太平洋馬盔撒羣島(Marquesas Islands)的下層階級則行非兄弟共妻制。

一妻多夫制之發生，主要的一個因素是性比例不平衡，凡行此制的團體，皆男多於女，此又與殺女嬰之習俗有關。其次是經濟的因素，一妻多夫制常行之於下層階級，丈夫一人之勞力所得，不足以維持妻子之溫飽，則由多夫共同負擔。例如印度北部的黃斯瓦巴瓦 (Jaunswar Bawar)，地瘠民窮，土地之生產勉强維持其人口之生存。各家庭擁有之農地已非常有限，不能再分，兄弟多者，則由長兄娶妻，諸弟共之。(See F. J. Woods, C. D. P., The American Family System, New York: Harper & Brothers Publishers, 1959, p. 41.)

（朱岑樓）

人口分佈 (Population Distribution)

人口統計中經常包含兩類材料，一類是人口的地理分佈，或稱人口的空間分佈，另一類是人口結構 (population Structure)。每一人口都是存在於一定的地理區域之內。人口空間的分佈研究即是討論人口在某一區域之內的空間分佈情形。

人口存在的那個區域通常再細分爲分區。爲了便於行政管理，行政單位有時也稱爲法定的區劃或政治的區劃。另一方面地理學上也可以不必與行政區劃相符，而分爲地區 (zones) 或者區域 (regions)，例如我們劃分的氣候區，河流的流域，或者都會區。自然區域或經濟區域是爲地理學家所常用。人文區位學上常用自然區 (nature area) 一詞，是指具有某些顯著文化特質之人口所居住的地區。

行政單位之劃分各國不同。在英國人口統計之編纂依地理單位，依其大小爲序，計有下列數種：民政區 (civil parish)，由數民政區合成鄉村 (rural district)，再爲鎭(urban districts)及市邑 (municipal boraughs)。在選舉時，各地區又劃分爲選舉區 (wards)，再則爲郡 (county)，郡邑 (county boroughs)，都邑 (metropolitan borough)。郡包含幾個村、鎭及市邑。大都市之行政區相當於郡者稱爲都邑。較大之市，人口超過七萬五千者，稱爲郡邑，且係位處郡治範圍之外者。

在美國最小的行政單位，名稱不同。州以下有郡，郡之下有小的行政區分。州屬有郡及不屬於郡之市。該國人口統計大抵以人口密度而分區，一爲 unincorporated places，通常稱爲村、鎭，人口千人或以上者。一爲 incorporated places，通常稱爲村、鎭、區或市。在新英格蘭，紐約及威斯康辛，鎭爲郡之最小單位，并不包含有 incorporated places 。在多數大的市裡又細分爲區 (wards)，爲了作人口研究及人口統計，在行政區域之外，另行編纂成表。不顧行政區劃，而就其經濟及社會特質相近之數州或若干郡劃爲經濟區域(states economic areas)。一郡或數郡並且其中包括一個人口至少在五萬以上的都市，此則稱爲標準都會區域 (standard metropolitan area).

我國的行政區劃分爲省（市）縣（市）。人口統計即以此爲歸類標準。縣（市）以下，分設鄉、鎭（區）村（里）鄰等行政單位。

一種人口可能是定居在某一地區，或者在一定區域之內往復遷移，即稱爲遊牧人口。介於遊牧與定居之間者，稱爲半遊牧人口。通常較原始的民族只特定居留在某一區域，此稱特定居留地。

一國 (a country) 通常指一民族 (a people) 或一國家 (a nation) 的領土疆域而言。屬於同一國家的人民通常有其共同的文化。而另一名詞 a state 是指政治性的主體而言，其義有二：最常用的是國家之意，在其領土之內對其人民具有充分主權的主體。另一個是邦的意思。是一國之內較小的政治單位，但不是具有絕對的主權（例如美國及澳洲之州即是）。地區(territory)是指一個地理區域，所指的是比較新近殖民區的政治單位。通常又分爲自治領與非自治領。

在一個領土之內，人口聚集的形態不同。在農業區人口聚集最小的單位可稱爲農莊，包含的戶數不多。再稍大者可稱爲鄉村，主要是一個由農業人口聚集而成的小社區。再大者爲鎭爲市，從事農業者比例上不大。不過從鄉村演變到鎮市，其間區別甚難確定，而且各國互異。在一個領土內的政府所在地稱爲首都。而郡之政治中心稱爲郡治鎮（county town）相當於吾國之市，其下再分區，在選舉方面則分爲選舉區(wards)。

一個地區之形成可能是合併了鄰近的其他區域，雖然這些接鄰的區域保持其個別性，在行政上依然獨立，在某種意義上卻係一個區域，其中心包含了一個較大的都市，周圍羅佈着功能各異衞星式的郊區。這些周邊地帶，一般稱之爲市郊（fringe）。

舉辦人口普查把普查對象又分爲兩種：一爲一地的常住人口或稱法定人口。卽是通常居住於該地的人口，普查時不一定在場。一爲現住人口或實際人口或接受調查人口，或現時現地人口，卽是普查時當場接受普查人口。常住人口中除普查當時在場者外，包含臨時他往的人口。現住人口中除普查當時在場外，也包含過往旅客人數。卽使就全國來看，這兩種普查標準，結果不同。一個人的居住地稱爲居所（place of residence），爲了便於舉行普查，在一個較大社區共同居住一起的人口常係分別普查。例如學校、工廠、軍營、救濟院、監獄等便是。這些共同居住者，稱爲共同戶（事業戶）。流浪或居無定所者，則另訂特別辦法查記。

在許多國家之內分爲農村與都市。農村是人口少於一定標準（通常是二千人口）之下的一個行政區域。農村以外的區域則爲都市。農村人口是居住於農村區域者。都市人口是居住於都市區域者。不過劃分都市與農村之標準各國不盡相同。

人口密度是表示人口數與其所在面積之關係的一個指數。最簡單的密度指數是以土地面積去除總人口數。通常表示每英畝、每平方公里，或每平方英里的人口數。人口的散布則視定居方式而不同。有些人用數學方法找出一地人口分布的重心，此稱爲人口中心(populaticn centre)。

比較人口的密度除了考慮表面的土地面積，有時還要計算具有比較性的密度指數。這類指數種類很多。有每單位可耕地面積人口密度，每單位可耕地面積之農業人口密度，有時也用已耕地面積而不用可耕地面積。密度也可用人口與總經濟資源之關係來表示之。最高的潛在密度(maximum potential density)或人口供養能量（population carrying capacity），是表示資源與最多人口之間的關係，卽資源可供應的最大人口數而言。在人口理論上常用適度密度(Optimum density）意卽其資源產生最大每人實際所得之謂。（席汝楫）

參考文獻：

United Nations, Distribution of the Population, in Multilingual Demographic Dictionary, English Section, pp. 16-19, United Nations, Department of Economic and Social Affiars, New York, 1958.

Whitney, V.H., Population Distribution, in IESS, Vol. 12, pp. 370-376.

人口成長(Population Growth)

生育與死亡之消長而導致人口之成長。通常把人口減少稱爲負的成長。人口成長之情形因封閉性人口與開放性人口而有不同。封閉性人口是指沒有移入人口也沒有移出人口。其成長完全有賴於生育與死亡之差額。而開放性人口是指有人口遷移而言。開放性人口之總成長包括遷移淨值與自然成長或稱自然增加（卽指出生超過死亡之人數）。

某一時期之總增加人口與該時期平均人口之比稱爲粗增加率（crude rate of increase)。通常增加率之計算是以該時期初期的人口爲分母，而不以平均人口爲分母。當研究人口增加時，其時期超過一整年以上者，則需計算得平均年增加率。計算增加率是假定人口的增加是依照幾何級數增加。自然增加與平均人口之比稱粗自然增加率，粗出生率與粗死亡率之比稱爲生命指數，目前已不多用。

當一封閉性人口其年齡別生育率與死亡率都趨於固定，在較長時間內不變，則其年增加率也趨固定不變。此一常數的增加率稱之爲眞實自然增加率（Intrinsic rate of natural increase or true rate of natural in crease)，人口達於此一階段則稱穩定人口(a stable population)。在各年齡組內的人口分配比例亦將保持不變，亦卽該人口是屬於穩定的年齡分配，亦卽其分配胥賴於生育率與死亡率而得，不依其原始的年齡分配而行。在實際上人類由於生育與死亡，人口從未達到此種穩定狀態，常在變動。但是計算得一個穩定人口視爲模型，表示出某一年齡別生育率與死亡率之成長潛能指數。穩定人口之自然增加率是零的話，則此穩定人口稱爲固定人口（stationary population 又可譯爲不變動人口）在固定人口中，某一年齡組之人口數與生命表中所示該組人口數相等。

人口替代(replacement)的理論是：用數學的觀念來說，把人口視爲一可更新替代，更始補充的資源。在這方面有二種不同的說法：一爲總替代(gross replacement) 生殖期間不考慮死亡者，即連死亡者通計在內。另一爲淨替代(net replacement) ，則在生殖期間須剔除死亡者，再計算其生殖率。

研究人口替代時常計算出替代率(replacement rates) 或生殖率(reproduction rates)。生殖率通常是女性生殖率或已婚婦女生殖率。女性淨生殖率係就一個假想的生殖年齡的婦女群(cohort)，在當前的年齡別生育率及死亡率下，活產的平均女嬰數。而女性總生殖率則係假定該假想群的死亡率爲零時，計算而得。男性生殖率比照上法，依出生男嬰數及男子數計算之。還有男女合計的合計生殖率(joint reproduction rates)。如果以實際人口的生殖情形計算時則稱世代生殖率(generation reproduction rates) 或稱 cohort 生殖率(cohort reproduction rates) 。當計算這類生殖率時，其死亡率與生育率皆係不同期間的數字。如果年齡別生育統計材料不易收集時，則以替代指數 (replacement index)代之。或稱 J-Ratio 代之，此指數即是某年齡組兒童數(常爲一歲以下或零至四歲)與生育年齡婦女人數之比。

此外亦有他種替代指數。例如淨生殖率可以依其已婚部分及未婚部分，分別計算。此外已婚的淨生殖率 (nuptial net reproduction rates) 亦可計算，此即表示在目前的死亡率，生育率，結婚率及離婚率等不變的情況下，婚生女嬰數其能達到生育年齡者之人數。生殖率大致都以女性爲準，但是也可比照着計算出男性生殖率。

淨生殖率與實際自然增加率有密切關係。淨生殖率可以測度約近一代之久的具有一定年齡別生育及死亡率之穩定人口之增加情形。女性一代的期間約略等於可以作母親的平均年歲。各種替代率都是當代的指數根據假定的人口計算而得。

人口估計(population projection)是依據對於未來人口之生育、死亡及遷移等先作各種假定，進而計算過去或未來人口之發展之謂。通常都是依據已有的假定，而進行純粹的計算工作。

人口預測 (population fore-cast) 係根據假定所作估計，以明未來人口可能之更實際的發展情形，這些可謂是不定時期的預測，時期愈長則誤差也愈偏高。(席汝楫)

參考文獻：

United Nations: Population Growth and Replacement, in Multilingual Demographic Dictionary, English Section, pp. 43-46, Department of Economic and Social Affairs, New York, 1958.

人口組合 (Population Composition)

人口組合又稱人口結構，是以人口中生物的，社會的，經濟的等因素加以分類，用以明瞭人口當時之性質。

性別結構亦稱人口性別分類：通常係男性人口數或女性人口數與總人口數之比，或者係男性人口數與女性人口數之比，反之亦可。當討論到男性時，我們常稱之爲人口的男性比 (masculinity proportion) 此即男子數在總人口數所佔的比例。性比例(sex ratio) 是指某性人口數與另一性人口數之比，男子數與女子數之比即稱爲男性比例 (masculinity ratio)。

在人口學上，男性(males) 與女性(females) 常係指稱男子與女子，包含了所有不同年齡的人，男女兒童在內。唯人字 (man) 一詞也有泛指人類(human being) 之意。

年齡是人口結構中的另一種特質。年齡通常以年數表示之。或者年歲與月數，嬰兒則用月數與日數表示之。統計學家常把年齡以整數計算爲足歲(complete years)稱爲實足年齡 (age at last birthday)。年齡未及下次生日，而計爲一歲者則稱爲虛歲(age at next birthday)通常是以最接近的生日計算 (age at nearest birthday)，不足或有餘的則以其最接近之生日作爲計算歲數標準。在計算生命表時常用眞實年齡 (exact age) ，當一個人過第二十五個生日時，即爲二十五歲，一個人已經二十五歲了即是眞實年齡二十五歲與二十六歲之間。

人口學上也採用了一般習用語，雖不夠精密，用以表示不同年齡分期。人生可分爲兒童期、青年期與成年期。其初爲兒童期，未達青年階段稱之。兒童期之初即有生之始稱爲新生兒。哺乳期間稱爲嬰兒，未入學之前稱爲學前兒童，經常入學者則稱學童。

情竇初開，兒童進入青年期。此時稱之爲青年或少年。漸後發育成熟，是謂成年。再到退休年齡則稱老年，即已達六十至六十五歲以上。人達老年則稱之爲老人。

人口的年齡分配或以單一年齡分組或以年齡組分組，年齡組常以五歲爲一組，或更廣的年齡分組，例如零至十九歲，二十至五十九歲，六十歲以上等等。人口的年齡分配（或年齡結構）係以年齡把人口加以區分，以圖表示則稱人口金字塔（population pyramid），此爲一統計歷史圖（histogram），表示人口的年齡與性別。以其高尖低濶，形狀似塔故以稱之。

人口的年齡均數係人口中每一分子年齡的平均數。年齡中數則係把人口年齡均分爲二，中數適在其中，在人口中老年所佔比例增加時，我們稱爲高齡人口（the ageing of the population）人口中年青人所佔比例增加時，我們稱爲低齡人口（rejuvenation of the population）。高齡人口一詞與人口老齡技術（the technique of ageing a population）應予分清，不能混淆。老齡技術是將某些老齡因素加之於人口中某一年齡組，用以計算日後該組之總殘存人數。

高齡人口與個人的衰老不同，而且與增高壽年也不相同。增高壽年是由於生活改善，醫藥上之進步所致。一個人的生理年齡係依其生理機能與器官狀況而定。就兒童來說，所謂心理年齡是指兒童經過某種測驗所表現的能力。心理年齡與生理年齡之間的差別，常以一比率表示之，卽稱之爲智商。

居住在一國之內者，可能是屬民（subject），公民或國民，享有政治的權利。另有居住者爲外國人，是他國的公民，再有卽是不屬任何國家，則是無國籍者。屬民有臣屬的意味，但是已逐漸失卻其原義而與公民成爲同義字。只有在殖民地偶然仍有差別。公民通常具有該國之國籍，唯在雙重國籍的國家，似可區分爲政治國籍與民族國籍二者。

外國人在所居住的國家，可由歸化而取得國籍，成爲歸化的公民。有些國家，對於歸化證書可予撤消，於是歸化者復喪失其國籍。有時人們可有一個以上之國籍，此卽稱爲雙重國籍。外國人其久居於該國境內者可稱爲久居者。其停留期間較短暫者，稱爲旅遊觀光過境者。

出生於其居住之本國境內者，稱爲本國出生者：如其祖先居住該地源流久遠者，稱爲土著。在統計上經常把本國出生者與外國出生者，加以區分。

種族（race）一詞意謂因遺傳而具有體質上之共同特徵者。唯習慣用法頗不嚴密，有時用爲具有共同文化者。或者指在共同疆域內居住已久者。民族集團（ethnic group）或譯爲族群，係指具有共同歷史文化者。某一疆域內之屬民與人口中其他人有顯著不同者稱之爲少數民族，其間有民族集團的少數民族，國族（national）的少數民族與語言的少數民族。

人口有時亦以皮膚之色素不同而加以區分，有些國家區分爲白人與非白人。非白人卽指有色人種。跨越種族膚色者係指異族通婚之結果。雜婚之後嗣，通稱混血。如稱混血兒（half-caste or half breed）則有侮蔑之意。

人口可依語言或通用方言加以分類。語言經常可分爲家鄉用語（mother language），指其早年童稚時在家鄉習用之語言，及其通用語言（usual language），指其工作或業務上通用語言。一個國家如果不只二種語言時，這種分法甚爲困難。

宗教統計依其參加宗教性活動而加以分類。通常就主要的宗教信仰，幷就其主要的宗派（denomination），教派或支派（sects）不同而分類。人之無宗教信仰者可稱爲不可知論者（agnostics）、宗教自由派或無神論者。

人口亦以教育程度而分類。人之旣不能讀亦不能寫者稱爲文盲。能讀能寫者稱非文盲（literate），其只能讀而不能寫者稱半文盲（semi- literate），分類時有時歸爲文盲，有時則列爲非文盲。有時對能讀能寫但有困難者亦列爲半文盲。這類統計稱爲寫讀能力統計。教育程度通常指入學年數，或指其獲得最高的證書、文憑或學位而言。而這些證明文件因各國教育制度不同而各不相同。

教育程度通常依次分爲三級：初等、中等及高等。因爲各國學制不同，各級教育機構名稱亦互異。一般依次稱爲小學、中學、大學。

一位老師所教的一些學生，在同教室上課此稱爲班（class）。教學進度相當的班則通稱爲級（grade）。在外國小學生稱爲學童。接受高等教育者稱學生。中等者則二詞互用。

當年就學統計（current school statistics）常把註册人數與上學人數加以分清，二者比較卽爲出席率（就學率）。實施强迫教育之國家規定有入學年齡。已達入學年齡之兒童數稱爲學齡人口。

工作人口（working population）或稱經濟活動人口（economically active population）與未工作人口（unoccupied population）或經濟上不活動人口要清楚地分開。約言之，工作人口包含人口中參與經濟性財貨與勞務生產工作者，包括經濟企業中不付酬的家庭勞工以及爲求報酬或利潤而工作之工人。唯有時有收益之工作者才包含在工作人口中。家庭主婦從事不付酬的家事工作，學生，退休勞工等等統不包含在內。經濟性不活動人口通常指其眷屬（dependants）

，意指依賴工作人口之生產而維持生活者。工作人口對總人口之比率，常係就其性別與年齡或其他項目而計算之。此稱爲活動率或勞動參與率。經濟性不活動人口與工作人口之比率可稱之爲依賴比率。

關於工作人口在統計上常用有酬勞動者的概念或勞動力的概念。依有酬勞動者的概念，所謂工作人口包含經常擔任有酬職業的工作(a gainful occupation)者。依勞動力概念，工作人口不但包含目前有酬的職業工作者，也包含在進行調查期間正在謀求工作者。如把工作人口中的就業者與失業者，二者加以區分，此種分類稱爲就業狀態 (employment states) 或工作狀態 (work states) 。就勞動力的概念只有在某確定時期內實際謀求工作者才能算爲失業者。謀求工作者中之從未擔任過任何工作者是謂無經驗者，或稱爲新進工人。其餘可稱爲有經驗的勞動力或有經驗的工人。

工作人口中的職業分類係依職業性質加以區別歸類。一個職業類別，或職業級別包含幾個具有相同社會地位，或互有關聯的幾種職業。

工作人口亦常就其就業狀態加以分類，例如僱者與被僱者。在這種分類中，一方面僱者與被僱者分開。自營者並不花錢僱人來工作，但他們只是自僱，也可能有不需付酬的家人來幫助工作，可自成一類。職業的分類及就業狀態分類，二者合起來，作爲社會地位的類目 (social states categories) 。

被僱者有時再加以細分，其中之一係在家工作之工人(home workers) 承攬幾家僱主的工作而在自己家中工作。被僱者有時分爲體力勞動者(manual workers)，非體力勞動者，或機器操作者 (operators) 或書記、店員等等。體力勞動者再細分爲技術工人，半技術工人及非技術工人。被僱者有時列入學徒 (apprentices) 一項。

僱者則常分爲經理人員 (managerial staff) 與管理人員 (executive staff) 。前者決定政策，後者執行政策，其下再有監督員 (supervisors) 或工頭、領班 (foremen)，直接指揮工作之進行。

在農業上另有特殊的分類。農場經營者 (farm operators) 或簡稱農人(farmers) 係經營農場以獲利者。其中又分場主，或自耕農，指自有其土地者；佃農，指從地主處租田經營者。雇農 (a gricultural labourers) 則係受農場經營者僱用，在農場工作者。

工作人口又依產業性質加以分類。依其工作場所之工廠、公司或設施之性質而分。一般分爲農業工作者與非農業工作者。公私機構職員 (officials)，文官 (civil servants)，政府雇員 (government employers) 以及國防事業人員，都是分門別類，自成一體。但公用事業之人員則一律列爲工業人口(industrial population)。

經濟性非活動人口可分爲生計依賴者及自謀生活者 (self-supporting persons) 。生計依賴者依靠有收入者而生活；自謀生活者則自有其充分之生活費用。他們可能是收租者，或有足夠的生活費用者，退休者或受領津貼者。特別的一類是接受公共救助者，他們多是無工作能力或不能就業者。

人口亦可能依其生計在經濟上之主要來源而分類。生活依賴者以其主要收入者之所在類別，分別歸入。我們說人口以某項活動而生活，例如以農爲生的人口便是。如此便稱爲農業人口或農場人口 (farm population) ，即居住於農場或以農爲生。此是與非農場人口或非農業人口加以分別。

殘廢或痼疾者，在普查中，亦另外統計，分開列表。此係依殘疾性質而分類。體質上的殘疾如盲或聾、啞，常與精神上之殘疾分列，後者爲白癡、或憂鬱性癡症等。

經濟活動之研究包括就業年齡及退休年齡及有關因素。自開始就業至退休爲止，這個期間稱爲工作年期 (working life) 。通常，某一性別，某一年齡組的人口之預期工作年期要計算出來；與預期壽年之計算比照看來，工作年期表示某一年齡群的人們在勞動力中工作的平均年限。(席汝楫)

參考文獻：

United Nations: Classification of the Population, in Multilingual Demographic Dictionary, English Section, pp. 19-25, United Nations, Department of Economic and Social Affairs, New York, 1958.

Mayer, K.B., Population Composition, in IESS, Vol. 12, pp.362-370.

人口理論 (Population Theories)

人口理論一詞含義紛歧。嚴格說來係對於形式人口學(Formal Demography)的邏輯及數學基礎之系統研究，即爲人口理論。另一極端的說法係人口各項疑端之玄想的及推理的探討即是人口理論。以往，人口與其他現象的關係的研究必須出諸玄想冥索。現在則着重於科際間的客觀研究，以探討人口學研究與他種科學間之特殊關聯。

唯人口的理論性的研究主要集中於總人口與資源之間的關係，亦卽足以供養人口之物質或產物，貨物與勞務之生產。

考慮到人口與資源間的關係，遂引起人口過剩與人口不足的概念。而這些概念當然需要與某一確定的發展程度（或水平）互相對照。所謂人口過剩係指『消除』部分人口，對餘留部分則產生若干好處。從另一方面看，人口不足則指欲獲這類好處，只有增加人口數量。不管是增加或是減少，使人口數恰到好處，此謂適度人口(optimum population)。如果這些好處是屬經濟方面的，在這種情形下稱爲經濟性適度(economic optimum)。所謂經濟性適度通常依經濟方面的福祉而論，但不易客觀而經驗地表示出來，有時用生活水準(level of living)或生活程度取代之。這個標準約略近似眞實平均國民所得(real national income per head)。易言之，某時期生產之財貨與勞務之總額（或以購買力調整後貨幣所得之相當値示之）除以該時間之總人口數。

近來經濟學家日益重視經濟成長（或經濟發展）與人口成長率及人口結構變遷之間的各種變動的關係。他們開始應用人口適度成長率的概念，意卽人口成長率須與生活水準最大增加率步調一致或者配合。在生活水準低的國家，一般稱爲低度開發國家，這個問題尤爲顯著。

一個地區的最大限度人口，或稱最大容量。意指在某種情況下在假定的某種生活水準下可能容納的最多數目的人口數。反過來說最小限度（極小）人口，通常指一個地區所能容納之最低的人口數，亦稱 group survival。

人口壓力有不同的含義。依照馬爾薩斯的人口論，人口對於生活資料不可避免地有其壓力，生活資料供應量的變化將導致人口增加。直至人口平衡(population equilibrium)，卽是當生活水準再達到一種生存水準，或正好維持生命的水準。此種平衡是藉着積極性限制或預防性限制來消除過剩人口而達成的。積極性限制或稱馬爾薩斯底限制例如旱災、瘟疫及戰爭等是。預防性的限制或道德節制包括遲婚、獨身不婚、守貞等等。

馬爾薩斯論 (Malthasian Theory)，根據馬爾薩斯 (Rev. T.R. Malthus 1766–1834)的人口論(Essay on the Principle of Population 1st ed. 1798, 2nd. 1803, 二版以後，大量增刪，一八三四出第七版），人類的增加有一種趨勢，人口加倍較生活資料爲速，人口是幾何級數的增加，食物只是依數學級數增加。人類與食料間維持平衡有二種方法：一是積極性限制（罪惡、殘災、旱災、疾疫、暴行等），另一是預防性限制（道德的抑制、遲婚、守貞不婚）。其後有人根據這種理論，因緣附會，引申出不同的說法。例如不少人强調人口有過剩的危機，用以加强各種抑制人口增加的措施，一八三四年英格蘭貧窮法修正案以及德國之限婚，都源於此說。

馬爾薩斯只是提出一個人口趨勢的看法。幾何級數增加的唯一實例是當時的北美洲（在一代之內增加了一倍）。積極性的限制主要是在較未開發的社會中能發生作用，消極性的限制則在較開發的社會中發生作用。起初，他所以要寫出人口論這本書，主要是用以答辯烏托邦論者的「至善論」。結果他的理論有時被認爲充滿了悲觀，甚至「反動」。也對當時的濟貧法案以及一視同仁地普施救濟的結果甚爲懷疑。他認爲貧民應自力更生，而取消濟貧法案。

馬氏的見解對於十九世紀思想界有直接的影響。他的理論解釋了工業化初期英格蘭所以發生大量貧窮的原因，并用以抵制任何社會改革的建議。其理論重點，可用一句話來說明白，卽是社會政策之精華，就是不應該有社會政策，（見 H.L. Beales, "The Historical Context of the Eassay on Population" in D.V. Gears, (ed.) Introduction to Malthus, London, 1953）。除反對濟貧法案外，又反對工會及工廠立法，這都是部分地由於馬氏之理論有以致之。此外，他的向外移民的觀點也緩和了當時積極的殖民地政策。達爾文物競天擇，適者生存的理論，主要是以馬氏的理論爲基礎。

由於馬氏的理論影響所及，產生了另一種觀點：人類自己可以控制人口數目。此卽所謂新馬爾薩斯論之生育節制運動。這種運動與社會主義及社會改良運動相結合。是故新馬爾薩斯論者常常與正統的馬氏信徒有扞格不入之處。

馬氏理論與優生學及近代的人口學之成立都有關係。

馬爾薩斯論是一種學說，意謂把人口成長率加以限制是需要的也是希望的。馬爾薩斯論者卽是接受這種學說的人們。

新馬爾薩斯主義不但接受馬爾薩斯的學說，而且以爲人口增加率需要加以限制。爲求達到這種限制，乃致力於生育節制方法之推廣與實行。

人口循環是指一地區的人口由高出生率高死亡率的階段轉變爲比較低的出生率及較低的死亡率的階段，在許多國家都已發生這類事情。這種轉變的過程稱爲人口循環或生命循環(vital revolution)。由事實可知，工業化過程帶來了人口方面的改變，先是死亡率的降低，過一段時間，漸而出生率低降。在人口轉變（demographic transition）期間，遂招致人口的大量增加。經濟學家研究顯示，生產方面的改變（勞動力中每員的生產量或人口中每人的生產量）在人口轉變階段有密切的對應關係。

人口政策係指一團體（例如國家）之政策及所採取之措施用以影響人口增減趨勢。或者，這類措施所依據的根本原則，亦可稱爲人口政策。主張人口增加，加速其成長率者稱爲擴張者（expansionist）。而限制人口增加，降低人口增加率者，則稱爲限制者（restrictionist）。屬於擴張政策者，最重要者厥爲積極提高出生率者，稱爲 pro-natalist。與此相反者則爲減少出生人數者稱爲 anti-natalist 。

在許多國家，對於兒童之父母給予補助，給付獎助金。補助通常係定期地按期付與一定之金額。而獎助金則係只付給一次而已。家庭補助或兒童補助係對於家庭其子女數超過一定數目者，對其父母定期付與一定之款額。有些國家類似的有產婦獎助，或生育獎助。孕婦則有產前補助，或者有結婚貸款，對於新婚夫婦予以經濟上的扶助使之順利成家。

對於人口發生影響者，仍有其他公共措施，諸如房屋政策以及公共衛生等等措施。提供孕婦各種服務，例如產前診療，分娩時之照顧及防止嬰兒及產婦之死亡等。對於產婦之各種服務稱爲婦嬰衛生工作。服務目標主要是嬰兒或兒童時，則稱爲嬰兒福利或兒童福利工作。（席汝楫）

參考文獻：

United Nations: Economic and Social Aspects of Demography, in Multilingual Demographic Dictionary, English Section, pp. 49–52, Department of Economic and Social Affiars, New York, 1958.

Sauvy, A., Population Theories, in I.E.S.S, Vol. 12, pp. 349–358.

Eldredge, H. T., Population Policies, in I.E.S.S., Vol. 12, pp. 381–388.

人口統計 (Population Statistics)

人口學上的基本統計單位是個人（戶長亦曾用過，目前已不通用）。戶是一個社會與經濟的單位。包含共同生活在一起的若干個人。戶之一詞，統計學上的定義殊不一致，根據國際間通用的標準定義，一戶包含了一群同居共炊的個人。戶之分類各國不同，爲了便於比較研究，國際間通常把戶分爲二類：家庭戶（family households 或 private households）及非家庭戶（non-family households 或 institutional households 亦稱爲機關戶）。爲了統計的方便，單身獨居的人可稱之爲單人戶，寄膳者係指佣人之外的人，與家人並無關係，而係通常包伙者。寄宿者則係只寄居這一戶之內，並不包伙。爲了統計之用，此二者也可以包含在同一戶之內，也可以另外統計，不包含在同一戶之內。

當家庭戶之內有好幾個人時，這些人稱爲家屬，其中一人爲戶長。誰任戶長並沒有一致的規定。多係以主要擔負生計者爲之。有的普查表上規定了一欄稱謂，指明家屬與戶長的關係。如此便可分辨出混合戶(composite households)意爲其中包含了兩個生物性的家庭。

家（family）是一個不同的單位，與戶有別，是屬於由生殖過程所形成的關係，且是由法律或風俗所規定者。根本的關係是指由婚姻關係而成的夫婦。並且由夫婦延伸爲親子關係。

由夫婦及子女所形成的家稱爲生物性之家庭（biological family）。家中除夫婦外，有兄弟姊妹（sibs 或 siblings），間亦有同父異母或同母異父者(half-brothers 或 half-sisters) 。

同一祖先有共同世系者稱爲血親或稱爲血族（kin）。親等之計算方法甚多，通常以一世爲一親等，以其總世數爲其親等之數。因婚姻關係而成配偶，配偶之親屬通稱姻親。

家係人口研究的一個單位，因研究或統計時之目標不同，故定義各異。一種單位稱爲普查上之家庭（census family）或統計上的家庭(statistical family)，有些國家此單位正是生物性的家庭（biological family）。另有些國家此單位正是指核心家庭（nuclear family）包含夫婦及未婚子女。

人口統計其義有二，一係指（單數的）人口材料定量分析的各種方法，一般多係指收集及陳述人口統計材料的技術。一係指（複數的）人口的數字材料，是由查記而來的。人口材料經查記，編訂，校正，再分類列表，製成統計表。

統計表是依變項而加以分類。變項有定量方面的，如年齡、子女人數等；也有定性方面的，如性別便是。幾個變項同時製成一表時，則稱之爲交叉計算表（cross-calculations）。

爲了分析之用，常從基本統計表上計算出更詳盡的數字。第一步通常計算各種比率（ratios），比例（proportions），百分比（percentages）或各種率（raties），後三者爲前者之特殊形式。

比率（ratio）是二數相比之商，表示其相對的大小。比例則係一個比率用以表示部分在全部之中的大小。百分比則是一個比例化爲百分數。率是一個特別的比率表示在全部之中某特殊事象出現的相對次數，常以千分數表示。率近來應用漸廣，而且常常與比率通用。率之用於母全體時(universe)則稱之爲總率（general rates），用之於母全體之部分時，則稱之爲特別率（specific rates）。

人口因查記不夠充分，材料不夠充備，可稱爲臨時性的數字。根據此類材料而分析，各種比率亦是臨時性的。如果經過補充的材料發表後，分析所得各種比率則爲確定的比率。人口數字初經公布之後，又有補充材料公布，分析材料必須補正，故此稱爲補正的比率。又因材料不足，分析技術錯誤，例如把漏查者補整，遷移材料之更正，季節性移動之更正，諸如此類，則可稱爲更正率。標準率（standardized rates）或校準率（adjusted rates）則係指：爲了方便於比較不同國家或社會人口中之某一變項，例如生育或死亡，而把可能影響此一變項之其他變項加以固定，使之保持不變而特別應用的比率。更正率(corrected rates)常與標準率混淆不清。未經標準化之各種比率是粗率(crude rates)雖然可以表示實際趨勢，但用於比較時，常導致了錯誤的推論。

人口指數（demographic indices）：指數是對於某一數量之量度，嚴格說來，指數是一種比率，表示某一數值與其基數之相對的比值。常以一百爲基數。人口學上的指數常用之於某一特定時期之內的人口，比率之應用亦係如此。例如一個年率（an anual rates）係與十二個月的期間有關。如果人口材料包含了數年的材料，則以年數平均之，其結果則稱之爲年平均率。如果人口材料不是以一年爲期，亦須設法轉換爲年率。

人口統計上亦應用了統計學上的次數分配，計算平均數，集中量數，離中量數，時間序列，以及圖表製法，選樣方法，統計推論與概念等（參閱有關各節）。

人口查記：人口的統計材料主要分爲二類，一爲定期性的人口統計，是指某一時期人口靜態情形，統計單位通常是戶或個人。一爲變動性的人口統計。牽涉到經常變動的過程而影響人口的趨勢，例如生育婚姻死亡與遷移。這類材料是處理人口成長與發展，所以有時也稱之爲人口動學(population dynamics)。第一種人口統計材料來源主要是人口普查。第二種人口統計材料則係來自生命登記。

舉行人口普查是要取得某一時期人口靜態的材料，多數情形下，是把全國居民同時加以清查。此便稱之爲總普查。唯有時只清查人口中之某一部分人口，例如某一區域的或某一民族的人口，這種普查則稱爲部分普查(partial census)。但是部分普查與樣本調查（sample surveys）意義不同，不能混用。在普查與調查之前，通常舉行試查(pre-tests或 pilot surveys)。

清查係指一套行動以蒐集得人口總數等材料，這件工作不僅要查點人數，也要就預先準備的表格一一塡列。調查則係指在較小限度的範圍內取得某一特殊人口部分的材料，例如勞動人口。實地調查係指用親自訪問當場塡表的方法取得所需的材料。通訊調查則係把問卷郵寄給被調查者，幷請塡答後再予寄回。舉行人口普查時，可以用親自訪問當場塡表的方法，也可以用郵寄或其他方法分送表格，要求被調查者自塡，幷再送回的方法。

普查或調查時，答問者稱爲接受調查人，負責蒐集材料者則稱爲訪問員或清查員。清查員須在督導員之指導監督下工作。各國的普查工作多係由統計行政機關主持。

普查是强迫性的。接受調查者有法定的義務提供必需的材料。一般的調查多屬非强迫性的。所以『無反應』的問題很大。尤其是採用通訊調查，必須一再隨訪，甚者須派人親自訪問塡表。無反應者有的是因爲拒絕接受調查，有的則是因爲找不到其人(no contact)。

蒐集人口材料所用表式之名稱，各有不同。用之於普查者稱爲普查表(census schedule)，通訊調查，接受調查者自塡者則稱之爲問卷（question naire）普查表可分爲口表，用之於單一的個人，戶表登錄全戶人口的有關事項，有共同戶表，特別用於共同生活戶例如醫院、救濟院等處所。另有其他登記表，爲普查員記錄特殊有關事項之用。

普查工作經常分區同時進行，分區稱爲普查區及普查分區，各按地理環境或行政區而設置，分別配置督導員及普查員。在美國的大都市裡設有專爲統計而有之區域稱爲普查域(census tracts)。

生命登記：是把個人從生到死的事件及有關公民地位的變遷，加以申報登記，例如出生，死亡，死產，結婚，認領，立嗣，保證，撤消，離婚，分居，遷徙等均爲之登記。爲了法定的原因，許多國家歷來都已舉辦。其中經常登記者則有出生、死亡及婚姻登記。生命統計卽是根據此類生命登記彙輯而成。

生命登記與戶籍登記不同，戶籍登記是使人必有戶，戶必有籍。每人每戶皆有登記卡或登記簿存之於各地主管機關。幷且經常舉辦戶口校正，以期明確。

人口統計之正確性有賴於普查或登記工作之完備與否。材料不正確原因很多，由於遺漏，沒有申報登記，或沒有清查（卽漏查），也可能由於重查（卽一人查了兩次），或重覆登記，也可能由於報導錯誤（例如年齡之誤報）或者是由於統計時所產生的誤差所致。通常於普查舉行之後，再行複查，或就所得材料進行抽查，以資補救。（席汝楫）

參考文獻：

United Nations: The Treatment and Processing of Population Statistics, in Multilingual Demographic Dictionary, English Section, pp. 12-15, United Nations, Department of Economic and Social Affairs, New York, 1958.

人口學 (Demography)

指對於人類不同的人口，主要就其數量、結構以及增減趨勢作科學的研究。此詞係由法人 A. Guillard 在其人口統計初階 (Elemints de Statislique Humaine) 首先倡用。韋爾庫克斯 (W. F. Willcox: Studies in American Demography, 1940) 曾引用了此詞的不同定義與說法。目前，此詞的一般用法係指關於人類不同人口的有關現象的研究，諸如出生、婚姻、死亡、遷徙以及影響這些現象的各種因素。有時生物學家亦因用此詞，動物族群之研究稱爲Demography。

人口學成爲一門科學，一般溯源於一六六二年。當時格蘭特(John Graunt)出版死亡冊之自然及政治觀察，他利用倫敦各教區的死亡報告清冊，對於人類的人口獲得一些通則。他以爲由於某些因素，使死亡的比率有固定不變的趨勢，他會對某年出生的一批兒童從生到死試着編製生命表（或死亡表），着手對死亡加以研究。當時有些人認爲人類的生存有些統計的規律性存在着，格蘭特亦爲其中之一。他對死亡的研究一直影響了十七、十八世紀的醫療衞生的統計學家從事於疾病衞生與死亡的研究。對於死亡研究之重視亦可謂係因爲當時人壽保險業迅速發展有以致之；而且依當時的情況，死亡幅度的大小或者是人口成長率的主要決定因素。在十七世紀晚期，雖然缺乏適當的材料。但是霍萊(Halley)已瞭解了編製死亡表所根據的原理。其後編製方法逐漸進步，直至十九世紀中葉，對於死亡的多種研究方法已達於發展階段，以後雖略有增損，但卻不多。

十九世紀之頃，歐洲諸國由於普查及生命登記之發展，人口學者所能利用的基本材料，大有改進。接着有了對人口結構的變遷及生殖的研究。由於數學方法的應用，在廿世紀初期盧迪迦 (A. J. Lotka) 提出了穩定人口型 (the stable population model) 的理論。在這個型中生育率與死亡率在相當時期內保持固定不變，在這些情況下，一個人口的趨勢是趨於穩定性。意謂人口中年齡組合的分配比率也保持不變。人口變遷是依一固定的年『穩定』率或年『固定』率而增減。由於穩定人口事實上並不與實際情況符合，這種型之構成是在於樹立一個準型，用來對照着研究實際人口的成長。在目前，這類研究的主題稱之謂形式人口學 (formal demography) 或稱之爲人口分析(demographic analysis)，是抽象地處理人口現象之中的各種量的關係。

有些社會，對於生育逐漸地加以合理的人爲的控制。人口學者自然對這個問題逐漸重視。同時，對於足可影響生育的其他因素，諸如經濟的、社會的以及心理的，也都加以重視。對於生育之研究明顯地表示人口學者日益重視到生殖的社會控制，以及婚姻模式的研究。就這一方面來說，人口學者與別的社會科學，如社會學、經濟學或社會心理學，便有了密切的關係。對於死亡的研究也是如此。目前，他們日益重視的生養子女有關的各種態度與動機，用以解說不同的社會何以有不同的生育率，或者同一社會，不同時代，何以生育率不同。有時，這類研究便稱爲人口研究 (population studies)。人口學一詞則專指形式人口學或人口分析。

人口學另外也要預測未來的人口發展。預測時所應用的數學上的技術比較來說並不複雜。目前這些計算工作可用電子計算機很快地進行。預測工作主要是依據未來的生育與死亡的假定而測定人口趨勢，準確與否胥視這些假定是否確當。

目前人口學包括了統計技術的研討，一個人口內在所存的諸種關係，以及影響人口消長的歷史的與社會的各種因素的研究。

人口學中又因重點不同分爲不同的部分。描述人口學是以人口統計敍述人口之數目，地理分布及一般性質。理論人口學（或稱形式人口學或純理人口學）是研究人口現象中的各種定量的關係而不涉及其他現象之間的關聯(association)。由此看來，形式人口學幷沒有包括人口現象與社會經濟或其他現象間關係的研究，也沒有包括純敍述的以及一般性的玄想。有些學者嚴格地把這個名詞應用到這種研究上。當就現狀態的人口而作人口現象的研究時，通常稱之爲人口研究。法國的學者稱呼這一方面的研究爲定量人口學，以便與品質人口學有所區分。

人口學的另一部分是一方面研究人口現象間的關係，而另一方面，研究社會與經濟現象。有人常稱之爲社會人口學或經濟人口學。另外人口學也研究人口品質，牽涉及各種個人的及社會的特徵，主要是指遺傳特質之分佈及傳遞，而稱之爲人口遺傳學。人文區位學研究社區之分佈及組織，特別重視競爭與合作各種社會過程所生的作用，而研究主體與人口學有關。

人口理論與理論人口學不同。人口理論在於解釋或預測人口及經濟、社會、心理等因素的變遷以及其間的互相影響，包括了純粹概念上的研討。人口理論，通常作爲人口政策的依據，人口政策則是經社會制定用以影響人口變遷的措施。

人口學因其研究部門不同，仍需進一步加以區分。歷史人口學是指對人口發展的歷史加以研究，有時其範圍更加狹窄，專指有人口統計之前的人口史的研究而言。有些人口學家嚴格地指定人口分析的意義，與理論人口學相比，它是指從實地研究蒐集之材料而加推論。有時它專限於理論人口學中運用數學方法的那一部分。數理人口學則指人口研討中任何數理方面的研究，包括實際材料多種數學函數之應用。更有一派人口學家把研究生命之潛力的部分稱爲人口潛力學（demographic potentielle），英語上還沒有適當名稱。（席汝楫）

參考文獻：

United Nations: Multilingual Demographic Dictionary, Prepared by the Demographic Dictionary Committee of the International Union for the Scientific Study of Population, English Section, United Nations, Department of Economic and Social Affairs, New York, 1958.

Mitchell, G. Duncan, A Dictionary of Sociology. Chicago: Aldine Publishing Company, 1968.

Gould J. and William L. Kolb. A Dictionary of the Social Sciences, Reprinted in Taipei, 1964.

Kirk, Dudley, Population, in International Encyclopedia of the Social Sciences, D. L. Sills (ed.), Vol. 12, pp. 342-349, 1968.

人口學的進化論 (Demographic Evolutionism)

自中國的洪亮吉（1746-1808）及英國的馬爾薩斯(Malthus, 1766-1834) 先後發表（時間相差五年）其人口學說以來，西方學者對人口問題及其與政治，經濟，社會暨國際戰爭的關係，逐漸重視，因爲人口的數量與品質發生顯著變化，國家社會的各方面，也會跟着發生變化，或連帶受着它的影響，不得不加以注意。經濟學以人口爲基礎，形成人口經濟學；社會學中的社會形態學 (Morphologie Sociale)，以法國涂爾幹學派的哈白華茨 (Maurice Halbwachs 1877-1945) 爲代表，人口學派的社會學，則以法國高士德 (Adolphe Coste 1842-1901)、俄國科伐列夫斯基 (M.M. Kovalevski, 1851-1916) 意大利吉尼 (Carrado Gini) 及卡里 (Filippo Carli) 諸家爲代表。高士德的見解，尤其可以代表人口學進化論的學說。

高士德曾任巴黎社會學社和統計學社的主席，創辦寰球報 (Le Globe) 著「經濟學及社會生理學」（一八八九）及「一種客觀的社會學原理」（一八九九）等書，頗著名。他分析歷史事實，以觀念現象爲一類，由「觀念學」來研究，社會現象爲一類，歸社會學來研究。他認定社會現象之演變所受的影響，就是人口因素，也就是人口生長和密度的現象。人口生長和密度經常是進步，所以人類社會也是進步的。人口生長和密度的增進，使得人類的接觸增加，經驗的交換增進用人口因素可以說明古代文明進步的原因，若人口數量和質量減退，文明進步也就停止了。（羅馬帝國的沒落，主要由於這個原因所致。）

高士德以外，用「人口因素」說明社會進化的，還有好幾位學者，馬爾薩斯以它爲戰爭的主要關鍵，科伐列夫斯基認定人口密度增加導致生產技術的改進，孫末楠 (Sumner) 以爲民俗受人口密度的影響，吉尼和卡里認爲社會進

化與衰落，都由人口因素所支配，這樣說來，幾乎變成人口決定論了。(謝　康)

人文區位學(Human Ecology)

區位學，亦有譯爲生態學或地境學者，其原文 Ecology 之字頭衍自希臘文 o:kos ，意爲「生棲之所」，經濟(economy)與經濟學(economics)皆同出此源。一般謂區位學一詞是德國生物學赫克爾 (E. Haeckel) 於一八六八年所出版之「創造史」 (History of Creatron) 一書中最先提出。

區位學之概念借自生物學，係研究生物與其環境之關係。依生物學之用法，區位學包括個別生物與環境的關係及集團生物與環境的關係，前者稱曰個體區位學 (autecology) ，後者稱曰群體區位學 (synecology) 。在社會科學中，僅以人爲主體的群體區位學爲限，即是研究人類團體（或人口）與其環境（特別是物質環境）的關係。

人文區位學或稱社會區位學 (social ecology) ，繼植物區位學 (plant ecology)與動物區位學(animal ecology)之後，爲普通區位學的第三支派，首創者是美國芝加哥學派的派克(R.E. Park)和蒲濟時 (E. W. Burgess) 。二氏於一九二一年出版合著之「社會學導論」 (An Introduction to the Science of Sociology)一書中最先提出人文區位學一詞，運用動植物區位學之概念，術語和技術，對人類社區作有系統之研究。

廣義言之，人文區位學是人類團體（或人口）對其環境之關係之研究。此一要點爲所有的定義所一致同意，但在其他方面則仁智互見，茲列舉四種主要不同的見解如後：

(一)着重於獲得集體調適當地物質環境之完全敘述，使得此一學科同時包括人類機體之全部有關特質、外在的物質環境、團體文化、以及人際交互關係，在其運作之下，於特定地區內產生一種獨具特色的團體生活。(See R. Mukerjee, Man and His Habitation, London: Longmans, Green, 1940.)

(二)限制人文區位學研究複雜整體之某一方面，例如研究人口與其物質環境之直接關係，所欲獲得之「解釋」，是從物質環境之差異中，而不是從人際交互關係中去尋求。(See C.L. White & G.T. Renner, Geography: An Introduction to Human Ecology, New York: D. Appleton-Century, 1936.)

(三)着重於人際的次社會型互動 (subsocial type of interaction)，以之作爲人文區位的明顯特色。此種區位互動不同於含有語言的眞正人類互動，因爲前者之發生是間接的，只是經由物質環境之有限部分對依賴該物質環境之人類所生之影響。人文區位學所研究者是團體結構從區位互動所發生的非私人的次社會方面，而不是從社會互動所發生的政治和道德方面。(See R.E. Park, "Human Ecology", American Journal of Sociology, vol. XLII, 1936-7, pp.1-15.)

(四)着重各種人際的交互關係，而漠視區位互動與社會互動之差別。人類社區爲調適其物質環境，建立互生與共生兩類關係，如車之兩輪，鳥之兩翼，以進行維生活動。人類團體在此兩類關係中所發生的各種的展現方式，乃是人文區位學家所欲研究者。(See A.H. Hawley, Human Ecology, New York: Ronald Press, 1950, pp. 66-7.)(朱岑樓)

人性(Human Nature)

超越時間空間的人類共同的人格，行爲動機或潛在的發展力。

人性是人類學、心理學及社會學的共同研究領域，不過各門學科著重的面互不相同，人類學家強調有機體及生物面，認爲人性即生理需要或天生的衝動。心理學家著重天賦的才能與情緒。精神分析學家則強調人類潛在的適應能力。社會學家強調社會面，傾向於從直接團體說明人性。這個看法起源於顧里 (C.H. Cooley) 的人性說。顧氏認爲人性即優於下等動物爲大多數人類分享的情操或衝動。惻隱之心及與此有關的心理情感，如愛、恨、野望、虛榮、英雄崇拜，對事務之對錯判斷等即是人性。人性不能存在於社會之外，它與團體文化或社會的原始階段，有密切關係。人性發展於簡單的面對面團體，如家庭，友伴團體，鄰里等。這些團體爲各社會共同的，雖其形式稍異。這種團體是人性養成所，人格的範疇所，是人類愛、自由、正義等觀念的泉源。

由於過分強調人性的社會方面，主張直接團體對人格的影響。社會學家於是傾向於否定人性。各個社會團體的歧異是一經驗事實，而各個團體分子若分享某一團體人格特性，則不僅有一種人性，而應有許多人性。我們很難從科學上肯定地說，人自其出生即分享實質一般及不變的特質。晚近社會心理學家傾向於從較狹窄的面解釋人性。人類是具有共同的心理需要與行爲特徵的。感染性 (vulnenability) 、需要及潛在的傾向 (potentiality) 即是。感染性指對不良的習慣或刺激難予推卸拒絕，容易受其感染的性質，比如驕矜，愛依賴

別人、懶惰等。人有食、色、反應、自尊等需要，這不因人而異。潛在的傾向指施愛、追求自由、舒適快樂的生活而言。（范珍輝）

參考文獻：

D.S., p. 145.

D.S.S., pp. 306.

D.O. Hebb and W.R. Thompson, The Social Significance of Animal Studies, in Gardner Lindzey (ed.), Handbook of Social Psychology (Mass.: Addison-Wesley, 1954), Vol. 1, pp. 552-558.

人格 (Personality)

所謂人格，可說是一個人在其內在之生理的與心理的需要及外在之環境的影響二者交互作用之下，所產生之包括有觀念、態度、與習慣等在內的一個動的組織 (dynamic organization)

人格一詞，源於拉丁文 Prosopôn (Persona)，就其字義而言，原係指古代伶人演劇時所戴之面具。羅馬時代，伶人進而用以指示不同的性格 (character)。心理學者沿襲其義，藉以說明個人在其行爲模式上所表現之心理活動。

人格一詞，應用極廣。後世學者對於人格之解釋，亦頗多差異。亞爾保 (G.W. Allport) 在其人格 (personality - A Psychological Interpretation, 1937) 一書中，曾列舉出五十種以上之不同的人格定義。並將其概括爲1.神學的 (theological)，2.哲學的 (philosophical)，3.法學的 (juristic)，4.社會學的(sociological)，5.生物社會的 (biosocial)，與6.心理學的 (psychological) 六類不同的解釋。

近年來社會科學家對於人格之解釋，已漸趨一致。最常見的解釋，約有三種。

(一)人格最普通之一種解釋，爲心理學家所熟知者，卽亞爾保之定義。亞氏解釋人格說：『人格就是個人內在那許多心理生理系統 (psychophysical systems) 之動的組織 (dynamic organization)。此種心理生理系統決定個人對其環境的獨特調適。』此一定義，含有下列數點特性。

1.所謂心理生理系統，包含有習慣、態度、情操、傾向、等等在內。

2.將人格視爲許多行爲傾向 (predisposition) 之組織或互交關聯的狀態。

3.所謂人格是一種動的組織，這也就是說人格不僅是一種組織。而且在此組織之中，某些行爲傾向，無時不在交相限制、交相便利、或交相促進。

4.個人之許多行爲傾向，其本身自成一個系統，人格卽係此諸行爲傾向之系統的組織。

5.每個人的人格皆或多或少的不同於他人的人格。

6.此處所謂之調適 (adjustment)，不僅指個人去努力征服環境，卽個人對環境之消極的適應 (adaptation) 亦包含在內。

(二)社會學家對於人格一詞之應用，其意義較心理學者一般的應用更爲狹隘。其通常對於人格之解釋是建立在個人 (individual) 與人 (person) 二者之區別上。派克 (R.E. Park) 與蒲濟時 (E.W. Burgess) 在其名著科學社會學導論 (Introduction to the Science of Sociology, 1923) 中，認爲個人相當於人類生物有機體之行爲組織。人則爲經過與他人互動 (interaction) 而塑造後之個人。至於人格則係指人的組織 (organization of the person)。布魯麥 (H. Blumer) 卽係依據此種架構 (framework) 而解釋人格說：『人格是指行爲傾向之組織而言。此種組織是由個人與他人之互動過程中發展而出。』楊京伯 (K. Young) 解釋人格所持的觀點，則係同時依據心理學與社會學的傳統。他認爲『人格多多少少的是用以代表個人習慣、態度、特質、與觀念等之整合體。此諸習慣、態度、特質、觀念等，外在組織爲特殊的或一般的角色與地位內在則圍繞着自我意識，自我概念，以及有關動機、角色與地位之觀念、價值、與目的。』

(三)人格之另一種狹義的解釋爲派遜斯 (T. Parsons) 與席爾斯 (E.A. Shils) 所提出。他們認爲，人格系統是一個比較特殊的，固定的與一定的一種「需要傾向」(need-predispositions) 系統。因此在他們看來，人格也就是由一個行動者的行爲定向與行動動機所組織而成的一套系統。所謂需要系統，在派遜斯等之心目中，是一個動的組織。他們並假定這些行爲傾向是組織在一起而成爲次於整個人格 (total personality) 的許多系統。（張宗尹）

參考文獻：

Dreger, Ralph Mason, Fundamentals of Personality - A Functional Psychology of Personality, New York: J.B. Lippincott Co., 1962, pp. 16-27.

Gould, Julius, and William L. Kolb (ed.), A Dictionary of the Social Sciences, Taiwan Printing, 1964, pp. 494-495.

Fairchild, Henry Pratt (ed.), Dictionary of Sociology, Ames, Iowa: Littlefield, Adams & Co., 1959, p. 218.

Walter J. Coville, Timothy W. Coslello, and Fabian L. Rouke原著，繆國光譯：變態心理學綱要，臺灣商務印書館，民國五十七年初版，頁二一。

人格解組 (Personality Disorganization)

人格各部份未有協調，行爲與社會標準脫節，不能有效地參與社會生活的現象。這有兩種情形，一爲所達成的協調狀態，受環境或情境變遷的影響，而失去協調者。比如移民外國的人，或經驗了劇烈社會變遷的人，則因行爲標準的改變而發生這種情形。第二種情形爲從未有過健全的人格組織者。混血兒、養子女、私生子等常在早期生活經驗兩種對立衝突的社會化過程，而未有機會發展協調的人格。

主要的人格解組有神經病與精神病兩種。神經病是解組程度較輕的狀態，其特徵是不安，反抗或敵對，對愛有過分的企求，並不容許他人批評。精神病是較嚴重的人格解組，其特徵是心理功能失常、思想混亂、語無倫次、行爲與意願互違，並且行爲不可捉摸。(范珍輝)

參考文獻：

Robert L. Sutherland et al., Introductory Sociology (Chicago: J. B. Lippincott, 1956), pp. 177-181.

D.S.S., Personality Integration.

龍冠海著　社會學，臺北三民書局，民國五十五年，頁一三四—一三六。

人類關係 (Human Relations)

工業社會學上人類關係一詞係指一團體或一組織內成員間內心面與實際面的社會關係。也即其非正式的關係 (informal relations)。這種關係是與外表的和制度的等正式關係相對的一種關係。這在初級團體 (primary group) 被再發見後，成爲社會學家的一研究重點。工業社會學家咸認爲人類關係與生產及勞資關係有密切關係。

在社會學上使用此名詞含有上述概念者應推豪森實驗(Hauthorne Experiment)。這是豪森電機公司在哈佛大學管理學院的協助下所舉辦的調查研究。它對工業社會學的發展有莫大的推動作用。

在豪森實驗之前，學者強調正式結構的功用，認爲工廠生產與技術的促進與管理、規則、工資、工時、工作環境等因素有密切關係。豪森實驗則證明工廠生產與自生的以感情爲基礎的複雜初級團體，關係較密切，這種團體及其關係對工廠生產的影響不容忽視。這個實驗並藉用「人類關係」這個名詞，以指非正式的組織與團體，同時也強調這方面研究的重要性。

人類關係的探究著重於非正式面的事實，這種事實除團體結構外，又包括文化及心理面的現象。因此人類關係的研究，除借重社會學的知識外，又須依賴文化人類學及心理學的知識。美國新興的一門科學則綜合這三門科學知識以研討人類行爲，稱爲人類關係科學 (Science of Human Relations)，其研究領域非常廣泛，不限於勞資關係。運用人類學、心理學及社會學的學理以研究社會現象的方法，叫做人類關係探究法(human relation approach) (范珍輝)

參考文獻：

F.J. Roethlisberger and W.J. Dickson, Management and the Worker (Cambridge, Mass.: Harvard University Press, 1939).

國立臺灣大學社會系編　臺灣紡織業勞工流動之研究，臺灣省臺北區國民就業輔導中心，民國五十六年，頁三一一〇。

福武直主編　社會學辭典，東京有斐閣，昭和三十五年，頁七〇五。

工人階級 (Working Class)

工人階級的名詞，很難下一個適當的定義。因爲無論從觀念或統計的分析上，都不易與通常所稱的中等階級劃分確切的界限。就廣義言之，工人階級是指較低的或下等的社會階層而言，特別是都市工業社會中的以雙手從事工作的勞動者及其家屬的一般工人。但是這種意義的觀點，是很淺薄的。社會科學者對社會階級的劃分，就其歷史的發展去研究，引起很多困難之點。所謂工業社會中的低等階級，其個人的地位，常有所變動，中等階級與下等階級的分界線，不易明確的規定，且亦常在移動而不固定。下等階級本身的組織內容，又經常受技術的與政治的影響，產生重大的更改。在這類變動的情形下，要下一個確實的工人階級定義，是一件難事。

現代社會科學者對于工人階級的觀念，注意于兩個問題：第一個問題，是研究工人階級複雜性的趨向，以及工人階級社會意識與政治意識的滋長。從這個問題，觀察工人階級對社會的反抗行動。因為工人階級的自我覺悟，迅速的在發展，成為社會中狂暴的備戰群衆。第二個問題，是研究工人階級與中等階級的劃分，就其發展的趨向，如技能的程度，就業的穩定，工資的等級，作為研究的條件。然後從工人職業的變更，分析工人階級人口移動的狀態。

這類的分析，從現代社會科學觀點言，較為正確。惟各家所採用的分析標準，並不一致。概括言之，凡屬熟練工人，半熟練工人、粗工、手藝工人，都包括在工人階級之內。（張鏡予）

參考文獻：

D.G. MacRae, Ideology and Society, London: Heinemann, 1961.

G.D.H. Cole, Studies in Class Structure, London: Routledge and Kegan Paul, 1958.

工作分析(Job Analysis 或譯職業分析)

對某種工業職業作有系統的研究，以詳細確定所牽連的各種操作，工作要素，義務和責任，作為工作逐一說明的根據。(D.S.W.)

工作分析為一種程序或方法，用以作有系統的發現和工作有關的各種事實。換言之，工作分析係將各項工作的任務，責任，性質及人員所需的條件等，加以調查或作分析研究，做成書面紀錄，以及人事管理的依據。有時亦稱工作研究 (Job Study)（李潤中著：工業關係與人事管理，第五十五頁）。（陳國鈞）

工會 (Trade Unicn)

工會係工人為維持或增進他們的權利和利益，特別關於工資、工時、及健康、效率、安全、教育、保險等情形，而自動結合組成的團體。最初十九世紀中葉的工會，是由男性工人所組成，排斥女性工人，工廠行政人員和專業人員。近年來，女性工人已被允許加入。有許多工作，尤其是娛樂方面，和女性發生極密切的關係。另外薪津收入的專業人員，如教員也發起類似的工會組織。按照一般狀況，工會是雇主與被雇者之間的組織，似乎專業人員的工會與工會原理相矛盾。不過工會主要還是注重於工人的各種需要，以及民主政治權利的認定，工會有兩種重大的發展：(1)工業工會的組成，應包括訓練更多非技術工人的技術；(2)採用「靜坐罷工」的方式對付雇主，這種罷工是日以繼夜留在廠內，以防止其他受雇者替代其位置，尤其是在大量失業的狀態，雖不合理，但可維持工人的地位。(D.S.)

工會的意義，各國學者說得很多，比較恰當的，當推英國學者韋布夫婦 (Sidney and Beatrice Webb)，他們在一八九四年出版的「英國工會史」(History of Trade Unionism) 一書中對於工會有如下簡單的說法：「工會為維持勞動條件，或改善目前狀況為目的的永久團體。」此外，美國學者柏達史 (Peters) 謂：「工會是以獲得及維持更有利的勞動及工資條件為主要目的，由被雇者獨立而永續組成的被雇人團體。」還有，美國學者約翰密契爾 (John Michell) 謂：「勞工的組織，不同業勞工的組合，彼此相約不從事個別的交涉，僅能同意雇主與工會所締結的團體協約或合約。」又謂：「工會乃將某一工業所有被雇者或可能被雇者聯合而成一組織，以代表每一會員要求，並獲得一種最低限度的工資，工時及工作條件。」從以上各家所說的意義，可將工會下一簡單的定義，即：工會係工資工人以維持改善勞工條件為主要目的所組成之永續的結合團體。（陳國鈞著：「勞工立法新論」，第三〇〇頁，正中書局，五十三年）（陳國鈞）

工會工廠 (Union Shop)

這是雇主與受雇者之間締結的一種關係，在此種關係中，雇主可以盡量雇用願在指定期間參加工會組織者。這和封閉工廠 (Closed Union Shop)（亦譯為閉鎖或封鎖工廠）大為不同。此制則為允許雇主在雇用員工時有更多自由選擇的餘地。(D.S.)

工會工廠 (Union Shop) 為雇主視工會為惟一的協商對象。所有工人均須參加工會，管理當局亦可雇用非會員工人，但進廠後即須加入工會。（李潤中著：工業關係與人事管理，第二四五頁，香港震旦圖書公司，五十四年。）（陳國鈞）

工會主義 (Trade Unionism)

就其來源及特徵言，早期的工會主義，仰仗包括暴動在內的罷工和攻擊行動，這是其一種顯著特色，追根究底，主要由於工會的孤立，特別由於缺乏和平談判的有效聯絡所使然。工會存在權利既遭拒絕，工人爲其生存，乃結合起來訴諸鬪爭。（朱岑樓譯蒲魯姆、塞茨尼克合著社會學，第二十四頁，新陸書局，五十六年。）

工會主義分三種：㈠職業工會主義 (Business Unionism)，亦稱市場工會主義 (Market Unionism)，爲利用集體協商，以改善雇傭條件，因此可提高會員的經濟利益。目前各國工會多抱此種主義。㈡改良工會主義 (Uplift Unionism)，主張促進社會一般幸福，要求改造社會與政治，亦稱幸福工會主義 (Welfare Unionism)，早期工會多抱此種主張。㈢革命工會主義 (Revolutionary Unionism)，建議消滅現行政治與經濟制度，而代之新異結構，俾可提高工人的地位，目前世界工會聯合會推行此種主義。（李潤中著：工業關係與人事管理，第二四〇頁，香港震旦圖書公司，五十四年。）（陳國鈞）

工業化 (Industrialization)

這是指應用科學技術發展的過程，其特點是利用強力機械擴大生產，使得生產的物品，有一更大的市場，同時由於勞動力的特殊分工，常與加速都市化相伴而行。(D.S.)

工業化爲現代世界各國普遍的趨勢，期以發展生產事業，提高人民生活程度，增進物質福利，並以鞏固國力對於社會心理習慣與行動，亦皆有重大的影響。工業化的涵義，可分爲兩點：一是各種生產事業的機械化和科學化。二是組織與管理的科學化和合理化。任何一個工業化的社會，必然具備下列各種特點和內容，即工業本身的機械化與科學化，礦產的大量開發，自然資源與動力的大量利用，交通事業的機械化與動力化，各種生產事業均由工業的發展，而有大規模生產制度的出現，產品標準化的實行，各種生產事業的企業化與資本化，企業組織與管理的科學化與合理化，以至工業都市的形成，人口的集中，皆爲必然的結果。（謝君韜著：福利經濟學，第三—六六頁，環球書店，五十三年。）（陳國鈞）

工業社會學 (Industrial Sociology)

工業社會學是討論及描述在工業社會中從事製作，轉運，分配及供應各種勞務等人的行爲。它所注意研究的是工業組織的社會結構和各種組織與所屬的社會結構間的關係。更特殊地說，它包含由工作情況所產生的制度化關係及影響到這些關係的社會因素等的研究，這個研究範圍也稱爲工作社會學 (Sociology of Work)。(D.S.S.)

「在現代工業中有甚多問題不能用技術知識或經濟知識而明瞭，而解決。其後發現可以用社會學知識與方法加以處理。於是甚多社會學者移其興趣於工業上，亦有甚多工業界人士覺悟社會學知識對工業經營的重要，而敦請社會學者爲其重要顧問，與之商量重大問題。工業社會學 (Industrial Sociology) 於以產生。工業社會學的內容爲：1.社會關係與經濟行爲互相影響；2.初級團體與工業生產；3.工業組織的社會性；4.工業資本主義與社會情況及文化情況的關係；5.產業工人的組織與集體行爲；6.工業界內的社會階層與社會移動；7.工業人口問題與區位學等。」（楊懋春著：「勉齋文集」，近三十年來社會學的發展，第一八〇頁，自印，五十二年）（陳國鈞）

工業革命 (Industrial Revolution)或產業革命)

這是一個包括用於由現代工業主義而來的各種錯綜複雜的變遷在內的名詞，尤其是應用於十八世紀末葉及十九世紀初葉在英國所發生的典型變遷。當時技術的改良，完全改善生產過程，並將家庭工業，小型工業的生產方式轉變爲工廠制度。變遷最大的和最多的是具有發明成功的紡織業，尤其是紡織機，紡棉機，和織布機的發明，使得生產過程與生產數量引起重大的改變。此外，鐵與鋼生產的新發展，也是很重要的。在動力方面，最受重視的改變，首先是水力的應用，其後在十九世紀初，蒸氣機的受重視，由於蒸氣機的發展，更使得水陸交通引起極大的革命，結果促成商業與貿易的擴展。同時，分工與生產機械化的各種成果，使得任何地方都可見到典型的工業變遷，結果生產增加，許多經濟與社會變遷與早期工業有密切關聯。這也可以說就是工業革命的特點。(D.S.)

又依社會福利詞典上的解釋，工業革命是指十八世紀中葉，伴隨着工廠制度而來的社會、經濟、政治等一系列的改變。(D.S.W.)

歐洲一般人民生活，原來保持着千年前的典型，及至機器漸次替代人工，社會一切，始完全改觀，故稱工業革命。工業革命始於十八世紀七十年代以後，即一七七六年至一八五〇年，稱為前期工業革命，至第一次大戰而達到巔峯，即自一八五〇年至一九一四年，稱為中期工業革命，自一九一四年後經第二次大戰，稱爲後期工業革命，至今似已轉入蛻變時期。綜合各期工業革命，其特質有五：第一，工業生產以機器代人工。第二，促進農業改良，又稱農業革命。第三，形成商業發展。第四，產生資本主義。第五，對社會及政治，影響極大。（陳樹桓著：經濟學新論。第二十八頁，正中書局，四十四年。）（陳國鈞）

工業都市 (Industrial City)

普通指工業居優勢的都市，晚近美國社會學家史若堡(Gideon Sjoberg) 將都市分爲兩個類型，卽工業都市與前工業都市。前者指近代發展了工業的都市。這一種都市與前工業都市比較，具有若干特質，茲略述之於下：

就其土地利用言，工業都市的有其特殊化。它的商業中心佔有優勢；能的資源爲電力和蒸氣。在工業都市中，中產階級居重要地位；階級的流動性大，社會地位是以贏得的而不是以規定的爲根據。有組織的家庭單位是散漫的，在人口的年齡及性別方面很少有尊卑關係。經濟組織傾向於大量生產，由大規模的企業所壟斷；有工廠制度的發展；分工很複雜，需有專門的管理人員。在政治方面，權力結構的等級比較鬆弛，這反映着階級制度的散漫。在政府科層制中，像商業裡的，所強調的是以正式的規則而不是以私人作爲決策的依據。宗教是俗界的，其範圍一般地是自由的。民衆教育盛行，這與流動的階級制及家庭制互有聯繫。教育所強調的是實驗和變革以及人的能力對自然秩序的改變作用；正式的教育特別發達。由於傳訊媒介的發展，知識的傳播很廣。以上這些特質乃是現代工業都市所共有，而有異於中古的前工業都市的。（龍冠海）

參考文獻：

Gideon Sjoberg, The Preindustrial City, The Free Press, 1960.

工業關係 (Industrial Relations)

這是指在某一工業，或某一企業，或某一社區，或某一國家之中，所有工廠的勞資雙方之間有關的組織與實踐而言。(D.S.)

工業關係這個名詞，不僅包括勞工組織與工業管理之間的交涉，而且包括勞工的各方面，如工資、生產力，雇傭的保障，工廠的雇傭實施，工會的政策，以及政府對勞工事務的行爲等。（陳國鈞）

參考文獻：

R.A. Lester, Labor and Industrial Relations, p. 3, 1951

工團主義 (Syndicalism)

此名詞來自法文「辛提加」（syndicat），意指爲保護共同利益之團體。一個工會卽工人的辛提加，簡稱工團。其主張或理論卽工團主義或工會主義(trade unionism)，係十九世紀末葉法國勞工運動的一種發展趨勢。它有兩個主要用法：(1)一種社會學說或運動，主張工人組合在社會主義的社會中應該是社會的與工業的行政之基礎；(2)工人組合採用戰鬥的工業行動。它和革命的社會主義相似，故也稱爲革命的工人組合主義。工團主義者認爲工會及其聯盟乃是將來社會主義組織的基本單位，主張工會脫離政黨而完全獨立；工人不能期望利用政治手段以得到自己生活的眞正改進，而必須組織起來採取直接行動從事公開的階級鬥爭。其方法是怠工、抵制、群衆示威或總罷工，特別是革命性的總罷工。其目的在阻礙生產，使資本主義者的產業變成無效力的，而由工人奪取政權。工會必須反對國家主義和軍國主義。工會爲鬥爭資本主義之基礎組織，將來是生產分配之機構，和社會改組之基礎。工團主義者承認地方政府的存在，其組織須以工業爲根據。由他們看來，國家不過只是工會的同盟而已。

工團主義之發展係受十九世紀所流行的過激思想之影響，包括普魯東、馬克斯、巴古寧等的。後來又由索勒爾 (George Sorel) 及其他知識分子在理論上加以闡明之。本世紀初期工團主義對法國勞工的實際行動曾有很大影響。除法國外，在比利時及意大利等西歐國家中也有多人主張之，並且從歐洲傳至美洲阿根廷、智利、墨西哥等國家。但從第一次世界大戰之後，工團主義運動漸趨衰微，其學說之主要提倡者係無政府主義者。爲了強調它的反國家和分權主張，他們乃在該名詞前面加上無政府一詞而變成「無政府工團主義」。(Anarcho-Syndicalism)（龍冠海）

參考文獻：
D.S., D.S.S., I.E.S.S. 中 "Syndicalism" 條，列德萊著。
沈嗣莊譯「社會主義史」第二二章，臺灣商務印書館，民國五十五年五月臺一版。

工廠制度 (Factory System)

利用人力推動機械是現有顯著差別的製造體系，機器覆蔽於一屋頂之下，為企業家或他人所有，而以員工操作機械。此一制度一方面是新人力資源的發現，另一方面也是新機械型態的結果。工廠制度於一七五〇年始在英國建立雛型。(D.S.)

由於工業革命而產生的經濟與工業制度，其特點是應用機械，大量投入資本，形成工資制度，高度職業專業化，以及廣大的國際市場等。(D.S.W.)

工業革命後，資本家大量採用新式機器，形成工業資本主義(Industrial Capitalism)，即所謂工廠制度，一切廠房，機器，工具與材料等，均由廠方供應。工人則由家庭工作者一變而為工廠的雇工。(李潤中著：工業關係與人事管理，第二十二頁，香港震旦圖書公司，五十四年。)(陳國鈞)

大眾文化 (Mass Culture)

大眾文化一詞用以泛指大眾社會的文化，尤其是現代都市與工業文明的特徵，不過在工業化過程中的社會也存在有某些程度的大眾文化。

大眾文化概念有各種不同的解釋，不過各解釋都同意以下一個看法：即大眾所欣賞、接受或消費的文化與名人雅士所鑑賞的大異其趣，二者之間在內容上與品質上都相異，同時大眾文化係藉大眾傳播工具散播，而英才文化或高級文化則藉初級傳播或專門性書刊散播。最後，大眾文化受市場或商業化的影響，但高級文化則不受其影響。

從起源上說，大眾文化產生於上層階級失去獨占文化及平民教育普遍之後。上層階級的文化是傳統的文化或高級的文化。這種文化被納入於教科書中；而平民的文化則是大眾文化，這種文化是大量生產的，低級的，但一般人感覺有興趣的。在工業化之前，平民間存在有一種文化叫做民間文化(folk culture)。這種文化在工業化過程中漸失去擁護與支持，於是新的影響大眾對社會施以壓力，使其生產適合其胃口的文化，這即大眾文化產生的因由。

從功能上說，大眾文化具有統合各階層的作用。它所包含的思想與行動模式適合社會各階層，這種文化並給各階層人士帶來相同的價值觀念與行為模式，故可供階級間作為互相承認或認同的工具。換言之，大眾文化是社會的最小公分母或社會共通的文化全形。

大眾文化與舊文化的差別有四，第一舊文化是文藝作品而大眾文化則為閒暇文化。換句話說，前者是生產性的而後者則為消費性的。第二舊文化是批評的而大眾文化則是接受的。第三、舊文化是謹慎遠慮的而大眾文化則是誇張與商業化的。第四、舊文化是階級文化而大眾文化則為各階級咸宜的文化。(范珍輝)

參考文獻：
D.S.S., "Mass Culture," "Mass Society".
D. Macdonald, "A Theory of Mass Culture," in B. Rosenberg and D. M. White (eds.), Mass Culture (Glencoe, Ill.: The Free Press, 1957).
范珍輝「論大眾傳播與社會結構之關係」，國立臺灣大學法學院社會科學論叢，第十六輯，民國五十五年七月，頁二一三—二三七。

大眾社會 (Mass Society)

大眾所組成的社會或具有大眾特徵的社會。這種社會的特徵是社會流動頻繁容易，社會分化複雜瑣細，以及政治受大眾強烈的影響，也即實行大眾民主。

大眾的特徵是低能、孤獨不安、單純、易受煽動操縱、善變、思想偏頗，以及低級興趣。這種性格與社會的機械化與官僚制度化有關。機械化的結果，個人知識領域與興趣大為縮小。官僚制度化的結果，則私人的情感失去作用，社會事務完全由法規契約取代，同時權力也集中於少數人手中，多數人在工作上及社會上扮演的職務愈成不重要。

大眾是未分化的群眾，由社會各階層所組成，但各分子的思想、信仰、需要及行為卻趨於一致，它是同質團體。這種團體接受大眾傳播的影響，故容易受政治家的利用。集權國家性質上是大眾的社會。

就大眾社會的結構，文化及個人特性言，它的主要特徵為個人的地位與職務高度專門化，人與人的關係為正式、間接、匿名及部分的關係，社會流動頻繁，大衆傳播事業高度發達，以及大衆民主的政治。從組織上說，大衆社會爲前所未有的龐大複雜的組織體，但個人間的聯繫微弱，個人不受團體的約束與限制，而單獨地反映各個情況或刺激，換句話說，它是一盤散沙的社會。一般來說，這種社會的多數組成員對公共問題若不關心則只接受而不發言。這是因爲其大衆傳播的言論係高度組織化，根本不需人民去思想與發言。（范珍輝）

參考文獻：

R. Williams, Culture and Society, 1780-1850 (London: Chatto and Windus, 1958).

J. Ortegay Gasset, Revolution of the Masses (New York: Norton, 1932).

E. Lederer, State of the Masses (New York: Norton, 1940).

K. Young, Social Psychology (New York: F.S. Crofts, 1944).

Erich Fromm, Escape from Freedom (New York: Rinehard, 1941).

William A. Komhauser, The Politics of Mass Society (Glencoe, Ill.: The Free Press, 1959).

范珍輝「論大衆傳播與社會結構之關係」，國立臺灣大學法學院社會科學論叢，第十六輯，民國五十五年七月，頁二一三—二三七。

大衆運動 (Mass Movement)

社會各階層或各地區人民不滿現況或由於社會不安的情況所造成的無協調與自發的抗議活動。

大衆運動與社會運動所不同的是前者缺少組織、計劃及領導。它與群衆及暴衆不同處是這種運動散佈各地，不以軀體接近做爲其前提。廣地域性的罷工、遊行，以及大規模的逃避兵役等卽大衆運動。

在另一方面，大衆運動與社會運動同，蓋二者都在尋求社會制度的改革，也都以外在目的的追求做爲其活動對象。又大衆運動與群衆及暴衆現象也有相同之處，卽它們都具有火爆破壞的性格。這是因爲在其情況下，個人的理智及自制能力受了情緒的支配，個人於是盲目地接受教條性的領導，而依據其暗示去行動。（范珍輝）

參考文獻：

Joseph S. Roucek and Roland L. Warren, Sociology (Peterson, N.J.: Littlefield, Adams and Co., 1959), p. 285.

D.S., "Mass Movement".

大衆傳播 (Mass Communication)

若干人經由報紙、廣播、電視、電影等對廣大的民衆傳送消息或智能內容的過程。大衆傳播的傳送人通常是龐大的組織體，傳播工具是精密的機械技能，傳播方向是單方向，而收受人則係匿名及不定量的大衆。

社會科學家研究大衆傳播注重於大衆傳播的過程。這個過程包括以下五個要素：傳播人，傳播工具，收受人，內容及效果。上述各要素的研究，分別稱爲控制分析、媒介分析，閱聽人分析、內容分析及效果分析。

社會學家對大衆傳播的研究，有以下幾個重點及觀點：

一、視大衆傳播爲一社會制度，而研究其結構，功能，閱聽行爲，責任及表現。

二、注重傳播效率的因果分析，並且從各方面研究其效果。經常研究的因素主要的有傳播工具，消息的性質，閱聽人的性格與閱聽習慣，傳播技能，以及團體的影響。

三、視社會爲整體，並從他制度或他現象去研究大衆傳播的影響。這卽除了研究大衆傳播對個人的影響外，又分析大衆傳播與他社會結構的關係，以及大衆傳播與社會變遷的關係。（范珍輝）

參考文獻：

范珍輝「大衆傳播之社會學研究」，思與言第四卷第一期，民國五十五年一月，頁十七至二〇。

H.D. Lasswell et al., Propaganda, Communication, and Public Opinion (Princeton: Princeton University Press, 1946).

D.S.S., "Communication"

C. Shamon and W. Weaver, The Mathematical Theory of Communication (Urbana: University of Illinois Press, 1949), pp. 78ff.

大衆傳播工具 (Media of Mass Communication or Mass Media)

大衆傳播工具或大衆媒介 (mass media) 指傳送視聽音訊的非私人性傳播工具。這種工具爲機器或其產物，例如電視、廣播、電影、報紙、雜誌、廣告等。

大衆傳播工具的特徵可從兩方面去分析，一是從技術方面，一是從其收受人方面。從技術方面說，大衆傳播工具是非私人的機械作用，常造成廣範圍的心理流動作用。依此標準，則電視、廣播、電影、報紙、書刊及其他非私人的傳播皆爲大衆傳播工具，而戲劇、私人會話及公共演說則非大衆傳播工具。

再從收受人方面說，魏伯 (G.D. Wiebe) 列擧大衆傳播工具的基本特性有二：1.其產品必須容易接近。這是從身體觀點說的，意指多數公衆，包括各主要社會團體及社會各階層，均可容易接近或取得這類產品。2.其價錢低到各階層人士都可支付。依據上面兩個標準，則大衆傳播工具將不包括私人間的初級傳遞，並且也不包括專門性、學術性或具有特殊旨趣的書刊，更不包括精裝書及教育影片。

除技術與收受人外，社會心理學家又強調時間的因素。美國社會心理家雪利夫婦 (M. Sherif and C.W. Sherif) 曾說：大衆傳播須同時或在很短的時間內將音訊送到千千萬萬的民衆。未具有大量消費性的傳播工具即不是大衆媒介，而要具有這種性質，則非具有同時性與時宜性不可。

瓦茲 (Louis Wirth) 對大衆的看法較爲特殊。他認爲大衆的組成分子不僅人數多，同時又是異質的人口集團，由社會各階層人士所組成。再者，他們對大衆傳播的反應又是各個人彼此間未有聯繫的反應。大衆傳播超越社會團體的利益與見解，而以一般大衆爲其服務的對象。依瓦茲此一標準則爲特殊團體所做的傳播將不算是大衆傳播。

根據上述各家的看法，可知大衆傳播工具係指社會各階層人士共同享有的廉價及高速度的傳播物或其機械作用。具體地說，它們包括電視、廣播、電影、報紙、通俗書刊、暢銷唱片、卡通、漫畫、廣告、及傳單等。(范珍輝)

參考文獻：

D.S.S., "Mass Media"

G.D. Wiebe, "Mass Communications," in E.L. Hartley & R.E.Hartley, Fundamentals of Social Psychology (New York: Knopf, 1952), pp. 164-5.

M. Sherif and C.W. Sherif, An Outline of Social Psychology (New York: Harper, 1956), pp. 562ff.

Louis Wirth, "Consensus and Mass Communication," American Sociological Review, 13 (1948), pp. 10ff.

大衆傳播工具分析 (Mass Media Analysis)

大衆傳播研究的一部門，主要探究與比較各類傳播工具的數量、銷路、組織、分佈、性質及技術。

聯合國教科文組織 (UNESCO) 提倡傳播設施及其銷路的比較研究，也即各國電視機與收音機的架數、電臺數、送波機及其電力、報紙和雜誌的銷售量、電影的產量、電影院的座位數等的統計分析。

不過，社會科學家常逾出此一領域而作其他研究，譬如，比較各國的傳播制度與各類傳播工具的心理技術。傳播制度爲新聞學家與傳播學家的研究領域，傳播工具的心理技術則爲社會心理學家的研究問題。後一研究的代表例是拉薩斯斐 (Paul F. Lazarsfeld) 的研究。拉氏曾在一項研究中發現各種傳播並不是互相競爭而是相輔相成的。例如，對知識份子來說，看電視的人也收聽廣播、看電影及閱讀報章雜誌等。這是因爲各類傳播具有不同的功能，而不能互相替代之故。(范珍輝)

參考文獻：

D.S.S., "Mass Media"

Paul F. Lazarsfeld, Radio and The Printed Page (New York: Duall, 1940).

George A. Lundberg, C.C. Schrag and O.N. Larsen, Sociology (New York: Harper 1958), pp. 427 - 432.

小村落 (Hamlet)

小村落即數個農家聚居一起，成爲家庭之外一個最小人口集中點。小村落爲一種極原始的團體定居型式。其形成因素是氏族關係。在美國，一個小村落其人口少於二百五十人，內有兩三種簡單的社會結構，如一間雜貨店，一個酒舖，一所初級小學，及一間小教堂等。據統計，在一九二〇年時，美國有此種小村落共六五、二九八處，其人口總計三、八七九、四三八人。至一九四〇年時，小村落數目減爲五八八一八，而其人口則增爲三、九二二、〇三七人。在中國亦有小村落，且多由三、五家至十餘家所形成，或由一個家庭之擴大分枝所構成。據卜凱教授之調查，小村落普遍全國，而在華中一帶尤爲多見。在臺灣省，北部農村絕大多數爲散村。一個散村是由若干以三、五農家成一單位之小村落所形成。在南部集村之區則少見。（楊懋春）

參考文獻：

John H. Kolb and Edmund des. Brunney: A Study of Rural Society. Houghton Mifflin Company, 1952, pp. 188 - 189.

Dwight Sanderson, The Rural Community, Ginn and Company 1932, p. 66, p. 137.

Everett M. Rogers, Social Change in Rural Society, Appleton-Century-Crafts, Inc. 1960, p. 136.

小型社會學 (Microsociology)

是法國社會學家葛維治 (G. Gurvitch, 1896-1966) 的構想，（一譯「小社會學」）研究對象是一些非正式的小團體以及那些社會性形態（les formes de sociabilite'）比較簡單的社會現實 (realite sociale)，相當於物質科學範圍內「小型物理學」(microphysique) 的研究；可說是「小型的社會物理學」(microphysique sociale)。和「總體社會學」或「巨型社會學」(macrosociology) 之以大型社會爲研究對象的不同。例如教堂內同領聖體的一羣 (communion)，社區或共同生活的修道院 (communaute)，有共同關係的「我們」(les "Nous") 等。這裡他所謂「我們」也有許多種不同的社會性。比方說「我們、大學生的一羣」、「我們的家長們」、「我們戰鬥的工團主義者。」「我們法國人」……等等，性質雖不同，都可作爲小社會學術的對象（參閱 G. Gurvitch: La Vocation Actuelle de La Sociologie, Chap. III, Presses Universitoires de France, 1957, Paris.)（謝　康）

小團體 (Small Group)

所謂小團體係指在一個團體內，團體分子依直接的溝通以保持其完整。這樣的團體並且能夠功能良好的和繼續不斷的互動，以達到一種目的。

社會科學者對於團體之研究，雖然已有一段相當長久之歷史。然小團體一詞，二次世界大戰以還，始見流行。一九五五年哈爾 (A.P. Hare)、鮑葛塔 (E.F. Borgatta) 與貝爾斯 (R.F. Bales) 合編之小團體一書問世，始有正式以小團體命名之書籍。團體既名之曰小，必然包含之分子人數不多。然而事實上亦無絕對之人數上的標準。至於一個團體是否成爲小團體，主要還是依靠在團體分子彼此間有無覿面相對之關係與相互之動作。貝爾斯在其互動過程分析之理論架構一文中也指出，即使幾個人出現於同一場合，譬如講演的聽衆，倘若彼此間缺少相互的動作，依然不能成爲一個小團體。

社會學家與社會心理學家對於團體之研究，大體可分爲三個階段。㈠空論時期—約在公元一九二五年之前，一般社會學家對於團體之探究多屬推想，並未從事實地考察；㈡事實研究時期—約自公元一九二〇年代起，乃進而尋求有關團體之事實。但對於有關團體之理論，却被忽略而未予注意；㈢假定證驗時期—約自公元一九三〇年代起，學者乃漸著重有關團體行爲之理論、事實與應用之經驗的探究。此時可說已進入團體之科學的研究時期。在此三個發展階段中，學者對於團體之研究，則又一致趨向於以小團體爲其研究之對象。惟由於學者對於團體研究之興趣日廣，且從事研究者亦日衆，故彼此雖同以小團體爲其研究對象，而其研究之目的或觀點，却又未盡相同。約而言之，又可分爲五個支派：

㈠視小團體爲社會系統之雛型。認爲小團體不僅本身有其研究價值，並且可以從小團體之研究，獲得對各大社會結構之認識。同時又以爲由小團體以研究社會組織或社會系統比較易於掌握與控制，而使觀察與測量工作易於進行。已故德國形式學派的學者齊穆爾 (G. Simmel) 及近代美國的社會心理學者貝爾斯與何曼斯 (G.C. Homans) 等，皆持此種觀點。

㈡對小團體之研究興趣不僅在其社會結構，同時更注意到某些小團體，特別是家庭與兒童遊戲團體等，皆爲個人社會化之主要機構。此派認爲這些團體都是產生轉變之媒介。各種不同的態度、人格特質、興趣、技術等，都可能隨着團體份子的交互作用而形成與發展。美國前輩的社會學者顧里(C.H. Cooley 與近代學者勒溫 (K. Lewin) 等，均屬此派之代表。

㈢視小團體爲一種研究人與人相互關係之舞台。此派之學者認爲小團體之研究，可供給便利的機會以觀察此中關係的形成與轉變。促起此種研究之刺激，是來自個人心理學（individual psychology），特別是受心理治療（psychotherapy）發展之影響。社會計量學（sociometry）的創始人莫連諾(J.L. Moreno）即是以此種觀點爲其研究之出發點。

㈣此派之研究，由於著重工作團體（working groups）效能之改進，進而轉移其注意於人際交互關係與團體分子的愉快或滿足等問題之研究。美國學者梅約（E. Mayo)，羅茲力斯伯吉（Roethlisberger)、狄克森（Dickson）及懷赫德(Whitehead）等人在西方電氣公司（Western Electric Company）對工作團體所做之著名研究，即可說明此種研究之方向。

㈤又有許多學者對小團體之興趣在於考察有關小團體之各種研究，藉以求出在社會心理學研究歷史中反覆出現的某些通則（generalizations)、命題(Propositions)、或假設（hypothesis)。此派可以萊肯(Riecken）與何曼斯(Homans）等人爲代表。（張宗尹）

參考文獻：

Cartright, Dorwin and Alvin Zander (ed.), Group Dynamics: Research and Theory, 3rd Printing. Row, Peterson and Co., 1958. pp. 3–13.

Bales, Robert F., "A Theoretical Framework for Interaction Process," in Group Dynamics, ed. by Cartright and Zander, 3rd Printing. New York: Row, Peterson and Co., 1958, pp. 29 – 38.

Riecken, Henry W. and George C. Homans, "Psychological Aspects of Social Structure," in Gardner Lindzey (ed.), Handbook of Social Psychology. Vol. 1, Cambridge, Mass.: Addison-Wesley Co.,Inc., 1954. pp. 286-287.

土地所有及租佃制度 (Owner and Tenure System)

土地所有及租佃制度乃人與地之關係的兩種形式。而此兩種形式又時常發生密切關係。有第一種形式始有第二種。在某種情況下，如耕者有其田理想完全實現，第一種形式可以不產生第二種。但在另些情況下，如大地主爲數太多，則又係必然。此兩種形式乃產生於或建立在土地私有制之基礎上。由於可耕之土地數量有限，人口增加繼續不已，而人又必須依賴土地以生產糧食，以謀生活。於是人均以可耕種之土地爲貴，爭相取得其所有權。盡可能將大量土地據爲己有，成爲土地所有者。此爲人地關係第一形式之成立。但亦有人因諸種缺陷，落後一步，結果無地可有。不得已乃向有土地之人租地使用，土地租佃制度由是產生。土地所有權之可貴，或受人爭取，因其能發揮權力。此權力有三種：即使用權，收益權，與處分權。使用權即所有者在不妨礙他人權益之下可以自由使用其土地，收益權即所有者可合法的享有使用該土地後所獲得之收益；處分權即所有者可自由對其土地作買賣、贈送、出租、抵押等處置。

土地所有者如感覺其土地太多，或不願自己使用，可依其所有處分權將其土地之使用權轉讓他人。在絕大多數實例中，此種轉讓爲有報償的，即可徵取使用者之一部分收益。換言之，土地所有者將其多餘土地租給他人使用後，可以要求使用該土地之代價。此代價即地租。租佃制度於以產生。地租乃土地主讓出使用權後應得之報酬，亦可謂佃戶獲取土地使用權後所應付之代價。所有租佃制度其基本特質，大致若此。在形式上，隨時代環境及社會經濟發展程度，而有諸多不同表現。在古代封建制度下，在莊園農耕社會中，在資本主義經濟結構中，土地所有權之取得，使用權之分配，以及地租徵納之方式，均有其各自特色。如在地租繳納方式中有所謂力租、物租、或錢租者。力租可能爲最原始之繳租方式。地主徵用佃農之勞力以耕種自己保留之地。此在古代封建社會中，甚爲普遍。封建制度消沒後，力租即不多見。物租在大多數租佃關係中成爲最通行。物租即以佃農所種植之作物果實繳租。但並非以所種每種作物之果實繳納，而是折算成公認之主要作物果實繳納。及至資本主義之交換經濟時代，並以貨幣爲交換媒介，力租與物租均有不便，於是實行錢租。佃農將收穫物售出後，以現金繳納地租。無論計算或繳納均甚方便。減少甚多繁瑣手續與糾紛。

在土地所有及租佃制度之關係中，以人而論，有地主、自耕農、半自耕農或半佃農、佃農四種區分。此四種區分構成農業上之階梯。依美國農業普查之定義，地主指將土地租與他人耕作，而以地租收入爲生者。自耕農指自己在自有之土地上耕作，土地所有權與使用權合而爲一，既不放租土地與他人，亦不承租他人土地者，半自耕農謂農夫所耕作之土地一部分屬於己有，而另一部分係向他人承租者。佃農則指完全承租他人土地以耕作者。無論自經濟觀點，或自社會公義觀點，自耕農最理想，半自耕農次之，地主與佃農均為社會所詬病。地主被詬病因其不勞而獲，依剝削他人為生。佃農則大半受人壓迫，情況可憐，前途黑暗之人。甚少農夫願作佃農或甚少佃農不想脫離此身分者。在美國，佃農曾佔農業人口相當高之比例。一八八〇年全國農業人口四百萬人，佃農佔四分之一。至一九三五年，其總農業人口增至近七百萬人，佃農更增至百分之四十二。此年以後，佃農之數目及比例始逐漸下降。至一九五四年，據農業普查，只有百分之二十四。佃農數目及比例之增減與政府農業政策及租佃條件之調整有甚大關係。亦隨各地區之社會，經濟，文化，農業發展階段等特殊情形有所不同。在美國南方，佃農最多，幾佔該區農業人口之半；在西部之十一州，佃農數目最少，僅有當地農業人口八分之一。一般而言，以現金作物或特用作物生產為主之地區，土地租佃情形，較普遍，佃農亦較多。以一般作物或牧草生產為主之地區，其情形則相反。租地耕種並非完全不理想。初成家之年青夫婦，有心作農，但因資金缺少，無力購買農場，經驗不豐，不敢保證不失敗，且其農事興趣究竟能否持久，亦不敢確定。在此各種情形下，先租用土地以為試驗，為開始，未嘗不為上策。

中國自秦、漢以下，土地即係私有財產。歷代均有土地分配不均，或不合社會公義現象。豪強以其政治、經濟、及社會地位上之優勢，佔地千畝以至數千畝，而貧者多無立錐之地。雖屢有名臣賢相向君王陳書獻議，請求改革，如有所謂限田、均田等嘗試，但均未得顯著成功。土地問題不但存在，且日益嚴重。只在經過大規模戰爭，農民大量死亡之後，土地與農民之比例始見趨向平衡。但此亦豪強兼併或佔領土地之大好機會。但中國自古至現代，歷代究有若干佃農，從無記載，故無人能言。三十年前，卜凱教授曾作過一次調查研究。據此人估計，該時全國之自耕農為數由二分之一至五分之三，半自耕農與佃農各佔五分之一至四分之一。臺灣省在實施土地改革前，耕田分配亦至不均。佃農數目甚高，其生活情況亦極惡劣。土地改革實施後，「耕者有其田」政策完成，大多數佃農、半佃農，變為自耕農。詳確言之，實施「耕者有其田」之前，全省水田佃農戶為百分之五〇・六七，旱田佃農戶為百分之三一・九七，總計為百分之四四・五三。實施之後，依民國四十四年統計，全省佃農戶數減為百分之一〇・四。此為十四年前事，今日其比例當更降低。（楊懋春）

參考文獻：

張德粹，土地經濟學，頁四一一至四五八，國立編譯館出版，民國五十二年。

潘廉方，臺灣土地改革之回顧與展望，頁一六〇至一六五。

蔡宏進，臺灣農地改革對社會經濟影響的研究，嘉新水泥公司文化基金會，研究論文第九十四種，五十四年六月。

卜凱著，張履鸞譯，中國農家經濟，頁一九五至二一四，商務印書館發行，民國廿五年。

臺灣省政府農林廳編印，耕地之所有與經營狀況調查報告書，民國三十九年十二月出版。總表，頁五。

土著社會 (Folk Society)

土著社會是孤立的分散的一種小規模而簡單的社會，與原始社會的性質相似，但與原始社會的意義不完全切合。這種社會的特點，是人的關係力量佔主要地位，特別是親屬的關係，至於個人在社會是處于下屬或服從的等級。統治社會全由傳統的習俗與神權的觀念所控制。道德觀念極為注重，社會文化的遺傳基于口頭傳授，是一種靜態的社會。

土著社會的名稱是人類學者雷德斐(R. Redfield)所創述。（見 The Folk Society, American Journal of Sociology, vol. L11, 1946-47, pp. 293-308）他認為土著社會與我們的社會不同，也不適用原始社會或單純社會或其他的名稱可以表達此種社會的性質，所以採用土著社會的名詞，與農民社會或粗野社會互相比較。（張鏡予）

上婚 (Hypergamy)

上婚是指低地位女子與高地位男子結成之婚姻 (See "Hypergamy", in A. D.S.S., p. 308)。此亦為婚姻方式之一種。但如果僅視之為婚姻方式，則難以了解其性質，因與社會階層化（social stratification）密切相關，故必須對照說明之。

任何社會的組成者—個人，分為地位高低不一的團體，即是社會階層化。誠如索羅金 (P.A. Sorokin) 在「社會流動」(Social Mobility) 一書中所云者：「人人平等而無階層的社會，那是虛構的故事，在人類歷史上從未出現過。

」（參閱朱岑樓譯社會學，原著者 S. Koenig ，民國五十八年八版，協志出版公司，第二〇九至二一〇頁。）

用下之三者：(1)區分階層之標準。(2)階層間交往之質與量。(3)階層間垂直流動之可能性，將社會分爲兩大類：

(一)封閉階級社會 (closed-class society) ，又稱喀斯德(，完全以規定標準 (ascribed criteria) 爲基礎之階層所組成，階層不同之人，不相交往。許可發生的關係，僅主人與奴隸、醫生與病人等，爲數甚少，且受到嚴格的限制，階層間禁止通婚。各人生於何層，便長於何層，婚於何層，子女長留於何層。此爲理想的喀斯德社會，實際如此純粹者，尚未曾有過，僅印度與古印嘉 (Incas) 的社會，與之相類似而已。階層間的界限雖然森嚴，但總有少數的窄門，低層階級經此而上升，如上婚即爲窄門之一。特殊之婦女，因美貌或其他特質，攀婚於上層階級，地位升高。例如我國的帝制時代，貧賤溪頭浣紗女，一朝選在君王側，便全家蒙恩，而成爲皇親國戚。

(二)開放階級社會 (open-class society) ，其社會結構以成就標準 (achieved criteria)爲基礎。各階層間互相交往，完全自由，包括通婚和平等的社會關係。垂直流動可以從最低層升至最高層。如同從未出現過純粹的封鎖階級社會一樣，完全的開放階級社會尚是一種構想。僅就通婚而言，是在種種正式規則的管制之下。其中重要的一項，便是通常所謂之「門當戶對」。有許多婚姻研究指出，男女求偶，即使階級之差異不構成一種障礙，雙方亦趨向於在同階層去選擇。當女子與不同階層之男子結婚時，常是「高攀」，而非「低就」，即所謂「上婚」。(W.J. Goode, The Family, New Jersey: Prentice-Hall, Inc., 1964, p. 35.) 。

上婚出現於世界各社會，茲以印度爲例者，因其高度發展的喀斯德制度，更能說明上婚之性質。在印度稱上婚爲 anuloma ，相當於英文 with the hair ，即「順乎本位」，與上婚相反之下婚 (hypogamy) ，即高地位女子與低地位男子結成之婚姻，則稱爲 Pratiloma，相當於英文 against the hair ，即「逆乎本性」。

孟加拉省 (Bengal) 的婆羅門 (Brahmins) 分爲許多副階級，地位高者向低者爲其子娶婦，而決不向之嫁女。典型之例子是：低地位之富家，父以貴重的妝奩，嫁其女至高地位之貧家，如此攀龍附鳳，富而地位低者之名望得以提高。此種情勢，造成高地位家庭爲女兒擇婿之困難，因女子只進不出，即有加無減，自然男子奇貨可居，有利用多次正式結婚以斂財者。印度所流行之童婚，似亦與此有關，父恐誤其女之嫁期，爲避免將來的激烈競爭，便在孩童時期爲女完婚，以了向平之願。("Hypergamy", in A.D.S.S., pp. 308-309.)

（朱岑樓）

下婚 (Hypogamy)

下婚是指高地位女子與低地位男子結成之婚姻。與此相對者曰上婚 (hypergamy) ，即低地位女子與高地位男子結成之婚姻。二者均與社會階層化 (social stratification) 有密切關聯，其說明見上婚條，並舉行喀斯德制 (Caste) 的印度社會爲例，請參閱之。

在一般情況下，婚姻發生於相同之階層，如果女子跨越階層而與男子結婚者，常是上婚而非下婚，但在美國黑白種族喀斯德制度之下，卻有下婚而無上婚，此與印度之上婚大異其趣。故引以爲例，說明於後：

美國的白人與黑人，分開言之，均無喀斯德制之存在，即二者都是開放階級制 (open class system) ，但黑白間的階級關係卻是喀斯德制，有些學者以之與印度相提並論。所不同者，印度以宗教信仰爲依據，爲宗教的喀斯德制，美國以種族因素來決定，爲種族的喀斯德制，故有人稱美國社會是開放階級結構內含有膚色喀斯德的混合社會，其特質有四：(1)膚色是一個規定標準。(2)交往被正式規定，並有限度，(3)通婚被禁止，(4)除極少數例外，兩膚色集團間全無流動。（參閱龍冠海著社會學，民國五十五年，三民書局初版，第三〇四頁至三〇七頁，朱岑樓譯社會學，原著者 L. Broom & P. Selznick ，民國五十六年，譯者出版，上册第一六七至一六九頁）

美國黑白通婚者爲數甚少，眞能稱之爲婚姻者，常是下婚。社會學家墨頓 (R.K. Merton) 曾分析跨越喀斯德而建立各式婚姻的可能性，指出中等或上等階級黑人男子與下等或中下等階級白人女子相結合之較爲普遍者，夫以其階級之優勢換取妻在喀斯德位置上之優勢，故低階級的白人男子缺此優勢，而難以獲得富有黑人女子之垂青。("Intermarriage and the Social Structure: Fact and Theory", in Psychiatry (August 1941), 4: 361-374.)。如果黑人女子屬於低等階級，與任何階級之白人男子相結合，社會常視之爲私通，而不對男子施以應該舉行婚禮之壓力。結果美國所出現之跨越喀斯德婚姻，幾乎全是下婚，即女子下嫁於喀斯德低位置而在職業上成功的男子。(See W.J. Goode, The Family, New Jersey: Prentice-Hall Inc., 1964, p. 37.)（朱岑樓）

分工 (Division of Labour)

一般習慣的意義，分工是指一種工作的程序，分成若干部門，每一部門，由一人負責處理。此種解說，不能與專門化 (specialization) 的意義相並論。現代社會科學對於分工的名詞，是關于某種工作，指定個人或團體分別經辦，及其對社會的與經濟的所產生的效果而言。

分工對社會與經濟組織的重要，自亞當斯密 (Adam Smith) 之後，為一般所公認。斯密氏認為經濟制度的分工，由于生產技藝複雜化的結果。在良好組織的社會裏，此種分工情形，即在最低級的工人中，亦普通應用。

法國社會學者涂爾幹(E. Durkheim)認為分工是社會功能專門化 (specialization of functions) 的作用，為社會進化的重要因素。所謂社會變遷，如社會組織的解體，社會關係的分化，均與分工有密切的相關。

近三十年來，工業社會學特別注意于分工對機械化生產事業的精良與簡化之關係，認為研究技術變遷有重要的影響。此種研究，在工業發展的國家，更注意到高度的分工對社會變遷所引起的社會問題。（張鏡予）

參考文獻：

Julius Gould and William L. Kolb, A Dictionary of Social Science, pp. 206-7.

分居 (Separation)

分居是夫妻雙方同意中止同居。有依法分居者，為部分離婚，等候離婚手續之完成，於分居期內，夫妻均無權要求與對方同居。亦不得自由再婚(R.S. Cavan. The American Family, New York: Thomas Y. Crowell Company, 1959, p. 494)；有非正式永久或暫時分居者。此二者均起於婚姻失調(Marital maladjustment)，其嚴重程度已使婚姻瀕於破裂之邊緣。

烏格朋 (W.F. Ogburn) 另外舉出五種分居：(1)配偶犯罪監禁或患精神病入院，(2)夫服兵役，(3)海員航行海外，(4)配偶遠居他國，(5)配偶在他地工作("Marital Separation", American Journal of Sociology, Jannary, 1944, pp. 316-329)。此五者雖然不是起源於婚姻失調，但對婚姻調適發生很不利的影響。

以上各種分居，美國人口普查局用「配偶不在」(sponse absent) 一詞包括之。（朱岑樓）

分散化 (Decentralization)

在區位學上，分散化係指集中化地區之人口或工商業離心外移的現象。分散化與集中化兩種過程，似是相反，實則相成。（參閱「集中化」條。）茲分為二點說明如後：㈠住所的分散並非表示人口的實際退出，因為他們的活動仍在原地進行，原地反因空間之增多，使得各種功能更能集中；㈡工商業或其他機構之實際分散，又在另一據點造成人口的集中，即是「再集中化」(recentralization)。季斯特稱此為產生「多核心」(polynncleation) 的一個重要過程 (N.P. Gist and L.A. Halbert, Urban Society, 1956, pp. 80-81)，麥根齊 (McKenzie) 則謂集中化，分散化和再集中化是同一過程的不同三方面。(A.D. McKenzie, "The Scope of Human Ecology", in G.A. Theodorson(ed.), Studies in Human Ecology, New York: Row, Peterson and Company, 1961, pp. 30-36.)

本世紀以來，歐美大都市的輕重工業均在進行分散。由於測量分散的方法與技術不同，衆說紛紜，尚難明瞭其精確眞象。通常採取兩種方式：㈠擴散 (Diffusion)——工廠仍在某社區內，僅從市中心遷至市郊，此常為輕工業所採用；㈡疏散 (Dispersion)——遷離某社區遠至原區域甚至於他區域之據點重新建廠，使空間分佈的範圍大為擴張，此常為重工業所採用。一般說來，疏散趨勢，生產耐久貨品的大資本工業比生產日常消耗品的小資本工業為強，換一句話，重工業疏散者較多，輕工業疏散者較少。(N.P. Gist and L.A. Halbert, op. cit., pp. 108-110.)

造成工業疏散之因素非常複雜，茲舉其要者如下：㈠市中心地價高漲，工業所需要廣大的地面，難以負荷；㈡課稅繁重，此又與高地價有密切關聯；㈢交通運輸之改進，特別是汽車為人與貨之運載帶來極大便利，於是工業不要直接依賴以城市為起訖點的交通幹綫；㈣城市外的勞工費用較為低廉；㈤機械由電力推動，而輪電無遠弗屆，工業不再爲了水力或汽力而在地理上受到限制，可以任意搬動；㈥城市內對土地之使用有種種限制，給予工業發展以許多阻礙。上述六項主要因素，產生城市內的排斥力和城市外的吸引力。兩股力量相匯合，使得許多工業自願疏散，即使戀棧不捨，如此一推一拉，亦勢難長久立足。(N.P. Gist and L.A. Halbert, op. cit., pp. 111-2.)（朱岑樓）

分散居住 (Scattered Settelment)

分散居住是密集居住的反面。在美國及世界各新立國家，甚爲普遍。此種居住方式之特點爲農家房屋及其附帶建築物單獨座落在其自己農場之一角上。田場、牧地、果園等環繞四周。一個農家如此，其他農家亦如此。各農家彼此相隔有自半英里至二英里之距離。自空中俯瞰，所見到者爲綠疇原野，中間散播着一些棋子般農家。農家間距離遠近受農場大小之影響，農場大小又受農業性質之影響。以種植作物與豢養家畜爲主之農業區域，農場面積平均在一百英畝至二百英畝間。農家間之距離可能自半英里至一英里。在畜牧或粗放經營之農業區域，如美國之西部及西南部，農場面積可自一千英畝至數千英畝。此等區域內之農家，其相隔距離可至五英里或十英里。分散居住方式有其優點。從經濟或農場管理觀點視之，比較有利。因農家住所與其農場在一處，農業勞力之利用，肥料、種子、收穫物之運送，家畜作物之配合作業，均容易實施。但從社會關係視之，則顯然有其缺陷。農家與農家之間爲廣大農場所隔，彼此相距遙遠，社交往來之機會大爲減少。農民日常生活中定多孤立寂寞之感。此類區域之農家特別好客，樂意招待來訪者，此係一重要原因。此外，屬社區性之公共事業及團體活動亦比較不易舉辦。惟此類缺點近已大多成爲過去。今日快速便利之交通工具，全天候之寬大公路，及大衆傳播技術之發達，使天涯若比鄰。欲想至鄰家看望，或舉行社區茶會，或參加公共活動，均無困難。缺陷獲得大部份彌補，而其利益仍能保存。於是若干學人咸認在農業生產上，分散居住爲一種較理想的人地分配方式。

在美國，農家分散居住爲其東北部以外各地之普遍現象。有此現象之原因甚多。其最普通者爲以下數種：第一，在集村中，家畜之飼養與照顧比較困難。第二，社區精神與宗教上之共同意識減少。第三，土地投機生意之影響。第四，佔地作風之盛行。第五，分散居住有較多個人自由，較能產生獨立人格。總之，隨着地方治安之進步，交通運輸之便利、大衆傳播之發展，分散居住已不能妨礙社會關係之建立與增進。在經濟利益上，分散居住勝於密集居住。

在中國，分散居住之農家多見於山坡或丘陵地帶。地理環境及農業經濟貧乏之使然也。在四川省鄉村中，散居農家較普通。一方面地理自然條件使然，另一方面亦由於土地或租佃制度。擁有廣大土地之地主，將田畝劃成若干塊，分別租與佃戶耕作。又在各塊農場上建造屋舍畜欄，使佃戶居住其上。於是各個佃戶之家爲田場所隔，成爲分散居住之型式。在臺灣鄉村中，分散居住式多見於北部地區，南部則多密集居住之集村。北部之分散居住不多見於孤立的個別農家，而多見於由三、五家所形成之小隣落。又由於農場面積小，人口密度大，其疏遠性遠不如美國。其彼此間距離比較近。屋舍相望，雞犬相聞，社會關係亦相當密切。（楊懋春）

參考文獻：

T. Lynn Smith, The Sociology of Rural Life, pp. 229-235, Harper & Brothers, 1940

Lowry Nelson, Rural Sociology, pp. 51-54, American Book Company, 1948

Alvin L. Bertrand, Rural Sociology, pp. 81-82, McGrow-Hill Book Co, Inc. 1958

楊懋春，鄉村社會學講義（油印未出版，一九六八）

文化決定論 (Cultural Determinism)

「文化」(Culture)與「文明」(Civilization)兩個名詞，西方各國學者的用法不同，其涵義頗爲紛歧莫衷一是。大抵德國人所說的文化，偏於精神方面，美國人（特別是社會學家、人類學家、和新興的文化學家如懷特 Leslie A. White 等）所說的文化（約略相當於法國字的「文明」 civilisation）却是廣義的幾乎包含社會生活的全部，也就是人類社會所不可或離的各種因素，從衣、食、住、行、用、玩、娛樂、各種技術和生活方式以及待人接物、婚、喪、祭、祀、宗信教仰等活動，都受着文化的支配，甚至每個人的人格 (personality)，也是由文化陶鑄而成的。這樣說來，文化因素是社會生存的最重要的和最廣大的基礎。人們接受一種文化從個人行爲和生活的各方面都可以表現出來，社會文化陶鑄人格，是教育和環境的力量，涂爾幹(E. Durkheim)，所謂社會紀綱之內化(Internalization of Social Coutrol)便是，因此有人稱涂爾幹學派爲文化決定論者 也未嘗沒有理由。

其實所謂文化或文明，乃是異常龐雜的複合體，包含物質文化和非物質文化在內。它可說是人類社會生活的特產，由於它纔促成人類社會的進步，它和社會，也可說是互爲因果，是一件事物的兩面，兩者是分不開的。而且我們還可以說文化的決定因素是多元的，包含科學工業、人口密度、技術水準，生活方式乃至「社會的鄰居」在內，所謂「社會鄰居」，係指一個特定的文化和它所接觸到的近鄰所流行的文化之義。

馬克思主義者以爲「文化是人類在一定的經濟基礎之上，從事生產勞動的各方面的表現。」他們這一種經濟決定論是以偏面概括全體的說法，雖不爲絕大多數社會學家所接受，(參考索羅金當代社會學學說第十章)但技術畢竟是文化的一部門，技術進步與人類命運的全部密切關聯，則爲不爭的事實(據 A. Curillier: Manuel de Sociologie, 1958. p. 676 引用L.A.White: Energy and the Evolution of Culture, in American Anthropology, LXV, 1943)。例如印刷術、蒸汽機、汽車、飛機、電器、無線電傳播和原子彈(核子武器)等這些技術學上的發明，對整個人類生活影響之大而且久遠，是大家所知道的事實，也是文化決定論者，所依據的理由。這可說是偏重物質和技術方面的說法。至於非物質文化方面，可以舉出宗教信仰，倫理道德，民俗等對人類生活，亦自有其決定性的作用，不過，其影響的程度，可能隨民族和時代或地區而不同，例如歐洲中古時代的基督教信仰，第七世紀阿剌伯的回教勢力，都可作爲文化決定的說明。(謝 康)

文化個案研究 (Culture Case Study)

此一研究係由美國社會學家貝克 (Howard Becker) 所創設與提倡。社會學家所謂的文化係指非物質文化，尤其是規範面的文化。個案即由社會與科學所組成的整體。研究指將個案視爲獨立的整體並加以考察及解析者。由此可知文化個案研究即一研究程序，將一社會的文化根據所設定的某些標準，分析非物質面的各方面特性，然後綜合之以認明社會基本特性的過程。

嚴格地說，這個方法即韋伯 (Max Weber)，涂爾幹 (Emile Durkheim)，湯恩比(A. J. Toynbee) 等所運用的類型法。惟貝克強調文化之狀況及時間的研究，認爲文化的比較研究，應該定標準並從時間上去分析與比較，而類型法則超越時間性與空間性，以比較文化，貝克認爲要達到此一目的，應自文化個案研究出發，利用這種資料做爲基礎，以推理較爲包括性的文化理論。(范珍輝)

參考文獻：

Howard Becker, "Calture Case Study", in D.S.S., pp. 168-169.

Howard Becker, "Culture Case Study", in D.S., p. 82.

文化橫斷面的研究 (Cross-culture Study)

這是民俗學家用以比較各種文化的方法，惟近年來由於模式變數 (Pattern Variable) 的創用，文化橫斷面的研究也逐漸受社會學家的重視與研究。

此項研究的基本假設是認爲各種社會雖發展相異的行動模式，但却存在某些相同或普遍的文化計劃 (Cultural Scheme)。文化橫斷面的研究即比較這些普遍文化模式，如語言，婚姻、家庭、醫療、喪葬、經濟活動、政府等。牟多克(George P. Murdock)執教於耶魯大學時，就一五〇原始民族的研究上，發展七二項共同的文化項目，並稱之爲文化的公分母(Common denominator of culture)

社會學上，派遜斯 (Talcott Parsons) 所創設的模式變數常被用以研究與比較各社會的價值朝向、職務內容及行動朝向。這種變數每個皆採兩分法例如：1.普遍與特殊（價值標準的選擇），2.重事與重人（對目標之形式的選擇），3.限定與廣泛（興趣範圍的認定），4.激情與冷靜（滿足與自制），5.爲己與爲群（私利與公德）等，李普塞 (S.M. Lipset) 並創設平權與專權一對變數，以研究與比較文化價值。(范珍輝)

參考文獻：

G.P. Murdock, "The Common Denominator of Culture," in R. Linton (ed.), The Science of Man in the World Crisis (New York:Columbia University Press, 1945)

Talcott Parsons, Social System (Glencoe, Ill.: The Free Press, 1951)

福武直編「社會學辭典」，東京有斐閣，昭和三十五年，頁八一一。

文藝社會學 (Sociology of Literature)

文藝社會學意指文藝的社會學研究，即應用社會學的觀點、概念及方法來探究文藝作品（如小說、詩歌、戲劇之類）與其作家，產生他們的社會和文化背景，以及他們和其讀者各方面彼此之間的相互關係。文藝社會學是社會學內一個特殊研究範圍。它設法說明特種文藝作品在特種社會結構中的出現，作者的創造方法如何受文化傳統及社會組織的影響，同時又探討讀者及社會對它們的反應或所受的影響。（龍冠海）

參考文獻：

Lewis A. Coser (Editor), Sociology Through Literature, Prentice-Hall, 1964.

The Sociology of Literature" in I.E.S.S., Vol. 9, pp. 417-425, 1968.

反抗(Antagonism)

反抗是指對另一種人或物的反對或干涉的行動，是不同情的明顯表現。反抗的目標是對人，對團體，對思想的一種行爲或一種運動。

孫末楠 (W.G. Sumner) 曾用反抗的合作 (Antagonistic Cooperation) 的名詞，認爲人類理智所表示的高級行動，其目的在由合作而達成遠大的利益。(W.G. Sumner, Folkways, Boston: Ginn Co., 1906.)（張鏡予）

反隔離 (Desegregation)

反隔離係指中止隔離措施之過程(see Webster's Third New International Dictionary.) 所謂隔離 (segregation)，是社會，生理或其他特質，或日常生活相同之人民，分別集中於一社區之某部分。也可以說隔離是制度化的社會距離方式，出之以體質的隔離。有時並將隔離之意義予以擴大（特別是在南非和美國），以民族、種族、宗教等因素爲基礎，而造成不平等的待遇，如某些職業之壟斷，投票之把持，異族通婚之禁止等。在此種意義下的隔離，便與種族歧視 (racial discrimination) 並無二致。（參閱「隔離」條。）

第二次世界大戰之後，種族反隔離運動蔚然興起，主要是受了兩種變遷的刺激，一是發生運動之社會的內在變遷，一是世界權力結構內白種民族與非白種民族間關係的變遷。殖民地民族之解放，主要是非白人掙脫白人的統治。由於種族分佈是超國家的，於是種族反隔離運動含有重大的國際意義。諸如宗教的、人性的或文化的種族隔離的意識型態，在普遍人權的世界潮流的猛力衝擊之下，已陷於支離破碎。(See "Segregation", in I.E.S. S. Vol. 14, pp.144-149.)（朱岑樓）

反對 (Opposition)

反對是抗拒方向相反的目標，拒絕或防止他人或其他團體的勢力或思想，這種作用，不一定發生仇視或損害他方的態度。一般認爲反對與衝突相同，衝突是社會普遍的現象，是使社會團結的必要條件，也是使社會進步的重要步驟。這種把衝突與反對混爲一談，是錯誤的解說。因爲衝突必然引起仇恨或傷害對方，而反對只是一種不同意的表示，而無仇恨或傷害的意識，這是二者不同的情況。

反對即是不合作，故反對與合作是兩個相反的名詞。（張鏡予）

內心化 (Internalization)

在社會科學上此一概念有兩個不同的涵義，一指符號化 (symbolization)，一指學習。第一個涵義爲社會心理學家，尤其是符號互動學派(Symbolinter-action School) 的學者所採用的解釋。依他們的看法，內心化即獲取主觀上可複製或代表某種經驗的記號之過程。這個過程包括社會關係的職務或其代表的記號的內心化。

第二種涵義爲社會科學家所廣泛採納的解釋，不過有時是指有意識的學習，有時則指無意識的學習而言。心理分析學家採用後一種看法，他們認爲內心化即學習人對促使，影響或推動他去學習的情況毫無感覺下的學習。缺乏符號工具的人或心靈受到壓抑而無法記憶者的學習，或簡言之，缺少認知能力的人的學習，即這種學習。在此涵義下，獲取超我 (super-ego) 內容的一切社會化過程，包括道德規範或良知良能的學習，都是內心化。這即說，該名詞的含義與認同、統合、投射等概念所指的過程相同。

社會學上內心化的觀念肇始於法國社會學家涂爾幹 (Emile Durkheim)。涂氏認爲社會即規範的體系，此一體系超越個人意識獨立存在，但透過內心化的過程深植於個人意識中，他曾說過，社會在某一意義上即吾人，它爲我們的一部份。奧地利的精神學家佛洛特 (Sigmund Freud) 也認爲兒童在早期生活中對母親的全面依賴為超我的主要來源，對一成人說，超我的壓抑功能類似母親的管制功能，它為內心裏的母親之聲。最近派遜斯 (Talcott Parsons) 則認為內心化的對象不限於超我，除道德規範外，文化物也是內心化的對象，包括認知的參考體系（即信仰體系）與抒情的象徵體系在內。（范珍輝）

參考文獻：

D.S.S., "Internalization"

E. Durkheim, "Determination du fait Moral," in C. Bougle (ed.), Dans Sociologie et Philosophie, 1934.

S. Freud, Das Ich and das Es, 1923.

T. Parsons, "The Superego and the Theory of Social System," in Working Paper in the Theory of Action, 1953.

福武直主編：「社會學辭典」，東京有斐閣出版，昭和三十五年，頁六八七—六八八。

內婚 (Endogamy)

在任何社會，個人均無選擇配偶之絕對自由。那些人能或不能與那些人結婚，由文化畫定其範圍。至於限制之鬆嚴，範圍之大小，依社會不同而有很大的差別。個人須在其所屬之某特殊團體內擇偶而結婚者，曰內婚。(G.A.Lumdberg, et al., Sociology, rev. ed., New York: Harper & Brothers, 1954, p. 558.)

與內婚相對者為外婚 (Exogamy)，相反相成，同時並存，但有主從之別，如實行某種標準為限制之內婚，因而產生該種標準之外婚。

有些學者認為文前文化 (Preliterate cultures) 以外婚為其特徵，雖然部落是內婚的，但部落內的家系、氏族或偶族常是外婚的，而高級文化以內婚為其特徵，喀斯德 (Caste)、貴族階級、宗教信仰等，給予婚姻以嚴格的限制。(See "Endogamy", in D.S.S., p. 240.) 所以要實行內婚者，為欲維持團體的同質 (Homogeneity)，並保障其聲望與地位。

兩個家庭以婚姻而建立之聯繫，常藉內婚加強之，延續之。此亦是內婚的一種普通功能，其目的之達成，有各種不同的方式。例如舊約全書常提到「叔接兄嫂」(Levirate)，即喪夫之婦，由其夫弟續娶之，負起對她及其子女之責任。在另一方面，妻死可由其妻妹（或姊）遞補之，名曰「姨接姊婿」(Sororate)。此兩種方式為文前社會所普遍採用，旨在加強親屬的責任，以發揮社會安全的作用。死者之配偶、子女、財產和社會特權，經由內婚的某種方式得能保留於親屬團體之內，因婚姻而建立之社會聯繫與經濟聯繫亦得以維持不斷，同時難以避免之死亡（尤其在原始社會死亡率甚大）不致為其遺屬（配偶與子女）帶來嚴重的損害。(Lundberg, op. cit., p. 559.)（朱岑樓）

內團體 (In-group)

亦稱「我們團體」(We-group)，與其對稱的是「外團體」(Out-group) 或「他們團體」(They-group) 或「別人團體」(Others-group)。這是根據份子對團體關係的立場或態度來劃分社會團體的一種方法，首先見於美國社會學家孫末楠 (W.G. Summer) 的「民俗論」(Folkways) 一書中，內外團體的觀念非常普遍，古今中外的社會中都有。

內團體或我們團體即我們自己所屬的團體，換言之，任何結合，我們對它有團結，忠心，親密，及合作之感覺的，都屬於這種團體。對內團體的其他分子，我們也有確切的義務感，特別是當彼此受到危急情況之威嚇時為然，在內團體中，我們具有愛護及同情的深切情操；與同屬於一個團體的人在一起，我們彼此易於認識和了解，因而我們感覺自然自在。我們的日常生活大半是以內團體為中心。以上所述可說是內團體的主要特徵。不過平常個人對其內團體的態度及關係程度之深淺還要看他所隸屬的特種內團體是否能夠適合他的興趣或滿足他的基本需要而定。在原始社會中，個人所屬的內團體數目比較少，大概不外乎家庭，氏族，年級或性別團體，隊群，及部落等，其地位也相當固定，因此，其關係十分密切，內團體對個人的控制力也比較大而且較為有永久性。在現代社會裏，個人所屬的內團體則極為繁雜，而且多有重疊，同一個人可以同時屬於許多團體，但不見得對他都同等的重要，對個人的關係也不見得都密切或有很大的影響，因為社會流動性大，團體及個人地位的變更也大。在這種情形之下，各個內團體並不能強制我們對它完全忠心，如原始社會的那樣；喪失了所屬某些團體的地位也並不像原始社會的那樣嚴重——被驅逐出內團體，多半只有置身於死地。（龍冠海）

參考文獻：

Kimball Young, Sociology, American Book Co., 1942, pp. 27-28.
William F. Ogburn and Meyer F. Nimkoff, Sociology, Houghton Mifflin Co., 1950, pp. 107-109.
Paul B. Horton and Chester L. Hunt, Sociology, 1968, pp. 162-164.
龍冠海著：社會學，三民書局，民國五十五年，一〇一頁。

互生 (Symbiosis)

在人文區位學，有關互生的許多解釋，下列三點是大多數定義所同意的：㈠互生是構成人類團體維生結構（sustenance structure）之基礎的一種關係；㈡互生可以視爲此種結構之空間與分工的任何一方面或兩者均是亦可；㈢在不同類的參加者間，互生常含有互惠的關係，但非必須如此。在此同意的範圍內，又有下列兩點歧見：㈠互生是否嚴格限於非同類者間的關係，而不包括同類者間的關係，㈡互生是否限於次社會的（subsocial）互動，而人類的互動方式必經由語言方能交換意見，因此而被除外。

互生本是生物學上的名詞，係指兩種或更多非同類的生物，密切生活在一起，同巢同窩，共處共棲。此種維生關係或爲敵對，或爲互惠，或兩者兼備。社會科學家從生物學採借過來，運用其含義，有時爲了將人類社區與動植物群集作對比，有時候用之於包括人類與動植物的整個生命社區之研究上。嚴格言之，互生此一概念，用以指種種維生關係的複雜網絡，將某社區或某組織的人口密切聯繫起來。在此意義下的互生，顯然未包含生物學上不同種族之生物，僅以分工結構內占有專門化功能位置的單一人類爲限。

將互生限用於人類關係之上，其用法又不一致，茲列舉重要的三種如後：

㈠派克（R.E. Park）和蒲濟時（E.W. Burgess）認爲互生是人類互動中的次社會型（subsocial type），與動植物群集所發現者相類似。經由人類與其環境交相互動，互生間接地運作於其中，而不能經由溝通（communication）直接發生。在人與人間，此種互動方式附有文化規範與社會互動，且被文化規範與社會互動所改變。(See R.E. Park and E.W. Burgess, Introduction to the Socience of Sociology, Chicago: University of Chicago Press, 1921, ch. III.)

㈡霍禮（A.H. Hawley）解釋互生是維生關係中交相有利的一種，將分工結構內發揮不同專門化功能之人聯結在一起，正與共生（commensalism）相反，分工結構內發揮相同專門化功能之人，由共生聯結之。（參閱共生條）。在此一概念下，人類互動未區分爲社會層與次社會層。(See A.H. Hawley, Human Ecology, New York: Ronald Press, 1950, pp. 209-10.)

㈢瓦茲（L. Wirth）用互生來說明一個事實：不同文化的人類社群可以毗鄰而處，而且各能保持自己的社會環境。此一概念所根據者，乃是非私人的與外在的社會關係，截然不同於私人的與內在的社會關係。而不含有派、蒲二氏所提出社會關係與次社會關係之分，以及霍禮所提出互生與共生之別。(See The Ghetto, Chicago: University of Chicago Press, 1928, pp. 282-3.)（朱岑樓）

互動 (Interaction)

互動是指分子間互相交感的行爲過程，爲社會學上常用的名詞。例如一個人在日常生活中，對所遇到的人，有的可與談話，可與合作，可與服從，也有的相與輕視，相與詬詈等表示。這些各種不同的反應，稱之爲社會互動。很多的互動作用，基于既成的習慣而產生的，例如一個人遇見老師或僱主，他知道應該怎樣去招呼，才能使他們歡欣。

在社會生活中，個人與個人之間，彼此能互相發生關係，是互動所造成的。互動的範圍包括甚廣，一個人想和什麼人做朋友，和什麼人結婚，和什麼人工作，參加那一個政黨，以及其他種種，都是他互動所選擇的目標。所以互動是個人與他人或團體發生關係的一種過程。而這種關係的產生，決定于能否解決其日常生活的問題爲選擇的標準。

互動是社會化的基本條件。一個人從出生到成人，經過了身心的發展，自幼年起學習語言，學習他人動作，學習社會習慣，在不知不覺中使自我與社會生活混成一體，人類社會的控制和發展，即由此而獲得安定。（張鏡予）

參考文獻：

孫本文：社會學原理下册，二一五頁。
龍冠海：社會學，三一三一三一六頁。
L. Broom and P. Selznick: Sociology, Harper & Raw, 1963, pp. 106-10.

互動過程分析 (Interaction Process Analysis)

社會學上所謂的互動係指社會分子間的心理交感作用或行爲的互相影響。（龍冠海社會學，臺北三民書局出版，民國五十五年，頁三一四）分析小團體的互動過程稱爲互動過程分析。

這種分析主要採用觀察法以搜集資料，研究的主要對象爲小團體之組成份子的社會行爲與情緒。具體地說，即研究其解決問題的方法、職務與地位的結構，以及其變遷。有時這種研究被稱爲內容分析，因爲它與內容分析的方法相同，也運用定量分析以評估行爲各個基本要素的程度，不過嚴格地說，這種分析與內容分析性質不同，它注重行爲的形式與變遷模式，以及個人間互動的研究，而不僅注意到團體分子說些甚麼。

這個份析法由貝爾士 (R. F. Bales) 創用，主要用於團體動力學的研究，不過現今社會科學家却廣泛地運用來做爲家庭指導及心理治療之用。（范珍輝）

參考文獻：

本辭典「控制觀察」條。

I.E.S.S., "Interaction Process Analysis"

Claire Selltiz et al., Research Methods in Social Relations (New York: Holt, Reinhart and Winston, 1961), pp. 224-227

福武直編，社會學辭典，東京有斐閣出版，昭和三十五年，頁五六四—五六五。

心理學的進化主義 (Psychological Evolutionism) 或心理學派進化論

當十九世紀末季及二十世紀初期，社會學上有兩派的理論：一個是以英國的斯賓塞 (H. Spencer, 1820-1903) 爲首的生物學的社會學派。（參看「進化論」及「社會有機體說」各條）；另一個是以德國的達爾德 (G. Tarde, 1848-1904) 爲首的心理學的社會學派。（參看「心理學派」條）這兩派思想在美國早已由社會學家華德 (Lester F. Ward, 1841-1913) 建立了心理學派的進化論。原來斯賓塞的進化論是宇宙性的，進化乃是演變的最高法則，包含人類社會的演變在內，而人類的心能（心理的能力）却不被認爲進化過程中的一個重要因素。但在一八八〇年以後，華德建立心理學派進化論的學說，（他發表的動態社會學，早於達爾德模仿律七年，其後一九〇三年出版純理社會學，較模仿律遲十三年），並由季亭史 (Franklin H. Giddings, 1855-1931) 把它繼承而發展下去。華德底學說有四點假設：㈠進化律，將進化過程劃爲四階段：1.宇宙起源 2.生物起源 3.人類起源 4.社會起源；㈡人類進化的兩種現象 1.自然演進 2.導進；㈢將社會勢力分爲三種，而最主要的是心理勢力（精神力）；㈣創造的協動（synergy 或譯協力作用）原則。華德以爲進步是自明的論證，毋需舉例證來說明的；但他仍很重視「社會導進」(social telesis) 的概念，以爲人心可利用物質來創造文化，促成社會進步。他又認定社會情況和變遷是有一定的階段的。季亭史早期的社會學工作，主要地是心理學派的進化論，（其後雖接受數量主義及行爲主義，但沒有拋棄進化主義），他也像斯賓塞和華德，除認定進化爲最高原則外，以爲不需要找什麼新原則來對社會作客觀的解釋，單是進化加上能力的平衡，就可以說明社會現象的變遷了。他也同意華德的說法（這說法同於達爾德）相信社會根本是一種心理的現象，但這些心理現象仍受着生理條件所限制。因此，他常常在心理的和生理的法則之間，找尋對社會的解釋；不過，他仍然強調心理過程作爲基本的律則。這個律則，就是他的「同類意識」(conciousness of kind) 的原則，透過同類意識，產生了「社會心」（social mind 或譯社會精神）和社會協調的行動。這個同類意識說，就是他的社會學的中心觀念。也因此使他成爲最有才能和光輝的進化主義者。（謝康譯狄馬舍夫：社會學理論第六章，五十六年臺灣商務印書館版）（謝　康）

心理學派 (Psychological School)

這派的社會學最早似應追溯到約翰・穆勒 (J. Suart Mill, 1806-1873)，在他底「名學」（嚴復譯穆勒：名學）第六卷裡面，他企圖將社會學作爲對人性底原則之研究。他以爲社會現象的法則就是行動法則和人類情緒原則在社會情況中的結合。人雖在社會中生活，但人到底是人，他底行動和情感不能不依照個人本性的法則，這種個人主義的定理，發展下去，是會妨礙到社會學的存在的，因爲他把社會學併入到心理學的領域裡面了。心理學派社會學在法國的建立者，要算是達爾德 (Gabriel Tarde, 1843-1904)，他曾經反對用生物學的理論來解釋社會現象（見其所著社會達爾文主義和自然的達爾文主義一書），主張社會學應該是「精神交互間的心理學」，簡單說「交互心理學」(interpsychologie)。他底名著「模仿律」（les lois de l'imitation, 1890），指出社會上一切動作云爲，都出於心理上的交互模仿。一切創造發明，都和模仿有關，因此所謂社會事實或行爲，無非經由模仿而傳播的個人情感或觀念罷了。「模仿」通過時間與空間，一切創造發明的社會事物由它散播而流傳於久遠。同時社會力量也都集中於發明者或創造者的精神上。

心理學派社會學傳到美國，成爲美國社會學的主流。心理學的觀念形成社會學理論大部分的基礎。從司馬爾 (Small) 的興趣說、季亭史 (F. Giddings) 的同類意識說，顧里(Cooley)的個人集合形式與心理協調說，勞史(E.A.Ross)的心理交互作用說（它受達爾德影響很大），愛爾塢 (Ellwood) 的社會過程之心理原素說，到派克 (R.E. Park) 和蒲濟時 (E.W. Burgess) 的社會互動說，都是這派心理學的社會學的代表。第一次世界大戰後頗負盛名的湯麥史 (W. I. Thomas) 齊南尼基(F. Znaniecki)合著「歐美的波蘭農民」也注重心理因素的解釋，此外麥基佛 (MacIver)，林頓 (R. Linton)，亞爾保(Allport)數菲(Murphy)，諸家的社會學，也和心理學是分不開的。（謝　康）

公共救助 (Public Assistance)

公共救助，或稱社會救助，其經費來源純靠國家稅收。救助金的給付須根據申請人經濟與社會的需要而定，而該項需要的厘定，常常依照一種所謂財力測驗 (means test)。但對人口特多的家庭，亦可按法定的均等津貼額（flate rate allowance）予以補助。救助金通常是以現款支付，以便利受領人購買日用品，但亦可付實物，如糧食、衣服、燃料及葯品。同時，推行公共救助設施，使貧苦者可獲得機關收容，如孤兒院、醫院、養老院等，也可留住在自己家中接受補助。(W. A. Friedlander, Introduction to Social Welfare, Second Edition, pp. 256-257 ——劉銘譯，華德、弗蘭德著社會福利概論，第二〇三頁，中華文化出版事業社，四十九年。）

公共救助是社會保險的補充辦法。當個人或家庭無法生活而急切需要幫助時，乃給予救助，可以作爲社會安全制度中不受拘束的一種計劃，且係針對那些非個人所能預料的意外事件發生時，或則超越社會保險所具有的各種利益範圍時，所給予的臨時救助。(Encyclopedia of Social Work, p. 595, 1965)（陳國鈞）

公衆 (Public)

在社會學上，公衆一詞指由非私人傳播或接觸所產生而有共同興趣的無組織社會結構。

此名詞由法國心理學家達爾德 (G. Tarde) 創用。達氏在「輿論與民衆」一書中，論及群衆一詞時，曾謂：民主政治是受輿論操縱的政治體制，而若果輿論的主體是群衆的話，那麼民主政治將是脆弱或不健全的。於是他就創用公衆一詞以區別大衆傳播物所產生的冷靜、理智及建設性的民衆組織。

據金斯堡(Morris Ginsberg) 的分析，公衆有以下幾個特徵：1.公衆並不立基於軀體接近之上；2.在某一時期，個人只能屬於一個群衆，但却能同時參加若干個公衆；3.公衆中的各種觀念，經由現代的傳播工具，雖能迅速傳播，但不像在群衆中那樣同時產生刺激，故其暗示感染性亦較低；4.公衆雖是分散與無定形的，但也能組織起來，運用討論技術，達成協議。

公衆並不是團體，它缺少組織與規範，它只是一群具有共同興趣或意見的無形組織，不過當它一旦組織起來之後，則構成很強的內團體 (in-group)，各個分子有很強的團體意識。因此它並不是社會類屬（social category）而是一個社會結構，發揮著某種特殊功能。

公衆可分爲兩種，一是欣賞公衆。這即對某種社會活動具有共同興趣的公衆，例如歌迷、球迷、戲迷者是。另一種是行動公衆。這即壓力團體或對特定公共問題具有相同意見的一群人。多數公民都參加數個公衆，這也即是說，多數人在政治與社會問題上，偏袒或支持某種集體意見。（范珍輝）

參考文獻：

D.S.S., "Public", p. 558.
Samuel Koenig, Sociology (New York: Barnes and Noble, 1957)
朱岑樓譯「社會學」，協志工業叢書出版公司，民國五十四年，頁二三二。

父系 (Patrilineal)

凡嗣續之計算，財產或職位之繼承，所根據之關係，專以父方爲標準或父方優先者，曰父系。另一名詞「父方」（patrilateral）常用爲父系的同義詞。

父系家庭之父，爲一家之主，操家政之最後決定權。子女姓父之姓，女嫁往男家，與夫同居，曰「父族同居」(patrilocal residence)。

與父系相對者爲「母系」（參閱「母系」條）。此外還有平系繼嗣 (bilateral descent)男女兩系平等計算，或任何一系均可；雙系繼嗣(double descent) 同時屬於父族與母族。牟多克 (G.P. Murdock) 曾調查二五〇個原始社會，父系的一〇六個，母系的五個，平系的七五個，雙系的一八個。（參閱龍冠海著，社會學，三民書局，民國五十五年，第二六九頁。）

中國太古之時，證之歷史與文字，可能是母系社會，但至三代以後，演變而爲父系，家庭之傳遞，全由父方推衍。崔東壁遺書云：「人姓父之姓而不姓母之姓。由父之父遞推之，百世皆吾祖也。由母之母遞推之，三世之外，有不知誰何者矣。」父之黨爲宗族，宗族嫡庶長幼傳遞之系統，古有一定的法則，即是宗法。（參閱孫本文著，現代中國社會問題，第一冊家族問題，商務，民國三十五年，第五章家族制度，第六一至八三頁。）（朱岑樓）

父權 (Patriarchy)

父權通常指父親或年長男人對家庭團體之統治。在十九世紀學者，如梅因 (H. Maine)，摩爾根 (L.H. Morgan) 等的著作中，占有特殊的地位，但時至今日，却幾乎從社會科學家的字彙中消聲匿跡，主要由於古典演化論(classical evolutionism) 之衰落。古典演化論將父權視爲一個重要的發展階段。韋氏新大學辭典 (Webster's New Collegiate Dictionary) 即解釋父權爲：「社會發展之一階段，其特徵是在氏族或家庭中，父親具有至高之權力。」霍培爾 (E.A. Hoebel) 解釋父權爲何在社會科學領域中遭遇冷落，有云：「原始部落的專制嚴父，是十九世紀所虛構之人物。」(The Law of Primitive Man, Cambridge, Mass.: Harvard University Press, 1954, p. 249.)

與父權密切關聯之「父治」(Patriarchate)，雅谷 (M.Jacobs) 和史篤 (B.J. Stern) 簡單解釋爲「婦女處於低位之社會」。(General Anthropology, New York: Barnes & Noble, 1952, p. 319.) 形容詞「父權的」(patriarchal)，特別用之於家庭時，雖有多種解釋，僅小異而大同，可舉雷克利夫布朗 (A.B. Radcliffe-Brown) 之解釋爲代表，氏謂：「可以稱之爲父權的社會，其後嗣是父系的（即子女屬於父之團體），婚姻是父居的（即妻遷至夫之地方團體），財產與地位由男系繼承，家庭是父治的（即統治家庭成員的權力操諸父親或父之親屬）。」(Structure and Function in Primitive Society, London: Cohen & West, 1952, p. 22.)（朱岑樓）

友愛家庭 (Companionship Family)

友愛家庭是現代社會新興的一種家庭組織。社會學家蒲濟時(E.W. Burgess) 和洛克 (H.J. Locke)，稱之爲友愛者，因其重點是置於家庭成員間的親密關係之上，並以之作爲主要的功能。其他的特質則有：(一)情愛之授受；(二)夫妻地位之平等；(三)家政之民主，對家政所作之決定，須接納子女之意見；(四)家庭之主要目的是發展家人的人格；(五)在不違背家庭統一性(family unity) 的原則下，有自我表現的自由；(六)家庭的最高期望是全家人快快樂樂(The Family, 2nd ed., New York: American Book Company, 1960, p. 651.)

蒲洛二氏以相對之兩類家庭—制度家庭 (institutional family) 和友愛家庭爲家庭研究之理想構形 (Ideal construction)，西方社會的家庭已由前者演變爲後者。從解組 (Disorganization) 到再組 (reorganization) 是相連的社會過程(social process)在過程中家庭本身是原動者而非被動者，其結構在內發和外來兩類勢力之下進行變遷。近半世紀來的工業發展與都市化，在西方家庭的再組過程中出現種種新情況。制度家庭的重要功能喪失殆盡，代之而起的新功能，是全家人經由(一)親密結合，(二)情愛互賴，及(三)情緒安全三者以發展其人格。婦女因參加工業生產而獲得實在的或可能的經濟獨立，地位乃隨之提高。婦女結婚非爲依賴丈夫的經濟支持，而是享受充滿情愛的家庭生活。公共教育之普及，使子女有充足機會接受新知識和新概念。由於學習敏捷，他們不僅不像以往那樣只是被動地接受父母的訓誨，而且發散蓬勃的刺激力量，使上下代在智慧上產生共享之友情。高度的社會流動擴大了個人擇偶的範圍，使個人有更大的機會去發現情投意合的伴侶。電影、廣播和電視經常播演羅曼愛式的婚姻，加強一般人建立友愛家庭的信念。(Ibid., pp. 650-654 and Appendix A. pp. 689-692).

以上各種因素，是蒲洛二氏用以說明西方家庭由制度的到友愛的演變。無疑地在許多方面友愛家庭不如制度家庭之穩定，因其基礎不同，前者建立在脆弱的情愛和友誼之上，後者建立在堅強的責任和社會壓力之上，更重要者由於

農業社會轉變為工業社會，剝奪了家庭的安全，故為家庭提供經濟的福利乃是一個主要的問題。（朱岑樓）

友愛婚姻 (Companionate Marriage)

友愛婚姻是試驗性或臨時性的一種婚姻方式，尚在建議階段，迄今未曾正式實行。主要是為年輕人而設計的，他們不準備負起家庭的全部責任，却想要享受婚姻生活的好處。依其構想，對結合者先行灌輸節育的知識，控制不生育或延遲生育。如果雙方意見不合，勢難繼續同居，自行協議分開，無任何限制。如果雙方情愛日增，願意生兒育女，便正式成立家庭，當妻一懷孕，即接受現行婚姻法規之管制，不得任意離異，必須依正式離婚手續辦理之。

首先提出此種婚姻方式者，是以美國林賽法官　(Judge B. B. Lindsey) 為主的一些人。他們大肆鼓吹，欲使之合法化。他們認為如此才能幫助青年在性生活方面縮短生理上不自然的延長，在男女結合中，可以誠實測驗其是否眞正情投意合，而免於婚前性交及因婚姻失敗而離婚而引起的犯罪感覺　(B.B. Lindsey & W.W. Evans, The Companionate Marriage, New York: Boni and Liveright, 1927)

林賽等之倡議，當時在美國社會曾引起很大的震驚與爭議，迄今亦無一州採取倡議合法化。然事實上有其存在，特別是在美國大學的肄業學生中，但表面上未露聲色，而是代以類似友愛婚姻的其他安排。（朱岑樓）

參考文獻：

J.K. Folsom, "Steps in Love and Courtship" and R. Hill, "Plans for Strengthening Family Life", both in H. Becker and R. Hill (eds), Family, Marriage, and Parent, Boston: D.C. Health and Company, 1955, respectively p. 242 and p. 777.

中型的理論 (Theory of the Middle Range or the Middle Range Theory)或譯中距的理論

美國社會學家墨頓 (Robert King Merton. 1910–) 於一九四九年出版「社會理論與社會結構」一書（ Social Theory and Social Structure　一九五七年再版），提出他那有名的「中型理論」，他認為社會上一般的綜合的理論，牽涉的命題十分廣泛，企圖解釋全部社會生活，或人類關係及社會現象，是很難成功的；因為社會學還年輕，尚未達到成熟的階段，許多基本的社會現象都未經作過科學的特殊的專門研究，要想建立綜合性的一般理論，幾乎是不可能的。（例如派遜斯的社會行動學理 Parsons' Social Action Theory ，就是一般理論之一。）因此，他以為「邏輯上互相關聯的諸概念，這些概念的範圍是中庸而有限度的，並非包羅萬象，大而無當的。」(Merton: Social Theory and Social Structure, p. 4)。根據這個觀點，墨氏的中型理論，只需要較小的作業假設，而且資料則取諸日常對各種社會現象或社會問題的探究。他覺得這種理論，可以提供某些簡單現象（如少年犯罪，自殺等）之說明與演繹的架構。所有「階級動態論」「團體壓力說」「權力流動論」等都屬於這一範疇，（同上引墨頓：社會理論與社會結構，頁九。）又墨頓的美國家庭理論，就是他底中型理論的典範，幾乎可與涂爾幹 (E. Durkheim) 的自殺論的價值等量齊觀的。（參看一九六一年九月香港出版「大學生活」冷定庵：社會學理論之基本性質及席汝楫：當代社會學概觀，頁七七—七八。）（謝　康）

中等階級 (Middle Class)

就廣義言，中等階級是指在社會結構中，介於上層階級與勞工階級之間的地位。但這三種階級的界限很難用確定的意義去劃分。一般所說的界限，大都是模稜兩可。最主要的區分，以不同的職業為標準。在進步的社會裏，職業的類別亦日趨複雜，究竟以何種職業為中等階級所獨定，不易獲得確切的觀念。同時，一個人因職業地位的變動而隨之以階級地位的變動，但對階級的觀念，態度，利益，忠誠等，不一定隨之改變。因之，中等階級的觀念，是受社會的與政治的因素而不同。社會科學家把中等階級分為新與舊的兩種。

舊的中等階級觀念，產生于希臘羅馬時代，直到十八世紀仍在沿用。其意義是指介于貴族與奴隸之間的平民階級。歐洲歷史中，對于這種階級有明確的敘述。

到了商業發達，工業革命興起，新的中等階級隨時代而產生。這種新的中等階級的地位，是介于大資本家與勞工階級之間的資產階級。以經濟的因素決定其階級的地位。有的學者把大資本家視為貴族階級的範疇。十九世紀以後，中等階級包括自由職業一類。但自由職業者的經濟收入，各個不同，且與生產無關，因此這類人的思想觀念，不能代表一個階級性的類型。

現代一般看慣，對于中等階級的觀念，又有新的趨向，在工商社會裏，技術人員與經理人員成了新的中等階級。使階級的界限分為中等階級與低等階級區別。但此種區別，頗屬含糊，例如美國很多勞工階級的人，在經濟地位上已達到了中等階級。因此，在現代社會變動速度很快的狀態中，中等階級的意義，不易得到確定的定理。（張鏡予）

參考文獻：

Henry P. Fairchild, Dictionary of Sociology.

戶 (Household)

戶為經濟的和社會的單位，由同居於一個住所之人口所組成，該住所可以是獨家住宅、共同住宅、公寓、帳篷或窰洞。戶與家庭有其區別：家庭是生物的和社會的單位，其成員必經由婚姻和血統的關係，而戶則包括僕婢，寄住者，短時或長久之外客在內。（See "Household", in D.S., p. 144.）（朱岑樓）

少年犯罪(Juvenile Delinguency)或少年越軌行為或少年輕罪

少年犯罪，自古有之，但為數甚少，只是偶然發生之個例，遠不如今日工業先進國家之普遍流行，成為一種社會風氣。所以說工業國家內少年犯罪率，高於農業國家，要為不爭的事實。

少年犯罪的定義很難定，大致可說十二、三歲至十八歲或二十歲未滿（所謂「丁年兒童」 teen-age-er ）的少年有反社會的或違法的行動，或依法解釋為越軌的行為。美國各州的法律，對於這個「少年」的年齡，沒有一致的規定，有的以未滿十六歲為少年，有的則定為廿一以下（西德少年法同）。中華民國少年事件處理法（五十一年一月公佈），則以十二歲以上十八歲未滿為少年。而少年法庭得依該法處理的事件為：㈠少年有觸犯刑罰法令之行為者：㈡少年不服從父母或監護人之監督，而有犯罪之虞者，此條包括少年經常攜帶刀械，意圖鬬毆及加入少年幫會組織等四款；㈢少年無家可歸（在外流浪），有影響社會治安之虞者。根據上述，可知「少年犯罪」的涵義。

現代少年犯罪的原因很多，不可應用單元論的解釋，因為它和生理的，心理的，社會的，教育文化的以及時代風氣都有密切關係。必須綜合有關方面的理論技術，加以科學的研究，更輔以個案調查，纔可了解犯罪情況，有助於犯罪的預防。

少年犯罪的處理，英美等國有「少年法院」、「少年觀護所」、「少年輔育院」及保安處分等，俱以感化為主，刑罰為從，審訊時以隔離主義不公開及不羈押為原則；量刑從輕，期收感化及改過遷善之效。至於少年犯罪之預防，則需要家庭、學校、警察、法院、教會及社會教育機構，互相配合，共同負責。（謝　康）

方法學 (Methodology)

科學考察之指導原理的系統與邏輯研究。不可將方法學與研究方法的實質理論相混同；方法學注重的問題是理論效度的一般基礎而非其內容。又方法學也不是研究程序（或一般考察方法）及研究技術（專門搜集與運作的過程）。方法學家雖也研究考察的程序與技術，但這是因為這些研究有助於判斷它們對知識的貢獻與價值。最後，方法學與知識社會學、歷史科學等所尋求的知識，性質上也顯然有別，不可混淆。

原義上，方法學指科學與哲學考察之指導原理的系統研究。這方面的研究，傳統上屬於哲學的領域，尤其為理則學上的一主題。但因哲學方法對社會科學的實際與重要問題所能貢獻的非常有限，於是方法學就脫離哲學而成為獨當一面的學科。方法學獨立自主後，其內涵或研究領域也隨之變化。新的方法學包括有關考察的程序與技術的一切問題的研究。現代社會科學家使用此一概念時，有時指某一學科的考察程序與技術，有時則指一研究的特殊研究技術。

給方法學此一概念提出最早解釋的是後康德哲學派的學者，復經韋伯(Max Weber)、謝登 (A. von Schelfing) 及派遜斯 (T. Parsons) 的介紹與修改，而成為社會科學上的用語。派遜斯強調方法學的哲學職務，他認為方法學並不即是經驗研究的方法，這門學科應關心的主要問題為科學程序及其體系的一般基礎。麥金尼 (John C. McKinney) 也強調社會學假設的研究，他認為假設應為方法學研究的重點。不過麥氏在另一方面也認為方法學應研究考察過程與技術。（范珍輝）

參考文獻：

D.S.S., "Methodology"

P.F. Lazarsfeld and M. Rosenberg (eds.), The Language of Social

Research (Glencoe, Ill.: The Free Press, 1955), pp. 4ff.

夫婦家庭 (Conjugal Family)

夫婦家庭是一對夫婦及其未婚子女所組成之家庭，爲最普遍的一種家庭形式，又稱之曰核心家庭 (Nuclear family)。（參閱「核心家庭」條。）顧名思義，任何社會不論採用其他任何種類之家庭，其組織以核心家庭爲基本單位。個人之一生，通常分屬於兩個核心家庭，首先是生長家庭 (family of orientation)，即以父母的夫婦關係爲主要所組成者，其次是生殖家庭 (family of procreation)，即由本身婚姻所建立者從事於子女之生育。

婚姻與家庭，二者密切相聯，但非爲一物，通常解釋婚姻爲依社會習俗或法律之規定，一對男女所建立的關係，而家庭則是兩個或更多之個人經由婚姻、血統或收養的關係所構成的團體。我們從血族家庭 (consanquine family) 能看出此二者的明顯差別，而夫婦家庭主要立基於夫婦關係之上，於是婚姻與家庭之功能幾全相同，以致涇渭難明。

由於夫婦家庭以夫婦關係爲基礎，故所着重者主要有六點：㈠擇偶自主，㈡羅曼愛 (romantic love)，㈢性吸引，㈣新居 (neolocality)，㈤堅強的夫婦聯繫，㈥雙系繼嗣 (bilateral descent)；此六者均與夫婦關係有關 (W.M. Kephart, The Family, Society, and the Individnal, Boston: Honghton Mifflin Company, 1961, p. 71)

夫婦家庭各成爲獨立的單位以發揮功能，始於一對男女之結婚，而終於一方之死亡。此時之社會與經濟的功能亦形中斷，接續者是下一代經由結婚而建立之夫婦家庭。如此斷斷續續，加上工作人數少，故夫妻子女此一小單位不是一種有效的生產組織，與血族家庭相較，瞠乎其後，且其結構也比血族家庭脆弱的得多，離婚、遺棄、疾病或配偶一方死亡，都會帶來嚴重的危機，並使子女深受影響。因此現代社會致力於發展社會安全計劃，以彌補夫婦家庭的缺點。(W.F. Ogburn & M.F. Nimkoff, Sociology, 3rd ed., Boston: Houghton Mifflin Company, 1958, p. 580.)（朱岑樓）

犯罪 (Crime)

的行爲。一般所謂法典，是在某一社會或國家之內規定一些被認爲不合法或不正當的行爲而給予違法者以懲戒的罰則的。社會學中有「犯罪社會學」一門（見另條 Criminal Sociology ）。社會學家對犯罪的說法，頗不一致，例如涂爾幹 (E. Durkheim) 所下的犯罪定義則較爲寬泛，他以爲凡是違反集體意識和社會規範的行動都可稱爲犯罪。心理學派社會學家達爾德 (G. Tarde) 著「罪行的比較」(La Criminalite Comparee, 1886) 及「刑罰與社會的研究」(Etudes penales et Sociales, 1892)，意大利費利 (E. Ferri) 著「犯罪社會學」(La Sociologie Criminelle, 1884)，又美國犯罪學家瑞克列士 (Walter C. Reckless) 著「犯罪行爲」(Criminal Behavior, 1940) 及「犯罪問題」(The Crime Problem, 1951) 及蘇德蘭 (E.H. Sutherland) 著的「犯罪者的問題」(The Question of Criminal, 1929) 等書，俱可供參考。(J. Gould W. L. Kolb 主編的社會科學詞典頁一四七—一四八列舉犯罪定義頗詳，指出有些社會學家將社會性的偏差行爲也列入犯罪之內)。（謝　康）

犯罪行爲 (Criminal Behavior)

犯罪行爲這個術語，通常和犯罪或觸犯刑法同義，但無論如何在習慣上這個名詞的用法，總是強調侵犯的行爲 (violating behavior) 這方面的，凡屬對於組成社會團體的法律或規條（如維持家庭、學校、教堂、寺廟、工會及其他社團組織之法令等）有侵犯，而其行爲已構成犯罪性質、顯然觸犯法令的規定，（如內亂外患罪行，危害國家之完整，僞造貨幣罪行，破壞國家金融；通姦破壞家庭等）並對政府及地方當局有報告的價值者，稱爲犯罪行爲。

犯罪行爲亦可界定爲凡社會人群希望政府或權力機關公佈之法律所禁止的任何行動。這裡所謂禁止的行動可能以成文或不成文的方式表現出來。在前文社會沒有成文法；大凡違反社區傳統及民德民俗的胡亂行爲，皆在嚴禁之列，如有犯者，必加處罰。因此，一切罪犯可視爲團體所強烈反對的個人行爲。由於社會文化和各種情況不同，犯罪行爲是相對的，複雜的，其原因通常是多元的。犯罪構成現代社會重要問題之一，社會學家和犯罪學家研究這個複雜的問題，多主張用多方面的探究法，以便找出形成犯罪的原因，而訂出預防和對付犯罪的方法。（參見W.C. Reckless: Criminal Behavior, 1939)

有行爲責任能力，（否則免刑或減刑）並須有行爲，如只有意思而無動作者不算爲罪行。（有些行爲法律所寬恕，稱爲「不罰行爲」，則屬例外）（謝　康）

犯罪地區 (Delinquency Area)或譯越軌行爲區

普通刑法（例如第二次大戰前一九一九年修正的德國刑法）規定「以構成犯罪事實之全部或構成犯罪事實之一部所實現之處所爲犯罪之場所；又犯人意思所可實現之場所亦爲犯罪場所。」我國刑法總則第四條亦有規定「犯罪之行爲或結果有一在中華民國領域內者爲在中華民國領域內犯罪。」這是刑法上的「犯罪場所」或「犯罪領域」之定義。至於「輕罪地區」或「越軌行爲區」，實係「人文區位學」(human ecology)上的名詞。意思是指一個城市中的某一地區（普通是位於中心位區與工人住宅區的中間。）不正常的輕罪或越軌行爲記錄，比較此一城市中同面積及人口數字相等的其他地區爲高，故可認爲「犯罪地區」。這些地區，通常位置於過渡的或邊緣的地帶 (zones of transition)。這裡是工業建築物或鐵路集中較多的，也是住宅惡劣，衞生情況比較差，而居民所屬的國籍複雜的地方。其中充滿輕工業，及邪惡，輕犯罪，貧困及個人脫節等；成爲罪惡的司令部，也往往是警察、宗教、救濟及徙置等機關團體設立很多的地區。（謝　康）

犯罪社會學 (Criminal Sociology)

犯罪行爲是社會現象，犯罪社會學是應用社會學 (applied sociology) 的一支，與農村社會學，都市社會學、教育社會學、工業社會學等同具有半學術半應用的性質。其研究對象是某一類特定的現象，而其立場及研究方法，則是社會學的。犯罪社會學就是完全用社會學的觀點和方法來研究犯罪現象的科學。它分析犯罪的成因，可包含社會的要素，人類學的要素和物理的地理要素等。而且犯罪隨文化模式而異，犯罪率本身，與某一社會的社會組織型式及形成該特殊社會的「一致的程度」或共通性有其關聯。犯罪的責任，多半應由社會負擔，因爲犯罪並非單純的出於個人的自由選擇，而多半由於社會的原因（包含模仿和暗示，財富不均缺乏良好教育及環境惡劣等在內）所促成。因此社會對於犯罪應注意設法共同預防，以免個人被環境所迫犯罪。對於犯罪者應加以感化，使其自新自勵，並幫助他，恢復正常的社會生活，如必須加以刑事處分，亦不當含有報復的和鎭壓與恐嚇的意味。現代犯罪學理論，對各國刑法及刑事政策的進步，監獄的改良，有很大的貢獻。

現代犯罪學發達，研究的部門，可分好幾種如犯罪人類學、犯罪心理學、犯罪法理學，刑罰學等；犯罪社會學也是其中的一部分。（謝　康）

犯罪率 (Crime Rate)

指犯罪數字的比率，用數字來顯示一個特定地區（或人口集團）犯罪的記錄與人口總數的比較，所計算出的比例數字，即犯罪率，普通以十萬人口爲單位，記錄其中犯罪者若干人爲「粗犯罪率」；(crude crime rate) 而以可能犯罪或達於犯罪年齡的十萬個人爲單位，而記錄其犯罪人數，爲「細犯罪率」(refined crime rate)。此外有所謂「特別犯罪率」(specific crime rate) 如以本地出生的廿一歲至三十歲的男性十萬人爲單位而計算其犯罪人數所得之比例數字，即其一種。計算犯罪率的方法有多種，現時尚無一致公認而爲共同接受的術語用以區別各種罪行的模式，與此有關者爲犯罪指數 (Crime Index) 及犯罪統計 (D.S. p. 248.)

據專家研究：犯罪率本身與某一特定社會的社會組織型式及形成該特定社會的「一致的程度」有其關係。因此有人主張：社會組織確實影響犯罪比率，而社會解組（或解體）與社會價值之混淆，亦影響到犯罪率的增加。(A.Mc-clung Lee: Readings in Sociology, Chap. 16, 1951, New York. 據王素珍譯本，教育部出版，一九五九）（謝　康）

犯罪組織 (Criminal Organization)

通常所謂「黑社會」，都是犯罪的組織。這些非法組織是爲着從事犯罪活動和避免受法律處分的個人與團體間聯繫的結合。這些組織可能是鬆懈的、非正式的和權力不集中的，也可能是嚴格地制度化和集中權力的、紀律很嚴密的，（有特別的語言、暗號和紀律。）因此，任何由個人組合的團體，作爲一個單位，熱心致力於犯罪計劃和行動，都可說是犯罪組織 (D.S.)。

每一個犯罪團體，都可能有它內部組織的特殊形式，但它們之間，也有互相類似的地方。它們有領導和策劃行爲的中心，當中更有發號施令的領袖（頭目），會眾及附從人等對他（她）必須尊敬和服從，他們可能與外界某些方面有聯繫，如律師、醫生、線工（情報人員）等，甚至和警察人員，也可能有勾結。凡是在外圍替犯罪團體工作的人員，大概都得到這些非法組織給予報酬或相當代價。有些是按月給予薪資，有些按「做案」所得採用分賬的辦法。(R. S.Cavan: Criminology, pp. 174-179, New York, T.Y. Crowell Co., 1953)

犯罪組織有多種，有成人的犯罪組織，也有少年犯罪組織，名目繁多，幾乎遍佈於各大城市。在美國以紐約，支加哥，明尼亞波里等處爲最多。在中國抗日戰爭以前，以上海、漢口、天津、廣州爲最著。像上海的青、紅幫這類幫會，廣州香港的二十四k黨等，都是犯罪的組織。北宋時代的梁山泊，也可說屬於這類性質的。（謝　康）

犯罪學研究 (Criminological Research)

犯罪學是最接近社會學的一種學問，連同刑罰學 (penology) 在內，都可說是社會學的次團地 (subfields)，它所要探究的是犯罪的社會現象，並研究如何減少犯罪，諸如刑法所以成爲法律的理論，人民爲什麼違犯這種法律；社會怎樣對付犯罪的人，這些法律的效果怎樣等問題。很明顯地這是屬於社會控制的兩方面的研究，卽㈠按照社會規範的要求如何加強正規的制裁 (formal sanction) 手段㈡在什麼情況下產生不合社會規範的行爲。現代犯罪學家絕大多數同意犯罪學應探究的主要範疇包含：㈠關於罪行和犯罪者的統計資料，㈡探察和拘捕罪犯的警察系統，㈢審訊被控者的法院體制，㈣懲治被判刑者的機構（如監獄等）系統，㈤犯罪行爲及受刑後自新 (rehabilitation) 可能性之社會條件的系統分析等。(D.S.S.)。（謝　康）

犯罪學說 (Theory of Crime)

關於犯罪的學說，議論紛紜，莫衷一是，概括言之，可分三派：

㈠人類學派　這派站在生物遺傳的立場，以爲犯罪乃由天賦，某種人生成一副犯罪型，他們的體質構造及心理狀態（性格）異於正常的人，許多兒童或少年犯罪由遺傳或血統關係從父母身上得來。此派之代表人物，爲意大利人類學家龍勃洛梭 (Lombroso) 和菲耶羅 (Ferrero)。可稱爲生物決定論者 (the biological determinist)。

㈡社會學派　此派又可分爲幾個支派，然大致均側重於社會勢力方面之解釋，認犯罪之形成，社會因素重於個人因素，甚至完全由於社會文化因素所致。此派可以意大利之費利 (Ferri) 和法國的涂爾幹 (E. Durkheim) 爲代表。

㈢地境學派　此派以地理環境爲造成犯罪的原因，有所謂犯罪地區 (Delinguency Area)之說，初期的代表人爲孟德斯鳩及葛特勒 (Quetelet) 等。

以上三派對犯罪學雖各有貢獻，但不免於單元論的立場，以偏概全。其實影響犯罪之因素甚多，至少包含下列三項：㈠自然環境之因素如氣候，時季、災荒及地理區位等；㈡個人因素包含年齡、性別、生理及心理等因素；㈢社會因素包含經濟、政治、文化、教育、家庭、社區、娛樂及交遊等，（龍冠海：社會學與社會問題論叢，頁四四七—四五四，五十三年，臺中正中書局版）（謝　康）

生育 (Fertility)

人口學研究生育是研究人類繁殖的有關現象。在英文上 fertility 與 natality 互用，意義一也。這方面的研究著重在人口之生育與生育率以及可以影響生育之各種因素。生育指的是分娩一個嬰兒的行爲與過程，通常分爲二種，一爲活產，一爲死產。活產是指分娩的嬰兒是活着的，而死產是指已經懷孕六月以上而在分娩之前或分娩之際死亡。

女子卵子與男子精子會合而受孕，受精卵子在子宮發育卽稱懷孕。懷孕期滿，嬰兒可脫離母體，獨立生活。此爲分娩 (confinement)。懷孕期未滿使之脫離母體則稱流產 (abortion)。分娩後六週（子宮在此期收縮正常受孕機率不大）稱爲產褥期 (puerperium)

無意中，自然地流產，幷非有意造成流產俗稱小產。有意的人工流產，有目的地，則稱墮胎。而爲了母親健康原因而進行之人工流產則稱醫療性的流產。有些國家爲了健康或其他原因，法律允許這類流產，可稱爲合法的。其違背法律規定者則是非法的，構成墮胎罪。

懷孕足月（約需九至十月）卽行分娩，事屬正常。未足月者（約在六月後），則稱早產，產胎稱爲早產兒。有些國家未見得依此分類。反而依活產嬰兒之體重爲準。體重未足五點五磅（二點五公斤）者，則稱爲發育未全者。

多數分娩係單胎，有時則爲雙胎，或多胎。分娩時同時產二胎或多胎者稱爲雙胞胎或多胞胎。因單卵子細胞受精後分裂而成者胎兒性別相同。由多卵子細胞同時受精，胎兒可能是不同的性別。

生育又以合法與否而分類，多係以母親受孕分娩時之婚姻狀況而論。嚴格地說，所謂合法的婚生子係指在懷孕時其父母有合法的婚姻關係。否則即爲不合法的非婚生子。唯事實上，多係以生產當時而定。非婚生子有時稱爲私生子 (nature child)，其親生父母結婚之後即可合法化，是否可給予全部或部分的權利，各國規定不同。有的國家規定其生父可予認領即取得法定的地位。

生育又以生產胎次即第一胎、第二胎等來分類。胎次之計算或只就目前之婚姻爲準或者就再婚者前次婚姻之生育連同計算。胎次只就活產計算，有時則死產亦包括在內。分娩次數與胎次之計算相同，把懷孕達二十至二十八週者統統計入，而且多胎者只算分娩一次。同樣地懷孕次數則計算所有次數。婦女亦以子女人數加以分類 (classifiedly parity)，通常計算活產的子女數。在生物學的文獻上，初產或只生產一次者英文名稱爲 primipara，生產不止一次則稱爲多產者 (multipara)，從未生育者，則俗稱石女 (nullipara)。

研究生育之時間安排 (birth timing) 是指兩次生育之間時間上間隔的長短。這些包括了婚後與第一胎生育的間隔，以後每次生育的間隔，以及結婚至生育終了之最後一胎之間隔。生育間隔 (birth spacing) 有人用爲 birth timing 的同意字，另有人則專用爲理智之努力，以求生育時間上之間隔。即是有計劃地控制生育間隔。懷孕期間之間隔 (inter-pregnancy interval) 是指前一次懷孕終止後與下一次懷孕前之期間，用以指示可能受孕之期間。產褥期不包含在這段期間之內。

婦女之生殖期始於青春期，月信發生至更年期而停經，月信不來則稱無月經期 (amenorrhea)。

男或女或一對夫婦生殖之能量稱爲繁殖力 (fecundity)。缺乏繁殖力者稱不姙者。生育則係指個人或一群人之實際生殖之次數。在英語上分別如此，而在拉丁語上其意適正相反，應予注意。而且人口學家才如此區分，一般醫學卻並不如此嚴格，二字混用。無子嗣 (childlessness) 或係由於不姙症，可能係生理上的原因，但也有自願地不姙者(voluntary infertility)，這是人工地自願如此。

不姙的夫婦自不能生育。有繁殖能力之任何一方或雙方皆可成爲不姙者。對婦人而言，可分爲先天不姙者 (primary sterility)，與在生育子女以後開始絕孕者 (secondary sterility)。絕孕又分永久性的與暫時性的。婦人的經期只有在排卵期始可受孕，其餘則是不受孕期。婦人在懷孕後直至產褥期終了也是不受孕期。

一對夫妻之生育有賴其繁殖力及其生殖行爲。計劃生育與不計劃生育者有別。計劃者企圖限定其子女人數。並且把生育間隔予以適當安排。無計劃者則不作此種嘗試，任憑其性行爲及其繁殖能力而行。人口學上對計劃生育者有廣義狹義之分。廣義上說，計劃生育者也包括了那些希望儘快地多生的夫婦們。狹義言之，計劃生育又稱家庭計劃 (family planning)，只包含限制生育者。不論暫時地達成願有子女人數或者更久地不願再多生子女。這類名詞很多，諸如生育節制，自願親職 (voluntary parenthood)，計劃生育等都是。

避孕 (contra-ception) 嚴格說來係指絕姙以外之各種方法，以防止受孕者。避孕法有時又稱節育法。但是節育法有時又有廣義的說法，包括了人工流產、絕姙和禁慾，而這些通常不認爲是屬於避孕的方法。就廣義來說，特殊的週期性禁慾亦是節育法之一種。不過有些人口專家如此歸類，有些則不然。

避孕法常分爲器物法與非器物法。前者利用器物防止精子與卵子會合，或用化學藥物殺死精子。一種主要的非器物法是中斷法。另一種是稱之爲安全期法。有時生育計劃的夫婦當希望懷孕之時常應用此法以便確知何時可以一定受孕。羅馬天主教會則區分避孕法爲自然法與不自然法。安全期法是屬於自然法。器物法包括男用者與女用者，是屬物理方法防止精子與卵子會合。化學藥物爲女子所用，是爲殺死精子之用。通常有數種合用者。

衡量生育次數多寡的計算方法有多種。最簡單的是出生率。真確地說是粗出生率，是一個分數算式，其分子是某時期內人口出生數，分母是該時期內人口中生存的人年總數 (total numbers of person-years lived)；而此數字約略近似於該時期中點的人口數，如以一年爲期，則稱爲年中人口。出生率常以每千人表示之。計算出生率以該時期中點之人口爲準時，則稱中點出生率 (central birth rate)。如不特別指明，通常即泛指出生率 (live birth rate)，只把活產嬰兒數作爲分母再行計算特別出生率。有時即以此法計算稱爲全部出生之出生率 (total birth rate)。例如死產率 (still-birth ratio) 即係以活產數除以死產數即得。已婚生子或非婚生子之出生率亦可依法計算出來。比較不同人口之生育情況時，需計算標準出生率，以消除人口結構（年齡與性別結構）對生育所生之影響。當出生統計無法提供時，則計算嬰婦率 (child-woman ratio)，常以四歲以下之嬰兒與生育年齡（十五或二十至四十四或四十九）婦女人數之比，作爲生育指數。

生育率亦是出生率的分數算式，不過分母是限於生殖年齡的婦女（或男子）。女性生育率是出生數與生殖年齡內婦女數之比，是最常用的。但是有時男性生育率也須計算。婚生的生育率 (legitimate fertility rates) 是婚生的出生數與目前結婚的婦女數(男子數)之比。非婚生的生育率是非婚的出生數與目前未婚者，孀婦，或離婚婦女（或男子）數之比。生育率如未指明婚姻狀況時則係上述二者之混合。一般生育率 (general fertility rates) 常係出生數與全部生育年齡婦女數之比，而不問其婚姻狀況如何，此種情形一般生育率與女性生育率相同。計算出生率時如就各年齡組距分別計算，則稱年齡別生育率，計算時亦常以活產爲準。

世代人口生育(cohort fertility) 係指一群想像中的人口婚姻或生育的生殖狀況。此一假想中的人口常係指女性人口，如指其生育方面則又稱「世代」生育(generation fertility)。如由開始至結尾通盤考慮其生殖情況則稱累積生育 (cumulative fertility)。當所有的人口已終止生育，則此累積生育又稱終結生育 (completed fertility)。在未終止之前，此累積生育仍有增加可能，則稱未終結生育 (incompleted fertility)

婚姻期別生育 (fertility of marriage) 或婚姻生育 (marital fertility)，意指某一婚姻期間的生育率。某一婚姻期間（如二年、三年等）所生育數與人/年總數之比，可以女性爲準，也可以男性爲準。每對夫婦子女平均人數可把婚姻期間別生育率相加之總數即得。所得結果係假想已婚人口的當時生育 (current fertility) 而非終結生育。

生育表 (fertility table) 係指依年齡別或婚姻期間別而計算之生育率，此種表有時亦稱生育函數表。有的表顯示已婚人口從始到今實際生育狀況。表中包括各種比率，另有些表顯示某一年或某一個短時期不同年齡組的生育狀況。從這種表上，各年齡組的年齡別生育率之總和即稱總生育率(total fertility rate) 即指每千女性（或男性）所生之子女人數，假定他們沒有任何死亡，也假定他們適合於某種生育表。女性總生殖率 (the female gross reproduction rate) 是指總生育率乘以每千出生嬰兒中女性的比例即得。女性比例與男性比例總數爲整數一。出生性比例又稱 second sex ratio 與受孕性比例有別 (primary sex ratio) 即爲男嬰數與女嬰數之比。如能取得受孕性比例是最好不過的事，但是死胎與死產的性別資料常付闕如。

婦女依其生育子女人數而分配稱爲子女人數分配 (parity distribution) 有時又稱生產數額分配(prolificacy distribution)或稱家庭大小分配 (family size distribution)。家庭量大小分配一詞至爲含糊，有時把子女以外的其他家人也計算在內，甚至只計算生存的子女人數，或只計算未成年子女人數。在研究已婚婦女之生育時，則只注意到已婚者的終結生育，意指已婚婦女而已達停經年齡者之生育狀況。

在進行研究期間，夫婦之未行避孕者，稱爲未避孕夫婦。此類夫婦之生育情況有時亦加以研究，在經期中之受孕機會稱之爲繁殖力 (fecundability)。一個婦人之妊娠記錄（或妊娠史）是指其歷次懷孕與生產的詳盡情形，包括歷次懷孕的起訖時期。假如這類記錄也能提供諸如丈夫隔離的期間等重要資料，這樣便可計算得妊娠率 (conception rate 或 pregnancy rate)，顯示可受孕的全體婦女某單位時期均妊娠數目。妊娠常係就未避孕夫婦或避孕夫婦以其年齡別或婚姻期間別分別計算。

對於避孕夫婦及未避孕夫婦之妊娠率加以比較則可得避孕效果 (efficiency of contraception)（席汝楫）

參考文獻：

United Nations: Fertility, in Multilingual Demographic Dictionary, English Section, pp. 35-42, United Nation, Department of Economic and Social Affairs, New York, 1958.

生命表 (Life Table)

人口從生到死的歷程可以用死亡表 (mortality table)或生命表(life table)說明之，表中包含了多種生命表函數，其中的一個值爲已知數時，其餘函數則可由數學運算方式求得。假定某一人口之年齡別死亡率爲已知數，則根據生存函數可計算得自出生到某年齡之生存人數。在該人口中原始同年出生者稱爲生命表之基數（root 或 radix），逐年減少的過程稱爲耗損 (attrition)。由於已知的生存函數，則能計算得該人口逐年之生存機率。所以生命表是以數學函數及其間關係表示某一群人口自生至死歷年之存亡情況與其過程。人口學家應用生命表瞭解死亡對人口特質所生之影響。在實用方面，則根據不同社會的或不同時期的生命表比較平均期望壽年，資以明瞭公共衛生及醫藥上的各項問題。

生命表依不同標準區分，有不同的種類。依人口不同分爲世代生命表與當代生命表。世代生命表是假定同年同月出生的某一人口，以其在較長時期內的死亡情形爲計算依據。不過在事實上完備的死亡登記不多，而且可能需時長達百年之久，是故這種表幷不常用。當代生命表是在一段較短時期內以全部人口中各年齡組的死亡情況，作爲假想的世代人口之死亡情況，從而計算生命表。依照年齡結構分爲總表與簡表。總表年齡分組細密，根據某一年齡組之死亡率計算得生命表，但材料需詳盡，且計算費時。簡表是把年齡組簡略爲五歲或十歲一組，計算迅捷，而且二者結果極爲接近。

生命表亦常依照人口中的不同組成分子而編製。例如性別，種族，鄉村與都市，就業性質，依其不同之死亡率編製不同的生命表。此稱之爲特別表，包括全部人口者則稱通用表。

編製生命表首先取得人口中年齡分配材料及死亡統計材料，幷加以修正。生命表中之各部分皆依年齡而變化，爲年齡之函數，通稱爲生命表函數，構成生命表之主要部分，表中所示事實卽爲各函數間之一定關聯。生命表之主要部分計有：

一、(x)年齡組。

二、($1000g_x$)死亡率：某年齡組的死亡率。

三、(l_x)生存人數：到某年齡組仍存在的人數。

四、(d_x)死亡人數：某年齡組的死亡人數。

五、(L_x)年中靜止人口數：某一年齡組之靜止人口數。

六、(T_x)年中靜止人口累積數：亦卽累積生存年數。

七、($\mathring{E}_x$)平均期望壽年：某年齡組人口之平均生存餘年。

利用生命表可估計出某一部分人口在某一時期內之死亡人數，而此項材料死亡登記是無法供給的。例如：某地一九六〇普查結果，當地卅歲至卅四歲婦女共有四萬八千六百四十四人。十年之後，一九七〇年時，她們尙存人數若干？假定從生命表上找到 l_{32} 等於 86,740 ，十年之後她們爲四十二歲，再從表上找到 l_{42} 等於 82,334 。於是：$\frac{l_{42}}{l_{32}} = \frac{82,334}{86,740} = 0.94920$　48,644 × 0.94920 ＝ 46,173 卽爲十年後生存人數，十年間死亡數爲 2,471 人。

（席汝楫）

參考文獻：

United Nations: Mortality Table, in Multilingual Demographic Dictionary, English Section, pp. 29-30. New York, 1958.

生活水準 (Level of Living or Plane of Living)

這個名詞用來描述一個團體的人之實際消費行爲，這種行爲是依照每一單位時間內所消費的物品與勞務之平均數量和品質來表現之。時間通常是以一年爲單位，團體則以一戶爲單位。生活水準與生活標準 (standard of living) 又大有區別。後者是指一種理想的或客觀的目標，乃是心理上的，因而不容易作正確的測量。（參閱 D.S., "plane of living" and "standard of living" 條。）

（陳國鈞）

生活史 (Life History)

又稱個案史（case history），卽將一個人或一團體的全生涯或部分生命期間，在社會脈絡上作一正確與詳盡描述的方法，其目的爲認明與個人生活或團體活動有關的因素。

耶魯大學的杜拉特教授 (John Dollard) 指示，生活史的研究應符合以下七個標準：

1. 應從文化序列上研究個案；
2. 個人的行爲應視作與社會有關的；
3. 個案的家庭應從順從文化的功能上研究；團體的生活方式則從個別分子上研究。
4. 將有機材料轉變成爲社會行爲的方法，應明白具體說明出來；
5. 應強調自孩提至成年止的連續相關性；
6. 應研究社會情境，藉以發現社會壓力、社會參與的種類與程度；
7. 生活史材料應加以組織與概念化。（范珍輝）

參考文獻：

D.S., "Life History"

John Dollard, Criteria for Life History (Yale University Press, 1935), pp. 8-36.

生活標準(Standard of Living)

此名詞指(1)人們實際的生活狀況；或(2)人們熱望而尚未能享受的生活狀況。此外尚有第三個觀念有時亦被描述為生活標準，即可欲的生活狀況，這是按照特殊目的所作的解釋，像由國家或國際會議或協約所規定的最低工資及工時等。

新近的討論及統計學專家的分析，則設法將這些不同的用法予以劃分，以上述之(1)當作生活水準 (level of living or plane of living)，及(2)當作生活標準，而將第三種觀念當作生活規範 (norm of living) (D.S.S.)（陳國鈞）

民主人格 (Democratic Personality)

自動自發，自主負責，富有伸縮性，並能認清自己責務的心理特性。民主人格是與威權人格 (authoritarian personality) 相對立的一概念。

民主人格的研究淵源於威權人格的研究。社會心理學家分析威權人格時，所設定的另一極端即民主人格。亞德諾 (T.W. Adorno) 及其同僚的威權人格研究即一例。

民主人格具有以下六個心理特徵(一)博愛，即不分親疏、種族，予以人道的關心或愛護者。(二)不持有宗教與種族的偏見。(三)將人看做有個性的單元，不下定型觀。(四)不草率對他人的道德觀下善惡的判斷。(五)持有現世存在有溫暖、公正及善意的看法，並對來世寄以深望。(六)具有個性。雖在工作及社會生活上有時依據能力、地位等威權性的標準，判斷他人或事物，但却保持獨特的個性，不為暴力權勢所折服。

哈都利 (E.L. Hartley) 認為民主人格的主要特質是「寬容」，並利用社會距離量表以分析寬容度。亞爾保 (G.W. Allport) 的看法也同。亞氏在其種族歧視的研究中，根據臨床的資料，判斷寬容人格即民主人格。（范珍輝）

參考文獻：

I.E.S.S., "Personality Types."

T.W. Adorno et al., The Authoritarian Personality (New York: Harper and Row, 1950).

E.L. Hartley, Problems in Prejudice (New York: King's Crown Press, 1946).

G.W. Allport, The Nature of Prejudice (Garden City, New York: Doubleday, 1958).

民主主義 (Democracy)

民主主義一詞可有各種不大相同的用法。它可視為一種政治哲學，社會體制，或生活方式。通常被釋為民治，即由人民來管理政治或控制政府。這又可分為二種政體：一稱為直接民主政體 (dircet democracy)，即最高權力歸屬於人民並由其直接執行之，像古代希臘城邦或過去美國新英倫城鎮會議的情形，這只能實行於小的社區。另一稱為代議民主政體(representative democracy)，其最高權力也是歸屬於人民，但其權力係由人民定期自由選舉其代表並授權他們為其間接地執行之。這是一般近代民主國家所採用的辦法。當做一種生活方式看，民主主義所強調的是一個社會中各個分子的自由平等，包括對少數民族的容忍以及思想、言論、信仰、行動、集會、結社、與工作等的自由，對個人人格的尊嚴予以尊重，並予每個人以同等機會使其自由地獲得充分的發展。

從其發展史上看，民主主義首先應用於政治方面，後來又推廣到宗教方面，迄晚近更伸展至工業及家庭方面，這特別是指其組成人員有參與其有關團體事務的決議之權利而言。（龍冠海）

參考文獻：

"Democracy" in D.S.S., Webster's, Third New International Dictionary.

民主社會主義 (Democratic Socialism)

此乃民主政治與社會主義合流的一種政治社會學說或體系，也就是以民主政治為根據而實施的社會主義政策。從社會主義史來觀察，我們很容易看出成功的社會主義運動都是在具有堅強的民主政治傳統之國家中發展出來的，像英國、斯干典納維亞、荷蘭、比利時、瑞士、澳大利亞，紐西蘭，以及新近建立的以色列。其理由很簡單。在民主的，立憲的政府被普遍接受的地方，社會主義者便能集中力量來推進其計劃。例如：爲貧苦階級創造更多的有利機會；廢止以身世而非以勞務爲根據的不平等；給所有人民都受教育的機會；消除以性別、宗教、種族、或社會階級爲依據的歧視習俗；爲全社區的利益，從事管制及改組經濟制度；爲患病者，失業者，及老年人予以適當的社會保障；重新計劃城鎮與都市的設施；取締貧民窟而建築新的房屋；對每個人，不問其有多少錢；供給醫藥方面的便利；及最後在合作而非競爭與謀利的基礎上重建社會。民主社會主義所有的這些目標，也許野心過大，但却有一共同之點，即將民主政治原理之應用由社會的政治範圍推廣到非政治範圍，使民主主義更加合乎實際。（龍冠海）

參考文獻：

William Ebenstein, Today's Isms, 3rd ed., 1961. pp. 202–203.

民族中心主義(Ethnocentrism亦稱民族中心信仰)

在社會科學中首先使用此名詞的是美國社會學家孫末納 (W.G. Sumner, 1840 – 1910) ，見其名著民俗論 (Folkways, 1906) 一書中。依他的解釋，民族中心主義指一個人對事物的看法是以自己的團體爲中心，以此作爲衡量一切其他團體的準繩。它是內團體對外團體的一種態度，認爲自己的民族或種族自己的生活方式或文化，總是最好的，而別人的卻是不好的，或是比不上的，因此造成蔑視別人的心理。這是自古以來相當普遍的一種態度，無論在野蠻或文明民族中多少皆有其存在，尤以野蠻民族中更爲普遍。（參閱H. Becker and H.E. Barnes, Social Thought from Lore to Sicence, Washington, D.C.: Harren Press, 1952, pp. 17 – 18 上所列舉的許多例子。）

人類學家傾向於應用此名詞來指部落團體的態度，而社會學家及社會心理學家則更加廣泛地常應用於較大的社會組織彼此間以及它們內部宗教的，經濟的，種族的，及階級的團體所表現的內團體態度。

晚近社會科學，尤其是人類學及社會學的論述，幾乎普遍地主張或強調文化相對論，以此作爲民族中心主義的反面。在社會研究中，由於這種主義或信仰易造成或滲入偏見，並分析不同團體的生活方式時，社會科學家必須設法儘量發現這種偏見的來源，而加以預防或避免之，以期研究結果的客觀性。（龍冠海）

參考文獻：

"Ethnocentrism" in D.S.S., p. 245.)

民族團體(Ethnic Group)

此名詞意指一個比較大的文化與社會體系中的一個社會團體，由於它的分子表現或具有某些共同特質，使他們和其他團體的人有所區別，而自稱或被認爲一民族團體。作爲區別的特質多而複雜，其中主要的有血統，體質形狀，語言，宗教，國籍或民族來源。

英文「民族的」(ethnic) 一詞來自希臘文 ethnos ，意指部落或種族，但是民族團體一詞在晚近的用法則與風俗 (ethos or custom) 有更密切的關係。故當作一形容詞，民族的又常可以與宗教的，種族的，同化的，文化的，及副文化的 (subcultural) 交換使用。而民族團體一詞則更常應用於在生活方式或文化上與其他團體有差別的任何團體；例如，美國的希臘人，波蘭人，意大利人，猶太人，及中國人，等等，平常都被視爲民族團體。

國父孫中山先生在民族主義第一講中對民族的構成因素說得相當清楚，他所列舉的原因有五個，即：血統，生活（謀生的方法），語言，宗教，及風俗習慣，他概括稱之爲自然力。這與現代社會學的解釋差不多完全吻合。（龍冠海）

參考文獻：

E.S.S., pp. 243–244.

I.E.S.S., Vol. 5, pp. 167–172.

Paul B. Horton and Chester L. Hunt, Sociology, second edition, 1968, pp. 353.

民意測驗(Public Opinion Poll)

一、意義及特性

一種調查，用以認明公眾對政治或社會爭議問題的態度或意見。這種調查的特徵爲：它是非官方的和偏重社會態度的調查，並且採用單純的方法與技術從事材料的蒐集、整理及解釋。

以美國爲例來說，最早的民意測驗爲一九三〇年代文學摘要(literary

digest）所做的「總統選擧預測」，其後由於戰時的需要，如軍隊紀律、戰時管制政策等的檢討，民意測驗事業乃迅速發達。現在除企業性的民意測驗機構，如蓋羅普(Gallup)的美國民意測驗研究所，羅拔(Roper)的幸福測驗等外，各大學並設立民意測驗研究所或調查研究中心從事政治、經濟、社會等各方面態度的調查。

民意測驗在方法與技術上有很多問題，它的調查對象、範圍及解釋，常為方法學家所詬病。就調查對象言，民意測驗的研究單位是個人，同時它在資料的處理上常將個人視為單獨無隸屬的原子。但從輿論的形成過程上可知，個人的意見却是團體意見的反映，個人沒有獨特的意見。輿論是組織的社會功能，建立在團體基礎之上，因此民意的研究自應以團體為單位，不應以個人為單位。

再就調查的範圍說，民意測驗的範圍無所不包，大凡政治、經濟、社會的事實與論見都成為測驗的問題。但是，一般人民是否皆具備政治事實的知識，並且都有能力表達其意見？這大有疑問。對不懂聯合國的人提出問題，徵求意見，所獲結果將是不正確與不可靠。充其量，祇能收到民眾的價值觀念，無法蒐集到其他方面的資料。

最後，民意測驗在解釋上也有缺點。它對意見的強度、內涵及深度都缺少妥當的解釋。民意測驗常採用兩分法以處理答案，將答案分為是否、對錯、贊成與反對等，並假定每一個答是或答否的都有同一意義同一重量。這個看法是無稽的。同樣的答案常含有輕重程度之別，理論上不應用兩個極端概括所有答案。（范珍輝）

參考文獻：

D.S.S., "Poll"

范珍輝「民意測驗的政治功能」，刊於社會導進，第一卷第四期，民國五十五年，頁一—八。

二、程序及方法

民意測驗之擧行，亦即利用社會調查的方法，測定公眾對某一事之意見趨歸（通常稱之為輿論者是）。民意測驗之進行分為主要的兩個步驟：

㈠應用選樣，確定被訪問者；

㈡編製調查表，幷進行訪問，然後分析整理結果。

民意測驗結果之正確，全賴於以上二點之正確。儘管方法上如何精密，但選擧之測驗一事，有人以為無若何價值可言。唯當大選之時，無論朝野，各黨政治家，甚至通常人民都在重視這種結果。從另外一方面看，這種預測或者可以影響到投票之進行。有操勝算希望者，則可能提高投票率，對方為挽回頹勢或更可提高投票率。有些人或會隨風轉舵投了可勝利者一票，有些人反而仗義去投弱者一票。我們固可相信，此類影響可以互相抵消，但我們不能不承認有這麼許多影響可能發生。

在一九四八年，蓋洛甫預測杜魯門可得票百分之四四．五，但結果實際得票百分之五〇，因而當選。當時許多人對于蓋洛甫及其他民意研究機構加以懷疑。有人以為樣本太小，或者是樣本不適當；有人以為調查時只訪問幾個簡單問題不足以瞭解如此複雜的事；或有人以為訪問者有所偏頗。那麼，現時民意測驗的技術已否健全，其結果是否可靠？民意測驗是否能更求精密？

在一九三六年美國文學摘要(Literary Digest)曾有一次民意測驗，預測共和黨當選。這次失敗表示其樣本雖大，却是代表性不足。全體樣本達二百萬人，但却不足以代表全部人口。第一，樣本限於該雜誌的訂戶及裝有電話的用戶，即是說這些人都是經濟水準相當高的人。第二，係根據送回的通訊調查表加以統計分析，結果這種樣本是一再經過選擇，更失掉了代表性。

目前擧辦民意測驗所用的樣本是用配額選樣法。應用這樣選樣法，必須先精確瞭解，並且找出構成樣本的份子與所研究的事或行為之間的關聯。如果在大選之前預測選擧結果，進行此種民意測驗時，擧辦者必須知道投票者與所屬黨派、年齡、經濟地位等等之間有何種關係。再進一步知道這些變項（黨籍、年齡、經濟地位等）在全部人口中分佈的情形。例如美國人口普查的結果，可以知道在全部人口中有多少是黑人，婦女有若干，城市居民有若干，有多少人是在某一收入標準以上，有多少人在某一收入標準之下。這些特徵都與投票之進行有關。在選定樣本時，這些特點在樣本中之比例須加以確定，例如黑人的成分應有多少，婦女的成分應有多少。當樣本中各種特點的比例確定後，便把預定的配額告知訪問員。而訪問員必須按照樣本中的各種比例進行訪問。確定某一年齡組中的人要訪問多少，某一社會與經濟階層的人要訪問若干等等。

為了求得最高的準確性，進行測驗必須知道與投票行為有關的各種變項因素。例如以前歷次投票的情形，教育程度，收入，職業，宗教，投票者父母的黨籍及其親友的黨籍等等。進行測驗者也需要這些因素在人口中分配的精密資料。不幸的是此二類資料，進行測驗者實在無從獲得。

雖然有此種困難，而進行測驗者應用配額樣本法，常常能得到相當正確的結果。通常所用的方法，略述如下：

決定比例是以地理區域，社區的大小，人口年齡、性別、與社會經濟水準為根據而加以決定。在美國的一些地方，種族的因素亦加考慮，進行選舉預測時，應用配額樣本所得結果，經常須加以檢定。其法是在訪問時，問他們上屆選舉時是不是投票，如投票又選舉何黨，把這種結果與實際投票的結果加以比較。如有差額，則以加權的辦法消除之。例如在一九四四年，在緬因州曾舉行測驗，受訪問者其中百分之三八計劃投羅斯福的票，但這個樣本與一九四〇年所投羅斯福的選民人數要低。遂用加權法加以校正而得出在一九四四年投羅斯福票者約百分之四八。

應用配額選樣法發生偏差的主要來源在于訪問員本身。訪問員儘可能地向最容易接觸到者訪問，他們到人口集中的地方就自以為合于年齡、性別、與社會經濟水準的人，加以訪問。雖然這些人是最容易接頭的人，却不易找到樣本中應包括的眞正代表者。這樣選出的樣本所顯出的偏差可以說愈來愈多。例如：配額選樣中所包括的具有高經濟收入的代表家庭較少，最低層的代表者亦少。具有中學程度的人很多。而教育程度低者亦少。

配額選樣法所有的缺點如果應用隨機選樣則可免除。更準確的方法是用區域選樣，使每一地區的每一個人都有同等的機會成為樣本中的一個個體。

訪問的技術上亦須注意：如何得到直言無隱的答案，以及如何估計被訪問者眞實投票的情形。進行民意測驗之前，宜加宣傳，使被訪問者準備回答問題，訪問時答應為之守秘密，如此可鼓勵回答。再者利用間接的手法，也可獲得確實答案。先談有關大選的重要事項，由被訪問者反應的態度強烈與否，可以測知其投票的傾向。當然，不僅要知道選民對某候選人的愛惡，同時也要問出選民是否一定要去投票，因為投票率之高低，可能影響某一政黨候選人得票之多寡。（席汝楫）

參考文獻：

Watt, D.C., "Public Opinion," in A.D.S.S., ed. by Gould and Kolb, pp. 563-64, 1964.

Davison, W.P. et al. "Public Opinion," in I.E.S.S., ed. by Sills, Vol. 13, pp. 188-204.

Moser, C.A., Survey Methods in Social Investigation. New York: Macmillan., 1958.

Parten, M., Survey, Polls, and Samples: Practical Procedures. New York: Harper.

正式組織 (Formal Organization)

正式組織是指任何社會模式，其團體內一部分人的一切活動，均由另一部分人為之訂定系統的計劃，以達成某種特殊的目的，此種組織稱為正式組織。簡言之，正式組織是一種大而複雜的有合作體系的組織。這種組織的基本條件有㈠計劃，㈡權力（authority），㈢系統。所謂有計劃的組織，是指組織內的一切活動或工作是有一定的系統，以別于任意的或自然的非正式組織(informal organization)。在正式組織內，一個決定計劃的人，即是有權力的人，其地位高于依據他人的計劃而工作的人，因此計劃與權力為正式組織中有密切的混合作用。正式組織中的各個分子互相合作，是最重要的系統，這樣，使正式組織成為一個有機體的組織。

舉例言之，大學是一個正式組織，因為大學中教授為學生的課程與作業訂定了有系統的計劃，學生必須依照教授所定的計劃去學習。一個汽車工廠是一種正式組織，因為廠裏的工程師和職員為工人訂定生產汽車的工作計劃。一個軍隊更是一個正式組織，因為高級將領擬定了防禦國家的計劃，命令屬下去依照計劃執行。其他如政府，公司，等均稱為正式組織。至于臨時性活動如賽球，舞會，雞尾酒會等，均不得稱為正式組織。（張鏡予）

正式團體 (Formal Group)

社會團體的分類，若依照其組織形式或程序方面下手，普通分為兩種，即正式的與非正式的（informal）。所謂正式團體是指遵照某種規定的手續而組成的團體，例如，學校、教會、工會、農會、銀行、及政黨之類。這種團體有一定的結構，表示構成人員的地位和職務，權利與義務，以及權威的系統。就其結構來講，便稱為正式結構（formal strusture），亦稱為正式組織（formal organization），其組織較為龐大的則稱為複雜組織（complex organization），這多半見於所謂間接團體 (secondary group) 之中。不過這種團體有的難免偏重於形式主義，對其分子的人格和團體的效力不一定能有多大的直接貢獻或影響。

至於非正式團體乃是一種自然的結合，不必依據何種程序，分子的關係既無成文的規定，其組織也無一定的形式，例如，一群熟朋友的集會，普通的旅行參觀團及遊戲團體等。這一種團體有的是暫時的，有的是比較永久的；其分子的關係可能是非常親密的，也可能只是偶然的。一般所謂直接團體 (primary group) 可算是屬於這一種。

在其組織上，正式團體中常包含有非正式團體。例如，在學校內有學生的友誼或研究團體，在都市內有同興趣或同職業者的自由結合，或在政黨內有徒黨或派系的小組織。社會學家稱這種團體爲小團體。它們對其分子常有直接的影響力和發生較大的作用。社會學家早就指出兒童遊戲團體對兒童人格有很大影響。晚近工業社會學家研究工廠中人事關係問題時，會發現工人的非正式團體與他們工作效率有密切關係。第二次世界大戰期間，美國社會科學家研究空軍隊伍中非正式團體對作戰效果影響至鉅。(龍冠海)

參考文獻：

龍冠海著社會學 (三民書局，民國五十五年) 九九頁；

Paul B. Horton and Chester L. Hunt, Sociology, second edition, 1968, pp. 178-181.

功利主義(Utilitarianism)

此名詞是英國邊沁 (Jeremy Bentham, 1748-1832) 首先應用，以指他所提倡的學說。在英國他的學說有很多信徒，其中最著名的是詹士彌勒(James Mill 1773-1836) 與約翰司徒華彌勒 (John Stuart Mill, 1803-1873) 兩父子，他們被稱爲功利主義學派，從十八世紀末期起至十九世紀中葉，其影響力相當大而廣泛。邊沁認爲人們在其行爲的選擇中根本不受社會壓力的影響，總是選擇快樂與痛苦之間；從其經驗，他們知道選擇會給他們最大快樂和最少痛苦的行爲。他假定這二者是可以計量的，於是，邊沁提出一普遍性的原理，即「最大多數人的最大快樂」。此一詞句來自意大利學者皮加里亞 (Cesare Beccaria, 1738-1794)，而爲邊沁所採用，變成他的功利主義之原理。由他看來，這是道德（包括公德與私德）的一個普遍規律，因爲它可以到處和任何時代應用於政府與私人。它可以用來測驗一切道德的和法律的規則以及一切制度，而建議其改進之道。以上所述的功利主義，亦稱邊沁主義，是屬狹義的。

功利主義也應用於較廣義方面，以包括和邊沁主義有密切關係的道德及社會學說，即使它們沒有提出計量快樂的方法和擯棄邊沁與詹士彌勒所作的假定，即人人願望快樂只是爲其自己快樂之故。因此，休默 (David Hume, 1711-1776) 也被稱爲功利主義的，雖然他並沒有提出計量快樂的方法，而且否認一個人願望別人快樂只是作爲自己快樂的手段。至於約翰司徒華彌勒雖自稱爲功利主義者，却主張某些快樂比別的更好，並不是因爲它們更爲強烈，或更爲常有，或更爲確定，而且因爲它們本身是優異的。(龍冠海)

參考文獻：

Utilitarianism in D.S.S., pp. 739-740.

Becker and Barnes, Social Thought from Lore to Science, Harren Press, 1952, pp. 529-531, 551-554.

功能主義 (Functionalism)

所謂「功能主義」大概有兩方面的意義或用法：(一)通常認爲是由英國人類學家馬凌諾斯基(B.K. Malinowski, 1884-1942)所倡導的功能派社會學或社會人類學（民族學）的一個理論：這個理論，側重在運用功能觀點，從社會生活本身，去認識文化各元素的意義和生活的整體性。馬氏和他的朋友拉狄克利夫・白朗 (A.R. Radcliffe-Brown, 1881-1955) 以及他底門徒費爾斯 (R. Firth) 等都以爲社會像一個機體，或組織嚴密的體系，其中各部分互相關聯。文化也是工具，生活却爲主體，必須透過文化整體功能的實際考察分析，纔可能建立科學的人類學。馬氏確認人類文化中種種基本制度是變動的，這些轉變是出於因功能的增加而引起形式上的逐漸分化作用。以爲進化學派和歷史學派的方法，對各民族文化發展的認識都嫌不夠，要澈底了解某一文化，必須加以功能的研究。因爲每一種活的文化，必然是一種功能的及統合的整體；不研究整體中的相互關係，對部分文化必不能明瞭。其次文化的各方面都和人生的需要相關，每一文化元素對於整體，都有一種功能貢獻。同時每一套生物性的需要和文化的反應是分不開的，如果文化的反應不能解決或滿足生物的需要時，人類社會便不可能繼續存在了。大凡一件物品能夠成爲文化的一部分，祇是在人類活動中用得着它，而它能滿足人類需要的時候。一把鋤柄，一根手杖，一條篙竿，在物質上初無異致，但在文化功能上各不相同。簡單的或複雜的，都是一樣。從一木杖到一巨艦或飛艇，所有的意義都依它在人類活動的體系所處的地位，所關聯的思想觀念及所有的價值而定。（參看馬凌諾斯基：文化論，一九三六；中文譯本，一九四四，重慶商務印書館初版）

(二)功能主義的另一說法，就是將功能歸屬於文化元素，換言之，即一個文化元素對社會文化整體所提供的貢獻，滿足社羣的功能，有直接的和間接的，前者立刻滿足某種需要；後者可幫助別種文化元素行使它的功能來滿足人生需要。（謝　康）

參考文獻：

E. Willems: Dictionnaire de Sociologie, p. 95, 1961, Paris.

功能團體 (Functional Group)

這是指社會中從事同樣工作或勞務的人所組成的團體。依其功能來分，人類社會中的團體主要的有這幾種：(一)親屬團體，其中最普遍和最基本爲家庭，其主功能是養育子女。(二)政治團體，如長老會、政府及政黨之類，其主要功能爲從事關於管理衆人之事。(三)經濟團體，其中有的稱爲職業團體，如工會、商會、農會、及自由職業團體，其主要功能是維護與促進其本身及社會的利益。(四)教育文化團體，包括一切傳授知識及促進文化的組織，如學校、教育會、及各種科學會社等。(五)遊戲或娛樂團體，其主要功能是利用閒暇，從事消遣，以暢舒身心，如戲劇社、體育會、橋牌會等。(六)宗教團體，其主要功能爲滿足心靈上的需要，如基督教會、佛教會、道教會、朝山進香團等等。上舉各種團體當中有的於其主要功能外，尙兼有其他的或副功能，譬如，從事各種社會服務。（龍冠海）

參考文獻：

D.S., p. 133

Joseph H. Fichter, Sociology (Chicago: The University of Chicago Press, 1957), pp. 109–119.

龍冠海著社會學（三民書局，民國五十五年），一〇〇頁。

母系 (Matrilineal)

凡嗣續之計算，財產或職位之繼承，所根據之關係，專以母方爲標準或母方優先者，曰母系。另一名詞「母方」(matrilateral) 常用爲母系的同義詞。

有些學者將母系與母權 (matriarchy) 混而爲一。所謂母權，一切權力集中於母身（參閱「母權」條），實則此兩者非爲一物，須加以區別。在世界現存之民族中，絕對母權者尙無發現，僅少數幾族其母權甚大而已。幾乎所有行母系制的社會，其權力仍操諸男方。財產與職位繼承之大權，由母方男親行使者，常是母之兄弟，通常稱此曰「舅權」(avunculate)。(See A.R. Ridcliffe-Brown,"The Mother's Brother in South Africa" and "Patrilineal and Matrilineal Succession"in his Structure and Function in Primitive Society, London: Cohen & West, 1952, pp. 15–48.)

母系不僅行之於母居或妻居 (Matrilocal or Uxorilocal residence)，亦見諸父居或夫居。(Patrilocal or virilocal residence)(See G.P. Murdock, Social Structure, New York: The Macmillan Co., 1949, ch. 8.)

早期的人類學家，如白曉芬 (J.J. Bachfen)、摩爾根 (L.H. Morgan) 等，謂母系出現在父系之先，即母系家庭爲最初之家庭組織。其說現已被駁倒。牟多克 (G.P. Murdock, Social Structure, pp. 184 ff.) 與路衞 (R.H. Lowie, A History of Ethnological Theory, New York: Farrar & Rinehart, 1937, pp. 40 ff.) 綜合列擧各家反對之理由。大概主張此說者，以爲人類於草昧之世，婚姻制度尙未確定。人民但知有母，不知其父。故最早家庭中僅有母子關係，因而母即爲家庭之主。證之中國歷史及文字，似有可信者。白虎通謂：「古之時，未有三綱六紀，人民但知有母，不知其父。」又古籍常言古代聖帝明王無生父，乃感天而生。五經異義，春秋公羊傳謂：「聖人皆無父，感天而生。」於是附會而生出許多神話，如華胥履大人之跡而有娠，乃有庖犧；女登與神龍交而生炎帝；修已吞神珠薏苡胸坼而生禹；凡此可以證明我國三皇五帝之時，或係母系社會。後世史官故作「感天而生」之曲解，以文飾「無父而生」之缺憾。再從中國之姓名，亦可以見出母系之痕迹。說文：「姓，人所生也。古之神母，感天而生子，故稱天子。因生以爲姓，從女生。」鄭樵通志謂：「三代之前，姓氏分而爲二，男子稱氏，婦女稱姓。氏所以別貴賤，故貴者有氏，賤者有名無氏。姓所以別婚姻，故有同姓、異姓、庶姓之別。至三代之後，姓氏合而爲一。」可見三代之前，婦女爲一家之主，故只有婦女稱姓。婚姻亦以婦女爲主，故以姓爲別。古代之姓，多從女，如姬、姜、嬴、姒、姚、嬀、姞、妘、嫪等。婚姻嫁娶諸字，亦皆從女。從我國姓氏等之文字構造言，似可證明我國太古時代或爲母系社會。（參閱孫本文著社會學原理下冊商務，民國四十四年臺二版。第八一至八二頁）（朱岑樓）

母權(Matriarchy)

母權一詞，十九世紀曾用以指假想的社會組織方式，其中婦女握有政治與家務兩方面的最大權力。她們是領導者和統治者，男人則處於附屬的地位。現今的人類學家一致同意此種社會組織純粹出之於十九世紀學者的臆測，無任何事實可以證明曾有其存在。雖有少數人類學家曾爲母權重下定義，但沒有一種說法爲人所普遍接受。

與母權相關之詞「母權的」(matriarchal) 和「母治」(matriarchate)，及其相對之詞「父權」(patriarchy)，「父權的」(patriarchal) 和「父治」(patriarchate)，都是十九世紀人類學上的一些術語。路衞 (R. Lowie) 謂母權之概念爲白曉芬(J.J. Bachfen)所首創。依白氏之意，母權所包括者，除團體成員由母方傳遞外，家庭的統治者爲母而非父，政府的控制者爲女而非男，最高神祇是陰性之月而非陽性之日 (R. Lowie, Social Organization, London: Routledge & Kegan Paul, 1950, p. 262)。現在大多數人類學家把這些術語束之高閣。對於母權的看法，可以舉雅谷 (M. Jacobs) 和史篤(B.J. Stern)所說的一段話爲代表：「財產所有權、經濟控制、政府管治和文化領導，主要是在婦女操縱之下的那種社會經濟體制，乃是不可能發生的假設。」 (Out-line of Anthropology, Cambridge: Heffer, 1947, p. 309.)

有些人類學家及其他學者爲母權與母治從不同的角度作新的解釋，以增加其用途，述其主要者於下：

㈠人類學家和社會學家概括地解釋母權爲「婦女統治」，如李查德(C.B. Richards) 將母權與「婦女作主要決定之能力」相提並論。("Matriarchy or Mistake", in V.E. Ray (ed), Cultural Stability and Cultural Change, Seattle: American Ethnological Society, 1957, p. 36.)

㈡精神分析學家仲斯(E. Jones)謂：「母權一詞應限用於眞正母治的情況下，母爲一家之主，對其子女握有最終之權力。」("Mother-right and the Sexual Ignorance of Savages", The International Journal of Psycho-analysis, vol. 6, 1925, p. 112.)爲其論點作進一步的說明，仲斯指出舅權社會及行母系制而父親對子女有最終決定的社會，均不得包括在母權此一類屬之內。

㈢雷克利夫布朗 (A.R. Radcliffe-Brown) 謂：「可以稱之爲母權的社會，其後嗣、財產與職位由母之一方傳遞，婚姻爲母居，對子女之權力由母方親戚行使之。」(Structure and Function in Primitive Society, London: Cohen & West, 1952, p. 22) 馬特(R.R. Martt)對母權之解釋亦是如此。(Anthropology, New York: Henry Holt, 1912, p. 165.)（朱岑樓）

失業 (Unemployment)

美國學者彌勒 (G.W. Miller) 在其所著「勞工問題」一書中，曾給失業下如此的定義：「失業是指能夠做工作及願意做工作的人，而不能獲得適當工作的情境。」這是對於失業較爲合理的一種解釋，值得採取。不過，尙須作進一步的說明。其中所謂「能夠做工作」，是指具有工作能力者而言，患有重病或四肢殘缺的人，根本喪失了工作能力，雖然沒有職業，也不能稱作失業。所謂「願意工作」，是指工人本身須具有自動勝任工作的願望而言，凡好逸惡勞，不肯就業或怠於就業，雖也同樣處於失業狀態之中，仍不能稱作失業。反之，一個在業工人，所獲報酬太低，或技能不稱，仍然應該算是失業。（陳國鈞著：「勞工問題」第二一〇頁，三民書局，五十三年）（陳國鈞）

失業保險 (Unemployment Insurance)

這是爲了保障勞工免受失業的威脅，而由政府推行的一種制度。(D.S.W.)

在現代工業社會中，失業是一種禍害。幾百萬民衆的遊手好閒，足以造成普遍的損失。失業保險的意義就是要使失業者在失業期間，獲得一筆收入，以代替工資來維持生活。保險金的給付，僅限於一個規定時期，但如不因工人本身過失而發生失業現象時，仍可獲得賠償。同時，失業保險的推行，須藉社會上有效的就業服務，以縮短失業期限，進而保證社會安全。（劉銘譯華德・弗蘭德著：社會福利概論，第二五一頁，中華文化出版事業社，四十九年。）

（陳國鈞）

外婚 (Exogamy)

在任何社會，個人無選擇配偶之絕對自由。那些人能或不能與那些人結婚，由文化劃定其範圍。至於限制之鬆嚴，範圍之大小，依社會不同而有很大的差別。個人被禁止在其所屬之某特殊團體內擇偶而結婚者，曰外婚。(G.A.Lundberg, et al., Sociology, rev. ed., New York: Harper & Brothers, 1954., p. 558.)。外婚之起源雖不得而知，但某些社會情境有助於此一制度之了解。母子須與團體以外之人通婚，與亂倫禁忌（參閱「亂倫禁忌」條）相輔而行。母子結婚，除極少數例外，為任何文化所禁止，父女結婚亦是如此。又有少數民族會實行過血親婚姻，如古埃、印嘉 (Inca) 和夏威夷，兄弟姊妹必須結婚，但僅行之於統治階級，因為他們自以為神聖非凡，不得與普通人通婚，藉以保持血統之純潔。

亂倫禁忌存在於任何社會，即等於說明外婚之普遍性。與外婚相對者為內婚 (endogamy)，相反相成，同時並存。懷特 (L.A. White) 謂此二者均是社會過程，雖相對立，但有內必有外，反之亦然，故其普遍性是相同的。須在此團體以外擇偶結婚之規定，即是在彼團體內擇偶結婚之規定。例如反對白人與黑人通婚，由此種族上外婚之禁止，而產生種族上之內婚。("Endogamy", in D. S.S., p. 240.)

內外婚界限之標準，各社會所定者頗有差異，上面所說的亂倫禁忌，是以血統為標準，其他比較普遍的標準是種族，社會經濟階級和宗教。（朱岑樓）

外團體 (Out-group)

凡是別人的結合都稱為外團體。對這樣的團體，我們懷有蔑視、厭惡、迴避、競爭、挑釁、恐懼，或者甚至仇恨的心理，而沒有忠心、互助、合作、或同情心；對其分子，我們多有懷疑和偏見。外團體與內團體常處於對立的地位，或互相隔離。當彼此有嚴重的利害衝突時，常易發生抵制、械鬥、戰爭、或侵略的行為。

參考書詳見「內團體」條。（龍冠海）

世襲階級 (Caste)

世襲階級或直譯為「喀斯德」，是受嚴格控制的社會結構中的階級制度，特別含有宗教性的階級社會，階級的分層是由遺傳而定的，階級的地位是永久不變的。但其中分子如因行為不良，可剝奪其階級地位。

世襲階級是一種「封閉階級制」(closed class system) 階級與階級間的分子不相往來，不通婚姻，彼此各有其宗教儀節，彼此互相分隔。祇有同等階級地位的人，方可發生社會關係。

世襲階級為印度社會制度的特點，據估計全印度約有三千種世襲階級制度。此種不同的世襲階級來源，或由于部落與種族的不同，或由于職業的不同，或由于地區的劃分，或由于宗教的派別等等。每一階級之下，又分若干小階級單位，稱為小世襲階級 (sub-castes)。在一個村落或一個地區之內，最多可包含二十個至三十個的世襲階級或小世襲階級。階級的等第從最高到最低級，都居住在同一地區而各不相通。

一般學者對于世襲階級的定義，頗感困難。第一，因世襲階級制度內容的複雜情形，極難瞭解，如印度的各種階級，外人不易澈底明瞭。第二，學者對于世襲階級的特性，沒有一致的觀點，不論對個別的世襲階級，或對整個制度，均未獲得相同的見解。因之，一般學者免避對世襲階級下定義，而從列舉世襲階級的特點，以區別其制度的不同點。（張鏡予）

參考文獻：

Julius. Gould and William L. Kolb A Dictionary of the Social Sciences, pp. 75-77.

世襲階級社會 (Caste Society)

世襲階級社會是由血統，階級身分，信仰等因素，將人民分隔成若干層次的社會組織。印度是此種社會的最好例子。在印度約有八千個血統單位階層，分別控制社會組織。每個單位有其特殊的生活規範，宗教崇拜儀式，食物種類，婚姻條件，以及待人接物方式等。這些血統單位以信仰印度教的人口為最多，教中分信徒為四個主要階級或喀斯德。最高的為婆羅門 (Brashman)，即教士階級，其地位最為尊貴。其次為剎帝利 (Kshatriya)，即武士階級，包括王侯軍人。再其次為毗舍 (Vaisya)，即平民階級，包括農民商人。最後為首陀 (Sudra)，即工人及奴隸階級。

在印度的世襲階級社會裏，各階級間的關係，劃分得非常清楚。其主要的原則，有下列幾種：(1)個人階級的身分，由喀斯德和家庭源流來決定，即個人身份是遺傳的，小孩一出生就屬于父母的階級，終身如此。(2)婚姻僅限于本階級內成立，一個階級的人不得與另一階級的人通婚，是階級內婚制。(3)各階級的子弟職業，依照階級規定，固定不變，形成世襲。(4)各階級有單獨飲食與日常行爲的規則，彼此各自養成思想態度，風俗習慣。(5)宗教信仰限制印度教徒不得加入其他宗教。(6)因行爲問題而喪失階級地位者，即被社會所排除。(張鏡予)

參考文獻：

F.E. Merrill: Society and Culture.pp. 278 - 295.

龍冠海：社會學，三〇三—三〇四頁

巨型社會學(Macrosociology)

法國社會學家葛維治 (G. Gurvitch, 1896-1966)，可說是現象學派社會學(the phenomenological school) 在法國的代表。他建立了「深度社會學」(sociology in depth)，並作進一步的研究，劃分「巨型社會學」和「小型社會學」(macrosociology and microsociology) 的界限。並稱說這兩種社會學，須得用不同的方法來研究。（但這個方法上的區分，許多社會學家表示不同意，如墨頓 R.K. Merton 及新實證主義者俱是），所謂「巨型社會學」（一譯大社會學）主要的是研究大規模的綜體的社會現象，例如國家和全部的文明現象，以及一些特殊的人類集團 (itude de la societe glohale et des groupements particuliers，見他所著 Essai d'ane classificatior pluralizte des formes de sociabilite', 1938.) 其社會性的形式(formes de sociabilite')是大型而複雜的。在「社會學的當前任務（或譯「使命」）」(La Vocation Actuelle de la Sociologie, 1957.) 一書裡，葛維治對總體社會學有詳細的說明，並舉出他所謂綜體社會 (aociete globole) 的類型：是指那些如同神權或父權統治的社會，封建社會，從城邦到帝國的社會，以及資本主義民主自由的社會等。他又指出現代有四種類型的大社會，正在進行競爭之中，這就是：(1)完全發展的有組織的資本主義社會；(2)以技術科層制 (techno-bureaucratigue) 爲基礎的法西斯社會；(3)集體主義國家集權的計劃的共產主義社會；(4)以多數人集體主義爲原則的計劃社會。（參見 Georges Gurvitch: La Vocation Actuelle de la Sociologie, Chap. VII. presses universtaires de France, 1957, Paris.）

（謝　康）

市場研究 (Market Research)

廣義說來，市場研究在商業上應用已有數十年。不論在經理部門，業務部門，或各種商務的專業顧問們，每個公司都在研究其市場狀況，以及開拓市場的方法。此類研究方法，迄一九三〇年以來，才成爲更科學的方法。

市場研究不僅包括了消費者對于貨品及勞務的反應，以及廣告的效果，抑且在于瞭解消費者的需要。關于消費者的反應，只需要收集關于意見的資料即可；至於消費者需要的研究，則需要進一步的事實方面的資料。市場研究之調查，在進行時與進行社會學的調查一樣，利用調查表或訪問表，以直接訪問或通訊調查，收集所需的資料。

由於近代消費物品的大量生產，不同牌號的物品競爭不已，市場調查的重要性日益增加。目前在英美國家的公司商號大都設有市場研究的單位，并自己僱用調查員或訪問員作實地調查工作。多數的公司則委託專門研究與調查的機關進行本身所需的工作。此類機關專門接受不同公司的委託。調查的對象不同，物品種類不同，而問題的性質亦不同。此類機關與其委託者之間的關係，不僅是寫出調查研究報告，并且根據報告提出顧問性質的建議，以及實際需要的興革事項。市場研究之主要任務在于瞭解消費者購買的習慣或愛好，及對於某種消費物品觀感。製造商雖然有銷售的統計以及代理商的報告，但是貨品在市場的銷行狀況，更需知道。製造商只有從躉售與零售兩方面可以知道物品的總銷售數量。如果他的物品只從躉售方面銷出，則對于零售商的情形，或者直接消費者對于物品的觀感，則無從得知。如果不進行市場研究的調查，他根本無法知道零售商的存貨還有若干。如果對于相同的零售商繼續地作定期的訪問或調查則可知道存貨的數量和各地門市銷售情形。

製造商也常常希望知道那一類的人購買他的產品，那一類人不購買他的產品，他們對於物品的質、品相、與定價有何想法，他們對于該種物品的態度如何改變。諸如此類的事對於廣告與宣傳的政策且有指導性的價值。因爲如此，許多研究機關與廣告商之間有所聯絡，是毋庸驚奇的事。

如果有一種新的產品出現，隨著也產生特別的問題。一個製造商或者試驗製造一種東西，但以不同的包裝、顏色、香味出世。他希望知道那一種最爲暢銷，以便最後決定大量製造。市場研究者便就不同的地區，不同的購買者之間，作比較的分析。

另一種問題是需要決定那一種的廣告最爲有效，可用市場研究的方法，把同一內容的廣告，用不同的方式出現，再比較分析其效果。同樣的問題是：刊登廣告「何處」的篇幅效果最大。當然，很明顯的事是多數人所閱讀的某一出版刊物，而這些人又是最富有者，此種篇幅刊登廣告最爲有效。此類調查又稱之爲 readership survey.

市場研究進行調查的方法亦是社會調查的方法，通常是對選定之樣本直接訪問，偶然也有用通訊調查法與觀察法。樣本之選定有的用隨機選樣，有的則用配額選樣。

進行市場研究，最重要者是以最少的經費，以快的速度進行調查。在此原則之下，以用配額選樣爲佳。指示訪問員在不同的社會階級中訪問一定數目的人數。爲了減低對于「代表性」的影響，須更進一層指示訪問員，以何種方式，或何種方法進行訪問。此種訪問有時按戶訪問，有時在街頭訪問行人，或在其他公共場所進行訪問，有時也用電話訪問。

在目前多數的市場研究工作，只限於較狹的範圍內，應用於大量生產且市場競爭激烈的消費用品，如巧克力、肥皂、肥皂粉、烟酒等類。其他如報刊之讀者調查與廣告宣傳之類，亦用同樣方式進行調查。(席汝楫)

參考文獻：

Jeuck, J. E. et al. "Market Research," in IESS, ed. by Sills, Vol. 9, pp. 567-575.

Moser, C. A. 1958 Survey Methods in Social Investigation. New York: MacMillan.

比較法 (Comparative Method)

比較法一詞在普通用語上泛指根據各個設定的標準，以澄清可比較之現象的同異。比較的目的爲尋求與分類：1.各現象之產生與發展的因素，或2.各現象內各要素間或現象間的相互關係。依此看法，則比較的範圍廣泛，除制度及社會之比較外，又包括變數的比較。惟社會科學對比較法一詞常做較狹窄的解釋，僅指兩個以上社會之同類社會現象的分類與比較。在此所謂的同類社會現象指社會本身及其主要制度的形成、發展、維持及變遷而言。(I.E.S.S.) 社會學家也採用後一看法。

從其性質言，比較法並不是一種特殊的研究方法。其特殊的性質是它利用的資料爲歷史學、民族學及社會心理學的資料。再者，比較法也不具有特殊的理論與分析工具，這尤其在社會的比較上爲然。在這方面它的假設，分析程序及方法，都有缺點。

比較法也不是一種嶄新的研究法。早在古希臘時代，希波克拉底(Hippocrates)與黑羅特陶(Herodotus) 就利用民族學及地理資料以比較希臘與波斯的文化與社會。在近代社會思想家中，維哥 (Vico) 及孟德斯鳩 (Montesquieu) 也極力提倡，並用以比較各個社會的國民性，不過這個方法的發展則在十九世紀後半葉。十八、九世紀歐洲自然科學家競相沿用與發展比較法於自然現象的研究，蔚成風氣，並造成自然科學的黃金時代。這對社會學鼻祖孔德(Auguste Comte) 有深刻的影響。在此學術背景下，孔氏極力提倡比較法以研究人類社會，認爲這種方法爲實證科學的基礎工具，可用以發現人類社會最根本的法則——進化法則，這再加上十九世紀達爾文學說及語言史學家的鼓勵影響，於是比較法遂成爲社會科學上的主要方法。不過由於比較法先天上有很多缺點，現代社會科學家採用這種方法者比較少。

此一現象與功能分析法的發展大有關係。在社會學與人類學上發展的功能主義 (functionalism) 提倡脈絡分析 (context analysis)，認爲社會上任何現象應與他現象的關連上去觀察分析，不可視爲單獨發生、獨立存在的現象。因爲社會是個嚴密組織的體系，一現象之發生與演變乃是社會各單位互動影響的結果。與此看法相反，比較法則分開社會單位或社會制度，從事個別處理。

但須注意的，比較法與功能分析法並不是完全相悖或對立的。很顯然的，功能分析的最後目標也就是各類社會體系的比較與分類，祇不過它提出較爲鞏固的比較基礎而已。

比較法的缺點是：1.難以界定比較分析的單位，2.比較基礎脆弱不固，3.不易覓致客觀有效的比較標準，以及4.無法保證樣本選擇的客觀性與隨機性。英國社會學家金斯堡 (Morris Ginsberg) 指出，比較法既不證明也不包括起源與發展過程的雷同。

有這些困難，社會科學家認為比較法的應用範圍應限於同一區域內的附文化(sub-culture)或各種族，不宜用以比較不同區域的不同文化與社會，不過也有人反對設此限制，他們認為世界各區域的相似體系宜做集中區域比較(intensive regional comparison)；而同區域的附文化或社區因須有新概念與新研究技術，不宜應用比較法。（參閱福武直編社會學辭典，東京有斐閣出版，昭和三十五年。）

在社會學上，主要的比較研究領域有：1.社會體系之比較，主要係比較基本社會制度與文化朝向，比較的面為(1)複雜度，(2)價值體系，及(3)控制機能。2.社會行為模式。3.投票模式。4.犯罪。5.人格類型，國民性等社會心理現象。6.社會制度的比較。在社會制度的比較上，包括(1)普遍制度規範及其環境的比較（如婚姻，家庭，親屬體系之比較者是），(2)文化體系的類型（如宗教信仰），(3)普遍團體組織(如年齡團體)，(4)制度發展之趨勢(如都市化與民主化)，及(5)部分制度（如特殊風俗習慣之比較研究）。（范珍輝）

主幹家庭 (Stem Family)

主幹家庭一詞為法國社會學家雷柏來 (F. Le Play, 1806－1882) 所創。氏是頭一位社會學家以科學方法來研究家庭，為十九世紀的歐洲家庭分為三大類：(1)父權家庭 (patriarchal family)，(2)不穩定家庭 (unstable family)，(3)主幹家庭。

父權家庭之特徵是：已婚之子及其所生子女均與父親住在一起，在其至高權力的控制下。全家人由父親指揮工作。凡滿足生活上傳統需要外的一切剩餘者，則儲蓄之，累積之，成為家庭共有之財產。

不穩定家庭很類似現今所稱的孤立的核心家庭 (isolated nuclear family)，其所以不穩定者，主要是面臨經濟困頓之時，常無應付之能力，搖搖欲墜，岌岌可危。產業工人階級之家庭，為此類家庭之典型。亦見之於上層階級，主要由於繼承法迫使家庭財產之分散，所有繼承人各得一份，愈分愈少。雖然此種家庭給予有才幹之個人大展所長的機會，但平庸者則要冒失敗的危險。

主幹家庭為父權家庭之修正，家中僅留繼承人中的一個，餘則接受某種方式之贈與，至他處自圖建樹，但老家保留為他們的儀式中心，並是他們遭遇暴風雨時的安全港。因此，主幹家庭處於父權家庭與不穩定家庭之中間，兼備兩者之優點，既能適應產業主義之要求，讓年輕有為的子弟自謀發展，又能維繫父權家庭於不墮，保持家產之完整，發揮安全的功能。(cf. "Family", in I.E.S.S., Vol 5, pp. 306, 310 and "Le Play, Frederic", Ibid., pp. 86-87.)（朱岑樓）

白領階級 (White-collar Class)

白領階級是美國的俗語，指一般不以體力工作的雇員而言，以別于藍領(blue-collar)的體力工人。與英國的黑衣 (black-coated) 人員的意義相仿。

現代一般著作，認為白領階級是屬于身分較低的新中等階級。此類身分較低的中等階級，包括事務員，店員，代理商，半專業工人，技工等。至于經理和專門人員，則屬于高身分的中等階級，與白領階級的品位不同。換言之，白領階級是介乎高中等階級與體力工人階級之間的被雇人員。確定白領階級的標準有三：一，是雇員的身分；二，所做的工作是用腦的工作；三，資歷不是屬于專門知識的範圍。

米爾斯 (C.W. Mills) 研究美國的階級制度，認為白領階級即是新中等階級的整體，並無高低的區別。他以為除了企業家及體力勞工階級以外，所有經理，專門職業家，店員，雇員等，均屬于白領階級。(C.W. Mills, White Collar, New York, Oxford University Press, 1951.)（張鏡予）

參考文獻：

A Dictionary of the Social Sciences, p. 757.

布爾塞維主義 (Bolshevism)

此名詞來自俄文 bolshe(意指更多)，於一九〇九年被列寧採用，在此之前，有時也被別的作家所用。布爾塞維克(bolsheviks)一詞普通用為名詞，以指俄國社會民主勞工黨的一個派別之分子，蓋該黨在一九〇三年於第二次會議末後獲得多數。此名詞也被用為形容詞，以指該派及其分子之特殊特徵。自一九一二至一九五二年 Bolsheviks 一詞便成為俄國共產黨正式名稱的一部分。

由布爾塞維克派人自己看來，其特徵主要是依附正統的馬克斯主義以對抗修正主義；接受黨組織的中央集權方式，以職業革命家為中心作為它的嚮導要素，反乎廣泛而鬆散的黨組織之概念；並採用革命的戰略，而反乎改良家的。

但由該黨中的少數派 (mensheviks) 看來，布爾塞維主義意含武斷主義及教條主義；該派及其領導者只是追求權力，不關心工人的眞正利益，並忽視他們的見解，而傾向於陰謀及冒險主義。

由一九一七年起布爾塞維克派人在俄國奪取了政權，他們的活動日漸影響生活各方面，全世界他們的依附者與同情者及其反對者之人數日漸增加。結果布爾塞維主義原有的特質便變成含糊不清的了。

列寧給布爾塞維主義下二個定義：(1)在俄國之革命的馬克斯主義；(2)革命的馬克斯主義應用於時代的特別情況。他將其分爲二方面，即政治思想的一個趨勢與一個政黨。至於史達林則認爲布爾塞維主義與列寧主義是一樣的東西，而有二個名稱。蘇維埃大百科全書上釋布爾塞維主義爲列寧主義的理論與戰略，包涵在一個新的政黨內，即列寧與史達林所創造的布爾塞維克黨，並描述它爲國際勞工運動中唯一前後一致的革命之馬克斯主義趨勢。

一九二〇及一九三〇年代在俄國以外，布爾塞維主義被列爲左派的，過激的，「進步的」運動之一種，而在一九四〇及一九五〇年代，它却常被視爲近代極權主義的一種。（龍冠海）

參考文獻：

"Bolshevism" in D.S.S., pp. 58-59.)

代謝 (Metabolism)

代謝，或譯爲轉換，係生物學名詞。機體不絕消耗其體內物質。在消耗過程中，排出廢物質，必攝取新物質以補充之。如此廢與新之交換稱曰「新陳代謝」，其作用曰「代謝作用」。人文區位學採取其概念，用之於社會事物之新舊遞變之上。蒲濟時 (E.W. Burgess) 將社會之組織與解組看作代謝過程。在機體內進行之代謝作用含有異化的 (katabolic) 和同化的 (anabolic) 過程。異化過程將攝取之食物之無用物質，分解爲簡單之化合物，排洩於體外；同化過程則反是，將攝取之食物之有用物質，消化之以構成與己體相同之物質。蒲氏謂都市的發展乃是組織與解組的結果，有如機體內的代謝過程。究竟個人以何種方式與城市生活相融和？又經由何種過程成爲他所屬社會的組織之一部分？獲得文化的自然過程是經由出生。一個人生在城市，長在城市，耳濡目染，潛移默化，與城市的社會環境建立良好的調適。人口的自然增加（出生率超過死亡率），最有利於如此之同化。但城市的發展非依此常律。日在擴大的現代都市，其人口來自社會增加（遷入人口超過遷出人口）。不過自然增加率仍然有其用途，即可以拿來測量擾亂代謝作用的任何非常態的增加。在年齡和性別的組合方面，所有城市的人口，若與標準人口（如瑞典的人口是，因近些年來未受遷入遷出的重大影響）相比較，同樣表現顯著的偏差，例如性比例之太高或太低，老年或兒童之太多或太少等，這些都是社會代謝 (social Metabolism) 的反常徵候。

事實上，解組 (disorganization) 與改組 (reorganization) 可以看作互爲表裏的關係，在社會秩序 (social order) 的動態均衡中，彼此合作前進。由於解組產生改組和更有效的調適，故解組不應視之爲態病的，而應視之爲正常的。城市生活的新參加分子，在態度和行爲上，有許多以往因習慣而認爲正常者，必予以捨棄，而習得新的以與新環境相調適，即是經由解組而達成改組。在此種進行過程中，勢必發生顯著的心理衝突和個人迷惘 (Personal loss)，但最後會帶來一種解放的感覺和一股邁向新目標的衝勁。(See R.E. Park, E.W. Burgess, and R.D. McKenzie (ed.), The City, Chicago: University of Chicago Press, 1925, pp. 47-62.)（朱岑樓）

同化 (Assimilation)

同化是指不同的文化，不同的分子，不同的團體，彼此接觸後，改變其原有之習慣，而接受新環境之溶化的社會過程。社會學上所稱社會同化，不一定將原有習慣的全部改變，而是將外來的文化特質，予以消滅，使之符合于新文化單位 (new cultural unit) 的結構與功能。同化最普通的例子，是強有力的團體統制了柔弱的團體，或由于移民的關係，將外來文化帶到另一個國家，使之混合。換言之，同化是一個民族性的模式，代替了另一個民族性的模式。而此種代替過程，多由較低級的團體或民族爲之。

派克與蒲吉斯的同化定義：『同化是一種透入與合併的過程，在此過程中，個人與團體須要領悟他人或他團體的經驗與歷史，而獲得他人或他團體的以往事蹟，思想與態度，使合成爲他們的共同文化生活。』(Robert E. Park and Ernest W. Burgess, Introduction to the Science of Sociology, Chicago: University of Chicago Press, 1924, p.735) 此種將他人之生活納入于自已的生活之過程，非旦夕可以完成。

同化的最重要條件，爲傳播的力量。傳播的發生由于社會接觸。社會接觸後的傳播作用，以共同的語言爲工具，因爲語言可使一個新進社會的人了解新社會團體的生活象徵和意義。故同化的第一步是學習新社會的語言，然後能閱讀新聞，加入團體，進入學校，獲得職業等等，這是同化必經的過程。

此外同化的方式有通婚，此種同化作用，由潛移默化，在日常生活中，養成共同習慣。另一種方式爲文化傳播，一個社會因交通關係與異地文化接觸，日積月累，使當地人民，逐漸輸入採用，與固有文化相融合。此種社會吸收文化作用，亦稱爲同化。（張鏡予）

參考文獻：

Julius Gould and William L. Kolb, Dictionary of Social Sciences.

孫本文：社會學原理。

龍冠海：社會學。

同心圈說 (Concentric Zone Theory)

此是用來說明都市發展之區位模式 (ecological patterns of urban growth) 的一種理論，首先提出者爲美國芝加哥大學社會學教授蒲濟時(E.W. Burgess)。根據他研究芝加哥城的結果來推論，認爲現代城市的發展過程在其區位上有一定的模式，即由中心至外圍可別爲五個區，各有某些顯著特徵。(1)中心商業區 (the central business district)，這是火車站，摩天樓，百貨商店，戲院，銀行，旅館，市政府，及交通運輸等集中之處；人口雖然集中，但只有少數人在此居住，其面積也只佔全市的小部分。(2)過渡區(the zone of transition)，這是在商業區的附近或周圍，由於商業區的發展，此區常在變遷之中，侵入 (invasion) 及接續 (succession) 的現象時常發生，土地利用與地價的變動最快，房產在衰落中，租金底廉，多便宜的客棧，但也有若干高價的豪華住宅，集中在區內之人口多爲外國及鄉區移民，收入底者，犯罪者及娼妓等。(3)工人住宅區 (the zone of workingmen's homes)，住在區內的大部分爲工人階級，包括半同化的移民，有零售的中心。(4)中等階級住宅區(the zone of middle class dwellers)，其位置是在工人住宅區之外，面積較廣，有高尙的住宅與公寓，居住的人多半爲自由職業者，小商業的老闆及經理階級等。(5)郊區或通勤者區 (the suburban or commuters' zone)，處於市之外圍，整個或部分在市行政區之外，依交通運輸工具通達中心城市或都會之便利而定其範圍，包括許多鎭集及村落，多爲中產階級的住宅，居民日間入城工作，晚上始歸來住宿，故有人稱之爲『臥房』鎭集 ("bedroom" towns)。

依蒲濟時說，這些同心圈只是理想的概念，沒有城市絕對或完全符合乎他的模式，因爲受地形及交通運輸路線等之影響，而使劃區的模式變了形。他的這個學說曾遭遇若干人的批評，但也有若干的研究結果予以支持或加以修正。無論如何，這只能視爲都市發展區位模式應用於美國若干都市的一種假定或說明，尙不能應用於所有都市。（龍冠海）

參考文獻

參閱『扇狀說』及『多種核心說』二條。

E.W. Burgess, "The Growth of the City", in The City, edited by Park and Burgess, 1925.

Gist and Fava, Urban Society, pp. 107–114, 1968.

同質通婚 (Homogamy)

同質婚姻常用作相稱婚姻 (assortative mating) 的同義詞，古恩 (M.H. Kuhn)則予以區別，謂同質婚姻之含義較窄，係指與具有相似或相關之人格特質之異性結爲配偶之趨勢，而相稱婚姻所指之範圍較廣，結爲配偶之對方，具有相同的文化或社會背景，屬於相同的社會經濟階級，從事相近似的職業等等。(Kuhn, "How Mates Are Sorted", in H. Becker & R. Hill (eds.), Family, Marriage and Parenthood, Boston: D.C. Health and Company, 1955, p. 261).

上述兩詞最初用之於動物的生物性研究，將其概念引至人類婚姻之時，必須注意人與動物在配偶方面的先天差別。此一差別主要來自人類所生活的世界，其界限大部分由種種評價、意義、規範及所屬團體之標準所畫定。人類的學習能力强，可塑性大，所作所爲不像動物那樣完全依照生物所決定之方式，而是經由社會化過程接受態度和行爲的現成模式，用以適應生活環境。擇偶乃行爲之重要者，受團體習俗之重大影響，自不待言。故人類的同質婚姻，與動物的『龍配龍，鳳配鳳』，或『物以類聚』是不相同的。動物之雌雄配對，純屬生物行爲，人類之男女配婚是以生物爲基礎的文化行爲。

同質婚姻的相反詞爲異質通婚(heterogamy)，基於『同性相斥，異性相吸』的現象，於是認爲具有不同特質之男女有結爲配偶之趨勢。誰選擇誰爲配偶，基於同質抑異質？在此方面有過不少的實際研究，但同異互見，尙無定論。顧德(W.J. Goode)認爲婚姻是市場，擇偶便是交易過程，討價還價的結果，產生同質婚姻 (Goode, The Family, New Jersey, Prentice-Hall, Inc., 1964, pp. 32-33.)

格發特(W.M. Kephart)將擇偶過種中之男女特質分爲四方面，然後綜合各家的研究結果，說明何者尙同，何者尙異：(1)智力方面—包括教育程度、智商等；(2)生理方面—包括年齡、身高、體重、健康、美醜、種族等；(3)社會態度方面—包括宗教、女權、婚姻觀念、子女、社會參預等；(4)人格與氣質方面。前三方面都趨向於同質，爲所有的實際研究所一致同意，問題發生在最後一方面人格與氣質之上。男女擇偶，在內婚與外婚兩套規範的交相運作下，各擁有一羣候選人，結果爲甚麼某人選定某人爲夫或妻？這是一個大秘密，可能隱藏在人格的神秘巨洞內。如果眞有一把鑰匙，舉手之勞，就能把秘密揭開，但迄今尙無人發現這把鑰匙。『人格』是非常複雜的一個現象，爲之下一界說，已經很不容易，想要加以測量或了解，更是難上加難。有關人格與擇偶之關係，心理學家和社會學家所作的研究，各執一詞，莫衷一是，問題可能在於組成人格的各種特殊成份難以分離之、測量之。『誰與誰結婚』之關鍵，是在同質？抑在異質？有些研究主同，有些研究主異。都有理由，但理由都不充分。格發特有云：『男女相配成婚，雙方的許多人格特質中，某些相同，某些相異，這在理論上是可能的。同時在人格的意識層是相同，在無意識層却相異，這也是可能的。』(W.M. Kephart, The Family, Society, and the Individual, Boston: Houghton Mifflin Company, 1961, pp. 283-286.)

格氏折衷於異同之間，雖有模稜兩可之嫌，但在同質異質問題未獲得明確解答之時，只好如此而已。然而科學的研究永無止境，繼續在一點一滴地爲人類解答問題。例如晚近溫奇(R.F. Winch)提出一種新學說，以需要之補充需要(complementary needs) 說明男女擇偶爲人格相異特質之配合。引起普遍的重視，誠爲可喜之現象。該學說在此不贅，詳見於『擇偶』條。(朱岑樓)

同輩團體 (Peer Group)

此名詞指年齡與社會地位差不多相同者的結合，此種結合的存在是爲了親睦或樂羣 (sociality)　。在人類社會中，它十分普遍而自然。它具有極重要的社會化作用。與任何其他社會化組織一樣，同輩團體代表賞罰是非的體系。它對樂羣技能予以嘉勉，而對阻障感情交流和私人關係者則加以擯棄。它將人際關係的差異減至最小，而强調參與分子間之平等和一致。它不但奠定友誼關係的基礎，並且是這種關係的一種具體表現。因爲同輩團體在現代社會中特別重要，晚近社會學家便對它加以注意研究。

蒲魯姆與塞茨尼克 (Broom and Selznick)二氏在其合著『社會學』中對此種團體有如下的評價：

『同輩團體傳遞樂群的技能與價值，如同心協力，互相容忍，共有共享，一同參預等觀念對個人便成爲重要的。他在此種團體中學會不得標新立異或炫耀本領。雖然同輩團體供給機會以發展友誼和眞正親密而自發的關係，但對於『全人』(Whole person) 卻未必計及。同輩團體內所須有的慣常反應常抑制深度的私人愛慕之發展。』(Leonard Broom and Philip Selznick, Sociology, Second Edition,1960,p.106;，參閱朱岑樓譯，蒲魯姆與塞茨尼克合著社會學，新陸書局，民國五十六年，九五頁)(龍冠海)

同類意識 (Consciousness of Kind)

認知他人行爲與己身之相似，因而有同類的感覺與同情心，是謂之同類意識。此種相似性之認知，不僅限於外表之身體的活動，舉凡目的與動機等等，亦均包含在內。

同類意識一詞爲美國社會學家季亭史(Franklin H. Giddings 1855-1931)所創，他的此一概念之提出，實源於亞當斯密 (Adam Smith, 1723-1790) 一七五九年出版『道德情緒學說』(Theory of Moral Sentiments) 一書中所言之同情概念之影響。季亭史認爲此種同類意識，乃人類社會生活之主要基礎。一切社會組織、社會團結、合作、以及社會適應之推進，均有賴於此種含有同情與知覺因素之心理狀態。依照季亭史之意見，此種意識始於有機的同情，繼而表現爲高級的同情、愛情、以及同類的知覺，最後終於成爲社會生活之重要的主觀因素。易言之，此種意識亦即促進人際關係，使團體份子更加團結與更相類似的一種重要因素。至於所謂社會 (society) ，實即基於此種同類意識而結合在一起的一個人群。故無論嗜好、觀念、信仰、儀態，道德等之相似，皆可促進人與人間或團體間之愛悅、同情與團結；而與此相反的種種特質，亦可以導致人與人之間的抗拒或惡感。（張宗尹）

參考文獻：

Fairchild, Henry Pratt (ed.), Dictionary of Sociology, Ames, Iowa: Littlefield, Adams & Co., 1959. p. 62.

孫本文著：近代社會學發展史，上海商務印書館，民國三十六年初版，頁四七—四八。

犰舍夫原著，謝康譯：社會學理論—其本質與成長，臺灣商務印書館，民國五十六年初版，頁八十八—九〇。

自由主義（Liberalism）

自由主義，視爲政治思想名詞，有許多意義，但從未與它的拉丁字源liber（自由）完全脫離關係。它指某些人的觀點或政策，最關心的是在政治或政府方面獲得或保持若干程度的自由，不受國家或其他機關團體之控制或指揮。

自由主義在傳統上是一種運動，以求全體人民不受武斷的政府之驅使。在其私務方面獲得法律的保障，在公務方面經由其自由選舉的立法團體能控制執政的政府。自由主義者將其政治自由鬥爭溯源至英國男爵對英王的反抗，特別是一二一五年所簽訂的大憲章（The Great Charter），而在純粹理論方面則傾向於哲學家陸克（J. Locke）的學說，信仰自然的狀態和法則，承認沒有那一個人在健康，生命，自由及財產方面應該損害他人。美國殖民反抗英國政府，宣稱人賦有某些不可割讓的權利，如生命、自由、及幸福的追求。雖然美國的政治制度與英國的有顯著的差別，但是他們同有而且時常保存這樣的信仰，即法治與對政府有控制之需要。

十九世紀，由於功利思想的影響，對個人的概念予以特別着重，認爲惟有個人能視爲經驗的唯一中心，而他的慾望與需要也是功利與幸福的唯一測驗。自由主義於是成爲對個人之重要性的信仰，以對抗集體的東西，不管它是國家或民衆。邊沁（J. Bentham）的最大多數人的最大幸福之觀念，如後來的思想家所發揮的，給自由集體主義以發展的範圍，而廿世紀的自由主義也與社會民主主義能夠共同有很大的進展。

在經濟思想中自由主義包含反抗國家對經濟生活的控制，尤其是用輸入稅對貿易的限制，反抗一切方式的專制，以及財富的生產與分配方面政府作不必要的和煩惱的干預。個人經濟自由主義的極端主張約見於十九世紀中葉，當時自由主義者甚至會反對用法律來管制工廠中的勞動。自此之後，自由主義接受並促進爲了一般利益而由國家控制的許多措施，如健康和社會保險。它贊成工會的發展作爲保護工人利益的方法，但總是疑懼工會有獨攬權力而强制工人的任何趨勢。

在宗教思想中，自由主義包含人們依其良心有信仰和不信仰的權利。在十九世紀英美大多數自由思想家或不可知論者都屬於自由主義派，但大多數的自由主義者係基督徒並相信他們的政治信條是與基督教一致的，而且確實是基督教的必然產物。（龍冠海）

參考文獻：

D.S.S., pp. 388–89.

自殺（Suicide）

這是個人自願結束自己生命的一種手段，也是一種人生悲劇和令人警惕和注意的社會問題。自殺不是他殺；自殺者是殺者也是被殺的對象。自殺者無論自殺已遂（殺死了自己）或未遂（已經自殺，但未身死），他本人對於這個自殺行爲，必然先經過一番考慮，這種行爲，絕大多數都反映出社會行爲的一種基本過程，是一民族或地區文化模式和導致於社會過程與集團生活有相當關聯的一種反映。（謝康：『香港自殺問題』，社會問題論叢，五十八年臺灣商務書館版）

自殺的原因頗多，有心理的因素，社會的因素，經濟的因素或生理的（疾病）因素等等，法國哈白華茨教授（M. Halwachs, 1877–1945）著『自殺的原因』（Les Causes du Suicide, 1930）一書，曾經有詳細的分析，據筆者研究香港的自殺，其主要原因，大約有精神病、肉體久病、貧窮或失業、事業突然失敗、與人衝突、親屬死亡、賭輸或受騙、畏罪自殺或失戀自殺殉情自殺等許多種。

據涂爾幹（E. Durkheim, 1858–1917）『自殺論』（Le Suicide, e'tude de Sociology Paris, 1897）一書的研究，站在社會學立場，分自殺爲三類：㈠利

他主義的自殺（le suicide altruiste）即個人爲團體盡其最大的忠誠而捨生取義；(二)自私式或個人主義的自殺（le suicide e'gorste ou individualistique）這是利己的，和利他的動機相反，當常是爲着逃避個人的危機或解決個人的問題而自殺；(三)變態式的自殺（le suicide anomigue）當社會驟然發生變動，社會解組，秩序混亂，經濟恐慌的時期，不少人因而自殺。（參看涂爾幹自殺論原著或英譯本）（謝　康）

自然區 (Natural Area)

依派克(E. W. Park)之解釋，自然區是在物質、經濟和文化方面具有明顯特色的地域單位，事先未經計劃，而是區位過程和社會過程運作下的產物(See "Natural Area", in D.S.S., P. 458.)

據植物區位學家的觀察，當植物不受任何外力干擾之時，有自動組成集團的趨勢，蓋某類植物爲其生長與繁殖，需要某種條件與資源，於是聚生於一個地區之內。此種特質相同之地區即是『自然區』。如此之現象亦見之於人類社區，人文區位學家便採借『自然區』之術語與概念，作爲參考架構。但是植物自然區立基於共生關係之上，人類自然區則加上文化因素。除物質特質外，生活於自然區內的人民表現獨特的文化特質，如制度活動、生活標準、態度價值、情操傳統等。

任何一個大社區或城市，由許多不同的自然區嵌鑲而成，如工業區、商業區、住宅區等，有如教堂之玻璃窗，五彩繽紛。有些彼此對照鮮明，昭然在目，如工業區與商業區之功能迥異；金融中心巨厦摩天，而貧民窟瘡痍滿目；高級住宅區車水馬龍，而工人住宅區嘈雜寒傖；惡習區以作姦犯科爲正常，而學校區朝誦夕維，弦歌不輟。另一些自然區彼此相差甚微，此一區的一些特質無形中轉變爲他一區的一些特質，如同電影上所表現『淡入』與『淡出』的技巧。

自然區與行政區（administrative area）常相穿截，很少是吻合的。行政區是爲某特殊目的而任意予以畫定的地區，如警管區、學區、選舉區等是。從事任何城市的區位研究者，都發現行政區不能與社會經濟的實際情況相配合，在研究上無甚意義，而自然區卻是蒐集資料和進行研究的理想基本單位。蘇蒲(H.W. Zorbaugh)對此二者明加褒貶：『正確有用統計資料之獲得，所必須依賴的單位，不僅要界限分明，能作比較，而且在查覈過程中必是實際的因素……因此自然區是城市的眞正單位，其範圍能夠正確地畫分出來，在其內我們可以研究城市生活中那些較難以捉摸的複雜微妙現象，如政見、民意、文化衝突、社會態度等。我們利用這些累積的資料，進行比較、校對而達成了解。有確定的自然區，又有自然區內所發生各種過程的分析，則其統計資料大有助於實際情境的診斷，未來趨向的指示。』(See Zorbaugh, "The Natural Area of the City," in G.A. Theodorson (ed.), Studies in Human Ecology, New York: Row, Peterson and Company, 1961, pp. 45-59.)（朱岑樓）

老人學 (Gerontology)

對年老的現象及老人問題作科學的研究（a scientific study of the phenomena of aging and of the problems of the aged）稱爲老人學，簡單說就是研究老人的一門科學，分析來說，所謂年老的現象，不僅是生理和心理學上的事實，也是社會學上的事實，根據穆尼葉(Rene' Maunier, 1887-1946)社會學導言(Introduction a la Sociologie, 1929)的研究（此書有謝康譯本，一九五七，香港人生出版社）有所謂年齡的集團(groupe d'age見原書第三章第一節）係同一年代（或世代）的個人的聯合，有些民族的社會分工，往往由年齡來作區別的標準，例如未滿十四歲的小工人稱爲童工，未滿十八歲的女孩子在臺灣不能擔任酒家女或咖啡室的服務生，又如退休年齡，各機關學校多規定六十五至六十八歲。年老人往往自成一個團體，或一個等級，形成一種資格、權力、經驗、威望或社會地位，而這些等級、資歷或社會地位，往往隨年齡之逾邁而加强。許多部落的酋長和首領常常是『年高德劭』爲部族所尊敬的人，他們掌握着權柄和威力，按照英美人的說法，就是『巫術性的老人統治』(magic gerontocracy)。所謂『老人統治』最初由英國人類學家李佛士(W.H.R. Rivers)首先應用這個名詞，來形容美拉尼西亞長老統治下的政府制度。事實上，現代列强政府也多半由老年人來管治。諾貝爾獎金也多發給老年人，大家庭、家族的財權也多操在老人手上。這種尊老、敬老、擁護老人統治的風氣，可能得自古代初民社會遺留下來父道主義（paternalism）的傳統，值得由老人學加以研究。

至於老年人的問題，也是老人學研究的對象，老年人的問題，自古有之，而現代工業社會個人主義的都市生活，老人問題更多，這在『老年人問題』一條下，已另有敍述，可參看。（謝　康）

老年人問題 (Old Age Problem)

現代工業發達的國家所發生的老年人問題，大概是指老年人體氣衰弱，因退休失業，沒有儲蓄，須賴於公衆或政府或私人的救助，以維持生活。這種經濟上的依賴，是老年人發生問題的主要原因。中國古代的鄉飲酒禮，和『養老』制度，使老者皆受尊敬和有所養，又論語所謂『老者安之』，孟子所說『老吾老以及人之老』，都是解決老人問題的理想。現代中國社會往往有『養老院』、『安老院』的設立，就是這種理想的具體實現的組織制度。加以孝養的觀念仍有保存，故老年人問題比較少。別的民族不一定像中國人特別敬老，而多採取個人主義立場和實際的現實主義來待遇老人家。在美國，因醫藥衛生進步，出生率和死亡率降低，壽命延長，於是老年人的比率堤高，在一八七〇年時，全美國約有一百萬年逾六十五歲的老人，至一九八〇年，據估計這數字可達到二千二百萬 (Landis: Social Problem, pp. 651-652, Lippincott, Chicago, 1959) 在一百年之間，增加約二十倍，這些數以千萬計的老人，有些雖有儲蓄或退休金，可以過活，但不少的老人，須受國家或社會供養，否則無以爲生。現代各國社會立法及社會政策，多有養老年金或老年保險制度，或老年補助費的規定。（謝　康）

共生 (Commensalism)

在人文區位學，共生通常是表示分工之參加者間的一種競爭與合作的關係。爲與互生 (symbiosis) 相區別，並作爲專門的區位學概念，共生是用以指明分工體系內占有專門化位置之人之間的種種關係。（參閱『互生』條）

共生之語源，衍自拉丁文 com 之意爲『共』，mensa之意爲『桌』，尾加 ism ，義即同桌共食之關係，擴大之，成爲生物學與社會學的一個概念。在生物學上，共生係指同類或異類之生物共同進食的關係。社會學家中，有少數用此概念以分析人類團體間的關係。玆擧三種用法如后：

㈠史密斯(T.L. Smith)視共生與互生爲同義，兩者均用以指示一種互助關係，如拓荒者村落和小鄰閭團體常表現此種特質。 (T.L. Smith, The Sociology of Rural Life,New York: Harper & Brothers, 1953, p. 523.)

㈡鮑格爾 (E.E. Bergel) 謂共生一詞有助於社會階級結構之分析。『談笑有鴻儒，往來無白丁。』僅聲望地位相等之人，始常在一起杯酒言歡。高階層者不屑於與低階層者發生親密而平等的關係。(E.E.Bergel, Urban Sociology, New York: McGraw-Hill, 1955, p. 181.)

㈢霍禮 (A.H. Hawley) 將共生與互生予以清楚劃分，成爲兩個不同的區位學概念。共生係指分工結構之內，占有相同專門化位置之人，以生產者或消費者之身分彼此所發生的關係，相反地互生則指不相同者間的關係。共生關係是立基於合作上而進行强烈的競爭。依照霍禮，共生是構成『類屬團體』(categoric group, 由相同者所組成）的基礎，而互生則構成『組合團體』(corporate group,由不相同者所組成）的基礎，此兩類團體是人類社區的基本社會結構。 (A.H. Hawley, Human Ecology, New York: The Ronald Press, 1950, p. 39.)。

多數社會學家持與史密斯相同之見解 symbiosis 和 commensulism 無區分之必要，且常用前者而舍後者，中文通常均譯爲『共生』。本條譯作『共生』，而以『互生』來譯 symbiosis 者，蓋取霍禮之重要概念：互生關係發生在異類生物之間，共生關係發生在同類生物之間 (Hawley, op. cit. pp. 40-41, 209-10, 220, 280.) 異爲互，同爲共，似甚妥當。（朱岑樓）

共產主義 (Communism)

此名詞來自拉丁文 communis ，約在一八四〇年左右首次出現於法國。廣泛的說，它指某些社會革新者的理論與實踐，主張全社會或統治階級之財產共享和不受等級約制的社區生活。它也可以說是一種社會哲學或社會組織體系，以生產的物質工具及經濟勞務之公有的原則爲根據。在其基本哲學上，它與社會主義實際是相同的。此種思想在歷史上早已有人提倡或論述，如柏拉圖及莫爾(Thomas More)等。但在近代的發展主要係受馬克斯與恩格斯的影響。無論古代或近代所講的，共產主義一詞的涵義都有相當的差異，理論與事實也有很大距離。僅就近一百多年的發展情形來看，從一八四〇至一八七二年間它的用法與社會主義是有區別的，主要是在社會改革的手段方面，共產主義的主張是革命的，而社會主義的卻是緩和的。

從一八七二至一九一七年間二者被混爲一談，社會主義差不多被用來代替了共產主義。一九一七年後二者又有區別，而其區別更趨於尖銳化。由伊本斯坦（William Ebenstein）的分析，社會主義與共產主義並非一物之兩面，而是代表兩種不能協調的思想和生活方式，正如自由主義和集權主義的不能協調一樣，其差異有以下幾點（見其所著『今日的主義』Today's Isms, 1961）。

㈠共產黨設法以革命、暴亂及內戰來打倒資本主義；而社會主義者則主張遵照嚴格的憲法程序來促進社會改革，以投票而非以槍彈來爭取政權，一得政權他們知道此並非永久的，而共產黨則永久想抓住政權。

㈡在公共佔有問題上，二者無法協調，共產黨認爲由資本家經營轉移至公共佔有乃驟然的和完全的，被公家所佔有的財產不予以賠償。社會主義者則不相信這種轉移能忽然的或完全的，而是漸進的，實驗性的，要看特種工業和勞務的功用是否有用或行得通，並認爲非法的或沒有賠償的侵佔人民財產是不對的。他們視公共佔有只是達到目的之一種手段。共產黨主張一切東西完全國有，卽所有生產、分配、及交換工具全轉移給國家。而社會主義者則主張先要找出一套經驗原理，依此指示，在特殊情形下，以某種工業或勞務轉到公家之手。至於判斷標準可能是這樣的。一種工業經查明後，認爲是一種專利，如煤氣、電燈、電話之類，或私營產業發生毛病，如過去英國的煤礦，或某工業對國家經濟在戰時及平時均重要的，如鋼鐵工業。凡是屬於以上三者之一，皆可由國家經營。

㈢在哲理方面及政治方面，二者的差異更爲根本。列寧的革命理論是以這樣的假定爲據：多數人民是不能自己思想的，少數人（共產黨）應出而爲領導無產階級者，而在少數人中又有一小團體的人，也卽是列寧所謂的職業革命家，須制定政策及負起領導責任。故在他的理論裡，少數人中的少數團體乃是統治的英才（elite），此種英才的觀念是被社會主義者所唾棄的，他們相信在全國和在黨內一樣，均是多數人統治。

㈣社會主義者相信勸導是促進改革方案的唯一方法，共產黨則覺得以勸導方法來謀改革是無用的，因爲所有傳播工具，教育及宣傳均有偏見，有利於資本主義現狀；新聞自由等於無用，如無錢辦報。

㈤共產黨認爲每種資本制度不管是民主的、專制的或法西斯的，均爲資產階級的獨裁，社會主義者則將其區別爲二：卽政治的獨裁和自由的民主政治；他們反對共產黨的理論，卽民主政治中的選擇是在完全的資本主義與完全的集體主義之間。

總之，共產黨是依三個絕對名詞來思想，卽資本主義、革命、及共產獨裁；而社會主義者，則依三個相對的名詞來思想，卽佔優勢的資本主義經濟爲起點，一長期的漸漸改革，及最後佔優勢的社會主義經濟。（龍冠海）

參考文獻：

"Communism" in D.S. and D.S.S.

地理決定論 (Geographical Determinism)

有些專家學者早經指出氣候、土壤、雨量、地形及其他地理因素對人類性情和文明的啟發，有絕大的影響，這是許多人所已知道的。他們的理論很多，可略舉其要點。布丹（Bodin 1520–1596）首先指出，社會進化上的氣候原理、經緯度、地勢高低、位置和土質，都屬於氣候的範圍，這些因素在他底社會因果論中，都佔有相當地位。其後十八世紀（一七四三年）孟德斯鳩著法意一書（中文有嚴復譯本），說明氣候及環境對法律及制度的影響。甚至宗教、商業、農業、婚姻制度等，都和氣候有關。十九世紀英國的布克爾（H.H. Buckle 1821–62）著英國文明史（一八五七—六一年出版）認定最有力量影響人類的物質因素有四：氣候、食物、土壤和自然界的普通現象。並一一詳細的加以解釋。同時代的法國史學家米舍烈（Michelet），文學家泰納（Taine）和社會學先驅雷柏來（Le play）等都充分承認地理環境的力量。再後到了德國的拉雪爾（F. Ratzel 1844-1904），作爲人類地理學(anthropo geographie)和政治地理學(geopolitigue)的代表人物，地理決定論的傾向，更加明白的顯示出來。不過他底學說，沒有十分堅固的科學基礎，他所强調的特別是地勢、面積、邊界等對國家民族生存的關係。美國地理學派的代表是森普爾女士（Miss E.C. Semple）和杭丁頓(E. Huntington)，前者著『地理環境的影響』(Influences of Geographic Enviroument, 1911)，後者出版『文明與氣候』（Civilization and Climate, 1919 and 1923）俱負盛名，他們的陳述，都有理由，以自圓其說，但若單憑地理因素決定一切，則未免太走極端，犯單元論的錯誤。法國人生地理（Geographie humaine)學派白呂納，（J. Brunhes, 1869–1930）白拉舒（P.V. de la plache 1845–1918） 和德孟松（A. Demangeon）都是這派的巨子，但持論比較溫和，多側重人生與地理雙方的相互關係，不以地理決定一切，而忽略『人定可以勝天』的文化力量。（謝　康）

地區研究(Area Research)

地區研究係以一地區為單位，分析與比較其組成社區的各方面事實，進而提出類型判斷的研究。此一研究的基本觀點是：在同一區域上的人民雖生活在不同的社會與自然環境，但其地理環境根本上相同，故可做為學術研究的一單位。

地區研究是人文地理學、人類學及社會學共同從事的部門，惟人文地理學注重於人與自然環境的關係，人類學注重文化模式的比較研究，而社會學則注重區域社會狀態 (regionalism) 的探討。社會學家研究都市文化的結構、功能及影響，並從地區社會的價值結構分析階級、階層及社會組織，以及從構造類型 (Constructed typology) 的觀點研究地區的統合過程與程度。

今日地區研究的一趨勢是各地紛紛設立地區中心，從事或協助地區研究。同時科際的合作也日愈密切，不僅在次數上增多，並且合作的方式日愈複雜。（參考 I.E.S.S. 及福武直主編，社會學辭典，東京有斐閣，照和三十五年）。

（范珍輝）

死亡率 (Mortality)

死亡研究是要瞭解死亡對於人口所生之影響。在人口學上死亡一詞常指的是死亡率，是指人口中死亡人數之多寡。如果未經特別指明，通常指的是粗死亡率 (crude death rate) 或一般死亡率 (general death rate)，是該年死亡人數與同時期人口數之比。常以曆年計算稱為年率。有時在計算時採用該時期之平均人口數，如果人口沒有太大變動，以該時期之期中(mid-point of the period) 人口代之亦可。如果只研究人口中之部份人口時則稱為特殊死亡率，性別與年齡別死亡率是最常用的。如不分性別則單稱年齡別死亡率，這也是常用的一種。

應用特殊死亡率可來研究差別死亡率或不同人口間之死亡差異。通常男子之死亡率較同年齡之女子要高。不同職業的人死亡率各異。就不同職業研究其一般死亡率之不同，稱為職業死亡率。與此字同而義不同者是職業病死亡率。係從事某種職業而連帶發生之疾病因而死亡，如礦工之肺氣病。此種死亡率有時稱為職業病死亡率。

粗死亡率視人口結構（尤其是年齡結構為然）及死亡數之多寡而定。如果把不同人口的死亡率加以比較時，便須計算出標準化死亡率，或校正死亡率，以消除因人口結構不同而生的影響。就某種人口結構作為標準人口計算標準死亡率時，年齡一項是最需要進行計算的。如果所要研究的人口可以提供年齡別死亡率時，則以之對照施用於標準人口的各年齡組，此稱為直接法。另一種方法稱為間接法，用之計算出各種比較死亡指數，其用途與標準化死亡率一般無異。計算時，以各年齡組之標準死亡率用之於所欲研究的人口的各年齡組。所得總和為預期死亡數，其與當地人口數之比稱為每千人指數死亡率(index death rate per thousand)標準人口死亡率與指數死亡率之比（稱為比較死亡指數）乘以當地人口死亡率即為標準化死亡率。

活產嬰兒其未滿一足歲而死亡，其死亡率稱為嬰兒死亡率。活產嬰兒未滿四週或一月而死亡，其死率稱為新生兒死亡率。嬰兒已超過四週而未滿一足歲其死亡率稱為後期新生兒死亡率。關於死於胎中之嬰兒，據世界衛生組織的建議，在胎兒未出生之前，不管懷孕期多久，成為死胎者，稱為胎兒死亡率 (foetal mortality或mortality in uterc，或intra-uterine mortality)，不論是小產，人工流產或死產都可包括在內。在懷孕期後期之流產及活產之前數天招致死亡之原因大致相同，所以把死產與新生嬰兒死亡率都可稱之為 peri-natal mortality。

嬰兒死亡率之計算常以某年已登記之嬰兒死亡率（未滿一歲者）與同年登記之活產嬰兒數之比。這個數字只是出生與未滿週歲間之近似值。如果能根據出生年及死亡年分別計算，其值更近於事實。如果沒有這類材料，則可就本年之嬰兒死亡數與上年出生而本年死亡之嬰兒數分別加以估計。死產率及流產死亡率亦可依法計算，不過要以全部出生嬰兒為分母，而不是單以活產嬰兒數為分母。

如計算年齡別死亡率時，嬰兒死亡率及新生嬰兒死亡率是一般認可的兩種。其餘的如兒童死亡率，成年死亡率或老年死亡率，其用法各國之間並不一致。（席汝楫）

參考文獻：

United Nations: Mortality, in Multilingual Demographic Dictionary, English Section, pp. 26–28, United Nations, Department of Economic and Social Affairs, New York, 1958.

合作 (Cooperation)

合作是人與人或團體與團體為達成共同目標，彼此互相同意，表示互助協作的一種聯合行動。維持合作的關係，在于相互間的交通和接觸。合作不論是直接的或間接的，可使合作雙方獲得有利的結果。

合作的起因，由於(一)應付自然力，謀取生存需要，如抵禦猛獸侵略，防備水患災害等，必須共同合作，收效較宏；(二)應付社會安寧，如抵抗戰爭，維持社會秩序，圖謀社會進步，均賴共同合作，始克有成。

合作的基本條件，第一須有同情的反應，第二有賴思想的接近，第三應有行動的配合，第四必須相互的信任。

合作的結果有時與衝突一樣，足以危害團體的獨立性。兩個團體在合作期間，必然增加了相互的接觸，因此團體間的界限使之不易劃分，影響團體獨立存在的可能，並足以搖動了團體領袖的固有權益。這種情形，在教會或政府機關，政黨組織，軍事機關等，均會發生嚴重的問題。甚至在辦理社會福利的團體，亦難免有此現象。

合作是一般人所敬仰的名詞，但事實上做社會領袖的人，遇有合作的事件發生，在事前必須考慮到這幾個問題：(1)為何要合作？(2)為何人合作？(3)合作的代價是什麼？（張鏡予）

參考文獻：

孫本文：社會學原理下册，商務印書館，頁四七一五二。

龍冠海：社會學，三民書局，頁三三一一三三五。

行為模式 (Behavior Pattern)

頗為規則化的行為系列或可觀察的規則行為。模式卽類型，一定形式，或具有特定方向的特性。行為模式因此是有關外表行為的特定傾向或一貫特性。

行為模式的一特徵是重現性或反複性。當一系列的行為達成其目標後，並不卽消失，而在其他類似的情境重複出現。其結果，使人感覺到它是固定的，有規則的，以及始終一貫的。

行為模式雖從外表行為觀察及推定，但行為模式的形成與心理因素關係密切。因此有因果關係，有些社會學家乃將某些心理因素，如動機、態度及價値取向等，包括在行為模式的範疇裏。涂爾幹(Emile Durkheim)謂行為模式為行動、思惟及感覺的模式者，卽指此含義而言。

從社會方面來說，社會的行為模式是多數成員共同分享或接受支持的行為方式，換言之，也卽是社會制度或社會規範。民俗、民德及法律的產生則為了維護行為模式。孫末楠 (W.G. Sumner) 的『民俗論』卽闡釋此一見解。孫氏認為民俗與民德為社會的行為模式，用以維持穩定社會秩序，並規定社會互動的形式。總之，它是社會控制的一手段。（范珍輝）

參考文獻：

D.S., "Pattern, Behavior".

W.G. Sumner, Folkways (Boston: Ginn, 1956).

福武直主編：社會學辭典，東京有斐閣，昭和三十五年，頁二四〇一二四一。

因素分析 (Factor Analysis)

將智能與情感的資料還元為數個基本因素的統計技術。心理學上所發展的智能測驗方法，主要的有斯比曼(C.E. Spearman)的二因素理論 (theory of two factors) 與薩斯頓 (L.L. Thurstone) 的多因素理論 (theory of multiple factors) 將這兩種理論予以綜合合併的產物卽所謂因素分析。這種分析方法原來由心理學家運用於研究智能，最近則由社會心理學家用以研究情感、態度及意見。

社會心理學家研究觀念與態度時，常發現個人的心理反應常基於其智能、情感及傾向 (predisposition) ，於是運用複雜的統計分析以尋求其相關關係，其公式如左：

$$x_{ji} = \sum_{s=1}^{m} a_{js} F_{si} + b_j s_{ji} + c_j u_{ji}$$

X ji 指對N人實施 n 種類之測驗的值。F si 為各種測驗中所包含的 m 種共同因素。S ji 為其他測驗所未包含的特殊因素 (specific factor)。U ji 為測驗裡所含有的誤差因素(unreliable factor)，亦卽各個人間所有因素的差異。a_j，b_j 及 C_j 指 j 次測驗中依賴其因素的程度或數值，這稱為因素負荷量(factor loading)(范珍輝)

參考文獻：

福武直：社會學辭典，東京有斐閣，昭和三十五年，頁三九。

安田三郎著社會調查ハンドブツワ，東京有斐閣，昭和三十七年，頁二〇九。

血族家庭(Consanguine Family)

血族家庭是以血統有關之親屬爲基礎而組成之家庭 (See R. Linton, The Study of Man, New York: Appleton-Century Crofts, Inc., 1936, ch. 10)當然其中包含婚姻關係，但遠不及血統關係之重要。配偶之聯繫力非常微弱，甚至於微弱到不視爲家庭的一分子。家庭嗣系之綿延，經由父或母之一方，而非雙系推衍。母系血族家庭所包括者爲母親及其子女，女之子女等，其夫不在內，而屬於夫母之家庭。父系血族家庭所包括者通常爲父母及其子女、子之子女等。由於血族家庭累代子女同堂，人數衆多，構成一個大親屬團體，故又稱曰擴大家庭(extended family) 參閱『擴大家庭』條。(朱岑樓)

仲裁 (Arbitration)

凡甲乙兩造發生糾紛時，向第三者申請公斷，稱爲仲裁。仲裁機關的決定謂之裁定。仲裁是解決爭執的一種方法，爲法律所承認，其進行方式，雖非屬于法律程序，但其裁定之結果，在法律上生效，法院有執行之義務。一般習慣，在商務上發生糾紛事故，均有仲裁條例的規定，對于每一爭執案件，訂有詳細的條文可資依據。

仲裁方法適用于勞資糾紛事件爲最多，此種仲裁稱爲勞資仲裁。勞資仲裁分爲自願與强制兩種，自願的勞資仲裁由勞資雙方共同決定，如有一方不同意，則不必交付仲裁。强制仲裁則不論勞資契約有無規定，在糾紛發生時，政府可强迫勞資雙方提請仲裁，不能由勞資自由決定。此外國際間因政治關係或商務關係所引起的糾紛，亦適用仲裁方式解決爭端。(張鏡予)

交換婚 (Marriage by Exchange)

交換婚是兩個男人以其姊妹或女兒相交換，使自身、或兄弟、或兒子得妻。此種婚姻方式常與優先相婚配的規則有關，即是某家與某家爲互爲擇偶之最佳對象。交換婚很不常見，僅行之於澳洲若干土著。米拉尼西亞 (Melanesia)的托瑞海峽島(Torres Islands)行此婚制，但相鄰地區則否。(R.H.Lowie, Primitive Society, New York: Horace Liveright, 1920, p. 17-18.)(朱岑樓)

多種核心說 (Multi-Nuclei Theory)

都市發展的多種核心說係一九五四年由美國社會學家哈利斯(C.D. Harris)與鄔爾曼(E.L. Ullman)兩人共同提出來的。此說的假定是城市的中心不只一個而有好幾個。每一個中心都有專門從事一特殊活動的傾向，如零售、批發、金融、政治、娛樂、教育等等。好幾個中心可能從城市的發軔就已存在，或後來從一個中心劃分而發展出來。前者可以倫敦大都會爲例，其開始就劃分爲金融的、與政治的中心。後者可以芝加哥爲例，其重工業起初是位於城裡，後來却遷移至該城的東南端，自成爲一個核心。

多種核心的發展有以下的理由：㈠某些活動需要有特殊設備，而集中於有這些設備的地方；例如，重工業需要廣大的面積和長途的連繫，而零售業所需要的空間則比較小得多，且須設在市民容易抵達之處。㈡類似的活動集合在一起，因爲對於它們彼此有利；例如，零售商業的集合便於招來顧客。㈢某些不同的活動集中在一塊對彼此皆有不利；例如，工廠的發展與高級住宅的發展不宜在一起，零售業與批發業及大工業所需要的設備各有不同，故不宜在一起。又某些活動不能出高的租金以獲取最合意的地點；例如，龐大的批發與倉庫需要很多場地，或低級住宅的居民，無能力出高的代價佔有昂貴的地區。

主要的都市活動常形成多種附核心，像下述的情形：商業中心區包含有主要的零售商店區，可是，特別在大城市裡，金融區與政治區也可能在其當中，而構成不同的集中點。停放汽車的場所也可能是商業中心區的一個獨立部分。又如批發業、輕製造業、重工業、高級與低級住宅等區，每個都傾向於佔有各自的地區而與商業中心區分開。要之，多種核心說可視爲都市發展模式的一種說明，是否能普遍地應用於所有的城市，尙待加以證實。(龍冠海)

參考文獻：

C.D. Harris and E.L. Ullman, "The Nature of Cities", The Annals, Vol. 242, Nov. 1945, 7-17, 該文後被收入 Cities and Societies, edited by Paul K. Hatt and Albert J. Reiss, Jr., The Free Press of Glencol, 3rd print, 1961.

N.P. Gist and S.F. Fava, Urban Society, 5th edition, p. 111, 1968.

角色 (Role)

角色是指個人在團體中所扮演之職務或必要之行爲。社會學家用角色的名詞，表示個人間經常互動情況的關係而言。例如夫妻的關係，是代表社會中的一種角色；政治家與選擧人，僱主與被雇者，商人與顧客，均爲彼此有互動關係的角色。

角色是一個人所扮演的，但人的觀念 (concept of a person) 與角色的觀念是兩個不相同的意義，雖然兩者有共同行爲的事實。實際上兩種觀念，彼此互有重複。一個人可能有好幾種角色，但一種角色不能代表一個完整的人，而只是代表一個人的一部份行爲。因此我們在思想上，必須分別了解其不同的行爲模式。

林頓 (R. Linton) 把角色的地位(status又譯身分)分爲兩種意義，他認爲地位是指在社會上的地位而言，是權利與責任的集合。角色是指地位的活動方面而言，把權利與責任發生效果時，卽成爲扮演的角色。(見 The Study of Man, New York;Appleton-Century, 1936, pp. 113-4). 墨頓 (R.K. Merton) 認爲一個地位發生數種社會關係時，應該用角色組 (role-set) 的名稱以代替角色的單名。例如一個醫生對病人，對醫院的其他醫生，對醫院的本身，對醫生所負的職務，均有其所處的角色發生關係。(參考 Social Theory and Social Structure, 1957)

社會學所稱的角色觀念 (role concept)，是以個人爲對象，卽指個人在其所佔的地位而表演應做的角色，不是指一個團體一種制度或一個組織的行動而言。現在有人把角色的名詞用之于社團或制度，是一種錯誤的觀念。

近來心理學家用角色行爲 (role behavior) 的名稱，以分析個人地位所應有的行爲，這與社會學所稱的角色觀念亦有不同。社會學所指的角色是實際的行爲，心理學所指的角色行爲是應該具有的行爲。(張鏡予)

參考文獻：

Julius Gould & William L. Kolb: A Dictionary of the Social Sciences, 1964.

G. Duncan Mitchell: A Dictionary of Sociology, Aldine Publishing Company, Chicago, 1968.

形式社會學 (Formal Sociology)

這是德國社會學最有力的一個學派，創自杜尼士(F. Toennies, 1855-1936)和齊穆爾 (G. Simmel 1858-1918) 前者於一八八七年發表『社區與社團』(Gemeinschaft und Gesellschaft)首先提出形式學派的基本理論，他以爲社會學的特質在於社會關係基本形式的事實分析，而不問其他具體的社會現象或歷史上的社會事實。至於齊穆爾於一九〇八年著『社會學』(Sociologie) 以爲社會學旣是一門獨立的科學，應有特殊領域作爲研究的對象，這對象就是社會化的形式或人類關係的形式。所謂社會化的形式存在於社會互動的基礎上；大部分的社會，也就是社會化 (socialization) 的歷程。他又以爲必須從社會形式方面去研究，加以一種系統的分類，纔能使社會學成爲科學。照他底看法，社會學就是研究社會關係的形式的科學。杜尼士可說是形式社會學的先驅，而齊穆爾纔是它眞正的建立者。

齊穆爾認爲人與人的社會關係，其形式不外統治、順從、競爭、模仿、分工、隔離、聯合、接觸、反抗、黨派的形成、社團的持續、社會分化及整合等現象。我們研究這些關係的形式，先要抽空了內容(實質)，恰像幾何學一般，只研究平面的或立體的各種形式關係。這眞是一種獨特的狹義的社會學構想，因爲它偏重社會化的形式研究，故稱形式社會學或社會學的形式學派(sociological formalism)有人譯爲群式學，(見陳伯莊主編：現代學術季刊二卷三期)。

當一九一八年齊穆爾逝世之前，他還未能完成這個社會學的完整體系，其後由馮維史 (L. Von Wiesse, 1876-)繼承，而稍加以修正，改稱『關係社會學』(sociologie relationnelle)。(謝　康)

住宅問題 (Housing Problem)

就是國民住宅問題，現代都市人口急遽增加，加以戰時或風災、水災、火災等的毀壞房屋，於是形成『屋荒』的現象，這個屋荒的問題，是民生問題中主要問題之一，比較『糧荒』問題，同等重要。但現代交通運輸方便，糧荒可從別處運糧食來救濟，問題還容易解決，至於房屋的增加或改建，絕不是幾天工夫可以完成的事體；而且，這個都市缺少很多合於住宅衞生標準的房屋，不可以從別處搬運足夠的房屋來安放在這塊土地上。所以『屋荒』問題最難於解決。由於適宜的住宅，不夠分配；窮苦人家更無能力建造或購買或租用這類住宅；爲着謀生的關係，他們又不願遷住遠離他們工作場所的地區，於是一個大城市裡的工人區和貧居區（或貧民窟）便出現了，這些地方和高尙住宅區，商業中心區，機關學校集中區比較起來，就不免相形見拙，眞是『湫隘囂塵』，汚穢簡陋，擁擠不堪，所謂『違章建築』，地狹屋多（overhousing）一切都不合衞生標準的所在。這種現象的存在，不僅是不合人道，而且是罪惡、疾病和道德墮落的來源。作爲現代都市建設，對於住宅問題，是非設法解決不可的。

二次世界大戰後，各民主國家如英、美、法、西德、丹麥、瑞典、日本等國公私兩方面（政府、私人及有關興建住宅的團體如住宅合作社等）都致力於國民住宅的興建，逐步解決屋荒的問題。目前臺灣的社會問題也以住宅問題爲最重要。臺灣自光復以來，人口增加很快，不到二十年，就增加了一倍以上，現時仍以千分之二十五左右的增加率，每年繼續增加，舊日的屋荒現象，未能消除，而每年還要爲新增的三十多萬人準備房屋，房屋增加，不及人口增加，的確是很嚴重的社會問題。近年來雖有若干便利和鼓勵人民建造住屋的法令和措施，但似乎沒有顯著的成效。（參閱謝徵孚遺著：社會問題及社會政策第十六章，將由正中書局出版）（謝　康）

吸毒 (Drug Addiction)

是嗜好吸食痲醉藥品如鴉片（opium 一稱阿芙蓉）、嗎啡（morphine 又稱鴉片精），海洛因（heroin）、可卡英（Cocaine 一譯高加英）百色定及巴比通等；而通常以前三種藥物爲多人吸用。因爲嗎啡由鴉片提煉而成，其猛烈性增加六至十倍；海洛英又從嗎啡精製而成，其烈性又增强五至八倍。故凡吸食此類毒藥，亦可通稱爲吸鴉片烟，或『抽鴉片』。又因鴉片在唐朝時代（約在公元第八世紀）由阿拉伯人將它輸入中國（據俞正燮：癸巳類稿鴉片煙事迹篇），直到清道光中葉（一八三九－一八四二）鴉片戰爭時代，還沒製成海洛英這些東西，都只稱爲鴉片或鴉片煙；吸毒則稱爲『抽鴉片』或『抽大煙』。及至現代，吸海洛英者漸多，香港報紙稱此類吸毒者爲『白粉道人』，或簡稱『道友』。販賣鴉片的人，從前稱爲『烟販子』賣烟的地方稱『鴉片烟館』。

吸毒之有害於身體及國計民生，昔日林則徐指爲『謀財害命』（林崇墉：林則徐傳頁二〇三，五六年，臺北版），不但亡家，並且可滅種，等於慢性殺人。它能使吸毒上癮時間已久的人身體衰弱，體重減輕，精神萎靡，面色灰暗，甚至長期臥病，四肢無力，失却理智及道德觀念；又因耗錢太多，以供吸毒之用，除破家蕩產外，男性吸毒者的末路多流爲偷竊、盜匪及坐牢；女性則多靠賣淫賺錢，以購買毒品。至於對社會的不良影響，也是很大的。至於吸毒的原因，大致不外㈠好奇心及找尋刺激；㈡作春藥用；㈢欲藉以恢復疲勞，或延長工作時間作興奮劑；㈣因有病痛；㈤逃避現實；㈥因職業關係接近痲醉藥品及其他原因。（謝康著香港鴉片問題，見東海大學社會學專刊第二期，五十七年，臺中）

現代各國立法，已將吸毒懸爲厲禁，國聯及聯合國，俱設有專門委員會處理禁毒工作。我國刑法第二十章，爲『鴉片罪』製造，販賣或吸食鴉片俱分別規定其刑罰，政府並以六月三日爲禁煙節。（謝　康）

投射技術 (Projective Techniques)

投射技術是以間接的方法收集個人的態度及人格結構方面的材料，進而求得瞭解或應用（治療）。其目的在使被測驗者在不知不覺中顯露其動機、需要、挫折，以及態度等和人格特質。爲達到此目的，測驗者給予被測驗者某些含糊不清的，未加詳細說明的『任務』，令被測驗者對此項任務有所反應或行動。

這種方法的基本假定是，一個人幾乎不知道他要做什麼事而又非要做不可時，往往將其人格特質及態度顯示出來，這也就是被稱爲投射法的原因。被測驗者不知所要測驗者爲何，測驗者對于測驗結果如何解釋亦不知道，所以不容易僞造或者發生偏差。主要問題是使用方法，記分法以及解釋方法。投射法最初爲心理學家及心理分析學者用於心理疾病者之診斷與治療，而且一直爲他們所應用。此法目的在于對于個人的人格構造，情緒上的需要、衝突有通盤的瞭解。這是心理學家所常用，而非社會心理學家或社會學家所用，而且這種方法之應用需要嚴密的特殊訓練。唯在社會心理學上對某一類問題的探討有相當大的用途，甚至在社會學上及人類學上也是如此。茲略述其特質，及最常用的幾種測驗。

投射法有下列幾點特質：

(1)刺激物 (stimuli) 是可能引起許多種反應的：如墨漬可辨認爲不同的東西；圖畫可表現出許多故事；一套玩偶可配合出許多方式來。

(2)答案不是『對』與『錯』的答案：受測者(subject)可能有許多種說法。

(3)著重在受測者對刺激物品的統覺，他講出『意思』來，或如何來處理。

(4)事物及其意義並非直接而明顯地表示出所要測定的事及測定的目標。

(5)根據受測者的反應解釋出他的態度，人格結構，感情的需要，以及與人交往的方式。

投射法並不直接論斷受測者的反應，而是根據先定的心理學上的概念加以解釋。在某種測驗的情景下，其反應具有何種意義。投射技術最常用者有以下幾種：

羅夏測驗 (Rorschach Test)：十張卡片，每張上印有墨漬，問被測者這像什麼？

主題統覺測驗，簡稱 T.A.T.：被測者根據一連串圖片，講出整篇故事（編造故事）。從這些反應中可知個人的人格屬於那一型，是內斂的，是外放的，自制的抑是衝動的。可以顯示出人格結構，從他所講的內容上可以知道他的需要、態度、價值觀念、衝突、思想以及對他自己的看法，這個推論是根據這種假定：一個人對於受測物的知覺，以其內心的影射過程以某種方式表現出來。

新近的一種技術稱 Tomkins - Horn Picture Arrangement Test. 有二十五張圖片，每片有三幅圖，受測者把圖片排成自認爲最合理的次序，根據結果可測知其人格的涵度；遵循的；社會取向（愛社會的，恨社會的，進取的，獨立的）；樂觀－悲觀；幻想，思考，感情，或重視工作等等。

其他常用的測驗有：字義聯想 (word association) ，給些單字的表，逐字逐字讓受測者說出最先想出的字，根據內容及快速可以指示出情緒方面的不安。

續句法 (sentence completion) 用一句未完的話，讓受測者續成之。

玩偶法：給以一套玩偶，有成人，有小孩，有男，有女，較多用之於兒童，讓其自由玩弄，常可看出兒童對家人關係間的感情。

畫像法：請受測者畫一個『人』，『女人』或『男人』，假定畫出來的表示自己對自己的想像，而特出的不尋常的部分卽顯示了衝突、緊張等。

爲了明瞭某個人的行爲、信仰、感情等，須賴其自己講出來，這種技術有一假定，卽是此人願意而且也能夠提供出資料來，但常常並不是如此，人常常不願提起足可引起爭辯的題目，或者表露自己內心的事情，假如他認爲他的態度不爲普遍接受，他必然不願或勉強地表示其眞正的態度或者不可能提供出所需要的情報，或者因爲不能容易地用語言表達出來，或者他並沒有注意到他對這件事的態度。爲避除這些缺陷，便應用了一些技術，不必仰賴於被測者的自己的瞭解與認識 (self-insight) ，也不必聽其願意與否，這類方法稱爲間接的投射技術。（席汝楫）

參考文獻：

Lindzey, G. et al., "Projective Methods," in IESS, ed. by Sills, Vol. 12, pp. 561-579. 1968.

Oppenheim, A. N., Questionnaire Design and Attitude Measurement. New York: Basic Books, 1966.

Kerlinger, F.N., Foundations of Behavioral Research, New York: Holt, 1966.

Selltiz, C. Research Methods in Social Relations, New Yors: Holt, 1960.

技術學的進化論 (Techaological Evolutionism)

技術乃人類開物成務，利用厚生的方法和手段，是藝術和職業的技巧，技術愈高明，文明越進步，現代物質文明發達，各種機械和技術，亦同時進步。新發明及新方法亦愈多。所謂『技術學』(Technology) 是比較晚出的一門新科學，也是促進技術，使科學與工藝結合的實用科學，以前在學徒制度時代，工頭或『師傅』將自己的經驗傳授給學徒，不外一點傳統的知識和技能。現代各種技術之研究改良和進步，絕非學徒制度時代所能比擬，無論那一種行業，都在講求技術，技術學成爲技術教育 (l'enseignement technigue) 一個重要的基礎。技術優良，則事業成功；反是，就會失敗。技術與人生樂利，社會進步，毫無疑義是息息相關的。不僅如此，現代技術已改變了世界，造成許多新秩序，人們若想生存，面對着這些新秩序，更非適應不可。

技術學的進化論的代表人就是韋伯倫(Thorstein Veblen, 1857–1929)他生於美國威斯康辛州，曾經肄業約翰·霍普金斯 (John Hopkins) 、耶魯、和康奈爾大學，一八九二年以後，取得不同的教學地位 (teaching positions) 一八九九年，他出版一本名著，即『有閒階級理論』(The Theory of the Leisure Class)，在他底多種著作中，這本書最具有重要的價值，具體地表現他底基本理論觀點，可說是他底基本理論的代表，下文將簡單地加以介紹。

在人類生活中，習慣和精神紀律的重要能力，就是人類生存和工作與技術聯繫的不同種類的工作。韋伯倫嘗試着要證明人類的社會關係和文化是由於技術的學問所形成的。他認爲人性中有一些不變的本能，隨着表現機會之不同而變化，而這些表現的機會，則由於遭遇的物質環境所供應。用一句簡單的話來說，就是：一個人所作爲就代表着整個他自己(Man is What he does)。

他以爲社會進化，根本上就是個人在環境迫力下精神適應的過程。這種環境迫力不容許個人固執以前所形成的習慣。因此，在有强制力的新情境下，這個再適應的過程，是相當緩慢，同時也不是甘心情願的。至於社會中各個成員適應的程度，要看他所受環境約制力的强弱而定。一個社會階層如果受環境的庇護（按即所謂處順境），他們對情境變遷的適應，大概是緩慢的，同時也拖延了整個社會的轉變。（所謂有閒階級恰巧形成在社會秩序中阻滯進化的部分。）

韋伯倫又認爲任何一個社會可以看做是一個工業上的機器。這機器的結構要素，可說是社會的經濟制度，而在基層的技術和文化之間有着密切的配合。封建制度是在人對人的從屬關係的計劃上有訓練的人力組織。在工業社會新的秩序裡面，機械力量取代了人力，新的技術則破壞了舊日社會組織。

韋伯倫的思想直到今天還影響着一些歷史學家、經濟學家和社會學家。這種影響似乎還在繼續下去。但無論如何，他的技術進化論所發生的影響是相當大的。許多作者，已經在韋伯倫關於『遙領的產業權』(absentee ownership)這種資本主義經濟制度底有系統的討論中，以及他所堅持的掠奪階級（指商業特殊利益的保有者階級）與社會上工業階級（指工人和平民）之間，存在着對立與衝突的這些主張裡面，找着許多暗示性的論點。韋伯倫的看法認爲一切都以技術爲基礎，也就是說一切都建立在工藝的基礎上。從奧格朋 (W.F. Ogburn) 和杜安斯 (H.E. Barnes) 兩家所極力宣揚而變成大衆化的『文化失調』(Culture lag) 的概念中，看出韋伯倫的技術進化論的影響。因此，我們可說韋伯倫是工藝進化論的先驅。（謝　康）

系統社會學 (Systematic Sociology)

『系統社會學』是德國社會學的一派。（一譯體系社會學），其實這是一個不包含社會學內容的抽象的名詞。十九世紀下半期及二十世紀初葉，德國社會學家齊穆爾 (G. Simmel, 1858–1918) ，杜尼士(F. Tonnies, 1853–1936) ，費爾康 (A. Vierkandt, 1867–1953) 及馮維史 (Von Wiese, 1876–)等認爲社會學理論龐雜，有將它系統化的必要。齊穆爾建立了『形式社會學』(formal sociology)的理論，認定社會只是人類的相互作用，而此相互作用的抽象的形式，則爲社會學研究的主要對象。費爾康亦認定社會是以其分子間之有相互關係的集團，也是感情的結合狀態，這是社會的內含要素。社會學是研究社會生活的最後形式、勢力、與事實的科學。馮維史乃形式學派主要繼承人，把社會關係分爲人與人的關係形態及團體組織形態二類；他將齊穆爾的抽象的關係形式，改爲具體的人與人及人的集團關係形式之認識（衛惠林：社會學頁二十九，國立編譯館，五十四年十月臺二版），他們這派的社會學，一稱關係社會學 (sociologie relationnelle)，就因爲他們特別注重人間交互關係的緣故。『系統』云云，只是指研究社會學的領域和體系而言。簡單說馮維史的系統社會學是研究人類交互行爲 (interhuman behavior) 的，而所謂交互行爲，即爲他人所影響或自己影響他人的行爲。所謂交互行爲關係，即人與人間交互行爲的關係，加上由交互關係所影響而生的對自然界的行爲關係。美國社會學家貝克 (H.P. Beclcer, 1899–1960) 與馮維史合作編著系統社會學（一九三一）一書，其中第一章即界定『系統社會學大綱即一種人類交互行爲的科學』。書中並將『社會的』與『人類交互的』二名詞常常互用，似乎是沒有什麼差別的（侯北人：社會學史綱要，頁一〇四，四十六年香港亞洲出版社）。（謝　康）

邪惡區 (Vice Area)

[illegible]區」，這些地區因爲是娼寮（妓女戶）或者是『街妓』(prostitutes on the streets)集中的所在（有時娼館與『阻街女郎』一併存在），一種淫風足以證明其邪惡性，故稱爲邪惡區。在有利的情況下，特別在一些街巷裡面發展起來，例如都市社區的邊緣，往往有邪惡區的存在。又如在非都市地帶，有些人口聚集的不尋常的區域充滿了一些無家的單身漢，好像一個容易獲利的暴發鎭(A boom town)，一個礦場附近的工人區、軍隊營區，及海港地區等，也都往往有邪惡區的存在。(D.S.)（謝　康）

求愛 (Courtship)

求愛是一對未婚男女，因吸引而結交，彼此顯露取悅對方的力量，以期達成最終之結婚目的("Courtship", in D. S., p. 72 and W.M. Kephat, The Family, Society, and the Individual, Boston: Houghton Mifflin Company, 1961, p. 293)

求愛與另一名詞約會 (dating) 之意義，極相近似，其區別在於約會所表示的男女關係，不含有任何婚姻的承諾，只是雙方興之所至，互允聚晤，是否繼續，各聽其便，毫無拘束，而求愛則較爲嚴謹，在開頭爲求愛所下之定義中，已說到含有結婚的最終目的。求愛成功之後，接着可能便是父母的許婚，而約會於事前事後，都不需要父母的同意，隨己意而爲之。現代社會，特別是西方的美國社會，男女約會行爲愈見普遍。形成此種現象之因素甚多，父母給予子女更多的擇偶自由是其主因之一。現今之約會趨向於：(1)約會之年齡提早，(2)約會之次數加多。寓求愛於約會，二者混爲一體，且嫌求愛是一個舊式名詞，不如約會之時髦，平常幾乎無人使用，被打入典籍的冷宮。(See Kephart, op. cit., ch. 10.)　（參閱『約會』條）（朱岑樓）

村鎭社區 (Village Community)

村鎭社區即『鄉村社區』條下所舉之美國村鎭社區。是以一個村鎭爲中心，週圍有若干散居農家及鄰落。美國之村 (Village) 不等於我國之農村，而等於我國之集鎭。爲使其與農村有別，亦使其與集鎭有別，故譯爲村鎭，『村』顯示其位於鄉村中，而『鎭』則顯示其中有小型工商業及其他非農業事業。在村鎭社區中，村鎭對其周圍農家及鄰落能作多種服務，因其中有百貨店、汽車修理店、加油站、手工藝者、學校、醫務所、教堂等。四周農家與鄰落居民均來村鎭中尋求各種需要之滿足。村鎭之成立與發展，並有其各種設施，實因有其周圍農家與鄰落爲實施服務對象。且亦得其支持。在不同程度下，村鎭與周圍農家及鄰落構成一自足體系。

美國村鎭之興起多由在某地有某種事業，從業人員聚群定居。於是有伐木村鎭、採礦村鎭、漁獵村鎭、農業村鎭等。如村鎭中家庭係密集而居，周圍無稀疏之散居家庭，則其自身即爲一社區。如其周圍有甚多散居家庭，村鎭則爲一服務中心，與其四周家庭共同構成一社區。一般言之，伐木村鎭，採礦村鎭，漁獵村鎭多屬前者，而農業村鎭則屬後者。在農業村鎭之中心雖無農業及農民，但其周圍則有農家。農家與村鎭中心關係密切，相依而存在。依桑德森之定義，一農業村鎭乃多種不同職業人士聚居於一塊土地上之結合。其經濟活動，社會組織，及文化制度等賴其周圍農家之支持，而周圍農家則由此獲得各種服務。觀察研究此種村鎭時，應注意五種因素，即面積、大小、職業之雜異性、經濟與社會制度之種類與數目，及村中心與其周圍農家之關係。運用此五種因素，可以劃定一個村鎭之構造與面貌。在面積上，一個村鎭從半徑四分之一英里至二或三英里。人口可從一百餘人至六、七百人。村鎭中職業之雜異性可以從事農業者之比率爲指標，由極高至極底，程度參差不齊，村鎭中之經濟與社會制度亦有種類及數目上之多少不同。至於村中心與周圍農家之關係，則有密切與稀疏之別。村鎭之大小可以人口及經濟與社會組織之多少爲準。人口在五百人以下者爲小村鎭。小村鎭中僅有二、三家雜貨店或零售店，一所汽車修理房，一個加油站，一間或兩間小教堂，一所小學校，及數種由農民所組織之農會，社區俱樂部等。人口在五百至一千人之間者爲中型村鎭。中型村鎭有較多功能，以服務其周圍之農家與鄰落。除上舉各種機構外，尚有五金店、藥店、銀行、旅館、醫院、較大學校等，可以有相當程度之自立自足。人口在一千二百至二千五百人者爲大型村鎭。大型村鎭幾可供給鄉村人民所需一切服務，可有甚高程度之自給自足。如人口在二百五十人以下，設備與組織極爲簡陋，則不能稱爲村鎭，只能視爲鄰落。人口在二千五百人以上，其設備與組織既龐大又複雜，則成爲城市，不爲村鎭。據一九四〇年之調查統計，該年美國之村鎭中，百分之三〇・四（30.4%）爲小村鎭，百分之三〇・一（30.1%）爲大型村鎮，其餘則為中型者。美國社會學者齊墨曼 (C.C. Zimmerman) 在論村鎮之構成上，頗注意其交通與服務等功能。彼將村鎮習稱為『交易中心』 (trade center)，且分為獨立的與非獨立的兩種。其區分標準為有否交通性服務，如郵局，電報局，快運公司，有否出版商及銀行等。在獨立的交易中心內，又可依商業機構之數量做進一步之區分。鄉村社會學者如寇卜 (John H. Kolb) 則以村鎮所能服務之範圍為分類標準。有者其服務範圍之半徑為四英里，有者為八英里，有者為十六英里等。

在中國，村是指農村而言。農村為完全農民聚居之處。只四川省之村與美國者相似，即亦係村鎮，而非純粹農村。在純粹農村中，甚少非農事或商業事業與活動。所見者只是聚居一處之數十戶或百餘戶純粹農家而已。亦有農村其戶數超過百戶而至數百戶，或千戶者。有數百戶或千戶之農村亦不免有非農事之商業機構或手工藝舖店。唯為數少，所佔分量不重耳。農村雖大，究與集鎮不同。集鎮中乃以商業及其他非農業活動為主。農家雖有，但居於邊緣上，其分量亦甚微弱。集鎮為一對四周農村作交易，行服務之中心。在『鄉村社區』條下會提及我國之集鎮區。一個集鎮區即以集鎮為中心，連結其所服務之周圍農村而成者。自功能的觀點言之，只此集鎮區可被視為現代意義之鄉村社區。一個純粹農村，無論如何大，不能成為鄉村社區。

中國之農村甚多為一個家族繁衍而成，村民彼此皆有血緣關係，常以姓氏為村名，如張村、李村、王村等。由有氏族關係之人民所組成之村可稱為氏族村。無論村民皆屬一個氏族或分屬數個氏族，均可為氏族村。單一氏族村或複合氏族村，在大陸各省及臺灣省均甚普遍。亦有甚多農村由軍營屯墾發展而成。開始時即以軍營番號或最先領導人之姓名為村名。如陳家堡、柳家營、趙家屯等。農村之起源除上述兩種外，尚有自由屯墾式、集體移民式、莊園分化式、大村分枝式等等。村之名稱與其起源常有密切關係。(楊懋春)

參考文獻：

楊懋春：鄉村社會學講義第四章（民國五十七年臺大農業推廣學系油印）

Dwight Sanderson, Rural Sociology and Rural Social Organization, pp. 248-272, John Wiley & Sons, Inc. 1942.

Dwight Sanderson, The Rural Community, pp. 133-167, Ginn and Company, 1948.

Lowry Nelson, Rural Sociology, pp. 77-92, American Book Company, 1948.

社區 (Community)

社區之定義甚多，言人人殊，希勒禮 (G.A. Hillery) 參閱九十四個社區定義而作結論云：『除人包含於社區內此一概念外，有關社區之性質，則無完全相同之解釋。』 ("Definitions of Community: Areas of Agreement", Rural Sociology, vol. 20, 1955, p. 119.) 雖然社區作多方面的使用，有時候視為社會、社會組織或社會體系的同義詞，但許多學者同意社區有一特定的地域，界限分明。由於社區有此特質，故為研究者所普遍使用。依此點而言，則派遜斯 (T. Parsons) 在『社會體系』(The Social System, Glencoe, Ill., The Free Press, 1951, p. 91) 一書中為社區所作之界說，值得提出：社區是行動者之一集體，他們共有一個有界限的地區，以之作為進行日常活動中最大部分之基礎。派氏之界說，意指一羣人交互行動於當地制度結叢 (institutional complex) 之內，該結叢供應一個廣大的基本服務範圍，但此界說亦顧及下一事實：社區不必一定是一個自給自足的單位。

有些學者使用社區之時，未作明確之釋義，與社會、團體、社會體系、社會組織等詞，並無二致，如顧德(Goode)即是。(W.J. Goode, "Community Within a Community: The Professions", American Sociological Review, 1957, vol. XXII, pp. 194-200.) 亦有學者雖視社區與社會或社會體系為同義，但為社區加上『歸屬感』 (sense of belonging) 作為特徵。(See R.A. Nisbet, The Quest for Community, New York: Oxford University Press, 1953.)

大多數社會學家都認為社區有一特定的地域基礎，但在此種意見一致之範圍內，又有下列三種不同的用法：

(一)有些社會學家不用社會文化的而用生物的觀點來看社區，例如休斯 (E.C. Hughes) 為與社會相對照，對社區之說明，是用競爭、共生和分工的過程，經由這些過程，社區從其環境獲得生存的資源。("Institutions and the Community", in R.E. Park (ed.), An Outline of the Principles of Sociology, New York: Barnes Noble, 1939, p. 310.)

(二)另一些從社會文化與生物兩個角度來看社區。

㈢再一些則專自社會文化的立場，但用以解釋社區的種種社會特質，又不一致：⑴着重於主觀標準，如證同作用 (idenfication) ，⑵着重於客觀標準，⑶兩者並重。牟塞 (B.E. Mercer) 謂：『人類社區是功能上相關聯的一羣人，他們於某時期生活在某一地域，分享一共同的文化，被安排在一社會結構之內，感覺自身具備一個團體所應有之獨特性與獨存性而表現出來。』 (The American Community, New York: Randon House, 1956, p. 27.)

社區之釋義雖然非常紛歧，但存在於所有人類社會，跟家庭一樣，是眞正普遍的社會團體。（參閱龍冠海著，社會學，三民書局，民國五十五年五月，第二三六頁。）（朱岑樓）

社區 (Gemeinschaft)

德國社會學家杜尼斯(F. Tonnies)於一八八七年出版一書，名曰Gemeinschaft und Gesellschaft，由美國羅密斯(C.P. Loomis)譯爲英文，名曰 Community and Society (East Lansing, Mich: Michigan State University Press, 1957) 杜氏之書名卽是兩個對比的社會，很難譯爲正確之外文。中文譯名則依羅氏之英譯稱 Gemeinschaft 爲『社區』、Gesellschaft 爲『社會』（或『結合』）。

杜氏之社區與結合，是社會結構與價值朝向 (volue orientation) 之理念型 (ideal type) ，實際不存在於經驗世界。此二者爲理念之兩極，從此極至彼極，各種特質之變異成爲一個連續譜 (continuum) 。誠如羅氏所云者，杜氏所提出之二名詞，在分析社會體系時之正確用法，應作形容詞，而成爲社區式的 (gemeinschaft-like) 或結合式的 (gesellschaft-like) 社會體系。

依杜氏之意，一個社會實體 (social entity) 是其成員之意願 (will) 之創造物。在此意願之含義，遠較一般用語爲廣。建立社會實體之意願，可以依意願對目的 (ends) 和手段 (meuns) 之關係而予以區分。一個行動者之意願之起，或爲了自身，或由於嗜好，或來自習慣，或被內在的道德、審美或其他價值所發動：杜氏稱此種意願爲『自然意願』 (wesen wille 英譯爲 natural will)，因爲此是行動者之本性之表現。在另一方面，一種行動的意願只爲了達成某個目的，而不顧意願的內在價值：杜氏稱此種意願爲『理性意願』(Kürwille英譯爲 rational will) 。 Kürwille 衍自古德文，意爲『選擇』，因爲一個目的之達成，能有多種不同的手段，行動者將從中選擇其一。但是我們不能拘泥於字面，將『理性意願』解釋爲純理性的，『自然意願』爲非理性的，實則依杜氏之構想，後者含有某種程度之理性。杜氏自謂『自然意願』相當於韋伯 (Max Weber) 所謂之社會行動的情感的、傳統的、價值理性的朝向，而『理性意願』則與其社會行動的目的理性的朝向相同。杜氏謂『社區』由具有共同價值體系的純質人口所組成，其生活是親密的，出入相友，守望相助，疾病相扶持。他們的關係，擴大言之，非親卽故。無論對個人或團體，總是情意綿綿，藕斷絲連，誰也不能隨意斷絕一切關係。某人爲某社區之一分子，非由於他之選定，而是他生於斯，長於斯，友誼聯繫發展於斯。縱使個人與家庭的經濟能夠自給自足，但彼此仍然互相了解與合作。他們所最關心者是保存團體及團體價值，而非保存個人及個人利益。反之，『結合』由具有不同價值體系的雜質人口所組成，分工非常細密，人與人間之主要聯繫是出諸自願的契約，建立在合理追求一己利益的基礎之上。人與人之發生關係，非由於『必如此不可』或『自然而然』，而是視之爲達成某一目的的有效手段。雖然他們彼此互相依賴，若脣之與齒，但各個人，各家庭之間却互相敵對，因爲他們的行動均以自己的利益爲出發點。此兩種社會各受了完全不同的生活哲學之影響。

雖然杜氏對『社區』表示偏愛，但承認歷史的趨勢是由『社區』走向『結合』。此由於杜氏深受梅因(H. Maine)之影響。梅因所著之『古代法律』(Ancient Law)是十九世紀偉大著作之一，研究社會之法律與變遷情況，從中探索社會中個人之自主日增，而家族和團體之聯結日趨式微，綜合之而得出一條有名的通則：『不停的社會變動，是由地位到契約的一種變動。』

杜氏的 Gemeinschaft und Gesellschaft 於出版後三十年內，並未引起學術界的普遍重視，但自第一次世界大戰以後，聲譽陡起，因爲新的一代對現社會之秩序深感幻滅，而對杜氏所構想之『社區』心嚮往之，以最大的熱忱誦讀其作品。經過悠悠三十年的冬眠，倏爾春風解凍，紙貴洛陽，風靡一時。目前杜氏所給予社會科學的影響，深而且廣，罕有其匹。(See "Community-Society Continua", in I.E.S.S., vol. 3, pp. 175-176 and "Gesellschaft," in D.S.S., pp. 281-282, 286-287.)（朱岑樓）

社區研究法 (Community Study Method)

社區研究法係從社區構成員的關係中，探究社區生活、價值體系、結構、功能、問題及變遷的方法。這種方法首由人類學家採用（如馬凌諾斯基 Bronislaw Malinowski)，後由社會學家（如林德夫婦R.S. Lynd and H.M. Lynd）及社會心理學家（如牛孔姆 T.M. Newcomb）運用。上述各學科的社區理論雖紛歧互異，但採用的研究程序與方法則趨於一致。

社區研究法的主要特徵是從毫無矯飾的自然情境中吸取資料，以分析與比較社區。因此社區研究法是兼採自然主義與比較的方法，亦即以觀察法為經，以比較法為緯的方法。

社區研究法的另一特徵是將社區視為整體或體系，而實行全體調查。它在研究過程上常採用的資料蒐集方法，主要有參與觀察法、深度訪問法 (depth interview)、社會測量法（sociometric method）、家譜蒐集法 (geneologies collecting method)、個案研究法、及內容分析法。

社區研究可分為都市社區研究與鄉村社區研究。最早從事都市研究的是英國社會學家布斯 (Charles Booth)。布氏於十九世紀末葉廣泛調查倫敦居民的生活與職業，著有『倫敦居民的生活與勞動』一書。（一八八〇年出版）第二次世界大戰前的都市研究，主要的有林德夫婦的『中鎮』(Middle Town)及華納 (W.L. Warner) 的『楊基城』(The Yankee City)。近二十年來，都市研究迅速增加，研究的對象除英美都市外，又擴展至南美洲、非洲及亞洲的都市。同時，除生活與地位體系外，並著重於其他方面的研究，尤其是動態面的研究，亦即現代化與都市化的研究。

我國都市的研究有甘博 (S.D. Gamble) 與步濟時(I.S. Burgess)的『北京—一個社會調查』，雷柏爾 (Arther F. Raper)、全漢昇及陳紹馨等的『臺灣之城市與工業的研究』，國立臺灣大學社會學系的『臺北市古亭區社會調查』、『臺北市古亭區南機場社區調查』及『臺北市大安區黎和里福利需要調查』，以及臺灣省立中興大學的『臺北市貧民區調查』等。

鄉村社區的研究，最早的應推美國鄉村社會學家蓋爾平 (Charles J. Galpin)的研究。蓋氏根據其研究於一九一四年出版『農業社區之社會解剖』(The Social Anatomy of an Agricultural Community)一書。但對鄉村社區的研究推動尤力者是桑德森 (E. Dwight Sanderson)、索羅金(Pitrim A. Sorokin)及齊麥曼(C.C. Zimmerman) 我國鄉村社區的研究自一九二〇年代起也相當多，其中比較著名的有李景漢、費孝通及楊懋春等的論著。（范珍輝）

參考文獻：

龍冠海主編，社會研究法，廣文書局出版，民國五十八年，第二十一章『社區之研究』。

社區組織 (Community Organization)

社區組織是一個新興的名詞，它是『社會福利社區組織』的簡稱，現在一般社會工作人員在習慣上多喜引用這個簡稱。其實，社區組織乃指一種工作方法或一種工作，這種工作或方法可以用之於社會工作範圍以內，也可以用之於社會工作以外的其他工作範圍。社會工作中所稱的社區組織，實係在社會工作範圍以內一種有關社會福利方面的應用。但因一個社區社會福利的推進常涉及多方面，所以在工作的進行中，社會工作機關或社會工作人員不但需謀本身的組織與聯繫，且需與社會工作有關的其他機關或人員力求配合，其聯繫與組織的範圍不僅限於社會工作方面，也涉及其他有關方面。社會福利社區組織係指在一個社區內運用配合設計與聯繫組織的方法，調查其社會需要及社會資源，發動社區的人力與物力，解決其社會問題，滿足其社會需要，並預防其社會問題的發生，以社區組織的力量，去促進社區的共同福利。（葉楚生著：社會工作概論，一九六頁—二〇二頁，自印，四十七年）（陳國鈞）

社區發展 (Community Development)

社區發展係聯合國近十餘年來為促進各國社會進步與經濟發展的一種運動。先在若干低度開發國家的鄉村中實施之，後則推廣至都市。社區發展一詞，有各種大同小異的解釋，茲以聯合國一九六〇年刊行的『社區與有關服務』中所述者為例言之。

社區發展已經成為一個國際間通用的名詞，專指人民自己與政府機關協同改善社區的經濟、社會及文化情況，把這些社區與整個國家的生活合為一體，使它們能夠對國家的進步有充分貢獻的一種程序。這種複雜的程序包括兩種重要的因素：一是人民本身儘量本諸自動自發的精神，參加改善自己的生活水準；一是以鼓勵自動，自助，互助的精神，並使這種精神更能發揮效力的方式，提供技術和其他服務，其表現的方式是訂出各種目標不同的具體改進方案。(United Nations: Community Development and Related Services, 1960)（陳國鈞）

社區資源 (Community Resources)

區位學家將社區視爲有機羣體適應其共同生棲地 (habitate) 之經紀(agency)。凡生物社區 (biotic community) 之成立，必須具備適宜於生物生存的基本的物質資源（即陽光、氣溫、水份、土壤、礦物等物理的和化學的條件）。霍禮(A.H. Hawley) 謂社區之建立，以植物之生棲地爲其基礎，蓋植物固着於一處，而非移動不定，於是給予社區一個穩定的外形 (physiognomy)。其次植物將當地的物質資源作初步的和基本的利用與改進，以適合或不適合於某些動物之棲息繁殖，如花之招蜂引蝶，草之聚牛集羊，再在『食物連鎖』(food chain)的原則下，其他有關之草食與肉食動物接踵而至。至於不適合之動物則望望然而去之。(Human Ecology, New York: The Ronald Press Company, 1950, pp. 42-43.)

人類之生理結構，在動物中最不專門化的，也卽是最富於伸縮性，其依賴性也最大，必須與同類及他類之生物結合在一起，以營生存。我國荀子云：『人之生也，不能無羣。』氏所謂羣，乃是生存上人羣與物羣所組成之資源。人類社區之不同於動植物社區者，依派克 (R.E. Park)之意，主要者有三，㈠人不像動植物那樣直接依賴當地的資源，經由世界性之分工，在人與物質環境之間，有他人介入斡旋之，卽經由貨物與勞務之交換，以增進社區之資源。㈡人能利用種種物質與非物質的發明品，增加對當地及外地的適應力，改進或重造社區的物質環境，以符合人意。㈢人將其共生性社區，建立在以傳統、習俗、規範、法律等爲基礎之制度結構之上。因此人類社區其有雙層組織，一是生物的，二是文化的，卽以共生的潛結構 (symbiotic sub-structure) 爲基礎，建立文化的超結構 (cultural super-structure) 於其上，其所含要素自然比動植物社區要多，計有㈠人口，㈡人工製品（物質文化或技術文化），㈢風俗與信仰（非物質文化），㈣自然資源。("Human Ecology", in G.A. Theoderson (ed.), Studeis in Human Ecology, New York: Row, Perterson and Company, 1961, pp. 71-76.)

社區資源包括四方面：㈠人力，㈡財力，㈢設備，㈣處理問題的能力。社會工作(social work)的重要部門之一的『社區發展』(community development)，其目的在社區居民自動參與的努力下，充分發揮與利用社區之資源，以創造全社區經濟與文化進步之美好情況。(Social Work Year Book, 1960, p. 178.)龍冠海解釋『社區發展是人民以自己的努力，與社會當局聯合一致，改善自己社區的經濟、社會、文化、福利及環境，也就是說人民靠自己的努力去改善自己的生活水準。』（國立臺灣大學法學院社會學系叢刊第三種，臺北市古亭區南機場社區調查總報告，第一頁）由此可知社區資源對社區生活之重要性。（朱岑樓）

社區調查 (Community Survey)

社區調查一詞指謂搜集特殊社區問題之第一手及定量資料的記述或解析研究。(D.S.S.) 詳細地說，它是一合作事業，係應用科學方法在特定地區或地點上，實地調查其現有的問題與情況，藉以蒐集事實資料，並作成結論與建議，公諸社會以引起社會人士之注意，進而採取理智的協調行動。(D.S.)

社區調查以改革社會病態爲目的，性質上含有濃厚的實用性。臺灣地區現由臺灣省政府及臺北市政府推動的貧戶調查及社區發展性質的調查，皆可視爲這種調查。國立臺灣大學社會學系於民國五十三年間舉辦的臺北市古亭區調查，主要以貧窮、環境衛生、房屋、人口、經濟、勞力、疾病等問題爲主要對象，也是含有積極性作用的一社區調查。在鄉村方面，國立臺灣大學農業經濟系及農業推廣系近年來推行數次農村調查，以研究與比較土地改革前後的臺灣農村，也屬於這類性質的調查。

社區調查應用社區探究法。原則上以全體調查爲其範圍，盡量蒐集有關各方面的資料，做爲分析判斷社區問題的標準，故大凡人口、家庭組織與關係、職業、資源、教育、文化、娛樂設施、閒暇活動、宗教、經濟、政治、醫療等組織皆包括在調查之內。社區調查的理論與方法，請參閱龍冠海、范珍輝合著『臺北市古亭區南機場社區調查總報告』（民國五十五年出版）及范珍輝著『臺北市大安區黎和里社會福利需要報告』。（民國五十七年出版）（范珍輝）

社區聯合募捐 (Community Chest 或譯社區金庫)

這是指一個社區的社會工作機關團體與人民，爲維持或發展其社區福利教育與衛生工作，而定期舉行的有計劃與有組織的聯合募捐。（葉楚生著：社會工作概論，第二一一頁，自印，四十七年）

社區聯合募捐的所以成立，乃是因爲私立社會機構大多須靠樂捐，以維持其業務與人事的開支。爲了避免捐款人發生不滿的情緒，並對所有的福利機構一視同仁地予以支持起見，乃發起這種合作方式的籌款辦法。一般說來，社區聯合募捐係由一個理事會主持，該理事會不僅代表所有的會員機構，而且也代表社區一般民衆。(劉銘譯：華德．弗蘭德著：社會福利概論，第五四二頁，中華文化出版事業社，四十九年）（陳國鈞）

社會力 (Social Force)

社會學上所謂的社會力指發動社會行動或一般社會現象的原動力。

美國早期社會學家華德 (L.F. Ward)、司馬爾 (A.W. Small)、史達堅堡 (J.H.W. Stuckenberg)、勞史 (E.A. Ross) 等原來使用此概念指謂慾望、利益等生理和心理的要素，後來此一概念由集體表象說的社會學家採用以指引起、激發社會行動的原動力，內容上有很大的改變。這種原動力或社會力包括內在與外在的因素。最近勒溫 (K. Lewin) 及其他社會心理學家試圖分析內在因素與外在因素的關係及其實際功能。

在社會工作上，此詞指謂導致社會變遷或社會運動產生的多數人的協同。（范珍輝）

參考文獻：

D.S., "Social Force"
K. Lewin, Field Theory in Social Sciences (New York: Harper & Bros., 1951).
福武直主編：社會學辭典，東京有斐閣出版，昭和三十五年，『社會力』條。

社會工作 (Social Work 或譯社會事業)

各家對此一名詞的解釋並不完全相同，茲引述幾個比較清楚者爲例。

一、社會工作是調整個人與他人或社會及經濟環境間關係的某種過程，包括個案工作與團體工作等。(D.S.)

二、它是調整私人關係和重組社會團體的一種技術。(D.S.W.)

三、社會工作是指一個有組織的機關或社團，爲解決個人所遭遇的困難問題而施行的一種援助，以及爲協助個人調整其社會關係所施行的各種服務。(Helen Witmer: Social Work-Analysis of A Social Institution, p. 121, 1942)

四、社會工作，不論其工作對象是着重個人或社團，是一種事業工作，目的在協助個人或社團，依其特殊的需要或能力，並配合社會的需要，使獲得其社會關係的調整與生活方面的改善。(Kurtz: Social Work Year Book, p.60, 1947)

五、『視它爲一門學科，它普通被稱爲一種藝術 (an art)，或社會工程學；有的人也稱它爲一門科學，或應用社會學。……它所講授的是關於協助有問題的個人和團體或指導和改善有問題的社會的各種知識和技術。視爲一種工作，它的內容包括各種社會服務，它的實施方法，是調整人與人或人與社會環境的關係；它的主要目標是個人與團體生活的改良和社會的革新。』（龍冠海著：『社會學講話』，第十八頁中華文化出版事業社，四十一年）

六、『現代社會工作是指各種由政府或私人運用現代科學知識與方法所舉辦的事業服務，這種服務包括以個人家庭、社團、社區、乃至整個社會爲對象的各種有組織的活動，目的在協助個人或社會解除並預防其問題，調整個人社會關係，甚至整個人類的社會關係，發揮個人與社會的潛能，以改善個人之生活並增進社會之福利。最狹義和最嚴格的定義是專指一種對於有問題的個人或團體所實施的各種專業服務。最廣義的定義，則指一切有關促進個人與社會福利的措施，乃至包括各種教育、衞生、保險、及其他公共事業在內。』（葉楚生著：『社會工作概論』，第六頁，自印，四十七年）

上述幾種解釋，最後二者或許更爲詳明而可取。（陳國鈞）

社會工作研究 (Social Work Research)

意指對社會工作的組織、功能及方法之效力作批判性的探討與科學的測驗，以證實、論斷及推廣社會工作的知識、技能、概念和理論。目前社會工作員對於社會工作也逐漸加以研究，它不用專門依賴社會科學、醫學、心理學、人類學的研究，而是進展到提倡其本身的社會研究工作，以便考驗其所用方法與工作效果。同時，社會工作員在他們自己的研究工作中，可以儘量貢獻出自己對工作觀念、心得與經驗。（參考劉銘譯，華德．弗蘭德著：社會福利概論，第五七七頁，中華文化出版事業社，四十九年。）（陳國鈞）

社會工程 (Social Engineering)

應用社會學原理原則，以達成某種特殊或認定的社會目標，稱之為社會工程。社會工程不同於社會改革，注重結構更甚於功能，注重新模式和新方式的創造甚於引導行為遷就已存在的規範。社會工程同於其他工程，是起源於問題。主要工作是利用科學的方法解決問題。社會工程不同於其他工程，乃是對象的不同，前者為人群，而且所利用的勢力是社會勢力。(D.S.)（陳國鈞）

社會化 (Socialization)

社會心理學上所說的社會化指一個人習得團體所贊許的社會行為以適應團體生活的過程。人天生是一個有機體，並非一個社會動物。生下後得到社會的教養而習得所屬團體的價值觀念，以及所贊成的態度及行為模式，進而遵守社會所規定的行為規範，以及有了地位與職務後，始成為一個有人性有人格的社會人。這種從有機體發展成為社會人的過程就是社會化。因此可以說將新生的嬰兒模型塑成一個社會分子的過程就是社會化。

社會心理學家對社會化的內容或對象有不同的見解。派遜斯(Talcott Parsons) 強調社會之價值模式的社會化，認為健全的社會化為社會化機構將文化價值體系傳遞給每一個人。又由於各個人的社會化程度不同，派氏認為社會之分化 (differentiation) 乃是必然的結果。

佛洛特學派則強調社會規範的社會化，認為社會化就是對一個幼年人實施超我的內心化，而當超我培植成功後，社會控制的體系則底定完成。

符號互動學派的學者認為語言為社會化最主要的內容。語言使一個人能與他人溝通思想，分享共同的思想態度並了解彼此的地位與職務，因此它是社會職務之社會化的基礎。（范珍輝）

參考文獻：

D.S.S. "Socialization"

龍冠海著：社會學，臺北三民書局出版，民國五十五年，頁一一五。

福武直主編：社會學辭典，東京有斐閣，昭和三十五年，頁三二九。

社會分化 (Social Differentiation)

分化的意義是指分離，特出，專門化的過程而言，是一種特殊形態的形成或特具功用的產生。這個名詞原屬于生物學用以解釋生物功能的變更，到了十九世紀，社會學者把這個名詞用來解釋社會進化的現象。斯賓塞 (Herbert Spencer)在他所著的「社會原理」(Principles of Sociology, London, Williams & Norgate, 3rd edn, 1885, vol. 1, p. 543.) 認為在複雜的社會中，社會等級，工業組織，音樂，藝術等自然的趨于分化，但彼此均有助於相互的合作，使複雜社會成為一個整體的組織。

現代社會學者對社會分化的觀念，認為社會分子與社會團體的變異，由于生物的遺傳與物質的特點所造成，如年齡，性別，種族，個人的血統，職業的區別，特殊的地位，文化的背景，人格的特點與事業的成就，團體的成分，與社會的關係等，均為社會分化的因素。

諾次 (C.C. North) 在他的名著「社會分化」(Social Differentiation, Chapel Hill, University of North Carolina Press, 1926) 一書中，把社會分化分成四類形態，即一是功能的不同；二是等級的不同；三是文化的不同；四是利益的不同。凡個人與團體獲得了特殊的地位，即是社會分化過程的結果。（張鏡予）

參考文獻：

I. Gould & W. L. Kolb, A Dictionary of the Social Sciences.

社會公社 (Social Settlement)

社會公社係都市貧民區的一種鄰里中心組織，大多數由私人捐款加以支持。社內職員則由受過專業訓練或教育人士來擔任。它組成的目的在瞭解整個社區以及對各階層不利情況的各種問題，藉以促進鄰里的生活。(D.S.)

這是一種社會服務中心，起源於英國。從十八世紀中葉，工業革命發生之後，英國的城市呈現了畸形的發展，人口日趨增加，住宅日形擁擠，工人以及一般人民的生活也日趨困難。教育、娛樂、衛生、失業、貧窮、犯罪等問題發生。這種情形到了十九世紀中葉更形嚴重，政府既沒有法子來應付，人民又不能自動起來加以改善。於是有少數熱心服務的社會人士，因為受了基督教和人道主義的感召，便志願出來負起服務民眾的責任。倡導這種工作的主要人物是倫敦一位牧師，名巴納特 (Samuel A. Barnett) 和湯恩比(Arnold Toynbee)。但湯恩比不幸短命，三十歲就去世，巴納特為了紀念他的同志，便邀集劍橋和牛津兩大學的若干畢業生，在倫敦東邊貧民區設立一個湯恩比館 (Toynbee

Hall)作爲志願服務者集合的場所，以便爲該區居民服務，進而改進他們的生活狀況。自從湯恩比館成立之後，公社運動不但成爲英國社會改良運動的一種新潮流，並且成爲世界上許多其他國家的一個社區改造運動。從十九世紀末年起，先後採用這一種社區服務辦法而成立公社的國家，計有美、法、德、奧、匈、芬蘭、瑞典、澳洲、印度、日本及中國等。（龍冠海編著：社會學與社會問題論叢，第五〇八頁，正中書局，五十三年。）

英國的社會公社，先後成立五十社，有由宗教團體設立的，有由非宗教團體設立的兩種。工作的項目，各社互相不同，大致包括社會調查，兒童福利，成人教育，公民活動，法律顧問等。公社原都附有宿舍設施，專任和義務的工作人員必須住在社內作爲社區的居民。但是現在的英國公社，已另有一種新的發展，就是成立一種專以實施成人補習教育工作爲主的教育公社，這種公社的職員不需居住社內，亦可爲當地居民，並不像原來的公社和大學有着密切的關係，但他們主要的工作對象，仍爲勞工與貧民，這一點和原來的公社相同。這兩種公社在英國都有其全國性的聯合組織，前者的叫作公社聯合會(Federation of Residential Settlement)，後者叫作教育公社協會　(Education Settlement Association)(Encyclopedea Britannia, 1950)（陳國鈞）

社會互動 (Social Interaction)

一、社會互動係指人與人或團體與團體在行動間之交互影響。廣義言之，個人與其自己之互動，亦包含在內。

二、社會互動一詞之應用，每有不同。通常有三種不同的用法：

(1)社會互動之最單純的用法，是指人與人間或社會勢力(social forces)之間的交互影響。陸透 (E.B. Reuter) 與哈特 (C.W. Hart) 在其社會學導論(Introduction to Sociology, 1937)一書中給社會互動下定義說：『社會因素交互影響，結果導致人性與文化之產生者，稱社會互動。』

(2)社會互動之另一種解釋，爲許多社會學家與人類學家所採用。麥瑞（F.E. Merrill) 與愛爾揣基 (H.W. Eldredge) 在其文化與社會 (Culture and Society, 1952)中說：「社會互動是建立於溝通 (communication) 的基礎上，…………個人藉溝通之媒介而與他人互動。此種活動之結果，即社會互動之廣大包含的過程。」在他們看來，社會互動是指人類變化多端的交互影響，此種交互影響的發生，有賴於彼此的溝通。因此他們主張，當互動 (interaction) 一詞應用於人類時，應該稱之爲符號的互動 (symbolic interaction)。不過雖然對某些學者言來，溝通與互動完全相等。但另有許多學者則認爲互動較溝通包含有更多的特性。故認爲社會互動當係指「當二個以上的人互相接觸時所發生的一切，以及行爲上的變化。」

(3)社會互動之第三種含義，係指個人與其自我之互動。此種解釋，是由某些社會科學家觀察某個人與其本身之社會互動時所提出。在他們看來，當一個人獨自在室內致力於一個問題解決時之自言自語，即可被視爲此人在與其自我一社會客體 (social object) 一發生互動。而此時的行動者 (actor) 即可被視爲正處於社會互動之中。

三、社會互動爲人類社會生活之基本要素。一切社會現象莫不基於互動。形式社會學派之大師齊穆爾 (G. Simmel) 在其社會學 (Sociologie, 1908) 一書中即曾指出「構成社會的，顯然是各種交互影響的類型。」他同時又說：「社會即存在於任何若干人的交互關係之中。」由是可知社會現象之內容雖有千變萬化，而社會現象之形式，則僅人與人間之互動而已。這些互動不但是一切社會現象之共同之點，並且也是社會現象之所以成爲社會現象的主要根源。至於社會互動之方式 (forms of social interactions)，一稱社會過程 (social processes)，其種類至爲繁多。社會學者嘗欲歸納而求出其主要方式。派克 (R. E. Park) 與蒲濟時 (E.W. Burgess) 將社會過程之主要互動方式分爲四種，即競爭(competition)、衝突 (conflict)、順應 (accommodation)、與同化(assimilation)。此外，彭德 (R.M. Binder) 將社會互動之主要方式分爲六種，愷史(C.M. Case) 分之爲十種，海逸史 (E.C. Hayes) 分之爲十三種，勞史 (E. A. Ross) 更分之爲三十八種。至於將社會過程化分最細者，則莫如馮維史 (L. Von Wiese)。馮維史將互動分爲分化的 (differentiating)、整合的 (integrating)、破壞的 (destructive)、與修建的 (modifying-constructive) 四大類。然後每大類又分小類，每小類再分次小類，如是細分爲六百五十餘種之多。要之，社會互動之方式本無窮盡。其分類，自亦無窮無盡。今日從事社會過程或社會互動之研究之學者，多已認爲對於社會過程之過細分類，既不必要亦無重大價值。故美國之社會學者，多數係照派克與蒲濟時之觀點，將其研究重點置於社會互動之基本類型及其重要的引申方式。（張宗尹）

參考文獻：

Gould, Julius, and William L. Kolb (ed), A Dictionary of the Social Sciences, Taiwan Printing, 1964, pp. 657-658.

孫本文著：社會原理，下冊，臺灣商務印書館，民國四十一年臺一版，頁三—五。

柯尼格著朱岑樓譯：社會學—社會之科學導論，臺灣協志工業叢書出版股份有限公司，民國五十一年十二月再版，頁二四九—二五一。

社會心理學 (Social Psychology)

一、社會心理學爲研究人於社會情境中所表現之行爲之科學。其主要目的，在於探究社會互動 (social interactions) 如何影響個人，以及此種交互行爲又被如何支配。社會心理學討論之範圍甚廣，通常往往包含或涉及文化與人格、集體行爲、與團體動力 (group dynamics) 等等主題。

二、社會心理學一詞，最初爲德國學者謝富勒 (A. Schäffle) 所用。謝富勒於一八七五年在其名著「社會的構造與生命」一書中，以社會心理與社會形態及社會生理並列，以解釋社會的性質。其後美國社會學者司馬爾(A.W. Small) 與文信德 (G.E. Vincent) 在其合著之社會學概論(1894)中，論列社會心理學一編，討論社會意識，社會智慧，與社會意志等。一八九六年，季亭史(F. H. Giddings)出版其鉅著社會學原理，視社會學即社會心理學。一八九七年，心理學家鮑爾文 (J.M. Baldwin) 撰心理發展之社會與倫理觀一書，以「一種社會心理學的研究」爲其副題。一八九八年法國社會學家達爾德(G. Tarde)之社會心理學研究 (Etudes de Psychologie Social, 1898) 一書問世，雖尙非有系統之著作，已正式有以社會心理學命名之書籍。待一九〇八年勞史(E.A. Ross) 與麥獨孤 (W. McDougall) 同年在英國兩國分別出版其社會心理學鉅著之後，社會心理學始成專門之研究。

三、社會心理學之硏究，大別可分爲二支。一支是由心理學者所發展而出者，可說是接近心理學之社會心理學或心理學的社會心理學。另一支是由社會學者發展而出者，卽接近社會學之社會心理學或社會學的社會心理學。麥獨孤氏之社會心理學爲前者之代表。勞史之社會心理學卽後者之代表。

社會學的社會心理學比較重視環境方面之作用，特別強調社會團體對於個人人格或人類本性之影響力量。此派學者之主要興趣，在於探究團體之共同態度或價值觀念，或團體內個人之身分或地位，以及相伴其身分之角色。此派之另一特色，卽注重對於團體內通常可觀察到之行爲的一致性或類似性從事硏究。

心理學的社會心理學對於社會學習的心理過程比對於規定個人行爲的社會環境之影響力量，更爲重視。故其對於社會行爲之說明，進而求其根源於個人先天的傾向。雖然此接近心理學之社會心理學派用以解釋人類行爲之「本能」(instinct)」概念，大部已爲行爲主義學派之華生(J.B. Watson) 等人所推翻，惟對於行爲之個人因素方面之著重，迄今仍爲此派之主要特徵。

四、心理學的社會心理學，在理論方面，主要又有精神分析派、行爲主義派、與格式心理學派三個分支。

(1)精神分析學的社會心理學，主要係應用個人應付感受挫折之社會環境時之特殊動機，以說明或解釋人類的行爲。此派概括以佛洛伊德(S. Freud) 爲首之正統的精神分析理論，以迄卡狄奈 (A. Kardiner) 及符羅姆 (E. Fromm) 等所代表之新佛洛伊德派之學說。大體言之，前者視文化與人格相對而立，認爲文化對於人格，實具一種限制性與挫折性的角色。後者則重視社會關係與文化對於人格形成所表現之更具決定性與制定性的影響力量。

(2)行爲主義學派的社會心理學者同樣的視個人係在許多不同的需要之驅策下，而對其可能獲取滿足或遭受挫折之環境相抗衡。此派學者特別注重應用「習慣」以說明行爲之規律性 (regularities in behaviour) 。並且認爲個人對於刺激最初之探索性的反應，於歷經獎或懲的過程中，逐漸的加強或消除。持此觀點進而擬建立起一套人類社會行爲之理論者，可推斯肯納(B.F. Skinner)氏。斯氏一九五三年出版之科學與人類行爲 (science and human behaviour)，卽係建立在此種理論基礎上之一部著作。又有許多行爲主義學者採納了更多由社會學發展出之社會心理學的概念。他們注重於人類行爲之可被觀察到的方面，而反對歸因行爲於主觀的要素。

(3)格式心理學派之社會心理學者(Gestalt social psycholgist) 在其研究之中，特別注重行爲之知覺(perception) 因素。在他們看來，個人對他人之行動，就是個人認爲對其環境之最好的適應方法。換言之，亦卽個人的行動，恒爲其對於所處之整個情境之知覺所左右。這些知覺縱非全部爲行動者 (actor) 對於構成其社會環境的人們之知覺或彼等的行爲所決定，但自亦必受其極大的影響。格式心理學者對於社會心理學影響最深且最多者，莫過於勒溫（K. Lewin）。勒溫對於人格的研究，以及應用其場地說（Field Theory）與團體動力學（group dynamics）於社會心理學所從事之研究，對於社會心理學之發展，都有極大的貢獻。再者，近年來許多社會心理學者重視自我概念（self-concept or self-conception）之爲管制個人行爲之一重要因素，亦多少係受格式心理學之影響。

五、近代社會學的社會心理學，其對於社會心理的研究，特別重視社會互動（social interaction）與溝通（communication）之於人類行爲之重要功能。在他們看來，個人之自我（self）即係由此諸互動與溝通所孕育而出。他們的這種觀念，實導源於美國前輩社會學者有關人性之著作，如顧里之人性與社會秩序（C.H. Cooley, Human Nature and Social Order, 1902），杜威之人性與行爲（J. Dewey, Human Nature and Conduct, 1922），以及米特之心理、自我與社會（G.H. Mead, Mind, Self, and Society, 1934）等。此派之研究，既著重於溝通之符號的互動，故又常被稱爲符號互動派（The Symbolic-interactionist）。依照此派的理論，個人是在發展的過程之中，隨着自己的經驗，塑造他自己的自我。由於個人在其社會生活中可能經歷到的一切，往往各有不同，遂使各個人在行爲上表現出與他人不同的規律（regularities）。至於自我之於行爲，此派則與接近心理學的社會心理學相似，強調自我對於行爲具有管制性與指導性的功能。並且進而指出，在任何一個包含有他人行爲活動在內的短暫情境之中，行動者的自我均相互影響。個人在其自己的意向（intentions）、團體的規範（group norms）、以及實際經驗的結果（real outcomes）三者交互作用之下，不斷的對其個人的自我，獲得新的界說或解釋。於是個人的自我也就時常隨着時間發生轉變。再者，又由於就此派看來，個人的與社會的行動，在根本上同具自我互動之特性（the interaction of selves）。自我互動既多爲溝通媒介（medium of communication）所支配，而溝通對於語言或符號之應用又遠多於外表的身體活動，因此此派社會心理學者對於互動所具之符號特性（symbolic character）特別予以著重。

六、社會心理學之研究雖有如上之分歧，但溯自一九二〇年代，以社會學或心理學爲背景所發展而出之兩系社會心理學，即已漸見有接近之趨勢。當時以白乃德（L.L. Bernard）爲首的一派學者，如楊京伯（K. Young）、藍哈德（J.M. Reinhardt）、鮑格達（E.S. Bogardus）、馬爾愷（J.M. Markey）、范思韋（P.R. Famsworth）等，對於社會心理學之著作，都已持比較綜合的見解。楊京伯之社會心理學讀本（Source Book for Social Psychology, 1927）對於人格、環境、文化、態度、群衆等研究同時並重，尤足充分顯示出此綜合之發展趨勢。降及近世，更有許多精神分析學派的學者，他們與文化人類學者合作，以現實社會爲對象，而從事精神分析學理論之證驗之研究，此項研究工作，更積極的促進了兩系社會心理學之統一或綜合。

近代社會心理學之另一重要發展，爲實驗方法在研究上之應用。社會心理學之實驗的研究，早在一九二〇年已有德國學者梅德（W. Moede）所從事。梅德曾就學童單獨工作時或與他人在一起工作時之成績，作比較的研究。實驗結果，寫成實驗團體心理學一書，是爲首先以競爭與對抗所生效果作細心實驗之第一人。一九二四年美國社會心理學家亞爾保（F.H. Allport）出版其社會心理學（Social Psychology），更爲社會心理學之實驗研究的趨向奠定了一個發展的基礎。至於實驗社會心理學之正式成立，一般多以墨菲夫婦（G. Murphy and L.B. Murphy）一九三一年合著之實驗社會心理學（Experimental Social Psychology, 1931, 1937）之出版爲始。墨菲此書，是將前此心理學方面之實驗社會心理的重要材料集於一書。遂使社會心理學之實驗的研究，褒然成爲社會心理學發展中之重要一環。待一九四〇年代勒溫及其弟子先後在美國愛俄華大學、麻省理工學院以及密西根大學設置團體動力之研究機構，並應用小團體（small group）爲其實驗對象，以探究團體內部之動力。自此以後，實驗方法在社會心理研究方面之應用，遂更日見注重。（張宗尹）

參考文獻：

孫本文著：社會心理學，上冊，上海商務印書館，民國三十五年十一月初版，頁四三—五六。

大宮錄郎著宋明順譯：社會心理學，臺灣商務印書館，民國五十八年五月初版，頁二—一七。

Gould, Julius, and William L. Kolb (ed.), A Dictionary of the Social Sciences, Taiwan Printing, 1964, pp. 663-665.

Lindzey, Gardner (ed), Handbook of Social Psychology, Vol. 1, Cambridge, Mass.: Addison-Wesley Publishing Co., Inc., 1954, pp. 40-

社會立法 (Social Legislation)

社會立法是經由立法程序，制訂各種法案，以保障並改善因年齡、性別、種族、身心缺陷或經濟困難，而不能自行獲得合理生活者的經濟與社會地位，以及促進有關全民社會福利的各種措施。此一名詞，是德皇威廉一世 (William I)於一八八一年在舊德意志帝國議會，某次著名演說中力主採用公共意外和健康保險時首先引用的。(D.S.)

此種立法是爲了保護非特權階級的權利及提供各種服務，或爲了大多數身體殘障，貧困，和缺少經濟及政治機會而無法改善自己的人們所訂定的合理計劃。(D.S.W.)

經由立法的方式，制定法律，用以保護某些特別需要救助人們的經濟生活安全，或是普遍地促進社會大衆的福利，這一部門的立法便是社會立法。社會立法的歷史由來已久，例如英國一六〇一年的救貧法 (Poor Law)，和一八〇二年的學徒健康道德法案 (Act of the Health and Moral of Apprentices) 等都是。但 social legislation 這個名詞的第一次出現與普魯士首相俾士麥 (Bismarck)不無關係，因爲俾氏首倡社會保險制度，約於一八八三年左右，先後制定法律，規定疾病，意外傷害，殘廢，及老年保險等。(劉修如、陳國鈞著「社會立法」，第一頁，三民書局，五十五年)。(陳國鈞)

社會主義 (Socialism)

關於社會主義一詞的來源，西洋出版的著作中有各種不同的說法。

依大英百科全書上的解釋，社會主義一詞是從拉丁文 Socialis 來的，此字根爲 Socius (多數爲 Socii)，意思是指伴侶、同志或社會中的個人。有人說在一八二七年，英國羅拔奧文(Robert Owen)與羅貝克 (J.H. Roebuck) 在英國的曼徹斯特地方討論問題時，開始用「社會主義者」(socialist) 一詞。另一說是，此名詞首先見於一七二六年的「合作雜誌」上。又據美國出版的社會科學百科全書中也說，此名詞最初見於羅拔奧文在一八二七年所辦的雜誌上。但是，英國麥頓納 (J.R. MacDonald) 一九一一年出版的「社會主義運動」(The Socialist Movement)這本書中却說「社會主義」一詞是一八三五年由羅拔奧文首先使用。

一九六四年出版的社會科學詞典 (A Dictionary of the Social Sciences, edited by J. Gould and Wm. L. Kolb)上說，該名詞是一八〇三年在意大利首先用，但與後來的意義並無關聯。至於「社會主義者」一詞乃是一八二七年首見於「合作經理」(Cooperative Manager) 中，用以指奧文合作主義的信徒，而「社會主義」一詞則於一八三二年見於聖西門的刊物「地球」(Le Globe) 上，用以代表聖西門主義。(另參閱「國際社會科學百科全書」— I.E.S.S. 第十四卷，「社會主義」篇。)

無論如何，「社會主義者」與「社會主義」二詞於一八二五年後不久在英倫與法國已日見通用。

至於社會主義的含義，各家的解釋也不大相同。

社會學詞典上所下的定義是：「社會主義是一種社會哲學或社會組織的體制，以生產和經濟勞務的物資工具之公有原則爲根據。」要是把它看作一種學說和政策，它是反對放任，而主張控制生產和分配，其主要意思是把少數人的利益變成全體的利益。

又麥頓納所下的定義是：「社會主義是一種信條，具有這種信條的人承認社會是爲個人的改進和自由的保持而存在的，並承認生活的經濟情況之控制意指生活本身的控制。他們設法要建立一種社會組織包括在其活動中是經濟工具，如土地及工業資本的管理，這些工具是不能安全地委諸個人之手的。這就是社會主義。」(見其所著 The Socialist Movement, p. XI)

一般言之，社會主義在其起源上是反抗當時經濟中的個人主義的，而主張建立一種經濟制度其生產及其用途由社會來負責支配。

社會主義的種類繁多，和其他類似的主義有些地方不易劃分清楚，因此各家對它的分類也不一致。有的人用集體主義 (collectivism) 來包括社會主義，共產主義及無政府主義，但也有人主張以社會主義包括其他主義，如共產主義，無政府主義及集體主義(參考社會科學百科全書內耶斯茲— Oscar Jaszi 寫的「社會主義」篇)。此外尙有其他許多派別，如烏托邦社會主義，基督教社會主義，費賓社會主義，工團社會主義，工會社會主義等。(參閱各有關名詞。)

社會主義的發展大致受以下幾種背景及因素的影響：

(一)意識或思想背景　社會主義在歐洲發展有其思想背景。在未發展前，歐洲早有此思想；例如，柏拉圖的共和國，莫爾的烏托邦及康潘尼拉，哈靈頓及盧梭等的思想，可說是後來社會主義的來源。除烏托邦思想外，還有基督教的思想，如博愛的觀念，經濟的共有共享，反對財富的強占，對現有政治制度缺點的批評，有人甚至認爲社會主義及共產主義就是基督教徒所實行的；此外還有新教的運動，特別強調思想的自由。不過，影響更大的是法國革命，其口號是自由、平等及博愛，所以其近因可說是受法國革命思想之影響。

(二)政治背景　歐洲在法國革命之前幾百年內，差不多都是君主專制，人民在政治上無多少自由，到處均受君主的壓迫，故有人起來反抗，認爲此制度不良，須予以推翻，要求給人民自由的權利，故產生民主主義的運動。民主主義與社會主義是有連帶關係的，後者在政治上的主張即民主。十八世紀末期，受亞當斯密的影響，在政治上採取放任政策，由於新的經濟和政治組織之擴大，放任政策不能應付，很多事務越來越糟，故有人主張將政府權力擴大，對人民福利有關之事務應由政府權力加以控制。

(三)經濟背景　自十八世紀中葉起歐洲開始發展工業革命，結果是生產方法由手工轉變爲機器，由家庭轉到工廠；由小規模的改變爲大規模的，於是原有佔有工具之工人，工業革命後，自己不能佔有，而由資本家控制了，所以工人於工業革命後，只有出賣勞力以維持生活；而資本家則是賺錢越多越好，工人的工資越低對資本家越有利，很多工人因此生活在水深火熱之中。一般女工與童工的生活尤爲悲慘。有些思想家認爲這種情形很不人道，主張改進他們的生活，以社會主義來代替資本主義，以求社會進步，增進人類幸福，這便直接影響社會主義之發展。

本世紀以來，由於工業化與都市化之進展，蘇聯革命，及先後二次世界大戰之影響，自稱爲實行社會主義之國家日見增加，但各國所表現的在其程度上却有相當差異，而且與社會主義一詞之原義亦不完全相符。（龍冠海）

參考文獻：

Daniel Bell, "Socialism", I.E.S.S. vol. 14, pp. 506-534.

列德萊著，沈嗣莊譯，社會主義史，商務印書館。

鄭樞俊、甘友蘭合著社會主義運動史，香港亞洲出版社。

龍冠海著，社會思想史，第十四章，三民書局，民國五十八年。

社會失調 (Social Maladjustment)

在社會學上失調一詞指個人或團體與環境的關係缺乏調和或平衡的狀態，或謂無力達成此一狀態的現象。社會失調即個人或團體無法或未與社會環境維持調和關係的過程或現象。人類的主要社會環境是社會規範及其基礎的價值觀念，故社會失調也可說是個人或團體無法或未順從社會規範，拒絕或懷疑文化價值的過程或現象。此詞的相對語是順應與適應。

社會失調是社會學與心理學上的重要概念。第一個使用此概念以發展社會病理學 (Social Pathology) 之體系者是季靈 (J.L. Gillin)。季氏認爲社會病態是文化各要素或各組織間不平衡的結果。這危害了社會團體的存在，阻礙社會成員之滿足基本需要，以及破壞社會秩序與關係。季氏並從社會學與其他學科的觀點說明分析社會失調，並提出預防與消弭這些現象的方案，對社會福利學的基礎理論有很大貢獻。（范珍輝）

參考文獻：

D.S., p. 285.

D.S.S., pp. 9-10.

福武直主編　社會學辭典，東京有斐閣，昭和三十五年，頁三九一。

社會平衡 (Social Equilibrium)

經濟學上有所謂「供求的平衡」，即生產和消費的平衡，沒有供過於求或求過於供的現象。在國際事務上，有所謂「國際關係的平衡」（參A.Aftalion: L'e'guilibee daus les relations internationales, Domat. 1937. Paris），有些社會學家從斯賓塞（ H. Spencer 1820-1903) 開始提出「社會平衡」的觀念。又如巴烈圖 (V. Pareto, 1848-1923) 在一九一六年已經提出他底社會體系說以爲「社會是一個有平衡性的系統」(Society is a system in equilibrium) 這就是說每一個現時存在的社會集團，只是一個社會系統 (social system)，這社會系統無論存在多久，都是在一種平衡狀態當中。每個社會內部，都有力量來維繫其已成的形態，或保證其平穩，使其不受干擾而變遷。他又以爲社會變動的平衡也是動態的 (equilibrium is dynamic)，當社會系統遭受到不太強烈的外來壓力時，一種內在的力量往往能推動它使回復平衡狀態，於是社

[illegible]其實之後就是力量恢復時的一種表示。如果沒有這種內在社會力量來抵抗外來的壓力或干擾，後者將很容易獲得勝利，這個社會將因外力的影響而解組或變遷。巴烈圖這個恢復社會體系平衡的理論，在若干方面已經被證明合於事實，爲大家所公認了。（N.S. Timasheff: Sociological Theory, pp. 159-160. Doubleday, N. Y. 1957. 中文本謝康譯，五十六年，臺灣商務印書館）。

一九三六年（即在巴烈圖提出社會平衡理論之後二十年）及三七年，國際社會學院 (Institut international de sociologie) 第十二、十三兩屆年會，俱曾討論到這個問題，並將有關論文編印一書名爲「社會平衡」 (Les e'quilibres Sociaux)，包含名家如索羅金 (P. Sorokin)、拉士巴斯 (E. Lasbax) 等的論著。這次會議採納都卜哈 (G.L. Duprat, 1892-1956) 的意見，給社會平衡一個定義說：「平衡，是有機體和社會生活的功能間的關係，其結果爲相對的活動上之彼此界限或互相禁制。」 (A. Cuvillier: Manuel de Sociologie, p. 103, Presses universitaires de France, Paris, 1958)，另一個定義以爲「社會平衡是一種整合的狀態 (etat d'integration)，在這種情狀之下，各種競爭的或敵對的傾向互相補足。」反過來說，社會的不平衡 (desequilibre social)，却是一種不整合狀態，各種爭競的力量，不能互相補足或制衡，影響到社會結構的全部或一部份失了平衡 (E. Willems: Dictionnaire de Sociologie, Paris, Marcel Riviere, 1961)。又一說是社會勢力的平等所形成的近於安靜的狀態；而這種社會平衡，乃由於兩種以上的制衡力量所造成的。(D.S.)

如果稍加分析或比較，有關社會平衡的解釋各家說法不大相同，從廣義的看來：平衡，表示互相關係的社會現象中某種均衡情狀，這種均衡可能是顯著的也可能是潛伏的；它可能被安放在客觀的現實地位，或者當爲純粹的分析的對象來看，它可能是靜態的，也可能是動態的。在社會學的文獻中，不少有關社會平衡的概念，除上述巴烈圖的 The Mind and Society 外，如索羅金的 Social and Cultural Dynamics，何曼斯(G.C. Homans)的 The human Group；倫德堡 (G.A. Lundberg)的 Foundations of Sociology，派遜斯 (T. Parsons) 的 Social System 等，都有討論到這個問題的（可參看 D.S.S.）（謝　康）

社會安全 (Social Security)

對人們可能遭逢的各種危險，如疾病，老年，失業等，經由社會保險加以防止的設施。(D.S.W.)

國際勞工局把社會安全一詞，解釋爲：「所謂社會安全，乃社會在其組成分子所可遭遇的若干種危險事故方面，經過適當的安排，而給予安全之謂。」（王金標編著：社會安全制度，第十二頁，正中書局，五十年。）

社會安全乃國家以社會救助，社會保險及公共服務各種不同的方式，分別組成各種不同的社會安全機構，抑或爲綜合性的社會安全制度，對其國民所遭逢的各種危險事故，以致失能，失業，失依，因而受有損害者，從事於各項需要的供應，以保障其健康安全，職業安全及收入安全，暨從而促進民族健康，全民就業及民生富足，爲終極目的之謂。（王金標編著：「社會安全制度」，第十六頁，正中書局，五十年）

社會安全一詞，創始於一九三五年八月十四日，美國國會通過的社會安全法。一九四〇年國際勞工局採用「社會安全」一詞，爲改進勞工福利的重要措施。一九四二年英國貝佛里奇爵士 (Lord. W. Beveridge) 發表「社會保險及其有關事業報告書」成爲最完備的社會安全計劃，於戰後一九四八年七月五日全部實施。自是社會安全逐成爲自由國家共同努力的新政。再者，社會安全不僅是政府的新政，而且是新的社會制度（新的生活方式與生活規律）與「社會治安」及「國家安全」的含義有別，不可混爲一談。（李鴻音著：「社會安全與大學之道」，（學術論叢），第一六一頁，幼獅書店，五十三年）。（陳國鈞）

社會行政 (Social Administration)

社會行政係處理社會工作設施的方法。社會工作設施乃是指社會行政機關與社會服務工作的組織。這類機關，普通有兩種，一是公立的（或政府的），一是私立的。無論是公立的或私立的，其主要任務是制定、解釋、執行、或實現社會政策，辦理社會救濟與福利工作，爲民衆服務，以謀社會的安全和進步。（龍冠海編著：「社會學與社會問題論叢」，第五一九頁，正中書局，五十三年）

從國家的立場來講，社會行政就是國家用政治方法與行政效能，去解決社會問題，而以確立最大多數人的最大幸福，以適應社會的生存與進步爲原則。（言心哲著：「現代社會事業」第三十一頁，商務印書館，三十五年）

從社會行政的發展史來看，各國中央政府開始加強救濟行政，均在十七世紀以後，由消極的救濟行政擴大為兼辦救濟與福利的社會行政，約在十九世紀末葉及廿世紀初葉，而眞正具有規模與廣義的現代社會福利行政的發展，則在第二次世界大戰的前後。（葉楚生著：「社會工作概論」，第二四九頁，自印，四十七年）（陳國鈞）

社會行動 (Social Action)

社會心理學上所說的社會行動指互動 (interaction) 而言。這是導源於韋伯 (Max Weber) 的看法。韋伯認為社會行動含有一定的意義，並企求他人予以某種行動反應。米德 (G.H. Mead) 接受此一見解，主張社會行動包括兩個以上人的合作，其目標為社會目標，再者，錯綜行為的各部分存在於團體生活過程裏，不存在於分離的個人生活上。

社會工作學上，社會行動一詞有以下兩個含義：1.團體本身的集體努力，或所有自覺或不自覺的協調或集體的事業。2.改變社會及經濟制度的組織力量。這與社會工作與社會服務不同；社會工作與社會服務不以制度變遷做為其目標。社會行動包括政治改革、宗教自由及民權等運動，常用的技術有宣傳，研究及請願等。（范珍輝）

參考文獻：

D.S., p. 275.

D.S.S., "Social Act."

福武直主編　社會學辭典，東京有斐閣，昭和三十五年，頁三八〇。

社會行動學說 (Social Action Theory)

或稱社會行為理論，（但與社會行為主義　social behaviorism　不同）這個理論的建立以美國哈佛大學派遜斯教授 (Talcott Parsons, 1902—) 之貢獻最大，並完成了理論系統，亦簡稱行動論　(theory of action)，派遜斯曾出版「社會行動的結構」(The Structure of Social Action, 1937) 並和席爾斯 (E. A. Shils) 合著「走向一個行動的通用理論。」(Toward a General Theory of Action, 1951，或譯一般行為論綱要），這些書，構成了社會學上行動論的理論基礎。其後在一九五三年，派遜斯又和席爾斯等合作出版一本「行動論工作論文」(Working Papers in Theory of Action)，對過去若干基本概念，有所修正，以後他發表的一些論文，對行動論也有所發揮。行動論學派著名學者，除派遜斯、席爾斯外，尚有齊南尼基 (F. Znaniecki, 1882-1958) 麥基佛 (R.M. MacIver, 1882-) 貝克 (H.P. Becker, 1899-1960) 諸家。同時派遜斯本人也受到義大利巴烈圖 (V. Pareto)、德國韋伯 (Max Weber)、法國涂爾幹 (E. Durkheim) 和美國韓德生 (L.J. Henderson) 諸家的影響。

社會行動的理論系統相當複雜，牽涉的範圍很廣，不是簡短的文字能夠說得明白。而且這一派的學說，對現代社會學理論影響很大，因此引起社會學界廣泛而深入的研討和批評，有人也不免誤解這派行動論的內容，使人更不易瞭解。最好是讀派遜斯的原著。狄馬舍夫 (Timasheff) 社會學理論第十八章有對於他的介紹和評語。將他的學說列入「分析的社會學」之內。

派遜斯認定社會學必須以行為論為起點，並將社會學、人類學、心理學列為一般的行為科學；而將政治學、經濟學、法律學等列為特殊的行為科學，尤其是社會學要成為社會行動的科學。他以為要用科學的方法與分析去研究社會現象，就得有抽象概念所組成的系統，或者說是一套邏輯的系統。他又以為研究社會關係或人類互動的關係，必需從發動人着手，同時也要注意到他底環境，而所謂社會環境是由自然、文化和社會幾個因素結合而成的。他確認人類行為的動機，是主觀的；凡是社會系統所包含的社會行動都有定向 (orientation)，定向或取向可分為三類：㈠是認知的 (cognitive)，一個人在未開始行動時，必然對所處的環境，有一種理知上的認識，各人的認識雖未必符合客觀事實，但在某一社會中的各成員共同具有某種認識的時候，就把它視同「眞理」，所有互動的雙方，大概能根據這「眞理」，而決定動機的取向。㈡是情感的或取捨的 (cathectic)，在這裡行為者的情感因素，佔最重要的地位，其行動往往受情感的驅使。㈢是估價的 (evaluative)，當行動者欲有所作為，對於行為可能發生的各種利益，加以抉擇，以價值判斷作行為的標準，就是估價的取向。派遜斯又謂社會成員人格的形成，乃是文化陶鑄的結果，社會文化透過人格的完成，決定了社會行為的動機定向，而文化又是人類社會互動的一種產品。他將文化模式分為三類：㈠共信系統（認知的）；㈡代表象徵系統（情感的）；㈢道德標準系統（價值的）或整合模式的體系。他又把社會學限於社會結構與功能模式的分析，或社會制度的研究。他認制度爲社會體系的基本整合機構，一方面將社會與文化聯繫起來，另方面把人格和動機聯繫起來。照他的說法，制度有四個普通類型：(1)關係的制度；如家庭；(2)管制的制度；如政府；(3)整合的制度；如領導的職務；(4)文化的制度；如教育，美術及宗教等。

行動論包括下列假定：(一)在社會學中主觀的資料應予以研究；(二)有意義的行爲必須考察行爲者個人的動機；(三)行爲所欲達到的目的；(四)社會行動牽涉到願望的滿足。這些假設，使社會學和心理學的界限很難分得清楚。（謝　康）

社會行爲主義 (Social Behaviorism)

行爲主義 (behaviorism) 或「行爲主義運動」 (behavioristic movement) 在四十餘年前曾經是轟動一時的心理學派，並且影響生理學、醫學、哲學、社會科學和人文科學都很不小。這派的倡導人是美國的華生 (J.B. Watson)，代表人物除華生外，有桑戴克 (L. Thorndike)，勒斯黎 (K.S. Lashley)、外士(A. P. Weiss) 和中國的郭任遠等。行爲主義者反對內省法 (introspection) 主張改革研究法，特別着重方法的革新和實驗室的研究，引起若干社會科學家的同情，（郭任遠：憶當年，關於心理學的行爲主義，見陳伯莊編現代學術季刊第二卷第三期，一九五八，十二月香港出版。）行爲主義對社會學的影響，幾不亞於心理學，(Gould and Kolb: A Dictionary of the Social Sciences,1964, London, p. 55) 因爲合理的而非極端的行爲主義在適當的限度以內，確是對於人類行爲和社會現象的科學的研究之最有價值的方法 (P. Sorokin: Contemporary Sociological Theories, p. 626, Harper and Brothers, New York, 1928)，因爲它是主張用客觀的方法，研究超生觀的現象的。據索羅金(P. Sorokin, 1889-1968) 的研究，社會學上行爲派的類型，可以食料刺激，對於人類行爲，社會歷程和組織的影響這個研究作爲例證。（索羅金原著當代社會學說第十二章，臺灣商務館有黃文山譯本），至於由行爲派的觀點，對於其他社會現象加以解釋的，似乎不多（索羅金本人曾經根據合理的行爲主義的觀點對食料刺激如何影響社會及人類行爲作過研究）。湯麥史 (W. I. Thomas, 1863-1947) 所著的書如「美國兒童：行爲問題及計劃」(The Child in America: behavior and programs, 1928)，「社會行爲之觀察研究」 (Observational Studies of Social Behavior, 1933) 及「失調的女孩」 (The unadjusted girl, 1923) 等書，還有他和齊南尼基合著的「波蘭農民在歐洲和美國」，都多少帶着行爲主義心理學的立場，解釋個人在不同的情境中對社會制約 (conditionnement social) 的反應，湯麥史另有一篇論文題爲「行爲模式與情境」(The Behavior pattern and the Situation) 說明他底情境探究法。此外白乃德 (Luther L. Bernard, 1881-1951)，可說是典型的社會學的行爲主義的代表 (Cuvillier: Manuel de Sociologie, p. 73, Paris, 1958)，在他所著的「社會控制」(Social Control, 1939) 及「社會心理學導論」(Introduction to Social Psychology, 1925) 二書，可以概見。季亭史 (F.H. Giddings) 晚年，受行爲主義影響也很大。

派遜斯 (T. Parsons) 的社會行動論，有人稱他依附社會行爲學派（龍冠海：社會學與社會問題論叢，頁一二八，五十三年臺北正中書局版）但他却不是一個行爲主義者，至於米特 (G.H. Mead, 1863-1931) 在社會學和社會心理學上，也許是最重要和最具影響力的一個人。（謝　康）

社會危機 (Social Crisis)

與團體利益或社區福利有密切關係的社會變遷情況。在此情況下，社會秩序崩潰，價值體系解體，以及社會控制失去效力。

社會危機有下列五個特徵：

1. 社會危機情境的發生是突然並且劇烈的，不是緩慢的；
2. 社會危機常導致病態行爲之發生；
3. 社會危機常威脅部分團體組成員的利益與目標；
4. 社會危機是相對的，對某些人雖構成危機，但對其他人則不盡然；
5. 社會危機帶來組織緊張，包括身體的緊張與心理不安。（范珍輝）

參考文獻：

D. S., "Social Crisis"

Kent Miller and Ira Iscoe, "The Concept of Crisis," Human Organization 22 (1963), pp. 195-201.

社會有機體說 (Social Organismic Theory)

這派一名生物有機體派 (bioorganismic school) 又稱有機的社會思想(organic social thought)，亦名生物學派社會有機體學說，這派主要概念以社會爲一種生活的統一體，承認它超個人的實在性及其「自然的」起源和自動的存在。

這派的先導作家，古代如柏拉圖常將身體的元素與社會比論；中古的唯名論亦將人羣和生物的身體比較，十八世紀重農學派也視社會爲「自然的、生活的統一體。」十九世紀生物學長足進步，對社會學上生物有機體說的發展，給與強有力的刺激。這派的開山祖斯賓塞 (H. Spencer, 1820–1903) 也是一個生物學家，他著述等身，學問淵博，關於社會學部分有羣學肄言（嚴復譯，原名 Study of Sociology, 1873) 等四種，他根據生物進化歷程種種現象說明社會進化，從同質狀態到異質狀態，從簡單的社會到複雜的社會，從軍事的一致社會，到工業的自由社會。他以爲社會科學的目的，是要發現社會進化的階級，他並努力使進化論成爲支配社會學的一大勢力。他發現了社會進化是自然進化的一部分，和社會現象的若干因果律，分析那成爲社會單位的個人在各種環境下的情形，但忽略了集團在社會進化過程中的重要性。

「有機體比照論」(Organic Analogy)，或生物機體類推論，是斯賓塞最有名的一個學說，可說是社會有機體說的中心理論。他曾說過"Society is an Organism"（社會是有機體）這句話，但他並不眞正認定社會就不折不扣的是一個有機體；而是把社會與有機體視爲極端類似之物，因此可被認爲「人類社會是與有機體根本類似」的一種社會學說 (society resembles an organism)。他指出社會與有機體間相類似的地方有幾點：(一)有生長及生命延續及新陳代謝的現象；(二)雙方的各部分互相依存；(三)生長過程中，結構和機能都起分化作用而日趨於複雜；(四)雙方的生命都比內部任何部分的生命爲長……。但雙方的差異點，他也同時指出，如：有機體有特殊具體的外形，而社會則無；有機體的意識集中神經系統，而社會中的個人自己成爲意識中心，整個社會本身並無特殊的感覺官能等都是。斯賓塞因此認定社會爲「超有機體」(super–organism)。

社會有機體學派在各國的學者很多，最著名的如法國的愛士丕納(A. Espinas, 1844–1922) 在「動物社會」(societe's Animales, 1877，這是他底博士論文）當中，找出人類社會的雛型。同時人口論者高士德 (A. Coste) 也常用有機體說解釋社會；還有汪姆斯 (Reve' Worms, 1867–1926) 也是這派的健將，著「社會進化上生物學的原理」等書，認社會學爲「高級的生物學」。此外在德國有李林佛 (P. Lilieufeld, 1829–1903)、謝富勒 (A Schaeffle, 1831–1903)，在俄國有諾維科 (F. Novicow, 1849–1912) 等，至於美國的麥根齊 (J. Stuart Mackenzie)。雖不主張有機體比照論，但仍以有機說解釋社會進化。還有季亭史 (F. Giddings) 的「社會學原理」，對動物及人類社會，也作過比照的研究。費斯克 (John Fiske) 也接受他底朋友斯賓塞的進化觀念，建立他底社會學說。但他和麥肯西一般，不贊同有機體比照論。（謝 康）

社會我 (Social Self)

社會我即社會化的自我 (socialized ego)，也即心理分析學家所謂的超我 (super ego)。它是人格結構的一組成要素，由自我演化，發展的組織，包括從早期生活經驗中所習得的道德制裁力量。社會我的形成與社會化有密切關係，它可說是一個人認同其社會化機構，尤其是父母的結果產物。它是內心的控制機構，其作用如同父母的外在控制。

自我是反省性的，它可以是主與賓兩者。做爲賓格的自我，性質上是一社會結構，有控制個人行爲的功能；做爲主格的自我即是本能或衝動。

社會我概念的創設與發揮與佛洛德學說有密切的關係。佛洛德 (Sigmund Freud)認爲人格體系有三個基本的構造，一爲無意識的本我 (id or es)。本我是本能與衝動的來源，性質上它是非合理與反社會的。第二部分是半意識或意識化的思考過程，含有理性的人格組織，這卽自我 (ego)。自我受團體或教育的影響，接受社會規範和文化價值後，即開始變質。變質後的自我含有道德力量。這種自我即超我，亦即良心與理想的代名詞。（范珍輝）

參考文獻：

D.S.S., "Super ego"

G.H. Mead, Mind, Self and Society (Chicago: University of Chicago Press, 1934), pp. 135–140.

Sigmund Freud, Moses and Monotheism, trans. by K. Jones (London : Hogarth Press, 1939.

社會形態學 (Social Morphology, Morphologie Social)

生物學、礦物學及地質學等，都有關於形態方面的研究，人類是動物之一，動物既有它的形態學，人類社會也應該有一種形態學的研究。所謂「人類生態學」，一稱人文區位學，和都市社會形態，本有關聯，但不能說是社會形態學。

法國涂爾幹 (E. Durkheim) 學派，建立社會形態學，作爲社會學的一部分，它所研究的對象是社會底「物質形態」(substrat material) 即社會團體之容積（le volume）及密度（la densite'）等方面。從廣義的說法：社會形態學對於一切社會組織、團體、家庭、教會、國家、農工商各種企業，其物質形態都可作爲研究的對象。至於狹義的社會形態學，只側重人口的社會現象；這就是說着重人口學上底社會意義的研究。前者是普通社會學的性質，後者則應歸屬特殊社會 (particular sociology) 的範疇。

站在社會形態學的立場去研討人口現象；其主旨在於揭發人口問題和社會心理及風俗習慣的關聯。一方面用人口因素解釋社會進步及聯帶關係；他方面則用社會學原理說明人口的分佈、組織以及性別、年齡、婚姻、生死等社會現象之形成及演進。以人口問題爲基礎從外表的形象觀察，到社會內層的分析，這樣構成的社會形態學，可說是人口現象的社會形態學。至於社會形態上的宗教現象的研究，可稱爲宗教現象的社會形態學；政治、經濟、法律、家庭等現象的社會形態學，可照此類推而成立，這些都是屬於廣義的社會形態學方面的。(M. Halbwachs: Morphologie Sociale, 1938, Paris, Armand Colin; 謝康：社會學及社會問題第五章，社會形態學導言，民國五十年，香港東南印務出版社）（謝　康）

社會決定論 (Social Determinism.)

馬克思和恩格斯曾經強調經濟因素爲一切社會制度的下層基礎，經濟決定一切，故名「經濟決定論」(economic determinism)。在「英國文明史」一書中，布克爾 (H. T. Burkle) 以地理環境爲決定人類社會活動的主因，可稱爲「地理決定論。」(geographic determinism)。在「人類種族不平等論」一書中，戈丙諾 (A. de Gobineau) 認爲種族因素是一切社會問題的關鍵，可稱爲「種族決定論。」(racial determinism)。人口數派有些學者認爲人口因素 (demographic factor) 對社會各種現象具有決定性的力量。（例如法國的高士德 A. Coste），可稱爲人口決定論 (demographic determinism)。這些決定論，多多少少和社會生活的基本因素有關，但都不能說是社會決定論。眞正的社會決定論，亦稱社會學的決定論（sociological determinism）特別側重社會集體生活的因素和文化的因素，這派學者主張社會因素決定人類行爲和社會事實。社會唯實論者（如法國涂爾幹 E. Durkheim 一派），認定社會有強制性、拘約性，表現在法律制度、道德、宗教、風俗及習慣各方面，有違犯者，可能受到相當的制裁，或得到一些不愉快的後果。又如美國的勞史 (E.A. Ross) 於一九〇一年出版「社會控制」(social control) 一書，總計社會控制個人的工具，一共有三十五項之多，其中最重的爲法律、道德和輿論等。法國的穆尼葉 (R. Maunier) 在社會學導言（有謝康譯本，五十六年香港人生出版社。）則列舉四種最重要的社會制裁，包含司法的、道德的、神秘的及譏諷的制裁。此外，現代許多社會學家如林頓 (Ralph Linton) 等認爲人格乃由社會文化所形成，尤其是文化，是影響人格形成的經常而主宰的作用，但不是唯一的決定性的因素。（林頓著人格的文化背景 Cultural Background of Personality, 1945. 有許冠三譯本，香港自由出版社），又如涂爾幹說的社會紀綱之內化（internalization of social control），將道德觀念的責任感，化入人心，造成社會「納民於軌物」的內發力量，這也可說是社會決定的一種模式或方法。（陳伯莊主編現代學術季刊二卷三期頁二五一—三〇，四十七年十二月香港版。）

距今十三年前，法國社會學家格維支 (G. Gurvitch) 會出版一本「人類自由與社會決定論」(Determinisme Sociaux et Liberte' Humaine, 1955) 對這個問題有深入的分析。（謝　康）

社會改革 (Social Reform)

企圖消滅或緩和整個社會體系或其某部份組織的反功能所造成的弊病的一般運動或其特殊結果。從概念和範圍說，社會改革處於社會工作與社會工程之間。它的主要特徵是：由政府機關發動，改革的範圍超過個人與家庭的問題。這是與社會工作不同的地方。再者，它不以社會結構的全面改革做爲目的。這一點與社會工程不同。

社會改革的思想淵源於十九世紀西方的社會進步說。它認爲現行社會構造有其存在價值，但在另一方面則認爲有局部改造的必要。社會改革的步驟是順序漸進，部分性及累積性的。（范珍輝）

參考文獻：

D.S., p. 291

福武直主編　社會學辭典，東京有斐閣出版，昭和三十五年，頁三三一。

社會定向 (Social Orientation)

此名詞意指一個社會團體之思想及努力的一般方向，這是由其主要社會價值或團體福利哲學所決定的。因此，信奉民主的個人主義理想之社會，其社會定向便有別於信奉社會主義的、共產主義的、或法西斯蒂主義的；宗教團體的社會定向也有別於商會的。（參考 D.S., p. 287）（龍冠海）

社會法則 (Social Law)

這是一個頗爲廣泛的名詞，與社會生活的法則，可能同義；若干社會學家希望在社會現象中，找出種種規則，並將所得的成果，名之爲社會法則，但與社會學法則 (sociological laws)，或「社會學的方法」(rules of sociology)，或歷史法則（史觀）或社會進化法則之類都不同。七十年前達爾德 (G. Tarde 1843–1904) 出版「社會法則」(Laws Sociales, 1898)，強調他底模仿律的法則，以爲社會乃是一些人們因模仿作用或反模仿作用而發生許多類似點的團體，其實「社會就是模仿」。其後哈爾 (Kyung Durk Har) 著「社會法則」（有黃文山中譯本，一九三五，上海商務印書館版）其目的之一在探討確當的科學的社會法則是否存在，他於是將各種社會法則，分爲四大類：㈠目的論的法則(teleological Laws)，他以爲「自然法則」却不合於實證的法則；㈡先驗論與方法論的設想 (apriorisms and methodological presuppositions)，也都不是科學的社會法則；㈢統計學的法則 (statislical law) 與科學法則的理想很接近，可認爲社會法則之一部分，例如優生學根據統計法所得來的法則；㈣近因果法則 (near causal law)，也可說是經驗的法則 (empirical law)。至於馬克思的辯證法則 (dialectical law)，許多人當它爲社會法則或歷史法則，其實是哲學的和歷史的概推，不能作爲科學的社會法則看。據威廉氏 (Emilio Willems, 1905–)社會學字典 (Dictionnaire de Sociologie) 稱：社會法則是存在於某些社會行動的形態當中可以證驗的因果關係或永恒的功用；而這些行動的形態又必須是能用它們所服從的社會生活的文明模式來加以說明的。大凡文明模式變遷，社會行動的關係也跟着變動，好像跟隨着一致性的法則，故稱爲社會法則。又據費柴德 (H.P. Fairchild) 的社會學辭典說：這是在同樣的社會條件社會行爲一致性的規則，其正確性是經過多次觀察和證明是沒有問題的。不過近來社會學家對「社會法則」的宣示，很少信心，大部分社會法則，已經被認爲未經證驗的社會學說 (social thearies)，最多也不過當作社會原則看待罷了。（謝　康）

社會服務 (Social Service)

發動有組織的力量以改進處在不利情況下人們的生活狀態。社會服務與社會工作的意義相似，乃是一種專業性的名詞，它可擴大及於健康與娛樂等機構設施方面，包括政府的與私人的種種措施，其中最著名的有社區社會服務及一般社會服務的機構。(D.S.)

社會服務係有系統的活動，主要地且有直接地關係著人們機智的保存，保護與改進。其所包括的服務項目，計有社會救助、社會保險、兒童福利、感化事業、心理衞生、教育、康樂、勞工保護及住宅設計等。（劉銘譯，華德、弗蘭德著，社會福利概論，第二頁，中華文化出版事業社，四十九年。）（陳國鈞）

社會物理學 (Social Physics)

第一個將社會事實作爲積極的科學之研究，這個概念，乃由法國的孔德而來。其實是孔德和他底老師聖西門 (Saint-Simon, 1760–1825) 合作得來的。聖西門在一八二三年出版的那本「工業家手册」上 (le cate'chisme des industriels) 曾經寫着：

「歷史學將成爲社會物理學」

當孔德 (1798–1857) 年輕的時代，歐洲已建設成立的科學，有天體物理學 (physigue co'leste ，即天文學），地球物理學 (physigue terrestre 即力學的或化學的）及有機物理學 (physigue organigue 即植物或動物生理學）三大門類。孔德要建立的社會物理學 (la physigue sociale)，是研究社會現象的自然科學之一支，和上述各門類的物理學是同質的。因爲彼此都同屬於自然界的科學(science de la nature)。他以爲生理學或有機物理學是個體的 (l'individu) 科學，而社會物理學却是群體的科學，他始終認定人類是一個廣大而永

久的社會單位 (unite sociale)，其中各部分都有聯帶的關係，和物理的或生理的關係是一般的。這門社會物理學原包含社會動態學和社會靜態學在內，也就是研究人類社會秩序和人類發展或進步的科學。其後因爲比國學者葛特勒 (A. Que'telet) 將他的統計研究稱爲「社會物理學」，爲避免混淆及雷同起見，孔德於是將他自己創立的「社會物理學」在「實證哲學」第四册第四十七講裡面改稱爲「社會學」(sociologie)。(A Cuvillier: Manuel de Sociologie, Paris, Presses Ceniversitaires de France, 1958.pp. 16–17)（謝　康）

社會事實 (Social Fact)

嚴格說來，一切社會互動的過程都可稱爲社會事實 (fait social)，但因「文明」(civilization) 和「社會」(societe) 之間存着密切的相互倚賴關係，所有非物質的文化，即屬於精神秩序 (ordre mental) 方面的東西，也同樣可稱爲社會事實。這就是說精神現象也可歸屬於社會現象。法國涂爾幹(Emile Durkheim,1858–1917) 學派，最喜歡用「社會事實」作爲社會學研究的對象，在「社會方法論」一書裏面，涂爾幹主張一切社會事實，都要當作具體的事物看待，是可以觀察和作客觀研究的。他有時把社會事實稱爲「社會本質」(le substrat social)，承認社會爲一種客觀的實體(realite)，而這種實體，可以集體表徵(collective representation)或集體意識 (collective conscience) 爲代表，因爲都是客觀的現實，例如國旗，基督教的十字架或聖經中的文字等。

涂爾幹強調社會事實，必須當作「事物」(chose, things) 來處理。他發覺以前的社會學多少在搞概念，而不是在研究實際的事物。例如孔德的「三級定律」和斯賓塞的人類「進步」的觀念，都不是可用經驗的研究來證明的事實，他以爲「事物，包括知識的全部對象，這種知識不可能由單純的心理活動去獲得……必須用觀察及實驗的方法，從外在的立刻可接近的特質，達到不易見到的更深一層的內蘊。」因此他反對用那有疑問的內省法來研究社會事實。(N.S. Timasheff: Sociological Theory, Chap. 9, N.Y. Doubleday, 1955 及涂氏原著：社會學方法論，第一、二章，巴黎 Alcan 書店，一八九五年版。)
（謝　康）

社會哲學 (Social Philosophy)

依美國出版的社會學詞典上的解釋，社會哲學是以倫理和價值之觀念來對社會現象作解釋與估價的一門學問。不管哲學被視爲概念和科學之假定的批判，或者經由理則的推論被視爲所有科學的綜合，它與社會學是有密切關係的。依第一個意義講，哲學對社會學方法論有直接關係。依第二個意義講，它與社會科學所供給之科學知識的綜合有關。社會科學中的許多問題並不能以嚴格的科學方法來予以解決。例如，大規模的有計劃之社會改良是否可能的問題，只能用合理的推論法來予以應付。目前大多數的迫切問題就帶有這種特性。例如，社會設計是應該導向於社會的自由民主方面抑導向於共黨主義方面？這些問題，因爲它們牽涉到社會價值，必然牽涉到社會哲學。嚴格地說，科學的結論與哲學的結論之間的界限雖然常須有別，社會科學家却沒有理由反對從人類經驗之事實來作推論的一種社會學。目前最好的哲學方法當中之一是批判的現實主義，故批判的現實主義對社會科學應該是有很多幫助的。

據英國霍布遜與金斯堡 (Hobson and Ginsberg) 說，社會哲學的主要任務是概念與範疇的分析及批判，而社會科學則注重事實的描述。然而二者却有密切關係。因爲，第一，理想及價值可以而在事實上也是決定或規定社會變遷之勢力的，故也屬於社會生活的事實，它們發展的方式也須用社會科學的方法來研究；第二，哲學家從事倫理觀念的研究必須注意到歷史的事實。但同時二者又必須分清楚。黑格爾 (Hegel) 派之弱點是將理想的與實際的混爲一談，把理想的當作實際的，而演化論者則將實際的視爲理想的，從演化過程中的事實演繹出倫理的標準，忘記了「是的」不一定是「好的」。社會生活的完滿敍述應包括二種研究才對。(J.A. Hobson and Morris Ginsberg, L.T. Hobbouse, pp. 124–5, George Allen and Unwin, 1931.)

從歷史上看，社會哲學可說是各種社會科學之母，在西洋方面，古代希臘已經建立了廣泛和相當深入的社會哲學基礎，迄十八世紀更加發展所有關於社會生活的這些問題之探討，包括社會組織，政治生活，法律概念，經濟活動，倫理問題，及其類似的，我們都稱之爲社會哲學。迄十八世紀末葉及十九世紀七十年代，社會哲學的廣大範圍乃漸漸區分爲社會學及其他的特殊社會科學。(參閱 H.E. Barnes, An Introduction to the History of Sociology, p. VIII, 1950.) 中國在春秋戰國時代，社會哲學特別發達，直至　國父孫中山先生更將西洋的與中國固有的集其大成。

社會哲學與社會思想及社會理論或社會學理論有其關係，也有其區別。根據貝克與波斯科夫(H. Becker and A. Boskoff)的見解，社會思想包括有關各種社會現象的概括陳述與判斷，如犯罪與懲罰、戰爭、男女關係、社會責任、團體間之關係等。早期的這種社會思想有很多是包括訓諭、評價、及倫理的目標，而當其被編成法律或有影響的人物之教誨時，就可區別爲社會哲學。這部份的社會思想之要素是訓誡，人類經驗所願望的狀態之描述，以及適合社會行動之命令的制定。簡言之，評價而非觀察，判斷而非知識。

當社會現象被作比較客觀的觀察時，又當思想家對事實上發生的事件從事概括的描述和說明時，社會理論 (social theory) 便出現而成爲社會思想輔助部門。依此意義，社會理論具有科學的目標，而社會哲學則對將來的社會行爲提供批判的指針。不過在事實上，這二者常被混爲一談，因爲它們各別在人類關係的思想中都有迫切的需要。(H. Becker and A. Boskoff, Modern Sociological Theory, pp. 4–5, The Dryden Press, New York, 1957.)

要之，社會哲學總是從事探究社會關係或人類團體生活應該如何的問題，並設法建立人類關係應該遵守的一套標準，如果人們要想獲得其最終的價值。(Timasheff and Facey, Sociology, 1956, p. 10; see also Timasheff, Sociological Theory, pp. 4–5, Doubleday and Co., 1955.)（龍冠海）

社會革命 (Social Revolution)

社會秩序或社會體制的全面變革，尤其是統治結構的徹底改組。

社會革命與社會改革同是一種社會變遷，但却與社會改革目的不同，它是以政治、經濟、精神、文化、工藝等各方面的全體改革，做爲其活動目標。社會改革則以某一社會制度或部份社會結構的改革做爲其目標。

社會革命發生於現行社會制度，不合時代需要，階級間或階層間的衝突或矛盾達到白熱化的階段，而統治階級又無法化險爲夷，解決社會危機，維持社會秩序的情境。又社會革命不僅以制度內容的實質改組爲其目的，同時也提出新的價值朝向 (value orientation)（范珍輝）

參考文獻：

D.S., "Social Revolution"

Neil J. Smelser, Theory of Collective Behavior (New York: The Free Press, 1962), pp. 318–319.

福武直主編　社會學辭典，東京有斐閣出版，昭和三十五年，頁三四一－三四二。

社會契約 (Social Contract)

此名詞可有二種解釋：(1)許多人的一種協議，依此而產生有組織的社會並作爲管制社會份子彼此之間以及他們與政府之間的關係；(2)社區與統治者的一種協議規定和限制各個的權利與義務。 (Webster's Third New International Dictionary)

在社會政治思想史上所講的社會契約說，通常特別指十七世紀中葉至十八世紀中葉三個最有名和最有影響力的思想家之學說。他們是：霍布斯 (Thomas Hobbes, 1588–1679)、陸克 (John Locke, 1632–1704)、及盧梭 (Jean Jacques Rousseau, 1712–1778)。傳統上將其連在一起，因爲他們被認爲共同主張社會起源於一種明白的或默認的契約，民約或協議，與其有關的每個人對此予以允諾，並因此將自己脫離了「自然狀態」(state of nature)，而協助建立法治的、公平地實施正義的與具有公民道德的政體。作爲社會與政府起源的解釋，這種社會契約說，因不合乎歷史事實，早已被放棄。不過他們三人所強調的都是以契約作爲社會的性質而非其起源的說明。依他們看來，無論社會的起源爲何，社會分子間之關係與他們服從社會的政府與法律之義務基本是契約性的，即使沒有正式的協議。新近學者傾向於視契約論者爲一學派或運動，發端於十五世紀中葉，迄十七世紀初期始成爲重要的社會政治學說，到了十八世紀乃特別興盛，此後便漸趨衰微。考其發展原因，主要是受了當時經濟及政治情況之影響。在經濟方面，由於商業資本的發展，在日常的經濟活動中，一般人都強調契約的重要性。隨着商業發展而來的是都市內中產階級的興趣。他們的人數與權力都大爲增加，有的也有政治野心，因而與當時的極權君主發生衝突，特別由於君主們想對商業征收重稅，而引起他們對君主的反抗。有的思想家爲了替資產階級辯護和反抗君主，乃提倡自然權利，社會契約，及革命權利的學說。一般作家都想爲政治自由而辯護，契約說因此對他們乃是有價值及有用的學說。又在政治方面，此時期內有強大的民族國家興起，有的社會哲學家想說明此種國家的起源，並爲其存在而辯護，故提出社會契約的主張，作爲此問題

的解答。這就是社會契約說在此時期發展的背景和原因。（龍冠海）

參考文獻：

I.E.S.S., vol. 14;

Becker and Barnes, Social Thought from Lore to Science, ch. 10, 1952;

龍冠海著：社會思想史，第十一章，三民書局，民國五十六年。

社會計量學 (Sociometry)

社會計量學有廣狹二義。廣義方面，凡對於社會事象之定量研究皆得謂之，即即泛指社會學上的定量研究方法；中文譯為社會測量，似嫌晦澀，不若社會計量學為佳。在這一方面應用此詞最早者當推法國人口學派高士德 (A Coste) 於一八九九年所著「客觀社會學原理」一書中，曾提到社會力指數及社會性指數，是對人口方面所用的社會計量手法。狹意方面則指莫連諾(Jacob L. Moreno, 1892- ）等人所創用的群體成員親疏關係定量測定的一套技術及分析方法。莫氏為由奧大利移居美國之心理分析學者。第一次世界大戰後，曾在歐負責難民管理工作，應用難民自願選擇的方法，進行編組工作。一九二五赴美國後，倡用小型群體治療方法及有關的研究技術，於一九三四年出版「誰將生存？」，一九三七年創辦「社會計量學刊」，旋為美國社會學者接辦，每年四期，現已出至卅二卷。該刊雖標明為莫氏創辦，內容實係社會心理學研究專刊。莫氏現在以七十七高齡在紐約州庇康主持莫瑞努學院。

社會計量學的測定技術係指蒐集幷分析群體成員間取捨愛惡及互動模式之定量材料之謂。這種技術之實施常以問卷方式詢問受測者指出五個親密程度不等的人，包括最喜歡的人，及最不喜歡的人，這種取捨可以表示出群體成員間的互動模式，個人被接受的程度，以及群體的內在結構。不過，社會計量技術又分心理學的及社會學的兩種觀點。前者着重在個人以及個人的選擇，後者則着重在小型群體，尤其是經過取捨後組成的群體。

用社會計量學技術收集到的材料可用不同的技術加以分析。敍述性的用社會計量圖解 (Sociogram)，表示群體內人際的取捨及親疏關係，用於人數不多的群體，簡單清楚。另一是社會計量方陣 (Sociomatrix)，把群體中彼此間的選取分列於橫軸與縱軸交叉的方陣圖中，指出誰選擇了誰，選擇的順序及次數，作為分析之用。深一層的分析方法是根據各種變項就特定的公式編定社會計量指數，指出群體結構的各種特質。大體言之，這些指數可指出個人迎拒的，吸引及排斥的，以及群體凝聚的趨向。（席汝楫）

參考文獻：

Zeleny, L.D. "Sociometry", in ADSS, ed. by Gould and Kolb, pp. 684.

Borgatta, E.F. "Sociometry," in IESS, ed. by Sills, Vol. 15, pp. 53-57.

Kerlinger, F.N. 1966 Foundations of Behavioral Research. New York: Holt.

Lindzey, G. and E.F. Borgatta 1962 "Sociometric Measurement," in Handbook of Social Psychology, Vol. 1, pp. 405-448.

社會政策 (Social Policy)

社會政策不論它的目標或方法，都是趨向社會控制方向的一貫態度。此種一貫態度，可能以語言表示，甚至由那些推行此項政策者向大衆宣布。但被宣布的並不受到一致的支持，此可稱之為「表面政策」(ostensible policy)。或者可能受到支持，而不是公式化。甚至無意識地受到控制。此種形式，常被局外觀察者所注意，或加以敍述，約有下列幾種重要社會政策的例子，如：中央集權、集團主義、社會改革、閉關自守、矇昧主義，及復古運動等。(D.S.)

社會政策可說是解決或對付社會問題的基本原則或方針。社會政策在現代政治中之所以日見重要，乃是因為現代的社會問題愈來愈多，有的且愈來愈嚴重，如無社會政策，則社會問題將得不到適當或合理的解決，個人與團體的安全和福利，也得不到合法的保障，社會國家皆將蒙受其害。故現代國家莫不注重社會政策的制定與實施。（龍冠海編著：社會學與社會問題論叢，第五三六頁，正中書局，五十三年）（陳國鈞）

社會思想 (Social Thought)

對此一名詞，社會學家所下的定義並不盡同。茲舉數例以明之。依貝克與巴安斯的解釋，社會思想是「人對其同類生活之觀念。」(Howard Becker and Harry Elmer Barnes, Social Thought from Lore to Science, Washington, D.

C., Harren Press, 1952.) 據鮑格達說：「社會思想是某些人對於結合生活及其問題的思想。」E.S. Bogardus, The Development of Social Thought, 1955, p. 3.) 法非說：「社會思想是關於人類團體生活之思想。」(P.H. Furfey, A History of Social Thought, 1952, p.3) 張布里斯的定義是：「社會思想是關於人與其同類之關係的。」(Rollin Chambliss, Social Thought from Hammurabi to Comte, 1954, p. 4) 美國出版的社會學詞典上的解釋是：「關於人對其同類之關係與義務之思想的總體。」(H.P. Fairchild, Editor, Dictionary of Sociology, p. 294, 1944)

以上所舉的定義可說是大同小異，也都是概括的說法。茲另以郝直拉的界說為例：「社會思想包括任何反映人類對於人與人間和團體與團體間之關係的態度及觀念；任何社會批評，因為它指出社會的觀感與標準；任何特別提出來的人類的和社會的價值；任何有關於主要社會制度的觀感；任何社會責任心的表示；任何關於社會變遷或發展的思想；任何努力以求得到關於人類與社會的行為之比較健全的觀念；任何關於社會控制的思想。」郝直拉的這個定義是用例舉法來說明社會思想之內容的。這雖然可以使我們對於社會思想得到一種比較具體的認識，但尚難免有掛一漏萬之嫌。(J.O. Hertyler, "Social Thought of Ancient Civilizations", Social Forces, Mar, 1932)

如果將各家的意見綜合觀之，我們可以說，凡是與人類共同生活有關的思想都可稱為社會思想。

社會思想的種類：

人類對其生活所提供的思考相當繁雜，包含有各種不同的見解，而且隨著時代與環境之變遷也有各種不同的表達方式及發展趨勢，因此也可有各種不同的分類法，茲僅提出幾種於下，以資參考：

(1)從社會思想的出發點來分，有個人主義的和社會主義的思想之別（參看鮑格達著社會思想的發展及愛爾塢—Ellwood 著社會哲學史），一般的說，前者是以個人利益為前提，後者是以大衆利益為前提。

(2)從其表現的性質來分，社會思想可有具體的和抽象的兩種（參看鮑格達社會思想的發展第一章）。所謂具體的社會思想，是指對某種社會問題而提出現實的解決對策或辦法，一般社會改良家和社會工作人員的思想大半是屬於這方面的。至於抽象的社會思想，則為一般社會哲學家或理論家和社會科學家所佔有，他們所注意研究的是社會現象的普通原理原則，是普通性的和比較永久性的，而不注重目前特殊的事件或個別的應用。社會學家當中主張社會學是研究社會過程的，其思想足為這方面的代表。

(3)從思想家對社會情況之態度方面來分，社會思想又可有幾種大同小異的分類法，第一種可分為：(一)激進的，主張以激烈的手段來改革現狀。(二)保守的，主張維持傳統及現狀，而反對革新。(三)緩和的，對於前二種皆不贊成，而主張以和平及漸進的方法來應付社會問題。第二種可分為消極的與積極的兩類。前者主張放任，無為；後者主張管制，求進取。例如，我國老莊的社會哲學，英國以前的救貧法所代表的可以說是一種消極的社會救濟思想，現在所行的社會安全法却是代表一種消極的社會服務思想。第三種可分為悲觀的和樂觀的兩類。前者只看到社會人生的黑暗方面，覺得人類社會的發展過程是退化的，前途無改善的希望，例如，古代希臘希索特(Hesiod)的歷史演變說，或現代德國斯彭格拉(Spengler)的西方衰落論，都可說是屬於這方面的。後者則認為人類社會是有進步的，而且可達於完美的境界。例如十八世紀法國的杜戈特(Turgot)與孔多策(Condorcet)，以及一般烏托邦派和社會主義者的思想，都是屬於這方面的。

(4)從其目的或影響結果方面來分，社會思想有建設性的與破壞性的。大凡為人群謀福利，為社會求進步的思想，都是屬於建設性的。例如，孫中山先生的三民主義，康德的永久和平論，奧文(R. Owen)等所提倡的合作主義都是。但有些思想，從少數人看來，好像是有利的，可是從大衆的立場或整個人類社會看來，却是有害的。例如，十九世紀俄國的虛無主義，第二次世界大戰之前所流行的法西斯主義，納粹主義和日本的帝國主義，目前蘇俄的赤色帝國主義，或中共以暴力推行其共產主義，這些都可說是屬於破壞性的社會思想。

(5)從其表現的方式來分，社會思想可有非正式的與正式的之別（參考上舉法非著社會思想史第三頁），前者如諺語，寓言，或傳說中所包含的。後者如一本有系統有組織的社會思想著作，像柏拉圖的共和國，孫中山先生的三民主義之類。

(6)從思想家對人類活動範圍的着重點來分，社會思想又可分為：(一)政治的，如政治思想史中所敘述的國家起源及政府功能說；(二)經濟的，如經濟思想史中所討論的財富及人口問題；(三)宗教的與倫理的，如宗教家及道德家教人為善去惡的教規和倫理學說中所指示的；(四)教育的，如教育哲學史所闡明的教育與社會國家之關係；㈤純社會的，如社會學家所研討的，特別著重於社會關係方面，一般社會思想史所敍述的也是側重於此；不過有時也免不了要涉及政治、經濟、宗教及教育等各方面的思想。

依最後這個分類法來講，社會思想可有廣義與狹義二種解釋。照廣義的說，凡是與人類社會生活有關的思想都可稱爲社會思想，這就不能不包括政治、經濟、宗教、教育等各方面的了。這樣看來，社會思想乃是一個總名詞，底下包括關於社會生活的各種思想，猶社會科學一名詞底下包括各種特殊的社會科學一樣。照狹義的來講，社會思想乃是專指關於人類團體生活，社會行爲，或純粹的社會關係之思想而言，如人與人的關係，團體與團體的關係，社會制度及社會組織等等。社會學家現在所講的社會思想是偏向於狹義的，但在事實上，有些地方尙難免不涉及廣義的。例如，國家的起源，在政治思想史上講到，在社會思想史裡也要講到。又如，財富分配不均的問題在經濟思想史上敍述，在社會思想史上也要敍述，只是各個的注重點有些不同罷了。其實，人類生活是整個的，社會活動各方面也是彼此互相關係的，一個社會思想家的思想也是如此，他不能只想到社會關係而忽略了政治、教育、宗教、倫理、及經濟等現象或問題。我們把這些思想分開來看，只是爲研究上的方便而已，我們絕不應該忽視了它們彼此間的關係。

社會思想與社會學思想：

現在有許多社會學書上除了社會思想一詞之外，尙有人用「社會學思想」(sociological thought) 這個名詞。究竟這二者所指的東西是否一樣？通常許多學者都將兩者交換用或混爲一談，但嚴格地說，二者並不完全一樣。若不一樣，他們的區別又在那裡？比較的說，社會思想的範圍較廣，而社會學思想的範圍較狹。社會思想不一定是有系統的，如一句諺語所表現的，而社會學的思想則應該是有系統的；社會思想不一定是以社會事實爲根據，如烏托邦社會主義，而社會學的思想則不能離開社會事實而憑空杜撰。此外社會學的思想尙有下列幾個特徵：

(1)無偏見的—完全以研究社會事實爲依歸，注重客觀，擯棄主觀，由研究事實得來的結果是什麼就是什麼。

(2)綜合的—社會學家對於一個問題的研究是要從多方面去考慮的，要注意到影響這個問題的各種因素，然後比較或量其輕重，而加以詳細的和正確的描寫與說明。

(3)經驗的及實驗的—社會學家特別注重經驗的探討，社會學的思想是要有社會事實以資證實的，未經證實的思想只能視爲臆說，至於不能證實的思想則僅能視爲空想。換言之，從社會實驗中得來的知識才是眞正屬於科學的社會學思想。

(4)建設性的—社會思想有些是具有破壞性的，前面已經講過。但社會學的思想，因爲是根據事實的研究和從社會實驗中得來的，旣無偏見，又有綜合的觀點，且以整個社會的福利爲前提，故富於建設性，而無破壞性。

社會思想發展的過程：

從歷史上看，人類思想的方法與性質前後有很大的懸殊，社會學家當中，最初看到這一點而提出一種有名之分類的是孔德。他把人類思想發展的歷程分爲三個時期，一是神學的思想時期，即原始人類的心理多半受超自然力量支配，而相信鬼神，以神靈來說明一切現象的發生。二是玄學的時期，這是繼神學的思想而起的，在這個時期人類的思想漸漸傾向於宇宙起源和人生究竟的探索，而以某種抽象的概念或原理來解釋各種現象的發生。三是實證的時期，這是近代科學發達後的思想方法，所注重的是事實的觀察與實驗，或經驗的研究。不過他的這個分類法多少又是受杜戈特的影響。

鮑格達氏在其「社會思想的發展」中另提出一個與孔德大同小異的分類法而別爲五個時期。第一與第二時期他是依照孔德的；第三時期他却名之爲心理學的思想時期。在這時期中人類是富於反省的思想，多注重內心問題的探討。第四時期是科學的思想，這與孔德的第三時期相同。第五時期是社會學的思想，這是新近才有的。在這時期中社會科學家開始社會問題及社會關係之經驗研究。

德國社會學家曼海姆 (Karl Mannheim) 在其所著「人與社會」一書中，對於人類思想發展過程也分爲三個時期，第一是機遇與錯誤時期 (Chance and error)。原始人類的思想是由嘗試與錯誤而起的，沒有什麼系統與組織，大半是受傳統和自然環境的影響。第二時期是發明的思想 (inventive thinking)。在這時期人類開始知道用思想去發明新的工具或制度以應付環境，以解決目前的生活，以達到自己的目的。第三時期是有計劃的思想 (planning and planned thinking)。依曼海姆說現今我們的思想是屬於這一類，一切的計劃不單是爲目前並且是爲將來而著想。在這方面最好的代表是蘇俄所表現於幾個五年計劃以及英國所定的社會安全計劃的思想。

上面所舉的並非專指社會思想的發展過程而言。貝克與巴安斯二人在其合著的「社會思想—從野談到科學」中對於整個人類社會思想之發展過程却提出一個概括的分類，依他們的看法，人類思想是由「神聖的」(sacred)　發展到「世俗的」(secular)　。前者是超現世的，不合實際生活的，不科學的；後者是入世的，注重此時此地的問題之探討，是近乎科學的。

以上的幾個說法，整個看來，可說是大同小異的。人類起初的思想大半受了自然界及超自然的現象所支配，後來才漸漸注意到人類社會本身的問題；起初的思想方法大半是無系統，不科學的；後來的才漸趨於比較科學和有系統的。（龍冠海）

參考文獻：

龍冠海著社會思想史第一章，三民書局，民國五十六年。

社會保險 (Social Insurance)

由政府規定，凡是大家在生活中所容易遭遇的患難，如失業、意外傷害、疾病、職業病、年老、生育、及寡居等，對受難之投保者則予以給付，使其生活獲得多少保障，此種給付是按照雇主、被保人、或政府、或以上三者聯合準備的基金。對個人而言，這是一種權益，而不是救濟 (D.S.) 這種保障係藉集體的力量，故稱之爲社會保險。

現代的社會保險，是爲了保障被保險工人，使他們生活在偶然事故日漸增多的工業社會中，多一層保障。所謂偶然事故，如失業、老年失依、工業上的意外、疾病、殘廢以及家主的死亡等。社會保險所規定的事項，係根據法律明文規定。例如何人有資格被保險，在何種條件之下，保險金給付是屬於合法的權益，以及規定保險金的數額與性質等。（劉銘譯，華德・弗蘭德著社會福利概論，第二三八頁，中華文化出版事業社，四十九年。）（陳國鈞）

社會政體 (Sociocracy)

孔德(A. Comte, 1798-1857) 將社會、國家及政府分爲二個基本類型，即神權政體 (theocracy —見「神權政體」條）與社會政體。此是指在實證主義的國家中將要實現的政體，其中精神的權力與俗務的權力將予分開而有適當的協調，其社會組織將以孔德的社會學原理爲根據。人類歷史大部分的問題乃是如何將神權政體較變爲社會政體。(H.E. Barnes, An Introduction to the History of Sociology, pp. 96, The University of Chicago Press, 1948.)

華德 (L.F. Ward, 1841-1913) 將政體分爲三大類，即專權政體 (Autocracies) ，貴族政體 (aristocracies) 及民主政體 (democracies) ，而在民主政體之下又別爲三個變形，即重農政體 (physiocracy) ，富豪政體 (plutocracy) ，及社會政體 (sociocracy) 。最後這一種乃是理想的民主政體。在這一種政體之下，現時所流行的黨派之爭，無知，虛僞及愚笨都將予以消除。要之，它是由社會來掌握政府的行政，以謀公衆的利益，而不是爲某一特殊政黨或利益團體的好處來剝削社會，像現在的情形。它所強調的不是政府的形式而是它的實質；社會的義務，到了開明時代，是要自覺地和明智地去保衞其本身的利益並完成其本身的使命。在這種社會政體之下，社會對每件有關其福利之事將沒有恐懼，徇私，或偏見，而將認眞地去探究。如果發現有障碍，它會撤除之；如果發現機會，它會改良之。簡言之，在同樣情況之下，明智的個人會做的事，社會也會做。它會盡可能促進其本身的利益。(Barnes, ibid., pp. 181-2)（龍冠海）

社會退步 (Social Retrogression)

社會退步是社會進步的反面。凡社會價値，社會標準改變其原有功能時，稱爲退步。此種改變可能受社會變遷的影響，因爲社會變遷的結果，可能是好，亦可能是壞，壞的改變，即是退步。（張鏡予）

社會秩序 (Social Order)

人類互動上可探知的正常結構，過程或變遷模式。社會秩序是人類互動的狀態或結果，而這種狀態或結果必須是可客觀認知的。又人類社會是動態的體系。在此體系中，有時無法維持安定的互動關係，須做某種程度的轉變。這即社會變遷。社會變遷在過程上有時表現爲病態或解組，但這種現象不盡是破壞秩序的，而是維持社會秩序上所必須或所期待的。廣義的社會秩序因之包括這種正常有規則的變遷模式。

但是，多數社會學家傾向於採用狹義的解釋，認同社會秩序爲社會所支持或有益社會的正常互動。在此意義下，社會反功能 (dysfunction) 的現象被視爲社會解組的徵候。這種看法寓有道德和烏托邦的觀念。惟社會秩序實不可作此解釋，未存在病態或解組的狀態，任何社會都未曾有過，但我們不能否定它們存在有秩序。又有時一社會認爲反常的現象，在他社會則視爲正常的現象。再者，有時態度的變遷或社會結構的重組，對某些社會說，可減緩其解體的危險。總之，各社會對價值與規範的看法不同，因此一切宜從相對的立場，依各個社會的特殊情形去分析社會秩序的問題，不可一味認爲社會病態或社會解組即反社會或破壞秩序的現象。

社會秩序包括以下兩個分析面，一爲行爲秩序。這種秩序應從規範面下判斷，與多數人的社會行爲或理想的社會關係相接近的，即好的與正常的行爲秩序。一爲狀態秩序。這是從結構面分析的。安定的社會結構及地位體系即是理想的狀態秩序。（范珍輝）

參考文獻：

D. S. S., "Social Order"

L. Broom and P. Selznick, Sociology (New York: Harper & Bros., 1963). p. 18.

福武直主編，社會學辭典，東京有斐閣出版，昭和三十五年，「社會秩序」條。

社會氣氛 (Social Climate)

社會心理學的用語，指一社區或一社會之具有相當持續性的一般態度。

此一概念在社會心理學上的創用者是勒溫 (Kurt Lewin) 。勒氏及其合作者於一九三〇年代曾利用各種領導類型的實驗團體以創設威權、民主及自由競爭的團體氣氛 (group atmosphere)。這個歷史性的研究刺激了美國社會心理學家對團體動學、團體結構、團體制策、團體團結等問題的研究興趣，鼓勵他們廣泛利用實驗室、社區、團體及工廠等環境從事上述問題的研究。

社會氣氛概念的構想是：團體的民俗、民德、制度等對個人的心理過程深有影響或規定作用，這反映在團體互動上，即產生某種共同想法、看法及做法，亦即團體氣氛。這種氣氛與成員間的感情，討論或交換意見的方式，對共同目標的合作程度與方式，以及領導結構等都有密切關係。

社會心理學家的研究社會氣氛係以三至七人的小團體爲對象。因此他們所說的社會氣氛實指團體氣氛而言。團體氣氛的研究主要運用實驗法。（范珍輝）

參考文獻：

Gordon W. Allport, "The Historical Background of Modern Social Psychology," in Gardner Lindzey (ed.), Handbook of Social Psychology (Mass.: Addison-Wesley, 1954), Vol. 1, p. 48.

K. Lewin, R. Lippitt & R. White "Patterns of Aggressive Behavior in Experimentally Created "Social Climates," Jowrnal of Social Psychology, 10 (1939), pp. 271-299.

福武直主編，社會學辭典，東京有斐閣，昭和三十五年「社會風土」、「集團の雰圍氣」條。

社會個案工作 (Social Case Work or Casework)

此一名詞的定義，各家所下的都是大同小異，茲引述幾個較爲清楚的於下，以資參考。

一、社會個案工作是一種經由社會服務及個人勸導，幫助他人的方法，目的在於解除他人能力上的困擾，同時也完成個人或家庭方面的調適。(D.S.)

二、社會個案工作是研究發展在任何現有環境中個人的能力以組織他自己的正常社會活動。(D.S.W.)

三、社會個案工作是指各種由個人入手的有計劃的協調個人與其社會關係，而促成個人人格發展的工作過程 。(Mary Richmond: What is Social Case Work, p. 92, 1922)

四、社會個案工作是一種工作藝術，運用各種對於人類關係的科學知識與調整人類關係的技術，以引發個人的潛能，與應用社會的資源，而求個人與其部分或整個的環境關係的改善。(Swithun Bowers, The Nature and Definition of Social Case Work, The Journal of Social Case Work Oct. Nov. Dec. 1949)

五、社會個案工作，可以說是一種由個人入手的社會工作方法，運用有關人類關係，與個人發展的各種科學知識和專業技術，以了解失調的個人，激發其潛能，並協助個人調整其社會關係與應用社會資源，以改善個人的生活，及增進個人與社會的福利。（葉楚生著：「社會工作概論」，第一一一頁，自印，四十七年）

六、社會個案工作，簡稱爲個案工作。它主要的功用是幫助個人和家庭解決其困難問題，使其能在社會上過着獨立和受人尊重的生活。這一種工作方法的要點，是詳細分析案主（指個人或家庭）的問題，像醫生診斷病人的疾病一樣，然後依其需要來設法協助他。（龍冠海編著：「社會學與社會問題論叢」，第五〇三頁，正中書局，五十三年）

總而言之，它是以有問題的個人或家庭爲研究和協助的對象，其主要目的是在使其獲得常態或健全的社會生活。（陳國鈞）

社會流動 (Social Mobility)

個人的地位從一個社團改變到另一個社團，稱爲社會流動，亦即社會位置的變更。社會流動有兩種不同的現象，一種稱爲橫的社會流動 (horizontal social mobility)，另一種稱爲縱的社會流動 (vertical social mobility)。例如個人從甲的宗教團體份子改隸于乙的宗教團體，或從某一政黨轉入到另一政黨，這種流動稱爲橫的社會流動。又如個人在社會地位，從下層階級升遷到上層階級，或從上層地位降到低級地位，如工人升爲職員，科員升爲科長，又如經理降爲股主任或貴族降爲平民，這種流動稱爲縱的社會流動。社會流動與人口的遷移流動其意義有別。

社會流動的情形，在工業革命以前的舊社會裏，頗爲不易，尤其是社會階級地位的流動，一個平民要變爲貴族是絕對不可能的事，因爲靜態社會，階級的地位有固定的組織，沒有突變是不會變動的。到了工業社會，因交通的便利，職業機會的擴大，個人的地位不像從前階級制度的社會，受到種種的阻碍，而現在可以由自身的努力，成功的命運操在一己的才能。

工業社會對各種不同的職業有不同報酬，報酬的高低是吸引人的因素。要獲得較好的報酬，必須具較優的能力。具有較好的報酬必然是較優的地位，能夠獲得較優的地位，是競爭的結果。工業社會給人們在職業上以競爭的機會，使社會流動的情形，增加了速度。

[illegible]研究，注意到流動的測量及其原因。所謂流動測量 (mobility measurement) 是指流動的數量，流動的方向，和流動的區域而言。但這種社會階層流動的測量，是極爲複雜的問題。

墨頓 (Robert K. Merton) 教授在他所著的「社會理論與社會結構」(Social Theory and Social Structure) 一書中，指出社會結構的壁欄如宗教，種族等足以影響社會流動的障碍，是研究這問題所最應注意的。（張鏡予）

參考文獻：

N. Rogoff, Recent Irends in Occupational Mobility, Free Press, 1953.

S.M. Lipset and R. Bendix, Social Mobility in Industrial Societies, University of California Press, 1959.

D.V. Glass, Social Mobility in Britain, London: Routledge and Kegan Paul, 1954.

社會唯名論 (Social Nominalism)

唯名論，原是哲學名詞，起於歐洲上古犬儒學派，中古時代，時常有唯名論與唯實論 (realism) 之爭。前者以爲只有個體是實在的，所謂「種類」或全體（普遍），只是後起的虛名而已，（例如個人是實在的，人類不過是一個空名）唯實論（或實在論）則謂普遍就是實在，而且存在個體之中（例如個人必然死亡，而人類則永久存在）。這兩派的爭論，到了近代哲學，變成經驗的功能和思想的功能，在認知上的作用之爭論。又在社會心理學上也有名實之爭，唯名派強調個人的獨立，唯實派則強調集團心理和團體的制裁。

社會唯名論的概念，認定社會只是個人，個人以外，並無任何超個人的實在。至於功能派的概念，把社會看作一種相互關係的個人之體系，這種看法，可說是社會的唯實論與唯名論的綜合。（索羅金：當代社會學說第四章第一節）。

社會唯名論者認個人爲社會學研究的對象，從個人行爲的細節上，或者從他們行爲中可能推知的事項上加以研究。而這些都是社會學研究的題材。站在這個立場，於是社會學底概念只是代表那些個人行爲的共同因素或由個體集合起來的簡括名詞，以社會學派別論，法國的，達爾德 (Tarde) 屬於唯名論，（涂爾幹 (Durkheim) 則屬於唯實論。）因爲他認定社會現象不外由交互動作中各個人的信仰欲望結合而成（涂爾幹則以爲社會係超出個人之實體）。在德國，韋伯(Max Weber) 以為社會的或團體的行動，都由個人的行動而組成，用個人的動機，可以解釋社會實體的傾向。這個很接近極端的社會學唯名主義(extreme sociological nominalism)的看法和涂爾幹的以團體為外在性，社會有強制性的見解正相反對。和齊穆爾 (Simmel) 以群體代表社會的觀念，也是不相同的。(謝　康)

社會研究 (Social Research)

社會研究泛指應用科學方法期對人類社會加以瞭解與預測的一切活動。它是以人類社會為對象，以科學方法為手段，以解釋及預測為目標的一套過程。照社會科學上的用法，科學一詞是指對於經驗界的現象系統而客觀地研究，以及所形成的知識而言。以科學方法研究人類社會的結果即是社會科學。就社會學來看，以社會學的理論與概念，用科學方法蒐集、組織幷闡釋社會事實，資以解釋人類社會者即為社會學研究；其目標也在證明已有的社會學理論，或提出新的理論。就研究對象之廣袤來看，二者雖容有不同，但所用方法則一。大而言之，不論物質方面，生物方面，心理方面，或社會方面，研究對象不同，但都視為之經驗界的現象，以客觀態度進行研究，雖然在系統化這一方面，尤其是關於量度的問題，容有差別，但其目標是一致的。

社會研究重在方法，而方法一詞，含義甚廣。茲分四個層次來說，即是方法學，研究的基本方式，技術，工具四者。所謂方法學是指科學之哲學，或是科學研究方式的邏輯。方法學居於方法的較高層次，是進行研究的原則，資以決定研究的方式和技術的張本。所要考慮的問題有：研究者本人的價值判斷如何影響到所要研究的問題？又如何影響對於研究結果的闡釋？人能否眞正地客觀？對於人類社會及行為的研究能成為科學嗎？又如：所研究的現象與理論之間的關係如何？研究的結果對於知識的累積有何效果？方法學是進行研究的最高指導原則。

社會學上的方法學亦如其他科目，牽涉到哲學上知識論與認識等思維方面的問題，有經驗論對唯理論，有新實證論對反實證論，有歸納法對演繹法，有定量研究對定性研究，有通性研究對殊性研究等不同的傾向。關於認識的起源方面，認識事物由於先天的理性作用，抑由於後天的感覺經驗？唯理論者強調社會理論體系之建立,經驗論者着重在實地研究,強調定量的方法和標準化的研究技術。在認識的範圍問題方面，有新實證論與反實證論。新實證論者以為社會現象亦受制於自然定律，解釋自然現象的自然律亦可適用於社會現象，二者研究觀點和方法是一致的。反實證論者受了德國社會科會家的影響，係基於對歷史現象之瞭解而產生之方法學。他們以為歷史文化科學與自然科學不同，應看重行動之主觀方面，瞭解行動者內心的心理狀態才可明瞭行為之意義，固不僅限於外表行為之規則性或一致性而已。

方法學上最重要者為歸納法與演繹法。演繹法是由已知原理推論至事實並說明理由。歸納法則是收集事實，得其共通之點，期以發現原理；更由種種原理獲致最高原理。前者為思維之運用，後者為事實之考察，二者並非互為排斥，而是相輔相成。方法學上另一問題是定量與定性研究的問題。所謂定量就是計測事象之量，從量的方面考察事象之意。定性就是從質的方面考察事象之意。強調定量研究者以為必須採用標準的技術收集客觀的材料，幷運用統計方法處理這些材料，期以達成科學研究的目標。不過定量研究只是致知的手段，本身幷不是目的。定量研究充其量只是科學工作的條件之一。這是應加注意的。社會研究在方法學上的另一問題是通性研究與殊性研究。前者是屬於一般性的研究，再進而建立法則，形成自然定律。後者屬於特殊性的研究，個別地敍述其歷史決定的全型。在社會研究上，除一般性的概推之外，也有進行殊性研究的必要，資以作為殊性研究的依據。

以上所提方法學上的五個主要問題，對於社會研究的影響，因時不同。而且因研究的問題不同，影響的深淺互異。不過在社會學上的趨勢似乎是偏向經驗論、新實證論、歸納法、定量分析和通性研究的這一方面。

方法一詞在較高的層次上說，是屬方法學的範圍；在較低的層次上說，是屬於研究技術的範圍。在這方面討論的問題是：如何選取適當的樣本？在訪問表與問卷上如何消除誤差？訪問者與被訪問者維持何種關係？如何減少偏誤？如何編製適當的量度工具？以何種方式(實驗的，分析性的還是描述性的)進行研究？如何在經濟原則下作成研究設計？諸如此類問題牽涉到研究的基本方式，蒐集材料與分析的技術，以及工具等項。

着手進行研究設計時必先想到研究的基本方式。不同科目的人所用的研究方式重點不同。就社會研究來說，研究基本方式籠統地提出實驗法、調查統計法、以及比較法三者。就社會學研究來說，研究的基本方式有實驗法、統計法外，把比較法進一層列爲歷史法，個案法與構造類型法。如就目前之行爲科學方面來說，則有實驗，樣本調查以及個案研究。茲分別扼要論之。比較法求其異同，在時間上應用最久，在範圍上應用最廣，而且人人都在應用這種方式，最風行者莫如人類學家的對照文化方法 (cross-cultural method) 。但是經過仔細的考察，這種方法似乎是一種思維方法，歸納演繹之間都在進行比較，個案研究，統計方法，實驗研究都在應用比較的思維方式。而且從來沒有人把比較方法的步驟一一列舉出來，示之於人，使他人也可照樣行事，進行比較。在技術上說，這種方法未能充分公開流通，交換經驗，在結果上說，別人無法在相同的條件下重複比較，獲致相同結果。但是這也幷不是說在科學的發展上，比較法沒有貢獻。在一門新興的科學成立之初，有關理論未確立之前，比較法是十分有用的方法。

在社會學研究法上似乎在比較法的基礎上，分列出歷史法，構造類型法及個案法三者。歷史法是用客觀的態度就現存的文獻中，重建事實的眞象。由於應用歷史文獻作爲材料的來源，須應用史學方法，即是校勘（校正文字正誤）、考訂（考訂文獻眞僞）及訓詁（考證文字意義）等法。具有總體觀點的社會學家以及歷史哲學家利用歷史事實探討人類社會發展與演進的過程。歷史研究的方式也可簡而約之，縮小範圍應用在某一社會制度，某一社群，或者就小範圍內的事例加以研究，這便是社會學上研究社會變遷的領域。利用歷史法研究社會變遷的主題有人口與區位變遷，都市化，社會易動與階級的變遷，社會制度與社區的變遷，社會運動，涵化等等。在社會學的發展上來看，早期的社會學家大都以歷史資料進行比較研究。形式學派及當代研究小型群體的社會學家則捨棄歷史法，而着重其他方法。

構造類型法在學術的研究上歷來都佔有重要地位，在社會學上應用尤廣。社會學成立之初是社會有機論和實證方法結合的產物。當時的基本理論是演化論，材料是歷史資料，方法則是比較的，主要的研究問題是關於人類社會的起源發展，演化與進步。嗣後在歷史材料方面，又有了大量的非西方社會的民族學材料，於是在方法上有了新的問題。應用比較法時比較的單位是什麼？每人比較的東西是否一樣？科學的比較其標準何在？同時部分社會學家對於整個人類社會，文化的研究發生懷疑，遂從總體的觀點轉移到微體的觀點，開始注意某種社群的結構形式以及變遷的過程，從而產生了社會學理論上概念化的類型。從方法學的觀點來看，類型法肇始於歷史材料的比較法，配合了精密的社會個案研究法，進而成爲理論與經驗研究之間的接合物。

所謂構造類型是對任何研究的事象以思辨的方法處理並安排材料的一種方式。或謂：它是把研究的事象有計劃地選擇、取捨、配合形成一套標準，用以與經驗的事象作比較的模型。它只是存在於概念上，是研究者創成的產物，並不是實際存在於經驗界的事例，但却有解釋或說明的作用。構造類型本身並不是理論，而却能把經驗的概推與已有的理論體系互相印證，使理論成爲科學的知識。蓋科學的研究基於一定的理論，而理論是高度抽象的概念。理論是一個有系統的組織，要把紛亂零散的形成有秩序的有條理的模式，並把紛歧的成爲一致的，獨特的成爲概括的，單一發生出現的成爲重複發生的。如何去作這一套工夫，須講求方法，這個方法便是構造類型方法。類型就是爲了瞭解與解釋，爲了比較，爲了預測而形成的特殊的抽象體。

理念型，構造類型與類型三詞不同，但有密切關係。理念型與德國學者韋伯有關，是藉着理解方法，從現實界抽取一定因素在概念上形成思維型像，然後利用它與經驗的社會事象加以觀察、整理、比較和理解，進而解釋或分析。由於理念型這個概念仍不夠明確嚴密，美國已故社會學貝克 (H. Becker) 又提出構造類型一詞，比較明確，適用範圍也廣。從一個構造類型藉著經驗研究的方法推衍出理論上有關的全部的型，型與型之間存在着邏輯上的關聯性，這一整套的型，在方法學上說，即稱之爲類型。對理論來說，類型涵蘊於理論體系之中，作爲分析性的工具，也有啟發新的理論的作用。對經驗研究來說，類型有指引作用以確定或選取所需的材料。它界臨於經驗事實與理論之間，發生觸媒作用，產生科學的社會學知識。

個案研究在社會科學上應用尤廣。(參閱「個案研究法」條）典型的個案研究例如：心理分析者對於病案全部生活史資料的深入分析；人類學家對於某一初民社會中技術及風俗的專案報導；社會學家對於某一社區中社會經濟階層的詳細描述與分析。所以一般認爲：個案研究是對於某一個案單位（個人，群體，社會，某一事件，或某一種文化）的若干特徵作較長期的深入考察，以明瞭其有關因素及發展過程。例如：這個人何以發生心理失常，歷來的變化如何？工業化對一個傳統社會的家庭產生何種影響？個案研究處理的問題類屬如此，可以說是屬於探索性的研究，開始對於問題加以瞭解，去發現有關的因素以及其變化。對於類型方法亦有不少裨益。

這種研究方式有其缺點：研究的結論是從一個樣本得來的，這個結論能否用於其他樣本，其概括程度如何，不得而知。而且個案研究的材料多屬已發生之事件，研究者除了忠實報導與解釋外，對於有關因素之控制與操縱，是無能爲力的。他除了根據豐富的材料及自己的見識，提出更多的需要進一步研究的問題外，似乎不能證明什麼理論。不過也有其優點，尤其與樣本調查法配合應用時尤然。樣本調查法只注意到較多人的一時的一些特性。二者觀察事象的角度不同，研究的重點也不同，個案研究重質，樣本調查重量。雖各有所偏，如同時運用，則可收相輔相成之效。

樣本調查是社會研究基本方式之一，也是目前最流行的一種，主要基於兩個要素：一是選樣，二是調查，茲分別申述之。

研究者首先要決定所要研究的母全體，然後依統計學的選樣原理選出一個樣本，加以研究。選樣的方法可以是隨機選樣，分層選樣，叢集選樣或者區域選樣，也可以是立意選樣，配額選樣，也可以混合應用，不一而足。選樣主要的目標是：根據考察樣本的各種性質要推論到母全體。如果把母全體中的個體隨便湊合成一個樣本，樣本的代表性則無法測定，推論的工作也就沒有意義了。選定樣本之後，研究者利用記錄工具進行實施蒐集材料的工作，這便是通常所謂之調查，其實是對於樣本中的某些特質或變項加以量度，以備進行分析之用。

樣本調查之功用可以明瞭某些變項之分佈情況，也可以明瞭變項之間的相互關係，資以決定因果相關。對於同一樣本在不同期間作先後重複的量度，這種方法稱爲排擬研究 (panel study)。樣本調查固不限於民意測驗；社區研究，市場調查，人口方面的勞動力調查都是這種方式之應用。

任何種研究在最初階段多半是探索性的去發掘問題，方法是比較的，資料是歷史性的，或者是個人的文獻。進一步是描述性的研究，研究者從事觀察與量度，用純文字的記敘方式有時也用數字作佐證，指陳某些變項出現的次數多寡，以及其間的關係，再進一步，假定若干變項其中一個爲自變項，另一爲因變項，其他爲共變項，研究者設法把共變項加以控制，駕馭自變項，而獲致因變項。此爲證驗因果關係的假設而設計研究，是決斷性的研究，稱之爲實驗。

實驗也有精密粗疏之分。純粹的實驗是在實驗室中人爲的情景下進行。這可以說是致事物之變，自然科學的實驗便是如此。一種粗放的實驗是在嘗試與錯誤的方式下進行，通常所謂「試行」。這是姑且依照「計劃」進行，是待事物之變；這是未加控制的實驗。社會科學上的實驗是在自然的實際生活中進行，應用統計的原則控制共變項，使自變項與因變項的因果關係確定地顯示出來。系統地觀察或量度實驗前後的效果，利用統計的方法分析量度的材料，再用歸納方法解釋實驗結果，以證驗或推翻因果關係的假設。實驗研究更需要嚴密的設計，只有完善的研究設計才可以導致有效的分析。

以上各節指出不同性質的研究方式。比較法、歷史法、個案研究在於博覽、周諮、約取，分析綜合，定其異同，塑造類型。樣本調查則重在定量分析。而實驗則重在量度因素之間的相關，考驗因果關係的假設。不同性質的研究方式有不同的研究設計，要在客觀蒐集經驗的證據，發現或考驗事象中變項間的因果關係。不過經驗的事實并不是研究的目標，只是分析的依據。所以研究方法在技術方面的問題有二：一爲蒐集材料的技術，一爲分析材料的技術。收集材料的技術依材料的來源不同而異。材料的主要來源有三：直接觀察，口頭報導，文獻記錄。直接觀察有參與及非參與之分，又有依被觀察者知曉與否之分，如此即有四種不同的觀察技術。參與觀察且身分暴露之技術，如社會心理學者加入護士訓練班，一道接受訓練同時進行觀察。參與觀察但未暴露身分之技術，如同社會學家爲了研究工廠工人的群體行爲而受僱與工人一起作息工作；心理學家住入精神病院，在醫護人員與病人都不知情的情形下進行工作；或者犯罪學家進入監獄，但不暴露身分而進行觀察。不參與但暴露身分之觀察技術，例如人類學家居住在某一社區，對於當地居民的宗教生活進行觀察；社會心理學家在局外觀察小型群體活動之進行，記筆記或者錄音。既不參與且不爲被觀察者所知覺之技術，例如，在百貨公司對交易行爲之觀察，或在街口對汽車司機見紅綠燈之反應而進行之觀察。應用直接觀察技術時，觀察者與被觀察者宜保持何種關係，應在當場或事後作記錄，以何種方式作記錄，都應作周詳考慮。研究的問題不同，採用的技術及其細節亦不相同。

有若干事象不能直接觀察，故須由口頭報導，如何發生了何事，願望如何，應該如何等等。在這方面有多種技術取得并記錄口頭報導的材料，而且各有優劣。這種技術是由訪問者與受訪者之間的互動而獲得所期望的材料，主要者計有：一是心理分析學上的自由聯想的談話，受訪者有充分的主動；二是深入訪談，由訪問者引入話題，受訪者就其經驗發表意見，由於訪問者一再追問，材料的內容相當深入。三是半具結構的訪問，由訪問者主動，事先準備發問的大綱包括問題以及發問的先後順序，問題多爲問答題，發問的方式須求一致，答問的方式則可隨意。四是具有結構的訪問，由訪問者完全主動，事先編製訪問表，決定了語辭及問題的先後順序，受訪者就是非選擇作答。最後一種是正式測驗，是指受測者完成一件工作然後評分定其等級高低。測驗與訪問或有不同。測驗是對受測者進行量度或評定工作，訪問則是就某些事象提供消息。

有些材料既不能由直接觀察獲得，也不能由口頭報導獲得，必須由文獻記錄中取得。文獻記錄種類繁多，有原始文件，輾轉相抄的次級材料，已出版的未出版的公私文獻，以及大衆傳播等項，對於社會研究裨益甚大。

就分析材料的技術而言，定量的統計分析是社會研究中的主流。統計分析除敍述統計與統計推論之外，更着重在多變項分析以及非參數統計方法。近年來由於統計技術之發展及電子計算機之應用，在社會科學上亦採用了模擬技術。所謂模擬，一般說來是對實際上不存在的東西對其形貌作假想之擬態。例如：照明用之日光燈模擬爲日光可謂模擬。而推廣之，不論象徵的或實體的模型之構造，皆稱模擬。在社會科學的研究技術來說，電子計算機之模擬是就心理或社會過程，假定其中各種變量及其相互關係體系，建立一個符號象徵的運作模型，利用計算機操縱各種變項，模擬個人的或社會的行動過程。這種技術兼具實驗及分析的作用，不但用之於教學訓練，對於智識之增進，影響至大。

別種分析技術由於研究的問題不同，蒐集材料的技術不同，應用的工具不同，就有不同的分析技術。例如內容分析，態度量表技術方面的分析技術等都是。同樣，亦有不同的量度工具，諸如觀察記錄表，訪問表或問卷，各種態度量表，以及各種或各樣的測驗卷等等，前已提及，有效的分析基於適當的研究設計；而適當的設計則着重在定量的量度。廣義來說，量度是按照數學的運算規則把數字符號指定給要量度的事象，用以替代事象之性質，而加以瞭解。進行量度時必須量度所要量度的事象，此所謂效度。而量度的結果亦須正確精密，此所謂信度。應用量表技術進行研究時尤應注意及此。

以上就社會研究有關方法上的方法學，研究設計的主要方式，蒐集及分析材料的技術以及工具扼要說明。在實際進行時有一定的步驟與次序。首先提出一個研究的問題，根據理論提出假設，作爲蒐集、組織、和解釋材料的基準。其次，擬訂研究設計，進行何種方式的研究，同時也要考慮樣本設計，工具設計，實地收集材料的設計，以及分析設計。每種設計彼此牽連，關係密切。再其次，實地進行研究工作，如係樣本調查則是實地進行訪問。然後，處理幷分析材料，研究結果經組織解釋以後，作成結論，最後，編寫印製報告，公諸於世。

社會研究是科學性的工作。所據理論、假設、概念、定義必須明確。探究手法須系統化，材料客觀化。方法公開流通交換，以期別人在相同的條件下重複研究，獲致相同結果。科學的研究具有累積性，細水涓滴匯成巨流，即是此意。最後我們要特別指出的是：社會研究方法上近來確有長足的進展，但很少是社會學上特有的或社會學所專用的。多數是從別門科學引用過來，施用於社會學的研究上的。如何善爲運用，實有賴於明智的抉擇。（席汝楫）

參考文獻：

Ackoff, R.L., The Design of Social Research. Chicago: The University of Chicago Press, 1953.

Ackoff, R.L., Scientific Method: Optimizing Applied Research Decisions. New York: John Wiley, 1957.

Bierstedt, R. (ed.), A Design for Sociology: Scope, Objectives, and Methods. Philadelphia: The American Academy of Political and Social Science, 1969.

Blalock, H.M. and Ann B. Blalock, Methodology in Social Research. New York: McGraw-Hill, 1968.

Borgatta, E.F., Sociological Methodology, 1969. San Francisco: Jossey-Bass Inc., 1969.

Edwards, A.L., "Experiments: Their Planning and Execution," in Lindzey (ed.), Handbook of Social Psychology, Vol. 1, Cambridge: Addison-Wesley, 1954.

Edwards, A.L., Techniques of Attitude Scale Construction. New York: Appleton-Century-Crofts, 1957.

Goode, W.J., and P.K. Hatt., Methods in Social Research.New York:

McGraw-Hill, 1952.

Jahoda, M. et al., Research Methods in Social Relations. New York: The Dryden Press, 1951.

Kaplan, A., The Conduct of Inquiry: Methodology for Behavioral Science. San Francisco: Chandler, 1964.

Kerlinger, F.N., Foundations of Behavioral Research. New York: Holt, Rinehart and Winston, 1966.

Lazarsfeld, P.F., "Problems in Methodology," in R.K. Merton et al. (ed.) Sociology Today. New York: Basic Books, 1959.

McKinney, J.C., "Methodology, Procedures and Techniques in Sociology", in H. Becker and A. Boskoff (ed.) Modern Sociological Theory. New York: Dryden Press, 1957.

Phillips, B.S., Social Research, Strategy and Tactics. New York: MacMillan, 1966.

Riley, M.W., Sociological Research I, A Case Approach. New York: Harcourt, Brace and World, 1963.

Stouffer, S.A., "Quantitative Methods", in J.B. Gittler (ed.) Review of Sociology--Analysis of A Decade. New York: John Wiley, 1957.

社會淘汰 (Social Selection)

此名詞意指在人類社會中某些人或團體，由於有意地或無意地和別人或團體競爭地位，獲得成功或生存，因爲對變異的情境有其適應能力之故。(D.S., p. 292.)

淘汰（或挑選）一詞在自然科學與社會科學中是通用的。淘汰與適者生存的觀念首先見於馬爾薩斯的人口論，後來達爾文受其啟示而應用於他的生物演化論。他說：「有利的變種之保存與有害的變種之擯棄，我稱爲自然淘汰。」

繼後社會的達爾文主義 (Social Darwinism) 採取他的這個定義，而應用於社會方面。這又分爲二支派，其一視社會淘汰爲適者生存的過程，另一則視之爲反優生（即劣者生存）的過程。前者可以德國人類學家阿曼 (A.D. Ammon, 1841-1916) 爲代表。他認爲從體質，心理，及道德的觀點來看，人類是不平等的，主要由於遺傳因素的影響。天才，才能及任何特殊的能力根本是遺傳的結果。每一個社會在生存競爭中獲得成功都需要有天才人物。爲了社會的利益，必須有利於這種人物的設施。社會階層化及各種社會制度即有這種作用。例如：學校考試及經濟競爭使有才能者皆有上升機會，而刑法則將不能適應者加以取締。這種作用就等於生物界的自然淘汰及適者生存。（參考 P.A. Sorokin, Contemporary Sociological Theories, Harper and Row, 1928, pp. 247-250)

在另一方面，有些學者如法國的拉布芝 (G.V. de Lapovge) 在一八九六年出版的「社會淘汰論」中則指出社會的淘汰過程與自然界的同樣過程是相反的。在戰爭與政治中，在宗教的、經濟的及職業的生活中，在法律的與道德的規則中，以及在社會的城鄉分區中，劣種常處於受益方面而漸進地獲得優勢。此支派對社會演化所提出的診斷是極端悲觀的，認爲人類體質、心理及道德方面有累進的退化，而最終將趨於消滅。依此以觀，整個社會生活都是「不自然的」。(D.S.S., p. 667; Sorokin, ibid., pp. 234-244.)

有的社會學家，特別是美國孫末楠 (W.G. Sumner, 1840-1910)，受了達爾文及社會達爾文主義的影響，將此概念的範圍擴大，以包括人類行爲，甚至社會制度，因爲這些係由人類互動中產生出來的。當人們必須動作時，他們將選擇使其能達到目標的那些做事方法，不致遭遇痛苦，特別不致使其同類發生惡意的及可能有的侵犯行爲。如此選擇的方法就是「民俗」(folkways 孫末楠在一九〇七年出版的名著即以此爲標題），因爲第一，它們是一社會所有分子平常所爲的；第二，作爲社會和平與生存的保障，它們有制裁方法加以支持，如有必要，還可由所有社會分子予以執行之。(D.S.S., p. 667.)（龍冠海）

社會控制 (Social Control)

社會控制一詞有兩個相關但異趣的意義。一個含義指團體、社區或社會對其構成員的行爲實行約束或限制的現象。這種約束和限制爲各個社會單位的一主要功能，只要一個人分享社會單位的目標或遵守其規範，即受其控制。另一個含義指社會互動中人與人之間的相互影響而言。社會是互動的體系，這種體系含有控制其組成員的機能，賞罰、社會化、內心化及符號的使用操作都是執行這種機能的工具。

傳統上，社會學家採用第一種解釋；社會學家強調社會團結及共同的規範體系，而基此觀點，着眼於社會體系的社會控制。第一個提出這種見解的是美國社會學家勞史（E.A. Ross）。羅氏解釋社會控制爲社會統治的手段，它規定社會生活的方式，並維護社會秩序。其後派克（R.E. Park）及蒲濟時（E.W. Burgess）發展此一觀念，認爲一切社會問題都是社會控制的問題。

社會心理學家也採用這種看法。米特（G.H. Mead）解釋控制爲自我的要素；控制以個人接受其他團體分子的態度或職務爲前提。現代結構功能說(structural-functional theory) 也接受這種觀點。派遜斯（Talcott Parsons）從兩方面觀察社會控制。從行爲者的立場言，社會控制是修正越軌行爲的動機，而從社會體系說，社會控制則社會體系再均衡（system's reequilibration）過程中的複雜力量。那德爾(S.F. Nadel)分析社會控制時，區別自我管制與社會控制。自我管制是傳統的行爲，不須社會的干涉，因爲它與工具連環(instrumental nexus)有關，其本身含有價值。後者是當自律力量軟弱無力時，始發揮作用。很顯然的，那氏觀念中的社會控制，不包括道德、倫理、超我等內心控制，範圍較爲狹窄。

倪特（R. Nett）指出社會控制含有積極的一面。社會控制是提倡、組織及採用社會創造力的過程，不僅將社會份子納入正軌。他認爲偏畸行爲應視爲改革社會組織的力量。

有些社會學家認爲社會控制即文化。法國社會學家葛維治（G. Gurvitch）認爲社會控制即整個文化模式，依此模式社會、團體及個人緩和心理緊張及暴力衝突，渡過暫時的均衡，並邁進新的和創設性的社會運動。何曼斯（G.C. Homans）解釋社會控制爲將越軌者納入正軌的過程。

上述各解釋雖都注意到控制的機能（mechanism），但却強調團體爲最主要的控制機構。

少數社會專家近年來採用第二種解釋，強調衝突、權力、利益爲社會控制的目標，也即認爲社會控制爲階級鬥爭的工具。這種觀點爲馬克思主義的基礎，爲其信徒所辯護。美國社會學家中採用這個觀點的有戴連道夫（R. Darendorf)、蓋爾斯（H. Gerth）、米爾斯（C.W. Mills）等人。戴氏認爲社會控制爲團體控制其分子的工具。不過控制雖具有社會功能，但不一定善加發揮以造福社會；多數社會控制實際上對統治團體的利益而做。蓋、米二氏則認爲社會控制藉制度秩序發揮其作用，習俗、時尚、時髦、法律、道德及制度控制等爲其主要工具。不過有時這些工具並不符合整個社會或治於人者的利益。

至於社會控制的種類，德國社會學家曼海姆（K. Mannheim）將之分爲直接與間接的社會控制兩種。直接控制爲對個人的行動施以直接影響的控制，包括習俗、教育、武力強制、非武力強制、愛情的撤去、冷遇、冷漠、報酬、處罰、期待、涵養、模倣、說服等。間接控制爲對個人的行動予以間接影響的方法。這有以下五種方法：1.對大衆的影響；2.對團體的影響，這種影響可分爲(1)社區的傳統制度、風俗習慣等；(2)組織體的行爲規範；3.人類互動關係上的影響；4.操縱或安排情境以影響者；5.社會機能的影響，例如競爭、分工、階層化，社會距離者是。

社會控制的手段種類繁多，但最爲具體與明確的應推法律。不過須注意的，法律並不是效力最高的控制工具。說服性的控制工具，如暗示、模倣、批評、報酬、讚許、反應等，往往比法律有較高的功效。

個人間在互動上的控制稱爲社會約束（social constraint）。社會意識，風俗習慣、道德、文化模式等的控制，則稱爲社會形象（sociales gabilde）的控制。這些社會表象經社會化的過程，深入個人內心，爲團體控制其分子上最爲有效的方法。季亭史（F.H. Giddings）稱它爲社會自律（social self-control)。（范珍輝）

參考文獻：

D.S.S., "Social Control"
D.S., "Social Control"
K. Young, Sociology (American Book, 1949), Ch. 6.
福武直主編，社會學辭典，東京有斐閣，昭和三十五年，「社會統制」、「社會的拘束」、「強制」、「法」等條。

社會設計（Social Planning 又譯作社會計劃）

這是對人類關係計劃秩序的互動過程，包括考察、討論、和協商；它含有許多人對人類關係所達成的協議，並爲任何人或組織準備有系統的計劃。（D.S.）

「社會設計是最近幾十年來始發展的一種控制和改變社會的方法，現在已經成爲一種專門社會工程學和社會改進的特殊技術。這與早期美國社會學家華德(L.F. Ward)所提倡的社會導進(social telesis)相似，它是人類團體按照其合理的目標而訂出詳細的計劃以從事有秩序的社會改進的過程。」（龍冠海著：「社會學」，第三七三頁，三民書局，五十六年）

社會計劃是社會運動的一種，是一種預防的與建設的計劃運動。社會計劃着重於實際的執行，不在於狂熱的宣傳；而以合理的組織活動，由參加，產生而控制社會制度的變遷。過去數十年來，英國的都市與鄉村計劃，北歐的家庭與人口限制，美國的新政(new deal)，均爲著名的社會計劃。最近的社會計劃運動，在經濟方面，尤有成功的表現。這種社會計劃的研究，使我們可以預料何種變遷必將來臨，如何去適應變遷的環境，以及如何達成我們所需要的目的。（張鏡予著：「社會變遷」，二十世紀之社會科學—社會學，第三七二頁，正中書局，五十一年）。（陳國鈞）

社會現實主義 (Social Realism 或譯社會唯實論)

這是和社會唯名主義 (social nominalism) 相反的一種社會學理論。中古時代原有唯名論和唯物論之爭，大抵唯名論著重視個體而流入主觀；唯實論者重視整體而比較客觀，但兩者意義均頗模糊而不甚確定，因此在哲學上各派的解釋不一。在科學、文學及藝術上，唯實論或寫實主義，主張將事實作客觀的描述，是和理想主義（或觀念論），主觀主義和浪漫主義相對立的。至於社會唯實論或社會學上的現實主義 (sociological realisme)，在各國的社會學中，都有它的代表，例如：(一)法國涂爾幹 (E. Durkheim, 1858–1917) 一派認定社會是超越個人而存在的實體，因此它有外在性(exteriority)；有強制性 (contrainte sociale 或譯「拘約性」）和權力，這也可說是社會的壓力 (la pression sociale)，而表現在制度、法律、和傳統的風俗道德上。社會有集體意識和集體的表徵 (representations collectives)，如宗教或主義的共同信仰，社會價值的共同認定，國旗或十字架之類的象徵性的標誌等等都是。社會既係實體，我們描述社會必須把它作爲一件具體的事物一般，避免心理學上個人意識或其他有目的有成見的解釋。社會學是以社會本身及其制度爲對象，這是涂爾幹的唯實論，許多唯實論的社會學家可能大致同意他的看法；有人認爲他創造了一種虛構的實體（見索羅金：當代社會學學說第八章第四節涂爾幹及其學派）。(二)美國社會心理學派如季亭史(F.H. Giddings 1855–1931)的「同類意識」(consciousness of kind)，認爲是社會形成的要素；又如顧里 (C.H. Cooley,1864–1929) 的「鏡中之我」(looking-glass self) 與初級團體 (primary groups) 之說，以及愛爾烏 (C.A. Ellwood, 1873–1946) 的「集體精神生活說」，也都承認社會是客觀的現實，從這方面看來，也可說是社會唯實論者(據 A. Cuvilier: Manuel de Sociologie, pp. 61–65, 1958, Presses Universitatires de France, Paris)。(三)德國方面的社會唯實論，早期的代表有杜尼士 (Tonnies) 提出的「社區」和「社團」的分別，第一次大戰時斯杜丁格 (Franz Staudinger) 重提此說，但去掉它的心理的因素，而強調它們爲實際團體和客觀性。近年來佛萊耶 (Hans-Freyer) 肯定社會學是實體的科學，都是社會唯實論的說法。(Cuvillier: Sociologie, p. 148, 1958, Paris)（謝　康）

社會基圖 (Social Base Map)

社會基圖不同於一般地圖，圖上所標明者僅爲重要之區位事實，如江河湖泊之地形特質，以及運河通衢、公園、學校、墳場、空地、工業區、商業區、住宅區等土地利用情況，爲之分門別類，綱張目舉。於是以這些基圖爲背景或架構，將所欲了解之社會現象，如人口、地價、犯罪、離婚、自殺、瘋狂或其他可以測量的問題，用種種符號代表所蒐集的資料，加諸基圖之上，便能看出此一現象與其他一種或多種現象之間的關係。

概要言之，社會基圖之主要用途有三：(一)表明某種社會現象或問題的空間分佈；(二)指示或幫助發現某種社會現象與他種社會現象或非社會現象之間的相關狀態；(三)以符號代表某種社會現象或問題，置於不同時期之社會基圖上，先後兩相比較，可以明瞭該現象或問題在時間上的變遷趨勢。因此社會基圖爲研究社區的不能缺少的工具，其重要性不下天文學家用以仰觀天象的望遠鏡，生物學家用以觀察細胞的顯微鏡，醫生用以了解病情的聽診器。(See "Base Map," in D.S., pp. 20–21 及龍冠海「臺北市社會基圖」序文。民國五十四年，國立臺灣大學法學院社會學系編印。)（朱岑樓）

社會救濟 (Social Relief)

社會救濟一詞，可以有兩種解釋，一種是較簡單的解釋，是對於社會上一般不幸人們的救濟，也就是對於一些無力生活者的救助，免得使他們走頭無路。另一種較詳細的解釋，是指人與人之間的關係或社緣，因某一種的疏忽、脫節、失調或衝突而發生不幸、不良、不平或不安的狀態時，對其所需要加以援助、糾正、調整或改善的一種社會工作及社會現象。（柯象峰著：「社會救濟」，第一頁，正中書局，三十六年）（陳國鈞）

社會組織 (Social Organization)

社會組織是人類學與社會學所常用的名詞。就社會學的觀點言，社會組織是一個社會或一個團體內的各部分相互關係的總體。這是說，人類的社會組織，不是散漫而無秩序的，社會的各部分，彼此都有密切的關係的，是一個有系統的實體。

在社會科學中所稱社會組織，是指社會中的個人與個人，或團體與團體，彼此有互相作用的功能。此種作用的功能，可使社會關係較有效率，較為持久。一切社會，是一種複雜的組織體系。組織是一種權力的表示，也是社會秩序的基礎。

一個社會組織，可以由個人與個人合作而成，也可以由團體與團體合作而成。團體與團體所形成的社會組織，是一種巨形的社會組織，這種組織的代表，可舉大學為例，組織較為複雜，亦可稱之為組織的組織。

在社會組織中的各部門，不一定彼此能完全協調，也不一定彼此互相發生同化作用，而形成共同一致的性質。實際上，各個不同的部分是彼此互相補充、互相運用，使各部分的功能達成有效的目標。

社會組織的形成，由於它的功能的發揮，沒有功能，就沒有持久的力量。但在實際上，一個社會組織，固有其利用的功能，但此功能有時很含混，很複雜，也很變動。一個組織內的個體分子，不一定對組織的目的，有明確的觀念，也不一定對功用有相同的意見。例如一個大學組織，可以視為訓練青年的處所，可以視為知識的累積體，可以視為新發明的製造廠，也可以視為培養品格的教導所。換言之，大學可視為一切功用的綜合體。

社會組織間的各部門的固定關係，固為一般所公認，但這並不是說組織是缺乏變遷的。在現代社會裏，一切社會組織，均在不斷變動，不斷發展，不斷適應。無論在功用方面，結構方面，為維持組織的繼續生存，必須隨着環境為綜合言之，社會組織是團體或社會內部關係的體系，其所組織的分子，並非彼此獨立，而是互有聯繫的。這種聯繫的性質，決定社會單位的類型。（張鏡予）

參考文獻：

Julius Gould and William L. Kolb, A Dictionary of Social Sciences, pp. 661-2.

龍冠海：社會學，三民書局，八五—八九頁。

G. Duncan Mitchell, A Dictionary of Sociology, Chicago: Aldine Publishing Co., 1968, pp. 172-74.

社會問題 (Social Problems)

社會問題的性質和種類，相當複雜，各家的定義，亦不一致，茲簡述其中三說如下，以見例：

㈠社會問題，是某一特定的社會裡面公認為足以威脅文明價值的情境。例如罪行（或犯罪）足以威脅公共安全，而「安全」在很多的人群社會裡面認為是有基本價值的，安全受了威脅，就構成社會問題。社會問題的性質和數量和社會解組及文化調調是有聯帶關係的。(Willems: Dictionnaire de Sociologie, pp. 201-202, 1961, Paris)

㈡社會問題是人類社會中所發生的某種情境，其影響足以危害社會全體或一部分人的福利或生活安全，因而引起人們的注意，認為需要採取集體行動，予以對付或改善的。……社會問題，可說是社會關係的失調。（龍冠海：社會學第十三章第一節，一九六六，臺灣三民書局）

㈢社會問題即民生問題。凡人民的生活、社會的生存、國民的生計、群眾的生命，因失其適合、平衡、規律所發生的問題均屬之。（謝徵孚：社會問題及社會政策，上冊，頁三六，國立臺灣師範大學講義，一九六六）

從上述三個定義，都可知道社會問題到底是什麼，至於詳細解釋，可參閱各家有關社會問題的專著。（謝　康）

社會進步 (Social Progress)

社會進步是有目標有方向的社會變遷或社會運動。凡是依照人們所希望的目標達成人們需要的社會價值，謂之社會進步。社會學家認爲社會進步的意義與社會控制（social control）相關連的，即是說人類能控制自然環境，控制人群關係，方能表示社會進步。控制的內容幾乎包括全部文化。人群關係的改進，必須經由文化的改進。要了解社會是否進步，必先分析一般文化水準是否提高。

社會進步的標準，社會學家有不同的意見：

㈠孔德（Comte）的標準：1.秩序的增進。2.社會化分與團結的增進。3.理性勝于獸性的發展。4.人類征服自然力的擴張。5.人口增加時慾望滿足的增進。6.抽象思考力及綜合能力的增進。7.對于社會改良所必要的合作與努力的社會性的發展。

㈡韋可克（Wilcox）的標準：1.人口的增加。2.壽命的延長。3.人口的統一。4.種族的同化。5.識字者的增加。6.離婚率的減少。

㈢白克馬（Blackmar）的標準：1.社會團結的增加。2.社會結構與功用的分化。3.社會各部分關係愈形密切。4.每代生活狀況的改善。5.種族的改進。6.機會的均等化。7.財富對公衆利益的增進。8.社會對於個人利益的增進。9.征服自然。

㈣傅爾生（Folsom）的標準：1.長壽。2.身體健康。3.精神健康。4.休閒時間的增多。5.消費的增加。6.娛樂種類的增加。7.個人自由的增加。

㈤鮑格達（Bogardus）的標準：1.自然資源的保存與更多的利益以爲大家的利益，不是爲少數人的利益。2.健全的身心遺傳之程度增進，以及低能或酗酒父母所生子女的百分比之程度降低。3.創造對健康更加有利的環境而使不良住宅缺少衛生及傳染疾病之百分比減少。4.健全娛樂之增加，有害娛樂及緊張的都市生活之減少。5.健全家庭及有良好訓練之兒童百分比提高，被貧窮或富有的父母忽視之兒童的百分比降低。6.使更多的人有更多的機會以從事創造的工作，對自己工作有最大欣賞和不須等到晚年始希望有生活享受的人百分比增加，中年就被摧殘及擯棄的工人之百分比降低。7.工商業的民主化增加，使工人資本家及社會大衆對工商業的控制皆有發言權，以公衆利益爲先的勞工及雇主的百分比增加。8.社會保險增加，以預防災害、疾病、老年、死亡及失業，以保障誠實及勞苦工人以免其依賴與貧困。9.給更多的人提高其生活水準，有正當的營養，爽快的娛樂，和創造性的機會。10.強調我能向政府索取什麼的減少，而強調我能爲政府做什麼事的增加。11.各種美術有更佳的鑒賞之推廣。12.職業、業餘、及公共福利教育的擴充。13.更多的人之人性的發展，更加注重于精神和宗教方面。14.生活的合作方法之增加。（見龍冠海：社會學，三七二頁）。

總之，人類努力的結果是事業的成就，成就即是進步，因之，社會進步實爲社會活動的主要過程，亦即研究社會學的主要目標。（張鏡予）

參考文獻：

Julius Gould and William L. Kolb, Dictionary of Social Sciences.

孫本文：社會學原理，第二十七章，二二〇—二三〇頁。

龍冠海：社會學，三七一—三七三頁。

社會統計 (Social Statisties)

社會統計有兩種不同的意義：其一係指應用統計學的方法處理關於社會方面的事象；另一係指實際蒐集所得的數字材料；前者指方法，後者指結果。不過方法方面似應着重於分析材料之方法。

英文 statistics 一詞原於拉丁 status 一字，在十九世紀中頁，此詞原指對於國家情況及制度之描敍，其後逐漸演變，是指用數字方法指陳一個國家的各種特質，因襲沿用，凡屬此類數字材料即爲統計。今日則更指分析這類材料的各種方法以及據以進行推論的各種方法。所以統計是面對不確定之際，應用推論作明智決定的一套方法。

就社會統計來說，統計的方法與統計的材料，二者亦宜區分。社會統計方面的材料係包含了社會方面的定量材料，很明顯地這方面與其他社會科學之間有重疊複掩之處。例如，婚姻與家庭組合統計也是人口學家所注意的。收入分配也是經濟學上的問題。健康與疾病統計也是醫療人員所感興趣的。其他如犯罪，教育，住宅等方面也是如此。

社會統計應重視的是蒐集定量材料的技術，分析及闡釋的方法。首先在材料之蒐集方面有其困難之處。這類材料常常不能用直接觀察的方法取得，而係以調查的方式，利用問卷或訪問表爲工具，由被研究者處取得所需要的材料。於是問卷之設計及實地使用，要求反應率要高，偏誤要低，這些與分析方法都有密切關係。其次，進行問卷或訪問，係就一個樣本中的若干個體蒐集材料，由於拒絕訪問，或找不到被訪問者的原因，實際訪問結果只是原始樣本中的一部份。所以，對於樣本之代表性的問題應慎予估定。其三，做社會統計工作的人常常熱衷於分析材料，但是他們常常只是把材料排比陳列，却不顧到材料的信度與效度，以致這些材料在量度上頗有問題。或者由於他們沒有這方面的認識，乾脆就忽略了這種考慮。

數學與統計學是所有的科學之共同語言，意即任何種科學都應用了數學與統計學的概念與方法，研究社會事象也是普遍地具有這種趨勢。關於統計理論貢獻最大者是數學家，生物學家，心理學家等。社會學者只是把統計方法應用到社會事象的研究上。社會統計學主要分爲兩部分，一部分是敘述性的，一部分是統計推論。敘述統計在於精確地描述所要研究事象的典型的特質，以均數、中數或衆數明瞭其集中趨勢；指出離中趨勢，比較異同；或者利用峯態，偏度決定分配曲線的形式。或者指出變項之間的相互關係，以定二者之間一致變化的趨勢。在一九三〇之後在心理學與社會學上又逐漸採用了量表技術。這些量表雖具有描述的作用，却能把文化價值與社會態度等予以量化。此外由於社會計量技術之發展，可用以明瞭群體成員間愛惡迎拒的關係，進而說明群體的結構，以及群體內部的士氣、親附力、整合與對立、孤立、以及領導從屬等等人際的及群際的關係。

由於社會學不斷地進展，實際上描述的統計方法實感不足，更需要把統計推論應用到社會學社範圍之內。社會學研究的事象常係限於局部的，而不是全部的。所以需要應用選樣原理從全體中選取樣本加以研究。從理論上說，樣本的各種特質必須足以代表母全體所具有的特質。樣本的各種特質是用敘述統計的方法處理的。根據樣本的各種特質推論到母全體的特質，這便是統計推論。統計推論主要的任務有二：一是估計，有點估計及可信範圍之估計。一是統計假設之證驗。統計推論是根據均數樣本分配的理論而來的。均數樣本分配的原則有三：從一個母全體中重複選取若干樣本，每一樣本可求得一均數，這些均數可以列成次數分配並求得均數，此即爲均數樣本分配之均數。如果樣本數愈多，則均數樣本分配之均數將等於母全體之均數，此其一。均數樣本分配之標準差等於以樣本數之平方根去除母全體之標準差，此即爲標準誤。唯母全體之標準差常不可能得知，故以樣本之標準差代之，此其二。均數樣本分配是近於常態分配的形式，此其三。以上三原則至爲重要，但是只有已知母全體是常態分配，而且是大樣本時，在這兩個條件下以上三個原則才能適用。社會統計所處理的事象常常不可能知道母全體是否爲常態分配，而且也常常是小樣本的。在這種情形下遂採用了無參數統計方法，無需設定母全體之參數而進行統計推論。這樣方法處理的量度尺度是名稱的，順序的，也可應用於間隔的及比率尺度。統計數不以均數爲主，而以衆數、中數、百分比爲主。相關以質的相關爲主，例如品質相關，列聯係數，相聯係數等便是。今後這種統計方法在社會學上將更爲廣泛應用。

統計方法在社會學上之應用，幷非盡於此。從事社會學研究時，在設計階段無論是樣本設計或分析設計都離不開統計學。如果進行實驗研究確定變項間之因果關係，統計方法是更不能或闕的。近二十年以來，在分析設計方面更着重在複變項分析 (multi-variate analysis) 。由於研究的性質不同，所需要的分析技術也有不同。探索性的研究只是去發現變項的性質與種類。敘述性的研究在說明變項的分佈情形，分析材料時只是個別地把有關的變項加以處理，統計技術也只限於次數分配，百分比之類；變項之間的關聯是沒有表示出來。再進一層是分析性的研究，不但說明變項的分佈，也要表示出彼此間的相互關係，並且定量地指出相關的種類、程度以及方向，進而指出其間的因果關係。經過分析性研究確定因果關係，形成假設，才能進行實驗研究。通常進行分析性的研究所處理的變項不止兩個，而牽涉到許多個，所以分析工作也就更趨複雜。茲以三個變項的分析爲例說明之。假如變項ｘｙ已經加以分析，略知其間的關係，現在又有第三個變項ｚ，我們須進一步發現ｚ變項對於ｘｙ二者的關係，或者，三個變項之間有何種關係。其法是把ｚ變項使之固定，如ｘ與ｙ之間的關係仍保持不變，則大致可以推定ｘ影響到ｙ，ｘ是因，ｙ則是果。但是也可能把ｚ控制後，ｘｙ間的關係顯著地減少或者完全消失；也可能產生部分的改變，如此，ｘ與ｙ之間不見得有直接的影響關係。以上是控制ｚ，發現ｘ與ｙ之間的關係。由於有三個變項，分析方式有三種。除了前途一種外，另一種是控制ｙ，發現ｘｚ之間的關係，再一種是控制ｘ，發現ｙｚ之間的關係；如此次第發現三者間的影響關係。但是因果關係的推定必須以出現的先後時間來作決斷。我們把時間的因素加進去之後，三個變量之間的影響關係有以下各種，圖示如次：

1. $x \rightarrow y \rightarrow z$　　2. $x \rightarrow z \rightarrow y$

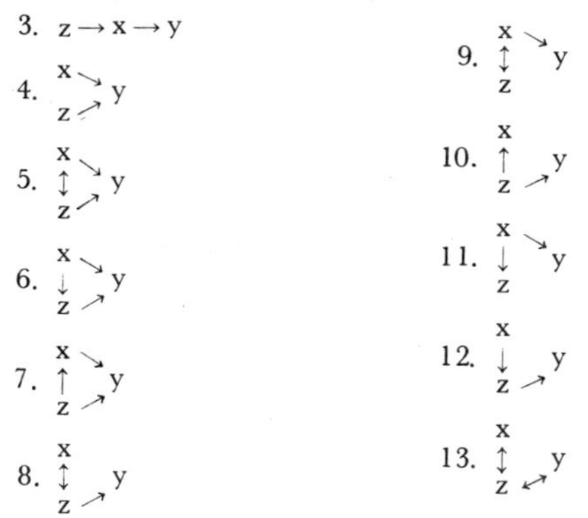

應用以上的分析方法可以發現變項之間的眞正因果關係，同時發現因果變項間的干擾變項，揭露似是而非的因果關係。要處理更多的變項時需要共變數分析以及複相關偏相關等方法。不過處理四個變項之前，似乎先需經過三變項分析方法，如此才可以形成實驗的假設，確定何者爲自變項，何者爲因變項，何者爲共變項，加以控制；以人爲方法操縱自變項，預期因變項之發生，進行實驗的研究。（席汝楫）

參考文獻：

Anderson, T.R. and Mossis Zelditch, Jr., A Basic Course in Statistics: With Sociological Applications, Second Edition. New York: Holt, 1968.

Hagood, J. and D.O. Price, Statistics for Sociologists. Revised Edition. New York: Holt, 1952.

Kaplan, A., The Conduct of Inquiry: Methodology for Behavioral Science. San Francisco: Chandler, 1964.

Lastrucci, C.L., The Scientific Approach: Basic Principles of the Scientific Method. Cambridge, Mass.: Schenkman, 1963.

Miller, D.C., Handbook of Research Design and Social Measurement. New York: David McKay, 1964.

Mosteller, F. and R.R. Bush, "Selected Quantitative Techniques", Handbook of Social Psychology, Vol. I, ed. by Lindzey, pp. 289-334, 1962.

Nagel, Ernest, The Structure of Science: Problems in the Logic of Scientific Explanation. Reprinted in Taipei, 1961.

Phillips, B.S., Social Research: Strategy and Tactics. New York: MacMillan, 1966.

Seisel, H., Say It With Figures. New York: Harper, 1957.

Siegel, S., Nonparametric Statistics for the Behavioral Sciences. New York: McGraw-Hill, 1956.

Wallis, W.A. et al., Statistics: A New Approach. Glencoe, Ill.: Free Press, 1956.

Zelditch, Morris Jr., A Basic Course in Sociological Statistics, New York: Holt, 1959.

社會階層化 (Social Stratification)

社會組織的成分，按照不同的組合，把他們就橫的或縱的劃分爲不同的身份或地位，這種依層次的劃分，稱爲社會層次。社會科學中所稱社會層次的意義，較爲狹小，是就同一社會結構內的層次的排列而言。例如家庭的地位，依照其聲望、財產、或權力的不同，而分爲不同的等級。

韋伯 (Max Weber) 分析政治權力與社會聲望，認爲階級，政黨，團體地位，彼此均有相關作用。至于相關的程度，則決定于經驗、因果和歷史的背景。（參閱 H.H. Gertti 與 C.W. Mills 編譯的 From Max Weber, Oxford University Press, pp. 180-95)

派遜斯 (T. Parsons) 認爲社會層次是由于組成社會體系的分子有上下等級的差別而產生的。等級是社會分化的一種，與聲望的高低有關。社會層次的基本性質及其普遍的存在，是因社會體系中道德價值的評判有所區分的結果。（見 T. Parsons, Essays in Sociological Theory, Free Press, 1949, p. 166)

包勃 (B. Barber) 認爲聲望或地位是形成社會層次的基本條件。（參閱

Social Stratification, New York, Harcourt, Brace and World, 1957）權力，俸給，財產又爲製造聲望的必要工具。聲望是指高級的職業而言，獲得高級職業的重要因素爲責任與知識。根據包勃的理論，社會層次對一切社會體系，均甚重要。測量社會層次的等級，是以幾種因素爲標準。除責任與知識外，尚有親屬、財富、權力等條件。（張鏡予）

參考文獻：

G. Duncan Mitchell, A Dictionary of Sociology, Chicago: Aldine Publishing Co., 1968, pp. 181-86.

社會診斷 (Social Diagnosis)

爲了瞭解個人在其社會關係中所表現的行爲，針對個人各種社會困難的重要事實所作的決定，以及規劃社會治療的辦法。(D.S.)

依社會個案工作中的用法，社會診斷是指對一個案主的社會情況與人格，儘可能使其得到最正確的斷定。(D.S.W.)

一九一七年，美國李芝蒙女士 (Mary E. Richmond) 著「社會診斷」一書，將個案工作作具體的描述。對需要救助者個人的生活背景，應予以透澈的調查，否則卽無從針對對方的社會病態，而加以正確的診斷。所謂社會診斷，意指就調查所得結果，以發現求助者個人所遭遇困難的基本原因何在。先經過一番精密的檢定，然後根據求助者本身的人格，對造成他個人行爲與所反應的特殊環境，加以解釋。這種治療，係根據事前的調查，與事後的診斷來決定的，常常使人注意外圍環境的改善，例如求助者的生活狀況，工作種類與地點的改善。（劉銘譯，華德．弗蘭德著：社會福利概論，第一五七頁，中華文化出版事業社，四十九年。）（陳國鈞）

社會距離 (Social Distance)

在社會學與社會心理學中，社會距離一概念，是用以表明社會上人與人間，就社會關係上，所感到之彼此互相距離的程度。

社會距離一詞，在社會學中最早爲派克 (R.E. Park) 與蒲濟時 (E.W. Burgess) 所採用。他們在其合著之科學社會學導論 (Introduction to the Science of Sociology) 中，當論及接近與躲避之行爲傾向時，他們指出：『倘若不將此二種傾向當作二種不相關聯的傾向，而視爲對同一情境之衝突的反應，在該情境中接近的傾向爲退縮的傾向所修正或使之錯綜，我們就可以得到一個社會距離的現象。』

自鮑格達 (E.S. Bogardus) 設計出社會距離量表 (social distance scale) 之後，社會距離一詞在社會學中之應用日益廣泛。惟社會距離一詞在此處之應用，當被解釋爲人與人或人與團體間之同情了解 (sympathetic understanding) 的程度。鮑氏社會距離量表之設計是由許多問句所組成。問句之選擇，並未經細究，只是應用被測者所選出之答案，以顯示出一個人對別的團體所接受的程度。鮑氏自知其所測定者爲態度與感情，二者之間不必然對稱。因此應用社會距離的差別 (social distance differentials) 一詞，以表示彼此間的距離關係 (distance relationships)。

社會距離又常有橫的 (horizontal) 與縱的 (vertical) 二類之分別。倘因文化的差異以致對於社會互動保留或拘束，並且不包含優越或卑遜的態度在內時，通常稱之爲橫的社會距離。互動之所以保留或拘束，倘若是因爲受到優越或卑遜態度之影響時，則被視爲縱的社會距離。由於同情感與優越或卑遜的態度往往密切的互相關聯，故事實上所謂縱的與橫的二種社會距離，很難嚴格的區分。（張宗尹）

參考文獻：

Gould, Julius, and William L. Kolb (ed.), A Dictionary of the Scoial Science, Taiwan Printing, 1964, pp. 653-654.

Fairchild, Henry Pratt (ed.), Dictionary of Sociology, Ames, Iowa: Littefield, Adams & Co., 1959, p. 281.

郝繼隆著張承漢譯：社會心理學，臺北開明書店民國五十七年初版，頁六二一—六三。

社會距離量表 (Social Distance Scale)

此種量表係鮑格達氏 (Bogardus) 在一九二〇年代首先應用。一九三〇年代則注重在蘇世頓及黎克特量表，一九四〇年代因爲又注重了單向度量表，社會距離量表又重新加以注意了。所量度的變項是某些人之間，或某些社會群體之間的社會距離或接受的程度，可適用於種族間，區域間，性別間，年齡間，親子之間，教育之間，階級之間，職業之間，宗教之間，國際之間的距離等等。

量度的方法大致是寫出七個程度不等的距離，從願意結婚成親到不歡迎入境，對一個樣本徵詢對某一種族的迎拒態度。計分法有多種，最簡單者爲社會距離商（social distance quotient, S.D.Q.）係就某一個樣本對某一民族圈選結果，計算算術平均數，此爲最簡單之記分方法。亦可計算樣本中每一人之得分。

社會距離量表的功用是用以估計任何兩個群之間的可能的或實際的衝突，也可用於不同的民族、種族、工業上、政治上、宗教上，或生活職業之其他方面。亦可用以決定兩群之間的衝突或合作的趨勢，進行容易，記分也不難。社會距離所用的度量尺度是順序尺度。分析時自應加以注意。

最初鮑格達氏曾就美國四十種民族中的一千七百廿五人，問他們欲與之結婚或與之交友，作爲鄰居或成爲同事等等，用以量度種族之間歧視的態度。另有人於一九五六年就全美國二千多人的樣本對三十種民族的社會距離值平均爲二點零八。對不同民族之距離值如下表：

美國白人	一·〇八	加拿大人	一·一六	英國人	一·二三
法國人	一·四七	愛爾蘭	一·五六	瑞典人	一·五七
蘇格蘭	一·六〇	德國人	一·六一	荷蘭人	一·六三
挪威	一·五六	芬蘭	一·八〇	意大利	一·八九
波蘭人	二·〇七	西班牙	二·〇八	希臘	二·〇九
猶太人	二·一五	捷克人	二·二二	亞美尼亞	二·三三
日裔美人	二·三四	美籍印地安人	二·三五	菲律賓	二·四六
美籍墨西哥人	二·五一	土耳其人	二·五二	俄人	二·五六
中國人	二·六八	日本人	二·七〇	黑人	二·七四
墨西哥人	二·七九	印度人	二·八〇	韓國人	二·八三

這類量度的信度，分裂法的信度係數在百分之九十，重複測驗的信度係數則更高。（席汝楫）

參考文獻：

"Social Distance," in A Dictionary of Sociology, Ed. by G. Duncan Mi._nell, Chicago: Aldine. 1968, pp. 168-69.

Miller, D.C., Handbook of Research Design and Social Measurement, New York: David McKay. pp. 143-144, 1964.

Yang, K.S. et al., "The Social Distance Attitudes of Chinese Students towards Twenty-five National and Ethnic Groups," in ACTA Psychological Taiwanica, No. 5. Dept. of Psychology, NTU, Taipei, China, 1963.

Cheng Ying, Social-Distance Attitudes of Chinese College Students toward Nine Nationalities, 1963 and 1969. Unpublished Thesis. Dept. of Sociology, Tunghai University, Taichung, Taiwan, China, 1969.

社會運動 (Social Movement)

一社會團體爲求現行社會制度的改變所做的協調與持續性的努力。有時指從事這種努力的團體而言。

政治、宗教、文化、經濟、生活等各領域都可發生社會運動，但有些是劇烈的，有些則是緩進的。無論那一形態的社會運動，活動的目標都是誘致民衆毀棄某些現行的風俗習慣，採用嶄新異趣的行爲模式。布魯麥（Herbert Blumer)曾謂：社會運動是建立新生活秩序的集體事業，以現實生活之不滿及新生活藍圖或體制做爲其行動的推動力。

其次，社會運動是積極的行動，參加運動的人必須在一段相當長的時間上，熱烈參與運動組織。再其次，它又是累積的運動，隨之運動的推展進行，團體組織與結構趨向嚴密，內團體意識昇高，價值意識及法度規章愈成健全完整。換句話說，當它發展後，則具備社會的性質；有組織有形式，有具體的習慣和傳統，有公認的領袖和指揮系統，有長期的分工與嚴密的合作活動，以及有社會規律與社會的價值意識。一言以蔽之，它有一種文化，有一種社會組織，以及一種新的生活藍圖。社會運動的最後一個特徵是參與者是龐大的人群，如僅二、三人參與並不構成社會運動。

布魯麥分社會運動爲以下三類：1.一般社會運動，如勞工運動、婦女運動、和平運動等。2.特殊社會運動，如反奴隸運動，養女保護運動等。3.抒情及時尚運動，如宗教運動及各種行爲模式的廣泛流傳現象。（范珍輝）

參考文獻：

D.S.S., p. 658

I.E.S.S., "Mass Phenomenon"

H. Blumer, "Collective Behavior," in Alfred M.Lee (ed.), A New Outline of the Principle of Sociology (New York: Barnes & Noble, 1951) pp. 199.

社會解組 (Social Disorganization)

在一個社群或一定的社會之內，任何干擾、破壞、衝突、或缺乏和睦一致，俱足以影響既成的社會行爲習慣，社會制度，或社會控制；除却加以有意義的適度的調和或適應，否則社會上相當的和諧一致必成爲不可能。同時因爲社會生活和社會變遷常常是動態的性質，所以「社會解組」必然是一個相對的名詞。某種限度或一定數量的社會解組，在任何時代都是存在的。但從普通社會學的實際經驗看來，這個社會解組的概念，祇應用於下列情況，即當這些干擾的勢力超越或威脅着那些安定社會的力量，並且或多或少已經削弱社會上流行的規則制度之拘束力時。這個名詞的含義也適用於觀念的衝突(ideational disturbances)，例如受別種文化干擾的對方，也有社會解組的可能。當若干種老習慣，或舊制度變爲定型而不可侵犯時，任何社會變遷的力量將可能使這個社會內部分化爲敵對的兩派：一派是保守的，相信社會既成事物的價值；另一派是維新的，他們主張改變舊制度去適應當前的需要。這個意見的紛歧或不妥協的本身就是一種分裂的勢力或因素，表現出社會解組或缺乏和諧一致，那是很明顯的事實。(D.S.)

社會解組的來源有二方面：㈠外部的來源，即由於社會接觸，外來的文化源源輸入，本土的社會制度受其影響，而跟着發生解組的現象。㈡內部的來源，就是社會內部自發的解組現象。此種現象的發生，或由於社會成員無能力遵從社會規則及制度而致破壞；或由於人們鑒於社會規則或制度的不適用，乃不願遵守或保存，而出於破壞。前者是無能力或沒有決心遵守現行的制度規則；後者有意改革，或破壞固有的社會規則，而他們多可能是些先覺之士。總之，社會解組，無論是從內發或外來的力量，都使得社會一部分人士態度變遷，跟着內部組織或制度或社會控制發生變動，這態度變遷和社會變動，兩種要素，交相爲用，於是呈現出社會解組的現象。（孫本文：社會學原理第二十二章第一節，商務印書館四十九年臺五版）（謝　康）

社會過程 (Social Process)

社會過程是社會互動的一種循環往復形態。派克(Park)與蒲濟時(Burgess)對社會過程的定義爲「凡屬團體生活的變動，均名之曰社會過程」。具體言之，人類社會的動態或變遷，統稱爲社會的過程（Park and Burgess, Introduction to the Science of Sociology, Chicago University Press, 1924, p. 51.）。此種動態，包括突變，改化，衝突，順應，控制，分化等方式。

社會過程可分爲歷史的過程與社會的互動兩類，歷史的過程是指社會文化的演變而言，亦稱爲社會變遷。社會互動是指社會分子間的心理或行爲互相影響而言。

最早的社會學家把整個宇宙的演變作爲研究的範疇，而視社會的過程爲宇宙演變過程的一部分。其後美國社會學者則注重整個人類社會的過程或演變爲研究的對象。最近社會學家則偏重于社會互動方式的分析。

每種社會過程可能有五個不同方式：(1)自我的內在互動；(2)人與人的；(3)個人與團體的或團體與個人的；(4)團體與團體的；(5)結構功能的過程。（張鏡予）

參考文獻：

龍冠海：社會學，三民書局，三一四—三一六頁。

社會達爾文主義 (Social Darwinism)

這個學說，不是生物學上達爾文所發明的生物進化論，達爾文認定生物進化和社會進化兩者有其不同的甚至於相反的歷程，他並沒有討論過什麼社會哲學的問題。

所謂「社會達文主主義」，屬於生物學派社會學(biological sociology)的一支，所討論的是種族鬥爭優勝劣敗的社會哲學；即是將達爾文主義中的生物競爭，適者生存及遺傳，變異與天演淘汰的觀念應用到人類社會生活上面，代表這派的學者，是英國的白芝浩 (Walter Bagehot, 1826–77)、奧國的甘博維支 (L. Gumplowicz 1838–1909 原籍波蘭）和賴眞荷夫(G. Ratzenhofer, 1842–1904)，美國的司馬爾 (A.W. Small, 1854–1926) 和孫末楠 (W.G. Sumner,

1840–1910）等，他們利用達爾文的生物進化論，建立了這一派的社會學，他們以爲社會就是一些充滿了矛盾衝突的團體，這些團體甘博維支和賴眞荷夫認爲是種族的團體，尤其是甘博維支受馬克思主義的影響很深，他指出階級鬥爭在團體衝突中的重要性；至於戰爭則由原始部落到今日的列國並立，幾乎都沒有停息過；而且國家，法律和社會階級所以形成，也由於戰爭的緣故。這派學者認爲生物因素是決定社會變遷的基本因素，甘博維支等並強調最適合的團體得以生存，同時還強調社會學要成爲科學，而所用的方法必須是在自然科學中佔優勢的方法，此等方法的模式又須和進化論的計劃配合一致，因此社會達爾文主義者的方法論和斯賓塞的方法論，沒有多大的差別，他們主要的貢獻是團體衝突的理論。(N.S. Timasheff: Sociological Theory, Chap. V. New York, Doubleday, 1955.)（謝　康）

社會解體 (Social Disintegration)

解體 (disintegration) 即瓦解、分裂、崩潰、破裂 (break-up) 而不成爲一個整體的意思，亦即由原來的一個團體自行分裂而變成幾個不同的單位。接着是社會組織的瓦解、公共福利的情感之消失，這種社會解體的情形，較社會解組 (social disorganization) 爲嚴重。(D.S.) 馬克思共產社會主義者執政時常利用各種力量破壞舊日社會基本組織，使歸於瓦解，就是社會解體的例證。（謝　康）

社會演化 (Social Evolution)

社會演化的意義是指文化或社會形態的緩慢而連繼發展的過程而言，發展的結果，使社會關係由一種模式轉變到另一種模式。社會演化與生物演化的過程如變異、生存競爭、適應、選擇等相似，但不完全相同。演化與進步的意義不同，進步是社會生活變好的現象，而演化不一定變好，也許是變壞。演化是指長期的社會變遷的結果，這種結果是累積的。

演化是從原有的實體產生新種的一種變遷底過程。一般所稱演化，是就有機物或生物的演化而言。其名稱與達爾文 (Darwin) 的進化理論不相分離。

社會學者與人類學者所稱社會演化的名詞，自孔德與斯賓塞的著述中，即已有所發揮。他們認爲演化足以影響行爲與結構的變遷，特別有關人類的智力發展及生存價值。但現代的社會學者與人類學者，對演化名詞的引用非常小心。他們對過去演化派的理論，認爲所有人類必須經過相同的演進階段，是不足採信的，同時，所論原始社會制度的落後理論，也是缺乏實際的根據的。（張鏡予）

參考文獻：

Henry P. Fairchild, Dictionary of Sociology.

社會聚合 (Social Aggregate)

此一名詞意指在一特定地區內聚集或居住的一群人。他們被視爲一集體只是從他們彼此的區位或所處的空間比較接近的立場來看，而不是從其組織或互動方面來看。換言之，社會聚合乃是指集合在一地而無組織的一群人，例如，足球場的觀衆，或任何地方的一群人。（參考 D.S., p. 270.）（龍冠海）

社會福利 (Social Welfare)

社會福利是爲改善某一社區的需要或病態問題而推行的各種私人的或公共的服務措施。此一名詞，一般應用於具有一定目的之組織，和提出各種有系統的社會福利服務之方法。(D.S.)

社會福利係有組織有系統的社會服務與機構，專爲協助個人或團體，獲得生活上與健康上的滿足，並力求私人與社會間的關係圓滿，使個人得以充分發展其才能，促進其本身的福利，使與社會的需求互相融合。（劉銘譯華德・弗蘭德著，社會福利概論，第二頁，中華文化出版事業社，四十九年。）（陳國鈞）

社會態度 (Social Attitude)

態度是個人心理過程的組織，其心理上所具有的行爲趨勢。多數社會學家接受湯姆斯 (W.I. Thomas) 的見解，傾向於從社會價值解釋態度。湯氏認爲態度即是社會價值的副本，任何形式的行動都是態度與行爲的聯繫，因此態度可說是個人積極或消極特定社會價值的反應趨勢。

社會態度因之是社會大多數成員所共同的或分享的行爲趨勢。有時社會態度也用以指謂有益社會或公共的態度。這是與個人態度相對的用法。後者指與私人利益有關的態度。（參考 D.S., p. 277; D.S.S. pp. 40–41; W.I. Thomas, Unadjusted Girl, Boston: Little, Brown and Company, 1923, pp. 232-233.)（范珍輝）

社會團結 (Social Solidarity)

在社會學的著作中，英文 social solidarity 一詞與 social cohesion 或 cohesiveness（社會凝聚）一詞差不多同義，也常被交換用，而晚近社會學家當中也將其與用得更廣的社會整合 (social integration —參閱該條）一詞同樣使用。

社會團結意指一社會的組成各部分當中有密切的安排與連繫。若是指團體而言，則稱爲團體團結 (group solidarity)。這種團結的存在由於社會或團體對其成員有吸引力，可以滿足其基本需要，又加上社會或團體的強制力或壓力，使他們不得不連繫起來。

法國社會學家涂爾幹對社會團結曾提出一個有名的分類法。在其名著「社會分工論」一書中，他將團結的現象分爲二個類型，即機械團結 (mechanical solidarity) 與有機團結 (organic solidarity)。前者是以同類和全體一致的意識爲根據，人們團結在一起是因爲他們在教養方面有相同的行爲和想法，倣效類似的生活習慣，並分享有「集體或共同良心」(collective or common conscience)。凝聚或團結的主要來源是象徵的經驗，由集體行爲中得來。這種共同良心差不多完全掩蓋了個人的心性和道德，對個人的約制力非常大，因此個人沒有多少自由和個性。這種團結涂爾幹稱爲機械的，因爲它類似無生命的實體，其構成要素之聯合係由黏着力所造成。

至於有機團結則是以功能的區分爲根據，類似一複雜的生物有機體，具有各種專門器官，每個都依賴着其他的，而整個又依賴着各部分之功能的整合。同樣地，社會的分工使人們與團體互相依賴，其結果是有機團結。這種團結係由社會分工的發展中產生出來。人類社會的發展過程是由機械團結到有機團結。在這種社會中集體良心的約制力減少，個人有思想信仰等自由，個性也有發展。（龍冠海）

參考文獻：

D.S.S., pp. 99-100

Broom and Selznick, Sociology, 1968, p. 385.

Timasheff, Sociological Theory, 1955, p. 109.

社會團體 (Social Group)

所謂團體，是指二個以上有直接或者間接接觸（contact）的人。至於所謂接觸，在社會學上的意義，係指①個人 (individuals) 處於有意義的彼此刺激或反應他人之刺激的地位；②處於有意義的反應一共同刺激的地位。

團體一詞雖極普通，但一般人對其解釋，常欠精確。即社會學者在社會學中使用之團體一詞，仍難免見仁見智，不相一致。學者給團體所下之定義，或建立於團體應「具有一致的活動」上；或建立於團體「爲一個整合的社會結構」上；或著重於團體必「有意識或無意識的朝向一個共同的目標」；或著重於「創造和維繫團體之功能之關係」。惟一共同一致之點，即共認團體必包括二個以上的人。

社會團體之現象極爲複雜，社會學者對於團體之分類，亦隨其觀點之差異而各有不同。孫末楠 (W.G. Sumner) 在其民俗論 (Folkways) 中，依據各個人之主觀的觀點，而將團體分爲「我團體」(we-group) 與「他們團體」(others-group)；顧理 (C.H. Cooley) 在其社會組織 (Social Organization) 一書中，就團體接觸之類型而區分爲初級團體 (primary group) 與次級團體 (secondary group 亦譯間接團體）；索羅金 (P.A. Sorokin) 就團體分子之關係而區分團體爲橫的 (horizontal) 與縱的 (vertical)；艾爾塢 (C.A. Ellwood) 則就團體之性質而區分團體爲「非志願的及志願的」(involuntary and voluntary)，「正式的與非正式的」(formal and informal) 與「臨時的與永久的」(temporary and permenent)；派克 (R.E. Park) 與蒲濟時 (E.W. Burgess) 則就團體之地域性而區分團體爲「地域的」(territorial) 與「非地域的」(nonterritorial)。此外更有就團體組成分子之差異，如人數、性別、年齡、種族等以從事區分者。單就一九三二年美國社會學家尤班克 (E.E. Eubank) 出版之社會學概念 (Concepts of Sociology) 一書，即列舉團體之分類，近四十種之多。

社會學者有關「團體」之研究，已有一段相當長久之歷史。歐洲早期之社會學者如杜尼士 (F. Tonnies)、齊穆爾 (G. Simmel)、涂爾幹 (E. Durkheim) 等，都曾有輝煌的貢獻。至於美國社會學界對於團體之研究，大體溯源於顧里、湯麥史 (W.I. Thomas)，及麥基佛 (R.M. MacIver) 等前輩社會學者

[illegible]學人，如梅約 (E. Mayo)，莫連諾 (J.L. Moreno)，勒溫 (K. Lewin) 及貝爾斯 (R.F. Bales) 等，對於小團體 (small groups) 之研究，貢獻尤多。(張宗尹)

參考文獻：

Gould, Julius, and William L. Kolb (ed.), A Dictionary of the Social Sciences, Taiwan Printing, 1964, pp. 295-297.

Carr, Lowell J., Analytical Sociology, New York: Harper & Brothers, Publishers, 1955, pp. 365-368.

柯尼格著朱岑樓譯：社會學—社會之科學導論，臺灣協志工業叢書出版股份有限公司，民國五十一年十二月再版，頁二〇〇—二〇三。

龍冠海主編：社會研究法（下册），臺灣廣文書局，民國五十八年初版，頁四五一—四五三。

社會調查 (Social Survey)

社會調查一詞定義殊異，迄無統一的說法。大致言之，社會調查係就某一地理（或行政）區域，或文化區域的居民之各類事實，用實地勘察的手段，提供第一手的定量的材料，用以說明或解釋所欲瞭解之問題。社會調查通常包括了對於社會問題的探討，僅係爲了行政的或者是實用的目標，而不是爲了社會學理論之建立；材料雖然是定量的材料，但多偏重在敍述方面。晚近由於統計學之發展，對於社會調查之技術及其材料之分析方法影響甚巨。從社會學方法論的觀點來看，社會調查是社會研究方法蒐集材料的主要技術之一。現時現地的材料，觀察可得。以往的人類行爲事實，文獻可徵。對於人類行爲的動機，未來的預想，將來的計劃，以及其所知、所信、所感、所爲、所思等等，唯有賴於察訪而得。無論親自訪問，或是通訊調查，皆是社會調查。這種方法蒐集材料稱爲調查研究 (survey research)。

無論在西洋社會或是中國社會，歷史上早有定量材料之記載。從十九世紀以來，社會調查之發展係由於城市中產階級對當時生活狀況所作理性反應之結果。彼時各國紛紛舉辦人口普查，而這工作本身即是一種社會調查。其後無論民間或政府分別展開對貧窮、教育與文盲，衞生狀況等方面的社會調查。到近代晚期社會調查可分爲主要的三大類：首爲貧窮方面的，次爲區位方面的，再次爲城市之功能研究。

貧窮調查之規模大而有系統者，首推英人布斯(Charles Booth, 1840-1916)。氏爲利物浦之船東，爲一社會改良者，自一八八六年始對倫敦東區之工人階級作廣泛的研究，在調查技術上統計與個案法兼而用之。其後有阮垂 (B.S. Rowntree, 1871 —) 對約克之貧窮調查（時在一八九九年），包萊 (A.L. Bowley, 1869-1957)對倫敦附近五個較小市鎭之研究。三者都前後作過二次以上的調查。最值得注意的是包萊在一九一二年傾首次採用了隨機選樣的方法，影響到一九二八倫敦第二次調查也採用這種方法，以及一九三六年，阮垂的第二次研究。這些調查除了在研究方法上有特殊的成就外，對於政治上的影響，更是重大。

美國早期的社會調查約源於廿世紀初的社會改革運動。這些早期的社會調查着重於發掘社會制度上黑暗與腐敗的一面，揭露勞資雙方鬥爭的情況，提出財富公平分配的期望，提高勞工的待遇。這些調查都具有理想主義的色彩，渴望推行社會改良工作。他們以爲：爲求有效地改革社會，必須先對社會徹底加以診斷，而診斷的手段即是進行社會調查。但是社會調查對於英美二國的社會改革運動發生的效果不同。揆其原因，或許由於二國歷史背景、政治發展不同，同時人生哲學與個人主義的看法也有不同。在英國認爲進行社會調查是革新改造的起點，蒐集事實作爲制定政策的依據與行政之張本。英國政治家已拋却個人主義的想法，強調社會責任觀念。當時的美國則不然，仍流行自由放任主義，認爲個人應自由發展，不容加以干擾。對於社會調查自不能引起普遍的重視。

不過，就傳統性的社會調查來看，美國的調查結果之豐碩，無出其右者。對於社會研究方法上之貢獻，也是不容否認的事。玆就區位方面的調查及城市功能的研究分述之。芝加哥大學在派克 (R.E. Park, 1864-1944) 領導下進行分析性的調查，影響甚大。這類研究有極強的區位學基礎，同時又發展爲社會關係之研究，對社會學之進展，貢獻殊巨。

與芝加哥學派及有關聯但對社會學亦有很大的影響者係林德夫婦 (R.S. and Helen M. Lynds) 以社會人類學的觀點對中鎭所作的敍述性研究，先後二次，陸續在一九二九及一九三七出版研究報告。以此爲基點，其後又有了所謂社會學的調查，是研究城市或區域的各種社會過程，以華納等人 (W.L. Warner and P.S. Lunt)所著一個現代社區的社會生活(一九四一出版)爲這類研究的代表作。

我國的社會調查是受了歐美的社會調查的影響，與社會學同時傳入。但是社會學，社會調查與社會建設在中國人看來，三者是同義異詞而已。其所以如此，或許是由於當時實地調查係由少數教會大學的宣教士所擔任，他們傳入了社會學，也有社會改良的理想。社會調查之目標一般是用之於社會改良與建設，消除不良的社會制度。

早期的許多描繪我國社會的著述多出之於自我意識極強的宣教士或外交官。方法是粗淺的觀察，不能明確指出時地，以及在何種情況下進行觀察。籠統地泛指在時空上不存在的地方，他們都稱之爲中國。由於具有主觀的價值判斷，不可避免地產生了錯誤的解說。其後也有若干國人的著述，針對洋人著述中的責難而提出辯護。

實地的社會調查約始於民國初年。調查範圍頗廣，深具實用價值，在方法上仍需精益求精。當時特別廣泛地施用調查表，可惜未能深入分析，對於問題之瞭解不夠深刻。調查的問題各個分離，而不能以綜合的觀點分析其間的相互關聯。

與概況式的社會調查同時發展的社區研究，卽是在一個明白確定的地區內，選擇文化中之某一部分或某一種社會行爲作較深入的探討。研究者爲了證明一個理論在一個適當的場地蒐集客觀的事實，兼有定性的及定量的材料。最早者當推葛爾濵(D.H. Kulp II)在民國七八年間在廣東潮州六百五十人口的鳳凰村進行鄉村社區研究。他以爲家族是我國社會組織的中心，以此爲基點再進而探討家族與其他社會組織的關係。陳達的「南洋華僑與閩粵社會」(英文版一九三九年出版)係選擇移民有長久歷史的社區，研究移民對其本土所生的影響。費孝通之江村經濟(英文版："Peasant Life in China: Kaiksienkung 一九三八初版)以太湖沿岸之開弦弓鄉村進行近代工業技術對我國農村所生之社會變遷。抗戰勝利之初，此類研究報告，迭有增加。費孝通等人的鄉土中國(一九四五年)，許烺光之祖蔭之下(一九四五年)，楊懋春之中國鄉村(一九四五年)，林耀華之「金鷄展翼—中國家族之社會學研究」(一九四四年英文版)，皆爲其著者。美國之社會人類學方面之進修學生來我國進行社區研究者甚多，如費立德(M. H. Fried)在安徽滁縣研究中國社會結構，以家族爲經，農工經濟、政治、宗教、社會階層等爲緯，分析彼此關聯。研究報告於一九五三年出版。近者則有蓋林(Barnard Dallin)在臺灣省彰化埔鹽鄉新興村所做之研究，此係以農村爲背景描述社會經濟方面之變遷，英文報告於一九六六年出版。社會調查與社區研究在我國未來發展方向似應進行科際間的整合研究，用人類學的手法，實地而深入蒐集定性方面的材料，用社會學的調查研究技術取得定量材料，尤應着重在文化價值及人格，態度等變遷的材料，利用歷史材料(例如蕭公權著十九世紀之中國鄉村)作爲解釋材料之基礎，從而瞭解我國文化與社會之遞變與發展。

就最近的發表來看，社會調查幷不是一般所謂搜集材料的工作，而係一種社會研究的方式，與比較法實驗法同樣重要。由於統計學之發展，調查之研究係就預先選定的樣本去發現社會學上各種變項間的定量的關係，此卽稱之爲樣本調查。調查雖非新鮮事，科學的調查研究却是近來才有的事。調查方法適用的範圍日益擴展，人口方面的性質，公衆社會生活的希求慾望、活動、態度、意見等社會事實莫不仰賴於調查方法。其他如消費市場調查，各式各樣的民意調查與測驗，也是應用社會調查的原理與方法。他如經濟方面以及行政方面亦莫不用社會調查的方式收集材料，分析並解釋材料。(席汝楫)

參考文獻：

Fried, Morton Herbert, "Community Studies in China," The Far Eastern Quarterly, 1954-55. Vol. XIV, No. 1, pp. 11-36.

Good, W.J. and P.K. Hatt, Methods in Social Research. New York: McGraw-Hill, 1952.

Kerlinger, F.N., Foundations of Behavioral Research: Educational and Psychological Inquiry. New York: Holt, 1966.

Hyman, Herbert, Survey Design and Analysis. Glencoe, Ill: The Free Press, 1955.

Moser, C.A., Survey Methods in Social Investigation. New York: MacMillan, 1958.

Selltiz, C. et al., Research Methods in Social Relations. New York: Holt, 1960.

Young, P.V., Scientific Social Surveys and Research. 3rd Ed., New

Jersey: Prentice-Hall, 1956.

社會調適 (Social Adjustment)

凡人與人之間，團體與團體之間，文化與文化之間，彼此互相和合，互相滿意，此種關係，謂之社會調適。由調適的過程而產生彼此間的關係。

調適二字應用于生物學，教育學，心理學，社會心理學，及社會學，其意義頗多含糊不清。斯賓塞 (Spencer) 是最早用這名詞，他認爲「生活即是內在關係與外在關係的調適」， "Life is the adjustment of internal relations to external relations." 其他社會學者，亦多用此名詞。因此，凡引用調適的名詞，必須具體說明何種的調適，以定其確切的意義。(張鏡予)

社會學 (Sociology)

社會學一詞爲法儒孔德 (August Comte, 1798–1857) 所創，見於他的名著「實證哲學」(Cours de Philosophie Positive, 1830–1842) 內，該書分爲六册，在第三册內他用「社會物理學」一詞以代表他所擬議的一種研究社會現象的專門學科，至第四册，一八三八年出版，始改用社會學一詞。他創造此名詞係由拉丁文 socius,（意指伴侶或社會中的個人），與希臘文 logos，（意指科學），二者合併而成，故依其名稱之來源講，社會學乃研究人類結合(human association) 或社會之科學。自他之後，社會學一般地便被視爲一門特殊社會科學 (a special social science)。不過各社會學家給它所下的定義卻並不完全一致，如將其歸類，大概不外乎以下幾種：(1)社會學是研究人類社會的，或社會的科學；(2)社會學是研究社會團體或團體生活的，或人類結合的；(3)社會學是研究社會組織，或社會制度的；(4)社會學是研究人類關係或社會關係的；(5)社會學是研究社會過程或社會互動的；(6)社會學是研究社會行爲的。這些定義當中尤以(1)、(4)及(6)三者更爲常見。如再予以分析比較而歸納之，社會學可稱爲研究人類社會關係的科學。

社會學的研究範圍相當廣泛而錯雜，迄今尚無一個完全合理而爲大家所共同接受的劃分方法。不過從社會學史上來看，比較常見的有三種不大相同的劃分法。第一種是以社會學所探究的現象之性質爲根據，劃爲社會靜學與社會動學兩部門，這是孔德提出來的，後來斯賓塞 (H. Spencer, 1820–1903) 及華德(L.F. Ward, 1841–1913)等多採用之。社會靜學所研究的是社會的橫斷面，即社會結構或各種社會制度的交互關係與作用。晚近這種研究改稱爲結構及功能的探究。社會動學所研究的是社會發展和進步的法則，特別着重社會變遷的因素和趨勢的分析與描述。這部門的研究晚近改稱社會變遷或動態社會學。然而，所謂社會靜態與動態事實上是有交織作用的，把它們分爲兩部分只是由於研究的重點或探究的角度有所不同而已，並不能視爲各自獨立的。

第二種劃分法是以社會學研究之目的爲根據，普通分爲純粹的或理論的與應用的或實用的兩部門。華德曾有純理社會學 (pure sociology) 與應用社會學 (applied sociology) 的論著，故此二名稱乃他所創用。理論社會學的主要目的在探究、發現、和建立人類團體生活的一般原理法則，其重點在乎求知，探索社會眞理。應用社會學的主要目的是爲着對付團體生活的實際問題，而以理論社會學的觀點和原理法則爲依據來探究之，以資改良社會狀況和促進人類福利。從研究者的動機來說，雖然可以將社會學劃分爲這兩部門，但是它們兩者卻是有密切關係和相互影響的；因爲理論可作爲行動的根據，而行動的結果也可以證實、改變或推翻理論。故事實上它們是很難完全分開看待的，況且兩者皆須以經驗的研究爲根據，否則社會學無法成爲一門科學。

第三種劃分法是以社會學所研究的主題 (subject-matter) 爲根據，大體分爲兩部門，即普通社會學 (general sociology) 和特殊社會學 (special sociology)。前者是屬於一般性的探究，這大致又可分爲三組：(一)社會學通論，如社會學概論或原理之類；(二)社會學史及社會學說或理論；(三)社會學方法論或社會研究法。至於特殊社會學則係應用社會學的觀點、方法、及理論來探究社會某一方面的現象，如社會組織或結構，包括各種社會制度、社區、社會團體、家庭、社會流動、社會階層、社會變遷、社會問題、社會設計等等。特殊社會學的種類是跟着時代及社會背景之不同而有變異的，其範圍是日在增加之中，尤以美國的爲甚。因此，社會學與其他學科的關係也就愈形密切。它與別的學科所異的係它的主要旨趣是在社會互動或社會關係中的人及其由此所造成的社會體系，社會團體，與社會組織，以及它們間之關係情形。(龍冠海)

參考文獻：

龍冠海著社會學，三民書局，民國五十七年四版。

Joseph S. Roucek (editor), Contemporary Sociology, Philosophical Library, 1958.

Robert E.L. Faris (editor), Handbook of Modern Sociology, Rand Mc-Nally and Co., 1964.

"Sociology" in I.E.S.S., Vol. 15, 1968.

社會壓力 (Social Pressure)

改變個人或團體的行爲，使之走向特定目標的社會力量。據麥基佛 (R.M. MacIver) 的看法，社會壓力有雙重意義，一指社會秩序對個人衝動的拘束作用，一指團體對個人的非正式約束或限制。

社會壓力應以團體爲研究單位，將團體壓力作一實質的把握，並分析文化模式與團體壓力的關係，以及比較各團體的壓力，始能對社會壓力有個全盤透澈的認識。(范珍輝)

參考文獻：

I.E.S.S., "Social Force"

D.S. "Social Force"

福武直主編，社會學辭典，東京有斐閣出版，昭和三十五年，「社會力」條。

社會整合 (Social Integration)

協調社會各個相離但有關係的單位，如階級、團體等，使之成爲一體團結的社會過程，或有此結果的社會體系。

社會整合概念常用以指社會體系的狀態。團體內實行整合者稱爲團體整合 (group integration)。團體整合是團體構成員間順應的結果，社會整合則各階級、各種族或各社團實行順應的結果。

社會整合的理論與社會學的發展有密切的關係，孔德 (Auguste Comte) 的秩序與進步的觀念中，即蘊含階級協調社會整合的看法。其後斯賓塞(Herbert Spencer) 的社會變遷理論及華德 (L.F. Ward) 的社會綜合說 (theory of social synthesis) 也都對此概念提出更精湛更有建設性的理論。

現代社會學理論上，社會整合的概念被認爲包括以下四個層面：第一是文

的相關狀態。此一狀態促進社會構成員間的順應。第二是意見整合，即社會構成員分享與傳遞規範模式的狀態。第四是功能整合，即主張、期待及外表行爲的連貫一致的狀態。

第一個層面由索羅金 (Pitirim A. Sorokin) 提出。索氏認爲社會整合的一個面是文化整合，並認爲兩個以上具有因果關係的文化現象形成邏輯狀態者爲文化整合。派遜斯 (Talcott Parsons) 解釋涂爾幹 (Emile Durkheim) 的規範解組 (anomie) 概念時，也主張協調或反規範解組的狀態即完成全整合。這暗指以下兩件事情，第一是社會的規範要素形成一脈絡相關的體系，第二是對社會構成員有實際的控例。

派遜斯所說的第二件事也即所謂的規範整合。順從或社會規範對個人的實際控制即是規範整合。這種順從在理想的狀態上是行動者將社會規範予以內在化。

社會規範的整合須以意見的整合爲前提。後一過程產生規範的內在化或人格的社會化。威廉士 (S.B. Williams) 曾謂：整合不僅是均衡的狀態或符號的相輔相成，現代社會學家從社會體系之共同價值朝向的考察上，尋求其他要素。他們的基礎假設是社會整合應視爲各個分子享有共同的價值觀念，遵守相同的行爲規範，去行爲、思想及判斷。

社會整合的第四個面是功能整合。這個面由相互的期待或要求所構成。希勒 (E.T. Hiller) 曾說過，整合表現於團體的一致行動上，如一球隊所表現的。一球隊依賴隊員的分工合作，以及其嚴密的協調配合，達成目的。(范珍輝)

參考文獻：

D.S., "Social Integration"

D.S.S., "Social Integration"

福武直主編，社會學辭典，東京有斐閣出版，昭和三十五年，「統合」條。

社會學理論(Sociological Theory | 譯社會學說)

這個名詞與社會學說 (social theories)，社會的理論 (theory of society) 和社會思想 (social theoght)，都有些類似或彼此接近，但考其實際內容，社會學理論和它們之間，仍有很大的區別。其區別之大，可能相當於「社會學」和

「社會」的差別，不可混爲一談。根據墨頓（Robert K. Merton, 1910–　）的見解：社會學理論是泛指社會學家從各方面進行而有連帶性的各種活動的產品之」(Merton: Social Theory and Social Structure, pp. 86–99, Illinois, 1957)，除社會學理論外，尚有其他部分的社會學研究，如方法論，社會學研究的一般趨向，社會學概念之分析，既存事實之社會學的解釋等。而社會學理論是各派學說的總匯，所討究的是原則性的問題，其中一部分已成爲或可能成爲科學的社會學的定律。這可說是社會學這門學問最基本最重要的工作，現時我國各大學社會學系，列爲四年級必修課程，不過理論不能脫離事實，社會學理論雖則很重要，也須得以事實爲基礎，不能空談理論，而忽視經驗的研究。理論與事實，相輔相成，是缺一不可的。一個社會學理論的成立，包含一定的條件和步驟，例如涂爾幹的「自殺」理論，派遜斯（Talcott Parsons）等四位學者的「社會行動學理」，都是經過精密研究的結果而後成立的學說。此外，時下流行的如「小團體理論」(small group theory)「中距的社會理論」(theory of middle range)，「社會學的新實證論」(sociological neo-positivism)等，都是很有名的社會學理論。

社會學因爲尚未完全成熟，而且派別紛歧，所以理論很多，莫衷一是，許多社會學家慣用一些不一致或不統一的術語，來陳述一些理論上的命題，或用相同的術語來表達同樣的概念，這也是社會學理所以混淆和不容易研究的一個原因。（謝　康）

社會導進（Social Telesis 或譯社會推進）

爲達到社會期待的某些目的而作的有意識的選擇，和爲達成所選擇的目標而採取的明智決定。(D.S.)

另一種解釋是：按照某些明確目標而進行的社會合理計劃，或經過有系統的社會工程管理，達成有意識的社會自我方向。(D.S.W.)

美國社會學家華德（Lester F. Ward）在社會思想上，提供一個新的方法，稱之爲社會導進或社會推進。華氏於一八八三年出版的動態社會學（Dynamic Sociology）謂社會推進的可能性，是無窮無盡，無邊無涯的，人的七情六慾，都可以納入正軌，使其推動社會的進步。目前這些情慾，由於使用不當，做盡壞事。譬如烈火，對人類本來最爲有益，卻在毀滅一切。如果大家利用理智，一致同心推進社會，則人世間立刻成爲天堂。華氏的最大成就，在於闡揚推進社會的原則，鼓勵大家，竭盡才智，有所貢獻，藉以加速社會的進步。（吳克剛著：「現代社會思想的發展」，二十世紀之社會科學，社會學，第一六一頁，正中書局，五十一年）（陳國鈞）

社會類屬（Social Category）

在一分類系列中的一個等級，集團，或類型，謂之類屬。應用於社會現象的分類上，例如，將一社會中的貧民分爲上、中、下三個等級，每一等級即一社會類屬；或將一地方的人口按其性別分爲男的與女的，則各自成爲一社會類屬。但無論如何，屬於一個社會類屬的分子並不含有組織或社會互動的要素，因此它有別於社會學上所講的社會團體（參閱「社會團體」條）。社會類屬的用法在社會統計上最常見。（龍冠海）

參考文獻：

D.S., p. 34

I.E.S.S., Vol. 5, p. 168.

社會變遷（Social Change）

社會變遷是指社會現象的變動而言，任何社會過程或社會形態的改變，統稱爲社會變遷。在社會學上所稱社會變遷，是各種社會運動結果的綜合名詞。此種變遷不論是進步的，退步的，永久的，或暫時的，有計劃的或無計劃的，有益的或有害的，均屬社會變遷的現象。

社會變遷的範圍，包括人群，制度，社會結構的突變，發展，衰落等在時間上所遭遇的一切情形。社會是分子間相互關係的複雜組織，社會關係的變動，同時分子間的行爲亦隨之變動。人們必須應付因變動而產生的環境。造成這些新環境的因素，是新的技術發明，新的生活方式，新的居住處所，新的思想，新的社會價值等。因此，社會變遷是改變人類的工作方式，家庭撫養，兒童教育，處世方針，以尋求生活的最終意義。

一切變遷的表現，是兩種主要因素所聯合造成的，這兩種因素是「動作與關係」(action and relationship)。動作是指各種運動(movement)，關係是指地位(position)。變遷由動作而產生，變遷時必然產生地位的變動，亦即各部門關係的變動。

馮維史(L. von Wiese)認爲社會變遷的名詞，可適用于兩方面。第一，是指無進步意義的中和性變遷；第二，是指用統計表示純粹數量的變遷。馮維史把社會變遷與文化變遷的性質，區別爲二。文化變遷主要的是指技術變遷而言。社會變遷則指社會生活受另一種生活的影響而發生變化而言。

金斯保 (M. Ginsberg) 認爲社會變遷是社會結構的變遷，包括社會體積的變遷，成分的變遷，各部分機構的變遷，以及組織的變遷。換言之，社會變遷是社會意義與社會價值的變遷。（張鏡予）

參考文獻：

F.E. Merrill, Society and Culture, Prentice-Hall, 1957, pp. 469-487.

Third World Congress of Sociology, London: International Sociological Association, 1956, Vol. I, pp. 1-20.

龍冠海：社會學，三民書局，三七七－八頁。

非正式訪問 (Informal Interview)

也稱爲非結構性的訪問 (non-structured interview)。這卽不事先準備標準化的調查表格，而任由訪問員就研究問題提出幾個粗枝大葉的籠統問題，以搜集資料的程序。

正式訪問的目的在保證訪問過程的劃一性，避免訪問員個人的因素干擾與或影響訪問程序，藉以增加資料的可靠性。不過因爲缺少彈性，無法深入問題以發掘資料的缺點，故有關心理資料的調查，考察家喜採較有彈性的非正式訪問法。

非正式訪問法近年來在社會學研究上日益發達，這主要是受了人類學與臨床心理學的影響。社會學家採用的非正式訪問法種類繁多，但主要的有重點訪問 (focused interview)、臨床訪問 (clinical interview) 及非引導式訪問(non-directive interview)三種。

重點訪問係集中於某一經驗及其影響的調查訪問，主要用以搜集傳播效果的資料。臨床訪問爲搜集特定經驗（如偷竊）的過程及其立基的感情與動機的資料所做的訪問，常運用於個案工作的調查、囚犯調查及精神病人的調查等。非引導性的訪問係由訪問員提出籠統的問題，僅作鼓勵而不作建議，任由受訪人自由申述其心理經驗的訪問法。這種訪問的目的在於避免訪問員的主觀因素干擾訪問過程。（范珍輝）

參考文獻：

C.A. Moser, Survey Methods in Social Investigation (Melbourne: William Heinemann, 1958), PP. 204-209.

Pauline V. Young, Scientific Social Surveys and Research(Englewood Cliffs, New Jersey: Prentice-Hall, 1966), pp. 217-222.

范珍輝「訪問」一文在龍冠海主編社會研究法，臺北廣文書局出版，民國五十八年，頁一四二以下。

法西斯主義 (Fascism)

法西斯主義一詞來自意大利文 Fascismo，指法西斯蒂 (Fascisti) 之原理。法西斯蒂係一種社會運動，成立於一九一九年三月，迄一九二三年在墨索列尼領導之下控制了政府。該名詞又係來源於拉丁文 Fascis，指用紅繩繫著的一束榆木或樺木的棒棍，由古代羅馬執政官的侍從所持，作爲執行權力的象徵。

法西斯主義同時含有二個意義：(1)一種政治運動；(2)一種學說用作這種運動的辯護，其目的爲建立獨裁的議會政體，以國家的榮譽爲根據，而明白地敵視民主主義，自由主義及社會主義。該運動及其學說雖然來源於意大利，但其意識卻在許多國家中有其支持者。故在其特性上倒不能視爲純粹意大利的。

此名詞及其形容詞 fascist 有時被不精確地應用以指別種近代極權運動、學說及政體；不過這樣用法的分析用途卻很有疑問。還有更不精確的用法是有的作家與政客用來籠統地描述他們所不贊成的思想或制度，含有壞的意思。（例如，共產黨批評社會民主黨爲社會法西斯主義的工具。）（龍冠海）

參考文獻：

D.S.S., pp. 260-262

D.S., P. 117

法律社會學 (Sociology of Law)

從社會脈絡方面去研究法律規範及其制定與執行之機關的一門特殊社會學。

法律規範的研究，自古以來卽成爲人類的一大興趣，但多數研究却注重於審判法規的適用技術、歷史、目的及邏輯，而忽略法律構成事實的研究。這種所謂的實用法學實無法適應工業化與都市化所帶來的社會環境，這引起社會的非議。法律社會學乃在此情況下應運產生。

法律社會學的概念由意大利社會學家安齊洛蒂 (D. Anzilotti) 於一八九二年創用，但這門學科的成立則歸功於德國社會學家埃立區 (E. Ehrlich)。埃氏於一九一三年發表法律社會學原理(Grundlegung einer Soziologie des Rechts)一書，奠定了法律社會學的理論基礎。在此書中，埃氏指出法律導源於社會而非立法與司法等過程或機關。活的法律必須符合社會事實，滿足社會需要。這種見解受部份法律學家的重視，並激發社會科學家之研究法律的社會面與功能面，也即從較廣泛的面從事較有系統的研究。法學家本身也逐漸認識到法律爲一種社會控制，而這種控制功能殆非從法規本身的分析上可得明白。

在美國法律社會學家中，具有帶頭與領導地位的，應推龐德(Roscoe Pound)。龐氏於一九一一與一九一二兩年間陸續發表「社會學之法學的範圍與目的」一文，提倡法律社會學的研究。龐德不否定實用法學的貢獻，不過他強調並表證法律爲社會的產物，不僅是主權的正式命令。法律是折衝各個不同利益以謀共同福利的工具或過程，其主要功能爲平衡各方面或各階層的慾望，需要及利益，並非保護權力。總之，龐德認爲法律是社會工程的工具，有計劃、有步驟並明智地促進社會與經濟的秩序。

法律社會學這門學科在專門社會學中是發展較爲緩慢的。其主要原因並不是社會學家缺乏法律知識所致，而是由於法學家對社會學抱有保留或反抗的態度所致。據塞茨尼克(Philip Selznick)的看法，法律社會學的研究可分爲以下三個階段。第一階段是原始或初步階段，主要工作是借用社會學的概念與原理法則以說明法的現象。第二階段是建設階段，其工作是運用特殊社會學的研究技術與理論於法律現象的調查與分析。第三階段是完成或成熟的階段。在此階段中主要任務爲建設其本身的原理法則。目前法律社會學仍停滯在第一與第二階段之中。(范珍輝)

參考文獻：

D.S.S., "Sociology of Law"

R. Pound, "Scope and Purpose of the Sociological Jurisprudence," Harvard Law Review, XXIV-XXV (1911-12.)

Philip Selznick, "The Sociology of Law" in R.K. Merton, Sociology Today: Problems and Prospects (New York: Basic Books, 1959), pp. 334-359.

福武直主編，社會學辭典，東京有斐閣出版，昭和三十五年，「法社會學」「法」條。

宗教的進化論 (Religious Evolutionism)

以宗教這個元素作爲社會進步或演進的主要原因，稱爲「宗教的進化論。」中國古代聖王以神道設教，早已發現宗教的重要性。西方的思想家，也早有人知道這個道理。當十九世紀中葉，法國歷史學家古朗舒(Fustel de Coulanges 1830-1889)於一八六四年出版「古代城市」(La Cite' Antigue) 一書，即已提到宗教觀念高於一切，是社會變動的主要因素，稍後有英國的杞德(Benjamin Kidd, 1858-1916) 是一個社會哲學家於一八九四年發表「社會進化論」(social Evolution) 也極力強調宗教這個因素的重要性。他很反對孔德的主張，認爲理性不可能是進步的基本因素。因爲理性，據他看來，可使人變成自我中心和反社會的傾向。至於進化，他認爲可以增強社會的凝聚性，他首先是社會的。而唯一能使社會進步的力量就是宗教了。他以爲宗教有超然的制裁 (R. Maunier 稱爲神秘的制裁)，同時能夠孕育利他主義 (altruism) 的道德觀念 (例如基督教的博愛或兄弟愛)，它還使得同時代的人能夠統一，使社會傾向團結。也使得文明從嚴重危機的威脅中得到挽救，例如基督教使野蠻民族大遷徙時期，中古初期的歐洲社會免於崩潰或解組。又歐洲中世紀後期的偉大建設，也是以宗教爲基礎而發展起來的。在宗教改革以後，基督新教的形式，更帶來政治經濟的自由（按據韋伯 Max Weber 的研究，加爾文教派的倫理精神是形成近代資本主義的眞實基礎）。所以杞德認爲只有宗教，才能使社會繼續進步。

當代學者推崇宗教認爲是社會進步之基礎的也不乏人，英國著名史學家湯恩比 (Toynbee)，就是其中的一位。又愛爾塢 (Ellwood) 在美國，亦肯定宗教教育的價值，認爲對社會重建有很大貢獻，（按現代提倡道德重整運動的領導人，也是虔誠的基督教徒。）(謝 康)

宗教社會學 (Sociology of Religion)

此係特殊社會學的一部門，專以宗教爲其研究領域，可釋爲宗教的社會學研究，即從社會學的觀點來探究及解釋宗教的現象，其着重點在考察宗教與社會的互相關係。它一方面研究宗教如何影響社會、文化、及人格或人的心理與行為；另一方面又研究社會、文化、及人格如何影響宗教的起源、發展、組織及功能。從社會學的立場來看，宗教是一主要社會制度，同時也是一種社會組織，而且在古今中外的社會中是相當普遍存在的。故社會學家在這門學問中所探討的，主要包括這些方面的現象或問題：團體對宗教的影響；宗教儀式對社會的作用；宗教組織與信仰者對社會秩序之宗教反應的類型；宗教的思想體系對社會及其成分（如階級、民族與種族集團，和異教團體）與社會對宗教思想體系的直接和間接影響；宗教派別與宗教運動的特殊分析；社區中主要宗教團體的互動作用及對各種社會活動，如政治、經濟、教育、福利等影響；宗教領袖所扮演的角色；宗教信仰與家庭生活及生育的關係等等。（龍冠海）

參考文獻：

D.S.S., p. 683.
J. Wach, Sociology of Religion, University of Chicago Press, 1943.
E.K. Nottingham, Religion and Society, Doubleday, 1954.
J.M. Yinger, Religion, Society and the Individual, The MacMillion Co., 1957.
Thomas Ford Hoult, The Sociology of Religion, The Dryden Press, 1958.

受化 (Acculturation)

受化是指一個社團吸取另一個社團的文化而言。在社會學上，這一名詞與同化的意義有時混同。一切文化的獲得，必須經過學習。社會學者有時將受化與同化互相並用，但意義只限于個人的人格與行為的改變。這裏所指的受化，係與外來文化相接觸而產生文化變遷的一種過程。概言之，兩種文化的接觸，彼此均能變生變化，不過其中一種文化的影響力，較另一種文化為大。現在的世界，沒有一種文化是與其他文化完全孤立而不受他文化的影響。惟其接觸的勢力和延續，因地因時而異。不論在原始社會或現代社會，人類當旅行遠地的時候，總是把本地的文化模式，帶往他處，此種文化模式，漸為異地人民所採納，同時，異地的文化模式，亦為此旅客學習吸收，此種文化交換，或文化交流，即稱之為受化。

外來的文化對當地的影響力量，並不一致。有的對外來的知識和技術，認為有益於社會，容易被一般所吸收。有的認為外來文化是破壞固有利益與傳統，引起強力的反抗。

受化亦能刺激新的發明，或改變舊的形式。兩種不同的工具或不同的思想接觸時，會產生新的工具或新的思想。二次世界大戰後，日本女子的服裝很快的走向西洋化，是具體的例子。（張鏡予）

參考文獻：

Julius Gould and William L. Kolb, A Dictionary of the Social Sciences.

青少年問題 (Problem of Adolescent)

所謂青少年，包含青年及少年 (youth or adolescent) 正在長成期間的年輕人，女性大約從十二到二十歲，男性則從十三四到二十二歲，（據二十世紀拉魯士大辭典 Larousse du 20e Siecle）一般來說，也可說相當於初中和高中階級的學齡，個人在這些年齡，身體和精神都發生相當大的轉變，包含性器官和情緒方面的發展，往往感覺得生理的和心理的困擾，特別當社會規範加以限制的時候。至於十九歲到二十二歲的大學階段，已是身心成熟期的開始，本可不屬於青年期，但也可說是青年後期，大學生年齡的心理狀態和高中階段自然有很多的不同，但因它是青年期心理的繼續發展，畢竟有若干問題，在十八九歲和二十一二歲的人，仍然是大同小異的。尤其在文化類型大致相似的社會，青少年的問題，大致也是相同的。

青少年問題牽涉的方面很多，在現代都市工商業文化裡面，社會變動很大，評價的觀念和以前不同。許多新奇玩好的東西，充滿了各種刺激、誘惑、和罪惡的暗示，青少年人受其薰染，不知不覺潛移默化，在行為上逐漸脫離社會道德的軌範，輕舉妄動，不能自制自克，循規蹈矩，勉為良好的公民。於是家庭和學校教育，傳統道德和宗教的控制，都幾乎完全失了作用。他們這些反社會的行為，結果似乎只有靠警察和法院來執行法律的制裁。這是青少年問題中最嚴重的一方面，特別是需要加強社會防護的工作，並值得有關方面在區域的基礎上進行全面性研究的。因為每一個國家的社會和文化背景，各有不同，於是由此而產生的青少年問題，可能不大相同，（至少不會是完全相同的），因

此預防和解決的方案，也不能完全一致。不過參稽別國的辦法，以供我們的借鏡，却仍是必要的。（參看「少年犯罪」條）（謝 康）

放任政策 (Laissez-Faire Policy)

這是一種學說，其內容是依據個人自己興趣，給予最大限度的自由，尤其是經濟關係，儘量施以最低限度的社會干預，特別是正式的或官方的各種立法和規範。此一學說的主要論點爲個人盡其最大力量，做好其份內工作，應當可以獲得最高的薪酬，個人如獲得最高薪酬，也將能竭盡其力，作好其份內工作，而社會則必給予此一高薪。因此當個人具有最大的自由，發現自己可以要求最高薪酬時，他將能爲自己與社會作出最大的勞務。很顯然的，此一學說是經濟上自由競爭的一種假說。(D.S.)

簡言之，此種政策，主張政府雖然應當干預、或保護、或控制、但儘可能減至最低限度去干涉經濟活動，如勞工、商業、工業等。(D.S.W.)（陳國鈞）

居住 (Residence)

人類學和社會學上的居住，乃特別用於婚後之夫婦因其親屬關係所採取之居住方式，而非指社會或社會之某部分，或個人在婚姻與親屬關係以外的地理位置。故居住實爲婚姻居住(marital residence)之簡稱，所含之重大意義，一方面由於選擇此住處或彼住處而形成之聯合，另一方面因爲配偶一方或雙方之住處改變而產生再聯合、再調適和關係之轉換。牟多克 (G.P. Murdock) 謂：依居住規則所發生的一種改變，繼之而來者是聯合的改變，最後造成轉換整個親屬體制的種種改變。(Social Structure, New York: The Macmillan Co., 1949, ch. 8.)

婚姻居住的初步解釋及其重要性，此兩點爲任何學者所承認，亦無任何歧見，但在比較分析上爲居住規則之種類所下之定義，則眾說紛紜，仁智互異。

依發展之歷史而言，最先出現的名詞是父居 (patrilocal residence) 和母居 (matrilocal residence)，以界說配偶與其「家」(family)，「人」(people) 及「室」(home) 之關係。李佛士 (W.H.R. Rivers) 解釋父居爲「妻去與夫同居」，意含夫家；解釋母居爲「夫去與妻同居」，意含妻家 (Social Organization, London: Kegan Paul. Trench, Trubner, 1926, p. 90)。繼之有舅居 (avunculocal residence) 一詞，來自父居，說明一對夫婦與其母之兄弟同。如果配偶能從父居與母居中任擇其一者，則稱曰雙系居住 bilocal residence)

基於語源學上之考慮，提出夫居 (virilocal residence) 和妻居 (uxorlocal residence)，以分別代替父居與母居，雖常被採用，但仍不如父居與母居之普遍。嗣後出現新居 (neolocal residence) 一詞，意爲配偶雙方均脫離家庭而獨立居住。晚近提出之雙居 (duolocal residence)，係指未同居而各住在出生家庭的夫婦。有許多社會的婚姻居住，開始採用某種規則，不久又以另一種規則作爲永久居住的方式，如此者則依其實際次序，以混合之名詞稱之。例如母父同居 (matri-patrilocal residence) 一詞，用以指先母居一段時間，然後永久父居的婚姻。

各種婚姻居住的定義，因所用參考點 (point of reference) 不同，而有很大的差別，戴拉 (E.B. Tylor) 用「家」或「室」(On a Method of Investigating the Development of Institutions", Journal of Royal Anthropological Institute, vol. 18, 1989, p. 247)。李佛士表面上用配偶本人，實則包括雙方之親屬 (Ibid., p. 90)。牟多克起初是用父母，爲母居如此解釋：「依風俗夫須離開父母的住所，與其妻同居，住於妻之父母家或在其附近居住」(Ibid., p. 16)，後來改用親屬團體，於是母居之定義改爲：「在正常情況下，住於妻之母方親屬家或在其附近居住。」("World Ethnographic Sample", American Anthropologist, vol. 59, 1957, p. 670.)，何平 (H.I. Hogbin) 和威格伍 (C.H. Wedgwood) 用親屬團體和社區二者，其父夫同居 (patri-virilocal residence) 之定義是：「結婚之配偶居住於夫方父系親屬的鄰里或村落」。("Local Grouping in Melanesia", Oceania, vol. XXIII, 1953, p. 243.)

婚後居住之解釋如此紛歧，故許多人類學家和社會學家捨棄父居、母居等這些簡單的術語，而着重於實際的描寫，並儘可能蒐集有關居住的調查與訪問的資料以證實之。（朱岑樓）

性犯 (Sex Offender 或譯性犯罪者)

凡與色情有關的犯罪者，通稱爲性犯。換言之，即性行爲被認爲不適當者，這大部份牽涉到社會文化程度，特別是法律和道德標準的問題。一個文化所接受的性行爲，可能被另一種文化認爲犯罪，甚至判處死刑。性行爲之合理合法與否，隨時間和地域而不同。甚至在一個文化之內，其所屬的次文化團體(subcultural groups)有關性行為的規則或法律，亦可能和這個總文化體的標準有所出入。例如「同性戀」美國各州法律規定不同，有的認爲合法，有的認爲是性犯罪。(Paul H. Landis: Social Problems in Nation and World, Chap. 12, Lippincott Company, N.Y. 1959)

普通所謂性犯罪，首先是不道德的，其次是違法的。也可能兩者同時違犯，即既違道德，又犯法律。

性犯罪大概可能包含下列各項行爲：㈠通姦，特別是亂倫，成爲一種禁忌(Taiboo)；㈡暴露下體(indescent exposure and exhibitionism)；㈢同性戀(homosexuality)，這是最常見的性偏差行爲，這在有些國家認爲此種變態性慾，是不可寬恕的罪惡，但在若干文化類型中，却被認爲最高的愛或浪漫蒂克的愛情；㈣強姦；㈤墮胎；㈥賣淫，包含：1.引誘別人爲娼，無論此人同意與否；2.剝削娼妓以取利；3.設立或資助別人開娼館；4.租屋與人開娼寮（聯合國一九四九年禁販婦孺公約）；㈦香港法律（一九五一年保護婦孺條例）除禁止賣淫外，尚有「非禮」(indecent assault)、調戲婦女、非法羈留婦女及拐騙或誘拐婦女等罪名。都是屬於性犯罪的。我國法律，亦有類似的規定。（謝　康）

抵制 (Boycott 又音譯爲「杯葛」)

這是勞工結合組成一種有組織的運動，以避免或防止與仇方發生關係，尤其經濟關係，作爲威嚇或強制的手段。

這個名詞包含一段故事。那是在一八八九年，愛爾蘭有個地方，名叫梅約(Mayo)，有位歐勒伯爵的田莊經理人叫杯葛隊長(captain boycott)，拒絕收受佃戶按照他們所規定的數目而繳付的地租，佃戶乃採取聯合抵制行動，與之斷絕一切往來，強迫其僕役離開他，拆去他的屋籬笆，截收他的來往信件，阻止別人供給他的食物，不久果然發生很大效用。迫使他改變對於佃戶的態度。後來這種方法傳入英格蘭，再傳至世界各地，變成勞工們消極抵制雇主的一種鬥爭手段。過去如同盟絕交，斷絕經濟關係及國際間排貨運動，均謂之「杯葛」。現在英美等國的工會亦常以此爲對付雇主以贏得勞資爭議的武器。（陳國鈞著：勞工立法新論，第三七三頁，正中書局，五十一年）（陳國鈞）

妾制 (Concubinage)

妾制之解釋，通常有二：(1)一男子與一非合法結婚之女子同居；(2)准許一男子置妾（一個或多個）之習俗。妾本身則是一女子爲一男子之性伴侶，依風俗或法律，而爲社會所認可者。通常夫娶妾至家，或代替合法之妻，或附加於合法之妻。妾之地位因文化不同而有很大的差別。一般言之，即使是承認夫與妾之性關係爲正當的社會，亦不視此種方式爲婚姻，但妾在夫家具有社會認可之位置，本身由夫贍養，所生子女亦是合法的。夫之姓與遺產，合法之妻及所生子女均有繼承之權，而妾及其所生子女通常則無此權。當然有例外，在某些社會妻所生之女無財產繼承權，而妾所生之子却有此權。(See "Concubinage", in D.S.S., pp. 121-122 and "Concubine" and "Concubinage", in D.S., p. 56.)

我國古代婚姻，貴族一夫多娶，平民亦有納妾者，在典籍上無禁止重婚之明文，今則法律規定：「有配偶者不得重婚。」（見民法親屬篇）一般學者咸認爲我國以往是一夫多妻制，但從實際觀察，並非如是。蓋古重宗法，最忌嫡庶無別，以亂宗族。左傳杜注云：「諸侯無二嫡。」可知古代雖然多娶，具有妻之地位者僅一女子，餘則爲妾，其他位在妻之下，辭源根據左傳昭十一年疏，解釋妾爲「副室」。妾之多寡，因男子之官階高低而定。天子地位最高，其妾最多，名稱也最繁。周禮云：「王者立后，三夫人，二十七世婦，八十一女御妻，以備內職焉。」其中惟后有妻之資格，其餘衆妾再分等級。諸侯則一聘九女（見公羊傳莊公十九年），其中居妻之地位者僅一人。否則「並后匹嫡，兩國耦政，亂之本也。」（見左傳桓公十八年）卿大夫又遜於諸侯，一妻二妾，士則一妻一妾。（見白虎通）庶人僅有一妻，論語有云：「匹夫匹婦之爲諒也。」因此我國古代婚姻應該稱之爲一夫一妻多妾制。（參閱徐朝陽著中國親屬法溯源，民國五十七年，商務第八八至九四頁。）（朱岑樓）

服務婚 (Marriage by Service)

服務婚是男至女家服務一段時期，方能與女成婚。例如舊約創世紀第二十九章載：雅各爲娶拉班的幼女拉結，爲拉班工作七年。期滿拉班以其長女利亞與之。但雅各愛拉結之美貌俊秀。再工作七年始得之。有些社會，以服務代替聘金，男至女家工作一年或數年。在此段時期內，女家可用以觀察其行爲，評價其技能。亦有婚後再繼續服務一個短時期。有些地方，男人因爲家境貧窮，付不出聘金，乃至女家服務。(W.M. Kephart, Family, Society and the Individual, Boston: Houghton Mifflin Company, 1961, p. 79.)

直接團體（Primary Group 或譯初級團體）

此名詞係美國社會學家顧里氏（Charles Horton Cooley）所創用（見其所著社會組織 Social Organization.），後來成為社會學中的一個重要概念。他使用此一概念以描述人類某些基本結合，如家庭、鄰里、及遊玩團體（play group）。他所以稱之為「直接團體」，因為它們是首先將一個小孩社會化的。他亦稱之為「面對面團體」（face-to-face group），因為在這種團體中，分子當中時常易會面，或有直接的接觸。要之，直接團體具有這些特徵：它是一個人最初參與的團體，參與者的關係最親密，人數比較少，對人性和人格的發展影響最大，因此，顧里也稱之為「人性的養育所」(nurseries of human nature)。（龍冠海）

參考文獻：

Charles Horton Cooley, Social Organization, (New York: Scribner's, 1909.)

拆散（Dissociation）

拆散在心理學上是指思想力或記憶力的阻礙或隔絕，不能互相連續而言。在社會學上則指人與人的接觸中斷，亦稱為次等隔離（secondary isolation）。例如甲乙二人本屬友善，因故斷絕往來，即稱為拆散。此種拆散情形，可能是暫時的，亦可能是永久的。（張鏡予）

兒童福利（Child Welfare）

這是指有關增進兒童教養的工作活動。（D.S.W.）

兒童福利的首要功能，是使社區生活中諸兒童能受到良好的撫育，以度過他們的童年生活。這是一種社會與經濟勢力的結合，並且是補助撫育兒童的家庭能力與資源。此種補助得自政府或私人，其方法對確保兒童有益健康，生長與發展，極為重要。（D.S.）

社會設法照顧失去家庭保障的兒童、孤兒、以及棄兒，乃是慈善事業當中最古老的一種措施，但是對於兒童需要一種異於成人的照顧之認識則為近來的新發展。故現今「兒童福利」一詞其涵義較為廣泛。不僅要照顧貧苦、受忽視、被遺棄、患病、殘廢、或適應上發生困難、以及犯罪的兒童，且須聯合公私社會福利機構，促進與兒童德、智、體三方面幸福有關的社交，經濟與衛生活動，以便在保護兒童身心健康方面能發揮更大的效用。（劉銘譯，華德・弗蘭德著：社會福利概論，第二九二頁，中華文化出版事業社，四十九年。）（陳國鈞）

和解（Conciliation）

和解為解決勞資爭議事件的第一個步驟。是恢復勞資和平關係的一種方法。和解由勞資雙方或雙方代表對爭議事件直接進行談判，不必經第三者從中斡旋。一般勞資爭議事件的發生，其解決步驟，第一先經和解，如和解不成，再交付仲裁。故和解與仲裁均為解決勞資爭議的方法，但進行方式兩者不同。（張鏡予）

糾察（Picket）

糾察是罷工者抵制雇主的一種行動，也就是工會對付資方的一種手段或方法。此是行之於罷工的廠礦或店舖，其方法係由工會派遣罷工者一人或一群人，手持旗幟或木牌，寫明罷工的理由、目的、或資方不當之處，成群結隊遊行於罷工處所的門前或其附近，向未罷工者勸說，並阻止破壞罷工的工人（即仍欲進入廠礦或店舖工作之人）。此等工人或係原有者，或係資方臨時雇來者。也有工會在罷工期間，派糾察人員至不肯參加罷工者或破壞罷工者的家宅門前，遊行示威，要求參加罷工，或停止破壞罷工。此種糾察行動常見之於美國。美國各州的立法，有認為糾察是違法的行為，亦有認為和平的糾察行為並不觸犯法律。糾察者的目的是想損害雇主的經濟及社會地位。（D.S.；劉志宏著：勞工問題及勞資關係論，第三二四頁，正中書局，五十一年）（陳國鈞）

事實問題（Factual Questions）

社會調查上搜集事實消息的問題。在調查問卷上編列這類問題時應注意概念或類屬（category）的解釋；須將各個概念或類屬做一明白的解釋，使之包含一定的內容。再者，搜集事實資料須注意其信度，而要判知所搜集到的事實是否可靠正確，則可仿傚司法程序的證據判斷標準（rules of evidence），對事實的來源，報告的動機，報告人的記憶力，作一詳細的查證。再其次，訪問員問這種問題時，應使被調查人了解所問的問題，故有必要時應對問題內的概念做一詳細的解釋。同時問卷設計人也須使用調查員手册或訓練，使調查人充分了解問題的內容，以便轉述給被調查人。這種性質的問題與意見和知識問題不同，不僅可追查，並且也可重述與解釋，在這些方面調查人有較大的自由。（范珍輝）

參考文獻：

Claire Selltiz et al., Research Methods in Social Relations (New York: Holt, Rinehart and Winston, 1961), pp. 243-255.

C.A. Moser, Survey Methods in Social Investigation (New Bourne: William Heinemann, 1958), pp. 214-222.

Pauline V. Young, Scientific Social Surveys and Research (New Jersey: Prentice-Hall, 1966), pp. 193-213.

范珍輝「問卷與表格」及「訪問」二文，刊於龍冠海主編社會研究法，臺北廣文書局，民國五十八年，頁一二二以下。

協調 (Compromise)

協調是互相讓步的一種協定，經過調解的程序，雙方交換意見，彼此均感滿足，其滿足程度，至少比交換意見前爲優。協調是民主立法與民主政治的特點。

兩種不同的社會現象遭遇時，經過互相遷就，可能造成第三種現象，這是協調的結果。例如兩種對抗的學說，彼此相持，結果可能產生第三種學說，成爲一種折衷性的學說。在思想界所謂性善性惡論的對峙，乃有性無善惡論之創說。唯心論與唯物論之爭，乃有心物一元論之說。均是協調的結果。（張鏡予）

依賴 (Dependency)

當一個人沒有相當財產，其經濟情況不能維持生活需要最低限度的水準，而必須找尋或接受公衆的，或私人的援助時，就是依賴。同樣，在合法的情狀下兒童依靠父母或妻子依靠丈夫爲生，那是很正常的依賴，也是法律規定的同居親屬間的相互扶養的義務；這種相互依賴的關係生活，是不會成爲社會問題的。至於一個社會或社區裡面，普通人以勞動服務或職業收入，或財產收入維持正常生活，而另一部人（通常是比較的長期或短期的）仰賴社區的救助，非此則無法維持生活，這種情形，就會成爲社會病態學上（social pathology）的問題了。（謝　康）

知識社會學 (Sociology of Knowledge; Wissensoziologie)

爲德國社會學之一派，創立人爲曼海姆（Karl Mannheim, 1893-1947），韋伯兄弟（Max Weber and Alfred Weber），舒烈(Max Scheler)及匈牙利人Georg Lukas 等，而以曼海姆的貢獻爲最大。曼海姆曾引述舒烈的話「要在不同的思想方式與不同的社群之間找出不同的關係；說明何種社群產生何種思想，並使那種思想得以發展。」他又說：「知識社會學的研究，一方面的主要任務，在決定思想史上隨時都在變動過程中的各種觀點，並隨時顧慮到一切形形色色的知識，以便對於社會存在與思想之間的關係，取得系統的瞭解。」他又引伸舒烈的意見，以爲分析思想過程，最易明白社會生活的本質。思想與知識，都是社會生活的產物，社會學研究知識思想的來源及其與社會生活的交互關係。他底大著「意識形態與烏托邦——知識社會學導論」(Ideology and Utopia: An Introduction to the Sociology of Knowledge, 1929)，發表於一九二九年，英譯本一九三六年，中文本李安宅譯，一九四四年（中華書局），德譯本一九五六年先後出版。其他各國文字譯本亦不少。他這部書命名的意思，以爲意識形態即意識學，是爲現狀覓取理論基礎的研究，烏托邦是超越現狀、改革現狀的企圖。因爲對現狀存有這兩種心理，於是加以比較研究，找出它們產生知識和運用知識的社會聯繫，便成爲「知識社會學」了。（孫本文：近代社會學發展史，頁一八七，五十五年商務臺一版，又參考E.S. Bogardus: The Development of Social Thought, Chap. 38, ，一九六〇年臺北翻版，又李安宅譯知識社會學，一九四四年上海中華書局版，亦可參閱。）（謝　康）

封建制度 (Feudalism or Feudal System)

封建制度一詞通常用以指起源於中歐及西歐的一種社會政治體制，約開始於第九世紀左右，至十一及十二世紀達到巔峯，迄十五世紀乃逐漸衰落；但也用於指古代及近代有類似特徵的其他社會和政體。

英文 feudalism 一字來自德語 fehu-od （英文及法文 fief 一字又由此而來），原指牲口財產，後來指地產，強調土地享有權及其所附屬的權利義務。(I.E.S.S., Vol. 5, p. 393)

依白安斯 (E.M. Burns) 的解釋，所謂封建制度是分散的社會結果，政治權利是屬於佔有封地的諸侯所有，凡在經濟上依賴他的，都在他的支配之下。要是把封建制度當作一種體制看，它包括下面幾個基本觀念。(1)凡有領土的人都有權統治別人。(2)一切政府都是以契約為依據，統治者必須同意依照人爲的與神聖的法律，公正地來統治；而當統治者公正地統治時，被統治者也必須宣誓服從其統治者。如果任何一方破壞了契約時，另一方就可解除其義務而採取行動來矯正對方。(3)以有限主權之理想爲根據，反對絕對的權威，不管是誰來執行的。換言之，封建政治注重法治，而不注重人治，統治者無權制定法律，法律是風俗或上帝意志的產物。(Edward McNall Burns, Western Civilizations, 1958, p. 302)

以上的解釋係應用於歐洲中世紀的封建制度。如當作一種社會組織來看，而以古代中國的封建制度爲例，依張蔭麟說：「嚴格地說封建的社會的要素是這樣：在一個王室的屬下，有寶塔式的幾級封君；每一個封君，雖然對於上級稱臣，事實上是一個區域的世襲的統治者而兼地主；在這社會裏，凡統治者皆是地主，凡地主皆是統治者，同時各級統治者屬下的一切農民非農奴即佃客，他們不能私有或轉賣所耕的土地。照這界說，周代的社會無疑地是封建社會。而且在中國史裏只有周代的社會可以說是封建的社會。」（見張蔭麟編著中國史綱上古篇，正中書局四十年臺一版，二七—二八頁。）（龍冠海）

封閉工廠 (Closed-shop)

這是固定雇主與受僱者之間的一種關係。惟有參加工會的會員才可以受僱於工廠工作，而工廠則不得擅自雇用非工會會員的工人。(D.S.)

封閉工廠亦稱封閉工會工廠 (closed union shop)，即雇主雇用員工，必須雇用工會會員，故工會已成爲主要雇傭機構。此項措施嚴重妨害人民尋找工作的自由，目前多數國家已視爲非法行爲。（李潤中著：「工業關係與人事管理」，第二四五頁，香港震旦圖書公司，五十四年）（陳國鈞）

封閉制度 (Closed System)

封閉制度是限制社員的社團組織。社員的資格限制于同等的階級，社員的增加，必須經過社員大會的決定。現代的勞工組織，職業團體等，均屬于這種性質。這種制度的特性，是在拒絕新的思想或外來勢力的影響，以防止威嚇其原有的思想和習慣模式。

封閉制度的名詞亦可應用于有組織的思想體系或主義。（張鏡予）

封閉階級 (Closed Class)

封閉階級是指社會中的階級分子地位多屬固定，流動性極少，個人生于某一階級，就終身屬于某階級組織而言。中國及歐洲古代的階級制度，分貴族、平民、奴隸三個階級，是屬于封閉階級的一種。又如印度的喀斯德，階級間有極嚴格的限制，階級地位是世襲的，彼此不准通婚，甚至生活方式亦有硬性規定，可說是封閉階級制的代表例子。（張鏡予）

參考文獻：

龍冠海：社會學，三〇二——三〇四頁。

重建 (Rehabilitation)

一種再教育和改變少年犯或成年犯的過程或技術，使其行爲合乎法律及社會規範。(D.S.)

另一個解釋是指一個社區，個人或家庭經濟能力的復元工作。(D.S.W.)

美國的重建服務，主要的有盲人重建服務及殘廢者重建服務，都由州職業重建局負責領導，所需的聯邦補助金，係由衞生教育福利部的職業重建司，根據一九四三年職業重建法案而來。這種重建的救助，對殘廢者而言，尤屬重要。因爲他們能從職業訓練，安插工作，充實設備中獲得經濟獨立。重建服務不僅使殘廢者家屬脫離公共救助，而且使他們因變爲社會上受尊敬的分子而獲得滿足。在重建上所耗費的區區數百元，往往能使數千人不必請求救濟，同時也可使以前靠著救濟爲生者，轉變成爲快樂光榮自給自足的公民。此外，有關兒童案件的處理步驟，自調查、審訊、以至處分，均係根據重建少年罪犯的觀念而設；一般犯罪的兒童及少年，被送入養護學校，亦以重建爲前提，採取一種受教育指導的團體生活，乃使其恢復家庭生活，或重新在原來的社會上立足。最近退伍軍人服務，亦特別著重重建工作，即協助退伍軍人恢復其原有的社會地位。（劉銘譯，華德弗蘭著，社會福利概論，第四四三頁，中華文化出版事業社，四十九年。）（陳國鈞）

重商主義 (Mercantilism)

重商主義一詞指一種商業政策或商業制度的原理。有的時候它被認爲將財富與金錢視同一物；但比較普通的用法卻是指這樣的信仰，即國家的經濟福利只能由政府對工商業作全國性的管制來獲得保障，因此也是一種社會學說。

此名詞在英文中比較晚近才被使用，它來源於十八世紀「重商制度」(the mercantile system) 的詞句，這是法國重農學派首先使用，後來由亞當斯密在其「國富論」(The Wealth of Nations) 中將其通俗化。他將商業制度與農業制度作爲富裕人民的一種共謀企圖以達到自己的目的。它是爲了社會中一部份人的利益而犧牲另一部分人的，並視生產而不是消費爲經濟活動的目標。據斯密的看法，這種商業管制制度的發展曾經過二個時期。在第一個時期中，純金銀累積的獲得是要直接禁止其輸出。在第二個時期中，大部分受湯麥斯曼 (Thomas Mun) 的影響，管制係應用於貿易的平衡，相信以此就可控制金錢的流通。對於這種制度的價值，各家的意見大有差異，但一般都同意在其應用上它具有二大特徵，即促進製造產品的輸出，而除了必需品外不鼓勵所有東西的輸入。（閱 D.S.S., pp. 423–424)

此一種商業政策，約在一六〇〇至一七五〇年間盛行於西歐洲，特別是英法各國，其基本假定大致有以下六點：(1)可用的金銀供應爲一國財富最重要的衡量。(2)除金銀礦的開採外，貿易是累積這些寶貴金屬作爲硬幣的主要方法。(3)爲了使這種貿易可以有利，爲了累積這種硬幣，輸出必須超出輸入。(4)要使輸出有市場，並因此而爲母國 (mother–country) 創造有利的貿易，殖民地乃是有價值的。(5)爲了使殖民地能成爲製造品的市場以及原料供應的來源，必須禁止殖民地的製造業，以免其供應自己的必需品而用竭其原料的貯藏。(6)殖民地根本必須視爲母國有利可圖的商務企業。這些假定後來經過事實證明都是錯誤的。這種政策的實施對於歐洲各國的商業活動與繁榮曾經予以很大的限制。因此，重商主義引起重農主義的反抗，而成爲近代經濟學發展的來源。（參考：Besker and Barnes, Social Thought from Lore to Science, pp.514–516, Harren Press, 1952)（龍冠海）

重農學派 (Physiocrats)

這是指十八世紀法國的一種社會思想學派，他們主張一個基本而重要的社會秩序，這是國家不能變更而常須讓步的。他們認爲這種自然產生的社會秩序爲一眞正的整體，而反抗社會契約理論。他們同時是社會學（社會物理學）的提倡者和政治經濟學的創始者。他們主張放任主義，並謂農業是生產的，堅持農業比工業更要佔優勢。此派主要的代表者，是揆內 (Quesnay)，杜滂涅穆爾 (Du Pont de Nemours)、里味耳 (Le Merver de La Riviere) 及杜戈特(Turgot)。(D.S.)（陳國鈞）

重點訪問 (Focused Interview)

集中於某一經驗及其影響的調查訪問。(R. K. Merton, M. Fiske and P. L. Kendall, The Focused Interview, Illinois: Free Press, 1956. 。引自 Claire Selltiz et al., Research Methods in Social Relations, New York: Holt, Rinehart and Winston, 1961, p. 264.) 從形式上看，這種方法集結構性訪問與非結構性訪問的優點於一身。這即是說，它一方面使用標準統一性的問題，以搜集資料，他方面則使用開放性問題 (Open–ended question) 使被調查人自由申述其心理經驗。

運用重點訪問之先，訪問員必須對其所調查的經驗有深刻的認識，才能提出有意義的問題。整個訪問過程由訪問員安排，由他決定訪問的方式與程序，訪問員須運用特殊技術，巧妙地發掘出事先未曾預料到的資料。

重點訪問的程序包括以下四個步驟：首先訪問員須確定受訪人具有某種特定的經驗，如看過「亂世佳人」這部電影，或讀過某一本小說。第二、分析這部電影或這本小說的重要情節、結構、模式及過程。第三、根據上述資料發展假設與編列調查問題。及第四，根據這些問題，進行訪問，搜集資料。

重點訪問在分析特殊經驗所引起的態度變遷上，功效特大，故常被社會心理學家利用以研究大衆傳播的閱聽效果。在這方面的研究，由於調查人事先知悉傳播內容的眞正目的或傳播動機，故當被調查人的看法、意見或態度與原來的目的互違時，可進一步做深層的探究，以了解其背後的感情、信仰及態度。重點訪問的缺點是常搜集到無數不可比較的資料，增加分析上的困難。（范珍輝）

參考文獻：

Claire Selltiz et al., Research Methods in Social Relations, pp. 263-266.

P.V. Young, Scientific Social Surveys and Research (New Jersey: Prentice-Hall, 1966), p. 219.

范珍輝「訪問」在龍冠海主編社會研究法，廣文書局，民國五十八年，頁一四三。

科層制 (Bureaucracy)

科層制亦有譯作官僚制，分部制或分責制。此種制度是指機關內分別負有專責處理事務的行政體系的一種名稱。其特點在行政機關內容各等級的單位負責人，有固定的職務，有劃分的權限，有例行公事的一定程序，有對上對下所負責任的範圍。換言之，是機關內刻板方式的行政組織。現代社會裏的大規模組織如政府、工廠、公司、大學、工會、教會等，幾乎普遍有此科層制的存在。科層制處理事務的方式，是刻板、無彈性，按部就班，專業化，一切須照規定辦理，其目的在提高機關的行政效率。

科層制的觀念是德國社會學者韋伯 (Max Weber) 所創導，其後歐美社會學家，對此觀念加以修正與補充，成爲社會學研究的一個主要範疇。美國社會學者更對科層制作實地考察，寫成專書。

科層制的結構，按照韋伯的觀念，有下列幾點：

1.機關內各單位有固定的職務分配，每一職員所擔任的工作，根據嚴格的分工制度，所雇用的職員須具熟練的專門技術。

2.機關內職員地位，依照等級劃分。下層對上層負責，服從上層命令，受上層監督。上級對屬下的指示與監督，不能超過規定權職的範圍。

3.處理事務一切須按法規所定的條文範圍引用，不得滲入個人因素，用以維持統一的標準。

4.機關內職員絕對避免私人情感，不得意氣用事，對辦理案件，不加入一己成見。

5.用人根據專門技術的資歷，不得任意解雇。升等按個人的工作的成就而定。人事受理以鼓勵或啓發職員對機關的維護及工作的興趣爲主旨。

6.科層制的主要目標，在使行政組織的工作效率增高。在現代大規模的各種組織，如不採取科層制度，必使整個機關雜亂無章。所以科層制是現代正式組織 (formal organization) 的理想行政制度。

科層制的利弊，在利的方面言，是效率高、正確、迅速、專家控制，連續、謹慎、協調及免除私人情感。弊的方面在太形式化、刻板化，缺乏個人創作及過于繁文縟節。（張鏡予）

參考文獻：

H. H. Gerth and C.W. Mills, From Max Weber: Essays in Sociology, London: Routledge & Kegan Paul, 1948, pp. 196-8.

G. Duncan Mitchell, A Dictionary of Sociology, Chicago: Aldine Publishing Co., 1968, pp. 20-22.

科學社會學 (Sociology of Science)

科學社會學意指科學的社會學研究，即由社會學的觀點來探討科學與社會的互相關係——科學如何影響教育、社會價值、社會結構、生活方式、政治決議。以及人們對世界的看法，而社會又如何影響科學本身的發展。它是一門特殊社會學，也被視爲知識社會學的一部分。（參閱「知識社會學」條。）

科學社會學所注重研究的現象可分爲四個主要方面：㈠科學的性質，㈡科學家的性質，㈢科學的組織，及㈣科學觀念的性質。從社會學的立場來看，科學是一種社會體系，或一種社會制度，或探究事實或眞理的一種社會活動。它有其特殊價值、功能、內在的關係，並與其他的體系、制度、及活動之間也有關係。至於對科學家方面，科學社會所着重探究的是他的社會背景、人格、動機、社會化、及其在社會中所扮演的角色。科學的組織之研究包括實驗室中的活動，各國科學組織的模式——它們的財源、計劃及控制。在其發展上，科學已迅速地喪失了它原有的孤立地位，而與政治、經濟、軍事、及社會各方面發生密切關係，並且在這些方面有引發性的，甚至有決定性的作用。當作知識社會學的一部分來看，科學社會學特別着重解釋科學觀念的性質，並描述它們對別種觀念（如意識型態學的、哲學的、美學的、宗教學的等等）及各種制度的與人格的因素之關係。它的主要旨趣是建立社會學的一套概念與命題，是在基本的科學本身並將其應用於技術學方面。（龍冠海）

參考文獻：

Norman Kaplan, "Sociology of Science," in Handbook of Modern Sociology, edited by R.E.L. Faris, Rand McNally and Co., 1964;

Bernard Barber, "The Sociology of Science", in I.E.S.S., Vol. 14.

保守主義 (Conservatism)

保守主義是一種社會哲學或態度，傾向於反抗變更而墨守與支持固有的秩序。它代表舊的，嘗試過的、熟悉的及可靠的東西之價值。它是人類社會中最普遍存在的一種態度，也是社會安定的一個基本來源。若無保守主義，則沒有社會制度存在。可是，如完全爲保守主義所支配，則一切制度將會變成刻板的，僵化的，既無改進可能，而且會趨於衰敗。依普通的用法，保守主義是指關於社會與政府的一套信仰，其中包括對現有社會及政治的安排，尤其是經過長期所形成的，且有一種尊重的態度。（龍冠海）

參考文獻：

"Conservation" in D.S. and D.S.S.

保守急進尺度 (Conservatism-radicalism Scale)

社會心理學上保守一詞指固執於或支持現存在的社會秩序，反對變遷的態度。急進則指接受新的或未嘗試過的生活或行爲模式的態度，亦即支持運動、實驗及贊成變遷的態度。

保守急進尺度係用以測量個人上述態度的量表，亦即在態度的統計程序上，從各種社會態度裏抽出一般性的因素所形成的量表。埃森克(H.F. Eysenck)採用一般態度量表爲座標的橫軸，並採用美國哲學家詹姆士 (William James) 的「剛直性」「柔弱性」二分法爲縱軸，以創成所謂的「初級社會態度量表」。一般社會態度用以測量個人的意識形態，詹姆士的尺度則用以測量人格。埃氏此一尺度爲很多社會心理學家採用以測量個人的態度。（范珍輝）

參考文獻：

D.S., pp. 62-63, 247; D.S.S., pp. 129-130.

H.J. Eysenck, The Psychology of Politics, New York, 1953; and S. Crown, "An Experimental Study in Opinion-Attitude Methodology," International Journal of Opinion and Attitude Research, III, 47 - 86.

Richard Centers, The Psychology of Social Classes (Russell Sage Foundation: 1961).

福直武等編「社會學辭典」東京有斐閣，昭和三十五年，頁八四六。

美國化 (Americanization)

美國化是指美國的外來移民，吸取了美國的生活方式，生活標準，風俗習慣的一種過程而言。換言之，即外國移民同化于美國文化的各種生活習慣的社會過程。（張鏡予）

美術社會學 (Sociology of Arts)

美術社會學意指美術的社會研究，即應用社會學的觀點、概念及方法來考察美術與社會之關係，包括美術家與其作品對社會之功能以及社會對他們的影響。它視美術爲一種過程，其中美術家，美術作品及美術欣賞者乃互動的要素。因爲美術家係生在具有特種文化的社會中，他的人格，尤其態度，必然受其社會的影響。他的訓練技術，價值觀念，及材料等都是來自他的社會。他利用這些東西作爲媒介以表達他對社會人生的觀感或他的理想。故他的作品常能反映其社會狀態及文化變遷趨勢，同時也可能影響大眾價值觀念及社會行爲。不過這門學問在社會學中，到目前爲止，尚沒有十分發展。（龍冠海）

參考文獻：

James H. Barnett, "The Sociology of Art," in Sociology Today, edited by Merton, Broom and Cottrell, 1959.

Robert N. Wilson (editor), The Arts in Sociology, Prentice-Hall, 1964.

侵入 (Invasion)

在社會科學之廣大範圍內，侵入有三種不同的解釋：

(一)在歷史與政治學上，侵入常指一群人有組織地進入另一群人實際佔據或名義保有的領域，此舉違反後者之意願，且常含有敵意。例如甲國未獲得乙國之同意，並爲行使乙國所不需要之控制，派遣軍隊入於乙國的領土。

㈡侵入有時用以表明一社會或一社區內所發生之下一個過程：人口甲部分違反乙部份之意願，而侵佔其所享有之某種權利。例如國王奪取其臣民之傳統權利，爲歷史上所常見。

㈢侵入用以表示另一種過程：人口中之甲類開始佔據乙類固有之地區或職業地盤。亦能指此種佔據在加速進行。例如：商店設立於純粹住宅區之內，婦女從事通常爲男人所壟斷之職業。人文區位學上之侵入，以此一意義爲限，並非意含有有組織之全社會或社區計畫，亦非深思熟慮之控制。依人文區位學家之意，此一過程是人口中某些單位之位置變遷，雖然各按意願自發行動，但個別行動之總和，改變當地或職業地盤之人口組合，或變更自然區 (Natural Area) 之空間界線。通常（但非一定）原有之人口對此種侵入引起反感。

以地域言，侵入係指人口中之若干分子進入一地區，其性質不同於原居住者。此種侵入包括如下之典型：⑴非連接地區之侵入。例如：來自遠處之移民，進入都市一鄰里，取代原有居民，兩者之文化背景迥然有別；在住宅區內新建商店或工廠。⑵連接地區之侵入，性質不同之毗鄰二地區，甲因擴張向乙進行蠶食，結果造成此二地區空間界線之改變。

以職業言，一直是人口中某些人所占有之專門化職業位置，如今有另一些人加入，或在開始階段，或是新加入者繼續加多。(See "Invasion", in D.S.S., pp. 353–354.)（朱岑樓）

怠工 (Sabotage)

怠工即是怠慢工作，以降低生產數量，是與罷工並稱的一種勞工的抗議手段。英文的 sabotage 源於法文的 sabot 即木鞋之意，與原意蓋爲勞工暗將木鞋投入機器中，以損壞機器。一八九七年法國勞工首先採取此一行動。在英國，近年又有稱怠工爲「卡康尼」(Ca'Canny)，這本是蘇格蘭方言，即徐行之意。不過，怠工的眞正意義是一群被雇者故意怠惰工作，或則浪費雇主的原料，甚至破壞機器，企圖維持或改善勞動條件而行的一種爭議手段。但是怠工也需要多數被雇者的團結。（陳國鈞著：勞工立法新論，第三七三頁，正中書局，五十年）（陳國鈞）

前工業都市 (Preindustrial City)

這是美國社會學家史若堡 (Gideon Sjoberg)，對都市所作的一種分類，指沒有工業化之對的都市。

他將都市分爲兩個類型，一個他稱爲「前工業都市」(preindustrial city)，另一個爲「工業都市」(industrial city)。（見「工業都市」條）他的假定是：無論在其結構或形式上，前工業都市，不管是在中世紀歐洲的，傳統中國的、印度的、或其他地方的，彼此都是很相似的，而與近代工業都市卻有很多差別。他特別集中於前工業都市的分析。這種都市於紀元前四千年在米索波達米亞的河流一帶就已產生。不久以後跟着技術的進展和受了各種政治勢力的影響，都市生活的範圍也隨之擴大，都市分佈的區域也愈廣。歷代都市的興衰是以社會權力之轉移爲依歸。他從人口、空間的安排、社會階級、家庭與婚姻、經濟活動、政治結構、宗教、交通工具、及教育等方面來探討前工業都市的形態。

在人口方面，前工業都市很少超出十萬人，絕大多數是在一萬人，或者甚至五千人以下，與近代工業都市的比較要少得多。並且它們的人口增長率各有變異而緩慢，依著支持他們的政治結構之變遷而定。

在空間的佈置方面，都市的中心是政治和宗教的活動比商業的更爲重要。此外，它也是上流人士薈萃之區，而下層階級和浪民團體則散佈於城市的外圍。除社會階級在區位上有區分外，職業團體與民族團體也各有定所，或彼此隔離。

在社會階層方面，一個人的權利和義務常依其所屬階級而定。都市的事務是由一小團體的特權階級所支配，其他的人則爲被治者，並負起供養他們的義務。社會流動比工業都市中的要少得多。

前工業都市的居民受其家庭制度的支配，個人的婚姻是由家庭而不是由自己來決定。大家庭包括許多親屬居住在一起，是其理想的家庭組織，雖然這只有都市中上層階級的人能做得到，而貧民及農民由於經濟關係是不能維持的，故在他們當中，小家庭仍居多數。在家庭中男人是女人的統治者，不過比較言之，下層階級女人倒比上層的較有自由，對家庭及社區的事務所盡責任也較多。除男女地位有區別外，年齡等級也關重要，家庭中的長者對幼者具有支配之權。在社區內家庭是主要的社會化組織，尤其對於婦女與兒童在閒暇活動方面為然。要之，家庭是一個人將來事業的主要決定因素。

在前工業都市裡，經濟活動無甚發展，因為上層階級蔑視勞力。從事經濟活動的人不是下層階級就是社會所不齒者，工作場所多半在自己家裡或附近的小工廠內。在經濟範圍之內，主要的單位是同業工會 (guild) 。經由這種組織、工匠、商人及團體提供各種勞務，設法減少競爭並決定他們特殊活動範圍中的標準和價格。貨物與勞務的生產差不多全是利用人力和獸力。在價格、錢幣、及度量衡方面很少標準化。經濟的擴展不但受了統治階級的限制，而且大半受了信用及資本組織微弱的限制。

說到政治的結構，重要的政府位置是為上層階級的人所壟斷。科層制的組織很嚴格，官吏的選擇主要是以個人的身分和關係為根據。統治階級所制定的政策是以自己的利益為依歸。這種措施，連同固定薪俸制的缺少，很容易導致貪污和行政的低能。

宗教的結構，像政治的一樣，在前工業都市中是維繫秩序的一個強大力量。宗教的人員及一般的宗教信仰與習俗，和在其他活動範圍的情形一樣，也有上層與下層階級及浪民等界限的劃分。在宗教的組織中，上層階級的人佔有最高的位置。各階層間的價值觀念和行政規範相差很大。上層階級的大半符合宗教經典中所說的，這只有他們知識分子所能瞭解，而下層階級的則與其理想的距離很遠。個人日常的生活大半受宗教的訓諭所管制。宗教制度影響到都市的整個組織。定期的宗教集會儀式大部分市民可以參與，這是使都市中各種不同團體有整合作用的少數因素之一。市民的宗教信仰和習俗大半含有魔術的要素，藉此以助個人對自然與神聖事務的調適。

在前工業都市中，傳訊的媒介主要的為語言。消息或新聞的傳播係由專司其職者在都市內的重要集會場所用口頭方法宣佈之。至於一般知識分子之間則偶爾以文字為傳訊媒介。

正式的教育是以文字為依據，這只有上層階級的人有權享受。教育與宗教組織常是混合在一起的，學校的課程絕大多數是著重於傳統宗教與哲學概念的斷定。學校並非用來改造教育制度，而是用來延續舊有的東西。

根據史若堡的研究結果，上面所述的那些要點都是一般前工業都市所共有的，與現代工業都市有顯著的差別。(參考：Gideon Sjoberg, The Preindustrial City, The Free Press, 1960.)（龍冠海）

俗化 (Secularization)

從隔離的或神聖的社會組織裡轉變到容易相處的習俗社會，這種行為的過程，稱為俗化。俗化是個人由最高意識的覺悟而脫離以往的束縛以求得解放的表現。這種行為過程，包括思想的轉變，理性的發展，特別是對刻板的宗教條規的反抗。

俗化的結果不一定使社會全部發生影響，例如政治生活的變動，不影響個人的信仰和宗教的活動。這種俗化的結果，祇是局部的。（張鏡予）

孤立 (Isolation)

孤立的主要意義是隔離，故又曰隔離，但孤立之採用較為普遍，在社會學上通常有三種用法，彼此雖然有關，但所著重者却不相同：

㈠視孤立為個人缺少參與團體事務的機會。此又有靜與動之差別。靜者重在描述，如拉披爾 (R.T. LaPiere) 解釋孤立為「個人因無能、偏好或其他，致與四週他人之溝通之建立與維持造成一種失敗。」(See LaPiere, A Theory of Social Control, New York: McGraw-Hill, 1954, p. 330) 。戴維斯 (K. Davis) 之解釋亦同，將孤立視同「社會關係之缺乏」。(Human Society, New York: The Macmillan Co., 1949, p. 149.)。動者視孤立為人格未能完滿發展的動態變素之一，或視之為精神病（特別是早發性癡呆症）的一個導因或成因。衛苞格 (S.K. Weinberg) 認為對可能發生的早發性癡呆症行為，孤立的重大影響，不在於孤立本身，而是孤立所生之意義與所起之反應。(See Weinberg, "A Sociological Analysis of a Schizophrenic Type", American Sociological Review, vol. 15, 150, p. 609.)

㈡解釋社會孤立為斷絕與他人之接觸和溝通或減少到最低極限，並為明瞭人口中的孤立程度，使用匿名、空間流動，朋友住所遠近、參加團體之多寡與次數等作為測量指數。(See E.G. Jaco, "The Social Isolation Hypothesis and Schizophrenia", American Sociological Review, vol. 19, 1954, pp. 567-77.)。

㈢將孤立用在團體或社會與他團或社會的關係上。雷斐爾 (R. Redfield)

謂「鄉土社會 (Folk Society) 是孤立社會，其組成者與外人老死不相往來。」(See Redfield, "The Folk Society", American Journal of Sociology, vol. LII, 1946-7, p. 296.) 貝克 (H. Becker) 所謂之神聖社會 (Sacred Society) 與現世社會 (Secular Society)，卽分別依社會之孤立性與易近性而言，並強調下列三方面的區別：(1)鄰位的——軀體之隔離；(2)社會的——軀體雖相接近，但有阻隔互動之障礙；(3)心理的——在互動中無眞正之溝通。(See Becker, "Current Sacred-Secular Theory and Its Development", in H. Becker & A. Boscoff (eds.), Modern Sociological Theory in Continuity and Change, New York: Dryden Press, 1957, pp. 164-5.)

與孤立有密切關係之孤立主義 (isolationism)，是政治學家或經濟學家用以指某社會主張或實行在政治上或經濟上孤立於其他社會之外。(See "Isolation", in D.S.S., pp. 355-356.)（朱岑樓）

革命 (Revolution)

革命與社會發展、社會改革、社會進步、及社會演化同爲社會變遷的一種，其特徵是社會結構或文化內容的全面改貌。革命有兩種，一是突然急劇及暴力的變遷，一是緩進和平的變遷。兩種革命在過程上雖不同性質，但都可以使社會各部分發生澈底的改觀。

革命有各種不同的解釋，社會學家的解釋係建立在科學與實證的觀點上。依社會學家的看法，革命本身不含有好壞善惡的內容；受民衆廣泛支持的政治革命或社會革命，才是眞正的革命。

曼海姆 (Karl Mannheim) 認爲革命期間是一種無政府狀態，在其歷程內缺少獨佔正當制裁力的參考團體。索羅金 (Pitirim A. Sorokin) 視革命變遷爲突然、劇烈、迅速及暴力的法制、制度及價值體系的變遷。革命的發生歸諸現行法律與制度與部分社會構成員的信念或需要相逕庭。革命並吸引多數人的興趣與參與。索氏區別政治革命與經濟、宗教、種族及民族革命。政治革命是以政體或政治結構的變遷爲目的，其他革命則以特殊制度的改革爲其行動目標改變所有重要制度及價值體系爲目標的革命，卽全面革命。（范珍輝）

參考文獻：

D.S.S., "Revolution"

K. Mannheim, Systematic Sociology, J.S. Erös & W. A. Steward (eds.), (London: Routledge & Kegan Paul, 1957), P. 119.

P.A. Sorokin, Society, Culture and Personality (New York: Harper & Bros., 1947), pp. 481-2.

政治社會學 (Political Sociology)

政治社會學意指政治的社會學研究，卽從社會學的觀點來探討政治的現象，它是一門特殊社會學。政治，如 國父孫中山先生所說的是管理衆人的事。政治學研究的主要對象是國家及政府或政治權力。但由社會學的立場來看，國家只是一種人類結合 (association)，政府只是一種社會組織，政治體系也只是一種社會制度。無論從何方面來看，政治現象與其他的社會文化現象都有密切關係，卽互相依賴和交互影響的作用。政治社會學就是從這樣一個觀點來考察政治的現象。換言之，它特別著重研究政治的社會基礎，將政治活動及政治制度放在較爲廣泛的社會關係的體系中。以資發現社會團體和社會勢力對政治機構運用之影響。

政治社會學所研究的大致可分爲三大範圍：(一)政治秩序的社會基礎，尤其政治的安排依賴社會組織與文化價值之方法。政治秩序的主要問題是權力鬥爭的管制，政治社會學因此也考慮到基本憲法問題；不過社會學家所注重探究的是支持政府與法律的東西，而不大注重這些制度的形式方面。(二)政治行爲的社會根據。在當代社會科學當中，政治行爲主要指個人對政治的參預——他們因何與如何投票，因何持有某種政治意見，爲何屬於某種政治結合，及因何與如何支持政治運動。(三)政治過程的社會方面，包括政治中有組織的團體之種類與其互動模式。其中一個主要論題是利益團體、政黨、及社會運動如何改變或安定政治秩序。（龍冠海）

參考文獻：

Leonard Broom and Philip Selznick, Sociology, thrid edition, 1965, pp. 669-670.

Roberts Michel's First Lectures in Political Sociology, translated by Alfred de Grazia, University of Minnesota Press, 1949.

S.M. Lipset, "Political Sociology" in Sociology Today. edited by Merton, Broom and Cottrell, Basic Books, 1959.

Scott Greer and Peter Orleans, "Political Sociology", in Handbook of Modern Sociology, edited by R.E.L. Faris, Rank McNally Co., 1964.

軍事社會學 (Military Sociology)

軍事社會學意指軍事的社會學研究，或從社會學觀點來考察軍事組織，視此爲一社會體系。這種研究在美國比較多。受第二次世界大戰的影響，軍事設施在國民團體生活中佔一重要地位，牽涉範圍很廣，故有許多社會學家和心理學家便從事這方面的考察，以資明瞭士氣和增加軍事效率。軍事組織的研究係朝着兩個方向進行，一個着重軍事組織對社會的其他組織之外在關係，另一個則集中於軍事組織的內在關係。後者的一個重要方面是社會心理學的，設法尋求軍事組織及其所包含的社會過程對參與者之行爲與態度的關係。

軍事社會學與戰爭社會學有連帶關係（參閱「戰爭社會學」條）。不過社會學家對於後者的探究來源比較早，多半偏向於對戰爭理論或本身的現象和問題之思索，而前者則係新近才發展出來，注重應用社會學與心理學的概念和方法對軍事組織作事實的探究，以期增進軍事行爲的效果，故它大部份可說是屬於應用社會學的範圍。（龍冠海）

參考文獻：

Paul Walter, Jr., "Military Sociology", in Contemporary Sociology, edited by Joseph S. Roucek, Philosophical Library, New York, 1958.

Samuel A. Stouffer and Associates, Studies in Social Psychology in World War II, Princeton University Press, 1949.

郊區 (Suburb 亦譯市郊)

郊區或市郊指一個城市附近的社區，這種社區主要是都市化的住宅社區。有一個大的城市爲中心，而處於此中心城市法定疆界之外，但在文化與經濟上依賴着中心城市。如加以分析，郊區大致包含這幾個特徵：㈠都市化的社區，㈡在一中心城市之外並且在政治上與中心城市分開，㈢在文化與經濟上主要是以中心城市是賴，及㈣比較特殊化的社區，以家庭爲中心。換言之，它們根本是住宅的社區，其居民在日常勞動和消費方面是以中心城市爲依附。這一種社區在都市化的國家中，由於交通運輸的發達及大都市人口的向外遷移，乃日形重要，故現在已成爲都市社會學家所注重研究的一個領域。（龍冠海）

參考文獻：

William M. Dobriner, ed., The Suburban Community, G.P. Putnam's Sons, 1958.

N. P. Gist and S. F. Fava, Urban Society, pp. 183-194, 1968.

訂婚 (Engagement)

訂婚是準備結婚的一種手續。我國婚姻爲聘娶式，非常重視婚禮。禮記昏義謂「昏禮者禮之本也。」有種種儀注，其程序有六：納采、問名、納吉、納徵、請期與親迎，謂之六禮。乃周代之古制，往後以此爲範圍，稍有增減，主要趨勢是併繁爲簡，至現代受西方文化之影響，更加簡化，通常只有訂婚和結婚二項，訂婚爲婚姻之準備，結婚爲婚姻之完成。（參閱徐朝陽著中國親屬法溯源，民國五十七年，商務，第一一二至一一八頁；及孫本文著現代中國社會問題第一冊家族問題，民國三十五年，商務，第一二三頁。）

現今亦有省去訂婚者，雖然儀式可略，凡非父母安排而自由擇偶之婚姻，必在結婚前經過幾個非正式手續的階段。美國研究婚姻家庭的權威學者凱文女士 (R.S. Cavan) 謂這些階段是一連續過程 (continuous process)，大別爲三：(1)約會 (dating)、求愛 (courtship) 和訂婚，而約會又可分爲三：(1)約會前 (predating) ——我國通常稱之爲「認識」，如鄰居、同學、同事等，或無意邂逅或有意央人介紹。(2)交往 (playing the field) ——共同參加不分性別之團體活動，通常屬於娛樂方面，如舞會、郊遊等。(3)固定 (going steady) ——由多對象的散漫交往變爲一個對象的固定約會，雙方之了解增多，情愛縮濃，進入求愛的階段，可能結婚或直接結婚。訂婚之結果有二：一是成功而結婚，一是失敗而解約，其時期從數月到數年不等。(R.S. Cavan, The American Family, New York: Thomas Y. Crowell Company, 1959, pp. 355-357.)

對婚姻而言，訂婚無法律的約束力量，却具有不少的社會功能，舉其要者有四：(1)在訂婚期間內能加深彼此的了解。因已成定局，其他競爭者均已退却，彼此勿庸故意取悅對方，而以較眞之面目相處。(2)訂婚後有更多的機會和更大的便利交相接近彼此的親屬與朋友。(3)給予當事者及其父母以充足的時間，討論和安排婚禮之舉行。(4)測驗雙方的人格調適，包括本身及其父母等，如果一方或雙方感覺不滿意，宣布解除婚約，其蒙受之損失遠比離婚爲輕微。(W.M. Kephart, The Family, Society, and the Individual, Boston: Houghton Mifflin Company, 1961, pp. 311-312.)

晚近有人謂訂婚是性親密之開始，性交亦包括在內。此則與「試婚」(Trial marriage)之性質相近似，蓋試婚的主要功能之一是試驗雙方性之調適。然大多數人不同意此種說法。

婚姻研究指出訂婚之調適與婚後之調適有其相關性。蒲其斯 (E.W. Burgess)和華林 (P. Wallin) 曾以一千對訂婚者爲對象作長期的追蹤研究，於結婚之前後三年分別予以測驗，發現「訂婚成功分數，可以列爲婚前預測婚姻成功的最佳單項指標」 (Engagement and Marriage, Philadelphia: J.B. Lippincott Co., 1953, p. 548) 。冠伯屈 (C. Kirkpatrick) 以影響之大小爲先後，列舉婚前十項有利於婚姻調適之因素，第二項卽是「認識、求愛與訂婚之時間相當充分。」(C. Kirkpatrick, The Family, New York: The Ronald Press Company,1955, pp. 443-444.) (朱岑樓)

帝國主義 (Imperialism)

帝國主義一詞被廣泛地使用以指一國對別國的特種侵略行爲，特別用以指一國的擴充領土政策與實施，或用武力吞併鄰國的土地，或用其他方法佔有外國的殖民地、屬領、或保護國。正如 國父孫中山先生所說的：「甚麼是帝國主義呢？就是用政治力去侵略別國的主義。卽中國所謂勤遠略。這侵略政策現在名爲帝國主義。」(民族主義第四講)

帝國主義的行爲在歷史上早已存在，是國家建立後之產物，而以古代羅馬爲最顯著，但是差不多全都是偏於軍事政治方面的侵略，至於近代則除軍事政治的之外，更加上經濟的。近代帝國主義的發展大致可分爲兩個階段，卽一八七〇年以前的爲舊帝國主義，一八七〇年以後的爲新帝國主義。舊帝國主義所表現的是歐洲帝國的鬥爭限於西半球及熱帶群島，其目的在增加國家財富及權力，所爭取的東西是金銀、熱帶產物及海洋用品；他們不贊成把本國人民大批移往殖民地。新帝國主義活動範圍則更爲擴大，主要的是亞洲及非洲，他們爭取的目標是國內主要公民的利益，替他們爭取市場與投資機會，此外還要爭取有豐富的鐵、銅、石油、鹽、及麥子的地區，並想爲本國過剩人口爭取土地。(McNall Buens, Western Civilizations, 5th ed., pp. 715-717)

此名詞最近的用法普通是指一國對別國的控制，依此，蘇俄及中共所行的政策皆可稱爲帝國主義，其手段係着重在軍事政治方面的控制。(龍冠海)

參考文獻：

"Imperialism" in I.E.S.S. and D.S.

約會 (Dating)

婚姻的社會準備 (social preparation) ，主要分爲兩個階段，先是約會，繼爲求愛(參閱「求愛」條)。故約會可以解釋爲青年男女在擇偶的可能範圍內作初步的探索。雖是締結婚姻之手段，但雙方均無任何許諾或拘束，對象可以更換，爲約會而約會，故約會本身就是目的。一旦進入求愛階段，則是一對固定的男女在進行私人的和社會的調適，如果成功，此種調適經由婚姻而延伸至家庭生活 (R.S. Cavan, The American Family, New York: Thomas Y. Crowell Company, 1959, pp. 301, 331)。

現代社會青年男女的約會行爲日趨普遍，父母的態度亦由保守轉變爲開朗，逐漸明瞭約會有助於現代青年正常人格的發展。研究婚姻與家庭的社會學家均指出約會行爲有其重要功能，玆綜合爲六項，分述於後：

(1)社會化：團體的種種價值，個人經由社會化過程而習得。男女之有別，在於各有不同的地位 (status) 與角色 (role) ，而約會提供最佳的實習機會，使青年青年男女不在成年人的干預下，自發自動地扮演其角色。

(2)接近異性：春情期 (puberty)以前之男女，其友伴多爲同性別者，在異性別間畫出一道鴻溝，不願與之相交往。約會是接近異性之開始，將來大半生的夫婦生活造端於此。在嘗試與錯誤中，減輕羞怯與歧見的不正常心理，糾正進退失據的拙笨。此種跨越性別的調適，在約會以外，是無處可以習得的。

(3)人格發展：領悟他人及依他人之反應而調整本身的反應曰社會互動 (social interaction)。個人在此種互動中發展其人格。約會是跨越性別的互動。男孩獲得同性別夥伴良好反應的行爲，不一定爲女友所欣賞，女孩亦是如此。約會便能給予雙方人格一個有效的測驗，提高其警覺，爲自己作正確的評價。故約會對一般性的人格發展亦有很大的幫助。

(4)滿足自我需要：個人皆有自我需要（ego-needs)，青年尤甚，迫切地尋求滿足，常覺得別人不了解他。很顯然青年男女較之成年人更需要贊揚。青春期心理常是起伏不定，悲樂無常。由於缺少自信，獲得自信的需要愈見殷切。由於情緒欠成熟，期望他人認爲自己很成熟。約會能提供一種有效的情境，使具有相同的自我需要的青年男女聚晤於一起，傾訴衷曲，共享經驗，產生交互的滿足。

(5)樂趣：約會已成爲現代青年男女所特享之娛樂方式。社會學家屈格塞爾(A.G. Truxal）謂約會以最小的義務換得最大的享樂。事前想像，事後回味，新奇與刺激帶來無比的愉快。無怪乎約會經驗成爲許多人一生中最快樂的回憶。

(6)爲擇偶作準備：現代婚姻是爲了獲得快樂，於是愛情、友誼、性之交相滿足等，都成爲重要的婚姻期望。往昔的婚姻是爲了發揮傳統的功能，如經濟的、生殖的、教育的等，二者之目的不同，達成之手段自然有別。約會是現代婚姻之初步準備，此項功能雖列於最後，實則最是重要。（朱岑樓）

參考文獻：

W. M. Kephart, The Family, Society, and the Individual, Boston: Houghton Mifflin Company, 1961, pp. 296-297.

R.F. Winch, "The Functions of Dating in Middle-Class American", in Winch, R. McGinnis, and H.R. Barringer (eds.),Selected Studies in Marriage and the Family, New York: Holt, Rinehart and Winston, 1962, pp. 506-509.

宣傳 (Propaganda)

運用語言、符號等種種表象工具，以控制或影響多數人的思想或感覺，藉以達成一定目標的企圖。在此意義上，宣傳乃是巧妙利用暗示感染以影響民衆的行爲的技術。有此功用，宣傳常被用作衝突與戰爭的工具。

宣傳以社會上存在有爭議爲其前提；其目的是要爭取民衆的支持，用以壓制反對意見或影響政府的方法。宣傳的對象是民衆的感情態度(emotional attitude)。

宣傳的現象有悠久的歷史，各時期，各民族，和各文化都一直用這種技術，只不過於今爲烈而已。現代的宣傳藉大衆傳播發揮著很高的效率，而且使用的工具除語言及其代替物如符號、圖畫外，又有利用行動與製造事件等。

學者當中對宣傳的性質有不同的見解，有些人認爲它是好的與受歡迎的，有些人則認爲它是壞的與不受歡迎的。不過客觀地說，這種判斷應依各別宣傳者與被宣傳者的性質而定。但不可否定的，宣傳本身卽是偏見，它所傳播的常是違反事實的非科學觀念。

宣傳運用以下幾個法則：第一、向民衆灌注一種他們所關心的觀念或態度。第二、選擇有利而能振振有詞的目標。第三、使用簡單明瞭的觀念。第四、反覆使用相同或相似的口號與偶像。第五、不辯論，只是反覆堅持或擁護己見或口號。（范珍輝）

參考文獻：

H.D. Lasswell, "Propaganda" in I.E.S.S., Vol. XII, p. 521.

D.S.S., pp. 547-548

D.S. pp. 237-238

Samuel Koenig, Sociology (New York: Barnes and Noble, 1957)朱岑樓譯「社會學」協志工業叢書出版公司，民國五十四年，頁二三七一二四〇。

突轉 (Conversion)

突轉是指人格、品性、態度或習慣行爲的突然轉變而言。此種突轉的作用，可使一個人去舊換新，而成爲有新觀念，新理想，新信仰的一個新人。這種情形在宗敎信仰上，最爲顯著。敎會的宣揚宗敎，常有奮興會的舉行，許多人在會中受傳敎士的講道感動，而信仰宗敎，悔改過去，這是信仰的突轉。論語所謂「朝聞道，夕死可矣。」是表明頓然覺悟的意思，亦卽突轉的行爲現象。

突轉的情形，有暫時的，有永久的。一個人之所以突轉，不僅在信仰方面，有時因環境的重大刺激，如疾病，藥物，危機，婚姻，剝奪或喪失等種種遭遇，均能使人走向突轉。

突轉亦可說是人格的調適，這種調適須經過若干步驟，與所受的社會環境

[illegible]

參考文獻：

Henry P. Fairchild, Dictionary of Sociology.

威權人格 (Authoritarian Personality)

又稱威權性格。即綜合熱烈遵從上司，奉迎與諂媚強權，並欺壓與蔑視下級或弱者等心理傾向於一身的人格。

威權人格的研究淵源於一九二〇年代賴治 (Wilhelm Reich) 及傅樂姆(Erich Fromm) 的臨床研究。二氏都從歷史方面及臨床分析的立場探討人格，並認爲人格爲社會意理，社會運動及社會結構的錯綜因素或結果。威權人格爲反民主的社會結構所需要或所盛行的心理結構，法西斯主義及共產主義的興起與此一因素有密切關係。

這個研究後來由歐洲移民傳到美國，而很快地成爲社會心理學家研究的一重要領域。美國學者在這方面的研究所使用的概念、方法及探究方向，充分反映著當時盛行於美國心理學家的時代精神，即瑣碎、定量及態度的研究，忽略了廣泛的意理模式的研究。

威權人格有以下幾個特徵：1.層系觀，即將人分爲上下等級，以判斷優劣高低的傾向。2.媚強凌弱的傾向，即對弱者或下級者要求絕對的服從，並對強者具有熱忱服從的傾向。3.優劣的概化，認爲強於自己的人可要求一切。4.追求權力，並把權力用爲利己目的或非感情的行使。5.敵意與憎恨。對他人採兩分法，非友即敵，並認爲他人爲協助或阻礙其達成目的的手段。6.規定觀，即從身外標準以判斷人格，不著重人格，而只關心身分、地位、財富及出生等規定標準 (ascribed criteria) 。7.定型觀，即把人或事物分爲兩個極端，如敵我、善惡、強弱或優劣等，並不認爲存在有中間的類型。同時傾向於將一種族、階層或社會視爲由同質人口所構成，忽視個人的歧異性。8.不安與恐懼。自我不穩，經常處於不安與恐懼的狀態，並傾向於依賴外在威權以掩飾自己的弱點。9.弱肉強食觀。認爲現世不存在善意與溫暖，而是萬人對萬人的戰場。（范珍輝）

參考文獻：

D.S.S., p. 42.

I.E.S.S., Vol. 12, pp. 25ff.

Bernard Berelson & Gary A. Steiner, Human Behavior (New York: Harcourt, Brace & World, 1964), pp. 258-60.

福武直主編　社會學辭典，東京有斐閣，昭和三十五年，頁二一九。

家計研究 (Budgetary Studies)

蒐集並比較社會各階層家庭的消費資料，以判斷國民消費狀況與模式的科學研究。（參考 D.S., p. 29 ）這種研究主要利用問卷法及家庭記帳法。

最早運用這種方法從事社會研究的是法國社會學家雷柏來 (Pierre Guillaume Frederic LePlay)。雷氏是一位社會改革家。他相信經濟生活規定社會的一般特性。雷氏平生所至之地甚廣，而每達一地即研究該地的工藝技能、經濟及勞工。他認爲社會改革理論須建立在經驗資料上，而經驗資料的搜集須運用自然科學的方法，方能正確可靠。這亦即說，舉辦社會調查。社會調查的理想單位是家庭。基此看法，雷氏從事歐洲勞工家庭的家計調查，並發表「歐洲勞工」一書。雷氏的家計研究法對社會調查技術的發展有很大的貢獻。其方法後來爲各國社會學家做效與採用。（范珍輝）

參考文獻：

D.S., "Budgetary Studies."

福武直主編　社會學辭典，昭和三十五年，「家計」條。

家庭 (Family)

人類家庭可以界說爲制度化的生物社會團體，其組成者包括成年人（至少有一對無血統關係而經由婚姻結合之成年男女）和小孩（成年人之婚生子女），最低限度之功能，須在情感需要方面給予滿足與控制，包括性關係和生育教養子女之社會文化情境。如此組成和如此表現功能之團體，經由多種不同的結構方式，而有很大的差異，因此任何家庭定義，必將各類家庭包括在內。

簡單的人類生物家庭，包括父母及其子女（亦能包括領養子女），通常稱曰核心家庭 (nuclear family ，尙有其他許多名稱，參閱「核心家庭」條）。各學者同意此種立基於生物的最小家庭單位普遍存在於所有人類社會。

由於核心家庭內之亂倫禁忌（參閱「亂倫禁忌」條），個人之一生通常分屬於兩種家庭，首先是出身家庭（the family of origin on orientation），他降生於斯，嗣後爲生殖家庭（the family of proceation），經由婚姻，他生育新的一代。一個核心家庭通常包括婚緣與血緣兩類分子。子女經由血統與其出身家庭的其他各成員建立關係，從其立場言之，此爲血族家庭（consanquine family）。在另一方面，依構成生殖家庭之成年人而言，在亂倫的禁忌下，必須經由婚姻，則此爲夫婦家庭（conjugal family）

以核心家庭爲基礎可以建立多種擴大家庭（extended family）。經由複婚（polygamous marriage），加上新的配偶，便產生擴大的夫婦家庭。有兄弟共妻者，有姊妹共夫者，雖不多見，但否定了婚姻不能含有血統關係之規則。嚴格有將血族家庭盡量予以擴大者，最後凡同屬一系之存者歿者全包括在內。嚴格言之，系（lineage）不是家庭，但爲構成聯合家庭（joint family）之中心，可以稱此爲擴大血族家庭。聯合家庭可從縱橫兩方面來擴大核心家庭，主要是聚集血統有關之親屬於一處。橫的擴大，是增加兄弟姊妹某一方的夫婦家庭，縱的擴大，是增加上下代的夫婦家庭。

家庭所含生物的與文化的兩類特質，犬牙交錯，非常複雜，因此社會科學家研究家庭之時，極感棘手。麥基佛（R.M. MacIver）謂：「家庭是一個團體，畫分其範圍之性關係，清楚與持久的程度，足以維持子女之出生與養育。」(Society: A Textbook of Sociology, New York: Farrar Y Rinehart, 1937, p. 196.) 麥氏的定議立基於重要生物功能所產生的社會關聯，而忽視家庭在文化方面的許多特質。其所以強調生物特質者，乃是表示不同意過分重視家庭之制度化，因爲此一觀點一直在社會學中很占優勢。由於家庭的全社會性功能，制度探究是一種很重要的科學的家庭研究方法，但不能以制度爲家庭定義之唯一基礎，因爲家庭的許多個人功能必須顧及之。

部分爲了改正對制度之過份着重，部份爲了反應西方家庭之變遷倫理，晚近有許多美國社會學家常說到家庭由制度變向友愛，並解釋家庭爲「各互動人格之統一。」(E.W. Burgess & H.J. Locke, The Family, New York: American Book Co., 2nd ed. 1960, P. vii & ch. 11.) 此一定義又只能指出家庭之一方面，以及一些美國人對家庭目的之構想，而家庭是普遍的人類團體，不能如此以偏概全。

[illegible]謂「家庭是立基於婚姻的社會單位(An Introduction to Cultural Anthropology, New York: Farrar & Rinehart, 1934, p. 246.）即是將家庭看作純粹文化現象，但實際並非如此，而且他把家庭定義的重擔轉嫁於婚姻此一文化制度之上。

畢爾（R.L. Beal）和霍喬（H. Hoijer）謂：「家庭是一個社會團體，其成員由親屬之關係聯結之」(Introduction to Anthropology, New York: The Macmillan Co., 1953, p. 382)。此一定義爲包括夫與妻於家庭之內，必對親屬（kinship）作非典型的特殊釋義，並對普遍的亂倫禁忌未予以重視。

家庭是一個非常複雜的現象，欲爲家庭作成十全十美的定義，似不可能，但較爲完備者，依上所述，必須顧及家庭的生物方面與文化方面，及其制度特質與個人特質，同時要明瞭家庭有許多副類，其功能之差異亦甚巨大。（朱岑樓）

家庭大小 (Family Size)

家庭大小或稱曰「戶量」（household size）。在人口普查與統計上，「家」（family）或「戶」（household）常指在某特定時期內同居於一個住所的一群人。採用現住人口點數（de facto count）的普查，於點數時，同住在一個住所的人口數，便是家庭大小或戶量。

在生育研究上，家庭大小則指某個人或某夫婦到某時期爲止所生之子女數。例如凡在某年結婚之夫婦，統計其五年後之子女平均數，以得知這些家庭之大小。有「滿額家庭」（completed size of family）一詞者，意指某階段前之子女數，自後幾無子女再增加，例如已婚婦女已過四十五歲或夫妻婚後二十年以上。

在概念上，人口普查所稱之「家」或「戶」，有異於社會學之「家庭」或人類學之「家族」，就是跟普通用法也不相同。除統計外，「家」都用以指一個單位，範定此一單位之關係，較之於某時期同居之關係爲持久，更非以某特定之一晚同在一個住所爲限。如果不留意此點，便容易引起混淆。例如調查表上記載爲「一個小孩的家庭」，凡未生育第二個小孩的家庭及許多小孩僅一個在家的家庭，均包括於此一類屬之內。其統計數字偏高，顯然可見，故在家庭大小上如果用作「獨生」的指標，便是錯誤。

甚麼人可以算作一家或一戶？戶口調查有三種主要看法：

第一種——凡住在同一個「居住單位」之人，調查表上卽稱之爲一家或一戶。

第二種——第一種內共同參預家務處理之人，就是他們每週不僅在同桌用餐幾次而已，還有其他的關聯。

第三種——第一種或第二種內有關係之人。關係是用爲區分家庭的主要標準之一：所有親屬能看作一個家庭，卽是擴大家庭；僅包父母及子女者爲核心家庭，其他親屬，如祖父母，爲另外的核心家庭。

第二種與第三種，是第一種「住宅單位戶」之再分。不住在同一住宅單位之人，依家庭定義可以算作家庭之成員，但戶口調查則不予以考慮。此方面的統計技術，主要發展於進步的西方國家，在其他地區未必適用。

由於不同的術語，更使混亂增加。目前在說英語的國家內，第一種與第二種的單位，通常稱之曰「戶」（參閱「戶」條），第三種的單位則稱之曰「家」(See "Family Size", in D.S.S., pp. 259-60.)（朱岑樓）

家庭工業制度 (Domestic System)

這是指運用動力推動機械生產未發明之前的一種製造業制度。這種制度的實施辦法是由握有生產原料的商人，將原料送往工人家中，經過工人在家中製成所需要的生產品，再由商人付出其製作費用。至於銷售該項製成品的責任，則由商人負責。(D.S.)（陳國鈞）

家庭生命循環 (Family Life Cycle)

個人由出生而幼、而壯、而老、而死亡，構成一個「生命循環」(life cycle)。循環之各階段，均與家庭生活密切相關。家庭亦有其盛衰始終之生命歷程：男女締婚，家庭生命肇始，生男育女，春秋鼎盛，繼之子女婚嫁，其父母已由中年而走向桑榆暮景，最後撒手西歸，此一歷時四十多年的夫婦家庭(Congugal family)，終止其生命。

由於個人與家庭二者之發展歷程極相類似，乃有「家庭生命循環」一詞之產生。然家庭究非機體，故生命模式所必有之新陳代謝，而家庭則無。此二循環可以相比而論，但非枝葉互對，完全相同。例如個人由出生經幼穉期而成年，而家庭開始於一對成熟男女之結婚，卽晚年成家者，亦非不正常。個人之發展一定是一階段繼一階段依次而進，若在某階段停滯不前，便成爲畸形，而家庭則非如是，凡結婚不生育者，卽未從夫婦階段發展而爲父母階段，但此種家庭並不是病態的。

家庭生命循環此一概念，在家庭研究上是一個非常有用的參考架構，不僅爲家庭各階段作靜態的認明(Identification)，且能爲家庭生活指證一整套變動的特質，這些特質對庭家內個人的行爲有着顯著的影響。我們知道角色是與某特殊地位相關聯之行爲模式。男女結婚，各取得夫妻的地位，便有其夫職與妻道。一旦進入生育階段，夫妻角色又加上父母角色，新的技能必須學習，新的需求必須滿足，新的態度必須表現，新的價值必須重視。爲妻之夫，不同於爲妻兼母之夫；同理爲夫之妻，不同爲夫兼父之妻。到了中年期，必須安心於接受生理之改變（特別是開始停經的妻），從夫妻關係中去發現新的滿足，並準備退休之來源。晚年期之前期要努力於適應退休後之收入減少及社會地位降低，後期則面對死亡之恐懼。婦女之平均壽命較男人爲高，常是丈夫先行去世，留下老妻過幾年寡居生活。其時子女已屆中年，兒女又成行矣。此一家庭循環結束，另一家庭生命循環開始，生生不息，永無絕期（參閱龍冠海主編社會研究法，朱岑樓撰第二十二章第二節「家庭研究法」，廣文書局，民國五十八年，第五四七頁至五五二頁）（朱岑樓）

家庭生活運動 (Family Life Movement)

工業化與都市化，乃世界性趨勢。農村家庭是自給自足的，而都市家庭內人與人的關係，與農村家庭大不相同，在新的都市環境中所產生新的需要與問題，非家庭本身所能應付，於是各種機構相繼出現，給予協助，其中心工作是解決有關兒童、婚姻與家庭的各種問題，稱之曰家庭生活運動。 (See E.W. Burgess & H.J.Locke,The Family,2nd ed., New York: American Book Company, 1960, p. 672.)。

滿意的家庭生活，應有舒適的住宅（特別是低收入階層），健全的公共衛生行政，現代化的醫療機構，成年兒童的娛樂設備。有關婚姻與離婚的合理立法，保障各階層經濟安全的進步措施等等。這些需要的滿足，決不能臨渴掘井，咄嗟立就，而是一種長期計畫之後的經常工作。我們可以說各種基本科學，如生物學、心理學、經濟學、社會學等。均對家庭生活之改進有其貢獻。家庭生活運動之發展，可分為四個階段：(1)聯合各專門機構共同研究有關家庭之不同問題，其中有可能發生而未發生者，應防患於未然；(2)逐漸增加了解特別問題與整個家庭情境間的重大關聯；(3)從整個家庭着眼，重新解釋問題所包含的意義；(4)將所有從事家庭工作之個人與機構組成會議，以謀家庭生活運動之統一進行。(See Burgess & Locke, op. cit., p. 672.)

至於家庭生活之改進，主要有五方面：(1)經由親職教育與兒童研究以改進家庭的兒童教養；(2)經由免疫、營養教育、預防藥物、性病防治等以改進家人的健康；(3)經由積極優生學和家庭計劃以改進家庭成員的品質；(4)經由婚前、婚姻與家庭之指導與教育以增進家庭的穩固；(5)經由各種家庭生活教育機構以改進家庭管理與家庭整合。(See Reuben Hill, "Plans for Strengthening Family Life", in H. Becker & R. Hill (eds.), Family, Marriage and Parenthood, Boston: D.C. Health and Company, 1955, pp. 792-3.)（朱岑樓）

家庭主義 (Familism)

家庭主義係指高度的家庭統一（family unity），人與人的一切關係，都套進家庭關係之中。要言之，家庭主義含有如下所述之特質：(1)全體成員心裏都懷着一種強烈的「一家人」的感覺，他人都是外人；(2)力求家庭之永續，承先啓後，瓜瓞緜緜；(3)珍視各種家庭價值，祖先遺訓，恪遵弗違；(4)全家同心協力，以實現家庭的目的；(5)土地財物等，均為家庭之公產；(6)有義務而且樂於扶助陷於危困之家人；(7)共禦外侮；(8)在家庭內獲得一切私人滿足；(9)重視家庭榮譽；(10)服膺家庭理想。(See L. T. Jansen, "Measuring Family Solidarity", American Sociological Review (December, 1952), 17: 727-33 and E. W. Burgess and H.J. Locke,The Family,2nd ed., New York: American Book Company, 1953, pp. 60-66.)

農業社會非常重視家庭的穩固與團結及相伴而生之家庭主義，但工業化與都市化帶來很大的改變，其改變方向，用蒲濟時（E.W. Burgess）和洛克（H.J. Locke）的術語來說，是由制度（institution）走向友愛（companionship），即是私人的價值有取代傳統的和社會的價值之趨勢。(Sister F.J. Woods, The American Family System, New York: Harper & Brothers, 1959, pp. 104-5.)（朱岑樓）

家庭危機 (Family Crisis)

家庭危機指家庭發生任何決定性變遷所造成之情境，為家庭成員之一或全體的習慣行為模式所不足以應付者。由於社會組織之複雜與社會變遷之迅速，現代家庭較之往昔要容易發生危機。主要的家庭危機有六大類：(1)違反家庭期望（deviations from expectations），(2)玷辱家庭（disgrace），(3)經濟蕭條（depression），(4)生離（departure of family members），(5)離婚（divorce），(6)死亡（death）。此六者英文均以D開頭，為便於記憶，無妨稱之曰「六D」，玆扼要分述之如下：

(1)違反家庭期望——燕爾新婚，夫妻互相期待對方滿足內心某些願望，對子女亦願其成龍成鳳。但由於現代社會所特有之工業化、流動性、大眾傳播等因素，使得行為模式紛然雜陳，各依其意願發展夫妻父母子女的角色，而與家人所期望者相反，南轅北轍，造成嚴重的危機。

(2)玷辱家庭——違反家庭期望所產生的危機，使夫妻或父母子女的關係惡化而瀕於破裂，此僅為內部的緊張，外人尚不知道，一旦家醜外揚，則發展為另一種危機——玷辱家庭。正常家庭之行為標準與社區所樹立之標準相符合，並以之訓練家人循規蹈矩，如有越軌或反常者，必為社區所譏笑或辱罵。下列行為均使家庭蒙羞：酗酒、賭博、吸毒、通姦、入獄、逃債、貪汚、離婚、從事不正當職業等。

(3)經濟蕭條——造成家庭窮困之原因甚多，主要者是負責贍養家庭之人失業或傷亡，以及其他家人發生類似的災禍。在這些個別因素之外，工商業循環波動所引起之社會不景氣，使大多數家庭都陷入困境。有一點值得特別注意，家庭經濟突然繁榮如同突然蕭條一樣，也會引發家庭危機。

(4)生離——夫妻一方出走，子女離家入學或就業，子女婚後另建新居等，均造成家庭的離散，所生影響之大小，因家庭與個人而有很大的區別，不能一概而論。

(5)離婚——離婚乃依法中止婚姻關係，為家庭解體之明顯指標。由於離婚是公開宣布夫婦之婚姻困難已到了無法補救的地步，這是很不體面的事，故多數婚姻破裂之夫婦遲遲不願辦離婚，一直延至有一方準備續婚。

(6)死亡——家庭內有人死亡（特別是負責贍養家庭之人），導致家庭之解體，但遺屬對死者之私人反應，其差別甚大。死亡本身是一種嚴重危機，也有些家庭因此反而加強生者的團結精神與奮鬥勇氣。死者的遺屬能獲得親友的慰唁和社區的支助，而離婚的後果常是訕笑、責罵，甚至於放逐。

上述六種危機，除最後之死亡外，其他五種主要是現代社會重大變遷的結果。前三種危機不一定造成家庭的分裂，後三種危機則造成家人的生離或死別。(See E.W. Burgess & H.J. Locke, The Family, 2nd ed., New York: American Book Company, 1960, chs. 19 and 20.)（朱岑樓）

家庭角色 (Family Role)

角色，依其字義，乃戲劇生活之一表演者，演出之時，語言舉動，必與其他角色相配合，生旦淨丑，劇劇以成。社會角色可以釋義為反應團體期望之行為組織。換言之，社會角色是男女老少所建立之行為模式，以之配合他人的期望或要求。各種角色在對團體目的與活動的關係中發揮其功用。(See E.W.Burgess and H.J. Locke, The Family, 2nd ed.,New York:American Book Company, 1960, p. 249.)

家庭之權利與義務，乃角色與角色所發生之關係，錯綜複雜，形成一個網絡，幾乎社會內任何個人的生活都與此網絡相交織。個人於童年的悠長社會化過程中，領悟其角色關係，了解家庭內其他成員期望他如何行為，也了解怎樣的行為才是對的和適宜的。夫妻、父母、子女、兄弟、姊妹等角色的行為模式，大體均已預先規定，由上一代教導下一代，由父母承其先以啓其後。社區以強大的壓力支持這些角色行為與關係，遵守者予以贊許，違背者予以譴責。我國古語有云：「正家而後天下定。」家庭為社會結構之基本單位，其所含之「可靠性」(dependability) 特質，主要即來自家庭角色互相協調所產生之穩定。(staleility)

在簡單的同質的社會，家庭角色的行為模式，相當統一，其應盡之義務與應享之權利，為社會所一致認可，無多的餘地可容改變。各角色之擔任者，有成規可循，勝任輕易，不會發生挫折或衝突的感覺。但在複雜的異質的社會，如現代的工業都市社會，父母子女等的行為模式，紛然雜陳，須從其中加以選擇。一家之內，取捨不同，其他家庭亦是如此，陰差陽錯的結果，角色關係不能協調，造成社會之紛亂與個人之舉止失措與內心焦慮。由於選擇角色範圍之擴大，「如何做父母子女?」成為現代社會經常談論的一個題目。特別是正在工業化的社會，「女人的責任是甚麼?」更是論者紛紛，莫衷一是。(See W.J. Goode, The Family, New Jersey: Prentice-Hall Inc., 1964, pp. 1, 17-18; R.S. Cavan, The American Family,New York:Thomas Y.Crowell Company, 1959, pp.17-18, 19-20.)（朱岑樓）

家庭改組 (Family Reorganization)

改組係新的關係或價值體系之建立，特別是先經過一段時期的解組或劇烈變遷。(See "Reorganize", in D.S., pp. 256-7.) 家庭組織、家庭解組和家庭改組是一連串的過程 (processes)，解組居其間而斡旋之，即解組為改組之前奏。通常視家庭解組為病態的概念，應予以修正。麥基佛 (R.M. McIver) 將「過程」一詞釋義為：「以明確的方式，經由最初出現的情境內各種力量之運作，所發生的繼續變遷。」(Society: A Textbook of Sociology, New York: Farrar & Rinehart, 1937, p. 406.) 依麥氏之釋義，過程概念含有三個要素：(1)過程是對一種明確情境的一種反應，(2)過程經由原情境內所出現的各種力量之相互作用而獲得其明確方式，(3)過程是若干階段相繼發生的一種連續，後一階段必是前一階段的結果。

家庭過程，由組織而解組而改組，不僅發生於個別家庭的私人調適方面，在家庭及其角色的概念上，亦明顯出現於大衆意見之革新。為使家庭過程之分析更為清楚，無妨將以往之家庭方式及其未來發展之方式，置於兩極端，互相對照。蒲濟時 (E.W. Burgess) 和洛克 (H.J. Locke) 所構想之理念型 (ideal-type) 是制度家庭 (institutional family) 和友愛家庭(companionship family)。二氏謂將家庭解組視為過程之概念，需要研究者分析發動變遷的各種力量，以及剝復相承的接續階段。(The Family, 2nd ed., New York: American Book Company, 1960, pp. 649-50.) 希爾 (Reuben Hill) 表示完全同意蒲、洛二氏之見解，謂家庭之解組與改組，是成對發生的過程(paired processes)，為過渡時期家庭生活的陰黯畫面上添抹希望的鮮明色彩。離婚率增高，出生率降低，父母職責被忽視，少年犯罪猖獗等現象，似是指向家庭制度衰敗的過程，然而這些相同的趨勢所代表者，是解組，也是改組。家庭在不穩定中所出現的種種力量，正在支持另一種家庭方式之形式，其統一性之基礎建立在更小和更私人化的家庭結合中所產之情愛與忠心之上("Plans for Strengthening Family Life", in H. Becker and R. Hill (eds.), Family, Marriage, and Parenthood, Boston: D.C. Health and Company, 1955, p. 787)。希爾對蒲、洛二氏所構想之理念型則表示異議。他說所有家庭方式都是制度的，處於一極端的友愛家庭，其制度性並不亞於另一極端的制度家庭，而且友愛家庭與另一種含有試婚性質的友愛家庭(companionate family)容易混淆，故爲兩極端的家庭方式另外取名爲家族主義父權的(familistic-patriarchal)和個人中心平權的(person-centered-democratic)(Ibid., p.788, Footnote 25.)(朱岑樓)

家庭制度 (Family Institution)

社會科學家同意任何制度之發生與存在是爲了滿足人類生活上的基本需要。社會學家孫末楠 (W.G. Sumner) 和開萊 (A.G. Keller)以人類四項主要「興趣」(interests) 解釋各種制度之出現：(1)飢餓(hunger) ——產生社會自存制度 (institutions of societal self-maintenance)，如經濟、政治組織等；(2)愛(love) ——產生社會自續制度(instrtûtions of societal self-perpetuation)，如婚姻、家庭等，(3)自炫 (Vanity) ——產生娛樂制度(institutions of self-gratification)，如審美、智力、體力等之表現；(4)恐懼(fear) ——產生宗教制度(institutions of religion)，如神鬼靈魂等之信仰。在社會發展過程之中，雖有種種新的興趣隨之而起，但均不出於此四種主要興趣的範圍之外。(Sumner & Keller, The Science of Society, New Haven, Conn: Yale University Press, Vol. 1, ch. 3)。社會學家費希德 (J.H. Ficher) 解釋文化是一個社會人人所共享的種種制度的整個構形。而制度之主要者有六種，家庭制度居其首，餘爲教育、經濟、政治、宗教和娛樂五種制度。(Sociology, Chicago: The University of Chicago Press, 1957, pp. 269, 247-256.) 由此可知人類之延續，社會之生存，文化之形成，均不能缺少家庭制度。

社會結構所包括之種種主要制度，指導與管制社會生活之各方面。家庭制度爲社會結構之一部分，所指導與管制之社會生活方面主要有四：(1)性表現，(2)生殖，(3)子女養育，(4)性別、年齡與親屬之關係。(See C. Kirkpatrick, The Family, New York: The Ronald Press Company, 1955, p. 47.)

家庭制度不同於家庭團體，前者之概念範圍比後者爲廣，即家庭制度提供家庭團體之建立基礎，指示其成員之角色行爲，並規定各家庭團體間之關係。(Kirkpatrick, op. cit., pp. 84-85.)

任何制度隨着社會需要之改變而改變。家庭制度一直在變，唯其能於「窮則變，變則通」，故與人類同其始，維持至今而不墜，且在長遠的未來亦將與人類同其終。家庭制度的概念架構有助過去和現在正在變遷的家庭功能之了解與分析，故制度探究法 (the institutional appaoach) 是研究家庭的重要方法之一。(See W.F. Kenkel, The Family in Perspective, New York: Appleton-Century-Crofts, Inc., 1960, part II. ch. 9.)(朱岑樓)

家庭社會學 (Sociology of the Family)

家庭社會學是一門特殊社會學，以社會學的理論與方法來研究家庭此一制度之起源，演化和功能，不同社會在歷史上各時期之家庭形式，以及與家庭有關之現代問題。(S. Koenig, Sociology, New York: Barness & Noble, Inc., 1962, p. 3)

有人類卽有家庭，家庭制度是所有社會制度中最顯著的一種，故自古以來，引起無數哲人學者的注意與關懷，但討論的結果及提出的主張，常不切於實際，並有流爲玄想者。至十九世紀末葉，始有科學的家庭社會學之興起。其時受社會達爾文主義 (Social Darwinism) 之支配，最感興趣的基本問題：人類社會最初是亂婚抑是一夫一妻制？人類家庭最初是母權抑是父權？人類家庭之起源與發展問題，必須利用歷史文獻、民俗、神話等資料。當時假定現代最原始社會的家庭體制與早期家庭極爲相似，於是以今推古。其研究結果互相矛盾，各執一詞。例如：摩爾根 (L.H. Morgan) 謂原始社會爲「亂婚」和「群婚」，衞史德麥克 (E. Westermarck) 力加駁斥，認爲人類最初的婚姻是一夫一妻制的。梅因 (H. Maine) 謂父權爲人類家庭之最早方式，白曉芬(J.J. Bachofen) 和白利福 (R. Briffault) 主張母權先於父權。各家蒐集豐富的資料以支持其論點，但他們所用的例證顯然經過挑選，爲了支持論點而蒐集資料，反客爲主，彼此聚訟紛紜。故其研究觀點和方法以及所得之結論均難令人滿意。

迅速而劇烈的社會變遷，將研究者的注意力引至現代家庭的種種問題，其中以貧窮與苦難最爲突出。在歐洲工業中心和美國大城市，針對貧窮和家庭費用的研究風起雲湧。其缺點局限於家庭的經濟情況，而家之外大社會的結構與過程，或根本略而不論，或僅用普通的和靜態的術語，如種族特質、補助金等，輕微帶過。而且研究的對象集中於陷於困境的下層階級家庭，其觀點與方法不適宜於中層階級，而此階級正在發展之中，家庭之方式變遷頻頻，各種問題接踵而起。

至二十世紀之初，家庭所發生的其他問題，引人注意的程度，比貧窮有過之無不及。例如離婚與分居者的繼續增加，出生率的急劇下降，婦女花在家外的時間加長，特別是家庭成員的「個別化」(individuation)，嚴重到令人懷疑家庭是否會繼續能以團體的姿態存在於社會。這些問題的研究，常經由離婚、犯罪、私生、家庭人口多少、出生率等的統計資料進行之。所發表之論著雖不能爲問題找出最後答案，但充滿了智慧的思想：家庭可能是走向解組的窮途末路，也可能是正在再組過程中，開闢一個新紀元。這些論著擴大了家庭的視野，缺點是憑藉統計資料，而未直接深入作有系統的研究。

「個體化」趨勢有增無已，維持家庭之穩固，已非滿意的經濟情況所能單獨爲力。在物質方面算是很舒服的家庭，却在人際關係和性調適上發生問題，須向家庭以外的專家請教。家庭研究重點隨之轉至個人調適，其中心概念可用蒲濟時 (E.W. Burgess) 的家庭定義爲代表，氏謂家庭是「各互動人格之統一」。自後家庭社會學一直被此種探究法所支配。因其研究重點置於家庭各成員的態度上，減低了社會結構的重要性；又由於過分着重個別態度、背景因素或特別副體制，而使家庭本是一個團體所應有的有機統一性模糊不清，結果僅從心理層面認識家庭的統一。

經濟不景氣和第二次世界大戰的重大影響，將家庭社會學的觀點予以擴大，注意家庭與外在社會體制之間的直接關係，但是這些研究仍以個別家庭或家庭內個別成員的調適與快樂爲出發點。典型的例子是研究某特殊家庭如何反應某特殊危機，如經濟蕭條、失業、戰爭所造成之生離死別等，而未將家庭與外在社會體制之關係作有系統的處理。

晚近之家庭研究集中家庭生活之詳細描述。家庭社會學家想發展新的有關家庭的一般概念和適當的研究方法。已有不少研究將家庭看作一個社會體制，重視兩類關係：一是家庭之結構及功能與外在體制所發生者，一是家庭與個別成員所發生者。(N.W. Bell & E.F. Vogel, "Toward a Framework for Functional Analysis of Family Behavior", in N.W. Bell & E.F. Vogel (eds.), A Modern Introduction to the Family, The Free Press of Glencoe, 1960, pp. 3-5.)

總而觀之，家庭社會學自十九世紀末注重家庭經濟情況起，至目前重視家庭成員間互動關係爲止，中經各時期，其觀點與方法有很多的改變，其改變趨勢大致可以說由探究家庭生活的外在因素，進展到內在因素，以迄於目前內外因素之交互關係。由於社會學家、人類學家和心理學家（其中特別是以研究家庭爲己任的社會學家），前後個別或共同努力，使我們對於家庭此一社會組織有了比較清楚的認識。但家庭現象是非常複雜的，想有更進一步的了解，應作多方面之探究，僅賴上述三類學者之力量恐嫌不夠。（參閱龍冠海著「家庭研究的發展」一文，見社會學與社會問題論叢，正中，民國五十三年，第一二九至一四一頁。）（朱岑樓）

家庭津貼制 (Family Allowance)

家庭津貼制是補助有衆多子女的家庭在經濟上所發生的差額。依此界說，家庭津貼制即等於「兒童津貼制」(children's allowance) (E.W. Burgess and H.J. Locke, The Family, 2nd ed., New York: American Book Company, 1960, p. 657.) 但家庭津貼制可分爲兩類，第一類含義較廣，爲最低工資保障的彌補，包括無子女之夫妻在內，每生育一次，增加其津貼，其理論根據是：凡有酬工作者之經常收入，應達到一個合理的標準，足夠維持下列五方面之必需：(1)家人（尤其是兒童）健康所必需之營養食料，(2)家人健康和美德所必需之住宅，(3)家人健康所必需之家俱設備，(4)家人保暖及人格尊嚴所必需之適當衣料，(5)家庭各種正當而必要之開支。質言之，即合理的報酬標準應能維持一個家庭在衣食住行及正當活動所必需之各種費用。但由於現代經濟組織下的工資或薪給制度與此標準尚有若干距離，甚或距離甚遠，以致於有不少的家庭爲生育子女而擔憂，爲養育子女而陷入困境。此不僅是個別家庭之不幸，亦是全社會延續之嚴重問題，於是將個人難以克盡的養育子女的責任，轉由社會來共同負擔，以作補救。首先實行此種家庭津貼制者是南威爾斯(South Wales)。

第二類僅爲鼓勵生育，以增加生育率。凡生育子女之家庭，按次給予獎金。第一次世界大戰後，法國、比利時、義大利等國率先實行之。(See "Family Allowance", in D.S., p. 115.)（朱岑樓）

家庭統一 (Family Unity)

家庭統一生自各種衝突力量的整合。孫末楠 (W.G. Sumner) 將婚姻看作「在對立合作中進行的一種實驗」。意謂男女之結婚，本各為其己之利益，但有更大的利益值得追求，於是彼此互相協調，從差異中產生統一。(Folkways, Boston: Ginn and Company, 1906, pp. 345-46, 18.)

血族擴大家庭之統一，立基於：(1)傳統，(2)民德，(3)社區壓力，(4)法律，(5)繁文縟節，(6)權威，(7)晚輩服從長輩，(8)明確畫分的角色（特別在分工方面），(9)嚴格的家規。現代社會是以夫婦為主的核心家庭占優勢，上述維繫家庭整合的因素或消失殆盡，或力量單薄，其統一性之發展與保持，端賴：(1)交相親愛，(2)情緒互依，(3)同情了解，(4)氣質適合，(5)家庭目的與價值之一致，(6)家庭紀念與慶祝典禮，(7)角色互補。往昔來自社區的壓力（特別是來自親友鄰居），非常強大，現在仍然發生影響，但已成為強弩之末，僅存有微弱之餘威。

一個社會由農業文明演變為都市文明，則文化衝突與异質混淆是其顯著特色，於是各家庭之整合程度，非若單純社會之整齊畫一，而是參差不齊，從崩分離析的家庭到高度團結的家庭，在此兩端之間，有許多中間型家庭，成為一個連續體 (continuum)，其統一性由弱漸強，或由強漸弱。(See E.W. Burgess and H.J. Locke, The Family, 2nd ed., New York: American Book Company, 1960, ch. 11.)（朱岑樓）

家庭順應 (Family Accommodation)

家庭經常與內在外在之影響力量相順應，此與任何其他機構無異。尤有進者，家庭異質整合 (integration of heterogeneous elements) 的一個示範或試驗：在年齡、性別、氣質、社會經驗、經濟活動、文化背景等方面許多差異，家庭以之冶於一爐，融異為同。

夫妻為兩個不同人格之結合，所生子女，獲得不同的社會經驗，於是夫妻、父母子女、兄弟姊妹之間，就有種種衝突潛在着，須賴某些強大的影響力防範之，以達成順應，而維持家庭之統一。蒲濟時 (E.W. Burgess) 和洛克 (H.J. Locke) 將產生家庭順應之因素，分為下列六類(The Family, 2nd ed., New York: American Book Company, 1960, pp. 532-535)：

(1)成功決心——只許成功，不許失敗，全家為決心達成此一目標，不以一己之利益或意見為重而互相容忍。家庭顧問指出：有許多處於逆境和發生衝突的家庭，而卒未破裂者，常由於家人中某一個（通常是母親或女兒）堅決維護家庭之團結。

(2)個人適應力——許多研究指出良好的個人適應力很有利婚姻與家庭之調適。此種適應力包括：爭執時不固執己見，了解他人願望、體諒他人感覺、不隨意支配他人、不容易生氣或生氣易消等。

(3)社會壓力——外在壓力常能阻止婚姻與家庭的破裂。這些壓力包括：怕引起親友反感，怕家庭蒙羞，怕在報上登載，怕為鄰里所譏笑、怕丟掉職業等。

(4)保持貴重價值——個人或全家所高度重視之價值，懼其喪失，於是對衝突予以容忍。例如夫怕危及其社會與經濟的安全，不敢有外遇而造成離婚的衝突。又如妻珍視夫之親愛表現，在性關係方面曲意遷就。

(5)躲避爭執——凡能引起爭執的事項（各家不相同），全家協議不要提出來討論，以免觸及創處；或者裝聾作傻，視而不見，聽而不聞。

(6)危機——疾病、失業、死亡等，常造成婚姻與家庭之破裂，但有時候反而加強家庭的團結。於危急存亡之秋，家人間的歧見與衝突暫時或永久被化解或減輕，同舟共濟，渡過難關。（朱岑樓）

家庭解組 (Family Disorganization)

家庭解組係指正常家庭過程之中斷。家如舞台，家人是演員，一齣又一齣的家庭劇，聯結而成為一個發展系列 (developmental series)，此乃正常的家庭過程。如果家人間關係緊張，角色衝突、功能失當、或其他嚴重困難，阻礙家庭過程之常態進行，而趨向於家庭解體（參閱「家庭解體」條），即成為社會學家所常說的「家庭解組」。(C. Kirkpatrick, The Family, New York: The Ronald Press Company, 1955, pp. 505-6.)

克魯格 (.E.T. Krenger) 將家庭解組看作一種心理的衰落，其特質有六

：⑴共同目標之喪失，⑵家人合作之短少，⑶互惠服務之抑制，⑷角色協調之缺乏，⑸家人社會參預之困擾，⑹情緒態度（如愛、忠心、尊敬等）之紊亂。(Family Disorganization, 2nd ed., Chicago: The University of Chicago Press, 1939, footnote 1, p. 131.) 依克氏之分析，凡解組之家庭，無能發揮社會所期許之家庭功能，而有解體之危，其困難集中於夫妻關係、父母子女、兄弟姊妹關係之上，可能更壞的是：全家人被解組的情緒所感染，瀰漫着非祥和的戾氣。（朱岑樓）

家庭解體 (Family Disintegration)

家庭解體是家庭解組（參閱「家庭解組」條）已達到頂點。茲舉五項具體事實以說明現代社會的解體家庭：

⑴依賴——解體之家庭無能發揮正常之功能，日常生活之需要，須告助於親友或完全仰賴社會機構之救濟與保護。

⑵社會機構介入——家庭一告解體，下列事端可能發生一件或多件：吵鬧、賭博、性病、作姦犯科、兒童逃學、少年犯罪、遺棄或離婚等，於是警察、法警、獄官、衛生人員、教師、社會工作員、律師等自動或非自動地相繼介入，或代行被疏忽之職務，或懲罰未履行之責任。

⑶家庭成員減少——在家內難以安身或引起家庭問題之成員，由社會機構另作安排，如未加管教兒童之寄養，犯罪少年之感化，毒犯之入獄，精神病患者之住院等。

⑷反常離家——男大當婚，女大當嫁，另建新居，事屬正常，但解體家庭常發生不正常的脫離，例如被虐待兒童之逃亡，早婚者之私奔，逃避責任者之遺棄，厭世者之自殺者。此外尙有非軀體的離家，例如瘋狂、冷漠、酗酒、吸毒等，因不能與家庭情境相調適，消極地自我孤立於家庭團體之外，僅留下不發生心理互動的軀殼。

⑸暴行——解體家庭之爭吵不寧，已屬司空見慣，嚴重者弑父弑母，殺夫殺妻，兄弟相砍，強姦亂倫等，成爲報紙上聳人聽聞的穢行醜事。(See C. Kirkpatrick, The Family, New York: The Ronald Press Company, 1955, pp. 505-7.)（朱岑樓）

家庭傳統 (Family Tradition)

家庭傳統係指整套習俗在一家之內一代傳與一代，綿延不絕。一社會內的所有家庭，在同一個文化的薰陶下，其傳統大部分是相同的，但各有其獨特的家風，在規範、儀注、紀念、父母對子女的期望等方面，差別甚大。(See E. W. Burgess and H. J. Locke, The Family, 2nd ed., New York: American Book Company, 1960, p. 200)

家庭成爲一種制度而存在，其功用不僅傳遞文化遺業，而且解釋、修改和創造文化遺業。波桑凱 (Helen Bosanquet) 有云：

「兒童之心理是以家庭爲中心而植根於其中。他的語言、概念、思想方式等，最初都從其父母兄姊一點一滴匯集而成的，每天他把外界所習得新語言和新概念帶回來，再由家庭予以模造和解釋。他談論他的同伴和老師，複述他的新經驗，有被家庭贊美者，也有被批評者，並傾聽其他家人類似的敘述。第二天他又把得自外界的新材料投進家庭熔爐。如此日積月累，即使在欠缺正常情愛的家庭，他所養成的習慣，亦根深蒂固，往後除非遇上某種特殊的緊張，否則永難破壞。」(H. Bosanquet, The Family, New York: The Macmillan Company, 1906, pp. 204-5.)

往昔家庭傳統代代相傳，其改變非常細微，而現代由於社會變遷的迅速而劇烈，種種不同的行爲模式，紛然雜陳，一家人之取捨不同，雖然經過家庭的討論，各有所修正，但與固有的家庭傳統已相差甚遠，僅短短的一代便會發生很大的改變。上面所引波氏的一段話，即指出現代家庭除與家人人格發展有密切的關係外，並能對一社會的文化發揮改造的功能。（朱岑樓）

家庭衝突 (Family Conflict)

現代家庭很容易發生衝突，主要由於家庭本來含有容易引起衝突的特質。制度家庭 (institutional family) 在民俗民德的強大壓制之下，許多衝突消失於無形。例如婚姻由父母安排，就沒有婚前的調適問題。而各家的家風家範，爲家人立下行爲模式，縱生問題，在家長恩威並施的斡旋下，不會釀成嚴重的衝突。但時至現代，家庭因傳統功能之喪失與個人自由之增加，家長與親屬的影響力與控制力幾等於無，於是家庭固有之衝突因素得以自由發展，布洛德（R. O. Blood, Jr.）舉其重要者有四：

⑴強制——家庭不是一種志願的組織（現代社會自由相愛而結婚之夫妻除

外），子女之降生，非出於自願，但生於斯，長於斯，不得任意退出，父母亦不得任意脫離。家人之間一旦發生細微的歧見，經過日積月累，很容易釀成衝突。愛生愛、恨生恨，衝突自相孳乳。

(2)親密——在面對面的家人關係中，親密乃其特色，然雙刃之劍，利弊互見。夫妻之間，父母子女之間，或兄弟姊妹之間，一旦發生衝突，不像在間接團體（secondary group）內要顧及公共意見而自我約束，於是任意爲之。尤其是家人間權責混淆不淸，彼此互作無限制的要求，如愛、感情、了解、友情、經濟的支持、未來的期望、性的反應等，都能成爲觸發衝突的導火線。

(3)小——核心家庭所包括者僅父母及其年幼子女，而子女爲數不多，家庭情操集中於少數人身上，非若擴大家庭之分散，於是子女互爭父母之寵，夫妻互爭子女之愛，而造成情緒上之緊張。

(4)變遷——上述三特質，如果家庭情境變遷緩慢，形成穩定的均衡，問題較少，可是家庭生命循環（family life cycle），一階段又一階段，接踵而至，使婚姻與家庭的各種關係發生改變，需要一次又一次的再調適（readjustment），形成一種變動的均衡，如果家人的改變步調不一致之時，均衡便被打破，緊張與衝突隨之而起。(See Blood, "Resolving Family Conflicts", in R. S. Cavan, Marriage and Family in the Modern World, New York: Thomas Y. Crowell Company, 1960, pp. 426-428.)

引起家庭衝突之因素爲何？難以置答。我國俗諺云：「家家有本難唸的經。」任何家庭多少有其衝突，然在甲家形成衝突之因素，在乙家則否，反之亦然，而且此因素與彼因素交錯複雜，主副難明。蒲濟時（E.W. Burgess）和洛克（H.J. Locke）分之爲五類：(1)氣質之不相合，(2)文化模式之差異，(3)社會角色之改變，(4)經濟之壓迫，(5)情感與性之緊張(The Family, 2nd ed., New York: American Book Company, 1960, p. 519.)蒲洛二氏又謂衝突亦具有重要的價值。一般人都認爲家庭生活以安寧和諧爲貴，衝突則有百害而無一利，應極力避免。此則忽略了衝突之功能。一個家庭經由衝突及衝突之解決，方能建立目的並努力達成之，於是分工合作，置個人的利益於全家福利之下。完全沒有衝突的家庭，靜如不波之古井，而朝氣蓬勃的家庭，常是面對問題，討論問題，合作解決問題。在此種意義下，衝突可以視之爲正常，並有明顯的功能。(Ibid., p. 514.)（朱岑樓）

家庭類型 (Family Type)

家庭組織爲一複雜之現象，包含因素很多，如何爲之分類，眾說紛紜，比較常見之分法有四種，玆分述之如后：

第一種以家庭成員之傳襲系統規則爲標準，可分爲四種：(1)母系的(matrilineal descent)——子女之姓名與繼承以母方爲依歸；(2)父系的（patrilineal descent）——子女之姓名與繼承以父方爲依歸；(3)平系的（bilateral descent）——男女兩系平等計算，或任何一系亦可；(4)雙系的（double descent）——同時屬於父族與母族。

第二種以家庭成員之住居爲標準，可分爲四種：(1)父居或夫居(patrilocal or virilocal residence)——婚後妻及其子女與男方同居；(2)母居或妻居(matrilocal or uxorlocal residence)——婚後夫及其子女與女方同居；(3)新居（neolocal residence）——婚後夫婦均脫離父母家庭而獨立居住；(4)雙居（duolocal residence）——婚後不同居而各住在父母的家庭。

第三種以家庭權柄之歸屬爲標準，可分爲五種：(1)父權的（patriarchal）——舉凡財產、子女之婚姻與教育等大權，悉操之於父；(2)母權的(matriarchal)——家中一切權力，均集中於母之一身；(3)舅權的（avunculate）——家庭大權操之於母之兄弟；(4)姑權的（amitate）——由父之姊妹掌管家庭一切；(5)平權的（equalitarian or democratic）——夫婦共同處理家政，子女亦有參與決定事務之權利。

第四種以家庭親屬關係爲標準，可分爲三種：(1)核心家庭（nuclear family）——包括一對夫婦及其未婚子女；(2)複婚家庭（polygamous family）——包括兩個或更多的核心家庭，有一共同之父或母；(3)擴大家庭(extended family)——包括兩個或更多的核心家庭，但非由夫婦關係之擴張，而是血統關係之延伸，即除夫婦子女外，尚包括已婚子女、祖父母或其他親屬。（參閱龍冠海著社會學，民國五十五年，三民書局，第二六九至二七〇頁。）

本條所提及之各種家庭，大多數在本辭典另有專條解釋，分別參閱之。（朱岑樓）

個人文獻 (Personal Documents)

個人文獻係指某人之文獻記錄供以從事社會研究者，包括自傳、信件、日記、文章（指某種性質者）以及其他記載。另外有的人把個人文獻包括的範圍擴大，兼亦涉及通訊調查的材料，訪問的材料、任何形式之藝術作品、心理測驗的結果，其他社會機關之記錄等等。不過我們還是根據下列原則而定，合于這些原則者卽爲個人文獻：⑴用文字記錄的。⑵文獻之產生是出於作者本人之意願及主動，或者其內容完全由作者本人所決定者；⑶文獻內容著重在作者本人之各種經驗及遭遇者。

根據這些原則，不論訪問是如何地非正式的，訪問的材料亦不包括在個人文獻之中。其餘只憑「投射」或「影射」的材料亦不屬於「個人文獻」之列。這樣嚴格地把「個人文獻」的定義加以限定，自有其優點：我們可以知其人，亦如彼之知己。個人文獻之應用亦如觀察的方法一樣，只是作者本人自己觀察，自己報告出來，社會科學家憑以研究。（席汝楫）

參考文獻：

Selltiz, C. et al., Research Methods in Social Relations, New York: Holt, 1960.

Thomas W. I. and F. Znaniecki, The Polish Peasant in Europe and America, Chicago: University of Chicago Press, 1918.

Riley, M. W., Sociological Research, I. A. Case Approach.New York: Harcourt, 1963.

個人主義 (Individualism)

這個名詞爲法國聖西門派最先使用，在英文中則首見於一八四〇年黎佛氏 (H. Reeve) 翻譯法國作家杜克維爾 (de Tocqueville) 在一八三五年出版的「美國民主政治」一書中 (De La democratie en Amerique – Democracy in America)。美國出版的社會科學百科全書內林賽 (A.D. Lindsay) 給個人主義下定義說：「個人主義是一種態度或心理狀態，對傳統和權威不尊重，個人爲自己而思想，個人是自己利益的最好判斷者。」又據美國大學字典的解釋，個人主義是一種學說，主張個人的自由，權利或獨立行爲。英文社會學字典上說：它是「一種態度、學說、或控制的政策，着重個人或人格的自尊或重要性……」盧梭曾說：「維持天性，不論處於何種境遇，自己必爲其主人，不論遭遇何種事件，必貫徹自己的意志，用自己的力量，實現自己的自由。」（見魏肇基譯盧梭著愛彌兒，二十八頁）這也可視爲個人主義的一個定義或註譯。上述這些定義均強調以個人爲中心。雖然此名詞十九世紀才有，但是此種思想却很早就已存在。

古代希臘的智者卽是個人主義者，古代中國的楊朱亦然。不過這個名詞在社會科學及人文科學中的用法卻各有不同。依哲學上的用法，只有個人存在，只有個人是現實，一切行爲均由個人決定。倫理學上的用法，是指以個人理想、良心，作爲一切的衡量。政治學上的用法，指國家是爲個人而存在，個人在國家之內是一自決的整體，一個完全獨立的人，甚至能離開社會而獨立，如某些社會契約論者，像陸克 (John Locke, 1632–1704) 及盧梭 (J.J. Rousseau, 1712–1778) 等所主張的。又經濟學上的用法，是指個人在社會上所從事的經濟活動，如生產、分配、消費、工商活動等，應有絕對的自由，不應受政府的干涉，如法國重農學派及英國亞當斯密所主張的。（龍冠海）

參考文獻：

"Individualism" in D.S., I.E.S.S., and D.S.S.,

龍冠海著社會思想史，第十三章，三民書店，民國五十六年。

個案史 (Case History)

這是有關個人、家庭、團體、社區，或社會的記錄資料。這一名詞常被應用於社會工作機構，亦常用於社會學，醫學，及精神病理學方面的研究(D.S.)

僅就社會工作的個案史來講，一般個案工作的個案記錄中，有關該案的工作經過詳錄，通稱爲個案史，都是依工作日期，將有關個案的一切，及工作員的工作經過等，逐項記錄。這一部分通常都不採用塡表方式，而採用自由敍述式。（葉楚生著：社會工作概論，第一四六頁，自印，四十七年）（陳國鈞）

個案記錄 (Case Record)

記載所有案主與機構方面全部接觸的事實，也記載所有提供的各種服務，以及對案主所作的各種談話及訪問。(D.S.W.)

個案記錄是個案工作員執行工作的惟一根據，而且是舉行個案會議研討與處理個案問題的基礎。因此，個案記錄在個案工作中佔很重要的地位。每一個個案工作員必須熟悉填寫個案記錄的方法，並須負責詳填記錄他所處理的每一個案的經過，而他的機關也必須有一個科學管理的方法，保存所有的個案記錄。個案記錄不僅可以作爲工作員實施工作的根據，且可作爲工作員及工作機構研究和改進工作方法的藍本，和訓練個案工作人員的教材。研究社會問題或從事社會改革運動者，並可以用它作爲研究資料或改革社會的根據。（葉楚生著：社會工作概論，第一四五頁，自印，四十七年）（陳國鈞）

個案研究法 (Case Study Method)

個案研究法是社會科學的一種分析方法。其特徵是將社會單位視作一整體，並分析其生活過程的細節，以及其生活各階段與文化環境或社會體系的關係。

個案研究一詞來自醫學及心理學的研究，原來的意義是指對個別病例做一詳盡的檢查，以認明其病理與發展過程。這種方法的主要假設是對一病例做一深入詳盡的分析，將有助於一般病理的了解。

社會學上的個案研究通常以一團體或一社區爲單位，不以個人爲單位。工業鎮、貧民窟、工廠、精神醫院等的研究卽是以組織或自然區爲個案的研究。惟以個人爲單位的個案研究在社會學史上曾盛行一時，湯姆士 (W.I. Thomas) 與齊南尼基 (F. Znaniecki) 的「波蘭農民」研究卽一例。這種研究注重個人生活史的檢討。現在這種研究已不復多見，只有少數心理學者感覺興趣。

社會學家在社區與組織的個案研究上，通常採用觀察法，有時則輔以訪問法或其他結構性探究技術。觀察法的優點是可蒐集到廣泛豐富的行爲資料。

個案研究有雙重目的：一爲對個案做一廣泛且深入的考察，一爲發展一般性的理論，以概括說明社會結構與過程。

個案研究法的主要價值是：它能從個案的詳細描繪與分析中，發現主要的因素及其作用，並找出團體或類型的詳細資料。由此可知它是搜集社會單位之結構、功能、環境、情境、變遷等的高效率方法。它的優點是對個案的社會脈絡 (social context) 做一深入徹底的把握。這是其他研究法無法做到的。個案研究法的另一優點是它能達到統計法無法做到的社會實在性，使人有眞實的感覺。

不過，個案研究常受人文學批評，被認爲是非科學的研究。這是由於其資料不具有代表性，無法做爲驗證理論的根據。

個案研究與統計研究之爭，在社會學史上爲時甚久，並且富有戲劇性，不過今天已不復引人注意。今日的社會學家咸認爲兩種方法在研究過程上都應有合法的地位。個案研究法提供統計上所需的變數與假設的資料，並且統計分析所發現的重要關係可經個案研究獲得確認。兩種研究相輔相成，關係密切。（范珍輝）

參考文獻：

I.E.S.S., D.S., 及 D.S.S., "Case Study Method"

W.I. Thomas and F. Znaniecki, Polish Peasant in Europe and America (New York: Knopf, 1927).

William J. Goode and Paul K. Hatt, Methods in Social Research (New York: McGraw-Hill, 1952), pp. 330-340.

神才 (Charisma)

在神學上，此名詞指神賦的資才，在社會學上則指個人、行動、職務、制度、符號或物品所具有或所含有的超自然或神秘的力量。這種力量來自基本的，最終的，及決定性的力量。

在社會科學上，首先使此名詞含有上述意義，並廣泛應用以說明政體與歷史的是德國社會學家韋伯 (Max Weber)。韋氏所謂神才係指阻礙傳統及合理威權體系的運行，建立神秘統治的偉大人格。他將統治形態分爲傳統、合理及神才三種。傳統與合理的統治是有持續性的管理組織，而神才統治卽反對正常的，有規則的及合理性的社會組織，它是短暫性的人格統治。當它建立了制度而具有組織性後，則失去神才統治的人格特性，而演變成爲世襲的神才統治或官僚的神才統治。在此情形下，神才統治只不過是從一個正當體系(legitimacy)演變爲另一個正當體系的手段。

各社會之崇尚神才力量有不同的程度，工業社會是法治（或合理）的社會，它崇尚法律與規則，個人超人的才具在這種社會裡所能影響的範圍至爲狹窄。但在劇烈變遷中的社會裏，神才卽構成爲政權的泉源。在這種社會裏。權力須重新分配，新制度亟需建立，於是神才則構成爲大衆運動的根源，發揮力量以改朝換代，或建立一暫時性的嶄新政治體系。不過須注意的，無論是工業社會或過渡社會，甚至傳統社會，領導（leadership）是多多少少含有神才的性格的，只不過程度上有別而已。更有甚者，傳統統治及法治多半都是從神才領導經日常化的過程（Process of routinization）逐漸發展而成的。制度的建立總是免不了人格的作用。（范珍輝）

參考文獻：

I.E.S.S., "Charisma"

D.S.S., "Charisma"

D.S., p. 38.

Reinhard Bendix, Max Weber: An Intellectual Portrait (New York: Doubleday, 1960), Chap. X.

神聖社會（Sacred Society）

社會學家所指神聖的意義，不是就神權或宗教而言，而是指受人尊敬，不可侵犯的一種特殊社會組織。神聖社會的名稱，是在一九二〇年時代以後，由美國社會學家派克（R. E. Park）所創用。(R.E. Park, Human Migration and the Marginal Man, American Journal of Sociology, Vol. XXXIII,1927-8, pp. 881-93.）這種社會是含有「價值規律」（value-system）的社會組織，但不一定屬于宗教類型的社會。其特性在于不受其他社會的侵犯。

神聖社會對社員有嚴格的拘束力。用各種社會化的方法，社會控制的力量，保持其固有的社會價值。絕不使社員有接受外來新的社會變遷的可能。他們固守着傳統的習慣，拒絕一切新事物，新觀念。唯有舊傳統是神聖的，是值得尊敬的。（張鏡予）

神權政體（Theocracy 亦譯神權政治或神政）

根據「韋布斯特第三版新國際辭典」（Webster's Third New International Dictionary），此名詞有三個大同小異的解釋：(1)一國的政府由神直接指導或施政；(2)由牧師或教士作爲神之代表的政體或政治統御；(3)由神或宗教官員所統治的一個國家。

社會學鼻祖孔德曾將政體分爲二個基本類型，卽神權政體與社會政體（參閱「社會政體」條），而以前者在政治演化史上先存在，這是朝向於神學的牧師之統治，將俗務的權力附隸於精神的或神聖的權力。(H.E.Barnes,Introduction to History of Sociology, p. 96, University of Chicago Pucas, 1948.)

在歷史上，神權說是各種國家起源說之一。「主張此說者以爲國家的成立是由於神意。主權者所有政治上的權力，直接或間接爲神所賦予。」（孫本文著，社會學原理，下册，一〇四頁，商務印書館，民國四十七年，臺一版）此種學說在過去曾有人用作統治者權力來源的辯護，且具有很大的影響力，而在歷史上也有某些時期及某些國家，如古代埃及與歐洲中世紀，牧師階級或教會對於國家政權影響很大。但是從國家的起源及組織來看，認爲係由於神意或由神所統治，實無事實及理論的根據，故此說今已被摒棄。（龍冠海）

時尚（Fad）

時尚一詞在社會心理學上指一種外表行爲模式的流傳現象。這種行爲模式的特徵是新奇、華而不實及短暫。時尚行爲有如群衆行爲，可吸引多數人採用與模倣。再者它所發生的領域甚廣，衣着、服飾、語言、文藝、宗教、醫藥、政治、教育、娛樂等都可發生時尚現象。時尚是民俗或民德的某些及短時的變異，藉此行爲個人可發洩內心被抑壓的情緒，調和心理的緊張。

時尚是心理學家與社會學家的共同研究領域。他們在這方面的研究提出的見解主要的有以下幾點：

1. 時尚的流傳範圍比之時髦（fashion）的爲狹，並且存在的時間也較短，所受的支持也較不強烈。它須不斷以新奇的姿態出現，才能引人嚮往。（參閱「時髦」條）
2. 時尚行爲與群衆行爲相類似的地方甚多，二者都具高度暗示感染性，無結構性及反制度性。
3. 時尚行爲具有抒情的一面。它昇高追隨者的情緒，使他們對社會地位熱心迫切關心，並鼓勵他們對靈通人士的盲目仿倣。
4. 時尚雖通常發生於簡單社會，不過也常發生於現代階級社會。時尚常流傳於社會情況相似的個人之間。（范珍輝）

參考文獻：

D.S.S., "Fad"

L.L. Bernard, An Introduction to Social Psychology (New York:Henry

Holt, 1926).
L. Broom and P. Selznick, Sociology (Evanston, Ill.: Row, Peterson, 1955), pp 258, 263-265.

時俗社會(Secular Society 或譯世俗社會)

時俗社會的意義，適與神聖社會相反。在時俗社會裏，用各種方法，吸引社員接受新的思想，新的事物。換言之，凡屬新的社會變遷，祇要對本社會有利益的，一切均可接受。舊的傳統，舊的習慣，隨時可予以淘汰。此種社會與神權的宗教社會固屬相反，但與異端，無神，反宗教，無信仰，不聖潔等意義不同。時俗社會反對神聖社會的嚴格尊重保守與不准他人侵犯的主張，而採納合理的與實用的文化模式。（張鏡予）

參考文獻：

N.C. Durham, Through Values to Social Interpretation, Duke University Press, 1950, p. 275.

時髦 (Fashion)

非理智與過渡的行爲項目或行爲模式的流傳現象。

這種行爲模式有以下幾個特徵：

1. 無階級性。這卽它在各階級間或各階層間廣泛普遍流傳。它的發起人通常是社會名人雅士，或上等階級人士，但一旦開了風氣，卽爲中下層人士起而效尤，做爲他們尋求地位或自我表現的手段。
2. 開放社會特有的現象。時髦只能存在於自由民主或開放性的階級結構裡，喀斯特社會 (caste society) 不發生時髦。再者，時髦是反覆出現的文化模式，當一模式傳開後，新的模式就會接着出現。從存續的時間上，它處於風俗與時尚之間。
3. 自我宣揚的工具。從個人的立場看，時尚是團體分子須從團體而又尋求高出其他分子的手段。藉着時髦，一個人標新立異，提高地位，但仍保持其團體分子的地位，所以，它是自我個體化的手段。
4. 下層人士做效上層人士的現象。從團體的立場看，時髦是下層人士藉模倣上層人士的行爲模式，以爭取階級地位的手段。
5. 抒情的社會運動。時髦是一種發洩不滿或被抑壓的情緒，緩和階級對立的群衆運動。

時髦與時尚的最顯著差別是時尚的項目較時髦的微末不重要，對社會的影響爲輕。再者，時尚僅流傳於一階級或一同質團體，但時髦則流傳於各階級或異質團體之間。最後一差別是時髦的流傳時間比之時尚較有組織。（參閱「時尚」條）（范珍輝）

參考文獻：

D.S.S., "Fashion"
Neil J. Smelser, Theory of Collective Behavior (New York: Free Press, 1962), pp. 173ff.

院內救濟 (Indoor Relief)

這是政府或私人的慈善事業之一。一般指對那些被收容在救濟營、救濟院，或其他救濟機構之內的人們，施予有利的救助，使他們的生活遠比在家庭之內爲佳。(D.S.) 換言之，它是指收容無依無靠者，在救濟機構內的一種救濟。(D.S.W.)（陳國鈞）

院外救濟 (Outdoor Relief)

這是指對個人或家族在其自己家裡給予救濟。(D.S.) 。換言之，它是屬於機關以外的救濟，通常是指案主留在自己家裡接受救濟。(D.S.W.)（陳國鈞）

烏托邦社會主義 (Utopian Socialism)

馬克斯用此名詞以指他之前及當時別人所提倡的社會主義。此派社會主義思想家在英法等國由十八世紀下半期到十九世紀上半期，相當有影響。其代表人物有：聖西門 (Saint-Simon, 1760 - 1825)、傅利葉 (F.M.C. Fourier, 1772-1837)、普魯東 (P.J. Proudhon, 1809-1865)，布朗 (L. Blanc, 1811-1882)，及奧文 (R. Ouen, 1771-1858)等，其中尤以聖西門及奧文更加著名。

烏托邦社會主義者所提出改造社會的主張及其方法雖然並不盡同，但卻有其若干共同信仰，列舉如下：

(一)他們相信其理想社會在不久的將來會使人類社會生活整個改觀。他們與以前柏拉圖及莫爾等的不同，因爲在他們之前的烏托邦思想家並不堅持其理想能夠實現。

(二)他們相信如社會依正當原理予以改組，政治罪惡也像社會罪惡一般會被消滅。他們對當時爭論的政治改革不感興趣，而注重所有社會制度的改造。

(三)他們完全自歷史上來說明人類進步過程的不正常是因對社會生活原理缺之知識和了解錯誤而受了限制；如對此原理有正確的了解，自然要再有進步。

(四)他們完全同意，影響人的罪惡主要來源爲貧窮及其結果。

(五)他們完全同意，貧窮普遍存在大半由於過份承認自利爲人類行爲的主要來源，也相信當時工商等制度以此一原理爲根據，又以無限制的自由爲基礎，必然繼續地增加人類的痛苦。

(六)他們全都反對當時的資本主義制度。

(七)他們全都責備不勞而獲的財富之不公道。

(八)他們相信導致人走上歧途是假定自然的計劃是以個人的而非以團體的社會生存爲基礎，易言之，他們反對契約說與理性說。（龍冠海）

參考文獻：

W.A. Dunning, Political Theories, From Rousseau to Spencer, pp.348-350.

烏托邦社會思想 (Utopian Social Thought)

烏托邦 (utopia) 一詞原爲英儒莫爾 (Sir Thomas More, 1478–1535) 所著的一本書名，於一五一六年用拉丁文寫成出版，迄一五五一年譯成英文。此名詞來自希臘文，意指烏有之邦。莫爾在該書中所描寫的是一個理想的國家或社會。因此，烏托邦一詞後來便被用作這種國家或社會的代名詞。它有二種普通用法：(1)在人文社會科學中，指任何想像的，沒有人類缺點的社會或國家之描述，多以對話、小說、或類似的方式來表現之；(2)在普通語法中，指任何不能實行或幻想的社會計劃。(D.S. pp. 330) 所有的烏托邦差不多都有這三個共同特徵：(1)虛構的；(2)描寫一特殊國家或社區，及(3)其主題是虛構國家或社區的政治結構。(Glenn Negley and J. Max Patrick, The Quest for Utopia, Anchor Books Edition, 1962, pp. 2–3)

烏托邦社會思想是指屬於幻想的或理想的社會之思想或理論，描述那樣的社會或國家才是最完善的，提示人類社會應該怎樣組織才成爲最好的。從歷史上看，這種思想很早就有，而且差不多各時代許多民族中都有。在中國著名的有老子的小國寡民，禮運篇的大同，陶淵明的「桃花源記」（這些都很簡單），康有爲的「大同書」等。在西洋著名的，十六世紀之前有柏拉圖的共和國（亦譯爲理想國），奧古斯丁的「上帝都城」等。但自從莫爾的「烏托邦」出版之後，近幾百年卻特別發達，至少有百本以上。不過其中特別聞名的，除莫爾的外，乃是培根(F. Bacon, 1561–1626) 的 New Atlantis，康潘尼拉 (T. Campannella, 1568–1639) 的 The City of the Sun，及哈靈頓 (James Harrington, 1611–1677) 的 Oceana 等。

爲何近代西洋此種思想特別發展？考其理由，大概有以下三點：

(1)受歐洲社會環境的影響　任何社會思想都可以說是社會環境的反映，烏托邦思想亦不例外。歐洲從文藝復興起，社會變遷很大，由農業社會變到工商業社會，在其轉變過程中，產生很多社會問題，很多社會現象使人感覺不滿，如貧窮、偷竊、政治腐敗等等。因此有些思想家思考應該有那一種才是最好的？有的回想到過去原始時代，認爲那是簡單樸素的，最快樂的；有的瞻望未來，而在空想中建立將來的社會。

(2)由於新發現或發明的影響　歐洲人從文藝復興起，有很多的發現，如新大陸與澳洲的發現。有的旅行家與新大陸土人接觸，認爲他們過的生活簡單樸素，財產共有，無貧富之分，而承認這是理想的。受此影響，便提出自己的理想社會。

(3)受過去人思想的影響　至少自古代希臘起就有好些關於理想社會的論述，其中尤以柏拉圖的共和國最著名，這是後來思想家用以建立烏托邦之模範，以外還有奧古斯丁的「上帝都城」，多少亦影響到這種思想。除了這些論述外，還有中世紀的僧院制度。在此制度之下，財產共有，大家一齊工作，沒有私有財產，這亦成爲後來若干思想家的理想的社會生活。換言之，歐洲近代人有其關於烏托邦之歷史或文化的遺產，以此遺產爲基礎，乃另外建立許多新的烏托邦。（龍冠海）

參考文獻：

E.S. Bogardus, The Development of Social Thought, ch. 13, Third

Edition. 臺北翻印本，無出版年。

Becker and Barnes, Social Thought from Lore to Science, pp. 309–319, Harren Press, 1952.

龍冠海著：社會思想史，第十章，三民書局，民國五十六年。

原始社會(Primitive Society)

原始的意義，最初由進化論生物學者用以說明發育簡單的古代生物而言。有時對低級的道德與美術觀念，或無文字的社會組織，亦以原始二字來表達。人類學家所稱原始社會的意義，是指人類遠古的生活狀態，或現代低級文化的種族的統稱。

所謂遠古的人類生活，是就人類技術，制度等的起源與發展為研究的對象。根據考古學的推斷，利用史前社會的遺物，作為研究原始社會狀態的資料，藉以比較各階段文化的演進。

至于現代低級文化的種族亦稱為原始社會，是因為這些種族，仍保持着遠古的社會習俗，他們的社會組織與結構，是原始的形態，而其種族却生存於于現代社會。人類學家稱此種民族為現代原始民族，其文化為原始文化。

以上是社會進化論的學者所稱原始社會的意義。最近社會科學家對所謂「原始」的名稱，認為應重行檢討，他們主張以民俗文化與民俗社會代替原始文化與原始社會，較為合理。（張鏡予）

參考文獻：

Julius Gould and William L. Kolb, Dictionary of Social Sciences, pp. 535–6.

原群 (Horde)

原羣又曰遊羣是遊牧社會內的地方團體 (local group)，對一特定地區之狩獵、採集或放牧，宣布具有獨佔之權。考其字源，由土耳其文 orda，經俄文和波蘭文而衍為英文 horde。原義指韃靼人或亞洲遊牧民族之部落單位。由於意義之輾轉變換，變得含混而不明確，最後始趨於一致，普通用以指大而散漫的團體，其組成分子常認為是野蠻人或無紀律的民族。甚至於是次於人類的動物。演化論者(evolutionist)以原羣來代表人類社會的初期型式或開始階段。(See A. Lang, Social Origins, London:Longmans, Green, 1903,p. 114.)

繼之人類學想要為原羣恢復原有之精確意義，但其用法仍然不一致，主要之差異有二：一謂原羣是大的政治單位，非以血族為其基礎，在防禦和攻擊上非常重要，和往昔之韃靼人或哈薩克人 (Kazak) 即是；另一謂原羣是小規模的地方團體。後一用法常見之澳洲土著社會的研究，這些小規模的地方團體，其範圍之畫定，或以母系，或以父系，或按季節臨時由親屬組成之。(W.L. Warner, A Black Civilization, New York: Harper & Brothers, 1937, p. 138 有云：「原群是不穩定的經濟團體，其成員之身分與多寡依季節之循環而定。」）(See "Hord", in D.S.S., pp. 305–306.)（朱岑樓）

核心家庭(Nuclear Family)

核心家庭為包含已婚男女及其未婚子女之社會團體。(See"Nuclear family," in D.S., p. 114.) 此種家庭，前面所加的英文限制詞，除 nuclear 外，尚有 natural（自然的）、immediate（直接的）、biological（生物的）、primary（原級的）、restricted（限制的）等。上述次序，依牟多克 (G.P. Murdock) 所排 (Social Structure, New York: The Macmillan Co., 1949, ch. 1)。雷克利夫布朗 (A.R. Radcliffe-Brown) 及其他英國學者又稱為 elementary（基本的）。用詞雖異，含義則同，玆分述核心家庭的特點如後：

(一)牟多克研究二五〇個社會，依其親屬關係分家庭為三類：(1)核心的，(2)複婚的（參閱「複婚制」條），(3)擴大的（參閱「擴大家庭」條）。而核心家庭，顧名思義，為他類家庭賴以擴大的基本單位。他類家庭之存在，並非使核心家庭湮而不彰。牟氏謂核心家庭具有四種明顯而重要的功能：(1)性的，(2)經濟的，(3)生育的，(4)教育的。其中之性特權，任何社會均賦與結婚之夫妻，故成為鑑別核心家庭的標誌 (ibid.) 權威學者均一致同意核心家庭普遍存於人類社會，但也有些學者提出反駁，謂某些部落社會採用特殊的家庭組織，如西非洲之阿善提 (Ashanti)，印度之那雅 (Nayar) 等。並無核心家庭之存在。此點牟氏本人亦不否認。(See "Family", in I.E.S.S., p. 303)

㈡核心家庭以一男一女結合之夫婦爲主要，故又稱爲夫婦家庭（conjugal family），以與血族家庭（consanquine family）相對稱，後者由有血緣關係之親屬所組成。可是事實上核心家庭含有夫婦的和血緣的兩種關係。夫婦與其子女，以血緣相聯，故依子女立場看，核心家庭爲血族家庭。任何社會都有亂倫禁忌（參閱「亂倫禁忌」條），夫婦必是無血緣關係之一男一女經由婚姻而組成，故依組成者立場看，核心家庭爲夫婦家庭。

㈢核心家庭對親屬關係網絡之依賴性比他種家庭爲小，故所受之控制亦較弱，婚後不必受強大的壓力而勉強與父族或母族同居(patrilocal or matrilocal residence），可以自由另建新居。(neolocal residence)

㈣核心家庭之嗣系，比較不偏重於配偶之任何一方，不一定是父系(patrilineal)或母系（matrilineal）之單系（unlineal），可以是複系（multilineal）或雙系（bilineal）。由於新居之遠離父族或母族，常不能參加親屬之共同活動與儀式。

㈤由於新郎新娘之父母不從婚姻上有所收益，如經濟的與社會的交換，於是擇偶比較自由。婚姻調適之重點在於夫妻本身，與親屬是否和諧相處居於次要，結果誰與誰結婚，以當事者的意見爲主，其親屬並不打算施以太重的壓力。

㈥核心家庭立基於夫妻之互相吸引與互相親愛，與家外發生密切接觸之人爲數甚少。在擴大家庭內，家人衆多，彼此的情緒聯繫，分散而不強烈。依照習俗，核心家庭的夫妻在心理上不能在家以外去尋找安慰，於是在情緒方面造成親密與脆弱的好壞兩面，一旦夫或妻在家內得不到愛和快樂，便失去了繼續維持的動機，而訴諸分離，因此核心家庭制度下之離婚率趨於增高。

㈦龐大的親屬團體能供給各種社會福利服務，照顧矜寡孤獨廢疾之人，此爲核心家庭制度所缺少者，因此社會必須加強社會福利事業，設立孤兒院、安老院、傷殘重建所、婚姻指導所等，以補親屬團體之缺，而負起老安少懷，宜室宜家的責任。

㈧核心家庭比他種家庭適合於現代的工業都市社會。（朱岑樓）

修正社會主義（Revisionist Socialism 或簡稱修正主義）

此與費賓社會主義相似，也有其連帶關係，其思想起源於英國，其傳播則係德人班斯坦（Eduard Bernstein）的功勞。起初他以自己當做馬克斯主義在外國的發言人，後來他反之抵評它，而主張演化的而非革命的社會改革方案。一八九八年寫一封有名的信給德國社會民主黨，勸其修正馬克斯主義使其更合乎現實和更有效力。他曾居留英國，因而受費賓社會主義影響而變成一演化社會主義者。一八九九年，他寫一德文書，一九〇九年被譯成英文，題爲「演化社會主義」（evolutionary socialism），其中主張用改良方法以改進工人生活狀況，不過他認爲最後應以工人當政，造成工人國家。在其領導下，德國社會主義運動，也從勞工革命黨變爲社會改革黨，並得到許多自由份子支持。馬克斯死後，社會主義的發展趨勢，至少在第二次大戰之前，多半像德國社會主義的，除了蘇聯外，修正主義佔優勢。（龍冠海）

參考文獻：

Becker and Barnes, Social Thought from Lore to Science, pp. 657-658, 1952.

龍冠海著：社會思想史，二八〇—二八一頁，三民書局，民國五十六年。

馬克斯主義（Marxism）

馬克斯與恩格爾所提倡的社會學說，他們自稱爲「科學的」社會主義，或稱馬克斯主義或共產主義。他們認爲勞動階級的歷史任務是廢除資本主義與階級特權，而創造一個無階級的社會，最後將爲無國家的組織，但未達到此之前須有無產階級的獨裁，如他們在「共產黨宣言」中所說的。從社會思想的立場來看，馬克斯主義包涵有二個主要學說，玆約略分述之於下：

㈠經濟決定論（即他的唯物史觀）　他認爲整個社會組織係由經濟狀況所決定，一切人類意識與制度只是經濟狀況的反映，對此方面他在其「政治經濟學批判」的序言中有清楚的說明。他說：「物質生活中的生產方式決定社會的，政治的，和精神的生活之一般性質，不是人們的意識決定他們的生存，而相反地，是他們的社會生存決定其意識……跟著經濟基礎之變遷而來的整個廣大的超機構很快的多少都改變了。」馬克斯相信人類的觀念，信仰，價值與制度等，大體上都是經濟狀況的反映，不過他並非否認觀念與信仰的力量，但他却認爲這些都只是經濟狀況的合理化而已。在人類思想史上恐怕無人比他更清楚而確定地將經濟狀況作爲人類文明的決定因素。

(二)階級鬥爭說 (theory of class struggle) 他認為階及鬥爭是人類歷史上一普遍現象，任何時代皆有，歷史的演化乃其結果。他在「共產黨宣言」中說：「以往所有社會的歷史全是階級鬥爭史，自由人和奴隸，貴族和平民，邑主和農奴，工會師傅和徒弟，壓迫者和被壓迫者，彼此常在對敵中，不斷地從事或明或暗的鬥爭，而每次鬥爭結果，不是社會大規模的改造就是鬥爭階級的兩敗俱傷（共同毀滅）。從封建社會的崩潰中產生出來的現代資產社會並沒有取消階級的對敵。他只是建立了新的階級，新的壓迫，新的鬥爭方式，以代替舊的……我們的時代，私產階級的時代，無論如何，具有這個特質，它把階級對敵簡化了。整個社會日漸分裂為兩大陣營，兩大階級直接地對立，即資產階級與無產階級。」至於如何推翻每一階級，他認為其方法是被壓迫階級的革命。現在的壓迫階級是資本主義者，必為被壓迫的，被掠奪的勞動者所打倒。勞動者自己取得並管理一切生產工具後。社會上將永無剝削之事，人類社會將變成無階級的社會。既無階級鬥爭，也無國際戰爭。這乃其理想社會。他以他的這種學說與達爾文的生存競爭。自然淘汰的進化說相提並論，認為二者完全相符，並認為達爾文的理論使他的理論「絕對不能動搖。」

馬克斯對人類生活所作的解釋乃一元論。但任何一元論都具有其缺點，因為人類的社會生活乃多方面的，互相影響的，不能從單方面或以一因素來解釋，除經濟因素外，其他因素如生物、地理、文化及心理等因素也能影響。依德國社會學家韋伯 (Max Weber) 的研究，認為近代資本主義的發展乃受新教精神的影響。故馬克斯的經濟決定論可說只是片面之見，是不健全的。經濟因素雖重要，但非完全決定性的。美國社會學家愛爾塢 (Ellwood) 說，經濟的解說對社會進化確有其一種有用的說明，但絕不能作為一完滿的社會理論，因其是以部份來解釋全體。索羅金 (Sorokin) 在「當代社會學理論」中也有類似批評。總之，馬克斯的這個學說只有部分眞理，因經濟並非人類生活唯一的因素。

他的階級鬥爭說也是不正確的。人類歷史上某時代確有鬥爭的現象，但歷史的發展却並非全由此產生。至於說近代勞資兩階級的對敵不久將由勞工勝利而成為無階級社會，這種說法恐怕也無人敢苟同，因為未來的社會不一定會是完全無階級的。過去既然都是有階級鬥爭的動態社會，而未來却要變成完全無鬥爭的靜態社會，這種說法未免太武斷了。再者，他只看到人類歷史是鬥爭的，而忽略了更加重要的合作現象。他又以為革命是主要的歷史活動過程，這也不完全對，因為人類歷史的發展多係演化的過程，像他所說的革命究屬少數。只強調鬥爭而忽略合作更是錯誤，因為若無合作，恐其生產方式都將無法產生，故其說也只是片面的，不健全的。愛爾塢批評曰：「敵對的鬥爭衝突總是拆散社會連繫的。個人間和階級繼續以鬥爭為事，絕不能維持其社會組織。我們不能否認階級有鬥爭，然任何健全的社會觀，鬥爭究為例外。而非通常之生活方式。人類社會祇有以其分子之連繫與合作而存在，衝突究屬相當的變態，而非常規。」（翟菊農譯愛爾塢著社會哲學史，商務印書館，民國三十六年，一五六頁）

雖然馬克斯及其信徒稱其社會主義為科學的，然而，從社會學的觀點來看，任何社會主義都不能稱為科學，馬克斯的當然也不能例外。（除上述愛爾塢的評論外，可另閱：Pitirim A. Sorokin, Contemporary Sociological Theories, Harper and Row, 1928, pp. 523-547.（龍冠海）

效果分析 (Effect Analysis)

大眾傳播研究的一部門，以民眾接觸傳播消息後行為上及心理上所發生的變化作為主要研究對象。傳播效果的高低與傳播人與閱聽人的性質及傳播工具和內容有密切的關係，因此這方面的研究常與上述四要素連絡起來研究。社會學家在這方面的研究，特別關心的問題主要的有以下五個：1.大眾傳播對個人的影響，2.說服性傳播的效果，3.學習性傳播的效果，4.非說服性傳播的效果，及5.傳播人、傳播工具及閱聽人的性質與傳播效果的關係。

效果分析的基本方法為實驗法、集中訪問法及問卷法三種，此外並運用參與觀察法、團體訪問法、文獻等以搜集資料。最早的科學性效果分析為柏恩基金會 (Payne Foundation) 於一九三〇年代所做的研究，這個研究對此後研究技術的發展有很大的貢獻。

社會心理學家在傳播效果的研究上常運用實驗法。不過這種方法因忽視團體與社會體系的因素，將閱聽人看做一羣不相干的個體處理，故無法洞察傳播效果的眞象。社會學家的研究傳播效果，特注重於社會脈絡 (social context) 的影響，故所獲的結果較為正確。在這方面的研究，社會學家運用的方法是集中訪問法。這種方法能深入被調查者的內心深處，發掘出內在資料，故在態度形成與變遷的研究上較具效績。

社會學家發現大衆傳播的效果非常有限，僅能影響孤離的個人，對依附團體甚強的個人則不能爲力。這卽說社會團體干涉或過濾大衆傳播，減少其效果。再一發現是同質團體受傳播影響者程度輕微，但異質團體則受其很大的影響。再其次，正受交叉壓力 (cross pressure) 的個人傾向於較多的傳播物。最後，傳播在平時力量或影響低弱，但在社會危機時則削弱團體的控制，產生較大的影響。（范珍輝）

參考文獻：

Bernard Berelson and Gary A. Steiner, Human Behavior: An Inventory and Scientific Findings (New York: Harcourt, 1964), pp. 527-555.

Paul F. Secord and Carl W. Backman, Social Psychology (New York: McGraw-Hill, 1964), pp. 196-226.

J. T. Klapper, The Effects of Mass Media (New York: The Free Press of Glencoe, 1961).

E. Katz, "The Two-Step Flows of Communication: An up-to-date Report on an Hypothesis,"Public Opinion Quarterly 21 (1957), pp. 61 - 78.

I.E.S.S., "Communication"

記述性的研究(Descriptive Studies 或譯描述性的研究)

運用歸納方法，對社會現象做系統與正確的描述或敍述，進而形成命題與假設的研究。與這種研究相對的一種研究爲解析性的研究。後者以驗證一般命題爲目的，運用演繹方法推定因果關係。不過嚴格地說，記述性的研究與解析性的研究是相輔相成的，記述性的研究爲解析性研究的前階段，解析性的研究爲記述性研究的延續完成階段。兩種研究爲一環的兩節，性質上並不衝突。

記述性的研究在社會學上爲很常見的研究，如社區研究、人口階層的價值觀念與態度的研究、投票行爲或選擧的研究、教育需要量的研究、購買公債及市場研究等，都是這種性質的研究。

這種研究的搜集資料方法有很多種類，但較常採用的方法爲訪問法、問卷法、文獻的利用、結構性觀察法及參與觀察法。（范珍輝）

參考文獻：

Claire Settliz et al., Research Methods in Social Relations (New York: Holt, Rinehart and Winston, 1961), pp. 65-78.

席汝楫「研究設計」，刊在龍冠海主編社會研究法，臺北廣文書局，民國五十八年，頁五四一五八。

扇狀說(Sector Theory)

都市發展的「扇狀說」或扇狀模式 (sector patterns) 係美國社會學家海特 (Homer Hoyt) 於一九三九年提出來的，作爲對蒲濟時的「同心環說」（見「同心圈說」條）的一種修正。他以一四二個美國城市的地產業目錄資料爲根據，而提出這個學說。此說認爲高租金市區偏向於城市外緣的一個或多個扇狀地帶，或四分之一的地區，而在某些地段低租金市區呈現像一塊蛋糕的形狀，由市中心伸展至外圍。當城市人口增長時，高租金地區便沿着一個地段向外遷移，於是高收入的居民所放棄之市區便成爲作廢的，而當經濟地位低的人移入時，常變成退化的。海特堅持說，高租金地區不是在城市之外圍形成一同心環，而通常是在一個或多個地段之外圍邊線。更有進者，工業區是沿着河流地帶及鐵路線發展，而不是在商業中心區周圍形成一同心環。近幾十年來工廠的建立有一個趨勢，多在靠近城市邊區的外線地帶。海特將美國城市發展模式比之於鱆魚將其觸角沿着運輸路線向各方向伸張。他指出高租金住宅區的建立偏向在已有的運輸路線一帶，通常是在高地而避免平地。有些城市中，這樣的市區是建立在不作工業用途之處，而是在引人入勝的水邊。他以芝加哥及威斯康辛州的麥廸遜 (Madison) 等城市爲例，認爲它們的發展卽屬於扇狀模式。

不過，此說和同心環說一樣，也有其缺點，主要是它們僅以經濟因素來說明都市發展之模式。費利 (Walter Firey) 特別指出它們都不能應用於波士頓城。（龍冠海）

參考文獻：

N.P. Gist and S.F. Fava, Urban Society, pp. 109-111, 1968;

E. E. Bergel, Urban Sociology, pp. 103-106, 1955.

消費合作社(Consumers Cooperative Society)

消費合作社是消費者爲滿足他們的需要，以獲得必需貨物的全部或一部爲目的，而設立消費者的團體。這樣的團體自己買賣自己所需要的日用品。所以，在這種地方，每個社員，同時既是賣者，也是買者，再也沒有商人的足跡。（陳國鈞）

參考文獻：

Ernest Poison: La Republique Cooperative, 1927.

Charles Gide: Le Programme Cooperatiste, 1924.

破裂的家庭(Broken Home —譯殘破之家)

現代西洋社會盛行一夫一婦結合所組織的核心家庭（nuclear family）因此，配偶的一方，一鬧婚變或離家不返，或死亡，或失踪，於是這種家庭就殘缺不全，而成爲「破裂的家庭」。這種情形，在有幾對夫婦同居的大家庭裡面，縱有其中一對的夫婦，缺少了一個，也不會成爲破裂的家庭的。這種情形，在小家庭裡面容易發生而使它破裂。可說是現代化家庭弱點之一。

據美國白宮會議報告　(White House Conference Report on Child Health and Protection, New York, 1934)指出：有少年犯罪的家庭，其中一半至三分之二，是破裂的家庭，這些家庭，不是父母雙方，或父母中一人死亡，或鬧離婚，或夫妻分居。至於青年犯罪報告指出所有經過研究的，無論是鄉間或城市，大約百分之二十一，來自破裂的家庭。另據貝勒氏的研究(H.M. Bell: Youth Tell Their Story, pp. 19–20,　華盛頓聯邦教育局出版，一九三八）五百個十六歲至二十四歲的馬利蘭州的青年，百分之三十二點三在他們的家庭中有破裂的經驗，蕭氏及麥愷　(Shaw and Mckay)　早在一九三一年在芝加哥公立學校七二七八名輕罪的兒童中有百分之二五點三至百分之三八點九來自破裂的家庭。根據上述這些事實，都可證明家庭破裂和兒童犯罪的關係。維克斯(H. Asheley Weeks)的研究，也有類似的結論。(Landis: Social Problems, pp. 359–360, Lippincott Co., Chicago, 1959.)（謝　康）

迷亂(Anomy；Anomie)

此詞有三個不同但相關的涵義。第一、指放縱不羈不守法的個人，也即指失調人格而言。這種人格的形式與社會結構或社會規範的關係甚微，純粹是個人內因素所造成。第二、指個人在順從社會規範上發生困難的情境。這種情境與個人的因素無關，是由於社會規範的變遷造成的。社會規範的變遷速度與方向無法一致，其結果，難免有矛盾衝突的情事發生，這使個人的順應發生困難。第三、指無政府或無社會秩序的狀態。這種情形發生於社會規範體系的整個解體。當然在經驗上這種情形甚少發生。

anomie 或 anomy 這個名詞來自希臘文 anomia，在英文中首見於一五九一年，迄十七世紀神學中常用以指不守法，尤其冒瀆神法而言。社會學家因受涂爾幹　(Emile Durkheim)　的影響，常喜沿用法文的寫法。涂氏在其「自殺」一書中區別三種自殺，即自我性的自殺，利他性的自殺，以及迷亂性的自殺。自我性的自殺係個人失去生存基礎時的自殺；利他性的自殺爲個人發見其生存基礎存在於其生命之外時所做的自殺；迷亂性的自殺爲個人行爲失去規範憑據，而不知所措的情況下所行的自殺。由此可知，涂氏所說的迷亂係指上述最後一種涵義，也即管制成員行爲的價值體系及道德規範全盤解組時的混沌狀態。

馬克維　(R.M. MacIver)　認爲工業社會的極致發展將產生複雜的組織，這導致社會解組與人格解組的結果，亦即迷亂的狀態。迷亂的狀態反映在人格上則反社會化過程的實行，個人的退入自我，以及對社會結帶的懷疑與拒絕。這是個人的道德觀念被連根拔掉的狀態，在這種狀態下，個人失去連續、團體及義務的觀念，或爲原子般的「大衆人」(mass man)。

馬氏將「迷亂人」分爲以下三類：失去生活領域的人、追求外在價值（如權力、財富）的人、以及被導上歧途的人。第三種人即社會疏離的人，性質上是反民主的人格。

墨頓　(R.K. Merton)　認爲迷亂不穩的狀態，並且是反道德與反制度化的因素。派遜斯　(Talcott Parsons)　也持有相類似的看法。派氏認爲迷亂爲充分制度化的另一極端，爲規範秩序的崩潰瓦解的狀態。

從發生的階段分，迷亂可分爲社會迷亂與心理迷亂兩種。社會迷亂爲社會規範及價值體系弱化或解組後，社會團體或文化上所發生的混亂狀態。心理迷亂則個人反映此狀態的心理樣式，其特徵爲不安、恐懼、無所適從及無能感。又從其程度或性質分，迷亂可分爲單純迷亂(Simple anomie)與急性迷亂(Acute anomie)兩種。單純迷亂爲團體間存在對立矛盾的期望，而個人在順從上不知適從的狀態。急性迷亂則現行價值體系與規範結構全盤解組的狀態。

至於迷亂的指標，墨頓則指出文化目標與制度手段二變數，並分迷亂的類型為革新、墨守成規、頹廢萎縮及反抗革新四種。（范珍輝）

參考文獻：

D.S.S., pp. 29–30.

E. Durkheim, Suicide, Trans, by J. A. Spanlding & G. Simpson (London: Roultedge & Kegan Paul, 1952).

R.K. Merton, Social Theory and Social Stracture (Glencoe: Free Press, 1957).

T. Parsons, The Social System' (Glencoe: Free Press, 1951).

福武直主編　社會學辭典，東京有斐閣，昭和三十五年，頁十二—十三。

徒黨（Clique）

徒黨是一個比較大的社會結構內一副團體或小組織，其分子因喜愛或共同興趣而彼此結合。他們的這種結合係自發性的，彼此關係的特徵是常有互動行為，易於交通，並且有「我們的感覺」。換言之，徒黨乃一直接團體（參閱「直接團體」條）。它可以由人際關係或社區生活及階級體系中之結構要素的觀點來予以分析。

此名詞在社會學、社會心理學及社會計量學（sociometry —參閱該條）中最常遇見。在所有這些學科中，它的意義比較一致，不過著重點略有差異，要看其概念的架構及觀察的範圍而定。依普通的用法，此名詞常被用以指某種團體及其行為而含有輕蔑之意，但在社會科學中的用法則設法避免這種價值判斷的含義。

根據社會計量學家對學校教室內的學生，工廠中的部門及軍事的單位所研究的小團體方面來看，一個徒黨乃任何一種副團體，其分子都是由他們彼此自己積極選擇來的，而都不包括他們所拒絕的在內。換言之，一個比較大的團體內由於某些分子彼此的互相吸引和選擇作用所產生的小組織，即稱為徒黨。

依社會學家何曼斯（G.C. Homans）所下的定義則強調實際的互動關係，而不是社會計量學中所著重的選擇。他說，當我們稱某些人構成一個徒黨時，我們只是意指他們在一較大團體中所形成的一副團體，即他們彼此間的互動比他們與外人或其他副團體的分子更為頻繁。

又依社會心理學家席列夫（M. Sherif）所下的界說，徒黨乃是非正式地或自發地所構成的小團體。（見 J.H. Rohrer and M.Sherif, Editors, Social Psychology at the Crossroads, 1951, p. 392）

此概念也被應用於更大的社會結構之分析，尤其是社區中階層化的研究。例如，在「楊基城叢書」（Yankee City Series）中，徒黨被釋為一親密的非親屬團體，其成員人數可以由二人至三十人以上，它是一個非正式的結合，因為它沒有關於入會、離會及成員人數之規則。它沒有被選出來的成員。也沒有任何被正式承認有等級的領導者，但是它所有的分子親切地彼此認識，也常有面對面的關係，更有進者，徒黨成員的重疊差不多有將一個社區的整個人口聯合成為徒黨關係的一個廣大體系。（見 W.L. Warner and P.S. Lunt, The Social Life of a Modern Community, 1941, pp. 110–111）（龍冠海）

參考文獻：

D.S.S., p. 97.

區位分布（Ecological Distribution）

區位分布係指人類及人類活動之空間分布，此是種種力量交互作用的結果。這些力量給予構成人類聚合（aggregation）各單位間所發生的多少有意識的和動態的維生關係以很大的影響。我們必須將區位的分布與機會的或偶然的分布予以區別，因為後者的空間關係乃是意外事件，而不是種種競爭力量所構成的。麥根齊（A.D. McKenzie）舉有一例：電影院門前等候開映的觀衆是偶然的空間分布，觀衆進場後，按票上號碼入座，票價高低不同，於是有樓上樓下之分，前排後排之別，便成為臨時的區位分布。經由自由的競爭和選擇，一社區內居民及其活動的區位分布，大體與按票入座相類似，只是要複雜得多，準確得多。麥氏又謂社區內各單位均謀得「一個維生的地位」（a sustenance niche），交互競爭與合作。因此所謂社區，其實就是居民及其活動的區位分布，至於各單位空間位置之決定，則來自該單位與其他單位的關係。擴大言之，凡有關之社區所構成的網絡也是一個區位分布。事實上，文明也可以看作一個區位分布，因為文明就是許多相關社區之大集團，彼此之間多少是互助互賴的。（參閱龍冠海主編，社會研究法；朱岑樓撰，「區位學法」，廣文書局，民國五十八年，第三五七至三九〇頁）。（朱岑樓）

區位位置（Ecological Position）

此名詞有三種解釋：㈠某地面的參考架構內一物體的空間關係，包括下列二者：⑴區位距離，（參閱「區位距離」條）⑵自參考點沿現有交通路線之方向。㈡一區位單位(ecological unit)與功能整合的區位單位內一參考點的主從關係。㈢在功能的區位系列內一個或一類區位單位所占據之地位。("Ecological Position", in D.S., p. 226.)

所謂區位單位，在任何區位分布，（參閱「區位分布」條。）不論是住宅、商店、政府機關或工廠，所具備之單元特徵，足與週圍之分布相區別。在另一方面，若干互相關聯的區位單位，形成集團，環繞一個共同的中心，則可以稱之曰「區位星座」(ecological constellation)。例如都會地區，乃是許多不同的住宅區、工業區、商業區等，以通常稱之爲城市者爲中心而整合起來，恍若衆星之拱北辰，此卽爲區位星座。像此種集團，其區位互賴性，有大小的差異，從國內工商業據點到全國性或國際性的大都會，後者如倫敦或紐約，在金融與工業上，執國際之牛耳。（參閱龍冠海主編，社會研究法：朱岑樓撰，「區位學法」廣文書局，民國五十八年，第三五七至三九〇頁。）（朱岑樓）

區位易動（Ecological Mobility）

mobility 在社會學上通常譯爲「流動」。民國三十年十一月教育部公佈之「社會學名詞」譯 social mobility 爲「社會流動」（參閱「社會流動」條），而在此譯爲「區位易動」者，爲與另一意義相近而關係密切的名詞「區位流動」(ecological fluidity) 相區別，並分別闡釋其含義於後：

一個區位組織是常處於變遷過程之中，其速度依文化進展之動力而定，特別與文化中的技術進展有關，而易動 (mobility) 卽是衡量此種變遷速的尺度，表現在住所的變遷，就業的變遷，公用或服務機構所在地的變遷等等。易動必須與流動（fluidity）相區別，因爲流動代表未改變區位位置的移動。現代的交通運輸工具大量增加人物二者的流動量，但是流動量的增加，並非表示易動量的增加，事實上剛好相反，蓋因交通方便，個人之住所可以遠離其工作場所，無需乎遷家以就。同時個人生活上的種種需要，不必變更其區位位置，能在更大的空間範圍內獲得願望之滿足。

易動量與流動量如此互爲反比。例如貧民窟是都市內易動量最大的地區，你來我往，如同逆旅，但居住其中的窮苦者，牀頭金盡，若鮒魚之困涸轍，難越雷池一步，其活動範圍不能與高級住宅區富貴人家同日而語。因此城市內不同地區的不等流動量，以及同一地區內不同個人的不等流動量，對隔離(segragation)與集中化(centralization) 兩種過程而言，是很重要的決定因素之一。（參閱「隔離」條及「集中化」條。）青年之流動量大於老人與兒童。城市內各種興趣中心(centers of interest) 之存在與繼續出現，卽爲滿足不同年齡集團之不同需要。(R.D. McKenzie, "The Scope of Human Ecology", G.A. Theodorson (ed.), Studies in Human Ecology, New York:Row, Peterson and Company, 1961, pp. 30-36.)（朱岑樓）

區位結構（Ecological Structure）

結構之一般概念，從物理學與生物學採借而來，通常是指若干分立部分之有秩序之安排。其含意如此廣泛，故在結構之前常冠以各種名稱，如階級結構、社會結構等。人文區位學位之區位結構，則指一特定地區之人口，在空間上和維生上所發生各種關係的體系。社會內之人類團體爲求生存，其社會結構必與區位結構相配合。例如某特定地區內比較固定的住宅、機關、道路、橋樑、集合中心等，在空間上之分布，與該地區當時的文化運作力量密切關聯，於是物質結構與文化特質組成爲一個叢體 (complex)，我們可以稱此叢體爲社會結構或社會組織。(See A.D. McKenzie, "The Scope of Human Ecology", in G. A. Theodorson(ed.), Studies in Human Ecology, New York:Row, Peterson and Company, 1961,pp. 30-36.)

人類非若動物之直接依賴物質環境以維持其生存。世界性之分工，使人類與其物質環境的關係，因他人之種種發明而大加改善。發明是累積的，發明愈多，卽是人類改造環境之能力日在增進之中，最後人類在生物社區的基礎上建立一個文化結構。

在動植物社區，其結構由生物來決定，卽是有「社會昆蟲」(social insects)之稱的蜜蜂和螞蟻，其「社會組織」雖有完備之分工，但全憑其天賦的生理與本能，在人類社會則用文化加強此一生物結構。

人類爲生存而彼此競爭，處處受到文化的限制，動植物則無此限制，放任自由。有立基於競爭的共生社會（symbiotic society），有立基於協同（consensus）的文化社會。人類社會有兩層，共生層與文化層，而動植物社會僅有共生一層。換言之，人類社會在共生潛結構（symbiotic substructure）之上建立文化超結構（cultural superstructure）。而文化層又細分爲經濟層、政治層和道德層。結果人類社會組織成爲金字塔形，以區位層爲底，道德層爲頂，政治層居經濟層之上。個人由底而頂，每上升一層，感受之控制愈加強，反之自由範圍愈縮小。因此任何人類社會組織都是控制組織，其功用是限制組成分子間之競爭，而產生更有效之合作，以利於全體之生存。（R.E. Park, "Human Ecology", in G.A.Theodorson (ed., Studies in Human Ecology, New York: Row, Peterson and Company, 1961, pp. 22-29.)（朱岑樓）

區位距離（Ecological Distance）

區位距離是指兩點間的空間隔離，所用之測量標準不是碼或哩，而是人與貨物沿現有交通線之運輸費用（內含時間費用）。甲乙兩地，若乙居甲上，依運輸費用計算，甲至乙之區位距離遠於由乙至甲。例如臺北近郊烏來觀瀑，半人力半機械之臺車，所訂票價，上山爲下山之二倍，再加進上山費時較久，故上山之區位距離實爲下山之二倍有餘。

城市的發展與結構均與區位距離有密切的關係。因爲區位距離決定人與貨物之流動量，轉而決定集中地區及城市地點。同理，城市的結構是當地人與貨物在區位距離內流動的一種反映。城市沿着省錢省時省力的運輸路線作不對稱的發展，顯然是以時間與費用爲計算單的區位距離所造成的結果。歐洲城市多數爲圓形，美國城市則否，由於後者的擴張常缺少有系統的計畫，特別是汽車問世並大量生產以來，人與貨物之流動非如以往受鐵路水道之嚴格限制，有路即通，結果城市沿着阻力最小的運輸路線外伸，其形狀便成爲多角之星。（參閱龍冠海主編，社會研究法，朱岑樓撰，「區位學法」，廣文書局，民國五十八年，第三五七至三九〇頁。）

區位距離是用以測量流動量。施篤佛（S. Stouffer）研究距離與流動的關係，提出「阻擾機會」（intervening oppertunities）的學說，用複雜的數學公式表明之，其基本假設是：「在某一距離內流動之人數與該距離內之便利機會成正比，與阻擾機會成反比。」（參閱S. Stouffer, "Interventing Oppertunities: A Theory Relicting Mobility and Distance", American Sociological Review, vol. 5, 1940, pp. 845-68, 及龍冠海主編前書第三八五至三八六頁。）（朱岑樓）

區位過程（Ecological Process）

任何一種變遷，觀察者能從中看出前後一致的性質或方向者曰過程。在過程之前可以加上種種名稱，如滲透過程、細胞分裂過程、演化過程、制度化過程等（"Process", in D.S., p. 234.）。區位過程係指組成區位分布（ecological distribution）之各單位，在空間和維生之集合上，終有其特殊方式之趨向。區位過程之主要者有五：⑴集中（concentration）、⑵集中化（centralization）、⑶隔離（segregution）、⑷侵入（invasion）、⑸接續（succession）。（See A. D. McKenzie "The Scope of Human Ecology", in G.A.Theodorson(ed.), Studies in Human Ecology, New York:Row, Peterson and Company, 1961, pp.30-36.）

區位過程的概念在芝加哥學派的都市研究上被用爲重要的分析工具。派克（R.E. Park）和蒲濟時（E.W. Burgess）爲人文區位學位學之先驅，二氏於一九二一年出版合著之「社會學導論」（An Introduction to the Science of Sociology）一書中首創人文區位學（human ecology）一詞，而麥根齊（A.D. McKenzie）對人文區位學研究範圍之劃定，基本原則之釐訂，厥功至偉，上述五個主要區位過程，即麥氏在其「都市社區」（The Urban Community）一書中所提出者。各過程之解釋分見於本辭典各條，在此不贅。

蒲氏研究芝加哥城，發現該城之發展在區位結構上有其模式，從市中心向外擴張而形成五個集中的同心圈，此即蒲氏之有名的「同心圈說」（the concentric zone theory）。一圈擴張一圈的接續過程中，蒲氏分爲四個發展階段：㈠移入開始，㈡原佔有者引起反動，㈢新來者源源湧至，㈣新來者達於極盛取代原佔有者。自始至終是兩個性質不同的人口集團爲有限之空間而發生的競爭與衝突。（Burgess, "Residential Segregation in American Cities", Annals of the American Academy of Political and Social Science, vol. 140, 1928, p. 112）

派氏之種族關係循環說則包括競爭、順應、同化和混合四個過程。（Race and Culture, Glencoe, Ill.: The Free Press, 1950.）（朱岑樓）

區域（Region）

區域是一個地區，在地理環境及社會文化上，具有某些相同特徵，能與毗鄰地區或其他區域相區別。此詞之用法甚多，舉其要者如下：㈠民族或文化區域，即具有共同種族的、文化的、或語言的遺業（如英國之威爾斯），㈡工業或都市區域，即是工業生產與人口集中之重要中心（如德西部之魯爾區），㈢地形或氣候區域，特別指某種顯著之自然特徵（如河谷），對全地區之功能與發展有其重大意義者（如美國之田納西谷，我國之長江三峽），㈣經濟專業化區域，常立基於某種農產品之上（如北美之棉區與麥區），㈤行政區域，為行政上之便利，一國畫分為若干地區或其他重要管轄單位（如英國之標準政府地區），㈥國際政治區域，包括政治制度相同及利害關係相聯之若干國家，或代表國際政治之焦點地區（如西歐與近東）。

以上以不同的特徵為區域分類，但某些區域兼具多種特徵，如美國之南部地區，在文化、政治和經濟上均表自成一格的特色。近東地區混合着共同的民族與文化背景、經濟專業化（生產石油）以及國際政治特殊位置。此種擴大區域的範圍雖以精確畫定，但有一趨向是值得注意，即特殊化文化常與特殊化經濟相共存，在比較孤立的地區尤為明顯。

作為一個政治概念，區域一直用以指大國之內具有歷史性的分離地區，晚近將此詞的意義擴大為國際的國家集團。在自然地理學和人文地理學中，區域一詞均被廣泛使用。近年來，在國內與國際公共計畫之設計與發展上，區域又受到重視，而且方興未艾。

與區域有關之區域社會學(regional sociology)與區域主義　(regionalism)，分別參閱「區域社會學」條及「區域主義」條。(See "Region", in D.S.S., pp. 582-583.)(朱岑樓)

區域主義（Regionism）

區域主義常易與區域社會學（regional sociology）相混。區域社會學是以區域為研究主題的一門學科（參閱該條），而區域主義是指有關區域的研究、設計及改進之主張或政策，其主要目的為圖謀區域內資源之保存與發展，鄉村與都市關係之合理化，以及區域間關係之適當調整，於是人民之福利得以促進。（參閱龍冠海著，社會學與社會問題論叢之「社區研究的發展」，正中書局，民國五十三年，第一四三至一六四頁。）

尤班克(E.E. Eubank)在社會學概念　(Concepts of Sociology, Boston: Heath, 1932)一書中，以接觸（contact）之性質，作為分別區域與其他區單位的主要特徵之一。氏謂地區(area)一詞，用在接觸範圍狹窄的地方，而區域(region)概念所依據者，乃是地區與地區間的隔閡已經破除，某種程度的世界主義（cosmopolitanism）取代地方主義（localism）。依地區之意義而言，其中所有人民均生活在相同的文化環境中，而一區域內之文化則非如此之單純，其背景廣大而複雜，包含許多不同的文化單位，雖然彼此之間難以深入體會，但有某種程度的了解與溝通，對其共同的文化背景，人人得而接近之。(ibid., pp. 376, 379.)

美國在區域主義下所作之區域研究，主要在西部和南部，前者由頓納　(F. J. Turner)主持，後者由歐淡　(H.W. Odum)主持。拓荒後的西部邊陲，成為自備一格的地區，名義上加入聯邦政府，實際上各自追求政治利益與經濟利益。頓納是西部有名的歷史學家，深稔如此發展的種種差異，故將美國看作由若干部分拼成的混合體，正如歐洲國家經由衝突、順應與調適而聯合起來。他認為各州之州權乃是保護地方要求的法定之盾。歐淡是社會學家，北加羅林納大學區域學派的倡導者，其研究集中於南部的種種問題，而強烈的地方主義為問題中之重要者。他主張以區域主義代替地方主義，國家之種種價值方能擢居優越地位。他鼓吹區域的與國家的計畫（regional-national planning），使各州都有機會參與，以均享國家資源、財富以及社會組織與政治組織之利益。他相信區域國家整合之發展，乃國家生存之要務。

在美國其他的區域研究中，最具意義的要算「紐約及其周圍區域調查」(The Regional Survey of New York and Its Environs)，共八冊，「紐約區域計劃」(The Regional Plan of New York)，共二冊，於一九二七至一九三一年陸續出版，係「紐約計畫委員會」主辦，「羅素塞治基金會」（The Russell Sage Foundation）予以經濟支持，描述紐約市發展之不合理，街道擁擠，住宅環境惡劣，造成市民生活之慘況與金錢之浪費，並指出紐約市將來發展之速度與方向。

區域主義有時解釋為「世界區位學」（world ecology），所有時空關係與文化全形的因素均在此一總概念下去探究。美國有些社會學即以世界地區爲研究對象。一九五一年美國社會學會在芝加哥舉行四十六屆年會，依宣讀論文之性質而分組，其中一組集中「世界地區研究」(world area research) 之討論，由此可見社會學家研究區域之一般趨勢。（參閱龍冠海前文。）（朱岑樓）

區域社會學 (Regional Sociology)

區域社會學是一門學科，所研究者是區域的種種社會文化現象，而這些現象主要從下列兩方面發生的，一爲該區域與其他區域之互相關聯，再爲該區域內物質要素與文化要素之互相依賴。("Regionalism (Sociology)", in D.S.S., pp. 584-584.)

區域係指具有同質之地理環境與社會文化特徵的一個較大地區，各社會科學使用此詞，其含義大體是如此，只是各家所着重者不同而已。差異最大之兩端，一端是有些地理學家，如賴哲爾 (F. Ratzel) 等，謂社會只是自然環境之反映，於是視區域爲氣候、地文、地形、土壤、礦物等之綜合；另一端可舉齊麥曼 (C.C. Zimmerman) 爲代表，因爲齊氏提出帶有幾分神秘的「區域人格」(regional personality) 的概念。如此各走極端，信之者甚少。首創文化地理學的法國人文地理學家布朗治 (Vidal de la Blache)，所持之見解，較爲折中持平。他說：「一個區域是一個儲能庫，能雖起源於自然，必賴人以發展之。人改造土地以符合己意，於是賦予土地以特性。土地之個別地勢，人使之銜接。當地環境一些支離破碎的影響，經過人一番創造，匯集爲有系統的力量。於是地區以新的面貌出現，迥然有別於其他地區。」(Quoted in "Regional studies", in I.E.S.S., vol. 13, p. 379.)

社會學家從區域立場來研究社會文化與地理要素之關係，開始於十九世紀，但早期之區域研究與人文地理學家所作者並無多大區別，亦無人視此種研究爲特殊的社會學。直至一九二〇年美國社會學家歐淡 (H.W. Odum) 等開始提倡，方有區域社會學此一名稱之成立，至一九三〇年代，與此有關之論著相繼問世。現今美國有些大學開設此種課程，區域社會學教科書爲數亦不少。

社會科學家有見於一區域內之人口既有共同的社會文化特徵，也就有共同的問題與利害關係，乃以地區爲單位予以研究，其功用有六：㈠應用科學方法劃出正確的自然區域，以與人爲之政治區域相區別，於是人類在自然的地方團體內之社會行爲，經由自然區域容易得出較爲切於實際的了解。㈡社會問題有其空間性，含區域性，即具有地理的與社會文化的背景。使一地方變成一特殊區域的因素也常是造成社會問題的因素，故每一區域定有其特殊的社會問題，因此區域研究有助於社會問題之了解與解決。㈢人類的經濟活動通常屬於區域性，舉凡生產、消費、分配、運輸以及其他謀生的方法，大都受區域的限制。此一事實之研究，使社會學家明瞭社會經濟現象對人格、社會制度及社會過程之影響更爲深切。㈣各區域之社會變遷在速度上常是快慢不等，有些採借發明或接受外來文化較易，因而其社會文化之進步亦較快，有些則反是，被視爲落後區域。如從區域的立場來觀察與研究其個中原因，顯然甚有意義，對於社會變遷性之了解也更加有所幫助。㈤區域的研究能幫助人對各區域間之差異與關係得到同情的了解，以減少或消除彼此間之敵視或鬥爭，以促進社會和平。㈥區域之探究是以區域文化爲分析對象而從事社會的比較研究。此種比較研究，不僅有助於區域間互相了解，如第五點所云者，且能促進社會學理之建設，以謀社會科學之進步。（參閱龍冠海著社會學與社會問題一書中「社區研究的發展」一文，正中書局，民國五十三年，第一四三至一六四頁。該文討論區域研究之功用，註明係參考 Alvin L. Bertrand, "Regional Sociology as a Special Discipline", Social Forces, Dec. 1952.)（朱岑樓）

區域設計 (Regional Planning)

區域設計是社會設計的一種，特別着重於地區的觀念，它是地方性的一種設計，將地區當作一重要社會單位，並且企圖使此一特殊區域的生活在某些價值方面成爲完整的，但並未含有使該區域與大社會之間，隔離或成爲敵對的意思。(D.S.)

區域設計的目標爲圖謀區域內資源的保存與發展，鄉村與都市關係的合理化，以及區域與區域間關係的適當調整，以促進人民的福利。（龍冠海編著：「社會學與社會問題論叢」，第一六三頁，正中書局，五十三年。）（陳國鈞）

區域設計調查 (Regional Planning Survey)

爲解決人口迅速成長而發生的問題，社區福利計劃以跨越行政區域的特定空間爲範圍，並運用調查方法，藉以瞭解該地區實況，以作決定方案的依據。

(Luris Harry: Encylopedia of Social Work 1966)(陳國鈞)

婚姻（Marriage）

婚姻係指社會認可之配偶安排，特別是關於夫與妻的關係。依通常用法，婚姻含有兩個明顯的觀念：(1)一男一女同居，共圖創立家庭；(2)婚姻有別於其他方式性的結合，如婚前、婚外、通姦等。此一區別常被引爲婚姻定義之要素：「無同居及養育子女之意圖，僅係臨時性之交媾，是不能視之爲婚姻。」("Marriage", in R. Burross (ed.), Words and Phrases Judicially Defined, London: Butterwarth, 1944, vol. 3, p. 331.)

現代文明社會的婚姻，通常與上述定義相符合，但依照文化人類學所指陳之差異，光怪陸離，是不可能有一個包羅無遺的婚姻定義。因此新近的探究不爲婚姻下定義，只用爲指示術語 (pointer-term)，以指出婚姻所含各種特質，在不同的社會作不同的配合，下述之五種功能，婚姻有全部發揮者，有僅發揮其中之部分者：(1)建立所生子女之合法地位；給予配偶權利（包括居住、性行爲、家務操作、財產等）；(3)建立共同資金（爲其所生子女）；(4)與配偶之親屬相結聯或建立親屬關係；(5)獲得夫妻關係之公開承認。

衛史德麥克 (E. Westermarck) 謂婚姻是「男女之相當穩定結合，其持久超過生殖行爲而延長至子女出生之後。」(History of Human Marriage, London: Macmillan, 1901, p. 19.) 此一定義相當廣泛，可以用作比較之基礎，其嚴謹程度也足以「排除不夠資格稱爲婚姻的任意交媾」(ibid)。婚姻與生育子女密切關聯，但並非所有的婚姻都是如此，而且在某些社會，婚姻與任意交媾沒有甚麼區別。例如在愛斯基摩人和美洲印第安人中，有些部族的家庭單位非常模糊不清，夫與妻的地位與苟合者相同，妻與妾亦混淆不清。定義就是要弄個涇渭分明，然在這些社會，離婚、婚姻之有效與無效等名詞，都沒有甚麼意義。再如印度南部馬拉巴 (Malabar) 的那雅人 (Nayar)，女子於春情期前與一男子舉行「結婚」儀式，典禮畢即宣布「離婚」，自後她可與不拘數目的男人任意性交。這種結合通常稱之爲「一妻多夫制」，實則只發生性關係而不同居。無所謂「父職」，僅於懷孕時負擔少許費用，節日贈送小禮物而已。(K. Gough, "Changing Kinship Usage among the Nayars of Malabar", Tournal of the Royal Anthropological Institute, vol. LXXXII, pt. I, 1952.)。他們沒有夫婦家庭的概念，也不了解夫、妻或父母的地位，因此任何以「家庭之基礎」來說婚姻的定義在此都不適用。顯然與麥基佛 (R.M. Maciver) 的著名定義相衝突：「家庭是一個團體，畫分其範圍之性關係，其清楚與持久的程度，足以維持子女之出生與養育。」(Society: A Textbook of Sociology, New York: Farrar & Rinehart, 1937, p. 169.)

在某些社會，婚姻有其非常特殊的功能。例如非洲的達荷美 (Dahomey) 有女人與女人結婚的制度。一個富婦可「娶」若干年輕子女爲「妻」，然後此合法之「夫」，把她們配給男人生育子女，以增加「家庭」人口。(M.J. Herskovits, Dahomey, New York: J. J. Augustion, 1938, p. 320.)（朱岑樓）

婚姻（Nuptiality）

人口學上對於婚姻之研究是牽涉到男女兩性間根據法律及風俗而生相對之權利與義務，通稱爲婚姻。研究時不止注意到結婚的人數多寡，也注意到關係者的特性；不僅注意到結婚，也要注意到離婚。婚禮 (wedding) 是由法律或風俗所規定的儀式，由此男女兩方結合成爲配偶，即夫與婦，合稱已婚夫婦(married couple)

婚姻法或婚姻風俗各國不同。有的地方應許一人與異性的另一人結婚，此稱爲一夫一妻制或單婚制 (monogamy) 但有些地方卻應許一人一時可與數人同時成立婚姻關係，此稱複婚制(polygamy)在複婚制中，又分一妻多夫制(polyandry) 即一個女性可有幾個丈夫，一夫多妻制 (polygyny) 一個男子可有幾個妻子。不過，複婚制常係指稱多妻制。

有些國家合法的婚姻是由政府官員主持婚禮，法定婚姻(civil marriage)。另有國家則須經由宗教儀式，遵守教會規定，才承認其合法性。在官式的或宗教的儀式之外，不同的國家在不同的情況下，也有其他的社會或法定的承認方式。男女關係的類別及社會認可的程度，各國就其風俗，情形殊異。雙方同意的結合，或可稱爲習慣性婚姻，也是一種被認可的穩定結合。其他如自由結合 (free unions)，妾 (concubinage)，私自結合 (illicit union) 或同居 (cohabitation)　在不同的情況有不同的含義。有些人口學家常用夫妻結合 (conjugal union) 一詞包含合法的婚姻與比較上穩定的不合法的結合。兩性在較穩定的結

合中共同生活，不論合法與否，皆稱夫婦(a couple)

許多國家的法律訂定有結婚的最低年齡。因各國標準不同，兩性之間的這種年齡也有不同。有血緣關係而結婚者，稱爲血親結婚，在許多國家或民族中；此種結合爲法律或風俗所不許。

有些國家規定男女在結婚前，須先預告，使有關者得以有機會提出異議。許多國家規定在結婚儀式舉行之前須取得結婚許可。在儀式之後，新婚夫婦則發給結婚證書。在結婚之前通常要訂婚，意謂彼此對結婚獲得較更正式的承諾，當夫婦間發生性關係之後，婚姻才告成立。

內婚制（endogamy）即係配偶雙方須都是同一族群，包括同一社會，同一階級，或同一地區。與此相反者則稱外婚制（exogamy）。不同國籍、種族或宗教者結婚，稱爲異群通婚。具有相同性質者（如社會的、體質的或心智的）結婚，稱爲同質通婚(homogamy)，反之稱異質通婚 (heterogamy)。

婚姻之消失 (dissolution of marriage) 可能由於配偶一方之死亡或是在法律允許之下，經法定程序或風俗而解除婚姻。如果由於死亡而婚姻消失則生存之一方，男稱鰥夫，女謂孀婦，通稱鰥居或寡居。

在允許離婚的社會中，配偶之一方依法律判決而解除婚姻。有的國家配偶之一方可能由於對方棄絕而解除婚姻，因離婚而解除婚姻關係者通稱離婚者。

有些國家法律維護不能解除婚姻的原則，仍有判定分居的情形。判定分居後便解除雙方對任何一方之某些義務，包括同居的義務，但並不允許雙方另締結婚姻。因分居而消失婚姻關係者，稱爲分居者。有些社會配偶之一方遺棄對方而分居之事實屢見不鮮。此種分居與判定分居不同。有婚姻關係之配偶已不復同居，又未合法離異，此即稱之爲破裂之婚姻(broken marriage)

所謂婚姻無效或者婚姻之消滅，係指經法庭宣佈者，雖曾舉行結婚儀式，但視爲無效。就法律的觀點來看，婚姻並不能由於事實上的分居而消除，不過解除婚姻，通常包括這類情形，視爲婚姻之消滅。推而廣之，所謂「破裂婚姻」及解除婚姻，與婚姻之消滅，意義相同。

人口學上，常把人口分爲可婚人口，意指在法律上可任意與他人締結婚約；非可婚人口，則指在法律上不可任意如此。鰥寡或離婚者可以再婚，於是有初婚與再婚之區分。由於配偶雙方先後結婚次數容有不同，除非特別指明係新郎初婚或者新娘初婚，不然初婚一詞甚爲含混。除非特別指明。人口學家把初婚一詞概用於未婚男女間之首次結婚。

人口可由婚姻狀況而加以分類。未婚者，（英文字男爲 bachelor，女爲 spinster）及已婚者，（包括已婚之男女而且配偶同居者）。全部可婚人口中除未婚者外，全係曾結過婚者。

人口中結婚者次數多寡以結婚率(marriage rates 或 nuptiality rates)表示之，粗結婚率是某時期結婚對數與總人口之比。也可用新結婚的人數與總人口之比計算之。當然，後者之值應爲前者之二倍。

不同性別結婚者次數多寡分別計算時，稱爲性別結婚率，以男女人口作爲基數，分別計算。男女人口之初婚率也予以分別計算。男子初次結婚人數與全部未婚男子之比稱爲男子初婚率。女子亦可比照計算。再婚率則係再婚人數與全部鰥居及離婚者之比。年齡別結婚率係就某一年齡組內結婚人數與該年齡組全部可婚人口之比。又經常計算出婚時平均年齡 (average age at marriage) 作爲研究婚姻之指示數(indicater)。

年齡別結婚率常常編成結婚表 (nuptiality table)，原理與構造與生命表相同，有關名詞見生命表條。結婚表有二種，一爲總結婚表(gross nuptiality tables) 一爲淨結婚表 (net nuptiality tables) 總結婚表就一群假想的一萬男性人口或女性人口，已達結婚年齡，并且假定沒有死亡者，根據年齡別計算出年齡別結婚率，而追溯其結婚與不結婚之趨勢。比照生命表計算方法，根據已知函數，從而求得各年齡組的結婚機率 (probabilities of marriage)，以及不同年齡中仍然未婚的人數。淨結婚表則連死亡率及結婚率一併考慮在內，又稱爲雙重減耗表 (double decrement table)。因爲一個人可能因死亡或因結婚而從這一假想群中逐漸遞減除去。淨結婚表中的重要函數是：未婚者的殘存數，即在任何年齡時，既未婚亦未死的人數；已婚者的殘存數，即在任何年齡時，未死亡且係已婚者的人數；某一年內未婚殘存的機率。根據總表或淨表都可求得某一年齡的未婚預期年限(expectation of unmarried life)

離婚率計算方法亦有多種，粗離婚率是離婚數與該時期平均人口之比。離婚數與已婚對數之比則可稱已婚人口之粗離婚率。唯最理想的離婚率應是該時期的離婚數與同時期有離婚危機之配偶數之比。但仍然沒有一個適當的名詞用以稱之。假如依照離婚者之年齡或者依照已婚的期間來分別計算，則可稱年齡別離婚率，或婚期別離婚率。另外一種指數是每件新婚中之離婚數，亦可指明離婚之多寡次數。

如果可以提出必需的基本統計數字，則可計算婚姻消滅率 (marriage dissolution rates)，指出任何性別婚姻消滅的機率。依照婚時年齡，配偶年齡差及婚姻持續期間，分別指出是由於死亡，抑係由於離婚。這些比率亦可編成不同種類的婚姻消滅表 (marriage dissolution tables)。（席汝楫）

參考文獻：

United Nations: Nuptiality, in Multilingual Demographic Dictionary, English Section, Department of Economic and Social Affiars, New York, 1958, pp. 31-34.

婚姻失調 (Marital Maladjustment)

婚姻失調爲婚姻調適（參閱「婚姻調適」條）過程之反面，夫妻互相衝突，雙方在生理、心理、社會等方面的需要，均難滿足。如果失調不求改善，勢必繼續惡化，婚姻的功能關係就完全停止，而釀成婚姻解體（參閱「婚姻解體」條）。心理的和社會的中斷，不一定會產生夫妻軀體的隔離，但分居常發生於婚姻解體之後。破鏡難圓，以離婚來結束分居，則婚姻的契約關係乃告中正，夫妻均有再婚之自由。

理想的夫妻，應該是和諧無間，百年偕老，但是如此完全調適之夫妻，恐怕爲數不多，只要能從對方努力求得基本需要之滿足，則婚姻之基本功能仍在。有些夫婦一有齟齬，不求彌補，裂痕加深，互動過程日趨縮萎，疏遠過程日益加強，本應從婚姻關係中獲得基本需要的滿足，便轉而求之於婚姻以外的他人，最後可能釀成人格解組：以幻想來滿足需要，以疾病（甚至於自殺）來逃避現實，以焦慮來解除恐懼，以猜忌或誇口來提高自我。夫妻同牀異夢，在反應上南轅北轍，如同路人。如此一對怨耦，婚姻終歸解體。(R.S. Cavan, The American Family, New York: Thomas Y. Crowell Company, 1959,pp.464-5 and C. Kirkpatrick, The Family, New York: The Ronald Press Company, 1955, pp. 507-8.)（朱岑樓）

婚姻成功 (Marital Success)

婚姻成功與婚姻調適（參閱「婚姻調適」條）二者之意義，大體相同，故有些婚姻研究未予以嚴格分別，交互使用，但是婚姻成功含有婚姻目的，而婚姻調適是達成婚姻目的之過程。不論其目的爲何，研究者似乎比當事人看得要清楚，蓋當局者迷，而旁觀者清。("Marriage", in I.E.S.S., vol. 10, p. 8.)

甚麼樣的婚姻算是成功的婚姻？這是很難提出答案的一個問題。因爲婚姻在不同的時代與不同的社會，對不同的個人有其不同的意義。德國社會學家繆祿樓(F. Muller-Lyer)謂婚姻之主要動機有三：(1)經濟，(2)子女，(3)愛情。動機之實現卽爲婚姻之成功。此三者之重要性因時代而互異：上古時代經濟第一，子女第二，愛情第三；中古時代經濟與子女交換，而愛情仍列在末；現代則愛情至上，子女居次，經濟殿後。(S. Koenig, Sociology, New York: Barnes & Noble, Inc., 1962, pp. 132-3.)

美國社會學家蒲濟時(E.W. Burgess) 是婚姻調適測量的研究權威，謂美國中等階級一般認爲構成成功婚姻之要素有九：(1)感情融洽，(2)生育子女，(3)夫養家，(4)妻持家，(5)家庭收支平衡，(6)民主，(7)社會參預，(8)獲得社會贊揚，(9)一夫一妻。於是以這些要素爲根據，蒲氏定出九項成功婚姻的標準：(1)持久，(2)快樂，(3)滿意，(4)性調適，(5)調適，(6)整合，(7)社會期望，(8)人格發展，(9)友情。蒲氏之成功標準是多項而非獨項，因爲婚姻生活是多方面的，成功於此，失敗於彼，截長補短，合爲一個標準，用以評測婚姻成功，可收面面顧到之利，而無以偏概全之弊。用九項標準得出高低不一的分數，分別以長短參差的線條代表之，構成「婚姻成功側形」(marital-success profile)，因夫妻分別測量，故各有一幅，卽是綜合九項標準單獨測量結果而爲夫妻雙方作成婚姻成功的畫像。(E.W. Burgess & H.J. Locke, The Family, New York: American Book Company, 1960,pp. 378-91.)（朱岑樓）

婚姻預測 (Marital Prediction)

婚姻預測是在婚前或婚初預測其未來之成敗。生活上的活動愈是重要，對其未來的關心愈見殷切。婚姻在個人和社會兩方面，均屬重大事件，凡與婚姻直接及間接有關之人，莫不關心其未來，於是種種預測隨之而起，可大別之爲三類：(1)巫術的預測 (magic prediction)，(2)常識的預測(common-sense prediction)，(3)科學的預測 (scientific prediction)。往昔的婚姻預測，幾乎全是巫術的和常識的，如果預測失靈，成敗顚倒，則委諸難以捉摸的命運。直至近三十年來，社會科學家（特別是以研究婚姻家庭爲己任的社會學家）開始作科學的預測。此三者所利用的資料，都不外乎家庭背景與個人特質。蒲濟時（E. W. Burgess）和洛克（H. L. Locke）指出：「個人之人格特質與過去經驗控制其未來行爲，因此預測技術的要點是用某些人在某方面的以往經驗，加以組織與分析，以之推測另一些人在該方面的未來情況。」(The Family, New York: American Book Company, 1960, p. 396)，然而三者之區別又何在？巫術的預測，常借重與婚姻無關之工具，如水晶球、紙牌、卜卦、五行等，任意附會，其談無稽。科學的預測首先以科學方法獲得可靠之資料，經過嚴密的分析而發展出學理與假設，即其預測運作 (predicting operation) 遠比常識的預測要複雜、要精確，其結果自然要可靠。

科學的婚姻預測，通常有兩種方法，個案法與統計法。方法雖然不同，但有一個相同的假定：婚前婚後一月某些因素影響婚姻之成敗，於是蒐集這些因素，據以預測婚姻之未來。因素有多少？誰的影響大？誰的影響小？這些都是很重要却很難回答的問題。此方面的研究，以美國的社會學家和心理學家所表現之成就最爲優異，近三十年來出版了許多研究報導，於是另一些學者將其研究結果綜合比較，鈎其玄而撮其要。例如寇伯屈 (C. Kirkpatrick) 愼重選出美國自一九二九年至一九五四年所出版的婚姻調適研究七十一個，統計其預測成敗之因素，共得一五二項，依婚前婚後排列之，婚前爲六大方面五十小方面，婚後六大方面三十八小方面。再按科學實證性之大小爲先後，舉出：

㈠婚前十項顯著有利之影響因素：⑴父母婚姻愉快，⑵相當充分之認識、求愛和訂婚時間，⑶童年獲得健全之性知識，⑷童年本人快樂，⑸父母及他人對婚姻之贊許，⑹訂婚期內互相調適，結婚之動機正常，⑺民族和宗教信仰相同，⑻有較高之社會地位和教育程度，⑼雙方年齡臻於成熟並相同，⑽童年時父母感情融合。

㈡婚後五項顯著有利之影響因素：⑴早而充分之性高潮，⑵安心於婚姻情感，滿意於親愛表現，⑶平權而非夫權之婚姻關係（特別與夫職有關方面），⑷心身健康，⑸以共同興趣爲基礎，並附有對婚姻與配偶之贊許態度所建立之和諧關係。(C. Kirkpatrick, The Family, New York: The Ronald Press Company, 1955, pp. 346-54.)（朱岑樓）

婚姻解體 (Marital Disintegration)

婚姻解體是婚姻失調（參閱「婚姻失調」條）所發展的結果，因調適絕望，除解散婚姻外別無他途。立基於夫婦關係的核心家庭，婚姻解體即等於家庭解體（參閱「家庭解體」條）。家庭解體之特質，如依賴、社會機構介入、家庭成員減少、反常離家與暴行，均可能出現於婚姻解體。

由於婚姻失調而造成之婚姻解體，寇伯屈 (C. Kirkpatrick) 舉出五種方式 (The Family, New York: The Ronald Press Company, 1955, pp. 508-9)：

⑴自殺—自殺之因素多而複雜，難以忍受之婚姻爲主要因素之一。

⑵謀殺—謀殺爲暴行之極端。如果發生此種暴行，則被害者以妻居多數。蘇德蘭 (E.H. Sutherland) 指出：「妻爲夫所謀害之機會遠比死於色魔之手爲大。」("The Sexual Psychopath Laws", Journal of Criminal Law and Criminology, XL, January-February, 1950, p. 546)

⑶撤消—撤消乃依法宣布的婚姻解體，但因爲撤消從未以有效之婚姻存在，故不必視之爲婚姻破裂。

⑷分居—起源於婚姻失調之分居，法院所判決者是與明白規定之分居條件相符合，而一般的分居用法，意義很含糊，有時將遺棄亦包括在內。非正式的分居，時間長短不定，常秘而不宣，以免家醜外揚，分居或因夫妻之一方有外遇，或因丈夫之重婚。而且有些夫妻表面上並未分居，實則貌合神離，彼此視同路人，其互動過程早已中斷。

⑸離婚—離婚是最普遍和最制度化的婚姻解體方式。我們一聽到某家庭發生婚姻失調的消息，最先想到的便是離婚。但是離婚並非婚姻失調之準確量表。限制離婚的社會可以減少離婚的機會，但無助於婚姻失調之改善。在另一方面，准許離婚之夫妻，其婚姻調適的程度可能比某些未離婚者還高。故離婚雖是婚姻失調之表示，卻非極端失調之爆發。社會學家所重視者是家庭內的婚姻失調，而非法庭上的法律行爲，所關心者是預防，而非懲罰，且對於離婚之法定理由，是否眞爲婚姻失調之原因，亦極表懷疑，故無妨將離婚率之增高，視之爲家庭婚姻幸福標準之提高。（朱岑樓）

婚姻儀注 (Marriage Ritual)

男女締結婚姻關係，不論是原始民族或文明社會，總要舉行一些正式的禮節。古希伯來、希臘和羅馬舉行婚禮之時，依照習俗，新娘由其父親引至親友之前，當眾交出，然後由親友所組成的慶祝行列，擁護新娘至夫家。在西方所有古代社會，慶祝行列是結婚禮儀中的一個重要項目。("Marriage Ritual", in D.S., p. 186.)

我國婚姻注重聘娶，其禮創自何人？諸典籍皆謂為伏犧。如史記補三皇本紀云：「太皞庖犧嫁氏始嫁娶，以儷皮為禮。」通鑑外紀云：「上古男女無別，太昊始設嫁娶，以儷皮為禮。正姓氏，通謀妁，以重人倫之本，而民始不瀆。」而婚姻儀注之最重要者為六禮。六禮之制，創自周代，如禮記云：「昏禮者，將合二姓之好，上以事宗廟而下以繼後世者也。故君子重之。是以婚禮納采，問名，納吉，納徵，請期，皆主人筵几於廟，而拜迎於門外入，揖讓而升，聽命於廟，所以敬慎重，正昏禮也。」

自納采至請期為六禮中之前五禮，最後亦為最重要者，即是親迎。儀禮士昏禮言之甚詳。約為壻親往女家迎娶，既奠雁，御輪三周而先歸。俟婦於門外。婦至，則揖以入，共牢而食，合巹而飲，其禮乃成。（參閱徐朝陽著，中國親屬法溯源，商務，民國五十七年臺一版，第一一二至一一八頁。）（朱岑樓）

婚姻調適（Marital Adjustment）

調適可以扼要解釋為一種過程，個人在此過程中求得各方面（生理的、心理的和社會的）需要之滿足。孟爾勒（Unique Unity）謂婚姻是一種互動行為，夫妻結成獨特的統一(E.R. Mowrer)和發生動態的關係（dynamic relationship）。因此婚姻調適可以解釋為夫妻兩方隨時隨地互相順應，於文化規範所許可的範圍內，滿足雙方在生理、心理、社會等方面的需要。(E.R.Mowrer & H. Mowrer, "The Sociological Psychology of Marriage", American Sociological Review, 16, Feb. 1951, pp. 27-31 and R.S. Cavan, The American Family, New York: Thomas Y. Crowell Company, 1959, p. 418.)

約會(dating)與訂婚（engagement）為婚姻之準備，結婚乃婚姻之完成。故約會即是男女在擇偶之可能範圍內尋找能在願望（wishes）、態度（attitudes）和情操(sentiments)的人格特質方面互相配合的對象；訂婚乃正式開始調適過程，至結婚此一過程日益加強。婚姻隨時隨地都是一個起點，而不是一個終點。寇伯屈（C. Kirkpartrick）謂：「婚姻非如我們所常聽到的『有情人終成眷屬』那句話收場。因為結婚不是靜態的結束，而是動態的開端。夫妻人格在各方面連續互動，交相反應無窮無盡的刺激。」The Family, New York: The Ronald Press Company, 1955, pp. 443-4.) 寇氏言之有理，婚後夫妻如果停止動態的調適，不進則退，便會產生婚姻失調（參閱「婚姻失調」條），可能再惡化成為婚姻解體（參閱「婚姻解體」條）。

婚姻調適是相當新穎的一個名詞，在往昔農業社會，農村生活即是家庭生活，婚姻應與農業組織相吻合，乃理所當然。適合於農村的父權家庭，立基於血統關係之上，夫婦關係乃其附庸。婚姻不得危害大家庭之團結與福利，調適與否，無足輕重。現代婚姻所重視的夫妻性滿足、休閑活動、情投意合、人格發展等，當時是概不知情的，因為這些觀念與日出而作、日入而息的農村生活風馬牛不相及。至本世紀之初，家庭制度在工業化、都市化、技術學、個人主義、民主思想等因素的衝擊下，父權家庭趨於沒落，而傾向希爾（R. Hill）所謂之「以個人為中心的民主家庭。」(Hill, "Plans for Strengthening Family Life", in H. Becker & R. Hill (eds.), Family, Marriage and Parenthood, Boston: D.C. Health and Company, 1955, pp. 787-90.) 以往賴以維繫家庭團結與婚姻穩固的各種信仰和價值，喪失殆盡。依據古舊觀念，結婚乃是個人為社會及家族所應負之責任，生育子女則為應盡之義務。現今西方社會在觀念上有很大的改變，結婚完全為了個人，其主要目的是：(1)雙方人格之充實，(2)情緒需要之滿足，(3)全面幸福之獲得。舊式家庭所加給婚姻的責任和義務，全擱置一旁，連子女之生育與否，亦依夫妻之共同意願而行。時來運轉，十八、十九兩世紀不知為何物的婚姻調適，至二十世紀初卻成為大多數家庭婚姻研究的注意焦點。

婚姻調適與婚姻成功（marital success）有時候視為同義，然二者有其區別。（參閱「婚姻成功」條。）（朱岑樓）

國民性（National Character）

一社會的多數成年人共通的具有持續性的人格特性或模式。國民性的特徵是：1.它是文化模式行為（culturally patterned behavior）。由此可知，它所指的是文化而非人格。人類學家強調此一觀點，並運用國民性的概念分析社會與文化。2.它是一社會裏佔優勢的人格類型或所謂的衆數人格（modal personality）。這即說，國民性雖是由大多數人分享或所共同，但它並不是唯一的人格類型。除此標準人格外，尚有其他類型的人格，同時並存於一社會。3.它存續的時間相當長久。國民性是人格結構的核心組織，如癖性、待人接物的方式、情愛、自我觀念等。這些組織並不是止於現象或外表，而存在於個人內心，因此國民性是穩定的，具有高度抽象及概化的內涵。4.它指成年人人格的共通性，不包括未成年人的人格在內。因為成年人的人格與國民性的建立、維持及變遷，關係較為密切，擔當積極重要的任務。

國民性是一社會裏基本的人格特性，可說是基本人格結構(basic personality structure)。不過國民性雖與基本人格結構內容相同，但在使用上則不無分別。一般而言，國民性用以指現代文明社會的典型人格，而基本人格結構則常用以指初民社會的主要人格類型。

再者，有時社會學家也使用「社會性格」以指標準人格，其內涵與國民性相同，不過強調其文化模式性或共同性。

原義上說，國民性這個名詞含有包括性或蓋全性的意義；不過經驗上說，歷史上未存在過這種狀態，所以國民性即是多數人而非全體社會構成員共通的人格，也即是衆數人格。因此之故，國民性與衆數人格的區別不復存在，二者可代替使用。

國民性的研究有悠久的歷史，早在古希臘時就有這方面的記述與分析，黑洛德達斯(Herodotus)的波斯與希臘國民性的比較研究即一例。不過使它成為科學研究的一領域者，則推白娣克(Ruth Benedict)的貢獻。白氏在一九三四年出版的「文化模式」(Patterns of Culture)一書奠定了此領域的科學基礎。此後人類學家、社會學家、心理學家、精神分析學家等的國民性研究日漸發達盛行，而在第二次世界大戰間達到顛峯。這方面的研究著名的有白娣克的日本、泰國及羅馬尼亞的研究，哥拉(G. Gorer)的蘇俄與英國的研究，以及符羅姆(Erich Fromm)等人的德國研究。

國民性的研究有以下四個重點：1.社會文化對個人人格的影響。這方面的研究注重社會化與學習過程的分析。2.順從(conformity)的研究，即研究個人順從文化規範的方式與情況。這也注重於個人人格的研究。3.順從的因素。注重於孩提時期的經驗與教育，主要利用精神分析學的概念與學理。4.社會結構與國民性的關係。這方面的研究發展了「職務說」(role theory)

同時在人格分析上著重以下三個層次(level)的分析：1.底層的人格構造，如智能與機能的研究；2.中層的內化人格，如行為朝向(behavior orientation)；3.表層人格組織，如價值觀念、意見、態度、信仰等。

部分學者強調國民性與政治的關係。第二次世界大戰期間國民性研究的發達主要係著眼於此一實際目的。惟據最近社會學家的看法，其間的關係不如想像中那樣密切。這是由於國民性並不是一社會裡唯一的人格類型，而僅是一主要的類型。同時在政策的制定上，人格的因素也不是絕對的。再者更詳細具體的國民性研究也無法預測實際政治的去向。(范珍輝)

參考文獻：

D.S.S., "Basic Personality Structure"

Alex Jnkeles and Daniel J. Levinson, "National Character," in G. Lindzey (ed.), Handbook of Social Psychology (Reading Mass.: Addison-Wesley, 1954), pp. 979-983.

Leonard Broom and Philip Selznick, Sociology (Harper and Loco, 1963), p. 114.

福武直主編，社會學辭典，東京有斐閣，昭和三十五年，頁二五〇

國庫主義 (Cameralism)

國庫主義乃十七及十八世紀在日耳曼國家中所盛行的一種社會學說，多少類似乎英法等國家所行的重商主義，強調國家干預全國的經濟生活。(參閱重商主義一詞)，不過它與重商主義所不同的至少有二點：(1)它並不那樣注意國際貿易問題，因為此一問題當時在日耳曼國家中尚未成為重要的。(2)它對國家控制作為社會改良的方法，其主張更為澈底與廣泛。

美國社會學家司馬爾(Small)係研究國庫主義的一位權威，他從社會學觀點來探討此一主義在社會思想史上的重要性，有如下的陳述。這種思想和實施的體系從一五五五年起開始發展，在其劃分部門中它並不符合後來社會科學的學術界說，它開始並非當作一般的理論，而是當作行政上權宜計的簡明陳述。它提出坦白的主張，將國家控制內的一切附屬於國家的生存問題。對此一問題國庫主義所提出的答案是：統治者對其領土與人民是全能的，為了使其統治在國內最安全，又為了供給他最多的財富以克勝別的統治者，他必須採取何種政策以及依照這種政策必須採取何種實施細則，……在當時的情況之下，必然導致

的答案乃是等於制定計劃將日耳曼統治者的人民全部外在之生活包括在內。那些統治者及其邦國行政長官的顧問們隨即看出他們的問題不僅牽連到物質因素而且是全民的訓練問題，使其能盡人類之所能以從事各種不同的有用工作。從一代到一代，發展國庫主義的理論及實用的人更加清楚地看出，如果日耳曼國家的統治者要運用豐富的資源，他們必須駕御有為的人民，這就是說人民在體格、心理、道德、及技術方面必須予以鍛鍊，故結果國庫主義的理論包括人民生活中的一切，從田園工作到宗教崇拜，實施這種理論的機構發展愈來愈複雜。在細節上它的組織部門各有不同，但是它的主要目的却到處一樣，即要使人民盡可能易於服從一切必需的訓練，以保證在其體格、心理及道德諸方面有最高的成就，以期對統治者的力量有所貢獻。(龍冠海)

參考文獻：

Becker and Barnes, Sosial Thought from Lore to Science, pp. 517–8, Harren Press, 1952.

國家主義（Nationalism 亦譯「民族主義」）

國家主義為一政治信條；這種信條乃近代諸多社會的凝着力之基礎並使其對權威的要求合法化。國家主義將絕大多數人民至高的忠心集中於現存的或期望有的民族國家 (the nation-state)。民族國家被視為不只是理想的，自然的，或常態的政治組織方式，而且對一切社會的，文化的，及經濟的活動是不可缺少的組織。不過國家主義和民族國家乃是歷史上比較新近的發展。

國家主義在十八世紀起源於西北歐洲及北美洲，而日見迅速地傳布到全世界；從十九世紀中葉起它便成為當代歷史上一普遍的思想力量。它本身表現於對一種意識型態的追求，也表現於最有差異的和相反的各種意識型態中，如民主主義，法西斯主義，及共產主義等。在歐洲，十九世紀很恰當地被稱為國家主義的時代。二十世紀，歷史從歐洲的基礎轉變為全球性的，可稱為泛國家主義 (Pan-nationalism)　的時代。雖然近代的國家主義發源於歐洲十八世紀，但在人類歷史上，它的基本信仰早已有其存在，例如，古代希伯來人的「被選民族」(the chosen people) 的思想和「應許地」(the promised land) 的觀念，即為顯然的例。

國家主義在其發展過程中雖然有好些變遷，但在這些變遷當中卻保留有某些不變的因素或主要特徵，即一國民族對政治自決與文化自決的要求。在努力創造民族國家的民族當中，文化自決的爭取常先於政治自決，以其作為後者的依據。

雖然所有的國家主義都有某些共同特質，可是每一種卻是由國家主義勃興的社會之社會結構，智識傳統，文化歷史，及地理位置所規定。因此，對於各種國家主義的每一個要想作公平判斷只有從歷史上去作一比較研究；也只有從科際的探究(interdisciplinary approach)才能包括此一極度複雜現象的許多方面。雖然它對當今世界皆了解有其極端重要性，但是迄目前為止尚沒有主要的集體研究向這方面去努力。(龍冠海)

參考文獻：

I.E.S.S., Vol. 11, pp. 63–69.

國家社會主義（State Socialism）

這是國家主義與社會主義的混合，與修正主義的原則及方案也有密切關係。它主張以立法程序作為改進社會之方法，此點與修正主義相同，但修正主義者認為最終是無產階級的國家，而國家社會主義者則希望保持資本主義的制度，不過同時對勞工階級有若干讓步。此主義的發展係受德國拉沙爾 (Lassalle, 1825–1862) 和羅拔特斯(Rodbertus, 1805–1875) 鼓勵後得到好些國家的社會改良者和若干大學教授的支持。這些教授被稱為「講壇社會主義者」(socialists of the chair)，例如，德國的 Schäffle, Wagner 及 Schmoller；法國的 Bouglé 及 Gide；英國的 Webb, Hobson 及 Hobhouse；美國的 Small 與 Patten 等。其發展及實施在歐洲有德國所行政策，如為工人利益訂有詳細的社會立法，有很多東西由政府直接管理；奧國有很多地方是效法德國的；法國自十九世紀下半期起，義大利自一九〇〇年後，政府所行的也多屬於這種主義的；英國從喬治(D.L. George) 執政時起，即第一次大戰期間及其後（一九一六至一九二二年）所行的也是；美國自威爾遜總統起所行政策也多偏向於這方面。故自十九世紀末到二次大戰之前後，歐美有許多國家事實上所行的都可說是國家社會主義。(龍冠海)

參考文獻：

Becker and Barnes, Social Thought from Lore to Science, pp. 658–59,

基本人格結構 (Basic Personality Structure)

此指由大多數社會成員分享的人格全形。它構成爲個人人格的核心組織，也卽其價值態度體系。一社會或一文化存在有基本人格者乃是個人在早期生活中有同樣社會化經驗之故。

基本人格結構的研究是文化人類學所開拓的部門，主要用以說明與比較原始文化。該詞由柯悌納 (A. Kardiner) 創用。柯氏運用精神分析的理論以分析初民社會，探討各社會制度的主要因素。其結果，他發現人格因素最爲重要；原始社會的各制度建基于人格結構。這種人格由制度生活所培養，並對社會制度的維持有莫大的貢獻。柯氏分社會制度爲初級制度及次級制度兩類。前者包括經濟制度、家庭制度、養育制度及有關性的民德等，這些與人格因素有密切的關係。次級制度包括宗教、神話、價值體系等。次級制度爲初級制度的上層結構或其反映。基本人格結構包括思維的方法、安全體系、社會協調的感情，對神靈的態度等。

林頓 (R. Linton) 對基本人格結構的研究也有推動的貢獻。林氏強調價值與態度因素，認爲基本人格結構卽價值與態度的體系；並認爲這方面的研究應在價值與態度中尋求其指標。又主張：價值與態度體系的形成應歸諸於社會化的功能。每一社會養育幼兒的方式是文化模式化的，在此情況下，多數人必將經驗相類似的幼年生活。其結果，大多數人的思想、觀念及態度信仰趨於類似，也就是產生所謂的基本人格結構。

基本人格結構可運用投射法及測驗法以調查分析，並能用以說明社會互動的現象，因此深受社會心理學家及文化人類學家的注意與硏究。(范珍輝)

參考文獻：

D.S.S., pp. 51-52.

A. Kardiner, The Individual and His Society (New York: Columbia University Press, 1939).

R. Linton, The Psychological Frontiers of Society (New York: Columbia University Press, 1945).

福武直主編，社會學辭典，東京有斐閣，昭和三十五年，頁一四一。

基本研究 (Basic Research)

又稱爲純粹研究 (pure research) 及理論研究。這種研究以一般理論的發展爲本務。與純粹研究相對的是應用研究。不過從社會學的發展上看，純粹研究與應用研究並不是互相排斥或各自爲政的，毋寧是相輔相成，互爲表裏的。好的或正確的理論可應用於實際問題，而應用研究必須從科學的參考架構 (frame of reference) 出發。總之，科學最後的目標或努力的方向是一般原理或概括理論 (inclusive theory or grand theory) 的發展，以便解決實際與具體的各個問題，而這個目標的達成有賴基本研究與應用研究的密切配合。再者，如果現實問題的研究對科學無甚貢獻，則意味着須有較合宜的科學訓練及自覺的科學研究。(參閱「應用研究」條。)(范珍輝)

參考文獻：

William F. Goode and Paul K. Hatt, Methods in Social Research (New York: McGraw-Hill, 1952), pp. 29-40.

Pauline V. Young, Scientific Social Surveys and Research (Englewood Cliffs, New Jersey: Prentice-Hall, 1966), pp. 91-92.

基督教社會主義 (Christian Socialism)

此係英倫於一八四八年及其後所發展的一種社會運動，事實上只能算是一種合作主義。它的主要發起人是盧特羅 (J.M. Ludlow, 1821-1911)。他受法國布策茲 (P. Buchez)、布朗(L. Blanc)及合作工廠的影響而倡導之，並獲得莫里斯 (J.F.D. Maurice, 1805-1872)、京斯利 (Ch. Kingsley, 1819-1875) 等之支持，在英倫建立類似的工廠，以基督教爲依歸。他們係受當時工廠中所呈現的恐怖情境及工業制度的非基督教精神所激動，而同時又對「憲章主義者」(the charitists) 所提出的政治改革作爲補救方法表示懷疑。於是他們立卽進行小型的工作組合，希望產生一個新的社會組織，可是他們失敗了。然而他們被導致對正在發展中的消費合作社予以很大幫助，使其獲得合法的地位。後來基督教社會主義者想出許多方法促進生產者的合作，以及在資本家的工業中使工人在利潤享有與合夥能獲接受。他們亦將其活動轉向工人教育方面，於一八五四年創辦倫敦工人學院。不過迄一八五〇年代英倫的基督教社會主義運動實際上是不存在了。

基督教社會主義運動在歐洲大陸亦有其發展，只是進行的方式稍有不同，主要是與羅馬天主教有關。在法國，它的先驅是福策(C. Fauchet)主教；在革命時期中他傳布一種基督教共產主義。此種運動在德國發展更有力量，部分係受新教徒胡伯(V.A. Huber, 1800–69)的影響。他是基督教總監(Christian Order)與自由組合的創始者，及合作生產的重要主張者；部分又是受羅馬天主教馮克特拉(W.E. Von Ketteler, 1811–77)主教的影響。此人主張合作生產爲補救資本主義缺點的一種方法，並提倡階級的協調。該運動向傳布至奧國及比利時，但其進展情形和英國的一樣，只停留於社會改革的地步，並未做到社會主義一詞所包括的意思。(龍冠海)

參考文獻：

E.B., Vol. 20, pp. 882–884)

基爾特社會主義（Guild Socialism)

這是英國勞工運動的一種發展趨勢。約在一九一〇年英國知識分子設法使社會主義和工團主義協調，結果產生此一主義。它是介乎費邊主義和工團主義之間的一種社會主義。提倡此主義者不但極力反對共產主義，並且反對一切集體主義，而主張工業民主和恢復手工業的尊嚴，覺得要想促進社會發展，保障人類和平，就得一方面要求生產者的自由，另一方面也要求消費者的自由，使生產者有完全支配產業之權，使消費者依國家之調節，保障其消費的自由。爲達此目的，他們訂有二主要原則：

㈠廢止工錢制度—此主張原是無政府主義者和工團主義者所提出的，因爲他們認爲工錢制度造成社會貧富不均和階級鬥爭的現象，若不廢除，勞動者將永遠是奴隸，社會也永無和平。

㈡要求工業自治—他們主張由勞動者自己從事生產，管理生產和支配生產成果，並由工會和國家合作，調劑或平衡生產與消費二方面之複雜關係和衝突；主張把所有生產者組織爲較小的和自主的工業單位，在這種單位中，手工將居重要地位，工人比在資本主義之下能有更大的責任心，整個生產過程都要採取民主組織，由工人選擇工頭，其工作是爲服務而非爲利潤，由集體契約來規員選擇他們自己工業的地方工業委員會委員，以及地方上所有工業委員會委員。這些地方的委員再選全國性的每種工業委員會委員。此種主義的提倡從一九一六至一九二六年間在英國工業方面有相當成就，對英國的勞工運動也有相當影響，但因主張經濟政治權力分開，又因工會被法西斯和納粹主義所利用，在左派思想家當中，此種社會主義並不太受歡迎。費邊社的柯爾(G.D.H. Cole)與韋伯(S. Webb)，經濟學家霍布遜(Hobson)，及哲學家羅素等對此一主義均表贊成，但與費邊社會主義比較，則其影響力量尚小。(龍冠海)

參考文獻：

D.S.I. pp. 297–298;

列德萊著，沈嗣莊譯，社會主義史，第二十三章，商務印書館，民國五十五年臺一版。

貧民院（Poor House)

這是城市或其他地方行政機構負責贍養貧民的收容所，亦稱救濟院(alms-house)。(D.S.W.)這種實施古今中外多少都有存在，玆以英美的發展情形爲例，約略言之。

英國於一五九七年的法令，規定設立救濟院，以收容不能工作的貧民，如老者、盲者、跛者、及其他無工作能力者。新大陸上的第一所貧民院，係創立於一六五七年，在紐約的潤斯萊維克城成立，而由路德會牧師兼任該院的主持。(劉銘譯，華德·弗蘭德著：社會福利概論，第十三頁，中華文化出版事業社，四十九年。)

美國對貧民的照顧，向由私立的救濟院所負責。其後大家漸漸的都感覺到這種事業實爲國家責任的一部分，應由國家的當局來管理，乃有公立的救濟院所出現，而有各種不同的管理方法。這些方法，都是從不同的情境中產生出來的。(Blackmar and Gillin, Outline of Sociology, 1930)(陳國鈞)

貧民窟（Slum)(一稱「陋巷」或「貧民地區」)

這是指物質的落後同時也是社會的墮落(或衰退)的地區，從物質的方面說：貧民窟充滿那些陳舊的傾斜的，被人忽視，而超過了安全期限的廉價房屋，所有街巷多欠整潔，衞生環境也還相當差的地方。從社會的方面看；這是貧窮、賣淫、道德墮落，具有社會解組的各種形式，和邪惡行爲的淵藪。不過，在任何城市中，貧民窟的存在與否，仍是比較的或相對的看法，一般而論，我們可以說：貧民窟或「陋巷」在任何社區中都是窮人和被社會遺棄者(social outcasts) 或流浪漢所居住的。在一個很大的城市裡面，可能存在着幾種不同類型的貧民窟；而每一個貧民窟，都是能住着社會階層不同的各種人，並不完全屬於貧苦民衆這一類。(D.S.)（謝　康）

貧窮 (Poverty)

貧窮是一種物質生活困難的狀態，但所謂困難，只是一種相對的說法。要特別下一定義，大概是一種情境，在這情境(situation)下，一個人或一個家庭的生活計劃，或者一個特定的團體生活水準，看來好像比較所在社區的正常生活標準（即平均的普通生活）爲低，他經常缺乏某些必要的物品和服務，其嚴重性足以造成悲慘的現象，如果他不從正常收入以外的方法獲得財物來源的話。不過所謂「貧窮」和一般所謂「依賴」（dependency 完全靠人贍養）及赤貧現象(pauperism)還是有區別的。

貧窮現象也有兩種：第一種即上面所說的由於錢財收入的限制不能購買在所屬社區內公認爲健康的生活最低限度必須具備的適合水準所應有的東西。第二種貧窮，其表現的貧窮狀態乃由於無知，無能，疏忽（慳吝）或其他環境的關係阻礙一個人，或一個團體不能將其收入作應有的開支以維持一社區內正常生活的最低水準。第一種是眞正的貧窮，第二種是本非貧窮，而表現出貧窮的狀態，令人認他爲處境困難的模樣 (D.S.)（謝　康）

參考架構 (Frame of Reference)

參考架構一詞爲方法學 (methodology) 的一用語，指謂待界定或決定之科學或理論主題的假設。(D.S.S., p. 275)

科學概念可分爲兩類，一爲具有直接知覺對象的概念，一爲不具有知覺對象，而只能想像的概念，這一類的概念是一物或一事象的特性或功能，靠我們過去的經驗或主觀的看法所推定的。將事物的特性或功能置於一定的科學或理論領域上思考或選擇，即是參考架構。不過應注意的是，參考架構並不是純粹主觀的，它是根據客觀事實的觀察所推定的。

美國社會學家派遜斯 (Talcott Parsons) 和施爾斯(E.A. Shils)對此概念的看法和用法，與其他社會學家的，略有不同。二氏認爲行動理論的參考架構包括行動人，行動的情境及行動朝向。從這裡可看出，他們所謂的參考架構係指一套基本的概念圖式(conceptual scheme) 而言。（范珍輝）

參考文獻：

Talcott Parsons and E.A. Shils, Toward a General Theory of Action (Cambridge, Mass.: Harvard University Press, 1951, p. 56.

E.W. Hobson, The Domain of Natural Science (Cambridge University Press, 1923).

H. Becker, Systematic Sociology on the Basis of the Beziehungslehre and Gebildelehre of Leopold von Wiese (New York: Wiley, 1932).

參考團體 (Reference Group)

此名詞係美國海門氏 (Herbert H. Hyman) 於一九四二年首先使用。任何團體我們引用作爲判斷事物之依據或模範的都可稱爲參考團體，因爲它的價值判斷成爲我們的價值判斷，於是以它爲借鏡，而從它的觀點或立場來觀察或透視事物，也就是以它的意見爲依歸。一個人可以有許多參考團體，有時它們可以是內團體，有時也可以是外團體。（參閱「內團體」及「外團體」條。）人們對自己和世界的看法通常是依照他們所參與的團體之觀點，但也有以自己所希冀或羨慕之團體或以社會上一般的價值標準作爲模範。例如，美國有許多低級進款的人接受並視自己的標準同於中等階級生活的。（龍冠海）

參考文獻：

L. Broom and P. Selznick, Sociology (1968), p. 239.

P. B. Horton and Chester L. Hunt, Sociology (1968), p. 165.

參與觀察 (Participant Observation)

參與觀察係從事社會研究收集材料方法之一，作爲所研究群體中之一員。從而收集自己所需之材料。此爲觀察技術之一。最理想的是參與其中進行觀察，而不被其他成員發覺。這種境界只有間諜人員始可致之。這個名詞一般泛指從事描述性研究者所用的方法，例如人類學家進入某個社區，與當地居民同處共居一段時期。雖然當地人也知道他是誰以及他來的目的。由於應用觀察的技術，多少要參與其間，所以只有參與程度的不同，而不能說非參與的（non-participated）。如果研究小團體（small groups）則當稱爲結構的或未結構的觀察（structured or unstructured observation）。

觀察方法是藉感覺的印象而獲得材料，一切科學方法都是如此。目觀耳察所得之事實本身幷不「說明」什麼，只是這些事實所代表的意義才是科學知識的基礎。在行爲科學上雖常採用觀察方法，但觀察的結果却難以比較。困難之一在於觀察者與被觀察者之間的關係不能確定，同時就影響到觀察技術。結果可能產生不適當的理論與似是而非的假設。困難之二在於觀察所用的工具仍欠準確，所以不能有客觀的有意義的材料。進行觀察應限於直接可觀察的事象，宜能重複進行者，觀察記錄宜求量化，單位應予具體，文辭應求客觀而準確，使不同的觀察者有一致性的觀察結果。與觀察有關的一個名詞，稱爲大衆觀察（mass observation）。一般說來，此係指應用參與觀察技術，以進行調查方式之研究而言。嚴格來說，則係指在第二次世界大戰前在英國成立的一個學術性團體（由 C. Madge 及 Tom Harrison 所創）。其目的在用科學方法研究人類行爲，其特殊之點係透過報紙招募大批志願性的「觀察者」。當時曾有千人以上詳記日記，記錄日常生活，或者報導吸煙的習慣，迷信行爲或觀察鳥類的喜好。這個組織的目標是觀察任何人的任何事，包括觀察者自己，其後由於戰爭的關係，工作頗受影響。此後又有大衆觀察公司之成立，此係從事市場研究之公司，對前者有大的影響。（席汝楫）

參考文獻：

Kerlinger, F.N., Foundations of Behavioral Research. New York: Holt, 1966.

Whyte, W.F., "Observational Field-Work Methods," in Research Methods in Social Relations, ed. by Marie Jahoda etal. Part Two: Selected Techniques, pp. 493-513. New York: Dryden, 1956.

Mann, P. "Mass Observation," in a Dictionary of Sociology, ed. by G. Duncan Mitchell, p. 116, Chicago: Aldine, 1968.

混合（Amalgamation）

兩種或兩種以上的人種經過結婚的程序而產生生物學上所稱的混合種，謂之混合。在社會學上所稱混合，則指兩個或兩個以上的個人或團體，其基本特質頗相近似，而功能略有差異。經過彼此協調而合併成爲相同的結合或同盟的一種過程。（張鏡予）

混合家庭（Composite or Compound Family）

混合家庭是聚集若干個有關的核心家庭而形成的社會團體，這些核心家庭可能是完整的，也可能是非完整的。行複婚制的社會，某男人與其所娶多妻及各妻所生子女而構成之家庭，可以稱爲複婚家庭或多偶家庭（polygamons family），亦可以稱爲混合家庭。包含祖父母、父母、叔伯父母、兄弟姊妹等之家庭，可以稱爲擴大家庭（extended family），亦可以稱爲混合家庭。娶喪偶或離婚之婦人爲妻者，與前夫所生子女住在一起，可能再加上其他親戚，這也是混合家庭。又混合家庭不一定要同居於一住宅之內。（See "Composite Family", in D.S., p. 114, and "Compound family", in I.E.S.S., vol. 5, p. 304.）（朱岑樓）

控制分析（Control Analysis）

大衆傳播研究的一部門，以生產、分配及發表傳播消息的個人或團體的性格、動機、組織、活動及其所受的影響或因素做爲研究對象。大衆傳播是一種控制的過程，蓋因傳送消息或意見，乃含有造成某一反應情境，影響他人的想法、看法及作法的作用或結果。

控制分析上，社會學家所關切的問題主要的有：誰是傳播的發起人或主使人？誰是直接的傳播人？這些人有何需要，願望及動機？他們的價值觀念及行爲模式如何？這些個人特性與其傳播的內容有何關係？其傳播內容與社會需要和社會變遷又有何關係？傳播人在社會上的地位如何？擔任那些職務？這些地位與職務在民衆的眼裏是高或低？是好或壞？政府、政黨、社團及人民對傳播作何影響或干涉？

從組織結構方面說，大衆傳播的傳播人可分爲生產、分配及發表三個階層。生產階層除採訪、編輯、印刷及製作人員外，又包括政府、商業團體及社會團體。這些機關或組織常設置公共關係部門或委託廣告公司，發動宣傳，以利其業務的推行。分配階層包括通訊社、報系、辛廸加（Syndicate）、廣播公司、電視公司、影片交換所等。發表階層包括報社、雜誌社、廣播電台、電視臺、電影院、書店、推銷員等。

現代傳播組織的主要趨勢爲集中化與龐大化。電視與廣播組織固勿論矣，即是拿報紙說，其銷售量雖不斷增多，但報社的間數却相對地減少。這在大衆傳播業發達的國家更爲顯著。美國報社自第二次世界大戰期間即盛行合併或組織報系，其結果造成報業的獨占，尤其在中小級的都市裡爲然。在這種都市裡大都只有一家報社。與集中化相伴而至的是傳播組織的迅速擴展。目前再小的報紙也是大規模的企業，非有上百萬的資本莫辦。

隨着傳播組織的改貌，傳播人員的性格也發生變化。企業組織的一特性是專業化，而專業化的特徵即官僚制度化(bureaucratization)。這即工作專門化與事權集中於少數人手裡。傳播組織現今都是企業組織。在這種組織裏，從業人員是拿固定報酬，專司一專門領域的白領階級，並不是獨立自主爲自己的思想或哲學而做事的自由職業人員。這與以前有很大的差別。同時，傳播事業也由於商業化及獨占化的結果，其傳播內容的品質降低，給予社會不良的影響，於是傳播業的控制也成爲世人所關心的問題。與以前相反，今日普遍的要求是政府應在某範圍內檢查、干涉或控制傳播業。不過社會學家則認爲政府、傳播事業及大衆均應負起責任，共同協力引導大衆傳播於正途。（范珍輝）

參考文獻：

Erik, Barnouw, Mass Communication: Television, Radio and Film. 該書由祝振華翻譯，閱其「大衆傳播學」，臺北建國出版社，民國五十二年，卷三與卷四。

Wilbur Schramm, The Responsibility in Mass Communication (New York: Harper, 1957).

范珍輝「大衆傳播之社會學研究」，刊於思與言，第四卷第一期，民國五十五年一月。

控制觀察（Controlled Observation）

觀察法的一種，即將觀察工具加以標準化，用以保證觀察結果的客觀準確性的方法。這個方法常用以研究幼兒、討論團體、友伴團體等的行動或互動。到目前爲止，這個方法僅限於實驗情境的觀察，未被運用於自然情境的觀察上。貝爾斯(R.F. Bales)所創用的互動過程觀察法爲控制觀察的一典型。貝氏研究團體互動時，開始時編列的互動項目共有五十之多。嗣後當他對各項目施以嚴格檢查及測驗後，便大量予以删除，最後僅留下列十二個項目。他認爲這十二項目可應用於任何小團體的互動情境，成爲控制觀察的重要工具。

貝爾斯團體互動記錄表

領域	組	項目	問題
社會情感領域：積極	A	1. 表示團結，提高他人的地位，幫助他人，酬答他人等	f
		2. 表示緊張解除，開玩笑，嬉笑，表示滿足等	e
		3. 同意，表示消極接受，了解，協同，順從等	d
工作領域：中性	B	4. 建議，指導，暗示他人自律等	c
		5. 表示意見，評價，分析，表示感情及願望等	b
		6. 提供方向、消息、重複、澄清、確認等	a
	C	7. 要求指導、消息、重複、澄清、確認等	a
		8. 要求意見、評價、分析、表示感情等	b
		9. 要求建議、領導、提供行動方針等	c
社會情感領域：消極	D	10. 不同意，消極拒絕，形式化，拒絕幫助等	d
		11. 表示不協調，要求幫助，撤出等	e
		12. 表示反抗，破壞他人的地位，辯護或主張己見等	f

A：積極反應	a：傳遞問題	e：減緩緊張問題
B：提供答案	b：評價問題	f：重整合問題
C：提出問題	c：控制問題	
D：消極反應	d：決定問題	

（范珍輝）

資料來源：

R.F. Bales, Interaction Process Analysis (Addison-Wesley, 1951), p. 59. Quoted by Claire Selltiz et al., Research Methods in Social Relations (New York: Holt, Rinehart and Winston, 1961), p. 224.

參考文獻：

Claire selltiz et al., et al., pp. 223-225.

Pauline V. Young, Scientific Social Surveys and Research (New

Jersey: Prentice-Hall, 1966) 4th edition, pp. 169-177.

Roger W. Heyns and Ronald Lippitt, "Systematic Observation Techniques" in Gardner Lindzey (ed.), Handbook of Social Psychology (Mass.: Addison-Wesley, 1954), pp. 370-404.

專制政治（Absolutism 或譯專制主義）

通常指一種政府體制或政治結構，其最高權力係由一個君主或一小集團所掌握，不受任何東西的限制。引伸言之，此名詞亦應用於一個人或幾個人對任何團體所實施的獨斷控制。如用以指這種控制的主張或學說，則稱爲專制主義。

西洋歷史學家用此名詞時，通常並非指享有無限權威的任何政府，而是指十七及十八世紀西北歐洲的君主與其共有特質。

從普通社會學的觀點來看，這種用法並不完全符合事實，因爲他們共有的特質當中，有許多與權威的無限制性只是偶然地相連起來。而且從更廣泛的相對背景觀之，十八世紀歐洲的所謂無限制的權威比很多其他的統治者的似乎有更多的限制，特別受貴族與教士們的特權之限制。例如，過去蒙古的可汗，土耳其的蘇丹，飛枝（Fiji）的王者，及許多近代的獨裁者。不過歐洲那些君主自稱有絕對的權威，及其事實上所具有的權威，較之中世紀的君主或後來的主憲君主，其所提供的事實似乎更接近此名詞的定義。

但是，從社會學方面來給此名詞下界說時，卻必須記住，事實上並無絕對權威這回事。沒有那一個社會關係的結構能保證對所有可能想像的命令都得到服從。雖然權威是不能加以測量的，但是依該定義所指的範圍言之，它倒可包括差異很大的情況在內。（參閱「專權政治」、「獨裁制」及「極權主義」各條。）（龍冠海）

參考文獻：

"Absolutism" in D.S. and D.S.S.

專權政治（Autocracy）

指一種權力結構，其特徵是：(1)在其等級的最高層由一個人佔優勢；(2)無任何風俗或法律作爲統治者行爲的說明；(3)統治者權威的執行沒有任何習慣的或法律的限制。最後一標準並不含有專權政治與極權主義（totalitarianism）是一樣的東西。因爲統治者的權力無憲法的限制，並不一定導致政府對人民整個社會生活有系統的控制之建立。專權政治可以人民的效忠或懲罰的畏懼爲主要依據，在實行上，二者常存在，但彼此的重要性有很大差異。最高權威的賦予若以預定的規範爲根據，則稱爲合法的專權政治（世襲的或被選擇的），若以服從爲依據，則稱爲獨裁政治（dictatorship）。

有的作者用此名詞於廣義上，意指專權政體不允許被治者的行爲影響統治者的選擇。更常見的用法是指一種政治由一個人（稱爲專權者）掌握絕大的權力。這個用法可能更爲正確而可取。（參閱：「專制政治」、「獨裁制」、及「極權主義」條。）（龍冠海）

參考文獻：

"Autocracy" in D.S. and D.S.S.

情境社會學（Situational Sociology）

美國社會學家湯麥史（W.I. Thomas, 1863-1947）是心理學派社會學領袖之一，他駁斥所有對於社會現象的因果方法，主張停止一般因果律的觀念而側重於爲特殊前件找尋特殊影響的方法。關於人格與文化關係的研究上，他提供一個主要的意見，他指出「個人的不同是在什麼樣的風俗習慣下養成的。情境的變遷，產生行爲上的變動；個人在什麼樣的情境下，他將採取什麼模式的行爲反應。他以爲人們受情境的影響，但人力也可決定情境。這兩者是交互爲用的。

其後嘉爾（L.J. Carr）提示「情境社會學」（situational sociology）這個名詞（見一九四五年九月號美國社會學雜誌），他以爲社會學要瞭解「人類共同體」（human togetherness）必須研究行爲與文化所包括的人類情境。據他指出：一個社會情境是由六種因子形成的模式。此六種因子是㈠人，㈡文化特質，㈢特殊意義與關係，㈣動的過程，㈤時間，㈥地點。這些因子聯合，乃產生動的型式，也就是「情境」，這些情境就是社會學所研究的單位，也就是社會學家觀察人類共同結合的單位。（孫本文：近代社會學發展史，頁二一六，五十五年臺灣商務印書館臺一版。）（謝　康）

情境釋義（Definition of the Situation）

情境釋義一詞有兩個意義，一指個人對其所處之情境的看法與想法，一指一文化所包含爲其社會分子所分享的看法與想法。這兩個觀念互爲表裏，係代表一概念的兩個層次。文化釋義係透過社會化或其他社會互動，爲行動者接受文化或將其內在化，而行動者的釋義可導致文化釋義的改變內容。

在社會學上最早使用此一概念的是湯姆史(W.I. Thomas)與齊南尼基(Florian Znaniecki)，不過創用者爲誰則不詳。現在此一術語已成爲社會學與社會心理學的重要用語。這個概念常用以說明以下兩個社會行動的理論：一、它指出行動者須對他所處的情境有充分的認識與瞭解，否則無法採取合理的行動。從此一觀點，社會科學家便創設「意義」、「動機」及「態度」等概念。二、這個概念強調「釋義」本身具有文化的性格，即經由社會化的過程，文化規範由社會構成員共享及傳遞。解釋情境的記號或象徵性的意義，經過傳遞而在社會構成員的人格上內在化後，即成爲限制其行爲的因素。湯姆士指出文化對各個社會情境的解釋是相當嚴格的，而當很多人的願望與社會情境的解釋互有出入時，則社會生活將發生衝突。這並且是社會變遷的根源。

派遜斯(Talcott Parsons)所說的「定向」(orientation)與韋伯(Max Weber)所說的「意義」(meaning)爲情境釋義的同義語。（范珍輝）

參考文獻：

D.S.S., "Definition of the Situation"

Joseph S. Roucek and Roland L. Warren, Sociology (Peterson, N. J.: Littlefield, Adams and Co., 1957), p. 244.

Talcott Parsons, The Social System (Glencoe, Ill.: The Free Press, 1951).

Max Weber, The Theory of Social and Economic Organization, trans.by A. R. Henderson and T. Parsons (London: William Hodge, 1947).

D.S., "Definition," "Situation", "Social Situation".

理念型（Ideal Type）

理念型（或譯理想型）爲社會學分析的一方法，由韋伯(Max Weber)創用。它是結合一事物的許多可觀察的現象所構成的全形（configuration）或形態(gestalt)。韋伯運用此一概念以分析與比較經濟、宗教及社會。現實是異常複雜並且不斷變遷的，故其研究除非採用去蕪存菁的方法，就幾個重要的層次，進行分析與比較，建立純粹的思維像，將無太大的績效可言。韋伯的理念型即是使用類型以比較各類社會的方法，這種類型具有理想或觀念的性格。

理念型具有以下幾個特徵：

一、它並不是倫理上的理想，也不是「平均」的概念。這無論在統計或經驗的觀念上皆然。

二、理念型的概念是邏輯上的理想。它是自由創設的心理結構(mental construct)。創設這個概念的目的係藉分類、強調及聯結社會現象的各要素，以便創設現實的秩序，以及發現社會關係的完整體系。

三、理念型的一種強調社會要素的方式是建立合理的行爲過程，不過也可能建立較少合理性的理念型。

四、從定義上說，理念型的構造概念並未完全包括經驗事實，因此任何現象都可藉不同要素的強調而發展多種不同的理念型。

五、理念型概念有以下兩個功能：其一、便利分類與比較，其二、發展概括論斷的類型，並用以說明歷史事件的因果關係。

六、理念型雖是抽象的，但1.它必須含有客觀的可能性，這即說，此一理念型須能用以說明具體的現象；2.它必須是主觀上有意義的，例如，社會行動的類型必須可從個人的動機上瞭解得到。（范珍輝）

參考文獻：

D.S., "Idea Type," "Ideal-typical Method."

D.S.S., "Ideal-type Analysis," pp. 311-312.

龍冠海主編，社會研究法，臺北廣文書局出版，民國五十八年，頁三五及三一七。

理解社會學（Verstehenden Soziologie）

或譯社會理解學派，亦稱「領悟社會學」因德文之verstehen，原有理解及領悟之義。此派導源於狄爾泰(W. Dilthey, 1833-1911)，而創立於韋伯(Max Weber, 1864-1920)及宋巴德(W. Sombart, 1863-1941)，尤以韋伯之貢獻爲大。韋伯對社會學界定如下：「這是一門以明確理解社會行爲爲目的的科學，由於理解，方能對社會行為的過程及結果，獲得因果的解釋。」他認為科學的社會學，必須具備下列三要件：㈠研究人類關係的歷史進化中特殊而顯著的各方面。㈡確定社會生活的基本趨勢內一切事件及功用的因果關係。㈢解釋各文化要素間的互相關係。至於理解的方法，大別有兩種：㈠知識的方法，對於一串行動，加以理論分析，以求獲知其動機及意圖。㈡共感的方法，即設身處地，追尋感情的因素以明瞭根源。至於理解，也分兩類，一是事實的理解，二是解釋的理解。社會學家的任務，主要是解釋社會現象，而不是發現定律。（吳克剛：現代社會思想的發展，正中書局，二十世紀社會科學—社會學，五十九年九月初版）因為社會是由個人間互動而成，情形非常複雜；要了解它，只有由參加者直接憑內心知覺而領悟。因為社會是我們自有的，我們可體驗到進行中的互動作用；並由於社會中他人與我相似，我可以了解他們的內心作用，藉此可領悟社會生活。韋伯根據狄爾泰的意見以為人們用內省和直覺的方法對人類能直接體會行為結構之理解的可能性，因為一切社會事實，都是可理解的，而理解它們，正是我們可運用的最後手段。（謝康譯狄馬舍夫：社會學理論第十四章，五十六年臺灣商務印書館出版。）（謝　康）

殺人（Homocide）

一個人被他人殺死，斷絕其生命，叫做「殺人」，若與自殺對舉，亦可稱為「他殺」，按照法律的觀點，殺人的行為，可能是合法的，或者是不合法的。如果是合法的殺人，法庭審判時，就判他無罪，或根本不發生法律上的問題，例如因正當防衛而殺死那謀殺他的人，或因執行國家法令而對被判死刑者執行槍斃或絞刑或斬首（上斷頭臺）等，都是合法的。至於誤殺(manslaughter)或謀殺(murder)都是不合法的殺人。我國刑法，規定殺人者處死刑、無期徒刑或十年以上有期徒刑。又殺人罪大概可分四類：㈠一般的殺人罪，普通殺人罪，皆屬於此類；㈡特種殺人罪，例如殺直系血親尊親屬，當場激於義憤而殺人，及母親於生產時或產後殺其所生子（女）都是；㈢同謀殺人罪，如教唆或幫助他人自殺，或受其屬託而殺之；㈣過失殺人罪，即因過失而致人於死地。（謝　康）

移民（Migration）

移民是指人口在地理上或空間上的流動，或在不同地區間的移動，從原住地移到目的地因而居所發生改變。這種遷移是屬於永久性的，與不改變居所臨時性的移動不同。移民這個概念只是適用於比較上能夠定居的人口。事實上移民與旅客不易分辨，須視離開原住地的久暫，或者在目的地停留的長短而定。何者是移民，何者是非移民，由當地政府依法律規定加以確定。

就疆域而論，人口遷移可分為：移出疆界者為外移 (external migration)，如係國界則稱為國際移民。外移與國際移民意同而質異，宜加區別。在同一疆域之內遷移而未跨越疆界者則稱內徙(internal migration)。向外移出稱為遷出(emigration)，由外移入則稱移入(immigration)。

移民運動(migratory movement)是指人口中之部分人口由於遷移所生之運動。入境的移入人數與離境的遷出人數之總和稱為總遷移(gross migration)或遷移量。入境者與離境者之差額稱為淨遷移(net migration)或遷移差額。如果遷出人數超過移入人數，其差稱為淨遷出；如果移入人數超過遷出人數，其差稱為淨移入。

移民統計是蒐集數字以表示移民量，移民運動方向，以及移民之性質。其正確性主要取決於蒐集材料之方法，多數的遷移統計是屬於近似的估計數，而非精密的事實。遷移的正確量度需要系統的登記制度。例如，海外遷移人數可根據港埠、機場的旅客登記或旅客名單計算。這種統計相當不切實，除非把移民與旅客清清楚楚地分開。出入境證或其他簽證或居留證人數，也可能得知部分遷移人數。從選民登記，學校轉學或其他法定居所的改變，也可得知部分內徙人數。但是這類材料，嚴格地說，與遷移所指的人口運動是大有出入的。

如不能用直接的方法蒐集遷移統計時，則可用間接的量度方法，用剩餘法估計之。兩個時期人口差額，多少是由於自然增加所致，多少是由於遷移所致。生命統計法用以計算總人口增加數及自然增加數。而殘餘比例法則應用兩個普查期間內的死亡率，估計不同年齡組內在該時期預期的人口數。預期人口數與登記人口數互相對照，可估計得該年齡組內之遷移人口。如果能夠獲得總遷移或淨遷移的材料，則對該區的總人口而言，可計算出遷移率(migration rates)但事實上困難殊多，甚少應用。

對於人口流動之研究不僅限於遷移本身，兼及於臨時流動人口，意指某些規律性的移動尤為重要。通動(Commuting)係指居所與工作場所之間的固定往返，而季節性的遷移則約發生於一年內之某一時期。這類季節性遷移通常指勞工的遷移，指個人工作（例如收穫），因季節適時而流動地改變工作地點所生之遷移。

志願遷移是指移民因其志願而主動地易地遷移。廻移 (return migration) 係指移民遷出原住地之後，經歷一段時期之後，再返回原住地謂之。遣返移民 (repatriation) 也屬回廻移之一種。不過係由某一些公共機構主持，例如兩國人口之交換，或因疆域之調整，而引起之人口遷移。

大批人口或多數家庭一起遷移則稱爲集體移民，否則是個別的移民，眾多人口集體變移，則爲大量遷移 (mass migration)，由於緊急情況或災害而引起的意想不到的大量移民則稱爲撤離 (exodus)。

與志願遷移相反的是強迫遷移，由於別種力量逼使移向別處。強迫遷移的一個例子是驅逐出境，不論是個別的或是集體的。撤離遷移是指一地區全部人口爲了避免災禍劇變，如天災、地震或戰爭而引起之遷移，雖然一切係指由於自願取決而離開原住地，否則將遭受危險或迫害。徙置人口指由於公共機構而僅由原住處移到一定地區的人口。結果造成大規模的徙置人口或人口轉移或人口交換。

內移人口對於移入地情況之適應過程有下列不同的情形：

歸化—指取得法定公民資格。

融化—融合於生產性的經濟活動。

同化—在平等的基礎上在社會結構上契合一體。

涵化—與移入地人口之風俗價值完全適應。

由一特殊地區內移之人口并未同化而仍保持原住地之文化，則可稱之謂殖民地 (colony)。當移入地已有人口定居時，則不同人口之間發生了共存的問題。如果兩種人口不同點已經消除時，則稱融合 (fusion) 或這一人口整合入另一人口。如果一個地區內好幾種人口共同居住卻涇渭分明，因異風異俗，不相往來，甚至引用法律強加分離，則稱爲隔離 (segregation)。

移民政策是人口政策中之一部分，許多國家訂立移民法，限制他國人口移入。這種移民法常也規定了選擇性的移民辦法，准許具有某種特性的人口移入。例如美國對於移民按其國籍規定限額。有些國家對於本國境內人口之再分布亦訂定辦法用以鼓勵或限制人口之遷移。（席汝楫）

參考文獻：

United Nations: Migration, in Multilingual Demographic Dictionary, English Section, pp. 46-48, United Nations, Department of Economic and Social Affairs, New York, 1958.

問卷 (Questionnaire)

係用調查方式進行研究用以蒐集材料工具之一。一般用訪問方式所用工具稱爲訪問表。如果被調查者自塡答案此種工具稱爲問卷。由於要求自塡答案，故問卷多用於教育程度較高者。

編製問卷時，首須注意遣詞用字，定義明確，而必爲塡表人所能瞭解，而且問題的先後順序排列，亦須注意。

問答方式通常有問答題或者是非選擇題，前者稱爲問答卷，後者則稱選擇卷。問卷雖然可使答案詳盡周全，但分析時則費周章。選擇卷則正相反。問卷如以郵寄方式送出，則甚簡便經濟，同一時期可分送給相當大的樣本。但是收回率通常較低。對於樣本之代表性亦難以估計。

問卷這種工具所能得到的材料除事實方面的材料外，可收集到特殊狀況下之心理傾向與行爲的趨向，此即所謂態度是，也可收集到數種假定的情況下，愛惡之選擇，此即所謂意見是。問卷中常以各種量表的方法系統地收集心理方面的材料，其問題方式有定值量表，定序量表，社會距離量表，社會計量量表，各種態度量表，或者以投射技術行之。蒐集之材料則以內容分析方法處理，加以闡釋，與已有的理論聯爲一氣，或創立新的理論。

在調查方式之研究中，利用訪問表或問卷收集材料，須列出問題。唯答問方式須先確定。一種爲多項可能的答案中圈選一個答案，即爲是非、選擇等。另一種則不加限制，可循己意回答，此類問題稱之爲未列答案題 (open-ended question)。由於事先沒有把可能的答案預爲列舉，所以答案要由訪問員或塡卷者詳細而明確的寫出來，此類方式優劣互見，優點是可用之於動機一類的問題，或過去的經驗，個人感受等類問題，務使答案完備詳盡，包羅無遺；缺點則是在分析時務須細心歸類，立目，編號過錄，極其繁瑣。（席汝楫）

參考文獻：

A Dictionary of Sociology, ed. by G. Duncan Mitchell, Chicago: Aldine, 1968.

Selltiz, C. et al., Research Methods in Social Relations. New York: Holt, 1960.

Kerlinger, F.N. Foundations of Behavioral Research, New York: Holt, 1966.

Komhauser, A. "Constructing Questionnaires and Interview Schedules," in Research Methods in Social Relations, ed. by Jahoda et at., Part Two, pp. 423-462. New York: Dryden, 1951.

強制 (Coersion)

使用武力或公權力脅迫個人反其自由意志從事某一行動的過程。

強制的種類很多，有武力的強制與非武力的強制，有身體的強制與非身體的強制，有合法的強制與非法的強制。

武力的強制是最爲有效的社會控制工具，不過民主社會裏常設置法度規章，限制武力的使用，以符合民意政治的原理。國際政治也傾向於武力的限制，這在聯合國設立後，更加顯明。

從政治上說，武力強制有一定的限度，過分使用常招致民衆的反抗，因而破壞社會秩序。社會學家的研究強制，注重非武力強制工具。據法國社會學家涂爾幹 (Emile Durkheim) 的看法，個人或團體行爲受社會事實(social fact)的控制。社會事實是觀念與意識的事實。這些事實經由社會化過程深入個人內心，而一旦每個人具備社會意識卽形成集體意識。集體意識爲強制個人行爲、思想及感覺的最佳工具。此外，社會學家從國家及其他制度研究強制。這種研究除政治與技術方面的問題外，又探討倫理及心理方面的問題。同時在區別合法強制與非法強制，強制與操縱影響上，也下很大的工夫。（范珍輝）

參考文獻：

D.S., p. 45

D.S.S., p. 98

Emile Durkheim, The Rules of Sociologixal Method, trans. by S. A. Solovay and J.H. Mueller (Glencoe, Ill.: The Free Press, 1938).

教育社會學 (Educational Sociology or Sociology of Education.)

應用社會學之科學精神方法及原理而研究教育之科學，稱爲教育社會學（據 W.R. Smith ）。它是應用的社會學之一支。依斯耐登 (D.A. Snedden) 的說法「社會學是教育的基本科學」他又說「教育社會學是從社會學及其他社會科學選擇材料與方法，以解決教育上的重要問題」(見盧紹稷著：教育社會學，頁二八—二九）。吾人循名求實，教育社會學，自是教育學與社會學合作之結果。杜威教授於一八九九年著「學校與社會」一書，從社會學立場探討學校的功能，有人認爲這是教育社會學的開始。涂爾幹是社會學家也是教育學家，著「教育與社會學」一書（一九二六再版），內有「教育學與社會學」篇(Pedagogie et Sociologie) ，特別闡發兩者的密切關聯，吳俊升博士著「教育論叢」一書曾加以發揮及介紹，杜威和涂爾幹都可稱爲教育社會學之先進。在近代美國，這門學術相當發達，名家輩出，除杜威外，如 D.W. Dodson, F.J. Brown, W.B. Brookover, C.A. Anderson 等，都有關於教育社會學的專書及論文發表，中國則有盧紹稷，雷通羣等的著作。（可參看各家教育社會學的專著及龍冠海：教育社會學與當代教育問題，原文載「社會學與社會問題論叢」，頁三三七—三五〇，五十三年臺北正中書局出版，又謝康著教育學要義第三章教育學與社會學，五十三年，香港，至善出版社再版）

深度訪問 (Depth Interview)

非結構訪問 (unstructured interview) 的一種，爲臨床心理學家常採用的技術，用以有計劃有程序地搜集非知覺或心理經驗等有關人格動態和動機的資料。

一般而言，深度訪問是長時間的程序，鼓勵受訪人自由表示其感情，提供資料。又有時這種訪問藉用特殊的投射技術以搜集資料。這種訪問最須技巧與謹愼，方能搜集到豐富有用的資料。

深度訪問一方面揭露重要的心理與社會的情境，他方面則發現個人自述的態度和意見與其外表行爲的因果關係。其特徵表現在訪問程序上，但其整理資料的技術則與一般訪問法同，藉重定量方法。（范珍輝）

參考文獻：

Pauline V. Young, Scientific Social Surveys and Research (Englewood Cliffs, N.J.: Prentice-Hall, 1966), 4th edition, pp. 220-221.

Eleanor E. Maccoby and Nathan Maccoby, "The Interview: A Tool of Social Sciences," in Gardner Lindzey (ed.), Handbook of Social Psychology (Reading, Mass.: Addison-Wesley, 1954), Vol. 1, pp. 449-487.

酗酒（Alcoholism 或譯「酒精中毒」）

這是尼古丁(narcotic)的問題，飲酒來源甚古，初民部落多已知道釀酒，和喜歡喝酒，有些開化民族文化，如回教則禁止飲酒。中國古代「禹惡旨酒而疏儀狄」又周成王時康叔作酒誥，力陳酗酒之害，孔子飲酒無量，但不及亂，基督教大多數的教會禁飲酒精多的飲料，只許喝未經發酵的葡萄酒(unfermented wine）。從前猶太人則以此種酒敬神，猶太教徒幾乎沒有酗酒或酒精中毒的現象。至於飲少量的酒，對人體及優生作用，有無影響，至今尚無定論。但優生學家公認飲酒過量，會影響胚種原形質，致日後發生神經上的病害，也可能成為生育兒童不健全的一個原因。許多醫學家和衛生學家，同樣地認定酗酒或酒精中毒會損害種族(E.S. Bogardus: The Development of Social Thought, p. 357, N.Y. 1955.)

酗酒行為的蔓延和民族文化模式有關，從前中國詩人和名士，往往與酒結不解緣，好像劉伶，阮籍，陶淵明、李白、杜甫、蘇東坡、陸放翁之流，有許多關於飲酒的詩歌，如「對酒當歌，人生幾何？」「何以解憂？唯有杜康」又如「古來聖賢皆寂寞，惟有飲者留其名。」皆是。他們似乎以酒來逃避現實，這就反映由於文化內部的衝突、矛盾和壓力，使這種人無法擺脫，而不得不沈湎於酒，藉此解憂消愁，逃避人生現實的苦悶和社會的規約。

許多心理學家以為有些人的人格錯綜(complexe)，存着某種程度的憂慮和不安，及自卑感，於是藉酒來痲醉自己，結果多半為酒毒所害。按照佛洛依德(Freud)心理分析的說法，對飲酒的渴望這種心理和同性戀 (homosexuality) 受壓抑有關。據聯合國世界衛生組織心理衛生專家給「酗酒」的定義說：「酗酒是一種精神的或身體上的慢性病，它表現自己是一個行為的混亂著。」常常累及他自己的家屬，美國現有四百五十萬酒徒 (alcoholics)，其中婦女約佔七十萬。一般美國人認定酗酒和癌症一般可怕，以為嗜酒成癖的人，醉生夢死，如不能澈底戒酒，只有毀滅這條路。(W.C. Reckless: The Crime Problems, Chap. 11, 1950, New-York)（謝　康）

偏差行為（Deviant Behavior 一譯「反常行為」）

在一個社會團系或文化體系之內，有些公同接受或承認的行為標準，凡脫離這個標準或與它衝突的行動，通稱為偏差行為，這是最簡單的解釋。偏差這個觀念，係從統計學上所謂「誤差」而來，偏差行為，是不合規矩的。

判定偏差行為的標準，隨社會規範及文化類型而有多少的不同；例如中國人重視孝道，不孝養父母的行為，便被認為偏差行為。但在個人主義思想十分發達的工業社會，例如今日美國，不奉養父母，並不認為是偏差行為。又如盛行多妻制的地方，一個男人討三四個太太或姨太太，不算是偏差行為；但在法律規定一夫一妻制的社會，就構成偏差行為了。總之，各種形式的偏差行為，其意義是隨着所在地區或團體的社會規範而變動的，一種行為被團體察覺為偏差行為時，必然根據此一團體所訂立的社會規範去量度它。因此，可能發生社會制裁或控制的力量。

柯恩(A.K. Cohen) 對於偏差行為的定義，逐漸為許多人所接受，他說：「違反社會制度所期許的行為，就是偏差行為」，而所謂「期許」(expectations)就是一個社會體系內認為合法或正當的意思。(語見墨頓 R.K. Merton: Sociology Today, p. 462, New York, Basic Books, 1959)此外，斯普魯特(W. J.H. Sprott)的界說，也和這個定義差不多，但他用社會秩序(order)字樣。他又以為偏差行為的發生由於非病態學的因素，而是累積的社會變遷的結果。(Sprott: Science and Social Action, Glencce, Illinois, The Free Press, 1956, p. 104)。但有不少的學者研究偏差行為的病原學(aetiology of deviant behaviour)，則認為與精神的病態有關。(D.S.S.)（謝　康）

探索性的研究（Exploratory Study）

社會研究上探索性的研究為社會現象的初步與非代表樣本的研究。這種研究用以尋求認明社會現象的組成要素，以便做系統或概括的研究，或對一現象的一個或數個層面做一集中的解析研究。

探索性的研究最常採用的方法有下列三種：1.參閱有關的社會科學及其附屬的文獻；2.調查與研究問題有實際經驗的人士；3.分析具有啓發性的事例。

多數探索性研究採用上述一種或兩種以上的方法。（范珍輝）

參考文獻：

Claire Selltiz etal.,Research Methods in Social Relations (New York: Holt, Rinehart and Winston, 1961), pp. 52-53.

D.S., "Exploration"

訪問法 (Interview Method)

訪問法是社會研究上最基本的搜集資料的一種方法。廣義的訪問指根據特定目的所做的會談。在此意義上，訪問法包括精神診斷、精神治療、指導及人格評價等。狹義的訪問指為搜集一群人本身或其熟人的消息或意見所做的會談。這種訪問又稱為研究訪問(research interview)，其目的為描述、解析或預測現象間的關係。研究訪問的對象不僅二、三人，而是一羣人，通常是按隨機選樣的方法所抽取的具有代表性的一羣人。這羣人叫做研究樣本 (reserach sample)。再者，這種訪問的過程由訪問員發起與安排，由他提出具體的問題，決定追查事實的程度；受訪人則照其請求提供消息。

訪問法可分為正式訪問法(formal interview method) 與非正式訪問法(informal interview method) 兩種。正式訪問卽使用高度結構化或統一標準化的調查表格，進行資料搜集的方式；非正式訪問則使用簡單的表格或不使用表格，提出幾個籠統的問題，進行資料搜集的方式。非正式訪問的種類很多，但主要的有重點訪問(focused interview)、臨床訪問(clinical interview) 及非引導性訪問(non-directive interview)三種。（參考「非正式訪問」條）社會研究上，資料搜集的主要方法，除訪問法外，尚有問卷法與觀察法兩種。下文比較這三種方法的優劣點。

與問卷法比較則訪問法的優點為：

1. 可用以調查文盲或教育程度低者。
2. 可提高被調查人的提供資料興趣。
3. 其資料的代表性較高。
4. 有較大的彈性，這卽可避免被調查人的誤會或誤解問題，同時也可搜集到表格調查以外的資料。

與觀察法比較則訪問法的優點為：

1. 可搜集到身歷其境者對情境的解釋資料。
2. 可搜集到較豐富的資料。
3. 可用以調查過去的經驗或事件，也可以搜集心理經驗的資料。

與問卷法比較則訪問法的劣點為：

1. 調查費用、時間及人力為大。
2. 受訪問員個人的特性或偏見所影響，無法在劃一的情境下搜集資料。
3. 無法使被調查人有完全匿名的感覺，由之受訪人對回答將有所保留，或作不實之報告。
4. 用以調查私人生活性質的問題常無法得到回答。
5. 被調查人考慮的時間較短，並且也無法參考別人的意見或查看資料，所以無法用以調查複雜且須要思考或記憶的經驗或事實。

與觀察比較則訪問法的劣點為：

1. 深奧而無法用言語表示的經驗，無法運用訪問法以搜集資料。
2. 非語言性的資料，如手勢、表情、姿勢等，宜用觀察法搜集之。
3. 情感上的過程，如同情、厭惡、迴避等，亦宜藉觀察以搜集資料。
4. 心理經驗、身體的動作、以及場所與速度的變化等社會測量的資料，很難藉訪問蒐集得到，但可藉觀察搜集到豐富的資料。
5. 包括很多人的社會互動資料亦宜靠觀察搜集之。（范珍輝）

參考文獻：

I.E.S.S. 及 D.S., "Interview"

C.A. Coser, Survey Methods in Social Investigation(Melbourne: William Heinemann, 1959), pp. 185ff.

范珍輝「訪問」一文在龍冠海主編，社會研究法，臺北廣文書局出版，民國五十八年，頁一四一－一五四。

密集居住 (Compact Settlement)

密集居住是一羣農業人口遷移至一新地域時，密集居住於一處。故為農民在土地上定居之一種方式。此方式在歐洲、亞洲、南美洲、非洲等地均有之。密集居住之特點為農家房屋與其他建築物均密集在一處，形成一個村或小村落。村民所經營之田場、牧場、果園或山林等則環繞分散於村之四周。村或小村落，有者出於任意自由組合，有者則按一定法則而組成。農民生活在村內，工作則在村外田場上。有些農家，從村內到其田場有一段不小距離。農事工作頗不方便。村人之家屋毗連相接，人畜共處，不合衛生。但密集居住亦有其優點。移民初至一地，生活需要集體防禦，以保安全。又如共同對抗野獸，番人及暴徒；合力控制自然，以取其用而避其災害。衆多家庭聚居一處，可以有較多而充實之社會生活。如人情往還、宗教崇拜、娛樂活動等，在集村較易舉行。復次，密集居住對現代設備如電燈、自來水、公路建設等，有較大使用量，每家所負費用較低，故易於獲得。換言之，集居之地較適宜於擴充現代化設備，享有現代文明便利。密集居住多注重人與人間之社會關係，少注意人與地間之經濟關係。其社會利益大於經濟利益。

在美國，密集居住最早開始於其東北部新英格蘭一帶。移民之文化因素有以使然。美國之最先期移民來自英倫三島。彼等於到達新英格蘭區域時，將其在歐洲之傳統密集居住型式，重建於新大陸。時勢所迫爲另一因素，蓋移民初來此地時，對野獸與印第安人之攻擊須採集體防禦。在殖民時代，密集居住型式以新英格蘭爲中心，逐步擴延至新澤西 (New Jercy)，第拉瓦兒 (Delaware)，馬利蘭 (Maryland)，詹姆士鎮 (Jamestown) 等地。其後由俄亥俄河 (Ohio River) 向西開發，因受聯邦政府公地放領政策及民間佔地作風之影響，農家各自散居之型式盛行。但在文化共產，社會制度，團體觀念等因素之吸引下，益以奧文 (Owen) 之合作思想，密集居住方式得散見於俄亥俄 (Ohio)，密蘇里 (Missouri)，伊利諾 (Illinois)，猶他 (Utah)，愛德和 (Idoho)，阿里桑那 (Arizona)，懷俄明 (Wyoming)，蒙他那 (Mantana)，科羅拉多 (Colorado)，新墨西哥 (New Mexico)，內華達 (Nevada) ……等州。

在中國，密集居住最爲普遍。在華北地區，因戰亂時作，盜匪衆多，治安不良，農民多密集居住而成村落。自十餘家至數百家不等。在長江以北，長城以南各省甚多大村。在其周圍環築高大圍牆，儼然爲一獨立城堡。其他各省在偏遠之處，亦有此類形式之建構。在華中及華南各較大平原上，集村而居者亦甚多，爲一顯著特色。密集村之大者能變爲集鎮。(楊懋春)

參考文獻：

Lowry Nelson, Rural Sociology Chap. 4, pp. 47-70, American Book Co. 1948.

T. Lynn Smith, The Sociology of Rural Life, Chap. X, pp. 201-235. Harper & Brothers, 1940.

Dwight Sanderson, The Rural Community, pp. 136-140.

楊懋春：鄉村社會學講義，第四章。

部落 (Tribe)

普通把部落說作在首領或首長統治下過着原始或野蠻生活的一羣人。用作專門術語，部落則是一個社群，通常包括若干氏族、村落或其他附社羣，占據特定的地區，說特殊的方言，有特殊而同質的文化，即使缺少統一的政治組織，至少彼此能夠團結一致，共禦外侮。("Tribe", in D.S., p. 342.) 常見之「部落社會」(tribal society)，其含義與「初民社會」(primitive society) 或「文前社會」(preliterate society) 相類似。

上世紀社會演化論者想以其法律制度和政治制度來區別部落社會和現代社會。摩爾根 (L.H. Morgan) 謂部落社會所有者是社會組織而非政治組織 (Ancient Society, 1877)。梅因 (H.J.S. Maine) 謂現代社會以地域爲基礎，部落社會以血族爲基礎，以此二者爲兩類社會作對照，所著之「古代法律」(Ancient Law, 1861)，乃上世紀偉大著作之一，研究古代法律制度而窺其變遷。他說部落社會所着重者是經由出生而規定之地位結構，對於經由技能或努力而贏得之志願契約關係予以漠視。自古迄今，家族和團體聯結之重要性日弱，而個人自主之趨勢日強，於是他提出一個有名的通則：繼續不停的社會變動，是由地位 (status) 到契約 (contract) 的一種變動，此即由部落社會演變到現代社會。(L. Broom & P. Selznick, Sociology, 3rd ed., New York: Harper & Row, 1963, p. 43.)

本世紀在部落社會研究方面，表現輝煌的成果，對上述之種種推斷，以實際資料證實其錯誤。血族組織在部落社會之重要性，雖無人對之懷疑，但因此而否定地域聯繫之存在，則是武斷。凡非遊牧的部落社會，由若干界限分明的社群，家居在共同的地區之內，即非完全如此，亦必是一個結爲一體的政治單位，否則血族組織無從產生。

在另一方面，梅因謂部落社會缺乏契約關係，此點亦獲得大多數人類學家的支持，但是問題在於「何謂契約」，戴維（G. Davy）即就契約的性質提出嚴厲的詰難。他說在部落社會內，地位與契約關係交互糾纏，難分難解，梅因所謂之契約關係完全取代地位，實際只是分離和專門化的逐漸演變過程而已。(La foijuree, Paris, 1922.) 因此我們知道契約與地域二者，均不是區分部落社會與現代社會的充足標準，尚有待於另闢研究之蹊徑。("Tribal Society", in I.E.S.S., pp. 146-147.)（朱岑樓）

商業革命（Commercial Revolution）

伴隨着貿易關係的突然擴張的現象，與工業革命有密切的關係。其主要特色爲世界市場的創造，運輸交通的便利和迅速，國際金融的發展，國際政治貿易關係的複雜性與重要性的加強。（D.S.）

另一種說法是：十五世紀末，到十六世紀初期，由於哥倫布（Christopher Columbus）發現美洲新大陸（一四九二年），以及伽馬（Vasco da Gama）發現通往東印度的新航線（一四九二年）以後，給與當時歐洲商業革命的影響頗大，學者將此時代，與後來工業革命對比，稱之爲商業革命。（高叔康編：經濟學新辭典，第一三一頁，自印，五十四年。）（陳國鈞）

掠奪婚（Marriage by Capture）

掠奪婚是男人以暴力強制得妻的一種婚姻方式。有些學者研究婚姻之起源，謂在草昧初開之時，婚姻恆成於掠奪。北美洲的印第安人（Plains Indians and Athabaskan Indians）仍存此俗。(R.H. Lowie, Primitive Society, New York: Horace Liveright, 1920, p. 23.) 現在只是一種儀式而已，事先已與女家親屬議妥，僅在婚禮中佯作搶刧。我國古時商紂伐有蘇氏，以妲己歸，論者謂爲掠奪。易經「匪寇婚媾」句，以寇與婚媾同擧，亦有掠奪之意。說文：「禮，娶婦以昏時，故曰婚。」娶婦必以昏時行禮，疑掠奪以昏時爲使，後世因之，此婚姻之名所由生。（參閱孫本文著現代中國社會問題，第一冊「家族問題」，商務，民國三十五年上海版，第一二一頁。）（朱岑樓）

現象學派（Phenomenological School）

這是以哲學爲基礎的一個屬於現代社會學的支派。現象主義的哲學可以溯源於康德（Kant），而十九世紀末至二十世紀上半期的現象派哲學，則可以胡塞爾（Edmund Husserl, 1859-1938）爲其中一個代表。一九一三年他出版「純粹現象學中的觀念」一書爲李特（Theodor Litt, 1880-？所汲取和採用，李特著「個人與社區」（Individunm und Gemeinschaft, 1919），強調現象學(phenomenology) 可適用於精神本質方面的現象，而這些心理現象也就是被社會科學所研究的情況，所謂現象學原是傳授，論述，辯論一切刺激我們的感官所得的印象和統覺（perception des sens）的一門學問，也可稱爲「精神的現象學」(phenomenologie de l'esprit)，據普魯東(Proudhon)的說法，這門學問可以追溯到康德哲學。其實李特的方法和韋伯（M. Weber）也很接近。(A. Cuvillier: Manuel de Sociologie, pp. 162-168, Paris, 1958)

這派在社會學上的人物是德國的費爾康（A. Vierkandt, 1867-1953），他於一九二三年出版「社會理論。」其後出增訂版多次，最後一版爲一九四九年，這部書頗有名，許多人引用他的學說。他以爲社會學的任務，是有關社會和文化的一個理論的構造，而最適宜於研究社會的方法，是基於現象學的方法，一稱「觀念化的抽象法」（ideational abstration），無論如何，社會生活的基本概念或最後形式，可從靜觀或直覺的方法獲得。他又指出社會中各種不同程度的聯帶關係，和團體凝聚力不同的等級。

現象派社會學在法國，以葛維治(G. Gurvitch, 1896-1966) 爲代表，在他的專著「社會學的使命」(The Vocation of Sociology) 中，他建立了「深度社會學」（sociology in depth），包含各層次的社會現象的研究。現象派在美國的代表，是浮頓大學教授貝爾華德 (Friedrich Baerwald, 1895-)（謝　康）

接續（Succession）

接續一詞，首由植物與動物區位學家提出，社會學家採借之，加以修改，以擴大入類社會現象範圍內之區位學理論。

在植物區位學，接續係指某地植物群的一系列取代，然後達於高峯階段。在此階段之植物對再發生的侵入威脅，（參閱「侵入」條）能支持一個相當時期。(F.E. Clement, Plant Succession, Washington, D.C., : Carnegie Institution, 1916.)

在動物區位學，接續被視爲一個過程，經此過程各種生物變荒無之地爲生殖之區。氣候與土壤條件之組合。各與特殊的植物群接續相關聯。(C.S.Elton, The Ecology of Animals, New York: Wiley, 1933.)

經社會學家修改後的接續，又有多種不同的用法：

㈠視接續爲單一的更迭，卽一批占據者被另一批占據者所驅逐、所取代。(R.D. McKenzie, "The Ecological Approach to the Study of the Human Community" in R.E. Park, E.W. Burgess, & R.D. McKenzie (eds.), The City, Chicago: University of Chicago Press, 1925.) 故其分析模式採取單一變遷循環中之連續階段，如侵入階段，發展階段和高峯階段。

㈡接續常用之於已經有人居住的地方，如城市內之某段某區，而不用在渺無人煙的空地。蒲濟時(E.W. Burgess)的「同心圈說」(The Concentric Zone Theory)卽是有名的例子。蒲氏謂城市之發展，始自中心之圓環（loop），以圓圈方式往外擴張，在土地利用的過程中，後圈推前圈，卽此一地區接續彼一地區。(Burgess, "The Growth of the City: An Introduction to a Research Project", in R.E. Park et al., The City, pp. 47-62.) 鄧肯二氏(O.D. Duncan and B. Duncan)爲蒲氏的接續概念作如下之闡釋：「某地於T_0年之居民全是團體A之成員，T_1年開始有團體B之成員進入，至T_N年全爲團體B所占據，於是我們可以說在n年之內，該地團體A之居民被團體B所接續。」(Duncan & Duncan, The Negro Population of Chicago: A Study of Residential Succession, Chicago: University of Chicago Press, 1957. p. 104.)

㈢派克(R.E. Park)將接續作積極的使用，擴大其意義，以之包括所有複雜變遷的方式。氏謂「作爲某社區或社會結構一部分之任何單位，其個人間的互動關係因某種有規則之變遷而生影響，不論該種變遷之方式爲何，均應包括於接續概念之內。」(Park, "Succession, An Ecological Concept", American Sociological Review, Vol. 1. 1936, pp. 171-9.)（朱岑樓）

都市（City 或稱「城市」）

都市的界說，依各國及各學者所下的來看，頗不一致，有的以一種要素，如人口多寡，人口密度，或法定地位之類，而有的則以多種要素爲依據。因爲都市本身是一複雜的社會文化實體或組織，同時並有數量與品質的特質或物質與精神的象徵，僅以一種要素爲標準，無論如何，是不適合的，而必須從多方面來作綜合的觀察或描述，才能得其眞相。今試依此觀點來給都市下一定義如下：

都市是聚居在有地域界限內的一個比較稠密而具有異質性之人口集團（卽包括有各種不同性質的人）；在法律上它具有社團法人或法定的地位；在政治上它具有地方政府的體制；在經濟上它具有複雜的分工與互賴；其主要營生方法不是直接依賴自然或農耕以獲取食料，而是靠工商業、人事服務及其他的專門技能；在日常活動與社會關係上，它多半是集體的與間接的。故都市亦稱爲間接社會或團體。一個都市內的政治、經濟、社會、教育、娛樂及其他的活動與關係模式就是它的制度體系。這些制度與各種附屬的團體之總結構就稱爲都市社區結構或社會組織。更簡單的說，都市是具有異質性（包括有各種職業）的許多人之比較大的，密集的，及永久性的聚居地區。它與鄉村最大不同的地方是人口的異質性和居民的經濟活動多屬於非農業方面的，如工商業及自由職業等。（龍冠海）

參考文獻：

E.E. Bergel, Urban Sociology, McGraw-Hill Book Co., 1955, pp.5-8,

N.P. Gist and S.F. Fava, Urban Society, 5th ed., 1968, pp. 10-13.

I.E.S.S., Vol 2, pp. 447-8.

龍冠海著社會學，二四三至二四五頁，三民書局，民國五十七年四版。

都市化 (Urbanization)

此名詞有各種不同的解釋。依美國出版的社會學詞典上的定義是：「變成都市的過程；人口向都市區域遷移的過程；都市面積，人口或過程的加強。」又據古爾特與柯爾伯(Gould and Kolb)主編的社會科學詞典上的說明，它有四種用法。㈠都市中心對鄉村附庸之影響的傳播。㈡人口中都市特質或特徵的出現，這是鄉村社會學家的普通用法。㈢人口集中的過程，這是多數人口學家的用法。㈣人口集中的過程，其中都市人口對整個地域人口的比率增加。比較觀之，在普通應用上，以第四種解釋爲最常見。不過，實際上，若僅從人口集中的過程方面看，尙不足以表明都市化的眞相，因爲除人口向都市集中外，同時都市也在向外擴展，而將都市的某些特徵傳播至周圍，使其變成都市的模樣，或使其歸併於都市範圍之內。如受其影響的是鄉村，則稱爲鄉村都市化。故根據季斯特與費巴（Gist and Fava）在其合著都市社會(Urban Society, 5th edition, 1968, ch. 12)一書中的用法，都市化一詞含有受化，傳播，同化，甚至合併的概念。他們釋之爲過程與影響（process and impact），意指一種文化與社會心理的過程，因此人們習得起源於都市或都市特有的物質與非物質文化，包括行爲模式，組織體制，及觀念等。這個解釋將都市化視爲都市文化及社會心理的複雜影響過程似乎比較更合乎事實。不過，普通都認爲以人口爲測量標準比較客觀，也易於計算和作比較，故仍須以人口的集中過程及都市人口對整個地域人口的比率作爲判定都市化的主要因素。（龍冠海）

都市更新 (Urban Renewal)

此名詞用以指都市發展的一種方法，差不多與都市重建同義。在美國方面，自從一九五四年通過聯邦住宅法（The Federal Housing Act）之後，都市更新便成爲一個流行的名詞。它所強調的有三件事：㈠預防都市中危害的情況傳播至良好的市區；㈡重建和保存在經濟上能夠予以復蘇的市區；㈢清除和重新發展不能夠予以救援的市區（William E. Cole, Urban Society, p. 579, The Riverside Press, 1958）。一般言之，它所包括的有許多種活動，例如，貧民窟的掃除，違章建築的取締，公路及公共工程的重新計劃，環境衞生的改進及都市社區的發展等等。（龍冠海）

都市社區 (Urban Community)

都市社區只是人類各種社區或集居地方當中的一種。此名詞可有各種不同的解釋，要看使用它的人對於都市與社區二者所採取的觀點或所下的界說如何而定。例如，德國社會學家韋伯(Max Weber, 1864–1920)，經過檢討別人的各種都市概念及其探究觀點後，認爲一個完全的都市社區應有以下幾個特質：(1)一個要塞，(2)一個市場，(3)自己的法庭以及至少部分的自主法律，(4)一個有關係的結合，及(5)至少有半自主權及自治首領，因此也就有一個由市民參加選擧的行政權威。他甚至於說，都市社區不能到處產生，只是歐洲文明的特產，在亞洲沒有，而只有部分的出現於近東，因爲在那裡它是國家行政的中心。韋伯所提出的是都市社區的一種理想類型，係以歐洲歷史上所產生的爲依據，而建立他的都市社區概念，這顯然與實際情形以及現今社會學上所講的不符。事實上，都市社區與都市或城市可以是一樣東西，但也可以不完全相同。因爲按社區廣義來說，任何一個城市，同時也是一個都市社區，然而，任何一個都市社區卻不一定只是一個城市，而可能包括一個以上的城市或若干鄉鎮在內，故其範圍可能比較大些，如一個大都會，除了一中心城市外，尚包括若干附屬於它的鄉鎮。又一大城市也常被劃分爲若干市區或包含有若干自然地區（natural areas），而這些皆可稱爲該城市的「市郊社區」（suburban communities）；目前所講的都市社區發展多半也是以這樣的地區爲主要對象。（龍冠海）

參考文獻：

龍冠海主編「社會研究法」中「都市研究法」篇，廣文書局，民國五十八年。

M. Weber, The City, translated and edited by Don Martindale and Gertrud Neuwirth, The Free Press, 1958;

N. Anderson, The Urban Community, Henry Holt and Co., 1959.

都市社區發展 (Urban Community Development)

社區發展主要都是在農村社區推行的，但是在都市裡面，特別是在農村人口向都市移動，都市成長速度極爲急劇的情形之下，也有許多廣泛而範圍日趨擴大的經濟和社會問題。由於人民間關係的不同，需要性質的不同，和設備情況的不同，所以，都市社區發展需有不同的優先次序，和工作程序，政府服務工作的組織，也往往較多。(United Nations: Community Development and Related Services, 1960)

在人口稍多，而居民彼此接觸又較疏遠的特定社區，政府與當地居民協同致力於推行改善該地區經濟、社會、文化狀況的運動，這種運動需要完整的計劃，與整體的支持，並進而求能藉此以促進國家的進步，稱之爲都市社區發展。(National Association of Social Work: Community Development and Community Organization, U.S.A. 1961.)（陳國鈞）

都市社會學 (Urban Sociology)

一般言之，都市社會學是都市或都市生活的社會學研究。它是社會學的一部門或一研究範圍，可稱爲一特殊社會學。它是以都市社會或社區作爲研究的對象，從事探究其起源，區位或分佈狀態，發展或變遷，結構，功能，居民心理與集體行爲，及其有關諸問題。

關於都市的科學探究，約從十七世紀起在西洋的學者當中漸見增加。但是他們的論著皆不能算爲眞正的都市社會學。第一本由社會學家等的都市著作是法國莫里耳 (Rene Mourier) 一九一〇年出版的「城市之起源與經濟功能」(L'Origine et la Fonction Economique des Villes)。不過，這大半是從經濟學的立場來探究的。此外另有三本有名的早期都市論著由社會學家寫的是齊穆爾 (G.Simmel) 的「都會與精神生活」(Die Grosstadte und das Geisteleben, 1903)、韋伯 (Max Weber) 的「城市」(Die Stadt, 1921)，及莫里耳的「鄉村與城市」(Le Village et la ville, 1929) ——可是這些皆未曾將都市的研究建立爲都市社會學。眞正影響這門學科之發展的是派克 (R.E. Park, 1864–1944)。他於一九一六年在美國社會學刊上發表一篇論文，題爲「城市：對都市環境中人類行爲之考察的建議」，但此文當時並未得到多少人注意。迄一九二五年他與蒲濟時 (E.W. Burgess) 及麥根齊三人 (R.D. McKenzie) 合編的「城市」(The City) 一書問世，將該文重刊在內，而次年他又與蒲濟時主編一本文集叫做「都市社區」(The Urban Community)，這二書出版後影響很大，也奠定了都市社會學的基礎。於是在一九二八年便出現了第一本都市社會學課本 (N. Anderxon and E.C. Lindeman, Urban Sociology)。此後關於這方面的著作乃如雨後春筍。一九三八年派克的學生，同時也是芝加哥大學社會學教授瓦茲 (L. Wirth) 在美國社會學刊發表一篇論文叫做「都市狀態爲一種生活方式」(Urbanism as a Way of Life)，提出都市研究的一套理論，其影響也很大，成爲許多都市社會學家討論的一個焦點。派克與瓦茲所探究的有三個主要範圍，即都市的區位、社會組織及居民心理。約從一九四〇年代起，美國都市社會學家對都市的探究其範圍更加擴展，除都市本身各種現象外，還注意考察都市的郊區及邊緣，都市與鄉村的連續性，以及美國都市與其他國家都市的比較研究，特別是低度開發地區的都市化與工業化問題。在美國都市社會學被視爲一門系統的科學 (a systematic science)，又因爲它從開始就在美國發達，故也被稱爲一門美國的科學。(參閱 E.E. Bergel, Urban Sociology, pp. vii–viii, McGraw-Hill, 1955)(龍冠海)

都市狀態 (Urbanism)

「都市狀態」一詞指一種特殊的人類社區性質或生活方法，爲都市所具有的特徵。自從芝加哥大學社會學教授瓦茲 (L. Wirth) 於一九三八年在美國社會學刊上發表他的論文「都市狀態爲一種生活方法」("Urbanism as a Way of Life") 之後，此名詞乃日見流行，也成爲社會學家，尤其都市社會學家闡述都市特性時所爭論的一個焦點。根據瓦茲的看法，都市狀態的主要特徵包括：(一)複雜的分工，有各種殊異的職業結構，以便形成社會階層制的主要基礎；(二)有高度地域上的及社會的流動性；(三)在人口功能上有顯著的依賴性；(四)在人際接觸中很多是匿名的，所扮演的角色與角色的互動也只是人格的部分表現；(五)依賴正式的社會控制方法；(六)人們的道德行爲標準很不一致。

此名詞的另一解釋是：一個民族受都市發展的影響所形成的觀念、態度、及習慣；常用以指都市生活的特性及非私人關係性。(W.E. Cole, Urban Society, p. 579, 1958.) (龍冠海)

都市革命 (Urban Revolution)

都市革命一詞係著名的英國考古學家柴爾德 (V. Gordon Childe) 首先使用，以描述遠古時代居住在鄉鎮之無文字記錄的農耕者初次達成更大的，更複雜的文明社會。他指出，由自足的糧食生產變遷到亦以專門的製造業及外界的貿易爲根據之經濟，因而促進人口的顯著增長。因爲它對生命統計有這樣大的一個影響，故值得稱之爲革命。由於人口的增長，都市也因此發展。這種過程在世界上有幾個地區似乎根本是獨立地和在不同的時期發生。雖然不同的文化傳統表現有不同的特徵，可是都市革命的影響到處都產生一套新的社會經濟制度，而迅速地佔了優勢。這種轉變對於人類文化的發展有其極重要性，類似於新石器（或糧食生產）的革命，此比都市革命要早好幾千年，也類似於我們時代的工業革命。工業革命所產生的人口增長及都市化實可稱爲人類社會演化史上一種新的都市革命，而目前這還正在進展中。(龍冠海)

參考文獻：

V. Gordon Childe, Man Makes Himself, ch. VII, The New American Library, 1951.

"Urban Revolution" in I.E.S.S., Vol. 16.

都市計劃（City or Urban Planning）

都市計劃是社會計劃（social planning）的一種。此一種計劃是爲適應都市居民在目前及將來的需要，使其有較好之物質的和社會文化的生活環境。它可別爲許多方式及階層，並應用許多特殊的計劃技術。如依都市社區的範圍來講，它可分爲鎭計劃（twon planning ——有時此名詞與 city planning 一詞交換用，如應用於古代的城市，此未嘗不可，但到了現代，事實上它與城市計劃是應有區別的）；城市計劃（City planning ——此名詞普通是用來包括各種都市社區的設計）；鄰里計劃（neighborhood planning ——即城市內有比較密切關係的一個市區的設計，社會工作中所講的社區組織，或現今各國所提倡的都市社區發展或都市更新，多半是以這樣的市區爲範圍）；郊區計劃（suburban community planning）；都會計劃（metropolitan planning）；及大都會計劃（megalopolitan or conurbation planning）或都會區域計劃（metropolitan regional planning）等。有的都市計劃是由政府機關實施，有的是由市民團體實施。有的計劃限於都市社區生活的某一方面，有的則範圍廣泛而包括全社區。有時都市計劃是屬於矯正性與重建性的，有時是屬於預防性的，又有時則着重於整個新社區結構的建設。有的計劃是爲都市土地利用而作的，有的則爲都市社區的人力及機關資源而作的。在時間上，它可以是短期或長期的。（參閱N.P. Gist and S.F. Fava, Urban Society, 5th ed., 1968, p. 574.）

自古以來，所有都市多少總是有計劃的，縱使不是整個的，至少也是部分的。不過現代都市計劃的發展而成爲一種社會運動卻是在十九世紀下半期開始於西歐洲。迄本世紀，特別是在第二次世界大戰之後，由於世界各國工業化及人口都市化之進展，乃更趨於重要而普及。從其着重點來看，傳統的都市計劃由於都市工程學家的影響，幾乎完全偏向於物質環境方面，如街道的佈置，建築物的安排，土地的用途，交通運輸及下水道系統的設計，公共場所的設立等等。到了晚近，由於社會科學家的提倡，乃漸漸注意到社會文化設施的重要性。許多社會科學家，如美國市政專家孟祿（W.A. Munro）及名作家孟福（L. Mumford）等，甚至認爲都市的社會建設比都市的物質建設尤爲重要；又如英國古特金氏（E.A. Gutkind）也強調都市計劃應注意創造有利於居民各種日常生活的環境。（參閱龍冠海著「社會學與社會問題論叢」，正中書局，民國五十三年，二八六頁。）

無論如何，城市或都會社區的廣泛計劃包括有許多要素。第一，人與物的流通；一個計劃必須考慮到運輸方面，如街道的系統，飛機場，汽車和火車道的佈置，水路及碼頭，停車場，及交通的管制。第二，有秩序的土地利用，包括(1)劃區的系統，將商、工業及住宅的土地用途分開，及(2)公私建築物之設計，處置，及營造的管制。第三，都市社區的文化，教育，及社會生活的設計，通常包括市政或社區中心，公立圖書館，學校，及公園與娛樂等設備。第四，都市社區衞生及物質的需要，包括民防，廢物的處置，醫院，煤煙的取締，及公用事業如煤氣，及水電設備等設計。第五，都市重建的規定，如貧民窟的掃除，阻礙物的預防措施，及公共和私人住宅等。第六，包羅廣泛的計劃，尤其牽涉到大規模的住宅計劃或新的社區，常爲當地鄰里便利的設施而預作準備。（參閱 Gist and Fava, ibid., pp. 577-8.）此外，一個大都市或都會的計劃必須考慮到它與其附庸或周圍的城鎭及鄉區的關係。（龍冠海）

參考文獻：

I.E.S.S., Vol. 12, pp. 125-154.

E.E. Bergel, Urban Sociology, ch. 12, McGraw-Hill, 1955.

W.E. Cole, Urban Society, Part 4, The Riverside Press, 1958.

Rose Hum Lee, The City, Part 7, J.B. Lippincott, 1955.

L. Mumford, The City in History, Harcourt, Brace and World, 1961.

都市問題（Urban Problem）

站在社會學的立場來看都市問題，當然是都市社會問題。所謂都市社會問題，大概有廣狹二義。凡都市中發生足以危害市民安全或對其生活有不利之影響的任何情況，皆可稱爲社會問題，這是廣義的說法。美國社會學家歐淡氏（Howard W. Odum, 1884-1954）在其所著「了解社會」（Understanding Society, 1947）一書裡面，指出每一大都市除了人類共有的生存問題如飲食、安全、住宅及衞生之外，皆有其特殊問題如市政問題、衞生、防疫及公共福利問題、教育問題、娛樂問題、家庭生活與兒童問題；個人的孤立問題，都市文化對市民之約制問題，以及都市生活之過度刺激與緊張問題等。歐淡氏對都市問題的分類列舉，可代表一種廣義的看法；至所舉是否完善，當然有可斟酌的餘地。

至於狹義的看法，都市社會學家和一般人對社會問題的主張多認爲都市社會問題，就是都市社會病態；包含貧窮、老年、心理缺陷、犯罪、無家者的流浪，社會衝突及貧窮的移民等問題 (Anderson and Lindeman: Urban Society, 1928, Chap. 15.)。也有將犯罪、賣淫、自殺、私生子、流浪漢、老年、貧窮、女工與童工、災害、精神病、性病等列爲都市社會問題 (Gist and Halbert: Urban Society, 1933)。各家所列雖頗有出入，却是大同小異，大體不出這種列舉的方式。有人以爲都市社會問題很複雜、太多，而比較常見的主要問題，則有：貧窮、賣淫、犯罪、住宅、交通運輸及娛樂等。（龍冠海：社會與人頁一一九—一二一，一九六四，臺北文星書店）（謝　康）

都會地區 Metropolitan Area)

此名詞有各種用法，但每種用法都含有這樣的意思，即都會地區是與一個或多個都會中心有關係的區域。在社會科學中最初廣泛地使用此名詞的是人文區位學家，他們釋都市社會地區爲包含有一個居優勢的中心或主要城市的都會地區。

都會地區也是許多西方國家戶口普查中的一個概念，但其界說在各國與各普查中則頗有變異。例如，美國一九四〇年戶口普查釋一個都會區(a metropolitan district) 爲包含至少有五萬人口的一個中心城市以及每平方英里至少有一五〇人口的所有連接地方。一九五〇年的戶口普查又採用「都市化地區」(urbanized area)與「標準都會地區」(standard metropolitan area) 的概念。前一概念相當於若干其他國家如英國，或若干都市社會學家所稱的「都市結合地區」(Conurbation)，或都會區域 (metropolitan region)，或大都會社區 (megalopolitan community)，或聯合國出版文獻中所稱的「都市聚合」("urban agglomeration")，後一概念在一九六〇年普查中成爲「標準都會統計地區」(standard metropolitan statistical area)，其要義是一個郡或好些連接的郡包含至少有一個城市，其居民不少於五萬人。除了這樣的郡外，其他連接的郡，如果按照某些標準，根本具有都會性質並且在社會經濟上與中心城市是成爲整體的，也被包括在標準都會統計地區之內。依此，美國在一九六〇年有二一二個標準都會統計地區，包括一億一千二百八十八萬多人口。（龍冠海）

參考文獻：

D.S.S., p. 426;

Gist and Fava, Urban Society, Chapter 3-4, 5th edition, 1968.

勞工（Labor）

此一名詞的一般意義爲工作和勞力，有各種有關的習慣和用法，平常係指需要辛苦和極大勞力者。也可當作動詞，和「勞動」同義，即「做工」或簡而言之，「出勞力」。在經濟上的勞工係將勞工當作一個集體名詞，指受僱工作者，但平常僅指手工工人。勞工一詞也指非技術工人，或是「農場工人」，至少是無熟練的工業技術。當前面冠上形容詞時，即指特殊種類的勞工，例如少年工，技術工，流動工等。(D.S.S.)

人類爲達到某些意識認定的目的而作的努力，是生產財富單位或商業的主要因素之一，另一個不可或缺的因素是土地，在文化發展中又增加資本組織和所有權人。勞工是提供體力和智力的結合，進行生產的過程，以貢獻於自給自足的社會因素。在應用上，有別於其他體力有卓越表現或智力或具有特殊教育與訓練的人。此一名詞和賺取工資的工人同義。也就是生產行爲由他人支付工資。勞工可分爲無技術、半技術和技術等工人。(D.S.)

簡言之，所謂勞工，乃是指受僱於人，以獲得工資，以維持其生活的產職業工人。（陳國鈞著：「勞工問題」，第九頁，三民書局，五十七年。）（陳國鈞）

勞工爭議（Labor Dispute)

這是指雇主與被雇者之間，以及雇主或雇主團體與被雇者團體之間，因勞動關係而發生的一切爭議。亦有稱勞工爭議爲勞資爭議，或勞資爭執，或勞資糾紛。（陳國鈞著：勞工立法新論，第三六九頁，正中書局，五十年。）（陳國鈞）

勞工保險 (Labor nsurance)

勞工保險是社會保險的一種，亦是整個社會安全制度的一環；它是政府爲謀求勞動者生活安定，補償其因災害、疾病、失業及衰老等情形所遭受的經濟

損失，而特別設立的一種保險制度。（陳國鈞著：勞工問題，第二八七—二八八頁，三民書局，五十七年。）（陳國鈞）

勞工流動（Labor Turnover）

指勞動力的變動而言，普通是依照離職與復職員工的總數來計算。當某一數量員工的變動視為正常時，則超過此一數量的變動，卽被視為影響勞工流動，為社會與經濟情況發生失調的預兆。（D.S.）

勞工流動率，乃表示雇傭、離職、與調換勞工人數佔總人數的百分率。任何廠礦，適度的流動率，原是維持勞工新陳代謝所必需，但如流動率過高，則顯示勞工關係政策和措施有了偏差，勞資關係趨於惡化。由於勞工大量流動，非但增加新進勞工的甄選與訓練費用，而且可能影響品質，減少產量。（丁幼泉編著：「勞工經濟學」，第四六四頁，中華書局，五十七年）（陳國均）

勞工問題（Labor Problems）

在現代工業社會中，勞工階級常會發生許多令人同情的問題，被稱為「勞工問題」，此一名詞，如廣泛的用之，幾乎包括勞工方面所有的問題。如過去或現今的勞資組織、團體交涉、罷工、停工、勞工保護立法、社會安全立法、女工、童工、少數種族等問題、生活標準、強迫的或自願的仲裁，以及其他許多問題。

勞工問題也可以說是工業勞工者的問題，或者可以說是勞方要制止資方的繼續不斷剝削，而爭取合理的工資、工時與勞動條件等問題。我們現在的勞工問題均以都市的勞工問題為範圍，至少包括女工問題、童工問題、學徒問題、工資問題、工時問題、工會問題、罷工問題、失業問題、勞工福利問題、勞工教育問題、勞工保險問題等。此等問題實在是都市社會與工業社會方面最主要的勞工問題。（陳國鈞著：「勞工問題」，第十頁，三民書局，五十七年。）（陳國鈞）

勞工運動（Labor Movement）

勞工運動是一個概括的名詞，用來描述所有為增進工人的地位，或是改善其工作情況所採取的有組織的集體行動。（D.S.）

更具體地說，勞工運動是指勞工以爭取生存為目標，以提高工資為口號，喚醒勞工群衆在工會組織下，團結一致，造成一種繼續不斷地為勞工本身福祉而努力的風氣。（陳國鈞著「勞工問題」，第四十一頁，三民書局，五十七年。）（陳國鈞）

勞工管理關係（Labor Management Relations 又譯勞資關係）

這是管理雇主與雇工雙方有關的活動。如美國於一九四七年國會通過勞工管理關係法令（Labor Management Relations Act），亦稱塔虎特與哈特萊法令（Taft-Hartley Act），卽為加強全國勞工關係委員會組織及權力，以管理此項法令。（李潤中著：「工業關係與人事管理」，第三頁，香港震旦圖書公司，五十四年）（陳國鈞）

階級（Class）

階級是對社會中地位相等的一群人的稱謂。每一階級通常均有共同習慣、態度、觀念、價值、及行為標準。階級分子之權利義務，均有固定的規範。在形式上階級不一定是具體的集團組織，但對社會關係言，有維持秩序和約制行動的作用。研究社會階級，可以了解社會的結構，社會權力與財富的分配，分工與合作，思想與行為以及社會生活狀態等問題。

各種階級具有下列幾項特點：

1.地位：為階級間主要的區別。例如貴族階級的地位與平民不同。平民與奴隸不同，資產階級與勞工階級不同。

2.層次：把階級分成高下的區別，是表示社會地位的距離。這種表示是社會心理觀念所造成的。

3.等第：是將階級集團分為各種等級，如貴族為一等級，平民與奴隸又各為一等級，就是等第的意思。

4.界限：階級與階級間有不易踰越的界限。一個人生在某一階級中，便終生不變，其權利義務亦視階級而定。所謂農之子恆為農，工之子恆為工，商之子恆為商，卽是階級界限劃分的例子。

階級可按集體的性質分為(1)社會階級，(2)文化階級，(3)經濟階級，(4)政治階級，(5)宗教階級等不同結合。

種族與民族不能稱爲階級。（張鏡予）

參考文獻：

K.B. Mayer: Class and Society, Random House, 1955.

孫本文：社會學原理，一一八—一三〇頁。

龍冠海：社會學，三〇〇—三一一頁。

階級身分 (Class Identification)

階級身分是指一個人了解自己所屬的階級地位。一般人對于自身的階級地位多不能認清。就過去學者調查所得結果，大多數人不知道自己是屬於上級社會，中級社會或下級社會。這種情形由于一般人對階級觀念和階級理論不甚了解所致。一個人能了解自己的階級地位，才能產生階級意識。了解階級意識，而後方能了解具體的社會行爲。（張鏡予）

階級結構 (Class Structure)

階級結構是指在一個階級性的權力組織內，個體分子的行爲，有具體的規範而言。此個體分子在團體內的地位和排行，對上級的禮貌，對下級的責任，對平輩應有的交往等等，均有固定的規則，爲階級分子所必須遵守。（張鏡予）

階級意識 (Class Conciousness)

階級意識是指個人或團體自覺其所處的階級地位，與他人或他團體的階級地位是相對的存在。這種階級意識反應着階級間高下，優劣，或仇視的態度，可能引起階級的衝突。

米爾斯(Mills)曾指出階級意識的存在，是具有三個條件的：(1)合理的自覺與了解自我的階級利益；(2)認定或抗拒他方的階級利益爲不合法的；(3)準備用集體的政治方法達成本階級的利益。 (C. Wright Mills: White Collar, Oxford University Press, 1951, p. 325.)

在現代社會中，除勞工的階級意識高度發展外，各國的軍事設備無限制的的擴充，亦受階級意識滋長的影響。（張鏡予）

階級衝突 (Class Conflict)

階級衝突有兩種意義，第一種意義是雙方處於不同的社會背景，社會模式，或不同的道德標準，而產生不同的觀念，不同的意見，因此引起彼此間的衝突。第二種意義是在同一種的社會情況或同一種的道德標準的人，彼此因利益不同的關係而發生衝突。第一種的階級衝突是道德意見的衝突，階級間的關係是權力的衝突，例如高級階層以武力壓迫低級階層而發生衝突。第二種的階級衝突是同一社會中各人的利益關係不同，例如政治利益的不同，經濟利益的不同，教育利益的不同，因而發生衝突。

現代工業社會的勞資衝突，是最普通的階級衝突。（張鏡予）

參考文獻：

Henry P. Fairchild, Dictionary of Sociology.

階級鬪爭 (Class Struggle)

一個階級爲改進各分子的生活福利，爭取權利與機會，甚至不惜以武力達成目的，這種衝突稱爲階級鬥爭。最明顯的例子是勞工階級與資本階級的鬥爭，勞工階級鬥爭的方法爲罷工、抵制、怠工、停工、集體交涉、團體協約等手段。現代工業社會，僱主與工人因勞動關係而發生的權利或經濟的衝突，通常稱爲勞資爭議，但實質上是一種比較和平的階級鬥爭。

共產黨所領導的無產階級革命，無產階級專政，是階級鬥爭的最終目標。（張鏡予）

集中 (Concentration)

集中係指有利益或其他優良條件之地區，其居民有繼續增多之趨勢。(R.D. McKenzie, "The Scope of Human Ecology", G.A.Theodorson (ed.), Studies in Human Ecology, New York: Row, Peterson and Company, 1961, pp. 30-36.)

多數人口學家稱人口集中過程爲「都市化」(urbanization)。例如狄斯德爾(H. Tisdale) 即將都市化下定義爲人口集中過程，其進行之主要途徑有二：㈠集中點之增加；㈡個別集中點體積之擴大。 ("The Process of Urbanization", Social Forces, vol. 20, 1941-2, pp. 311-6.)

人口之地區集中，是現代工業制度及交通運輸工具改進的結果，因往昔地方環境的種種條件抑制此一過程之發生。現代之人口集中現象，非由於人口之自然增加，而是代表人口自此一地區移向他一地區。事實上近數十年來，各國之產糧地區，在現代機械工業的影響下，人口均有增加。凡是工業發展的進步國家，其人口均向都市移動，故集中已成爲一種世界性趨勢。麥根齊(R.D. McKenzie)引日本爲例。謂日本自一九一九年以後的二十五年中，其五大工業中心——東京、大阪、名古屋、橫濱和神戶，人口之增加大於全國人口之增加百分之五二五至百分之三百。十年前的沼地稻田，於今工廠林立，工寮團集，地價增高至百分之一千以上。此五大城市可以指示日本轉變之焦點：由古代封建過渡而爲農業國家，而變而爲今日蒸汽、電力和鋼鐵的時代。(參閱龍冠海主編，社會研究法，朱岑樓撰「區位學法」，廣文書局，民國五十八年，第三五七至三八七頁。)（朱岑樓）

集中化 (Centralization)

集中化是主要的區位過程之一（參閱「區位過程」條），有別於「集中」（參閱「集中」條），因爲集中僅是人口的地區聚集，而集中化是人口在地區內某據點作特別的集中，以滿足其共同的興趣或利益，如工作、娛樂、教育、工商經營等。各種特殊需要的滿足能得之於不同地區，故集中化是集中之暫時方式(temporary form)，向心與離心兩種力量交互運作，相輔相成。在人口集中化地區，有其參與活動之中心與邊緣。一社區之形成，有賴於此一過程，因爲人口爲滿足共同之需要在某些據點集中以後，團體意識和社會控制便有了地理基礎。所有自治單位，如村、鎮、城市和都會，都是集中化過程發生作用的結果。

現代都市社會的集中化焦點即是門市中心，買賣雙方在此匯集。由於經濟接觸較之他種接觸更爲抽象和不涉及私人，故交易中心具有更爲普遍的吸引性，於是在社區形成上所產生的力量，自然比以學校、教堂、戲院或其他爲中心者要大得多。小城市的零售市場就是一般所謂之「正街」，而大城市就是發展都會地區的中心。

自集中化中心至邊緣的距離，依該中心的專門化程度和交通運輸情況而定。如果交通運輸全由人力來推動，自中心所輻射出的半徑僅數哩之遙，如往昔東方鄉村社區即是如此，購物者當天能夠往返的路程終點，便爲集中化中心的邊緣所在。今日的工業化社會，機動車輛飛馳於高級公路之上，則半徑可以延伸至二三十哩以外。

集中化此一中心免不了要與他一中心發生吸引周圍居民的競爭，盛衰消長，勢所必然，故集中化的現狀僅能代表各中心競爭過程中的暫時穩定情況。某中心的集中化程度可以用爲指數來測量當時當地社會經濟條件所發生之吸引力之大小。一種新的交通運輸方式出現（例如汽車），原來的區位均衡 (ecological equilibrium)，立被完全打破，於是依照新的距離量表重建新的均衡局面。

有兩種情形常引起人口的集中化：㈠在共同地區內原有的興趣或利益中增加了新的，例如鄉村交易中心又是學校、教堂、郵局和戲院的所在地；㈡當時某種活動吸引更多的人口以滿足其此一活動之需要。

集中化加強之後，會形成地區的專門化，即某中心專門滿足某類人口的某種需要。各式各樣的專門化中心，星羅棋布於都市地區之內，分別吸引性別年齡不同、社會經濟階層各異的人口集團。地區的專門化又會帶來時間的專門化，彼作此息，從早到晚，一陣陣的人潮，熙熙而來，攘攘而往。(R.D. McKenzie, "The Scope of Human Ecology", in G.A. Theodorson (ed.), Studies in Human Ecology, New York:Row, Peterson and Company, 1961, pp.30-36.)

（朱岑樓）

集鎮 (Market Town)

集鎮爲較一般農村大而複雜之地域性團體(locality group)。以人口論，少可有一百家，多達數千家。集鎮是其周圍農家、鄰落、或農村之交易中心。其人口構成主要爲商人、匠人、教員、文化人，及勞務供應者。純農民只佔小部分，且均居住其邊緣上。在一相當發展之集鎮上，商業性能遠大於農業者，其農民與農業乃演進過程中之遺留，象徵性而已。集鎮非爲一獨立地域人口單位，因其不能自依自存，而須依賴周圍之農家、鄰落、或農村以滋養、支持。周圍之農家、鄰落、或農村亦須依賴集鎮各種功能或服務以生存。集鎮之功能或服務包括經濟的、社會的、教育的、技術的、及醫藥的等等。

集鎮之經濟功能可舉述如下：集鎮之產生主要乃爲一個區域內之農民有農產品及生活日用品買賣上之便利。其與此類買賣有直接關係之活動與設施，亦大半是屬經濟性者。如旅店之開設，倉庫之建立，飲食店之經營，農產品之粗細加工，手工業品之製造等，均爲經濟事業。此項經濟功能之重要，顯明在一個集鎮區內之人，包括農民及非農民，在日常生活上，均不能不有賴於其集鎮上之買賣與其他經濟活動。自最簡單方面言之，區內無一家能於一個月或兩個月內，無需到集鎮上，或能忘却集鎮而獨立經營日常生活。事實上，連一個生活最簡單最原始之農家，亦須按時到集鎮上做些買賣。富有之家雖能自己生產足用食品，製造多數器用，但因其生活複雜化，高級化，有賴於集鎮上之買賣更多。集鎮在其周圍農民身上之經濟功能不只爲農產品與製造品之買賣，金融上之週轉與調劑亦甚重要。集鎮上之店舖，有兼作借貸生意者。有餘錢之農民將款交與認爲可靠之店舖，店舖如自己用款，即自己借用，到期本利付還。如自己不用，可將此款以較高之利率貸給需錢之人。需錢之人可能爲另一農民，亦可能爲集鎮上之人。集鎮店舖對農村人民所作金融上之周轉或調劑，一般是以「記賬購貨」式行之，而不多作直接的現款借貸。農民至其所熟識之店舖買貨品，可不付現款，以記帳式行之。此爲集鎮上最習慣事。至習慣上之節期，講信用之農民即自動到店舖中付款清賬。其不按時給付者，店舖即派人至其家催討。一般習慣，一年有三次結賬付款。即農曆五月端陽節，八月中秋節，與年底。凡不能在前兩個節期償清之賬，在年底定要付清，否則有失掉信用之危險。一旦失掉信用，即不能再使用「記賬購貨」之權利或方便。任何農家一旦落此地步，其能活動之範圍將極有限。集鎮之經濟功能亦表現於將本地特產集聚運銷至外邊市場上，使本地農村經濟得以繁榮。如一個鄉區中有其特別農產品，爲工業用原料，或可用作特別食品，則生產之後，定能被集鎮商人收購，施以初步加工，再運至外邊市場出賣。例如產蠶絲之鄉區，農家將生繭或生絲運至集鎮繭行或絲行，經過再加工，即運銷至大城市之綢緞紡織廠。一般情形，綢緞紡織廠不直接至農村收購絲或繭，而由集鎮上之繭行或絲行代爲收購。紡織廠如要自己收購，亦多派人駐在集鎮上，或以集鎮爲收購站，約農民將貨運送至收購站，待積有相當數量，然後運至紡織廠。故無論如何，集鎮爲農村中特別農產品之第一級運銷站。鄉區之手工藝品，如在品質上及數量上達到可以出口程度，亦要經過該區內之集鎮爲媒介而賣到別處。農民及農村婦女各在自己家中，於農閑時製造此項手工藝品。在趕集時，帶至集鎮之收購行中，賣與收購人。收購行積有相當數量後，再運至遠方市場批發。當髮網與花邊等手工藝品之出口生意旺盛時，在烟臺、青島、上海等地之大出口商，派人至各鄉集鎮，或小縣城，設立髮網莊，或花邊莊。由莊內再派人赴周圍農村，將原料分配與願意作此項手工藝品之人，言明製成一件，酬金或工資若干。莊內之人亦同時給予製作者技術上之訓練。於若干時日後，再至農村中挨戶收取已經製成之貨品，並發給工資。照原則上說，此種做法對農民及商人均便利。農民無須離開家，亦無須離開其農業，可獲得額外收入，以貼補其生活，或加強其農業經營資本。在貿易商方面，可免去開工廠之投資，亦可省却管理工人之麻煩。如貿易商或其經紀人能以公道對待農民，不事剝削，則此種制度定能對貿易商及農村兩有利益。農村可由此獲得經濟上之「加油」，而貿易商可將農村剩餘勞力作極簡單而有效之利用。

集鎮在農村人民身上之第二項主要功能是社會的。此項社會功能又可詳分爲：一、供給社交機會；二、爲地方領袖聚談中心；三、爲村民互相問候之處；四、供給村民社會娛樂；五、爲新聞及郵電交換轉遞中心；六、爲鄉村教育中心；七、爲鄉村政治中心；八、對周圍農村起領導作用。集鎮爲其周圍農村中之農民供給社交機會爲顯而易見之事。在趕集日，一個村之村民往往會三、五成群，往集鎮上步行。在路上時，談笑戲謔，暫時忘却各種憂慮，很自然的享受一些社交生活。在一條通往集鎮之路線上，可能有三個或五個農村。各農村之居民在相同日期與時間，由同一條路往集鎮上走，素日相識之人可能遇到一起。於是互相問候攀談，進行着一種行路中之交往。此種交往可能對村與村間之社會關係發生影響而有裨益。村民抵達集鎮之後，其首要活動雖爲經濟性的，但置身於廣大人羣中，耳目所矚，左右應付，事之本身即爲社會生活。與其各自在農田上孤立工作情形相比，「趕集」就是過社會生活。大多數村民於到了集鎮之後，即先去所認識之店舖中，與熟識店員閒談一會。如不能先去，待重要事項辦完後，亦定前往。如認識別村之人，或在別村有親戚，則互相熟識之村民或親戚，極可能同聚一店舖中，互相見面，互相問候，並問及各人家中之人口吉祥，及一些其他事項。待各人趕完集，回家之後，即將在店舖中所聞所見，報告家中人，家中人亦會問詢別村朋友或親戚之情況。此種在集鎮店舖中之會面與交換有關消息，可減少村民由此村赴別村作特別看望親友之麻煩。

手頭寬裕而又喜好社交之村民，會乘趕集之便，邀約相識者至茶館或酒樓，聚飲閒談。此類村民之趕集，買賣事小，會朋友事大。集鎭之吸引力爲交友與消遣，其他事項爲次要。到集鎭上作會友消遣之人，在一般村民中佔少數。最喜歡作此類活動者有三類人。第一類爲手頭寬裕，而又喜好社交之一般村民。第二類爲無恆產，亦無恆業之人。平常以賭博、偷竊、其他不正當方法爲生。至趕集期，即聚集在集鎭上，共同或分別做賭博或偷竊勾當。弄到一些錢之後，即同去呼么喝六，醉酒放蕩。日落錢盡，又各返回村中，過窮苦潦倒生活。待下一個趕集期到，又去集鎭碰運氣，豪放一天。第三類人爲若干地方領袖或神童。此類人須常到集鎭去，特別在趕集熱鬧之日。其中有者有錢，有者有閒，有者有社會地位，有者兼有其二或三。此等人到集鎭，不一定均聚於一處，可能分爲數個小集團。在華南及四川等地，此類人均聚於茶館中，吃茶、談天。在華北則大半聚於酒館中、店舖中、或鴉片烟館中。在今日之臺灣，則酒家或公共食堂爲其約會地點。其所談者，上天下地無所不包，而地方上任何重要事項更爲不能被遺漏者。熱心地方公益之領袖，則甚多有利於地方之事項由此談論而出，後一一見諸實行。反之，如此類地方人物爲惡棍，爲貪墨之人，則此類集鎭聚談往往爲有害於地方之罪惡淵藪。

在第一等與第二等集鎭上，不僅有五日一次或三日一次之定期趕集，每年亦有兩次或更多次數之特別集會，亦即山會。此類特別集會，在若干鄉村中稱爲「趕山」。山會之期限一般爲三天。在山會期間，集鎭上所買賣之貨品，較平常集期，種類繁多，數量亦多若干倍。平常不見之貨品，在山會時，會有商販自遠地運來，在集鎭上出售。不僅村民可在此時購買素日缺少之東西，集鎭上之商店與村中小販，亦可乘此機會以批發價格買進存貨，供平常集期時之生意。在另一方面，遠處之土產商販及牲口商販亦在山會期至此集鎭上，蒐購農產、牲口及其他特有土產。因爲有甚多村民願將其預備出售之物件留到特別山會去賣，希望賣得較好價錢，且可整批賣出。此種山會之社會意義正與其經濟意義一樣重要，對鄉村青少年及一般有閑人士而言，前者可能更重於後者。在山會期間，周圍各村中之男女老幼，凡自己能行動者，幾乎都要到集鎭上來遊玩一次或數次。不負責買賣東西之靑年人更樂意來。因在山會期間，有多種素日看不到之遊藝活動。山會期間，有似新年節期間，靑年人可由父母處領到若干錢，到集鎭上買糖菓，或買心愛玩品，或觀賞各種遊藝活動。一般地方領袖則喜歡乘此機會呼朋引友，作素日不常作之社交活動。村間與鎭上之小學爲此放假一天或兩日，使學生有機會往選購其所需要之紙墨筆硯，小刀水盂之類。亦可盡興在集鎭上遊樂。一年兩次之山會確爲打破鄉村寂寞，調劑農民單調生活之好辦法。無怪一般村民均期待之，如期待新年佳節。

甚多集鎭能對其周圍鄉村盡教育上之功能。在不少鄉區，因集鎭上之經濟力較強，人才較多，再加鎭上之人比較開通，其所辦小學校可能比農村中所辦者年級多，程度高。如民國成立之初，鄉村中新教育之創立，是先在較大集鎭上，以縣款設立模範小學；其周圍農村中，則僅有村民自己由私塾改造成之半新半舊、極不完備之村小學。集鎭上之模範小學，其課程標準，教員資質，及教學情形均比村小學優良甚多。因此，村民之欲其子弟受較好教育者，往往送至集鎭上之模範小學。模範小學之教員爲各農村中低級教員之表率兼顧問。後者有疑難問題時，往往在趕集時，向前者去請教。於是集鎭上之模範小學於無形中成爲一個鄉村社區之教育中心。在一相當長時期內，集鎭上之小學教師不僅程度高，其中有人亦爲德高望重之學者，成爲農村小學教師中之領袖。在此領袖之感召下，集鎭小學之優秀學生結合各村中之教師與學生，形成一股教育力量。此股力量時想負起改進一個鄉村社區風氣之責。此乃在學校方面，集鎭如何向其周圍農村盡教育功能。

在社會教育，或廣義的社會化（socialization）方面，集鎭對其周圍村民之功能更爲顯著。村民如想知道新事情，聽到新消息，看到新人物，大半須至集鎭上，始能滿足其慾望。在中國之極多鄉區中，只集鎭上有報紙，有人接到雜誌或新書，只集鎭上有郵局或郵政代辦所，只集鎭上可能有長途電話與外界通消息。總之，村民如想知道時事，聽國家或世界新聞，一定要到集鎭上。事實是，常去集鎭之村民，其眼光、態度、與知識等，往往較不常去者廣大開通。集鎭上之郵局、店舖、書商、學校等機關或場所由外界接收各種傳遞消息，或有社會教育意義之物件，再分佈流傳至各農村中，農村人民始能受到此類物件之社會教育利益（或弊害）。輓近集鎭發達，甚多推行社會教育者了解集鎭爲鄉村人民之社會中心，乃在集鎭上設立簡單圖書室，民衆教育館，開辦成人識字班或補習學校，公民訓練班等。此更爲有計劃的使集鎭對其周圍鄉民盡教育的功能。一旦鄉村道路改良，交通工具有進步，則鄉村民衆在接受此項功能上亦必日見容易而快速。

農村中之農具，有甚多在集鎭中製成，賣與農家使用。遇有破損，其簡單部份，農民自己或能修理，或等待遊方鐵匠行至村中時，爲之修理。而其繁雜重大者，則須送至集鎭上修理。待農業機械化，農村交通工具亦機械化，農家若干用具亦帶有自動 (automatic) 部分，則村民能靠自己一點技術而生活之時期已成爲過去。此時卽須有專門供給技術之機關或個人，爲村民服務，村民始能治事生活。供給技術之機關或個人，絕大多數須將其服務地點設於集鎭上，因要爲全集鎭區之鄉民服務，不能只爲某個村或幾個村服務。以往，製造牛車、牛犂、鋤頭、鐵耙之店舖設於集鎭上，今日，安裝脚踏車，修理耕耘機，製造脚踏拉貨車，修理縫紉機與收音機之店舖或小工廠，亦須設於集鎭上。村民何時需要技術上之服務，須自己到集鎭上，或請集鎭上之技術人員到其村中。農業及鄉村生活愈機械化，則集鎭對農村之技術功能愈加强。

自古至今，在中國鄉區之集鎭上，一種最重要店舖爲藥店。有者爲完全藥店，但大多數爲藥店兼營其他雜貨生意，或雜貨店兼營藥材生意。過去所有者均爲中藥舖，而近來則又增加西藥舖。在臺灣省之集鎭上，西藥房有逐漸將中藥舖排除之趨勢。集鎭上之傳統藥舖中，有者有位儒醫在其中等待人來看病，或等待人來請其出診。其小規模者，或兼營者，則往往無醫生，只照方賣藥而已。在新近增加之西藥房中，其情形亦相似。卽其規模大者附設醫生與診所，規模小者只限於賣藥。集鎭上之藥店，無論爲中藥或西藥，又無論爲有醫生或無醫生，其生意或服務之對象，包括鎭上之居民與周圍農村之鄉民。直至今日，中國農村中之民衆尙有甚多在生病時，因迷信及經濟困難，不往求醫買藥，而去求神問卜。但其知道求醫買藥，並有能力求醫買藥者，則絕大多數須到集鎭上，始能達到目的。卽或能在村中找到醫生，而買藥則必須到鎭上。今日在臺灣省，每一鄉中心或鎭中心(鄉區的鄉中心或鎭中心卽等於一個集鎭)，有一衞生所。衞生所之職務卽對全鄉或全鎭民衆作醫藥服務並推行各種公共衞生計劃。故今日臺灣省之集鎭，其對周圍村民之醫藥衞生功能，不特加深加廣的施行，更爲有計劃的施行。 (楊懋春)

參考文獻：

楊懋春：中國的集鎭區與鄉村社區，社會學刊，頁卅二至卅七，臺大法學院社會學系暨農學院農村社會經濟研究所編印，民國五十二年十二月出版。

楊懋春：鄉村社會學講義，臺大農推系油印，民國五十五年。

Martin M.C. Yang, A Chinese Village, Chap. 17, Columbia University Press, New York, 1945.

G. William Skinner, Marketing and Social Structure in Rural China Part I, II, and IV, Reprinted from the Journal of Asian Studies, Vol. XXIV, NO. 1, Nov. 1964; Vol. XXIV, NO. 2, Feb. 1965; Vol. XXIV, NO. 3, May. 1965.

集體主義 (Collectivism)

集體主義一詞有各種不大相同的解釋。(1)它是一種政治經濟制度，其特徵是集體控制，特別是對貨物與勞務之生產及分配的控制，反乎自由的企業。(2)一個專權國家(如共產主義的或法西斯主義的)對其人民的經濟、政治及社會生活的極端控制。(3)一種學說或制度使實施他的團體或國家對其分子的社會經濟福利積極負責。(4)一種社會學說強調集體(如社會或國家)的重要性並傾向於按照集體行爲來分析社會。

從一八六九年所擧行的巴塞爾 (Basel) 第一國際社會主義者會議起，此名詞在歐洲被廣泛地使用。依很多作者的用法，它與社會主義有密切關係。它起初似乎是被用來指第三派(卽巴枯寧派)的社會主義活動，其它兩派是普魯東與馬克思。它的原意是要提供一種非專權的社會主義或共產主義，如巴枯寧及其信徒的用法，係指合作生產者與消費者的地方團體。此與後來用以指國家社會主義毫不相同。

不過，一般言之，此名詞普遍地被用來包括各種集體經濟主義，如工團主義，費邊社會主義，基爾特社會主義，馬克思社會主義，及蘇維埃共產主義等。 (龍冠海)

參考文獻：

"Collectivism" in Webster's Third New International Dictionary, D.S. S. and D.S.

集體行爲 (Collective Behavior)

從行爲論 (Behaviorism) 的觀點說，集體行爲係社會生活的現象，係互動行爲的過程。惟派克 (R.E. Park) 於一九二〇年代在其「科學社會學導論」一書中賦予此一名詞以新的涵義，用來指人群聚集的產物。在此人群情境裡，每個人在共同的情緒或心境下思想與活動。嗣後，集體行為便成為社會學的一研究部門，主要研究產生此種問題情境的社會互動過程與模式。問題情境即缺乏或較少領導結構的狀態。在此情況下個人較易接受暗示，感染情緒，並秉諸本能行動。

布魯麥(Herbert Blumer)指出集體行為乃團體行為的一形式，產生與發展於不確定的與情緒的情境。其特徵是在其互動過程中，各個組成員對共同目標的慾望與情緒昇高、擴張、組織及一致。這種行為與一般的團體行為所不同的是：它是非制度上的行為，而一般的團體行為則是依照文化規範與社會結構所建立的行為：

集體行為有以下三個特徵：

一、自願性　集體行為的分子在集體中扮演較自由的角色，其行為係非世俗的，不受現有的社會規範或標準限制，不過並不降低其自覺的人格。風俗和民俗即高度自覺性的個人行動，不含有意氣用事的成分。

二、火爆性　指其意見含有高度的情緒。在此情境下，分子間流傳著反社會或反制度的思想，並且常將這種看法付諸實際行動。其結果，分子對問題情境的反應至為不穩與不規則。

三、過渡性　即其存續的時間至為短暫。集體行為是社會變遷的手段，故當其目的達成後，即自行解散或演變成為永久性的社會團體。(范珍輝)

參考文獻：

D.S.S., "Collective Behavior"

I.E.S.S., Vol. 2, pp. 556-565.

R.E. Park and E.W. Burgess, Introduction to the Science of Sociology (Chicago: University of Chicago Press, 1921).

順從 (Conformity)

此名詞意指個人或一群人的行為符合其隸屬的團體或社會所公認的某種或全部之行為模式，規範或標準。換言之，凡是適應或遵守社會標準。文化規範，或團體模式之行為都稱之為順從的此行為，反乎此的則稱反常行為(deviant behavior)。它與文化傳統，社會化的程度，及團體的判斷有密切關係。(龍冠海)

參考文獻：

D.S., p. 60; D.S.S., pp. 124-125;

I.E.S.S., Vol. 3, pp. 253-259.

Broom and Selznick, Sociology (1968), pp. 61-64, and 87-88.

順應 (Accommodation)

順應是指人類養成新行爲或新習慣或改變舊習慣，以適合環境的需要，為個人或團體對于環境調適的過程。順應與同化的意義相近而不相同，順應為部分的習慣改變，同化為整體的習慣改變。順應的起因，由于環境的失調。個人與團體間任何意識的或無意識的改變其功能的關係，如避免，減少或消滅衝突，使彼此互相適應，而成為新的行為模式，這種經過社會學習而獲得的社會過程，稱為順應。

順應為人類生存競爭所必需，人類對于不同環境的調適，乃創造各種不同文化的特質。農業社會有農業文化，游牧社會有游牧社會文化，漁業社會有漁業社會文化，均為調適環境的產物，亦即順應的結果。此為對自然環境的順應。對社會環境亦有同樣作用。個人與個人，個人與團體，團體與團體，人類與文化，彼此之間均需要互相調適。此種人與人之間的適應，稱為統制與服從的一種順應關係。

順應亦起于衝突。衝突的結果，不外勝利，失敗，與和解。無論勝敗或和解，久而久之，由衝突而漸相安，故順應為消弭衝突的一種方法。

順應的方法有仲裁、和解、調停、改化、服從、容忍等等。其目的均在維持社會秩序，避免社會衝突。社會為預防衝突起見，嘗有順應的組識，以維持社會和平。一個社會的文物制度能維持永久，可說是順應之功。

根據派克(R.E. Park)和蒲濟時 (E.W. Burgess) 的意見，順應是基本的社會過程，在團體與團體互相接觸時，順應形成了自然的循環，即是由衝突而順應而同化。這種循環的自然作用，亦即是社會組織的基礎。與競爭是經濟社會的基礎，衝突是政治社會的基礎，同化是道德行為的基礎，有相同的意義。社會組織即是過去與現在各種順應的總體。一切社會遺傳、思想、習俗、文化、技術、都是順應的結果。(R.E. Park and E.W. Burgess, Introduction to the Science of Sociology, Chicago: University of Chicago Press, 1921, Ch. X.) (張鏡予)

參考文獻：

孫本文：社會學原理下册，商務印書館。

龍冠海：社會學，三民書局。

媒人 (Marriage Broker)

媒人是安排婚姻的中間人。行父權家庭制的社會，子女之婚姻權操諸男性家長。爲子女議婚，常經由職業或業餘的男女媒妁。如果議婚失敗，媒妁負其責任，無損於雙方家長之顏面。(See S.A. Queen et at., The Family in Various Cultures, New York: J.B. Lippincott Company, 1961, pp. 88-115.)不論是在原始部落或開化民族，婚姻常是一種商業交易，爲男家或女家的一項收益。例如從前歐洲有許多國家，新娘之陪嫁財物，由法律規定多少歸夫所有。皇家婚姻之締結，常考慮到國家的利益。曾有一種制度，歐洲貴族子弟娶平民之女爲妻，婚後其妻與子女不得繼承其夫或父之爵位或財產。締婚成功之前，必有多次的磋商，必賴媒人往來其間。即在現代的大都市，媒人亦未絕跡，有些婚姻是在媒人的穿針引線之下而成功的，事後給予若干報酬。當然此種婚姻掮客，不能與服務家庭爲目的婚姻指導所、婚姻介紹所等相提並論。(See "Marriage broker", in D.S., pp. 185-6.)

我國古代因有男女遠嫌之觀念，媒妁爲婚姻所必不可缺者，相沿成制。「男女非有行媒，不相知名。」(曲禮)在男方，「娶妻如之何？匪媒不得。」(詩齊風南山)在女方，「處女無媒，老且不嫁。」(戰國策燕策)若無媒而自婚，爲社會所不恥。「不待父母之命，媒妁之言，鑽穴隙相窺，踰牆相從，則父母國人皆賤之。」(孟子滕文公下)因此「婦人之求夫家也，必用媒而後家事成。求夫家而不用媒，則醜恥而人不信也。」(管子)

「匪我愆期，子無良媒。」(詩氓)因爲無媒，所以愆期，其於媒之重視，可想而知。媒人在我國社會，以往有很高的地位，婚筵上尊以上席，「蹇修」、「柯人」、「氷人」、「掌判」等，都是給予媒人的美名。現今男女自由擇偶，經約會、求愛而訂婚、結婚，於是媒人無用武之地。而結婚之時，依法定手續，只需要公開之儀式及二人以上之證人。(朱岑樓)

智力不足 (Mental Deficiency或譯心理欠缺)

是一種精神狀態，包含普通所謂低能 (feeblemindeness)、白痴(amentia)、精神低於常態(mental subnormality)、精神缺陷(mental defectiveness)等。智力不足之所以形成，大概從初出生或早期嬰兒及幼童時代，智力發育遲滯或不能完全發展，結果，這個人的聰明和才力不能適合他所處的社會對他的要求。有些人智力不足，也可以謀生，但須有人對他特別照顧或指導。一般而論，智力不足可分爲三個等級：(一)低能的成年人(the moron)其智力商數(intelligence quotient)爲五〇至六九；或其智力僅等於八十四個月(七歲)至一百四十三個月(十二歲差一個月)的兒童，照上述條件，這種人還勉強可以自謀生活。(二)下愚的人(the imhecile)、智商二十五至四十九，智力等於三歲至七歲少一個月的兒童，這種人僅可知道從初級的危險情況中保護自己，不至於送命，但他在社會上不能做成年人的任何工作。(三)白痴(the idiot)、智商低於二十五，智力等於三歲少一個月的幼兒，這種人缺乏智慧，以致不能生活，除非經常有人給他照顧。(D.S.)(謝　康)

童工 (Child Labor)

所謂童工，爲一簡稱，乃指兒童工作者或兒童勞動者而言，換言之，即指所有未屆滿發育成熟而在工廠內從事勞動工作的兒童。依國際標準言，一九三七年國際勞工組織修正的「工業工作兒童雇用最低年齡公約」第二條第一款規定，十五歲以下兒童不得雇用。換言之，國際標準的童工，係指十五歲至十八歲的做工兒童而言。我國的情形較爲不同。依工廠法第六條規定爲十四歲至十六歲爲童工，較國際標準爲低。(陳國鈞著：勞工立法新論，第七十七頁，正中書局，五十年)(陳國鈞)

進化論 (Evolutionism或譯進化主義)

亦稱演化論或天演論，原出達爾文一派的生物學說，主要在說明物類進化的過程，而以物競天擇，適者生存爲進化的原因，故稱爲天演(參嚴復譯天演論，商務印書館「嚴譯名著叢刊」八種之一)。

在「社會學之父」孔德 (A. Comte) 的有名的三級定律中，已指出了人類思想進步的觀念。而第二位「社會學之父」斯賓塞 (H. Spencer, 1820-1903)，乃強調以生物進化論的原則，解釋或推測人類社會的進化。在達爾文發表物種原始（一八五九）以前，斯氏已察覺到生物從同質到異質的進化，和自然淘汰的作用。其後於一八六二年出版「第一原理」提出有關進化論的三個基本法則：第一、能力不滅的定律；第二、物質不滅的定律；第三、運動的連續定律，此外還有四個次級的命題，合成七個法則。而這七個法則的共同結果，就是「進化的法則。」（law of evolution）

在「社會靜學」中，斯賓塞陳述進化就是物質的整合和運動的相伴消散。也就是由同質體或符合一致成爲異質體或不一致的形態這種趨向。在「群學肄言」中，他指出「在所有事物裡，進化都不會改變它們的一般方向。」他又說「存在於原始人類生活並且已分佈在地球各地的文明種子，在時間的流轉中必定找着適合它們發展的環境。」他相信人類天性註定是要進步的。進化永遠存在而且導向進步。

除斯賓塞一派的進化理論外，還有心理學派的進化論(psychological evolutionsm)，經濟的進化論（economic evolutionism），技術學的進化論(technological evolutionism）和人口學的進化論（demographic evolutionism)等。(Timasheff: Sociological Theory, chap. VI, VII,1955 Doubleday,New York)（謝　康）

創生社會學（Genetic Sociology 或譯演生的社會學）

美國社會學大師華德（L.F. Ward, 1841-1913）曾將社會學的領域，劃分成兩個範圍：㈠純理社會學（pure sociology），㈡實用社會學（applied sociology）。在純理社會學方面，他以爲可分作兩部分，即「創生的」（genesis）和導進的（telesis)，他又將創生的社會學分爲動態的和靜態的；這兩名詞雖本源於孔德與斯賓塞，但華德却能加以明確的辨別和新的解釋。從華德看來，社會進步是自明的論證，是內部的需要，是自然現象和人類利益協和成功的現象，在「純理社會學」這部書裡面，他論及進步是如何創生的問題。

季亭史（F.H. Giddings, 1855-1931）在社會學原理一書中，接受了進化的學說，認爲進化是各種事物變遷的最高法則，對於人類也是普遍適用的法則。關於進化的具體過程的論著，季亭史採用華德的術語，從「前人類社會」到「人類社會」區分爲四階段：㈠動物發生階段，㈡人類發生階段，㈢民族發生階段，㈣人民發生階段。通過進化的每一階段，社會是逐漸進步的。

季亭史的「創生的社會學」曾經被約化爲幾個簡單的命題，他對於人類過去社會重建的構想，根據推測和想像，發表了一篇很詳盡的論文，解釋過去的事實是怎樣發生的，可說是他在這一方面的代表作。(謝康譯：狄馬舍夫，社會學理論第六章，五十六年，臺灣商務印書館）（謝　康）

結合（Association）

依最普通的用法，此名詞含有二義。一指人們爲了某種目的而彼此聯合的一種過程，另一指由於這種聯合結果所形成的團體或會社。

在「形式社會學」（formal sociology）中，它有時被用來描述從事某種活動之社會基本單位，即一個組合（a grouping）。它所包括的人數並不一定，可以是兩個人，也可以是一整個人口集團或許多的人，如果他們彼此是有接觸的，並且具有組織的要素。

在社會學中比較常見的用法，結合係指人們爲了追求某種或多種目的而組成的一個團體，譬如工會、商會、社會學會之類。有的社會學家稱這種團體爲正式的組織（formal organization）。這樣用法，它與社會、社區、及社會團體是有多少區別的。（參閱有關各條）。在英文中，它與制度（institution）一詞有時也被視爲同義而交換用。但嚴格的說，它們是應有區別的，因爲所謂制度普通是指人類社會中所公認的一套行爲規則。（參閱「社會制度」條）。

結合當作一種實體或正式組織，通常是依其功能來予以分類，例如職業的、宗教的、娛樂的、文化的等等。這種結合亦被稱爲功能團體(參閱「功能團體」條）。此外尙有以參與者的意志爲根據，而分爲志願結合(voluntary association）與非志願結合（involuntary association）。前者指參加的分子是出於自己志願的，這種結合亦稱爲志願團體（voluntary group)。後者則指參與者並非由於自己志願，而是被強制或出於自然的，這種結合亦稱爲非志願團體（involuntary group）

德文 gesellschaft 的意義與結合大致相同，故在英文中普通都被譯爲 association(亦有譯爲 society 的），不過一般趨勢是採用原文，與此對比的德文是 gemeinschaft，英文普通將其譯爲社區（community），但也常採用原名而不予以翻譯。這二個德文名詞來源於德國社會學家杜尼斯(F. Tonnies)於一八八七年出版的一本名著，題爲 Gemeinschaft and Gesellschaft。這是他所提出

的一種社會分類法，將其劃分爲二個不同的類型。（參閱「社區」與「社會」條）。（龍冠海）

參考文獻：

D.S.S., p. 39;

Linard Broom and Philip Selznick, Sociology, 4th ed., (1968) ch. 7.

P. B. Horton and C. L. Hunt, Sociology (1968), Ch. 8.

場地說（Field Theory）

「場地說」一詞，乃心理學者用以形容一種行爲的研究。此種研究是將行爲視爲「互依決定要素場地」(field of interdependent determinants) 之產物。場地說很難依通常的意義而稱之爲理論，倘視之爲分析因果關係的方法或確立科學構想 (scientific constructs) 的方法，則更能表現其性質。

近代物理概念之侵入心理學領域，早在一九二〇年代卽已開始。柯勒(Kohler)在一卷討論物理的格式（physical gestalten）著作中，對於動力傳佈之研究，便顯然已利用了「場地」的原理。其後格式心理學派的學者勒溫 (K. Lewin)更倡導所謂形勢心理學（topological psychology），主張研究行爲必須研究行爲整體的原狀；研究團體亦必須研究整個團體，而不能僅研究團體中各孤立的個人。因此勒溫深覺有充分利用物理學概念的必要。他開始將心理問題視爲發生於一種與物理空間相似的生活空間的事件。並將心理活動視爲在生活空間或心理空間內，自一點至另一點的移動。因此他認爲一個人在某種場地中之行爲，乃當時場地中所可發生的各種關係所決定。因爲這種關係稱爲「心理場地」(psychological field)，這種學說遂被稱之爲「場地說」。

場地說之要點是在重視個人行爲發生時當地整個社會關係的背景。除將個人視爲整個團體的一分子外，更將行爲發生時之全部社會關係合併觀察。故由此理論而從事對團體或個人行爲之觀察與分析工作，有數項特點：①視團體爲一個整體，存在於較大的社會場地之中，具有許多重複的動的關係；②視團體爲由許多交互依賴的部分爲分子所組成；③視每一分子爲存在於社會場地之中，而在此場地中，卽使個性問題，也必須從團體份子的資格而加以觀察；④觀察團體與個人的活動須以有意義的行爲的心理單位爲之解釋。而觀察使用的特殊項目亦應永久與其較大的背景發生聯繫；⑤對於所蒐集的資料，由團體分子的個人心理與「動的整個團體」的集體行爲，從事雙重關係的分析。

「場地說」對於社會心理學、兒童心理學、以及心理學理論方面都有極大的貢獻。但亦有其遭受批評之處，卽①只注意當前橫剖的行爲，而忽略了行爲發展的歷史。其理論系統事實也只適用於時間的橫剖，而不能研究縱列的資料，②忽視了個別的差異，③未表明機能的形勢幾何圖示，比流行的文字表達或傳統的數量方法之更爲有用之處。（張宗尹）

參考文獻：

Deutsch, Morton, "Field Theory in Social Psychology," in Handbook of Social Psychology, ed. by Linzey, Gardner, Cambridge, Mass.: Addison-Wesley Publishing Co., Inc., 1954, pp. 181-222.

孫本文著：社會心理學（上册），上海商務印書館民國三十五年初版，頁五三—五四。

墨菲著劉永和譯：現代心理學體系，臺北正中書局，民國四十一年臺初版，頁六六—七五。

最低工資（Minimum Wage）

這是指由國家法律，工會協議，或由雇主共同訂立的一種最低標準的基本給付，凡在所規定的工作類別及範圍內的工人，均不得低於此種給付。最近美國立法規定，已將最低工資正式取代聯邦政府在公平勞工標準法中所訂的公平待遇一詞。(D.S.)

最初要求實施最低工資的，是倫敦的印刷工人。在一八八〇年，他們便主張在協約中，明定最低工資的條件，這可以說是最低工資的嚆矢。但是，最低工資的立法，却是從澳洲屬地率先開始。在一八九四年便有紐西蘭的最低工資立法。至一八九六年，又有維多利亞 (Victoria) 省的最低工資法令的公佈。一九〇九年，英國政府逐漸開始推行最低工資，其他各國相繼仿行。至一九二八年，國際勞工組織第十一屆大會通過，創設規定最低工資辦法公約及適用規定最低工資辦法之建議書，得到許多國家批准，各國也紛紛制訂其國內的最低工資立法。（丁幼泉著：中國勞工問題，第一七一頁，中華書局，五十三年）。

按最低工資立法，是依照工人的必需生活程度與企業者的支付能力，並參酌不同地區的物價指數，由立法機關透過立法程序而制訂的最低工資標準，然交政府去頒佈施行。這種最低工資立法可說有以下兩種功效：㈠在消極方面可以保護勞工生產力免受過度剝削，而能獲得較合理的報酬，儘量使其生活能得到安定。㈡在積極方面可以促進勞資情感，而使勞資雙方能工與停工的現象，不復發生，有利於生產進行。（陳國鈞著：勞工立法新論，第一五〇頁，正中書局，五十年）（陳國鈞）

開放工廠 (Open Shop)

一種可雇用工會會員或非工會會員爲工人的工業制度。(D.S.W.)

換句話說，任何人不論參加工會的會員或非工會會員均可在工廠或工場保有職業的一種僱佣關係。一般而言，開放工廠可視爲個僱用非工會會員的工廠。(D.S.)（陳國鈞）

量表技術 (Scaling Techniques)

所謂量表是根據一些法則，對事物（包括人）指定一些數字，使之呈現出事物之特性。易言之，一個量表是編製好的一套符號或數字（運用規則指定的），用之於個人或個人之行爲，以判定該量表所量度之變項在量表上所呈現的位置或強弱程度。

scale 一詞有二義：量度用的工具，稱爲量表。又量表上依照規則指定的數字與符號，則可稱爲尺度。量表旨在用定量的技術去量度多種社會變項，其適用範圍有三：

㈠心理測量及社會學的態度量表。

㈡人口方面的，量度社區、國家、民族之中多種社會行爲之結果或方式。

㈢社會方面，量度社會結構及過程。

茲就態度量表加以介紹。

態度是人格中整合的一部分，與智力、性向是一樣。唯人格的態度是量度其特質 (traits)，與態度的量度不同。態度是對一個認知事物產生思想、情感、或行爲的傾向。特質是主觀方面的，而態度是因客觀情勢而生的。一個人對外國人有敵視態度，則只對外國人敵視；如一個人具有敵視特質，則對任何人都呈現敵視。態度量度的原則有五：㈠單一向度；㈡相等間距；㈢信度；㈣效度；㈤複演性。

態度量表因編製方法，反應者反應方法，記分及解釋方法不同而有不同。共同方法是寫出陳述 (statements)。其標準：

(1)與所要量度之態度有心理上之關聯，而可引出態度之反應。

(2)假定量表可把人的態度沿着一個調度 (dimension) 區分爲強弱不同的程度。

茲僅介紹下列三種主要的量表：

一、蘇世頓量表 (Thurstone type scales)

編表方法：

1. 編寫有關某事之態度的陳述，可至數百。
2. 大批的評判者五〇人至三〇〇人，各自評判，分別地把某一陳述放在十一個分類中之一類，第一類最同意，等而次之。
3. 求得中數值，及量表值（Q）。

陳述之含混不清，模糊者，及與該事物之態度無關者，則捨棄不用。

4. 經過選定後，以量表值形成分佈均勻之各個陳述，即是1.5,2.5,3.5,………之值都有者，這些陳述形成一個量表，經常約有二十條陳述。

記分方法：

每一陳述有一量表值 (scale value)，值小者表示正的態度，值大者表示負的態度。

應用方法：

陳述所構成之量表，包括二十條陳述，量表值不寫在問卷表上，依隨機次序排列。經常問反應者，同意與否，是非與否，贊成與否，其所圈選之陳述中數（或均數）即爲其得分，即表示受測者對某事之態度，（同意或不同意）在量表上之位置。

批評：

1. 編製此種量表時，工作過於繁雜麻煩。但是根據愛德華 (A. Edwards) 的意見，並不見得如此。精密之量度不可避免地是繁雜的。
2. 由於受測者的得分是他圈選之諸陳述之均數或中數，很可能不同的態度模式却是得分一致（即得分相同）。
3. 性質上不同的兩組評判人，可能獲得相同的量表值，意即不同的兩組評判人，所得之得分有高度相關。

二、黎克特量表(Likert Type Scales)

編製步驟：

1. 搜集若干與有關研究主題之陳述，從極同意者到極不同意者，每項各有權數。

2. 製成問卷，請受測驗者填答，從極同意到極不同意的幾個問題(categories)圈定一項。

3. 反應者所圈選之問項的權數總和，即為其得分，回答同意項目多者，得分高。

4. 計算每個反應者的總得分（所有陳述的得分之和）。

5. 應用內在一致法(internally consistent methods)把全部陳述加以分析，對於每一陳述之全體反應者，其最高分的四分之一與最低分的四分之一，其間有最敏銳，清晰的區別者，則予保留，否則剔除，不放在量表之內，此稱項目分析 (item analysis)。其法有二：一為計算其間相關，一為求其間差異顯着性。

此種量表之缺點：

1. 所據之尺度，充其量也只是順序尺度，只表明等第順序，但不能知道相差之量的多寡，也不知道在態度的變遷上相差多少。所以在量度的水準上說，是其缺點之一。如果把蘇世頓量表視為近似間隔尺度，則二者比較來說，優劣互見。

2. 被測驗者個人總分沒有明確的意義。因為多種不同的對陳述的反應模式可得到相同的總分。此種缺點蘇世頓量表亦有之，但在黎克特量表上更為明顯。

其個人總分雖同，但所含意義全不相同。如此，不禁使人懷疑此種量表是否符合了順序尺度的標準。

3. 沒有中點，無法解釋態度改變了多少，只知道強了或弱了。

三、葛特曼量表(Guttman type scales)

此種量表有累積的性質，例如一個人正面地 (positively) 圈選了量表上的第三題，大致上可確定無疑地他對第一及第二題也會正面地回答。

早期的方法是鮑格達氏 (Bogurdus) 在一九二五年用之於社會距離的量表，他用七個不同程度的接受性 (acceptability)。截至一九五〇年葛特曼才較有更詳盡的介紹。其法的用途有二：一為項目量表；一為受測者的量表。前者把陳述排列成一定次序，顯示一個人同意了這個項目，同時也可以知道對這個項目以下的各項目也會同意。受測者的量表則依照每人圈選得分多寡，依次排列，每人同意與否，形成完善的量表依着把個人分成不同的組；形成量表型依照個人反應的模式，計有四種典型的量表型，即（＋＋＋），（－＋＋）與（－－－），另有非量表反應型 (nonscale response patterns)，例如（＋－＋），（＋＋－），（－＋－）及（＋－－）即是。

葛特曼量表兼及單因次性(unidimensionality)及複演性 (reproducibility) 的問題。這種方法，可使我們從反應者的得分上看，可確定他圈選，回答，或同意那個項目。全部反應者之中，誤差不出百分之十。

葛特曼量表是根據順序尺度，而且有累積性的。例如鉛、玻璃、及鑽石的硬度，鑽石硬於玻璃與鉛，玻璃又硬於鉛；加法，乘法，開方三者難度不同，會了加法，才會乘法，會了前二者才會開方。換句話說，會開方即會乘與加，會乘就會加。另一個例子是社會距離的量表。

量表分析（scalogram-analysis)是要使我們知道我們的項目以及人們所圈定的，與理想之中的量表型距離有多遠。這種分析方法是要找出實際與完善量表型之間的「差距」(deviations) 有多少。差距在這裡稱為誤差(errors)，以複演性係數表示之。求複演性係數的公式：

$$R = 1 - \frac{\text{誤差數}}{\text{反應數（項目數乘反應人數）}}$$

R 值在〇．九以下時，則認為此量表不夠滿意。

葛特曼量表之批評：

對於問卷編製及分析，貢獻甚大。唯應用單因次量表有二限制：

1. 對於複雜事物之態度，單向度不足以反應真確態度，故不是最有效的根據，也不能據以預測對某事物之行為。

2. 對某一部分人士，此量表或許是單因次的，但對另一部份人則不盡然。

這三種量表技術混合運用，稱為量表判識技術。在現代社會，觀念及意識之改變極須瞭解。研究社會態度即係以社會態度為一變項，再找出與其他變項之間的關聯。態度之量度點如其他科學上之量度，須注意量度之效度與信度。

量度態度的其他技術有Q分類法，與蘇世頓量表有相似之處，可對同一人在先後不同的時間，明瞭其態度之改變，或者對不同的人同時進行研究，瞭解多人之間的異同態度。另有語意異分法是用以量度心理意義的一種方法，用以比較同一人的不同概念，或比較不同的人對同一概念評定之異同。（席汝楫）

參考文獻：

Adorno, T.W., et al., The Authoritarian Personality. New York: John Wiley, 1964.

Edwards, A.L., Techniques of Attitude Scale Construction. New York: Appleton-Century, 1957.

Green, B.T.,"Attitude Measurement," in Handbook of Social Psychology. ed. by G. Lindzey, reprinted in Taipei, 1962.

Kerlinger, F.N., Foundations of Behavioral Research. New York: Holt, 1966.

Miller, D.C., Handbook of Research Design and Social Measurement. New York: David McKay, 1964.

Oppenheim, A.N., Questionnaire Design and Attitude Measurement. New York: Basic Books, 1966.

Osgood, C.E. et al., The Measurement of Meaning. Urbana: Uni. of Illinois Press, 1958.

Phillips, B.S., Social Research. New York: MacMillan, 1966.

Selltiz, C. et al., Research Methods in Social Relations. New York: Holt, 1960.

Stoffer, S.A., "Scaling Concepts and Scaling Theory," in Research Methods in Social Relations. ed. by M. Jahoda et al. Part Two: Selected Techniques, pp. 681-711. New York: Dryden, 1951.

Torgerson, W.S., Theory and Methods of Scaling. New York: John Wiley. 1958.

"Scaling," in IESS, ed. by D.L. Sills, Vol. 14, pp. 25-39, 1968.

無政府主義（Anarchism）

一種社會哲學，主張政治權威，國家與政府皆不必要，應該予以廢除。其注重點是對國家的敵視，同時也含有這樣的態度，即不只擯棄政治權威，而且也擯棄有組織之社會的和宗教的權威。它強調在人類生活中志願合作與互動的可能性，而反對使用武力或強制性的威脅之合作。

雖然無政府主義都一致的反對國家，但對於財產的理論却有分殊。個人主義的無政府主義相信財產是物質的東西，應授權於個人；共產主義的無政府主義，一般言之，却主張應由志願團體來處理。

近代提倡無政府主義者當中最著名的有二人：一爲巴古寧(Michael Bakunin, 1814-1876)，一爲克魯泡特金(Peter Kcropotkin, 1842-1921)，皆俄國人。巴古寧著有：「上帝與國家」，「國家主義與無政府主義」等書。他是一革命宣傳家與恐怖主義者，攻擊一切權威，並認爲上帝與國家是束縛人自由意志的，他主張廢除階級，婚姻制度，教會與國家。他覺得國家是壓迫人之一大組織，被推翻後無政府的社會就可建立起來。克魯泡特金是哲理的無政府主義者，著有：「在社會主義的演化中無政府的地位」，「哲學與無政府的理想」，「近代科學與無政府主義」，及「互助論」等書。他指出私有財產是人類合作的最大仇敵，亦爲人類衝突的主因。他反對托爾斯泰的非侵略觀念和國家主義者的溫和方法，而主張依人們經濟的與社會的本能以實現其志願的團體組織。不過，欲達此目的，革命是一必要步驟。社會本能在人類當中是很自然的，如果廢除了財產制度及國家，共同的和諧生活乃必然的結果。人類努力的最高目標是建立一無強制力的及無私產的社會，此可應用互助原理來實現之。（龍冠海）

參考文獻：

D.S.S., p. 25;

Becker and Barnes, Social Thought from Lore to Science, pp. 659-660, Harren Press, 1952.

單婚制（Monogamy）

單婚制爲社會許可或制度化的一種婚姻方式，僅一男與一女相配，夫妻雙方均不得多於一個，通常稱之爲「一夫一妻制」。在此名曰「單婚制」者，爲與「一夫多妻制」(Polygyny)及「一妻多夫制」(Polyandry)的「複婚制」(Polygamy)相對稱。因爲這些名詞易滋混淆，如此區分，眉目較爲清楚。（Notes and Querries in Anthropology, British Association for the Advancement of

Science, London: Routledge & Kegan Paul, 6th ed., 1951. p. 112.)

衛史德麥克(H.L. Westermarck)於「人類婚姻史」(History of Human Marriage)一書中有云:「世界上大多數民族的婚姻方式是一夫一妻制的,即其方式有異於此者,亦以一夫一妻制爲指歸。」一夫一妻制的特點有五:㈠社會上成年男女之數大致相等,一夫一妻制能使男女結合得其平衡。㈡夫情愛能夠專一不貳,而且人之性活動有其限度,若要求過多,則會產生不良後果。㈢教養子女較爲適當,因夫妻地位平等,無妻妾之分,嫡庶之別,子女均能獲得平等的待遇。親子間感情不生偏頗,年幼者在愉快融洽的氣氛中發展健全的人格。㈣在經濟上多數男人不能維持多妻。基督教會採用一夫一妻制,一方面由於早期之基督教徒是貧窮階級,另方面則是對抗羅馬人性的放縱。行之日久,一夫一妻制便成爲基督教國家一種普遍的民德和制度。㈤一夫一妻制最適合於現代社會普遍採用之小家庭組織。有此上述特點,故近世社會學家均認爲一夫一妻制爲人類最適當之婚姻方式。(參閱龍冠海著社會學,三民書局,民國五十五年,第二六九頁。)(朱岑樓)

貴族政治(Aristocracy 或譯貴族政體)

貴族政治指由社會中「最好的」分子或英才來掌握政權,統治國家。這樣的國家組織形式或體制,稱爲貴族政體。其統治者普通是遺傳或世襲的。但所謂「最好的」或英才之界說或選擇,在任何社會中却難有一致承認的標準,而在實際上也很少應用這樣的標準。

在古代希臘的政治哲學中,如柏拉圖與亞里斯多德的貴族政治是指由幾乎達到完人理想者的統治。柏拉圖認爲貴族政體乃各種政體當中最好者。而亞里斯多德則將可能的好政體別爲王者,貴族及立憲共和三者。他又將寡頭政治與貴族政治作一區別:前者的選擇是以財富爲根據;後者則以美德爲根據。但從古以來貴族政治一詞與寡頭政治實際上是同義的。自古希臘之後迄法國革命之前,在歐洲史上,貴族政治是與君主政治對立的。當一團體的人,如羅馬的元老院,聚會議決將屬於任何合法君主之權利歸爲他們自己的。

此名詞的用法原指一種政體,後轉用以指統治階級,又再引申應用於社會中佔有上層社會地位者。因此,任何階層化的社會或集團其中屬於最上層者都被視爲貴族。(參閱 "Aristocracy" in D.S., D.S.S. and E.B.)

這種上層階級的政治權力與特權,在歷史上早已趨於瓦解。我國在春秋時代所實行者亦爲這種貴族政治,各國政權率歸於少數名族之手,其後便趨於消滅。但直至民國建立之前社會中仍繼續有貴族階級或集團的存在。(參閱:梁啟超著中國文化史社會組織篇。臺灣中華書局印行,民國四十五年二二頁。)(龍冠海)

間接團體(Secondary Group 或譯次級團體)

此一概念代表人類結合的一種方式;依結合分子接觸或關係的程度來劃分,它與直接團體對稱,而成爲兩種不同的結合類型。此一種結合是指組織比較大,人數比較衆多,私人接觸比較少或者甚至完全沒有,以及人際關係不密切的,像國家、都市、政黨、教會、工會,以及各種專門職業或學術機關團體等。在這種團體內,分子間的關係多半是形式上的,片面的,功利的或爲達到某種目的,不像直接團體的那樣非正式的,多方面的,自然的,和偏重於感情的。其聯繫方法多半也不像直接團體那樣依靠所謂面對面的親切接觸,而是藉某些傳達工具爲媒介,許多分子彼此間也許永無一面之緣。在現代社會中,這一種團體事實上是越來越多,同時也越來越複雜。

不過間接團體並非完全排除直接團體的,而實際上有許多常是包含有直接團體的;例如,都市中的青少年幫會或兒童的遊玩團體,大學中兄弟會或姊妹會,工廠中工人的非正式的小團體,政黨中的小組織或徒黨(參閱「徒黨」條)等等。(龍冠海)

參考文獻:

K. Young, Sociology (American Book Co., 1942), pp. 23 and Part 4;
P.B. Horton and C.L. Hunt, Sociology (1948), pp. 165-172.

虛無主義(Nihilism)

此名詞係俄國文學家屠仁尼夫(Turgenev)在一八六二年出版的小說「父與子」中首先應用於當時一般所主張的一種革命行動的理論,一直通行至沙皇被推翻時爲止。它含有消極與積極兩方面。前者牽涉到利用暗殺與放火的手段,需要立即摧毀現有的社會經濟制度及其主要代表人物。對於此方面,主張者的意見較爲一致。至於積極方面,除了認爲需要建立議會政府外,意見却不一致。虛無主義的運動是個人主義的而非集中化的；有小團體和個人被鼓勵去繼續單獨實施恐怖政策。許多虛無主義者係智識分子；他們贊同社會主義的和無政府主義的作家之觀念。就其狹義來講，虛無主義一詞實指十九世紀俄國的無政府主義者，而以巴古寧為其中心人物。他的思想包含三個基本學說：(1)無神論的傳佈，(2)國家的摧毀，(3)政治行動的排斥而代之以暴動的主張。

自從虛無主義迅速傳至歐美後，它原有無政府主義的與革命性的旨趣却大半喪失了，並不能引起政治的作用或智識的運動。無論如何，它的意義既不正確，也欠明瞭。一方面，它被廣泛地用以指這樣的學說，即道德規範或標準，不能以合理的議論來予以辯證。另方面，它也被廣泛地用以指對人類生存的空虛或瑣事的失望心境。它的最普通意義指一種態度，主張完全排斥所流行的道德，而代之以「否定論或消極主義」(negativism)（龍冠海）

參考文獻：

D.S.S., pp. 469–470

疏隔 (Alienation)

疏隔是指個人或團體對社會關係的隔離而言。例如配偶間的分離，階級與階級間的隔離，勞工與資本家的對立，一般人對教會的疏遠等，均稱為疏隔。

關於疏隔的理論，是馬克思早年著作中的創說。馬克思認為工業技術的進步，分工的複雜，資本制度的發展，使工人對工作的關係趨于分隔，高度的機械化，使工人對生產方法，不能全部控制，舊時所得的知識和技能，無法對機械應用，工人在新興的工廠中，祇是單調與刻板的動作而已，他們失去了自由，做機械的工具，沒有能力的意識可言。(Erich Fromm, On Marx's Concept of Alienation, New York: Ungar, 1961)

近來研究宗教社會學者，根據各種調查報告，認為工人階級對教會的宗教崇拜，日益疏遠。工人們認為教會是中上等階級的社團，對工人無甚意義。此種現象，在拉丁美洲、西班牙、比利時、意大利、法蘭西等國，普遍發生。這可稱為宗教的疏隔。(E.L. Fairs, Handbook of Modern Sociology, Chicago: Road McNally Company, 1964)（張鏡予）

就業服務 (Employment Service)

就業服務是替工業與勞工服務的一個重要社會組織，其主要功能是使工人與雇主得以發生聯繫，使招募工人的安插得以順利進行。換言之，即一方面協助工人尋找適當的工作，另一方面協助雇主物色合格的工人。其辦法由辦理工人登記與進一步地分析工人的志願與能力入手。就業服務處在獲得雇主方面有關工作機會與條件的資料後，即介紹申請工作者前往應徵。如有必要，就業服務處亦將申請人介紹到其他需要工人的就業服務機構去應徵。在這種情形下，就業服務無異是需要勞工的雇主與需要工作的工人中間的一個連結物。（劉銘譯，華德・弗蘭德著社會福利概論，第四五九頁，中華文化出版事業社，四十九年。）（陳國鈞）

閒暇階級 (Leisure Class)

閒暇階級是指在社會中受社會風俗的保障，不自身參與維持生活的勞動，而獲得的生活享受，遠超過一般的平均水準以上的一種特殊階級。這種超越特殊享受的地位，是由于遺傳的關係，如貴族階級，或由于不勞而獲的土地收入，或由于資本累積的收入，或由于特殊權益的獲得所造成。

閒暇階級的名詞是韋伯倫 (T. Veblen) 所創導的。他在一八九九年所著的閒暇階級理論 (The Theory of the Leisure Class) 一書說明閒暇階級的意義，包括過分的閒暇時間，過分的浪費，名譽所消費的金錢，掠取文化的消耗等。他把社會階級分為上層團體即閒暇階級，其一切行動模式，為下層社會階級所仿效。閒暇二字，據韋伯倫的意見，是指不生產的時間消費而言。

據韋伯倫的意見，閒暇有兩種不同的方式，一種是過分的或超越的休閒，一種是過分的消費。兩者的目的都是為了求取名譽，但也都是屬于浪費。前者的消費是時間與精力，後者的消費是財物。兩者均為表現其富有的方法，而為一般社會風向所稱道。從家庭生活享受程度，衣着服裝，宗教儀式，政府工業以及高等教育等，閒暇階級所表現的浪費，均經韋伯倫予以敍述。（張鏡予）

參考文獻：

T. Veblen, The Theory of the Leisure Class, London: Allen & Unwin, 1924.

D. Riesman, The Lonely Crowd, New Haven: Yale University Press, 1950, p. 122.

統管學 (Cybernetics)

此一名詞是由法國安培爾 (André Marie Ampère) 於一八三四年所首創，但在現代社會科學中的使用卻係由美國韋納 (Norbert Wiener) 於一九四九年所提倡，用以指研究人類、動物及機器的控制及通訊的學科。凡是有關人之控制及通訊的研究與技術，包括計算機及機械的資料整理、傳播及控制在內，都是統管學的研究題材。

現今社會評論家對統管學的功能與影響毀譽不一。樂觀的人認為統管學是一門嶄新的科學，其技能有助於資料的整理與分析，使人類節省人力與時間，以從事於較有意義的其他活動。其結果人類生活可獲得改善，社會亦可有大幅進步。悲觀的人士認為電腦的自動驗算效能，剝奪工人的勞動機會，產生工藝問題、失業問題及社會衝突。

統管學家注重的主要理論或研究有二，一為機器及有機體經由回歸調節(feedback process)以自行控制或維持的現象，一為機器及有機體的通訊。統管學家從有機體的研究中發現：1.任何顯明故意的行為必須有組織有計劃，並透過回歸調節以控制行為；2.複雜的有機體系都有控制的組織；3.須有控制的網絡和回歸的功能，行為才有方向，才能按步就班，達成目標。

社會學家的利用電腦學方興未艾。不過却有些方法學家對此技能持懷疑的態度。他們認為統管技能不能改革或代替傳統的探究法，人類社會沒有任何團體適宜於數學分析，同時電腦技術亦無助於動態社會事實的研究。(范珍輝)

參考文獻：

D.G. MacRae, Cybernetics and Social Science, British Journal of Sociology 2 (1951), pp. 144ff.

"Cybernetics," in I.E.S.S. and D.S.S.

費賓社會主義 (Fabian Socialism)

「費賓」一詞來源於古羅馬一將軍之名字 (Quintus Fabius Maximus 約死於西元前二〇三年)，其有名戰略是勉其軍隊好好等待機會，週密計劃，以打擊敵人，圖謀勝利。費邊社會主義者因採此策略，故以其名名之。英國十九世紀末有若干過激思想家，不信階級鬥爭，或在社會改革過程中，革命是不能免的說法，故反對革命社會主義，如馬克思的，而設法把社會主義變成演化的而非革命的運動，主張遵照合乎憲法程序，漸漸把生產工具，像土地、工業、及資本等，從個人資本階級之手轉移到消費者手裡，由國家管制以謀大衆福利。其所用方法是教育的而非革命的，特別注重研究，討論和宣傳。在研究方面，尤其著重具體的，特殊的，及對大衆生活特別有關的問題。在宣傳方面，注意對社會少數有地位影響力之知識分子，給以勸導，由他們開始，再使大衆明瞭其主張，了解工人福利及全體國民福利。他們認為最好用民主政治方法將生產工具社會化；利用機會從事實際生活之改進。例如，以法律限制工人工作時間，改進工人衛生，及工資等情形。為了支持推行此一運動，十九世紀末年就有一小團體的知識份子於一八八四年發起組織「費賓社」，其主要領導人有蕭伯納(G. B. Shaw)、巴斯費爾 (Lord Passfield)、韋伯夫婦 (Beatrice and Sidney Webb)、華拉斯 (Graham Wallas)、柯爾 (G.D.H. Cole)、麥頓納(J.P. MacDonald)、阿特里 (Attlee)、及蓋斯格爾 (Hugh Gaitskell) 等。費賓社與其他政黨不同。它是由知識分子所組織，並由志同道合者寫文章來作宣傳，所刊行小册子的文章每一篇都是比較具體的。對實際問題，經過研究後，便提出報告，例如洗衣店的生活，母親的補助，貴族參議員的改革，學校育嬰所的案件等，均是注重事實，不像共產黨的欺騙。該社本身並不參加政治，只以思想影響人民，尤以第一次大戰後影響英國勞工黨經濟計劃很大，雖社員只有幾千人，但是同情他們的卻很多。費賓社會主義是政治的經驗主義，不是教條或瘋狂主義。它反對階級鬥爭，注重經驗，不像共產黨的教條化。二次大戰後，它在英國影響特大。(龍冠海)

參考文獻：

列特萊著，沈嗣莊譯，社會主義史，商務印書館，民國五十五年臺一版，第十七及十八章。

龍冠海著：社會思想史，三民書局，民國五十六年，第十四章。

象徵主義 (Symbolism)

據(拉蘭特) André Lalande 法文哲學詞典，象徵主義包含幾個意義：(一)象徵物的用途，譬如說「衣服在政治的象徵主義上的重要功能」；(二)象徵的體系，如云「代數是一種象徵體系」；(三)象徵的理論，一種歷史的方法，特為解釋古代思想體系或教條而賦予它以象徵的價值；㈣一種學說以為人類精神只能認識一些象徵的事物；㈤文學或美學上的一種主義，不注重客觀事象的描寫，而努力於情調象徵化的表現。

社會學上的象徵主義，擴大象徵的範圍，指出其在社會和文化中的意義。大凡個體、手勢、公式、圖表、語言或一件物品具有將殊意義而在特定的文化體系中代表一種感情，一種行為或一種態度的，都有象徵作用。例如國旗、勳章、制服、祭臺、宗教的頌歌、聖詩、王冠、戒指、徽章、盾牌上的徽幟、國徽、紀念碑（牌坊）、神聖的碑誌、紀念儀式、禮節、巫術的符咒、基督教的十字架、圖騰社會的圖騰畫及雕刻等都是。這些象徵的事物，對於維護固有文化和社會生存之某些基本的價值，有使它們延續下去的高度功能。（Willems: Diction de Sociologie, p. 244, 1961, Paris）

根據崔賓（F.S. Chapin）的「現代美國制度」（Contemporary American Institutions）所列出的幾種重要社會制度之結構要素表，如家庭、基督教會、政府、企業機構等，各有其象徵性的事物，最顯而易見的好像夫婦結合的結婚戒指、教堂的十字架、政府規定的國旗、工商企業的商標招牌等。這些象徵符號，雖係物質的東西，却都有其精神上的作用。

這些象徵的東西，大別可分三類：

㈠語言：包含言語、神話、文例、儀節或判例，格言，諺語以及標語、口號。中國的陰陽、五行、八卦等，都是一種標記制度。此外親屬的稱謂，代表親屬間的相對待的關係，也有象徵的作用。

㈡各種記號：有宗教的、民族的、職業團體的、政治的等等，這些記號或是物質、或是圖畫雕刻、或是象徵式的圖片、或是勳章、都可作為集體觀念或社會價值的代表。

㈢行動或象徵式的風俗習慣：例如行禮的動作及手勢、敬禮或崇拜（祭祀）的態度、開幕及閉幕儀式、軍禮、婚禮、簽約儀式及歃血為盟、秘密社會的的各種儀節等。

涂爾幹學派（Ecole Darkheimienne）所主張「集體表徵」（Collective representation）、就是社會學上象徵主義的一種理論。（A.Curillier: Sociologie, pp. 212-213, 1958, Paris, Presses Universitaires de France.）（謝　康）

循環論（Cyclical Theory）

循環亦稱週期，週期說有多種，如中國古書說：「五百年必有王者興」。又說「天下分久必合，合久必分」。「一治一亂」這些都是一種循環論的說法。經濟學上有所謂「經濟恐慌週期律。」因經濟社會生產和消費失其平衡，每隔若干年可能有經濟蕭條或不景氣的現象發生，一稱商業循環（susiness Cycle），在資本主義初期，這現象尤為顯著。在社會現象上有所謂「制度的循環」（institutional cycle），指的是一種社會制度發展的週期，當某種制度建立在一個社會重建的時代，該制度即行發揮其應有的功能。但在它有效地發展其功能滿足社會需要之後，就常常有由盛而衰的傾向，逐漸和那些藉它而滿足需要的人士失却接觸，或失却密切的聯繫，這大概因為這制度內部的組織已經固定而不能適應社會環境的變遷，這現象繼續發展下去，忽然遭受一種劇烈的意外的變動，整個社會解組，於是這個制度也失掉其原來的意義和功能，而歸於消滅，社會文化水準又回復到沒有重建以前的狀態。（E. Willems: Dictionnaire de Sociologie, p. 61-63, 1961. Paris）

至於文明的循環（civilizational cycle），其學說更引人注意，首先俄國的丹尼列夫斯基（N. Dnilevsky 1822-85），以循環論代替進化論。他從歷史上建立了十三種文明，或文化的歷史類型，並發現每一個文明都要經過類似有機體成長的循環現象：由幼年、青年、成熟以至於衰亡。他認為所有的文明，均有一定限度的生存時間，並假定各文明遲早會因內在的必然性而歸於死亡；到這時候，各民族本身又回復到沒有文明的民族誌的資料狀態，雖則在將來他們仍然可能成為「新文明」的携帶者。丹尼列夫斯基反對單線進化的學說而構成的文明循環論，對後來的斯賓格拉（O. Spengler, 1880-1936）、湯恩比（A.J. Toynbee 1889-　）和索羅金（P.A. Sorokin, 1889-1968）諸家的文化論，有相當的影響力。

斯賓格拉的文化循環（cultural cycle）認為文化生命是循環的，有它的春、夏、秋、冬四季，即幼年、青年、成熟和老年期，而文化的結局，就是文明（civilization），也就不免於沉淪或死亡的命運歸宿（按一般德國人用文化，或文明字樣，涵義與法、英、美人不大相同）。

湯恩比的歷史社會學是想要描述在文明的盛衰興亡中，有其一致性；並擬解釋其原則。他也認為文明有成長、停滯（流產）、成熟及衰敗的過程，大致頗像斯賓格拉之說，但劃分為三階段：㈠接受挑戰；㈡多事之秋；㈢暮氣深沉，趨向瓦解。他不將文明的生命年齡，作一種規定。他認爲在文明循環的最後階段，出現四種人格類型，其中第四種是抱宗教熱忱的人格類型，要從宗教信仰中尋求救世主，來拯救人類的厄運。

索羅金的文化論，內容極爲複雜，也說到文化的直線上升或相反的趨勢，可參看他底文化動力學（Social and Cultural Dynamics, 1937–41）及危機時代（Crisis of Our Age, 1941）等書。（謝　康）

極權主義（Totalitarianism）

此名詞爲二十世紀的產物，首先由墨索列尼用來指他的法西斯主義國家，迄一九三〇年代才成爲通用的。依英文社會學詞典上的解釋，它是指國家完全控制人民所有的活動範圍與社會團體。一個極權政體是一種政治的專利，不允許有任何反對與批評，而將個人完全加以控制，使其隸屬於它。現代的獨裁制，如墨索列尼、希特拉、史達林等所行的，普通都被視爲極權主義的代表者。這些與早期專制主義的專權政體（autorratic regimes）頗有區別，他們不僅是對政治制度與力量的控制，而且差不多對每一社會機構與社會行爲也都予以控制，使其服從他們的意志，故現代的極權主義與過去的專制主義實有其程度之差。現代獨裁者之所以能夠實施更爲完全的，更加廣泛的和更爲可怖的控制，這與現代技術學的進展有密切關係，如大衆傳播與新武器的利用以及新組織技術的運用等——這些使獨裁者更便利於控制大衆行爲，也更易使人產生恐怖感。（龍冠海）

參考文獻：

D.S.S., pp. 719–720.

I.E.S.S., Vol. 16, pp. 106–112.

W. Ebenstein, Today's Isms, Part I, 1961.

（另參閱「共產主義」、「法西斯主義」與「獨裁制」各條）

鄉市化（Rurbanization）

此爲描述文化影響力運動雙方向之名詞。其意謂鄉村文化與都市文化互相接觸交融後，產生一種整合的社會理想。此社會理想既含有鄉村文明之成分，亦含有都市文明之成分。都市化（urbanization）係指鄉村社會中一些器用，生活方式，及價值觀念等漸漸趨向都市者，與都市者相認同，其運動是單方面的。鄉市則不僅指鄉村者趨向都市，同時都市者亦趨向鄉村。運動是雙方向的。換言之，在社會變遷過程中，都市化與鄉村化同時進行。表面觀之，都市化甚多於鄉村化。如詳確言之，鄉市化實較都市化或鄉村化單方面描述更接近實情。純粹或完全的都市化或鄉村化均不存在。隨鄉市化而來之結果爲，鄉村人與都市人在生活上之差異逐漸減少。在衣着、食物、舉止、言談、思想、觀念等事上均逐漸接近，變爲相似。鄉村人在都市化過程中採用都市人之文化。同時在平行的鄉村化過程中，都市人亦學得鄉村人之文化。惟鄉村人與都市人之差異，雖日益減少，但不會完全消失。鄉村與都市各自之基本文化特徵將永遠存在。（楊懋春）

參考文獻：

Everett M. Rogers, Social Change in Rural Society p. 7, Appleton-Century-Crafts, Inc, 1960.

Alvin L. Bertrand, Rural Sociology, p. 414, Mcgraw-Hill Book Company Inc. 1958.

John H. Kolb & Edmand des Brunner, a Study of Rural Society, p. 277 Houghton Mifflin Company, 1952.

鄉村人口（Rural Population）

以地域爲根據，作人口分類，則其住於鄉村者謂之鄉村人口，住於都市者謂之都市人口。鄉村與都市之區別，有者則依行政上之劃分，有者則依人口數目之多寡與密度。行政上的鄉村或都市之劃分，容易確定由其所在地之名稱即可瞭然。如院轄市、省轄市、縣轄市等，凡冠有「市」之稱號者，即係都市或城市。其人口總和即都市人口。從全國總人口數減去都市人口數即得鄉村人口數。依人口數目與密度以定鄉村或都市者，多爲配合國家普查需要而行。有以二、五〇〇人爲基數者，即凡在一定範圍內住有二、五〇〇人之地點即爲城市，其不足此數者爲鄉村。有以五、〇〇〇人爲基數者，更有以一〇、〇〇〇人爲基數者。各國並不一致。因所定基數不同，各國間其鄉村與都市人口之劃分即互相紛歧。惟任何一種基數，一旦確定，則鄉村人口與城市人口之劃分與計算即不困難。至於以密度爲標準者，其情形亦復相同。

在鄉村人口中，又可分爲二類，卽農業人口與非農業人口。農業人口卽以經營農場爲主要生計之人。非農業人口，卽不以農業爲主要生計而以其他職業爲謀生之術者。由此可知，鄉村人口與農業人口並非一種人口，二者實有區別。鄉村人口中除去農業人口，尙包括居住鄉村中而不以農業爲生之人口。此類人口其數量並非微小，其在鄉村人口中所佔比例不可漠視。甚至可與農業人口爭權衡。台灣省於近十數年內，因工商業發展，交通運輸便捷，農業技術進步，農業人口外移等影響，鄉村中非農業人口所佔比例逐日增高，其地位更顯重要。美國人口在一九五〇年舉行普查時，全國總人口爲一五〇、六九七、三六一人（％）。其鄉村中農業人口爲二三、〇四八、三五〇人，佔百分之一五．三，非農業人口爲三一、一八一、三二五人，佔百分之二〇．七。由此可知鄉村人口爲五四、二二九、六七五人，佔全國總人口百分之三六。在此數目或百分比中，其非農業人口較農業人口在數量上佔較重要地位。美國鄉村中已不再以農業爲佔絕對優勢之職業。農業以外，別種行業亦勃然興起。結果以前之同質 (homogeneity) 人口結構已急速消逝。

中國過去無詳確人口統計。臺灣省光復後，雖有一戶口普查，但對鄉村與都市人口之劃分並不具體明確。玆依民國五十一年民政廳出版之臺灣省戶籍統計要覽，知臺灣省總人口數爲一一、一四九、一三九人。其中五個省轄市（臺北市、基隆市、臺中市、臺南市、高雄市），七個縣轄市（三重市、宜蘭市、新竹市、彰化市、嘉義市、屛東市、花蓮市）及六個工商業發達，人口密度可以列爲城市的鄉鎭（桃園鎭、中壢鎭、豐原鎭、員林鎭、新營鎭、鳳山鎭），其人口爲城市人口，共三、五三四、〇六八人。佔全省總人口數百分之三一．七。鄉村人口爲七、六一五、〇七一人，佔總人口數百分之六八．三。復依五十二年臺灣省政府普查委員會所發表之報告，四十九年終之農業人口爲四、七五九、〇七三人，佔鄉村人口百分之六二．五。由此可知，臺灣省於六年前，仍以鄉村人口佔優勢，而鄉村人口中仍以農業人口領先。惟此種優勢已較以往減少甚多。此種人口變動趨勢顯示臺灣省正在從以農業爲主之情況走向工商業社會。（楊懋春）

參考文獻：

楊懋春：鄉村社會學講義第六章（民國五十七年臺大農推系，油印）
張菊品：臺灣省鄉村與都市人口之比較研究，臺大農村社會經研所民五二年碩士論文。
Charles P. Loomis and Z. Allan Beegle, Rural Sociology pp. 40－43, Prentice-Hall, Inc, 1957
Alvin L. Bertrand ced. Rural Sociology pp. 51-70 p. 73, McGraw-Hill Book Company, Inc, 1958.

鄉村化 (Ruralization)

鄉村化有兩種意義。一種爲鄉村文化可能影響城市，使城市文化中吸收若干鄉村事物。可謂鄉村城市化之反面。遇鄉村中人大量移居城市，鄉村中生活方式與器用藝術等亦隨而引進。城市中人對鄉村文化雖多卑視，但可能有人喜其簡單樸素，純眞自然，樂於採用。於是城市文化吸入鄉村文化。自十九世紀以來，城市文化影響鄉村生活，使鄉村都市化，其勢洶湧澎湃，遠盛於鄉村文化影響都市，或都市鄉村化。故一般言之，並無城市鄉村化之事實。卽有亦微不足道。第二種意義爲城市人移向附近之鄉村居住，享受多帶鄉村色彩之生活。自本世紀中葉開始，城市中人對城市環境與生活感覺厭煩，力求遠避。適値道路與交通工具迅速發展，使人於三十或五十英里距離內，移動十分方便。以此凡俱有充分經濟條件之家庭，甚多移居城外者。日間驅車或乘公用交通工具進城辦公治事，晚間及休假日居住鄉村中。家屬常住鄉中。住宅建築商亦迎合潮流，在距城市三十英里或五十英里半徑之周圍地帶，大量建築鄉村社區式之國民住宅。社區內有商店、學校、市場、教堂、戲院、公園、兒童遊樂場，及其他公共設備。居民可享受到城市人所享受一切現代便利與舒適。此外，環境安靜清潔，道路寬敞而無汽車危險。房屋購買或租賃，條件均甚適合各級經濟狀況。此外，城市人大量向此類鄉村社區移住。此卽今日之鄉村化。新鄉村與舊鄉村之差異爲，新者無農業，而舊者以此爲特色；新者有一切現代便利與設備，可以與城市者相競美，而舊者大半缺如。鄉村化之第二種意義亦表現於城市建設之新計劃上。新城市建設避免高度集中，而主張分別建設若干小型市鎭，使各相距自十英里至二十英里不等。然後以交通幹線使之互相連繫。其中自必有一較大單位，可爲城市中心，或中心城市，餘則居衞星地位。除中心城市，各衞星市鎭均富鄉村色彩。此亦可謂城市鄉村化。（楊懋春）

參考文獻：

Alvin L. Bertrand, Rural Sociology, p. 414, McGraw-Hill Book Company, Inc, 1958.

John H. Kolb & Edmund Des Brunner, A Study of Rural Society, p.277, Houghton Mufflin Company, 1952.

鄉村生活運動 (Country Life Movement)

鄉村生活運動來自美國一種鄉村生活研究與建設運動。本世紀初葉，美國鄉村中普遍發生甚多嚴重問題。如農業生產減少，一般經濟貧乏，生活程度低落，教育水準下降，青少年離村者增多，鄉村呈現全面解體衰敗現象等。老羅斯福 (Theodore Roosevelt) 總統鑒於此種危機，於一九〇八年命令組織一美國鄉村生活委員會 (American Country Life Commission)，由七名對鄉村生活有研究之學者爲委員。此委員會即擬定各種鄉村調查表，派人分赴各鄉村地區考察，探訪民隱，發掘問題。後將調查結果，考察記錄，及所蒐集各種有關資料，整理分析，於一九一一年發表一詳盡報告。報告指出鄉村生活中多種具體問題及其所在。如農田租佃，農業勞動，農民組織，農民健康，農場管理等方面各項癥結。該委員會並建議解決問題，重建鄉村生活之各種途徑。此報告不僅激起全國人士對鄉村社會及鄉村人民生活普遍重視，更促動政府及學術機構在研究鄉村問題與鄉村生活上有興趣與努力。一九一六年美國社會學者舉行年會，主席文信德 (Dr. George Vincent) 即以「美國的鄉村生活」爲其演講主題。並有多篇討論鄉村生活之文章在會中宣讀。

此一運動亦直接間接爲美國之鄉村社會學奠立基礎，並指引其研究方向。同時又使美國之聯邦政府與州政府決定爲農業推廣教育建立制度，充實內容，並確立其經費來源，使此項對農民之服務工作大爲開展。一九一八年，在馬利蘭州 (Maryland) 之巴提莫爾市 (Baltimore) 一「美國鄉村生活聯合會」(American County Life Association) 成立，以後每年有甚多對鄉村生活問題感興趣之人士舉行年會，邀請從事鄉村生活研究之學者與機關提出研究報告與研究計劃，共同討論。於是研究鄉村生活，建設鄉村生活，宣講鄉村生活之優點等努力匯聚結合，成爲鄉村生活運動。甚多人獻身於此一運動。

在中國，歷代亦均有提倡過鄉村生活者。如陶淵明，鄭板橋等人在其文章詩詞中，力陳鄉村生活之健康優美。自己於退休後，亦實踐其言，隱居鄉村中。惟此等人均以其理想渲染鄉村生活之淡泊眞純。自己居住鄉村時，亦有其與衆不同之士大夫或名士環境。彼等並未爲全體鄉村人民利益而提倡或領導鄉村生活之建設。因此，彼等之努力不能視爲鄉村生活運動。自民國初年至現在，有前後相繼之鄉村建設事業，有大學及學術研究機關內之鄉村社會學教學與研究。將此各項努力綜合觀之，似可稱爲我國之鄉村生活運動。然鄉村生活運動之積極意義爲改良鄉村環境，提高並充實鄉村生活內容，使大多數鄉村人民以鄉村生活爲滿意，不急求離開鄉村。使鄉村以外之人不卑視鄉村，不以鄉村生活爲可恥。並非勸人降低生活要求，到鄉村中「返樸歸眞」。（楊懋春）

參考文獻：

Everett M. Rogers, Social Change in Rural Society, Appleton-Century-Crafts, Inc, 1960, pp. 30-31

Charles R. Hoffer, Introduction to Rural Sociology, Farrer Rinehart, Inc, 1930, pp. 3-13

Dwight Sanderson, Rural Sociology and Rural Social Organization, John Wiley & Sons, Inc. 1942. pp. 710-739

鄉村社區 (Rural Community)

何爲鄉村社區？因見仁見智，有甚多不同說法。有人以爲一群有氏族關係之家庭，聚集於一個農村，或一塊密集地點上，具有共同意識，社會團結，與共通利害，即爲一鄉村社區。亦有人以爲鄉村社區可超過氏族範圍，而以共同興趣或利害關係爲脈絡，伸展至各種鄉村家庭。依此說法，則鄉村社區與鄉村組織可混而爲一，難作區別。前一說法顯然過分着重血緣關係，將鄉村社區之範圍限制太狹。後一說法則只着重共同興趣與利害關係，將鄉村社區範圍又放得太寬。兩種觀念各有其缺點。另一定義則謂鄉村社區乃一基本地方性組織。地域關係爲決定因素。因此，一比較合理而適用之鄉村社區定義，應爲生活在一特定地方上之一群人，有其共同連屬意識，並透過組織與制度共享或同參一些有共通興趣或共同利害之活動。再加分析，鄉村社區含有五種要素：(1)一群以農業爲生之人在一特定地方上過互有關係之生活；(2)其人有相同的文化及社會價值；(3)在其特有之社會結構內，參與共同行爲，並遵循同一行爲規範；(4)有相當數目之社會制度或社會組織，足以維持或滿足其生活上各種需要；(5)有帶感情的共同意識，即感覺彼等乃屬一個團體，與別的團體區分開。用此五種要素以界定一個鄉村社區，當無大失。

鄉村社區因結構上之不同，可分爲五種類型：即集鎮農村社區；村鎮農家社區；單村社區；聯村社區；及莊園社區。五種類型中，以前兩種所見較多。亦較普遍。後三種各因組織單純，資源與機構過少，其中人民在生活上不能自給自足，以現代意義衡之，不能視爲鄉村社區。集鎮農村社區是以一個集鎮爲中心，周圍有若干單純農村及小村群。集鎮中有固定商店及定期露天市場，有工匠及手工藝人，有醫生及藥店，有酒肆與茶館，飯舖及客棧等，對鎮上及農村中人作各項服務。農村中人則以其農產品供應集鎮。集鎮與其服務所及各農村互相依賴，形成一自給自足社會單位。村鎮農家社區係以一個村鎮爲中心，周圍有甚多單獨居處之農家與若干三、五家或十數家在一起之小鄰落。村鎮中有商店，工匠，銀行，學校，醫藥，戲院，及其他與農業有關行業者。對周圍農家及鄰落作各種性質之服務。周圍農家與鄰落則爲村鎮之命脈，供給各種資源。彼此有相互依賴關係，成一自給自足社會體系。以上兩大類之外，另有一種稱爲開放鄉村社區。在開放鄉村社區中，無村鎮中心。其商店、學校、教堂等機構非集中一處，乃分散於社區各角落。社區活動分別在各個機構進行。但就整體視之，仍可自給自足。故可稱爲一種鄉村社區。再有一種情形是，在諸分散農家與鄰落地區內，可能有二個或三個村鎮中心。其周圍農民可到此一中心，獲得生活上此一種滿足，又到另一中心獲得生活上另一種滿足。此兩個或三個村鎮中心分別對其周圍農民提供不同服務，但也聯合在一個體系之下，互相補足。於是形成一種複合式鄉村社區(complex rural community)

有現代意義之鄉村社區，其概念始自美國。美國鄉村社區之屬上述意義者，有如一九〇六年威廉母 (J.M. William) 描寫之「一個美國鄉鎮」(An American Town)，次一年威爾遜 (Warren H. Wilson) 筆下之「貴格嶺」(Quaker Hill)，及一九一二年席木斯 (Newell L. Sims) 報導之「胡色爾村」(A Hoosier Village)。此三項作品均顯示一個村鎮農家類型的鄉村社區。後威爾遜又著「鄉村社區之演化」(Evolution of the Country Community) 一書，說明周圍農家如何與村鎮中心發生交易行爲，並具體提出鄉村社區之經濟基礎的意見。此意見對紐約州白蕾威爾鎮 (Belleville) 協合書院 (Union Academy) 教授賈爾賓 (Professor C.J. Galpin) 影響甚深。賈爾賓在當地做一同性質之考察研究，發現其所任教之書院及若干別的社會組織均有強大力量，吸引周圍農民到此鎮來，而買賣活動或商業關係，更爲形成鄉村社區之主要因素。根據此項研究結果，賈爾賓乃設計一套界劃一個鄉村社區之方法。在其名著一個農業社區之社會的解剖 (The Social Anatomy of An Agricultural Community) 中，賈爾賓以交易圈，教堂，學校，銀行，牛奶站，及倉庫等服務圈測定一個鄉村社區之實際界線。其所界劃出之社區始稱爲「市鄉社區」(rurban community)。「市鄉」(rurban) 一詞係「鄉村」(rural) 與「都市」(urban) 二詞合併而成。即既爲鄉村又爲都市的意思。亦即在農村社區之內含有工商業行爲。賈爾賓以後，桑德森 (Dwight Sanderson)，寇卜 (John H. Kolb)，山德士 (Irwin T. Sanders)，艾斯明基 (Douglas Ensmingen) 等人對此方法有甚多修正補充，並將「市鄉社區」改爲「鄉村社區」(rural community) 以與「都市社區」(urban community) 相對照。自此以後，治鄉村社會學者及研究鄉村問題者乃習用「鄉村社區」。山德士與艾斯明基更提出一種「鄰落群集法」(neighborhood cluster method)，將一個區域內之鄰落亦包括於鄉村社區內。如此一個村鎮所服務者即不祇限於單獨散居之農家。

在中國，自有鄉村社區一概念後，應用時不甚明確。有人以一個農村爲一鄉村社區。亦有人以一個鄉區中之行政單位爲一鄉村社區。其以一個集鎮之本身爲一鄉村社區者更爲普遍。至前金陵大學農學院喬啓明教授，始引用上舉桑德森教授等人之概念與方法。喬氏在南京附近江寧縣淳化鎮作鄉村社區組織與功能之研究。在其研究中，劃出一自然鄉村社區範圍。此圖除形狀外，大致與美國之鄉村社區相符合。惟在美國之鄉村社區內，其中心爲村鎮 (village)，中心周圍爲散居農家及鄰落。在我國鄉村社區內，其中心爲集鎮，其周圍爲農村及小村群。現任國立臺灣大學鄉村社會學教授楊懋春氏亦力主以一個集鎮與其所服務之周圍農村及小村群爲中國之鄉村社區。在所著"The Market Town and Rural Life in China"(中國之集鎮與鄉村生活)，"A Chinese Village" (一個中國農村)二書及「中國之集鎮區與鄉村社區」一文中均力陳此一主張。鄉村社區之內含與鄉村發展甚有關係。蓋須一有資源，有功能之社區始能舉辦各項事功，以滿足其中人民之生活需要。人民生活日見複雜而現代化，其需要急劇增加。其所處社區須有力量與條件以應付需要並充實生活內容。在此意義中，一個單純農村不足成一鄉村社區。一個集鎮亦不能離其周圍農村

而獨存。必須集鎮與農村相連合而後有服務，亦有服務對象。（楊懋春）

參考文獻：

楊懋春：中國的集鎮區與鄉村社區，社會學刊第一期，頁二三至二九，臺灣大學社會學系暨農村社會經濟研究所編印，五十二年十二月出版。

Allen D. Edwards, Types of Rural Communities, Marrin B. Sussman (ed.) Community Structure and Analysis pp. 37-58, Thomas Y. Crowell Company, 1959.

Dwight Sanderson, The Rural Community, Ginn and Company, 1932

Dwight Sanderson, Rural Sociology and Rural Social Organization pp. 274-293, John Wiley & Sons, Inc, 1942.

Lowry Nelson, Rural Sociology, pp. 71-96, American Book Company 1948.

G. William, Skinner, Marketing and Social Structure in Rural China (Parts I, II, and III), Reprinted from the Journal of Asian Studies, Vol XXIV No: 1, Nov, 1964; Vol.XXIV No: 2, Feb. 1965; Vol. XXIV No: 3 May, 1965.

Martin M.C. Yang, The Market Town and Rural Life in China, Cornell University Ph. D. Thesis, 1942 (Unpublished).

Martin M. C. Yang, A Chinese Village, Chapter 15, pp. 190-202 pub. by Columbia University, Press 1945; 8th Printing, 1968.

鄉村社區組織（Rural Community Organization）

鄉村社區組織有動靜兩種意義。動的意義是指將一個鄉村社區內之人、物、事情、機構等加以安排連繫。安排人，安排事情，把合宜的人安排在合宜的事上，或把某些事情安排在合宜的人上。安排之目的是：一、使原來沒有關係之人發生關係，並由合於禮俗的、愉快的、各方同意的途徑發生關係。二、使已發生關係之人各得其所，並期能各盡其才。三、既得各盡其才，即期其將事情做好，完成對己，對他、對公各方面之任務，而達到一群人所共同追求之某些目的。從靜的方面看，組織是一組事物，一個機構，或一個團體，亦即人、物、事的結合體。要舉辦一事，先將此事詳加分析，分成若干項目。後按項目尋求一群合宜之人。將此群人一一安排在適合的各項事上，使其互相連繫。如均合於理想，就使這些安排與連繫成爲定型。既成定型，每人可以不必再需要指揮，即能到其所應去之事上，或地位上，各盡職守，依序前進，直至完成。經過多次，每次各人均知依照已有之安排與連繫，進入其原有位置，負起其原有責任。此種成了定型之安排與連繫即爲一個或一套組織。

前美國鄉村社會學者桑德森（Dwight Sanderson）將鄉村社區組織劃爲三種不同性質的分類：一、直接的組織，即全社區公民皆爲組織成員，均參加其中各項活動。如農民俱樂部，社區人民大會等。二、間接的組織，即只有部分社區公民爲組成分子，由彼等代表其他公民參加組織活動。如鄉村人民代表會議等。三、由特別興趣而結合之組織，即社區內某些公民因有共同興趣而組成一種團體。如社區改進會，農民合作社，家長教師會等。桑德森又說，各鄉村社區之組織情況甚不一致。可由完全無組織（unorganized），而低度組織（under organized），而適度組織（appropriately organized），而過多組織（overorganized）。完全無組織係指一個鄉村社區既微小而又十分簡陋，其居民感覺不需要任何組織。因而即無任何組織。世間如有此種社區，爲數必甚少，亦甚難找到。低度組織係指一個鄉村社區需要有組織，但現有者過少，不足以應付需要。社區內公民均希望有更多組織。過多組織是說一個鄉村社區內組織過多。組織之數目遠超過事情之數目。每個組織之人力及財力均極匱乏，不足以舉辦任何事情。但人民則爲參加組織而感身心疲勞，興趣低落。適度組織乃表示社區內各種組織應有盡有，爲數不多亦不少，恰好適度。能充分滿足社區各種需要，提供有效服務。適度亦表示社區中各種組織在一種良好而均衡之情況中，其間有滿意的機動調節性。

自動的意義視之，鄉村社區組織正是如何促進組織間適當調整，使針對各種需要以改良社區，發展社區。更進一步言之，鄉村社區組織乃如何在個人與個人，個人與團體，及團體與團體間完成最佳配合狀況，使能繼續不斷有最滿意的互助，以促進社區之共通福利。鄉村社區組織並非一種社會工程（social Engineering），爲社區擬製計劃，做社區發展工作，而是一種社區內個人間，團體間，人與事間，事與資源間之再調整，再配合工作。其目的在使各項因素聯繫密切，合作無間，有效的扮演各種角色，盡其功能。換言之，鄉村社區組織重視鄉村內社會關係之調適與順應，注視其有否有效的行動，以與外界諸種關係相結合。因一個社區內之需要，常受外界影響。在鄰里或小社區時代，社會往還均為面對面的初基關係(primary relationship)。在此時期，極少組織，也就無所謂鄉村社區組織之問題。待社區擴大，並變為複雜，組織問題因而產生。後又受工業化，都市化，及交通發達等新情況之影響，鄉村社區與外界關係更為頻繁密切，須臾不可分，組織問題更成為迫切。自己社區內之組織須針對外界之社會變遷，作適當合理之調整配合，以為適應。在現代鄉村社區中，組織與再組織(reorganization)，乃不可缺少之持續工作。

鄉村社區組織常與鄉村社會組織相混淆。此或由於在二者間難作明確區別。但嚴格言之，二者實為兩事。鄉村社區組織範圍較小，為鄉村社會組織之一部分。鄉村社會組織包括鄉村社區組織。桑德森解釋鄉村社會組織為一種技術(technology)或藝術(art)。從事鄉村社會組織者與從事一般鄉村建設者相同，乃綜合諸種有關部門之科學知識與技術，照一般人民之價值指向，達成改進目標。因此鄉村社會組織者應採納綜合觀點，顯明諸種不同形式的社會組織應如何繫結，使社會得到應有之改進，以實現民衆對健康、教育、宗教、娛樂、社交生活、藝術欣賞、經濟組織、政治組織、社區組織、社會福利等之期望。總之，鄉村社會組織乃利用科學知識與方法，對鄉村環境中之社會關係所做之設計藝術。既言藝術，即有主觀價值在內，並涉及文化條件。因此，在進行鄉村社會組織工作時，當地人民之價值觀念與文化因素須受充分注意。蓋此等觀念與因素常能決定鄉村社會組織之目標。(楊懋春)

參考文獻：

Dwight Sanderson, Rural Sociology and Rural Social Organization, Chap, 2, 3, 29, John Wiley & Sons, Inc, 1942

Alvin L. Bertrand, Rural Sociology, Chap. 2, Mc Graw-Hill Book Company, Inc. 1958

鄉村社會學(Rural Sociology)

鄉村社會學為社會學中之一分支，有如都市社會學為社會學中之一支，乃以社會學的觀念，眼光，及方法專治鄉村人民之社會行為。由於諸學者着重點之不同，鄉村社會學尚無一個被普遍接受之定義。但可以說，鄉村社會學是研究鄉村人民社會行為與團體關係之科學。再詳言之，鄉村社會學是以衆所週知之科學態度與科學方法研究鄉村社會之起源、發展、架構、功能、趨勢，以及可能有之演變等。鄉村社會學為一種應用社會科學。甚關心鄉村中之社會問題，要發現問題，更要提示解決問題之途徑。其所以有此特性，乃因其起源與發展之特殊背景。鄉村社會中常發生嚴重問題。嚴重問題引起衰敗或失調情狀，再轉而造成人民生活上之危機。發掘鄉村問題之根源，分析其內容與性質，並提出可能的解決方案，為鄉村社會學責無旁貸之任務。綜合以上兩個意義，可知鄉村社會學有其純學術方面之探討，亦有其解決問題、充實生活之旨趣。在純學術方面，鄉村社會學要解剖透視鄉村社會之架構與功能及鄉村人民在其社會組織或社會關係中之心理與行為。在應用方面則常欲發現鄉村問題並研究解決問題之途徑與方法。

鄉村社會學成立之歷史，最早可以追溯到美國之鄉村生活委員會(American Country Life Commission)。自十九世紀末至廿世紀初之若干年間，美國之鄉村發生嚴重問題。為澈底確認並研究此等問題，聯邦政府邀集對鄉村生活有興趣與研究之學人與政治家，於一九〇八年成立美國鄉村生活委員會。委員會中人對鄉村社會及其人民生活作過多方面之研討。研討畢，提出研討結果報告。此類報告可謂鄉村社會學之濫觴，或深重影響日後鄉村社會學發展之方向。鄉村社會學之為應用科學，此為主因。由於鄉村生活委員會之啓發與領導，甚多農學界及社會學界人士，對鄉村問題之研究發生濃厚興趣。一九一二年美國社會學會舉行年會，即以鄉村生活之研究為討論主題。後不久，在該學會內成立一專門研究鄉村生活之分會。一九三七年，此分會即擴充成為美國鄉村社會學會(Rural Sociological Society)。同時出版一代表性學刊，名「鄉村社會學」(Rural Sociology)，為發表鄉村社會研究論文之總機關。最先對美國鄉村社會作科學與理論研究，且有大貢獻者為威士康辛大學葛爾賓教授。彼於一九一五年在一項農事實驗站之研究報告中，發表其「一個農業社區之社會的解剖」。此著作之內容已在「鄉村社區」條下提及。此為鄉村社會學在美國成為一門學術之開始。自一九一九年後，葛爾賓主持美國農部之農業人口及鄉村生活研究，對鄉村社會學之成長極多貢獻。據統計，自開始至一九五六年，美國學人所做鄉村社會學範圍內之研究至少有千餘種。又據統計，美國在一九五八年時有鄉村社會學者亦至少千餘人。

鄉村社會學在美國之發展與其農事實驗站甚有關係。先是，農事實驗站經

發多用於作物育種、農作技術、畜牧、園藝、植物病虫害等項目上。後有若干鄉村問題研究方面之領袖及農學家發現，甚多鄉村問題其癥結起於社會組織與社會功能失調，非全由於農業技術上之落後。乃影響國會，於一九二五年通過一項普魯奈法案（Purnell Act），規定每一農事實驗站，須有定額經費，專用於鄉村社會學及農業經濟學等研究上。因此，鄉村社會學能在大多數州立大學農學院內設立教學與研究，或單獨成立學系，均有固定經費開支。

第二次世界大戰後，鄉村社會學由美國推展至世界其他國家。有者爲各國在美留學生於返回其本國後，開始此科之教學與研究。亦有美國鄉村社會學者受發展中國家邀請，前往協助鄉村建設之技術計劃與實際問題研究，或參加各種社區發展行動。藉此機會，鄉村社會學之教學與研究得進入各所在國之大學或其他學術機關。此種情形，在西歐及北歐各非共黨國家最爲顯著。一九五七年「歐洲鄉村社會學工作協會」（European Rural Sociology Work Group）成立。不久又成立「歐洲鄉村社會學社」（The European Society for Rural Sociology）。一九六四年夏歐洲鄉村社會學社與美國鄉村社會學會聯合在法國舉行第一屆鄉村社會學世界大會（The First Worl Econgress for Rural Sociology）。一九六八年夏又在荷蘭舉行第二屆世界大會。兩次大會出席者來自世界各國，但以美國及歐洲者爲最多。

在中國，鄉村社會學開始時，亦來自美國。由美國回來之留學生先在若干大學內教授此門學科。如楊開道在燕京大學，喬啓明在金陵大學。教學內容多以中國鄉村社會及鄉村生活事實與資料爲主。民國廿年代，鄉村建設之實驗與研究，風起雲湧，遍及全國。甚多人前仆後繼。教授、學生、社會領袖、愛國志士，均踴躍參加，匯成一普遍運動。此運動對鄉村社會學在我國之發展有其影響，但不甚大。原因係我國從事鄉村建設者多偏重於淺易農業改良或平民識字教育，並以爲此等事舉手可辦，無需學理根據，亦無需問題研究。結果對鄉村社會學不予注意。此與上述之歐洲情形極不相同。但亦有少數鄉村社會學教授與學生親身參加鄉村建設運動，爲其顧問或幹部；亦有在鄉村建設人員訓練班上教授鄉村社會學或類似課程者。使教學與實際工作結合一起，或發生密切關係。此與美國鄉村社會學之初期發展情形頗相類似。自民國四十七年秋起，楊懋春在國立臺灣大學開始教授鄉村社會學。不久成爲該校農學院推廣學系，農業經濟學系，及農村社會經濟研究所三處之必修科目。經不斷努力提倡，已有不少青年對此學問發生興趣，選爲主修。至今已有十餘名在國內外研究院（所）進修，獲得鄉村社會學碩士學位。亦有正在修讀博士學位者。同時，在各種農業推廣人員訓練班、研習會、或輔導計劃中，亦常有簡易鄉村社會學之教學與運用。（楊懋春）

參考文獻：

Everett M. Rogers, Social Change in Rural Society, Appleton-century-crafts Inc. pp. 21-23

John M. Gillette, Rural Sociology, pp. 26-30, The Macmillan Company, 1936.

鄉村問題區 (Rural Problem Area)

鄉村問題爲鄉村社會學之主要研究對象。在鄉村社會學之初期發展中，若干學者更將研究鄉村問題視爲鄉村社會學之第一任務。一九〇八年美國老羅斯福總統所任命之美國鄉村生活委員會，其職責卽專門研究當時之嚴重鄉村問題。其研究結果實爲鄉村社會學之開端。泰勒教授(Carl C. Taylor) 曾將美國所有鄉村問題做一次成系統之分類。在其分類中有農家孤立問題，農業租佃問題，農民住屋問題，鄉村學校問題，鄉村教會問題，農民保健問題，鄉村娛樂問題，鄉村文藝問題等。在每一類中均可尋出其具體個別問題，予以研究。

鄉村問題區，依一般意義，可解釋爲諸種具體個別問題，如流動勞工問題，貧民問題，鄉村犯罪及青少年問題，鄉村保健問題，老年人問題，地方政府組織失調問題等，均可以問題發生次數之多少及密集程度，分別表示於地圖上，看出各個問題在鄉村社會中之區域分配情形。此卽鄉村問題區。例如在一九三〇年時代，美國南部諸州鄉村中，租佃關係極壞。佃農之農業收入極低，生活極貧困。成一盡人皆知之鄉村問題。此一地區可稱爲租佃問題區。此一名詞，在鄉村社會學中殊不多見，在都市社會學中，則相當熟稔。鄉村社會學中偶而引用而已。鄉村問題區之研究，在美國尚無可稱道之成就。由於種種困難，尚未完成一全國性，或地域性之各種鄉村問題區圖表。只在各州縣有小規模的，屬社區性的鄉村問題區資料。在中國其情形更差。到目前爲止，少有知此名辭之意義者。至於研究更少聞知。（楊懋春）

參考文獻：

Carl C. Taylor, Rural Sociology, Harper & Brothers Publishers, 1926

Everet M. Rogers, Social Change in Rural Society, pp. 373-395 Appleton-Century-Crafts Inc. 1960.

鄉村都市兩分觀(Rural-Urban Dichotomy)

在社會學中對鄉村與都市之劃分有兩種觀念。一種觀念以爲鄉村與都市可以截然分開。亦即所謂二分法 (dichotomy) 。依此觀點，鄉村社會與都市社會在以下各方面，有顯著差異。一，在職業結構上、鄉村社會比較單純，多以農業爲生。只少數人經營小商店及手工業；都市社會則職業衆多，但無農業，而以工商與服務事業爲主，性質雜異。二，在工作生活上，鄉村人民多以農爲生，大半時間用於戶外生活工作上。與土壤、氣候、動植物等自然界關係極密切；都市人民則多在戶內生活工作，少受自然狀況影響。三，在社會之容量上，鄉村因農業需要大量土地，難作高度人口集中，故社區面積大；都市人口在居住及工作上均少受土地限制，故易爲高度集中，成爲大量人口之社區。四，在人口性質上，鄉村人口無論在表現於外的生活上或蘊蓄於內的心理，均趨向同質化；而都市人口則與此相反，趨向異質化。五，在社會分化與階層區分上，鄉村社會之分化程度低，階層少並欠明顯；都市社會其分化程度高，組織與階層均繁多複雜。六，在社會流動上，鄉村社會其階層與組系較固定。故無論橫面的或垂直的流動，其流量既少，速度亦緩，都市人經常變化其職業與社會地位。故其各種流動多而快。七，在人口遷徙之方向上，主要爲鄉村人口移向都市，或農業人口轉向工商業。都市人口移向鄉村，或工商業人口轉向農業者，爲數甚少。八，末後一種兩分性差別爲鄉村人口密度稀，甚少遷徙，故其社會接觸量及社會互動強度與頻度均低微；都市人口則與此相反。以上各點均被引以顯明鄉村與城市顯然不同，二者可以截然分開。（楊懋春）

參考文獻：

P.A. Sorokin, C.C. Zimmerman, C.J. Galpin, A Systematic Source Book in Rural Sociology, pp. 186-239, The University of Minnesota Press, 1931.

[illegible] Rogers, Social Change in Rural Society pp. 136-137.

John L. Haer, "Conservation - Radicalism and the Rural - Urban Continuum", Rural Socialogy, 17: 343, 1952

Otis Dudley Duncan, "Community Size and Rural - Urban Continuum" in Paul K. Hatt and Abbert F. Reiss, Jr. (ed.) Cities and Society, C. Glenco, Illinois, Free Press, 1957, pp. 35-45.

鄉村都市連續觀(Rural-Urban Continuum)

鄉村與都市互有差異，不難理解。但其差異是否絕對，能否將二者截然分開，則殊有疑問。因此有鄉村與都市相連續之看法。依此種看法，鄉村與都市不能截然兩分。鄉村與都市並非完全對立。相反的，在甚多文化現象上，二者是共通的。只程度上有差別耳。鄉村與都市分別代表一個理念，即人口集中的理念。如將若干大小不同之人口集中點陳列於一條線上。將一散居農家鄉區與一都市分列於線之兩端，則其間依此基本特質之大小程度，順次可以找出農村(agricultural village)、小鎮(small town)、鄉村都市互侵區(rural-urban fringe community)、市郊社區 (suburban community)、小城市 (small city) 等中間類型。此即鄉村與都市間之連續。甚難在某一點上劃一硬線，謂由此點出發一邊爲鄉村，另一邊爲都市。此種連續觀點，可以供給一種理論上之分析工具，使人對實際社區生活作更合於事實的認識。實際的社區生活未有完全屬鄉村，或完全屬都市者。只能謂其接近於某一種，或接近於另一種。吾人可謂某種生活接近於農村，或接近於小鎮……或接近於都市。今日一般社會學者及鄉村社會學者均傾向於採用此連續觀念，而揚棄過去之二分法。如上所述，此種連續觀念除能使人對社區生活有更切合實情之認識外，亦能更滿意的解釋鄉村與都市文化之整合情況。在美國，已有若干鄉村社會學者運用此種觀念，根據基本，具體，可量測之共通特質（如一個社區內人口之數量與密度，職業之雜異程度，及社會分化情況等）以研究鄉村與都市之附文化 (subcultures) 的差異。在中國，亦有人對臺灣省之鄉村都市化作過類似研究。（楊懋春）

參考文獻：

P.A. Sorokin, C.C. Zimmerman, C.J. Galpin, A Systematic Source Book in Rural Sociology pp, 186-239, The University of Minnesota Press, 1931

Everett. M. Rogers, Social Change in Rural Society pp. 136–137
John L. Haer, "Conservatism – Radicalism and the Rural – Urban Continuum" Rural Sociology, 17: 343, 1952
Otis Dudley Duncan, "Community Size and Rural – Urban Continuum" in Paul K. Hatt and Albert J. Reiss, Jr (ed.) Cities and Society C. Glenco, Illinois, Free Press, 1957, pp. 35–45

鄉村隣落(Rural Neighborhood)

鄉村鄰落為介於一個村與一個鄉村社區之間的鄉村家庭聚居單位。論其所含家庭數目，常少於一個村者。自三、五家至十餘家不等。但一個鄰落中往往有兩三個非農家，其生活靠經營小雜貨店，或飲食店，或酒店，或工具修理而維持。如在美國，亦必有一加油站。換言之，一個鄰落常有小範圍的社區性服務。惟其服務多簡陋，並不可靠。一般鄉村鄰落均有以下三種特質：一、人群互動是面對面的，親密的初級關係；二、體積小，亦即人口少，組織少而簡單；三、成員多能珍貴其鄰落，樂擧其名。由此可知，鄉村鄰落不僅為一小群家庭之聚居，更有其獨特內容與精神。換言之，鄉村鄰落非僅一地域組合，亦為顧理 (Charles H. Cooley) 所稱之初級團體。在一特定鄉村社區或鄉村地域中，鄰落之產生與存在乃出於自然，為不可缺少者。在農家分散居住之鄉村中，其存在更屬必要。蓋農家之需要不盡為重大者。其比較輕微者，不能事事均到社區中心之村鎮或集鎮上求取滿足。在小鄰落中有簡單雜貨店供應若干日常用品。有酒店，使有酒癖者，或臨時招待客人者，可很方便的買到。有加油站，可備不時之需。對周圍農家，確屬一大方便。而且鄰落中之小商店往往即鄉民聚集閑談之處，以解決孤獨農家之寂寞。

關於農家隣落之社會學的研究，美國人已有成就。據寇卜與另一鄉村社會學者馬沙爾 (Douglas Marshall) 所發表之研究結果，構成並延續鄉村鄰落之力量為移民原有之國籍、居住時間之長短、及租佃關係等。此三者為相當重要之因素。桑德森及多普森 (Thompson) 兩人則從社會組織與社會制度等方面加以探討。彼等以為，教堂、學校、鐵匠店、鋸木房，乳酪廠等在鄉村鄰落之團結上，貢獻甚大。總之，鄉村鄰落是以地理上之接近為自然基礎，加上居民原來之共同國籍，同一語言，及氏族或宗教等關係，再加上為滿足共通需要而成立之若干社會經濟機構與制度。其中居民除有互助合作的實際活動外，尚有「共同一體」之感情與意識。遇有外來競爭或威脅時，此感情與意識更為明顯。但亦有人以為鄉村鄰落僅是一種理念上的結構，有其理論上之目的，在實際鄉村工作中並無若何效用。其理由是鄉村鄰落之自足自給性不夠，僅為一個副單位 (subunit) 而已。其自身需依附一個大社區而存在。在實際的鄉村社區發展方案中，不足為一工作對象，亦不能獨立擔負一項責任。在運輸交通日見改良，都市化進入鄉村之後，鄉村人民移動加劇，鄉土關係及社會控制大為削弱，鄉村鄰落之重要性必降低，其數目自必減少。在中國，凡集村較多之地，鄉村鄰落甚少，在鄉村社區構成中不佔重要地位。在散村區域，其由三、五家或十餘家所形成之小農家集團或可視為鄰落，但與美國之鄉村鄰落相比，在意義上並非一物。（楊懋春）

參考文獻：

Alvin L. Bertrand, Rural Sociology, pp. 83–86, Mcgraw-Hill Book Company, Inc. 1958
Everett, M. Rogers, Social Change in Rural Society pp. 133–135, Appleton – Century – Crafts, Inc. 1960
Lowry Nelson, Rural Sociology, pp. 76–86, American Book Company 1948.

農民運動 (Agrarian Movement)

農民之生活利益常受其他行業人士之侵犯損害。農民為自保，為防禦外來侵害，乃群起反抗，作集體行動。都市與鄉村常處於相反立場上。例如在經濟利益，社會價值，文化內涵，道德標準，及生活方式等方面，常有衝突或不一致。此衝突或不一致在平時多隱而不顯。城鄉即相安無事。一旦遇有特殊事件，即能如在枯草上丟下火種，立時燃燒，勢可燎原，成一擴大激烈運動。由於農村基礎在農業，而農業在諸產業中依賴自然最大，不易用人力控制。故其危險性大，利潤亦低。以此農民常處於劣勢，生活多貧乏，且不時有凍餒之憂。若干社會動盪常發自農民，並非偶然。

考諸各國歷史，大多數農民運動均發自下列諸情形：都市中人，或富宦大賈，侵佔兼併鄉村中優良土地；放高利貸者以債款與高利欺壓剝削鄉村農民；

在繳納賦稅與勞役上，鄉村人民負擔重於都市人民者，待遇顯然不公；都市中之投機商或中間人，在農產品運銷過程中，以不合理手段控制價格，使農民蒙受損失。以上各種情形，無一不使農民憤懣不滿。憤懣之情緒積久，一旦有起來領導者，即能團結一致，採取集體暴力行動，或以政治及經濟途徑，求各不良情形之化除或減輕。至近代，則有者舉行集體示威，有者公舉代表游說立法機關，冀能設立保護農業及農民之法律，更有者組成農民政黨，欲直接參與政府，或進行對農民有利之選擇。其由經濟途徑求改良者則組織各種合作社，冀一方面保護其農產品之有利運銷，另一方面共同購買所需農業用品及消費用品。農民運動，有屬地方性者，有屬省區性者，亦有屬全國性者。運動之壽命亦久暫不一。近代之農民運動，多有三種特點：一爲帶有情緒感染性。如此點過強，其運動多命短易夭。二爲限於一定範圍，即運動係爲某種特殊事故，其目標爲解決某一特殊問題，非漫無對象者。三爲多與勞工運動相結合，演變爲同一時間之民主運動，二者相輔相成，互爲表彰。

在美國，其農民運動可歸納爲有組織並持久性者。屬前一類型之農民運動，多爲激烈的，且一次又一次的經常發生。最早者爲一七八六至八七年間沙夷所領導之農民暴動（Shay's Rebellion）。此次暴動起因於農民負擔稅務太重，並受商人過多剝削。其次爲一七九四年在賓州東部之「弗力斯暴動」(Fries's Rebellion)，這次亦由稅重而起。最有名者爲南北戰爭後西部農民所發起之「維護綠鈔運動」（Greenback Movement）。起因爲政府欲將戰爭期間所發行稱爲綠鈔之紙幣廢止，恢復原來之金本位。此事對西部農民有一時的嚴重損害，因而發生反抗。此運動雖曾有力使綠鈔未被廢除，但亦未能阻止金本位之恢復。在一八七〇年至一八八〇十年間，爲抗議農產品價格貶低，鐵路運輸費率不公，使運銷費過高，農民發起有名之「格蘭治爾運動」(Granger Movement)。一八六七年間，一位名凱雷（Oliver H. Kelley)者與其友人創始一種農民團體，稱爲「全國農耕幫會」(National Grange of the Patrous of Husbandry)，此組織之地方支部稱爲格蘭治（Grange），亦即幫會之意。幫中人稱爲「格蘭治爾」(granger)。「格蘭治爾運動」即取名於此。更簡便言之，格蘭治亦可稱爲美國之一種農會。另一種農會組織稱爲 Farm Bureau。一八八〇至一八九〇十年間，農民又爲抗議鐵路運輸費率不公，銀行農業貸款不良，中間商人剝削太甚，發起「農民聯合運動」（The Farmers Alliance Movement）。一九二〇年爲反對第一次世界大戰後，農產品價格暴跌，農民有擁護麥克耐勒與霍根兩人提案通過之農產雙價計劃 (The Mcnary-Hangen Two-price Plan）運動。以上均爲人所熟知美國之大規模或群衆式農民運動。其中最後一次影響力最大，成果最好，極有助於後來美國聯邦政府「農業委員會」（Federal Farm Board）與「農業調節管理局」(Agricultural Adjustment Adminstration) 兩個農業機構之成立。至於有組織並持久性的農民運動，則以一八六七年創立之格蘭治（農會）爲最早。此組織爲一種帶友誼性、教育性、社會性、及半秘密性的農民結合。會員遍佈各地，數目一度高達二百萬人。此組織對鐵道法及相關之別種運輸立法，均有鉅大影響。甚至有人謂乃完全由此組織之會員所推動成功者。由此可見其勢力之大。一種稱爲「美國農民教育及合作協會」(The Farmer's Educational and Cooperative Union of America) 者於一九〇二年在其德克薩斯州 (Texas) 成立。此亦爲農民運動中一重要組織。其勢力範圍包括以生產棉花、小麥、及煙草爲主之諸州。其次，如「美國農民聯合會」(The American Farm Bureau Federation) 更爲一層次井然，最有系統之農民組織。自一九一九年成立以來，在甚多州中有州農民聯合會，在縣中有縣農民聯合會。以上三種農民組織或團體各與當地農業推廣機構連繫合作，共爲農民作農事教育上之服務。爲美國鄉區中最堅強有力之組織。常各處於農民之立場，以自己所有長期目標，並其所擅長之方法或途徑爲農民謀利益。既有長期之目標，即能作繼續不斷之奮鬥。

在中國，以前之士大夫每論及農民有抗稅，抗暴，或因饑饉有集體搶糧行動時，即解說爲叛亂，或起義。無論叛亂或起義，均要加上政治的意義，甚少想到此乃農民爲自己之利益與生存而有之不得已行動。因而不稱之爲農民運動。有野心或大志之政治家每能不遲疑的以利誘或脅迫等手段運用農民此類行動。其運用目的乃爲自己打天下，立朝代，非爲農民謀求永固利益。因此歷來打天下者所領導或運用之農民戰爭，嚴格言之，不能稱爲農民運動。當農民爲反抗苛政揭竿而起，再能有其自己之領袖振起領導之，並始終爲彼等自己之利益而奮鬥，始能稱爲眞的農民運動。打天下者一旦認自己之天下或朝代有其根基，不慮動搖，會立即用力撲滅任何性質之農民群衆行動。農民如仍舊陷於水深火熱中，乃其自己之命運使然，非可挽救者。心地仁慈善良之君主或臣相，可能顧念農民痛苦，施行仁政，減免賦稅，使有喘息機會。一向不論農民自己，或外界人士，能眞正以農民利益或農民人權爲立場，領導農民以革命的或和平的手段，以達到共同行動之目的者，實不多見。此卽中國以往少有農民運動之事實與原因。民國成立後，晏陽初，梁漱溟，及若干別人領導辦理農村教育或農村建設，爲農民造幸福。彼等工作可否視爲農民運動？嚴格言之，亦不能。因此等人所辦事業既非由多數農民所發起，舉辦期間亦少有農民直接積極參加，更無在其中負責任者。農民處於被動地位，甚至並不知覺。有此各種情形，卽不能稱爲農民運動。中國共產黨在奪取政權時，曾鼓動農民，利用農民集體力量。有若干英美左派人士，不察其情，或有意歪曲，謂此係中國之農民運動。實際上，共產黨乃利用農民爲工具，以奪取政權，非爲農民謀利益。與過去打天下者利用農民力量建立自己之朝代毫無二致。故絕非農民運動。（楊懋春）

參考文獻：

Encyclopaedia Britannica, No 11, p 415-416.

Encyclopaedia of the Social Sciences, The Macmillan Company, New York, Vol. 1, 1930, pp. 489-515.

Everett M. Rogers, Social Change in Rural Society, Appleton-Century-Crafts, Inc. 1960, pp. 264-283.

農村社區發展 (Rural Community Development)

社區發展工作特別適宜於農村社區，因爲農村社區裡面，人民對於各種需要，比較感覺切身和明顯。因此，人民通常比較願意而且能夠直接捐獻勞力、金錢和實物，以應農村社區的需要。（United Nations: Community Developmend and Related Services, 1960)

在人口較少而居民彼此關係又較親密的特定地區，政府與當地居民協同致力於改善該地區經濟、社會、文化狀況的運動，這種運動需要完整的計劃，與整體的支持，並進而求能藉此以促進國家的進步，稱之爲農村社區發展。(National Association of Social Work: Community Development and Community Organization, U.S.A. 1961)（陳國鈞）

農村問題 (Rural Porblem)

農村社會與工商業社會大有區別，無論從人口、社會生活和行爲、社會組織或人民知識程度上看，兩者都有所不同。因此農村所發生的問題和都市的問題（urban Problem）也有所差異。例如人口問題，都市所遇到的是人口太過集中，而農村人口減少，勞動力不足，却是農村之患。又如醫藥衞生及學校教育，鄉村都不及城市發達進步，因此，往往顯得是在許多方面較都市文明落後的問題。中國文化原是農村本位，而近代西方文化則是從城市發展出來的工商業文化。農業文化偏於保守，工業文化則力求進步。近百年來中西文化接觸日多；所謂中國的現代化問題，其中大部分是農業社會如何轉變爲工業社會的問題。以前中國人口絕大部份住在農村，農村問題也就是絕大多數中國人的問題，今後工業起飛，都市人口逐漸有超越農業人口的趨勢，以後都市問題可能比農村問題，更爲重要了。　國父中山先生講民生主義在第三講裡面談到糧食和衣服原料，完全是農業，也就是農村問題，他說：「中國之所以沒有飯吃，原因很多，而最大的原因，就是農業不進步。」他又說到耕者有其田和農民解放，認爲這是「我們對於農民問題的最終結果。」也說到改善租佃關係（二五減租），增加農產等方面，這些都是很重要的農村問題，是農村社會學研究的對象。孫本文先生論及農村問題，也以農村經濟，農村教育，農村組織爲三個最重要的問題（見其所著：中國社會問題第二章，二十八年，重慶青年書店出版）。

在民國十七年春，筆者在南寧出版的一本「社會問題」裡面，也談到「農民問題」從積極、消極兩方面提出許多解決農村問題的意見。

美國農村社會學相當發，注意研究農村社會、討論農村問題的專家學者很多，就中戴拉（C.C. Taylor）、吉列特（J.M. Gilette）、伏特（P.L. Vogt）、桑德森（D. Sanderson）、何森（H.B. Hawthorn）等可爲代表，農村社會學的發展，對農村問題的研究和解決，是很有補益的。（參朱辛源：農村社會學第一章，四十三年臺北中華書局版）。（謝　康）

農業推廣 (Agricultural Extension Service)

農業推廣可分廣、狹兩種意義。狹義的農業推廣卽將農業試驗所，改良場及其他研究機關所獲優良方法及作物品種，透過適當有效方法，傳授給農民，冀其作農業技術上之改良，以增加其經濟收入，改善其家庭生活。此種農業推廣多限於農事改良方面。廣義的農業推廣爲一種深遠的教育性工作。除將農事研究成果推廣於農民外，更進一步啓發其自立自強，有自動要求改善其家庭生活各方面之意願與決心。此外，亦教育鄉村人民有改善其各種環境的意願與能力，以求達到豐富而美好之家庭及社區生活。廣義的農業推廣乃隨農業發展之原始階段，以改良耕作，致力生產爲第一，故其農業推廣工作大多爲狹義的。待農業在技術上已有高度進步，並在經營上成爲商業化及企業化。農民生活與需要變爲複雜，不能以單純的新作物與新技術爲滿足。其所要求之指導與協助是多方面的，並且深入。此時之農業推廣卽應變爲廣義的。廣狹兩義不能完全分開。作廣義農業推廣時亦不能忽略新技術與新品種之介紹。總之，農業推廣爲一種根據農民需要，而進行之社會服務性工作。其內容爲使用教育方法與大衆傳播工具以協助其改進農業技術，增加經濟收入，提高生活水準，使整個鄉村社會進入富裕康樂。

「農業推廣」在中文爲一新名辭，係由英文"agricultural extension"翻譯而來。在越南文中爲「勸農」，顯係採用我國古名辭。但今日之農業推廣其內容究非古代之勸農。故我不用「勸農」而用「農業推廣」，並非失策。現代之農業推廣實濫觴於美國。該國於一八六二年創設授田大學 (Land-grant College) 於一八七五年設立農業試驗場，一八八九年又成立聯邦農業部。凡此均對農業推廣工作之展開，貢獻甚大。蓋自有此各種機構之後，卽常印行各種農業指導手册。將此類手册傳與農民，卽能對彼等灌輸新農業科學常識。甚多授田大學之農學院或其中之某些學系常訓練農事專家，派至農作地區，指導農民有關耕作，施肥、作物制度、病蟲害防治，家畜飼養等作業。可謂此等機構已做甚多非正式的農業推廣工作。一九一四年，史密斯法案 (Smith-level-Act) 通過，又奠定其正式的農業推廣工作之基礎。此法案規定，每年聯邦政府及州、縣地方政府均需負擔一定數額經費，用於農業推廣事業上。此外，地方團體及私人亦可自由捐獻。由於此各種獎勵與規定，實際用於農業推廣工作上之經費常較法案明文規定者爲多。農業推廣工作既有法案爲據，又有豐厚而固定經費，焉能不健全而有效率。

在制度上，農業推廣工作內容分三部分，卽農事，家政與四健。聯邦政府農業部有農業推廣司，負責審核各州農業推廣工作計劃，輔導其實際推廣工作，研究推廣原理與方法，並支付聯邦政府應負之推廣經費。在各州立授田大學之農學院內，有一州之農業推廣行政中心。此中心負責供應推廣業務專家，輔導各縣農業推廣工作計劃及推廣工作之實施。又負責推廣人員之訓練，推廣成果之考評，支付州政府負責之推廣經費，並連繫農業研究機構，爲各縣推廣工作供應資料與農事專家。各縣推廣人員則受聯邦政府，州農業推廣行政，及縣政府之聯合督導與任免。此所以稱爲合作農業推廣工作 (Cooperative Agricultural Extension Service)。農事指導員多教導農民在農事上採用新技術，與新品種，使農業有進步。家政指導員負責指導農家婦女改良其家事操作，使家庭生活美滿。四健工作則爲領導協助鄉村青年善用其雙手、頭腦、心胸，及健康、學習農事上及其他生活事項，發展成鄉村中優秀公民。在美國，人均相信農業研究，農業教育，與農業推廣爲農業發展中缺一不可之三元素。

在我國，古代有「勸農」、「教稼」、「課桑」等名稱與工作。粗略言之，可視爲初期的農業推廣。如孟子所載：「后稷教民稼穡，樹藝五穀而民人育」一類文字，在其他古典中亦屢見不鮮。較晚者如後魏賈思勰之「齊民要術」，元世祖時之「農桑輯要」，明朝徐光啓之「農政全書」，清世祖時之「授時通考」等書，更多關於勸導農事之記載。宋、元、明、清等時期，除中央設有勸農職務外，地方政府亦有專任農官。故簡單粗略的農業推廣在中國早已有之，非全爲最近之舶來品。惟其具有現代意義與制度之農業推廣則多取法於美國。現代中國之農業推廣可分三個時期：第一爲起始時期。此時期之農業推廣工作，可謂只有其實，未有其名。實際的推廣工作是廣義的，卽等於一般的鄉村建設工作。舉辦者多爲公私立大學及其他教育機關或社會教育組織。在一般鄉村建設事項中，農業改良佔重要地位。從事者只言鄉村建設，或農業改良，極少人用「農業推廣」一詞。中國之「農業推廣規程」雖公佈於民國十八年十二月，不久「中央農業推廣委員會」亦成立，但無論中央政府或地方政府，在實際上並未做農業推廣工作。此可謂只有其名，未有其實。民國二十六年七月，對日抗戰軍興。不久，沿海及富庶之區淪於敵手，我軍民糧食日感匱乏。政府乃運用農業推廣機構與人員，大力推動某些糧食作物及特用作物之栽培。所謂推動，卽使用政治力量，經濟補助，及種子供應，督導農民種植某些作物，達到政府所定目標。至此，主管糧食當局及農林當局始常提農業推廣。中央農業推廣委員會及各地區之推廣局或處，始有實際工作。此爲第二時期。此時期延至大陸淪陷於共黨爲止。第三時期爲自民國三十八年起，在臺灣省之農業推廣工作。臺灣省有農業推廣工作始自日據時代。光復後，由中美合組之「中國農村復興聯合委員會」邀請美國康乃爾大學鄉村社會學校授安德生(W.A. Anderson)來研討如何改組臺省原有之農會，並如何恢復農業推廣工作。研討結果有具體建議，農復會並接受採納其建議。新意義與制度之農業推廣工作遂在臺省開始。民國四十年，先有一美籍家政專家來作研究。越一年又有一位美籍四健會專家布倫德茲(A.J. Brundage)來領導創辦四健會示範工作。於是敎育性的，有現代意義的農業推廣工作，先由四健會開始，逐漸擴及農事與家政。四十四年十月，農復會擬定「臺灣省新農業推廣敎育計劃方案」，經有關方面同意，臺省之農業推廣乃正式由各級政府爲監督機構，各級農會爲執行機構。又成立一包括各有關方面之「農業推廣敎育輔導委員會」。此委員會自四十七年起，研商草擬「臺灣省農業推廣實施辦法草案」，送請省政府有關單位修正後，經中央政府公佈爲「農業推廣規程」。五十三年又經省議會通過並呈請行政院報備，五十四年臺灣省政府正式公佈實施。於是新農業推廣在臺灣省亦有法規依據。在行政制度上，四十五年三月省農會由農林推廣，畜牧推廣及農村社會三課改組爲農事推廣，家政推廣，青年指導及新聞敎育四課，負起省級督導任務。農復會原於四十六年起設有協助各級農會推廣業務之農業推廣組。但於五十二年被撤銷，將實際工作與經費移交省農林廳農業推廣敎育室。農業推廣敎育室內分農事推廣、四健家政推廣及農業書刊與視聽敎材四股，分別負責監督協助農會及其他機構之農業推廣實施。計自四十一年開始辦理四健會工作至五十七年，有四健推廣敎育者二一縣市局，二九五鄉鎭市區農會，推廣督導員三二人，指導員三二〇人，各種作業組四、三二一組，會員六〇、四二一人，義務指導員八六六人。有農事推廣敎育工作者，二一縣市局，二九六鄉鎭市區農會，農事推廣督導員三四人，指導員五八四人，農事研究班四、九五八班，班員九二、一五九人，示範農家三、八二三戶。有家政推廣敎育工作者二一縣市局，二四七鄉鎭市區農會，家政推廣督導員二五人，指導員二四一人，家事改進班二、三八六班，班員四四、四六九人，推廣委員四、〇九〇人。今日臺灣省除農會所辦敎育性的，或廣義的，農業推廣外，尙有各區農業改良場單獨辦理之純農事範圍內推廣工作。其所用方法主要爲結果示範。唯最近亦常用大衆傳播工具，至各農村作新作物及新技術之講解與展覽。臺灣糖業公司自日據時代卽辦理甘蔗推廣。惟其原有推廣工作內容及推廣方法均陳舊不合敎育原理，亦不合時代。近得國立臺灣大學農業推廣學系協助，爲之訓練推廣人員，敎以新技術與新原理，其推廣工作日有改進，與農會所辦農業推廣敎育工作逐漸接近矣。其最近大力組織蔗作研究班卽係農事研究班之化身。總之，農業推廣工作在臺灣省發展迅速，亦甚有成效，對農業發展貢獻不淺。工作內容上已從狹義的進入廣義的。方法上日有科學研究與改良。由個別指導，進入運用社會組織，作團體敎育。（楊懋春）

參考文獻：

臺灣省政府農林廳編印，農業推廣（上下二冊），農會業務經營要覽第四及五冊，五十四年出版。

吳聰賢：中國農業推廣工作之今昔，頁一至六十，農業推廣叢書第二種，臺大農業推廣系，民國五十二年十月初版。

楊懋春：吳聰賢，黃大洲合著，農業推廣導論，頁一至四十一，農業推廣叢書第一種，臺大農業推廣學系，民國五十二年十月初版。

陳霖蒼：二十年來農業推廣事業之成就」，農業推廣文彙，第十三輯，五七年十二月。

吳恪元：合作農業推廣學，第一及二章，中國農業推廣學會印行，民國四十九年八月出版。

C.W. Chang , Extension Education for Agricultural and Rural Development, Chap. I, V, F.A.O. 1964

Lincoln D. Kelsey & Cannon C. Hearne, Cooperative Extension Work, Chap I Comstock Publishing Associates. 195;

農業階梯 (Agricultural Ladder)

農業階梯卽以農業土地所有權，使用權，及在其上做農業工作時所具身份爲主要因素，將農民或農家分屬數個社會經濟地位，上下排列之，有如梯形。在家庭農場上做義務勞動，不計工資者，謂之家工。無土地所有權與使用權，只受人僱佣，在農業上出賣勞力，以賺取工資者，謂之僱農或農工。向人租佃土地，有土地使用權，而自負經營責任者，謂之佃農。自有一部分土地，但嫌其面積小不足經營，又向他人租佃一部分，合併耕種者，謂之半自耕農，或半佃農。如所耕種之土地均屬自有，則稱自耕農。自底層之家工開始，以後僱農、佃農，半自耕農，自耕農，逐級而上。此卽農業階梯。此五級區分法，爲一種比較標準化之農業階梯。有人刪去家工，成爲僱農，佃農，半自耕農，自耕農四級階梯。亦有人以家工、僱農、佃農，自耕農四級計算，不包括半自耕農。更有人於五級之外又加上農村中非農場工人及退休地主兩個層次。如此，則成爲七級之農業階梯。惟未說明此兩階層應各放置何處。總之，農業階梯之劃分，尚未有一種被普遍接受之方法，多隨各地農業結構，租佃型態，及學者研究方便而定。其主要功用爲藉以分析說明農民與其所耕種土地之關係，或用此關係說明其社會經濟地位。

農業階梯一概念似早已存在。其起源則不可考。正式用爲一種分析模式，從事研究農民取得土地之過程者，始自美國史皮爾曼 (W.J. Spillman)。史皮爾曼於一九一六年以「農業階梯」爲題，在「美國經濟學刊」(American Economic Review) 上發表論文。於第一次世界大戰結束後，在美國中西部之農地所有人中作過選樣調查與研究。研究結果顯示，百分之廿一的自耕農是經過家工、僱農、佃農、而後成自耕農。其農業階梯爲四層式。百分之十三只經過家工、僱農兩步而成自耕農，其階梯爲三層。百分之卅二經過家工、佃農、而升至自耕農，其階梯亦爲三層，但中間一層非僱農，而爲佃農。百分之卅四則直接由家工成爲自耕農。此則幾乎無階梯可言。

農業階梯原爲一種構想。此構想固有其事實爲根據，但非謂任何農民成爲自耕農均須經過此處所列每個階層。各地各時代之農業階梯，均須參照事實，自行建立。一九四六年美國農業部農業經濟司舉辦「美國農地所有權」全國調查。此調查所得事實資料，亦證實此點。又據最近之觀察研究，美國人已往所樹立之農業階梯已有甚大改變。經修正後之新農業階梯，其過程爲農家子女透過「四健會」(4-H Club) 或「下一代農民」(future farmer) 等教育計劃之訓練，先在家庭農場上實習農作。以後經過「事業計劃上之協議」(project agreement)，或「學徒身分」(apprenticeship)，或「合夥關係」(partnership)或「轉移安排」(transfer arrangement)，等方式，由兒子繼承父親之農場，成爲自耕農。農業階梯能隨社會環境，政府政策，經濟發展，及農業進步，經常在變動中，乃信而可徵之事。

農業階梯之結構雖變動不居，但此概念或模式，終爲一研究農地所有，租佃制度，土地繼承與利用等問題之社會經濟意義的有效方法。亦爲掌握並處理此類問題資料之有效途徑。用此概念可一，指導研究農地租佃制度者如何設計其調查過程；二，提出簡明而合於邏輯之分類，易爲人所瞭解，更轉而有利於資料之搜集與整理亦可顯示若干項目之比較的意義；三，供應分析經濟過程之重要方法及實用的價值判斷尺標，以此指示農地改革之進展程度與方向。

在中國，農業階梯一詞僅於租佃制度之調查報告中提及。以此作專題研究者爲數甚少。附帶於租佃制度調查報告中之農業階梯研究，多注重由僱農而佃農，而半自耕農，最後成爲自耕農，其間所用時間之久暫。期由此以瞭解某地租佃制度之良窳。依民國二十三年豫、鄂、皖、贛四省農村經濟調查報告，百分之七的僱農於十年內可升爲佃農，百分之一點六於十年內可升爲半自耕農，其於十年內可升爲自耕農者爲百分之零點六。農業階梯「攀登之難眞如上青天」，租佃制度之惡劣由此可見一斑。臺灣省因土地改革及農民輔導計劃之實施，其情況大見改善。由林寶樹所著「臺中地區之農業階梯」一文中可以見之。林氏除顧及階梯中等次間攀登或停滯之年限外，更注意階梯流動形態之分析。

（楊懋春）

參考文獻：

張德粹：土地經濟學，頁三三六—三四二，國立編譯館出版，民國五十二年。

林寶樹：臺中地區之農業階梯，中國農村經濟學會五十一年會宣讀論文。

林寶樹：臺灣菸農之農業階梯，臺灣銀行季刊第十三卷第三期，民國五十一年九月。

Marshall Harris, An New Agricultural Ladder, Land Economics, August, 1950, Vol. 26, pp. 258-267

W.J. Spillman, The Agricultural Ladder, American Economics Reviews, Supplement, March 1919, Vol. 9 pp. 170-79

Raleigh Barlowe, Land Resource Economics, p. 381. Prentice-Hall Inc. Englewood Cliff, N2, 1958.

農業勞動 (Agricultural Labor)

農業生產因素有土地、資本、勞力，管理才能等。所謂農業勞動即農業生產中之勞力因素，並指此勞力因素中之人力。一般言之，農業勞動之主要來源爲農場經營者及其家庭分子之勞力，農場合夥之勞力比較不重要，在整個農業勞動中所佔分量甚低。原因爲農業經營不似工商企業，可以合夥投資。農業經營較宜於用家庭農場方式。合夥經營之農場殊不多見。在一般情形下，家庭農場爲數最多。家中人之勞力供給常爲整個農場勞動之主要來源。僱用勞力 (hired labor) 可分爲永久性的與季節性的兩種。永久性的僱用勞力有如莊園制度下之奴隸，中古歐洲城堡政治下之役民、大地主家多年僱用之長工等。季節性的僱用勞力則有農忙時臨時僱用之幫工及短工等。因農事作業富於季節性，常有忙閒之分。故雖在家庭小農場上，臨時工或短工之僱用亦爲常有現象。僱用勞力之多少每受一地方農場型式與機械化程度之影響。大型農場顯然須多有僱佣勞力。機械化程度低之農場，亦須多用工人。反之，小型農場需要少量僱佣勞力，機械化程度高之農場亦然。總之，僱佣勞力在整個農業勞動中佔重要部分。今日由於經濟發展之趨勢，工業化及都市化之影響，鄉村青少年往都市就業者已成一普遍現象，農業勞動力之日感缺乏乃必然趨勢。

美國一九五〇年之全國勞動統計中有農業勞動者七百萬人。其中五分之三爲農場主，五分之二爲家工與僱工。換言之，美國之農業勞動有大約五分之四出於農場主及其家屬。由此可知，美國之農場多屬家庭經營。亦可謂家庭農場在美國最普遍。由於農業科學之發達，生產技術之進步，美國農業總生產量及每一勞動人工小時 (man hour) 之生產量均大見增加。此種進步使一九五三年較一九一〇年至一九一四年之農業總生產量增加百分之七十三。使一九五三年較一九一〇年至一九一四年之每一勞動人工小時生產量增加一又三分之二倍。農業勞動力之需要因此大爲減少。大量農業勞動力乃得轉移至各非農業部門。一九四〇年農業勞動力之百分比爲一七・六，至一九五三年即降低至百分之一〇。此種減低趨勢至最近更爲明顯。

關於中國農業勞動之資料，前金陵大學農學院美籍教授卜凱 (John Lossing Buck) 曾在大陸七省舉辦二八六六個農家調查。調查結果顯示，整個農業勞動五分之二來自農場主，五分之二來自其家中成員。只五分之一來自僱佣勞力。僱佣勞力中以長工佔最高比例，短工或日工較不重要。可知三十年前中國大陸之農業勞動亦以家庭勞力爲主，家庭農場爲最多見之經營方式。在今日之臺灣，其情形亦極相似。由於農地稀少，農業人口衆多，人地比例懸殊，故家庭小農場經營方式最爲普遍。依民國五十四年之臺灣省農家報告，五〇一個記帳農家，其每年每家之平均人工總數爲五一八・三一。其中家工爲四三四・八八，佔總人工數百分之八三・九。僱工爲八三・四三，佔百分之一六・一。由此可見臺灣省農業勞動之結構與以前之大陸者大體相似。家庭勞動約佔總農業勞動五分之四。僱用勞動約佔其五分之一。

家庭勞動在整個農業勞動中有過高比重，從經濟意義上看，非一良好現象。蓋此種情形每表示鄉村中極可能有大量「隱藏失業」(disguised unemployment)。所謂隱藏失業，指用於家庭農場上之勞動力過多，近於浪費，或爲不必要之使用，或僅爲避免家中人有閑散游蕩之惡習，實際上大可將一部分移至非農業工作上，作更有利的使用。移出之後，不會使原有農業生產受不良影響，或更能使其增加。農家勞力一旦超過其農業生產所需要，不能作適時適地之轉移，任其浪費於有限的農場經營上，會使農業勞動之邊際生產力少於其邊際報酬。如此實無異於失業或不生產。關於臺灣省農業勞動中之隱藏失業問題，有悲觀與樂觀兩種看法。根據一種研究，民國五〇年之總農業人口爲五、八六三、三八一人。其中至少有二二六九九二八人，或百分之五三・六八爲隱藏失業者。此爲悲觀者所舉事實。但一般樂觀者則謂臺灣省鄉村中之隱藏失業並不嚴重。因工商業之發展，大量農業人口已移至城市中或工商業上作工謀生。鄉村中甚多地區已有勞動不足之現象。農忙季節尤爲顯著云。(楊懋春)

參考文獻：

Encyclopadia Britannica, Vol. 1, pp. 408-412

Robinson, Joan, Disguised Unemployment, Economic Journal, Vol.46 pp. 225-237 June, 1936

John Lossing Buck, Chinese Farm Economy, The University of Chicago Press, Chicago, Illinois, p. 930 pp. 227-316.

張德粹，臺北地區農業勞動之分析，臺灣大學農學院研究報告四卷三號第一一八頁，一九五六年。

劉清榕，臺灣農村中之隱藏失業問題，臺灣銀行季刊第十七卷第二期五五年六月。

何富雄，臺灣農業勞動生產力之研究（國立臺灣大學農村社會經濟研究所，民國五十六年六月之碩士論文，未出版）。

經濟決定論 (Economic Determinism)

馬克思 (Karl Marx, 1818–1883) 的經濟學派社會思想。(嚴格說：應該是哲學思想或社會思想，而不是純正的社會學思想）乃以物質為基礎，社會的結構是建築在生產形式上，社會生活和社會變遷的主要力量，在於經濟利益。他所謂經濟利益包含土地及自然資源、技術、財產及其他與財富之生產分配有牽連的社會關係。這個術語「經濟決定論」相當於「歷史之經濟的解釋」，所謂「經濟史觀」「唯物史觀」、或「歷史唯物論」就是。馬克思以為經濟勢力可以支配人類思想，經濟利益影響社會組織制度和思想觀念的發展，和政治團體、法律系統、宗教、哲學、美術、文學、科學和倫理道德；這些都是上層結構，也就是所謂精神方面的，至於下層基礎乃是物質或經濟生產，下層變動，上層也跟着變動，又因為物質進步速度快過精神的進步，所以生產方式常常領先，社會組織才跟着改變。例如他指出：歐洲先有「風磨」的發明，然後有封建制度及封建諸侯的社會；有「蒸汽機」的發明，然後有資本主義制度和資產階級的社會。他又說喀爾文 (Calvin)、路德 (M. Luther) 的宗教改革乃由於商業發展的緣故。這就是他所能勉強說明的生產方式和社會制度變遷的關係。（其實這不完全符合歷史的事實，因為產生封建制或資本主義的原因很多，不應只舉出一個因素而忽略或排斥其他如文化歷史傳統、宗教、法律、輿論、新大陸之發現及黃金大量流入歐洲等因素，甚至倒果為因。此層可參看索羅金在當代社會學說第十章的批判）人們普通以為觀念可以改變行動，馬氏則謂經濟決定一切，包括觀念在內，而工具、技術和機器等，尤為經濟勢力轉變的中心。現代歷史研究注意考察各時代的經濟情況（如以糧荒解釋農民暴亂的歷史事實）就受了經濟決定論的影響。法國社會學家蒲格勒 (C. Bonglé) 以為經濟史觀或歷史唯物論誠然可以解釋歷史若干過去和現在的事實，但它無法解釋社會事實的全部。如果承認只有經濟利益可以解釋一切，就無異於對這個知識上或思想上的帝國主義屈服，使知慧活動受制裁而歸於殭化。（參閱蒲氏在莎爾朋，一九三五，經濟社會學講義）（謝　康）

經濟的進化論 (Economic Evolutionism)

從經濟立場探究社會進化的作家頗多，除恩格斯的「家庭私有財產和國家起源」(F. Engels: Family, Private Property and the State, 1844) 可作為一個相當重要的代表外，在創始這種學說的學者當中，義大利的經濟學家勞拉 (A. Loria, 1857–1943) 是大家公認的最著名的代表。

在一八八六年時勞拉出版「社會的經濟基礎」(Economic Foundations of Society)。他希望建立一種理論，那就是逐漸減少自由土地的理論。當時土地還沒有完全私有，他認為這是社會進化發展過程中的基本因素。勞拉想用比較具體性的議論主張，同時也是一些易於了解的因素來代替馬克斯主義者那些不可思議的、含蓄的、內在的力量。而馬克思主義者認為這些因素是可以促使社會的進步的。

勞拉的理論是建立在一個假設上，卽古代以及中世紀的歷史可在美洲的殖民地歷史中重現。他認為在這二種情形下，土地自由使得社會沒有階級的分界，也沒有限制的力量，這些限制的力量諸如道德法律和宗教都是。當土地開始有專屬之後，奴隸制度就變成了有勢力的機構。下一個時期的情形就要為土地專屬的進一步過程所決定。強制的勞工組織是此階段中的特徵，——在農村鄉間地區是農奴制，在城市中則有基爾特及同業組合，而當所有的大部分土地都有人執管時，資本主義就出現了。自由勞工機構是他們的標記。勞拉了解古代，中世紀和殖民世界在精神上有許多的不同，但是他辯稱這些區別不會影響到社會發展，只是在表面上表現出它對心理因素的影響。

勞拉認為但丁 (Dante) 的著作，反映出佛洛倫斯 (Florentine) 地方資產階級、故家世族的社會和經濟的地位。佩特拉 (Petrarch) 的著作，則是一些新興家庭 (new families) 社會經濟地位的反映。而布加索 (Boccaccio) 的書却可看出當時平民社會的經濟情況。他又認為在不同的宗教、道德、法律和國家的發展過程中，分別反映出不同的土地所有制度。

勞拉的社會學定義和上述的這些看法有關。他認為社會學係站在中間地位的科學，它被安排在經濟和法律、道德、政治科學之間。其主要工作在於建立基本經濟情況的變遷及其與道德、法律、政治交互間之關係。他這個概念很可幫助我們注意社會不同形態間的相互關係。這的確是社會學所應該從事的重要工作。但這也可能使得一般人發生一種錯覺，卽誤認經濟現象和社會關係的本身是同一的。這種混一的想法，我們常常可以從「經濟進化論」者的著作中找到。(參閱謝康譯：狄馬舍夫社會學理論第七章，五六年，商務印書館)（謝　康）

經濟社會學 (Economic Sociology)

經濟社會學可從三方面來加以探討：一、經濟社會學是研究特殊化經濟行爲的各種角色和組織，例如研究徵募員工的來源，職業形態，生活方式，和技術工人等，或者研究社會本身的組織，分析地位、能力和權威的關係，以及同業工會和聯合會等的各種關係。二、經濟社會學是分析各種經濟結構和其他結構之間的關係。德國學者韋伯 (Max Weber) 可作爲這方面之分析工作的代表人物。他特別專心研究在現代西方典型工業資本主義下所產生和成長的各種情況。最初，他專心研究工業資本主義和其他形式的資本主義之區別，諸如財政資本主義和殖民資本主義，工業資本主義所涉及的生產本身的組織和合理化制度。爲了證明工業資本主義，韋伯找出更有助於其產生和繼續存在的歷史。他最有名的論證是禁慾主義和新教教義的產生，尤其是喀爾文主義 (Calvinism)，以及在各種社會和心理條件下所建立的特殊資本主義。此外，韋伯提出的有力論證是官僚政治爲永久存在的工業資本主義提供更合理化的社會組織形式。他也發現政治的合法集合體，尤其是財產法和貨幣制度，以及許多其他制度化的結構，都是有助於工業資本主義的。但韋伯從未注意研究使經濟社會學成爲一充滿理論體系，反而停留在環繞有關經濟現象的制度、結構、和形式的一般歷史眼光方面，即使如此，仍可看出他對經濟社會學的特殊貢獻。三、經濟社會學注意於經濟學和社會變動的關係，諸如有組織地分析制度，並具體研究社會結構與各種制度之間的關係。這項研究，學者派遜斯 (Talcott Parsons) 和司馬塞 (Neil J. Smelser) 都曾經作過。例如現代經濟制度是由生產品、生產者、消費者、和工廠制度所提供而組成，缺一不可。質言之，現代經濟制度是和其他社會制度有着密切的相互關係，諸如經濟制度係在外來刺激和技術的交換之下提供薪資給付、消費物品、以及勞務等，對於賴此生存的勞工是非常的重要，因此，產生一種『維持生活形態』的社會制度，包括家庭、教育、和特殊的訓練結構等。 (Edited by David L. Sills: International Encyclopedia of the Social Sciences, v. 4, p. 500, 1968)（陳國鈞）

新進化論 (Neo-evolutionism)

在斯賓塞的時代，進化主義成爲支配社會學的一大勢力和一學派，這派以爲宇宙是自然進化的，人類社會是自然的一部，是按照一定的階段，自然進化的。這派在各國都發生影響；但在廿世紀剛開始的時候，已逐漸衰落了。代之而起的是心理學的社會學派。同時其他社會學派，也紛紛興起，許多人已從根本上拋棄進化的觀念了。

但仍然有若干社會學家主張一種比較溫和的進化論，也可以說是新進化論一派。例如愛爾塢 (Ch. A. Ellwood, 1873–1946) 他繼續了心理學的進化主義的傳統，而加上文化這個概念，以爲文化進展階段，而人類學習過程。（但認爲單一直線型的文化進展是不存在的。）文化進化乃社會進化的產物，而社會進化，又是宇宙演化的一種明顯的形態。又如麥基佛 (R.M. MacIver, 1882–) 他底社會學雖很少進化論的成分；但他曾說：進化是一個事物本質的開展，也是使它更能適應環境的過程。但進化不一定是進步，進化屬於科學，進步屬於人類理想的領域。社會進化，根本就是分化，但進化並不包含社會變遷的全部。此外何曼斯 (G.C. Homans) 和馬凌諾斯基 (B. Malinowski) 都熱心支持一種溫和的進化主義。馬氏站在民族學的立場，以爲進化主義的主要假說對民族學很有用場，諸如所謂石器、銅器、鐵器各時代，民族或部落組織，都可用進化的觀點加以考察的。另外兩位學者懷特 (L.A. White) 和柴爾德 (G. Childe, 1892–)，都想重振進化論的學說。懷特認爲進化論的焦點，要放在文化方面，他將文化演進分爲三類：即技術學的，社會學的和觀念學的。他尤其着重技術學的系統。我們可以說他底「新進化論」很受着經濟的和技術決定論的影響。柴爾德不贊成懷特，却同意摩根將人類文化進展分爲野蠻，半開化及文明三個時期之說。（謝　康）

新實證論 (Neo-positivism)

第一次世界大戰後，美國和西歐的社會學長足進展，特別是美國，因國力富強，社會研究機關組織龐大，經費充裕，設備完善而人才衆多，種種關係，對社會調查及統計工作，非常進步。大多數社會學家已同意數量的技術非常有用，儘可能應用它作爲社會研究上一種重要的方法和幫助，這是新實證論在美國社會學界所以流行的重要原因。這派以倫德堡 (G.A. Lundberg 1895–)、杜德 (S.C. Dodd)、奧格朋 (W.F. Ogburn 1886–1959) 和崔賓 (F.S. Chapin, 1888–) 四家爲代表。倫德堡以爲社會學和一切科學主要是一種研究技術的調整，他和上述其他三家都以爲要使社會學成爲正確的科學，就必須選擇社會中可以測量的事實來作研究（倫德堡也很提倡「社會測量」），而將研究的結果，用數字、圖表或公式表示出來。他們主張非外在的可感覺的現象不能作科學研究，非能用數學或統計來表現的概括論斷，亦不能成爲客觀的科學的論證。他們相信社會現象亦必受自然定律的限制。因此社會現象的研究，亦適用自然科學的方法和定律。因此，他們有「自然科學派」之稱，而其對社會學的主要貢獻。也就是方法上的貢獻。當代社會學家多半受了他們的影響，反對他們的人自然也不少，以韋伯 (Max Weber 1864–1920) 爲首的理解社會學(Social understanding) 近三十年來在美國頗有地位，這派立場和方法是反對新實證論的。

新實證主義和孔德的實證主義。同時將眞理歸屬於自然科學。所不同的孔德的歷史法，被調查統計法所替代了！又極端的唯名論 (extreme nominalism) 代替了他溫和的實在主義 (moderate realism) ；現代物理學方法代替他的「社會物理學」(social physics) 。又新實證主義派不注重社會學問題的歷史發展，因此，孔德的人類進步的觀念，也消失了。(謝康著社會學研究，頁一二七—一二八，民國五六，臺灣商務版)(謝　康)

群婚制 (Group Marriage)

羣婚制指一羣男女共同生活，互相配合。又稱「團體婚姻」。早期的人類學理論很重視羣婚制此一現象，現在一般意見認爲羣婚制從未成爲文化的規範。例如常引以說明羣婚的澳洲代里部落 (dieri)，只是將性的特權給予一羣男女，而不含有眞正婚姻所必須具備的經濟責任 (G.P. Murdock, Social Structure, New York: The Macmillan Company, 1949, p. 24.)

婚姻爲男女兩方之永久聯繫，有相互之權利與義務。似乎可以視之爲羣婚者，常是短期間的性自由，所參加之人數又非常有限，而且行羣婚制之社會，具有明確的婚姻制度，故此現象僅爲該制度所發生之偏差，而不能看成眞正的團體婚姻 。(R.H. Lowie, Primitive Society, New York: Horace Liveright, 1920, p. 54.)

常引用的少數的羣婚例子——印度的托達 (Toda) ，波里尼西亞的馬盔撒 (Marquesans) ，西伯利亞的諸克齊 (Chukchee) ，巴西的凱安 (Kaingang) 等，都不是典型的羣婚，僅是適應當地情況的一種權宜措施而已。例如托達曾有殺女嬰的習俗，男多於女的結果，便產生一妻多夫制 (Polyandry)，而當英國人統治印度之時，禁殺女嬰，性比例驟降（卽女性加多），於是偶爾在一羣兄弟所共有之一妻外，再加上幾個女的，使成爲一般人所謂之羣婚制。

北美洲印第安人的康曼其族 (Comanche) 有換妻的習俗，愛斯基摩人某些部落有借妻的習俗，但都不能視之爲羣婚制，因爲行此習俗之民族，一對特定夫妻的關係是社會承認的持久的關係，只是文化准許妻之交換或出借而已。而且愛斯基摩人之借妻，必出諸丈夫意願，否則罪同通姦。丈夫有此權威，卽說明夫妻聯繫之堅強。至於借妻之用意，是爲長途跋涉於冰天雪地之男人解除寂寞與滿足性需要。因此羣婚制只是一種假定的狀態，實際並無其事。牟多克(G. Murdock) 有云：「尙未發現羣婚之實證，縱曾有其存在，亦爲極稀有之婚姻方式。」(Social Structure, New York: The Macmillan Company, 1949,pp. 24–25.)(朱岑樓)

群衆 (Crowd)

聚集於一處並具有共同興趣的暫時性之團體。群衆有以下六個特徵：

1. 各成員間軀體相接近。在群衆中，成員間的接觸互動頻繁，彼此間有很多機會將情緒、態度或行爲傳染對方。因之，群衆組成後，全體成員將分享共同的情緒及作相同的反應；
2. 成員間有共同的利益或對一事物有共同的興趣；
3. 群衆是一時的存在，當共同利益達成後或興趣消失時，卽隨之解體；
4. 參與群衆與否，完全由偶然的因素決定；
5. 群衆的分子是匿名的；
6. 群衆的分子易受群衆心理的影響，成爲感情用事。

群衆在形式與性質上有四種不同的類型。第一類是偶然的群衆(casual crowd)，例如在街頭圍觀某項表演的群衆是。這種群衆的特徵是暫時而無組織的，其組成分子自由來去，隨集隨散，對於引起興趣的事物祇有暫時的興趣，分子間的互動也止於最小的程度。

第二類是因襲的群衆 (conventionalized crowd) ，例如籃球的觀衆是。大體上這種群衆的行爲與偶然的群衆相同，所不同的是它按照制度或傳統的方式成立，而偶然的群衆則臨時產生的，非制度下的產物。

第三類是行動的群衆 (acting crowd) 。這類是具有侵略性的群衆，亦卽

所謂暴動 (mob)。革命群衆和私刑的暴衆是最好的代表。行動群衆的特徵是它有一定的目標作爲行動的指南。

第四類是抒情的群衆(expressive crowd) 或舞蹈的群衆(dancing crowd)。原始民族因宗教儀式集合踏舞的群衆屬是。其特徵是其情緒衝動表現在身體的運動中，完全爲求輕鬆自由，並不指向於外界的目標。(范珍輝)

參考文獻：

D.S., "Crowd"

D.S.S., "Crowd"

I.E.S.S., "Mass Phenomena"

Herbert Blumer, "Collective Behavior," in Alfred M. Lee (ed.), New Outline of the Principle of Sociology (New York: Barnes & Bros., 1956), pp. 178 – 180.

亂倫禁忌 (Incest Taboo)

亂倫係指核心家庭內非夫婦之兩人發生性關係，即是父母子女或兄弟姊妹發生性關係。也可以將亂倫之範圍推廣到核心家庭以外，基於血族、姻親、類屬，甚至於構想的關係，違反禁忌而發生性關係者，均視之爲亂倫。用「禁忌」比用「禁止」較爲適當，因爲倫不可亂，常缺少法律之認可，只會產生一種特殊的、強烈的厭惡之感。(See "Incest", in I.E.S.S., vol. 7, p. 115.)

亂倫禁忌是人類社會所有民德 (mores) 中最普遍的一種。根據人類學文獻，亦有少數例外，如古埃及、秘魯的印嘉人、非洲的亞藏族 (Azande)、夏威夷土著等，准許或規定近親結婚，但以皇家、酋長和貴族爲限。他們認爲自己的血統是神聖高貴的，不與外人通婚以免於混雜，至於一般平民仍然遵守亂倫禁忌。印度尼西亞的巴里人 (Balinese) 准許雙生兄妹結婚，理由是他們未出世時已在母腹內作不正當之結合。(See G.P. Murdock, Social Structure, New York: The Macmillan Co., 1949, pp. 12-13.)

亂倫禁忌，除其普遍性外，又是所有人類禁忌中執行最嚴格的一種，使用一切可能的控制工具——正式的與非正式的，神聖的與世俗的——以防止性與血統之混合。其禁忌之強烈，使人一想到亂倫便生反感。亂倫禁忌也確實非常重要，如果亂倫與家庭組織同時並存，社會便不能成爲社會了。可是亂倫禁忌是怎樣起源的？有多種解釋：(1)血親之間在性方面有天生的反感；(2)一家之內家人時常接近便失去性之吸引力；(3)近親相婚有害於生育；(4)防止家人間因性嫉妒而造成家庭解體；(5)避免名分之混亂；(6)在家外擇偶，方能維持核心家庭之延續與社會之存在。(W.M. Kephart, The Family, Society, and the Individual, Boston: Houghton Mifflin Company, 1961, pp. 73-77.)

以上所說的六個起因，後四個也就是亂倫禁忌之功能，每一起因均言之成理，但只能作部分而非全部的解釋。戴維斯 (K.Davis) 謂：「亂倫禁忌爲何而存在？如果找不出一個答案，便不敢說我們對家庭有科學的了解。」(Human Society, New York: The Macmillan Co., 1949, p. 403.) 可是完滿的答案何在？有待努力探求。(朱岑樓)

亂婚 (Promiscuity)

亂婚又曰亂交 (sex without rules)，即男女毫無限制地互相配合，發生性行爲。早期人類學家和社會學家，如白曉芬 (J.J. Bachofen)、摩爾根 (L. H. Morgan)、斯賓塞 (H. Spencer) 等，謂初民的性關係是很混亂的。此說已爲晚近的人類學家所駁倒。現存的幼稚民族，不論其文化如何原始，總有控制性行爲的規則，從無亂交的現象，其規則通常以年齡與血統爲根據。就所有已知的各種社會組織而言，均不能允許亂婚之發生。從生理上說，低等動物之雌者有固定的春情週期，作爲性之防禦，而人類女性無此種生理限制，如果允許亂交，必爲體格強壯之男性所任意蹂躪。從心理上說，行一夫一妻制的社會尚有強烈之性嫉妒與競爭，若爲亂婚，則更不堪設想。從子女養育來說，缺少家庭生活與保護環境，在洪荒世界裏必死於凍餓或膏獸吻，焉有人類至今？婚姻是人類生存的基本的社會工具。人類有史以來，有過無窮無盡的敵對與爭執，從家族間的仇恨，到部落間的鬥爭，到現代的國際戰爭，都能支持到今，可是兩性之間必須順應，若互不相容，便無人類之存在。而且此種順應關係非以男女本身爲限，尚須足以保護和養育其子女，並給予適當的安全。儘管婚姻方式千差萬別，但婚姻制度是人類生存所不能缺少的。(W.M. Kephart, The Family, Society, and the Individual, Boston: Houghton Company, 1961, pp. 64-65 and R. Linton, "The Natural History of the Family", in R.N. Anshen (ed.), The Family: Its Function and Desting, New York: Harper & Brothers, 1949, p.

18.)

有些學者將亂婚與羣婚 (group marriage) 混爲一談。是否眞有羣婚此一制度，尚屬存疑，縱使有其存在，亦在社區的准許與控制之下進行。原始民族的未婚男女，其性生活較爲放縱，但結婚之後，不論採用何種婚姻方式，性之管制均很嚴格，不能胡亂相交。(W.F. Ogburn & M.F. Nimkoff, Sociology, 3rd ed., Boston: Houghton Mifflin Company, 1958, p. 586.)（朱岑樓）

感化院 (Geformatory)

重建違反刑事法規的青少年的機關。一般來說，這種機關只接受十六歲至三〇歲的初犯。累犯及年齡較大的刑事犯則移送監獄處理。

感化院設置的宗旨在對罪犯提供教育與技術訓練，藉以重建其身心。被判決感化處分的罪犯在某條件下可獲得假釋。

感化院大多數的特色今日漸由監獄採用，因此感化院與一般監獄間已不存在太大的差別，只是在收容對象有些不同而已。嚴格地說，今日的感化院實際上卽是青少年監獄。(D.S. p. 253)（范珍輝）

資本主義 (Capitalism)

資本主義意指一種經濟體系，其中大部分的經濟生活，特別在生產物品方面的佔有與投資，係經由經濟競爭的過程及利潤的動機，由私人而非由政府所支配。

此名詞來自拉丁文 (Caput)，意指「頭」(head) 及「首位」(capital)；在拉丁文中它似乎被用爲形容詞，指關於所負款項之總數，由此而引申至別的東西。約在十七世紀早期，capital 有時用爲名詞。辭典學家葛格拉夫 (Cotgrave) 在一六八〇年給它下界說爲「財富、價值；現貨，一個人的主要物質。」但仍常繼續用作形容詞，直到十九世紀。由 capital 變爲資本家，資本的佔有者，這是在一七九二年爲楊格 (Arthur Young) 所用。再由資本家又變爲資本主義，爲資本家所壟斷的體制，這是在一八五四年爲特格芮 (W.M. Thackeray) 所用。但到了一八八〇年代，它才成爲通用的名詞。

此名詞大半由社會主義者將其通俗化，作爲他們所攻擊的經濟體系的稱謂。他們以它來指一種制度，其中生產工具主要係由私人佔有。私人以這種工具來謀利，給工人的報酬却少於社會主義者認爲是工人生產之全部價值。

一般言之，資本主義一詞並無確定的界說，事實上，它的用法也含有好些重疊的意義。不過，生產工具的私人佔有以及利用它們作爲追求利潤的觀念倒是各種用法中所共有的。至於用來指勞動階級被資本階級剝削之觀念却是社會主義者的特殊用法。（龍冠海）

參考文獻：

"Capitalism" in D.S. and D.S.S.

運作論 (Operationism)

有關運作的定義，是晚近社會學上頗多爭論的一個問題，極端的運作論本來是很少的，也不易爲多數社會學者所接受。但是不少的社會學家同意社會學的定義應該是溫和的運作 (moderately operational)，包含那些可以直接或間接地觀察的外向行爲與內省特質在內，這個理論在不久的將來可能爲多數社會學家所接受。（謝康譯 狄馬舍夫著：社會學理論，頁三四四，民國五十六年，臺灣商務印書館）

運作論的探究說，溯源於白瑞曼 (P.W. Bridgman)，他強調科學的概念，不是出於理論的架構，而是出于量度中所運用的實際操作。（席汝楫：當代社會學概觀，頁七六，五十二年自印本）此外提倡運作論最主要的爲倫德堡 (G.A. Lundberg)、裴恩 (Read Bain)、杜德 (S.C. Dodd) 等。他們主張將一切社會學概念及實地研究的單位，都用運作的方法，重新加以釐訂，使得社會學上各種名詞都可用代數或統計學公式來表明，不致於含糊籠統，而後社會學始可成爲精密的自然科學。而所謂運作 (operation) 的意義，就是不把定義僅僅看作意義上的或靜態的說明，而把它看作可以實際證明或演習或計算的動態的說明，社會學上各項名詞的定義，應如同智力測驗者說明「智齡」(mental age)，或如餅師說明製餅那麼具體明白才對。在定義中，必須包含手續（方法）和材料；手續說明如何進行，材料說明何種性質，原料及如何獲得。總之，所謂運作的定義 (operational definition) 簡單說就是一個定義，不僅用語言或文字說明，而且要能夠演習或實做來證明的，藉此可矯正以往抽象而含混的定義的缺點。倫德堡的社會學基礎 (Foundation of Sociology, 1939) 和杜德的社會學的度數 (Dimentions of Sociology, 1941)，這兩本書可代表這派社會

學的新趨向。（孫本文：近代社會學發展史，頁二一二—二一三，五十五年二月，商務印書館臺一版）（謝　康）

解析性的研究(Explanatory Study)

以一定的普遍命題或假設爲前提，採用演繹的方法以推論因果關係的研究。這種研究注重多種現象間的相關、關聯及共變。

解析性研究爲記述研究（descriptive study）的延續，後者注重於「甚麼」與「怎樣」（what and how），這些資料爲科學研究的初步知識。科學研究的目的在於解釋問題，尋求因果關係，但爲了解釋問題，須先了解情況。記述性的研究是探究情況的研究。（參閱「記述性的研究」條）解析性研究依賴記述研究的資料，運用邏輯與統計技術，以驗證假設。

在社會研究上，實驗研究、診斷性的研究、預測研究、計劃性研究及理論性研究屬諸解析性的研究。（范珍輝）

參考文獻：

福武直編：社會學辭典，東京有斐閣，昭和三十五年，頁一三二。

Claire Settliz et al., Research Methods in Social Relations (New York: Holt, Rinehart and Winston, 1961), ch. 4.

席汝楫「研究設計」一文，刊於龍冠海主編社會研究法，臺北廣文書局，民國五十八年，頁五八—六〇。

試婚（Trial Marriage)

試婚是實際的或建議的一種婚制，一對男女不結婚而先同居，以測驗彼此是否眞正情投意合，進而決定其關係是繼續或中止，而不遭受社會的譴責或地位的損失。此與友愛婚姻（Companionate Marriage）相類似，請參閱「友愛婚姻」條。（朱岑樓）

傳統主義（Traditionalism)

傳統一詞，嚴格的說，指「傳遞」（transmission），通常是用口頭將活動、鑑賞、或信仰的方法，由一代傳至一代，使其繼續存在。如應用於社會制度，傳統乃是一種媒介物，因此，每個兒童都可從其社會中學習到若干民德，累積的知識，和祖先的成見。

此名詞亦應用於如此傳遞的文化；某些要素，那些被挑選出來而稱爲傳統的要素，通常是被認爲有價值而且特別值得承受的。故一種傳統乃是由一團體而非由個人所產生的一種行爲方式或標準，而且有加強團體意識與團結的作用。（以上二定義參考 D.S.S., pp. 723–724.)

傳統主義乃是一種態度或哲學，主張接受，尊重及支持由過去傳下來的社會制度與信仰，因爲它們被認爲是正當的和最好的。它也可以說是建立在傳統上或適當權威上的一種信仰體系，與批判態度和理性主義成爲對比的東西。(D.S., p. 322.)（龍冠海）

道德社會學 (Sociology of Morals)

將道德當作一種社會現象而非內在的理念，並從其他社會現象或社會體系的關連上研究道德現象的學科。道德社會學起源於溫特（W. Wundt）的倫理學理論。溫氏於十九世紀末出版「倫理學」（Ethik）一書，建議從廣泛的社會網絡研究道德現象。其後斯賓塞（Herbert Spencer）等進化論者也採用此一觀點，紛紛從社會網絡去處理道德進化的問題。對這門學科的發展貢獻較大的應推韋伯 (Max Weber)、涂爾幹（Emile Durkheim）、霍布豪斯 (L.T. Hobhouse) 及孫末楠 (W.G. Sumner)。

道德社會學的研究以法國最爲發達。法國自普法戰爭後，宗教與道德分離，道德成爲學校教育的一部分，於是道德理論的建設成爲當時社會學科學家的急務。法國社會學家的研究道德，推涂爾幹與勒維布魯（Levy-Bruhl）的最有系統。涂氏認爲道德社會學乃社會生理學（physiologie sociale）的一部門，社會本身含有道德的一面。涂氏主張道德應視爲社會連帶工具。勒維布魯區別理論道德與實踐道德。前者是道德家和社會科學家所提倡的道德，後者則爲實際規約個人行動的道德。兩種道德相輔相成，但常有隔閡。勒氏主張道德的科學研究除理論道德外，應包括實踐道德的研究，以避免流於空談或缺少事實根據。

美國社會學家傾向於運用統計分析研究道德。例如，安格爾（R.C. Angell）從犯罪率與社區慈善其金的的運用，分析都市的道德問題。許多研究並將犯罪率與酗酒率看做道德的指標。（范珍輝）

參考文獻：

Clande Levi-Strauss, "French Sociology," in Georges Turvitch (ed.), Twentieth Century Sociology (New York: The Philosophical Library, 1945), pp. 503 - 537.

福武直編：社會學辭典，東京有斐閣出版，昭和三十五年，頁六六〇—六六二。

過激主義 (Radicalism)

過激主義是一種觀點，贊成對現有制度，或社會的基本方面作急劇的改革。此名詞來自 radix「根」(root)，故含有根究問題之意。它首次在英國使用是與一八三二年英國改革法案 (Reform Bill) 之反對者有關，後來應用於邊沁 (J. Bentham) 及其信徒，他們被稱為哲理的過激主義者。當作一種普通的政治運動，如現今所了解的，過激主義可說是發端於法國的工團主義。它大半被用來描述極端左派的政治行動與思想，包括馬克思主義的與非馬克思主義的。它也被誤用來指相當緩和的革新建議，或右派政治團體中反對傳統的保守主義者的主張。

過激主義有時也被視為各種政治主張中極左派的；其次為自由主義，主張比較緩慢而不那樣激烈的改革；再其次是保守主義，反對實施基本的改革，至於極端右派的則稱為反動主義，主張恢復先前的制度與習慣。（龍冠海）

參考文獻：

"Radicalism" in D.S. and D.S.S.

隔離 (Segregation)

隔離一詞，在社會科學上主要用以說明一種區位過程(ecological Process 參閱該條)，經此過程，凡社會特質或日常活動相同之人，分別集中於一社區之某部分。如此使用隔離，初現於派克(R.E. Park)和蒲濟時(E.W. Burgess)合著之「社會學導論」(Introduction to the Science of Sociology, Chicago: University of Chicago Press, 1924, pp. 252-4) 。嗣後各社會學家對隔離之解釋，均大體如此。例如倫德堡 (G.A. Lundberg et al.) 在其「社會學」(Sociology, New York: Harper & Brothers, 1958, pp. 259) 一書中有云：「在隔離過程中，社會的、生理的或其他特質相同之人，或活動性質相同之人，其住所是在與自身相同者所占據的地區內。」如此隔離結果，一個城市內某處全是零售商，某處全是批發行，某處工廠林立，某處住宅毗連，而零售、批發和工廠又占據工商業區特殊之一角。同理，經濟地位、社會階段或文化背景不同的人口集團，常集中於一社區內某部分而形成隔離。麥根齊(R.D. McKenzie) 謂隔離主要起因於位置之競爭，如為人口的隔離，則加上民族、種族、宗教等因素。(S. Koenig, Sociology, An Introduction to the Science of Society, New York: Barnes & Noble, Inc., 1962, p.193)(此書已由朱岑樓譯為中文，協志工業叢書出版公司出版。)

近年來，隔離之使用，着重於人口方面，不同的民族、種族或宗教團體，經由法律、習俗或「君子協定」，在地區及公共設施使用上互相隔離，例如中世紀歐洲之猶太人區，南非與美國人黑白種族隔離，南印度與緬甸之宗教隔離。

隔離之含義有時予以擴大（特別是在美國），凡因民族、種族、宗教等因素而產生的不平等待遇，如某些職業之壟斷，投票之把持，異族通婚之禁止等，均包括在內。如此用法，則隔離幾與種族歧視 (racial discrimination) 為同義。（朱岑樓）

催覆法 (Follow-up Method)

被調查人未填答寄回問卷時，催促其回覆，以增加答卷的方法。這又可分為兩種，其一是簡單催覆法，即再致送一份問卷並附上一催覆函的方法。其二是重點問卷法，即致送新問卷的方法。這種方法與簡單催覆法所不同的是它使用新問卷。這種問卷通常是原調查表上的部分問題或改編的問題。新問卷常印在明信片上，以便利被調查人的填寄，這與民意測驗或市場調查所使用的問卷，形式相同。

催覆法為郵寄問卷法的一特殊方法，其目的為補救不回覆(non-response)的缺陷。郵寄問卷法是實地調查法中較經濟的方法，不過因其回覆率偏低，故不僅損失樣本，並且也使之調查結果歸於失效。催覆法是用以提高回覆率，作為補救此一缺點的方法。

惟事實上，催覆法很難實行。因為要知道那些人未填答寄回，則須在問卷

上做記號或編號，這將使被調查人缺乏匿名感，而降低回覆興趣。（范珍輝）

參考文獻：

C.A. Moser, Survey Methods in Social Investigation(New Bourne: William Heineman, 1958), pp. 178 – 184.

范珍輝「問卷與表格」在龍冠海主編社會研究法，臺北廣文書局出版，民國五十八年，頁一二二一一二九。

團體工作 (Group Work)

關於此一名詞的解釋，各家所作的可說大同小異，茲引述幾個較爲詳明者於下：

團體工作是運用個人志願結合團體的方法，以促進個人發展與個人社會關係的調適，及其他有益於社會目的的達成。(W.I. Newstteter: What is Social Group Work, p. 291, 1935)

團體工作是一種教育的過程，通常由各種志願結合的團體在團體工作員的協助下於閒暇時間內施行，其目的是要在團體中通過各人人格的交互影響，以促進個人的發展，且爲達到共同目的，而促使團體分子間交互合作的集體行動。(G. Coyle: The Group Work Method in Social Work Year Book, 1937)

團體工作是一種民主的工作方式及教育過程，運用個人，團體與社會的交互關係及團體工作員的協助與領導，使個人在團體生活的體驗與團體的活動中發展其社會化的人格，培養其民主的精神與民主生活的習慣，並依其個人的能力與需要，獲得其最高的發展和需要的滿足，以促進其個人與民主社會的進步。（葉楚生著：「社會工作概論」，第一六六頁，自印，四十七年）

社會團體工作，簡稱爲團體工作，是協助團體及團體中的分子，使其有正常的和創造性的發展之服務方法。例如組織和指導夏令營，歌詠團、手工班、音樂欣賞會等等，以團體活動來調劑個人的生活，啓發其創造力，並培養其合作能力和習慣。團體工作可說是發展群育與領袖才能，及民主精神的最好方法。（龍冠海編著：社會學與社會問題論叢，第五〇三頁，正中書局，五十三年）（陳國鈞）

團體行爲 (Group Behavior)

若是從大衆的立場來看，此一概念包括大多數社會科學的題材。團體行爲乃通常人類經驗的問題，沒有理由相信它是一種虛僞或幻想。例如，一個足球隊的行爲確是有異於它的個別隊員之行爲。這樣的團體行爲係由該團體的個別分子之行爲相互適應或協調而產生出來的，因而團體更具有功能的統一性，事實上是一個「人類機器」（human machine）。大多數社會學家認爲社會團體及團體行爲實構成社會學理論的主要題材。目前社會學說視團體行爲大半是文化或文明的產物。雖然許多下等動物也有確定的團體行爲，但它們的大概都是以本能爲依據。而所有人類的團體行爲則似乎是由團體的風俗和傳統所支配，而這些卻常是由學習得來的。(D.S., pp. 135 – 136)（龍冠海）

團體協約 (Collective Agreement)

團體協約（collective agreement）是現今中外各國勞資關係及勞工立法方面通用的名詞。此外尚有好幾個相同的名詞，如勞工協約（labor agreement）、團體交涉（collective bargaining）等，都是一樣的意思。

從團體協約的發展來說，團體協約是隨着工會而起的一種制度，即是工會運用其羣衆和組織的力量與僱主或僱主團體，以協約的方式要求勞動條件的改善。

在近代各國團體協約的立法中，大多對於團體協約有明文的解釋。像我國團體協約法第一條中便這樣的規定：

「團體協約者，謂僱主或有法人資格之僱主團體，與有法人資格之工人團體，以規定勞動關係爲目的所締結之書面契約。」

由此可知團體協約的意義所在。換而言之，團體協約實卽工會與某一僱主，或僱主團體之間所訂立關於勞動關係的書面協定，以作爲將來勞資雙方行爲的準則，或勞資個人之間勞動契約的標準。簡言之，團體協約是工會與資方因勞動關係而締結的協約。（陳國鈞著：勞工立法新論，第三四一頁，正中書局，五十三年）（陳國鈞）

團體治療 (Group Therapy)

這是比較新的一種社會心理治療方法，許多心理學家及社會學家都主張利用它。他們認爲個人的態度與行爲特徵常由團體所造成和影響，人格解組也有團體的來源，因此，也可以用團體來治療或改變它。此法的主要特質，依張宗尹所述，有四：「(1)此種團體之結合，無團體目標，但却具有治療之目的。(2)利用經驗之共享（sharing experience） 以緩和情緒的緊張。這種經驗的共享，包括一種淨化的歷程，即個人舊時經驗的重歷 (reliving) 與個人自覺之增加。(3)治療者 (therapist) 擔任一種不干預和輔助的角色 (role)。(4)團體治療直接着重個人的問題，並從個人問題的解決，藉以助成個人態度之修正。」蘇德蘭等在其合著的社會學導論中也指出團體治療的功用有四：(1)使人們看到他們的問題並不是他們自己獨有的；(2)使他們對其問題有更客觀的認識；(3)使他們將其被壓制的情緒解放出來，如釋重擔。(4)使他們經驗到新的人際關係，對自己和別人有新的態度。這種方法晚近在感化院，精神療養院、及酒精中毒者的集會中應用已經得到若干效果。（龍冠海著：「社會學」，第一三六頁，三民書局，五十五年）（陳國鈞）

團體動力學（Group Dynamics）

團體動力學係一門研究領域：(1)研究團體之結構與機能，特別是就小團體之心理方面，探究有關團體內之調適、緊張、衝突，與凝結等之變遷的模式；(2)研究團體與團體間關係之變動。

團體動力學一詞，最初爲格式心理學者勒溫 (Kurt Lewin, 1890–1947) 所創用。Dynamics 一字，源於希臘文 dynamis 即英文 power（力）之意。故所謂團體動力學 (Group dynamics)，可說就是對於「有所作用於團體之力」的研究。

勒溫雖創始團體動力學，强調對於團體生命中一切活動之動力問題從事理論分析與實驗研究之重要性。並於一九四五年在美國麻省理工學院設立第一所團體動力學研究中心 (Research Center for Group Dynamics) 但事實上勒溫有關團體動力學理論之著述，却並不多見。而最早以團體動力學命名而出版的書籍，實係一九五三年卡揣 (D.Cartwright) 與詹德 (A. Zander) 二人合編之「團體動力學——研究與理論」(Group Dynamics – Research and Theory)。

在團體動力學之研究中，團體凝結 (group cohesiveness) 一概念，恒被用爲解釋團體對其分子之動力影響之中心概念。拉薩斯斐(P. Lazarsfield) 在其「方法學中的問題」("Problems in Methodology,"in R.K. Mertor,L. Broom, & L.S. Cottrell (eds.), Sociology Today, New York: Basic Books, 1959, pp. 39–78) 一文中，也強調「凝結」概念在當代團體動力學中之地位。拉氏指出『在一些不同的團體動力學的實驗中，人們表現出「凝結」是如何的關係於意見 (Opinion)，效率 (efficiency)，以及溝通之多少 (amount of communication) 等等。』

二次大戰以還，「團體動力學」一詞已漸爲人所熟知。然流佈愈廣，其涵義亦愈見紛歧：(1)視團體動力學爲一種與團體組織及溝通方法相關之意識形態。此種意識形態強調民主領導之重要性，藉團體份子之共同參加決策與團體合作性之活動，以獲取社會與個人的利益；(2)將團體動力學視爲一套技術，藉由小組討論 (group discussion)，團體取決 (group decision)，與角色扮演 (role play) 等之設計與運用，以發展個人的人格與改善人際關係；(3)視團體動力學爲一種研究領域，致力於獲得有關團體的性質，團體發展之法則，以及團體與個人、團體與團體、或團體與更大的社會機關彼此間之相互關係的知識。（張宗尹）

參考文獻：

Gould, Julius & Williams L. Kolb (eds.), A Dictionary of the Social Sciences, Taiwan Printing, 1964, pp. 297–298

Cartwright, Dorwin & Alvin Zander (eds.), Group Dynamics-Research and Theory, Third Printing, White Plains, New York: Row, Feterson and Co., 1958, pp. 3–13.

Loinzey, Gardner (ed.), Handbook of Social Psychology, Vol. 1, Cambridge, Mass.: Addison-Wesley Publishing Co., Inc., 1954, pp. 212–219.

Larzarsfield, Paul F.: "Problems in Methodology",in Robert K. Merton & Others (eds.), Sociology Today, Fourth Printing,New York Basic Books, Inc., 1961, pp. 56–57.

鄭瑞澤編著：學級團體的心理——其基本理論與技術——，臺北臺灣書店，民國五十七年六月初版，頁一一九二。

團體訪問（Group Interview）

以團體爲對象的訪問法。這種訪問的方法是從一團體中選擇八人至十人做爲訪問對象，然後在訪問員的指導與安排下，由這些人討論所考察的或研究的問題，藉以搜集團體的資料。

這種訪問法的優點是可在短時間內搜集到多數人的經驗與態度的資料，其缺點是無法蒐集得到有系統且可資比較的資料。因此，這種方法通常只用於探索性的硏究，以蒐集假設發展上所需的資料，或用以蒐集社會團體的一般資料。（范珍輝）

參考文獻：

Claire Selltiz et al., Research Methods in Social Relations(New York: Holt, Rinehart and Winston, 1961), p. 239

福武直編社會學辭典，東京有斐閣出版，昭和三十五年，頁四二九。

實地調查 (Field Work)

實地調查指到調查對象所在地搜集實際資料的過程。實地調查爲社會學與人類學硏究的特徵。不過這二學科的實地硏究在發展上、問題上及方法上截然不同，可是最近它們所使用的方法倒有相接近的傾向。

實地調查法是搜集經驗資料的程序，其主要方法有訪問法、問卷法、電話法、投射法及觀察法五種。

訪問法爲較花錢的方法，不過所得到的資料較爲豐富與正確，因此是實地調查中最優良且爲考察家所樂用的方法。

問卷法是較經濟的方法，並且可對廣大的地區實行調查。不過因其回覆率較低，常影響其代表性，故採用者較少。

電話法係使用電話以搜集資料的方法，這種方法可節省很多時間，但在電話未普及的社會裏，將受到很大的限制，所搜集的資料將缺少代表性，只能用以說明上層階級或特殊團體。

投射法係使用圖片或玩偶以蒐集資料的方法。這種方法心理學家採用極爲普遍，社會學家也用以調查態度。不過因其製作與分析都很困難，而且缺乏客觀標準，運用的人也少。

觀察法爲最古老的實地調查法，它在外表行爲與社會互動的調查上，有很大的用途，不過對內心經驗、過去行爲、及私人性質的行爲等，則毫無功用。（范珍輝）

參考文獻：

I.E.S.S. "Field Work," "Social Survey"

本辭典「訪問法」、「問卷法」、「投射法」、「觀察法」、「社會硏究」、「社會調查」各條。

實際工資 (Real Wage)

實際工資係指貨幣工資足以購買一時期內，合乎工人需要的品質及數量的各種物品及勞務。(D.S.)

勞工不僅注意他們賺得的金錢，並且注意他們的工資所能購買到的物品及勞務，這就是所謂的「實際工資」。假使貨幣工資增加，但食物、衣着、房租及其他必需品的價格却漲得更多，形成「實際工資」的降低，勞工及其家庭就會發生生活拮据現象。(I.L.O., Introduction to the Study of Wage Problems, 1962.)（陳國鈞）

實證主義 (Positivism)

一稱實證哲學 (Positive Philosophy) 爲法國社會學創立者孔德(Auguste Comte, 1798–1857) 所提倡，並將它發展起來應用在社會學上，根據孔德的著作最主要的是「實證哲學講義」六册 (Positive philosophy ，一八三〇—一八四二年陸續出版），其次是「實證政治學體系」(System of Positive Polity）四册，（一八五一—五四年陸續出版），此外還有「實證主義總論」(Discours Sur l'ensemble de Positivism)及「實證主義手册」(Catéchisme Positiviste)都是發揚實證主義的。孔德的實證哲學是要把整個人類知識，作成一個系統的敍述，而歸結到想要建立一種新科學，這種新科學就是社會物理學或社會學。同時他也想利用此種哲學或新的這門社會學作爲取消個人自由，以便建立新的社會秩序的工具。它是用純粹理智的方法來觀察世界，特別注重對資料的觀察和分類，在當時獨斷主義和玄學空想仍然相當流行的時代，孔德的這種實證主義，也算是一種科學方法了。

孔德這種思想以爲近代科學逐漸發展進步。人類知慧的認識功用，日漸趨於徵實，因此，哲學亦應脫離神學（懸想階段）及玄學（抽象階段），而進入

科學或實證的階段 (L'Etat Scientifique Ou Positif) ，這就是他底精神發展三階段論，人類知識概念，到了實證階段，特重推理與觀察，以期發現抽象之效力法則，並用實際名詞（非空洞的抽象名詞）以解釋事實，而促成科學之進步。他特別強調客觀性和實驗性是社會學所必需具備的。 (A. Cuvillier: Où Va La Sociologie fransaize, Chap. I, Paris, Marcel Riviere, 1953.)（謝康）

實驗法 (Experimental Method)

科學研究上實驗一詞指造成某一變遷或控制某一情況，以觀察兩個以上變數之共變的過程。實驗法則藉實驗的程序以發見因果關係或比較各個變遷之結果的方法。由此可知，實驗法性質上是一種歸納的方法，應用多次觀察或查驗，以尋求現象的因果關係。

社會學利用實驗法，肇端於意大利社會學家巴烈圖 (Vilfredo Pareto) 。巴氏認爲社會學是一門邏輯實驗的科學，其科學基礎建立在經驗事實的觀察與實驗上。近代社會學家如索羅金 (Pitirim A. Sorokin)、安格爾 (Robert C. Angell) 、崔賓 (Francis Stuart Chapin) 等，均致力於社會學的實驗研究，最近社會學家應用這種方法於傳遞通訊、小團體、工業社會學、教育社會學及社會心理學的研究者，大量增加。

據英國社會學家費塞 (R.A. Fisher) 的看法，實驗法有以下五個特徵：1.實驗本身提供有意義的評估結果，它可有效正確地測定各個變數的變異量；2.它運用隨機程序以估量各個變數的變異量與變異方向；3.它運用阻碍以控制已知的變異來源；4.根據實驗的方式以行統計分析；以及5.同一時間上實驗許多因素。

實驗法可分爲控制實驗與非控制實驗兩種。非控制實驗係在自然情境下，對過程或因素不實行干涉或控制，以計算變數間的共變關係者。控制實驗則將研究團體分爲兩個同質的團體，一叫做控制團體 (control group)，一稱爲實驗團體 (Experiment group)，然後對實驗團體導入某一實驗情境，觀察其變化，並比較此一團體與控制團體的差異，以判斷因果關係的程序。狹義的實驗法係指這種實驗而言。

控制實驗的程序包括下述三步驟：一、選擇實驗處理 (treatment)，並加以解釋。實驗處理卽刺激物或刺激情境，這種實驗物或實驗情境須與研究的問題有關。選定實驗物或情境後，其後的一工作是選擇實驗處理的單位。心理學上的實驗單位通常是一有機體或一個人。不過社會學上實驗的單位，通常是團體。在此步驟上最要者須選擇適當的實驗媒體與單位，否則實驗結果無法正確。

第二步驟是決定樣本的大小。從統計學的觀點說，人數愈多，結果愈正確，不過從實驗程序說，人數愈多，因素的控制愈困難。因此樣本的規模必須是代表性與實際情況之折衷。

樣本選定後，下一步工作是運用隨機程序，將樣本分爲兩個或兩個以上的團體。分團體時務必使這些團體成爲同性質的團體，同時嚴格控制這些團體，防止它們受研究外的因素影響。亦卽是說，使這些團體處於固定的情況之下。控制團體不接受實驗處理，卽不接觸實驗物或實驗情境；實驗團體則接受實驗處理。在實驗室的研究裏，實驗的媒體是燈光、圖片等，但社會學上的實驗，所用的實驗變數通常是社會關係。

實驗的第三步驟是觀察或測量所發生的變化，並將其結果做數量分析。後一工作是比較的工作，用以推定實驗變數的作用及因果關係。

社會學上的實驗研究在自然情境下進行者佔多。這種實驗的各種情境是自然變遷，並不是實驗者故意安排或操縱下的情境，因此也稱爲事後實驗 (ex-post facto experiment)。有些科學家認爲這種考察不該使用「實驗」這個稱呼，因爲其考察未經過隨機化的過程，也未將研究團體分爲實驗團體與控制團體，以比較其差異。

對社會研究說，實驗法的主要貢獻有下面幾個：1.在因果說明上，它較其他方法爲直接與正確；2.實驗研究常能發現實在生活中所不易找到的情況；3.可創設情況以便觀察；4.利用這種方法，考察家與被調查者將不受現實生活的影響或壓力。其缺點是：1.社會單位組織複雜，牽連的方面繁多，不易孤立各方面因素來作研究；2.社會文化常在變遷之中，不易長期控制，以便作有計劃的觀察；3.社會現象大半是人類行爲的現象，而與心理狀態，特別是情緒有關，這更不易加以控制來研究。（龍冠海「社會學」，三民書局，民國五十五年，頁六九）（范珍輝）

參考文獻：

"Experimentation" in I.E.S.S. and D.S.S.

R.A. Fisher, The Design of Experiments (New York: Hafner, 1960)
張宗尹「實驗法」一文，刊於龍冠海主編　社會研究法，第十五章。

複婚制 (Polygamy)

依配偶之人數，婚姻方式在理論上可分爲四類：單婚制 (monogamy) 爲一類，卽一男配一女，通常稱爲一夫一妻制（參閱「單婚制」條）。複婚制是配偶的任何一方可以多於一個，故含兩類，一男配多女者曰一夫多妻制(polygyny)；一女配多男者曰一妻多夫制(polyandry)。第四類爲羣婚制，卽多男配多女（參閱「羣婚制」條）。此四類中普遍採用者爲一夫一妻制與一夫多妻制，而一妻多夫制極爲少見，羣婚制實際並不存在。行單婚制的社會，禁行複婚制，而行複婚制者，尤其是一夫多妻制，雖然社會許可多妻，僅少數有錢有勢的年長者擁有成羣妻妾；大多數的丈夫爲了種種社會經濟的因素，僅娶一妻，結果一夫一妻制是世界上最普遍的婚姻方式。 (See G.A. Lundberg, et al., Sociology, rev. ed., New York; Harper & Brothers, Publishers, 1958, p. 559)

人類學家牟多克 (G.P. Murdock) 依文化規範所許可及公衆意見所鼓勵的婚姻方式，爲二五〇個社會分類，其結果是：一夫一妻制的有四三個，一夫多妻制有一九三個，一妻多夫制的有二個，羣婚制的無，缺資料者一二個。(Social Structure, The Macmillan Company,1949, p. 28) 從數字上看，行一夫多妻制的社會占總數四分之三，多妻似爲最普通的婚姻方式，實則由於社會的和經濟的壓力，大多數丈夫可以多妻而未實行。據牟氏云，一九三個多妻社會中的六一個，多妻之丈夫僅占丈夫總數的百分之五。(Ibid)

十九世紀有些學者因受達爾文演化論之影響，謂人類婚姻有一直線的演化過程，最初爲羣婚，然後循一妻多夫與一夫多妻的階段而發展，最後進入最高階段的一夫一妻。嗣後人類學的種種研究，均證實此一見解是錯誤的。(See R. Linton, "The Natural History of the Family", in R.N.Anshen (ed.),The Family: Its Function and Destiny, New York: Harper & Brothers,1949,p.19.)
（朱岑樓）

複婚家庭 (Polygamons Family)

人類學家牟多克 (G.P. Murdock) 研究二五〇個社會，依其親屬關係分家庭爲三類：(1)核心的，(2)複婚的，(3)擴大的，而核心家庭（參閱「核心家庭」條）是基本單位，由此而形成複婚家庭與擴大家庭「參閱「擴大家庭」條）。(Murdock, Social Structure, New York: The Macmillan Co., 1949, ch. 1.)

顧名思義，複婚家庭是經由複婚而包含若干個核心家庭在一起的一種家庭。複婚有兩類：一夫多妻制 (polygyny) 和一妻多夫制 (polyandry)，前者由一個共同的父親，與多妻生育多組子女，而形成多個核心家庭；後者一個共同的母親，雖有多夫，但所生育之子女僅有一組。故嚴格說來，複婚家庭僅存在於行一夫多妻制的社會。(W.J. Goode, The Family, New Jersey: Prentice-Hall Inc., 1964, p. 45.)

一羣男女共同生活、互相配合的羣婚（參閱「羣婚制」條），亦能形成複婚家庭，但羣婚制只是十九世紀一些學者腦中所構想的一種婚姻制度，實際並無其存在。（朱岑樓）

精神病 (Mental Diseases)

精神病可說是正常人受生理的或環境的特殊刺激而引起的精神上的偏差，這種偏差狀態包含心理上的變態與混亂，沒有秩序，失却平衡和理性，甚至陷於瘋狂。這樣的精神狀態阻碍他對於自己的生活負責任、行爲守紀律、同時還使他個人對於所在社區的健康和安全可能構成一種積極的威脅。

精神病的種類很多，據法文二十世紀拉魯士辭典(Larousse du 20ᵉ Siecle)所引約有十六種，每種包含若干類名稱。例如虛耗性的神經病（psychoses d'epuisement) 指原始的精神錯亂等）、中毒性的神經病（psychoser d'intoxication 如酒精或嗎啡中毒而發的神經病）、梅毒性的神經病（psychopathies Syphilitiques)、白痴 (idiote)、歇斯的里（精神憂鬱症）、精神錯亂 (insanite) 等，名目繁多，普通人不是精神病理專家，很難說得明白。有人將精神病籠統地劃分兩大類，其來源一類是屬於官能的（腦病），另一類是心理學的（心病）。其實也很難劃分得清楚。

從社會學觀點看來：精神病患者，可以視爲拒絕既存的社會組織，對於具有標準化團體價值的社會事物，持有不同的看法，他似乎站在他「私人的文化立場。」對我們普通人共同的看法，另有一套觀念系統，其差別是激烈而明顯的。於是，我們稱他爲狂人或神經病者。在我們眼中，他是精神分裂（neural dissociation 或譯精神解體）的人，至少是神志不清，語無倫次，對於時、地、人都弄不清爽的古怪的人。其實社會學家以其豐富與眞實的文化經驗，從狂人對社會文化的「憤激」的反應中加以觀察及研究，也許可以對精神病這個問題有所貢獻。（參看教育部出版：社會學論叢第十七章，從文化看精神病患者，四十八年，臺北）（謝　康）

精神病社會工作（Psychiatric Social Work）

社會個案工作應用於精神病院臨床或兒童指導工作，尤其注重於行爲問題。（D.S.W.）

這是社會個案工作中的一種，特別注重對案主精神病方面的服務問題。（D.S.W.）

精神病的社會工作是一種直接與精神病治療合作的社會個案工作，其目的乃在協助心理或情緒失常的病人。通常在醫院、診所或其他與精神病工作有關的機構中，均備有此項服務。最近精神病社會工作更應用於團體工作與團體治療，以期在治療上收效更宏。（劉銘譯，華德弗蘭德著：社會福利概論，第三五五頁，中華文化出版事業社，四十九年）（陳國鈞）

領袖（Leader）

廣義的領袖指領導、組織或控制別人的力量，或依其聲望、權力或地位影響別人，以發動某種社會行動的人。狹義的領袖指運用說服能力以領導別人，而爲衆人自動追隨者。

狹義的領袖概念由哈丁（D.W. Harding）提出。哈氏解釋領袖爲指導與調整許多人的力量，以達到團體共同目標的人。不過，在很多場合中，領袖人物並不特指導或調整他人以領導別人的，如偉大的藝術家、文學家、及宗教家等是。這種領袖人物不能包括在哈丁的定義內。現代社會心理學家大都採用廣義的解釋。

至於領袖人物的分類，則社會心理學家間極不統一。據狄特(Ordway Tead)的分類，領袖有統率者（commander）與自然領袖兩種。這種分類是依領袖對其隨從的態度所做的。統率者根據自己的權力命令組織行動，並要求其隨從的絕對服從，而自然領袖則以隨從的利益做爲組織活動的目標，同時，隨從的服從命令係自願的而並不是強制的。

領袖可從指導的方式予以分類，這是常見的分類法，通常分爲專制領袖、民主領袖及放任領袖（leissez-faire leader）三種。布朗（J.A.C. Brown）則將專制領袖細分爲眞正（或純粹）的專制領袖、慈愛的專制領袖及無能的專制領袖三種，並將民主領袖分爲眞正的民主領袖與似是而非的民主領袖兩種。

拉斯威爾（H.D. Lasswell）依人格構造將領袖分爲行政家型與煽動家型兩種。前者是具有強迫性格的領袖，後者則具有戲劇性格的領袖。此外，馮維史（Von Wiese）則把領袖分爲以下四類：1.天生的領袖，2.權力的保有者，3.團體領袖，及4.幕後領袖。領袖的分類法尚有其他很多種，不過沒有一個完全令人滿意。這是因爲：1.我們對領袖人物的生活史中的因果關係知道的太少；2.我們尚未發現適宜的標準以決定領袖的類型；3.領袖人物所處的情境不同。

領袖人物的功能有三；卽計劃、組織及說服。領袖設計團體活動的步驟與方針，並組織團體分子的活動，以發起一致的行動。最後則在團體活動過程中，誘導團體分子發揮各人的智能力量，以達成目標。

據心理分析學家的看法，領袖人物具有統合功能。這卽說，領袖人物本身是超我的存在，他在領導過程上可團結與約束各個分子。何曼斯(G.C.Homans)也強調領袖的此一功能。在其「人類團體」一書中，他提出領導的十一原則，其中特別強調領袖人物的控制機能。（范珍輝）

參考文獻：

D.S. p. 174

D.W. Harding, Social Psychology and Individual Values (London: Hutchinson's Co., 1953).

龍冠海著：社會學，臺北三民書局出版，民國五十五年，頁一二一。

福武直主編：社會學辭典，東京有斐閣出版，昭和三十五年，頁三一一。

領導才具（Leadership）

佔據某地位，而其積極的職務行爲動員與組織自願力量，達成共同的目標，亦卽指導人民或其行動，使成組織力量的資質。（參考 Kurt Lang 與 C.I. Bernard 所下的定義。D.S.S. p. 380）

領導才具可表現於各種不同的情境，在非正式的影響情境和統治和社會運動等正式的團體活動上，都可使領導才具發揮作用。不過任何領導情境都包含非正式的影響、情緒控制及權威。

領導包含四個要素，即1.職務活動，2.影響，3.權威，及4.集體行動。領導是高效果的行動，不僅是聲望、成就或才具。拉斯威爾（H.D. Lasswell）與卡普蘭（A. Kaplan）曾云，只存在正式權力而不存在實質的影響能力，則不是領導而是統治或支配。再者，領導須包括社會互動，因為領導既是影響的過程，則只能在互動過程中存在。第三、領導者須居中心人物的地位，由他發動或決定團體行動，隨從則模倣其行動，以其言行為言行。最後，領導的中心影響必須與集體行動有關。這是因為領導的言行不僅為其所屬團體支持與擁護，並且也成為羣衆所認同的對象，其結果造成集體行為。

領導才具的研究有兩種探究方法。其一為注重領導人物個人或人格特性的研究。這種研究稱為特質或類型探究法（trait or type approach）。其特點是它僅注意到領導者獲得地位的人格因素，以及發揮其職務行為的特徵，而忽略團體或隨從之自願追隨的情況或背景。這個探究法運用統計分析或個案分析，以認明領導者的態度及性格。第二種探究法注重團體背景或特性的研究，稱為情境法（situational approach）。這是社會學家一般地採用的方法。這個探究法的基本假設是領導人物的獲得地位，發揮領導功能，並非完全恃其個人的特性，此外須有社會文化情境的相配合。因此要覓求各團體的共同領導才具將是徒勞無功的。各團體的領導才具不同，所以除非在團體情境或背景的關聯上去研究，成就必定有限。這個探究法注重於團體的性質、需要、期望及價值體系的研究。

上述兩種探究方法功過參半，有優點也有缺點。正如龍冠海指出的，領袖的來源可分為兩方面，一是人格特質，一是社會文化環境。人格特質當中主要的為天賦的特殊才能、體力、智力、及堅強的意志或性格。但是這種傾向若無適當的環境，讓其發展，仍不能見其有何成就。有了天賦的優良特質，再加上有啓發性的社會環境、文化模型，以及合宜的機會、領袖才自然容易表現出來。

總之，領導才具的研究應當包括以下四方面：1.領袖人物的社會背景，2.領袖人物所擔任的或所發揮的社會職務，3.領袖人物的人格特性，以及4.隨從或民衆對領袖人物的期望。（范珍輝）

參考文獻：

D.S.S., "Leadership"

龍冠海著　社會學，臺北三民書局出版，民國五十五年，頁一二二。

福武直主編　社會學辭典，東京有斐閣出版，昭和三十五年，頁九三二—九三三。

種族（Race）

這個概念要給它下一個定義相當困難，因為大家對它的意義並無共同的解釋。依一般的用法，甚為含糊而紛歧，通常多半與民族一詞混為一談，甚至指任何一個人口集團，如果它具有某些體質或文化特徵有別於其他集團體的。例如，我們常聽見人們說「日耳曼種族」(The "German race")，或「猶太種族」(The "Jewish race")。但是所謂日耳曼種族事實上並非一種族集團，而是一語言集團，所謂猶太種族也非一種族集團，而是一文化集團。像這樣的集團只能稱為民族，而不是種族。民族構成的主要因素為文化（參閱「民族團體」條），而種族則是以生物的或人類體質遺傳的因素為根據。即使依生物的因素來講，也還是不容易規定某一集團的人係純粹地或確實地屬於某一種族，因為在人類演化過程中，各種集團的人多少發生交流，混合，或隔離的作用與影響，而引起不只文化方面而且生物方面相當複雜的變化。因此，現在一般人所說的各種種族，事實上在人類生物方面並無絕對的差異，他們倒是相同的地方多於相異的地方。故從生物學的觀點來講，一個種族可以說是在聯合的遺傳體質特徵上與其他團體有幾分差異的一群人（參閱　Horton and Hunt, p. 345　）可是種族的觀念也常易由社會因素或民族意識所決定，主要係受種族關係或種族主義（參閱該條）之影響，因此，人們便主觀地將表面上有差異的人類集團指為不同的種族，故晚近在社會學家當中有人喜用「社會種族」("social race")一詞作為這種現象的描述。

現在大多數科學家已有一共同的了解，認為所有的種族或全人類是屬於同一種族（one spesus），即「荷模沙賓斯」(Home sapiens ——意指有思想或智慧的人，即現代人的祖宗），由於演化、地理環境及遺傳基因（genes）分配作用之差異而變成好些不大相同的集團。一般人類學家是以體質的特質作為種族的分類標準。其中主要的特質爲膚色，其他尙有毛色，毛的構造，身上毛之多寡，眼的包皮，鼻與唇的形狀，頭形，及身材等。依此，他們乃將人類大致分爲三大種族，即蒙古種（包括黃種及褐種），尼格羅特 (The Negroid) 或黑種，及高加索種或白種。每種當中還可分爲許多副種，其數目尙無法確定。這些種族並非完全固定的，而是有變遷的，過去的和現在的並不完全相同；我們也有理由相信未來的和現在的也將會不同。

種族的分類雖然沒有多少科學的根據，種族的觀念在古時雖然也沒有多大作用，可是近一百多年來，由於西洋人提倡種族主義及白種優越學說，其影響至深且鉅，同時又因爲各種族間的接觸也日見頻繁，爲了利害關係而產生了種族的自覺心，於是便造成複雜的種族關係問題，也成爲現代最嚴重的一個國際社會問題，包括種族歧視或偏見，種族隔離，種族衝突，及國際戰爭等等。這個問題在可預見的將來大概還無法予以消除。（龍冠海）

參考文獻：

D.S.S., pp. 569–570;

I.E.S.S., Vol. 13, pp. 263–269.

A.L. Krocber, Anthropology Today, 1953, pp. 145–162.

Paul B. Horton and Chester L. Hunt, Sociology, 1968, pp. 345–353.

"The Statement by Experts on Race Problems", UNESCO, in Perspectives on the Social Order, edited by H.L. Ross, McGraw-Hill, 1963 pp. 52–55.

種族主義 (Racism)

英文"racism"這個字是比較新的名詞，用以代替過去大多數作家所常用的"racialism"一字。種族主義是一種學說，主張種族的與文化的特質之間是有聯繫的，又某些種族天生比別的爲優秀。種族主義雜亂的將這些非生物的集團，如教派，民族語言團體及文化團體等，包括在它的種族觀念之下。但事實上，種族與這些現象是有區別的；它是生物學上的一個概念，指由人類祖宗遺傳下來具有若干共同生物特質的集團而言。雖然各家當中對種族一詞的見解尙有多少不同，但有三點倒是現代科學家（包括生物學家，人類學家，心理學家，及社會學家等）所同意的，即(1)現代人類當中沒有眞正純粹的種族；(2)現有各種族之間並無天賦優劣之差異；(3)種族與文化並無直接的關係。

至於種族主義一詞，大家卻差不多都同意它是指種族優越的一種學說。當代有關這種學說的觀念係來源於十九世紀法國學者戈比納 (A. de Gobineau, 1816–1882) 的著作「人類不平等論」 (Essai sur l'inégalité des races humaines, 1853)，主張種族有優劣之別，優者能有進步，劣者則無希望；每種文化及文明都是種族品質的一種表現。後來這種學說更由歸化德國的英人張伯倫 (H.S. Chamberlain, 1855–1927) 加以發揮，認定白人，尤其亞利安人，爲最優秀者。

種族主義雖然無科學的根據，可是近百年來它在許多國家的內政及世界政治方面卻扮演一個重要角色；例如，白種人對其他種族的歧視；德國在納粹統治時期對猶太人的虐待及征服世界的計劃；美國白人對黑人的蔑視態度與其新近所發動的民權的鬥爭，以及南非洲所實施的黑白隔離政策等等。故種族主義可視爲特別有害的一種民族中心主義。（龍冠海）

參考文獻：

D.S.S., p. 571;

P.A. Sorokin, Contemporary Sociological Theories, Ch. 5, Harper and Row, 1928.

綜合社會學 (Synthetic Sociology)

當社會學初建立時，孔德和斯賓塞的學說，都可作爲「綜合社會學」的代表。孔德將「社會物理學」 Physique Sociale（即社會學）放在生物學的近鄰，以它來綜括各種社會科學，它所研究的是人類結合之靜態的和動態的狀況，因此它就是「人類社會的秩序和進步的科學」，包含人類社會一般構造(如家庭、社會、國家等)的考察、和全體人種發展的基本自然法則以及文明進步之歷史的研究（即進步的三級定律）。這樣以社會學即社會科學 (social sciences)，或是各種特殊的社會科學的綜合，就是把社會學從特殊社會科學地位，擴大爲一切社會科學的整合體或共同的基礎。各種社會科學研究結果，由社會學再加綜合的研究，便成爲社會學，故稱爲綜合的社會學。斯賓塞在他底「社會學原理」(Principles of Sociology) 裡面，包括了各種社會學科如政治、經濟、宗教等各方面的研究，也可代表綜合社會學的見解。這種見解從今日的社會學與其他社會科學立於平等地位的觀點看來，是不能接受的。

綜合的社會學和其他社會科學的關係，略如下圖（見孫本文：社會學原理第一編頁三七，三十六年上海第三版，商務印書館）（謝　康）

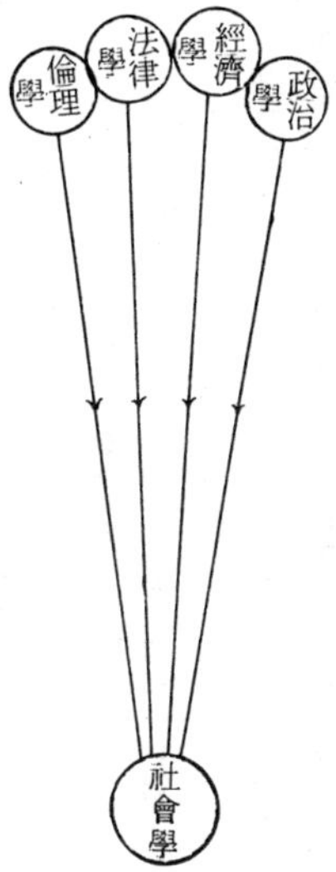

認定（Identification）

認定是表示個人與他人一致的專門名詞，在社會學上的意義與通常所用者有別。凡是人們對他人的情形表示同情，或了解他人的感情經驗與自己的經驗相同，或待人如待己一樣，都可稱爲認定作用。

一個兒童對他人的態度是仿效他人對他的同樣態度而來的。兒童的行動並不是基于自身的理智，而是模仿大人的動作，因爲兒童的是非觀念，是由學習而得，而不是生成的。做母親的咒罵女孩，女孩也同樣的咒罵她的洋囡囡。這種兒童的動作，即是認定作用。

認定作用由兒童時期逐漸發展，經父母、老師，與社會勢力的影響，使自我的人格社會化。這樣使社會行爲可以一代一代的傳下去，是重要的社會化過程。

認定作用由兒童開始，將終生的繼續發展下去，到成人以後，認定的方向可能注意于職業、組織、地位等，較對人的認定更爲重要。換言之，成人的認定作用在偏重于社會價值方面。（張鏡予）

參考文獻：

Broom and Selznick: Sociology, 1963 pp. 103-104.

管理社會學（Managerial Sociology）

這是繼工業社會學之後研究發展而成立的一門學問，係將社會學知識及方法，應用於企業管理。西德著名社會學濟學家達倫道夫（Ralt Dahrendorf）與薛爾士基（H. Schelsky）又稱之爲「企業社會學」，英美亦有類似的研究與應用。它的理論，最重視勞動的社會性質，確認勞動能力的發揮應爲企業管理的中心問題。（岑士麟著：「工業社會的新趨向與近代企業管理的認識」，中國勞工半月刊，第四三六期，五十八年）（陳國鈞）

構造類型法（Constructive Typology）

將研究的問題經有計劃有目的地選擇、取捨、強調及配合形成一套標準或模型，而用以分析與比較經驗事物的方法。構造類型的概念由貝克（Howard Becker）創設，現已爲社會學家廣泛接受，這種方法係從韋伯（Max Weber）的理念型（ideal type ——或譯理想型）發展而成的，不過青出於藍，它並沒有理念（ideal）一字之隱晦不明的內涵，同時且可超越時空的限制，應用於各社會各文化的比較研究。更有進者，在性質上它是事後反省的（retrospective）而非預測性的（perspective），故含有較大成分的經驗性。

構造類型法是一種新比較法，其主要功用是從錯雜混亂的資料中，建立一合理的秩序，用以對社會現象做一科學的與系統的認識與了解。由此可知，它含有邏輯的一面。而因其含有這種性質，也即帶有韋伯理念型的色彩。換言之，構造類型並不是假設，也非實在事物的描述。再者它既不是現實中最爲普遍的形式，也不是一塑型（stereotype）。它祇是依據經驗所設立的模型，具有經驗內容的比較基礎而已。（范珍輝）

參考文獻：

席汝楫：「構造類型方法」，編入龍冠海主編，社會研究法，頁三二五—三二六。

J.C. Mckinney, Constructive Typology and Social Theory (New York: Appleton-Century-Crofts, 1966).

John T. Doby et al., An Introduction to Social Research (Harrisbarg, Penn.: Stackpole, 1954), Chap. 7.

製圖分析（Cartographic Analysis）

製圖學（cartography）是製圖的科學與藝術。製圖分析則是從地圖中分析各個社會現象與其環境之關係的一項科學研究。

製圖分析常包括一套特殊的技術，如比例尺，投射技術及符號的使用，精密的設計，以及精緻美觀的印刷等。

地圖的主要功能是縮小地面各部分，以利記錄、繪畫，以及分析各部份的位置與各種社會現象的關係。這些功用爲社會學家所注意與應用，並藉此以發展人文區位學。在社會學中，人文區位學上的社會基圖是一種社會研究的技術，同時也是社會學上的一表達思想的方式。

地圖可分爲兩種，一爲參考圖，如地形圖、圖表及一般地圖；一爲主題圖。這即根據特殊的標準或參考架構以處理各種資料者。製圖分析依賴後一種地圖，社會基圖即這種地圖。

社會基圖爲人文區位學家研究社會現象，在空間之分佈與動向的基本設計或工具。它是一種社區地圖，標明有下列幾種現象：(1)地理現象，如山、河、湖及其他的主要地形；(2)人爲現象，如鐵路、街道、橋樑、工業區、商業區、住宅區、學校、公園、墳地、運動場、主要建築物及空地等；(3)社會現象，如人口、地價、自殺、離婚、或其他可以測量的問題。這種圖的優點是能夠很明白地看出社會現象與環境以及社會現象與社會現象間的關係。幫助我們明瞭社會問題在空間分佈的性質、範圍與其相關性；此外，如果用爲時間上的比較研究，尙可指示問題發展的趨勢。（范珍輝）

參考文獻：

I.E.S.S., "Cartography"

Arthur H. Robinson, "Mapping the Correspondence of Jsarithmic Maps," Association of American Geographers. Annals 52, pp. 414-429.

龍冠海著　社會學，臺北三民書局出版，民國五十五年，頁六九—七〇。

衝突 (Conflict)

衝突是兩個或兩個以上的個人或團體爲反抗對方的目的，對方的利益，甚至爲消滅對方的存在的一種爭奪狀態，與競爭意義相似而方式不同。衝突的起因，由于人世間的事物有限，而人類自我的滿足無窮，故必須設法打倒對方，以滿足自我欲望，衝突即因此而起。

衝突的現象不僅限于人類，但在社會學上所稱衝突，是以人類爲範圍。衝突的程度因目的而異，有強烈的，有組織的，有無組織的，有過度的，有持久的。衝突的範圍，包括物質的，思想的，精神的。

最顯著的衝突是階級的衝突，第一種的階級由於教育、地位、財富、政治力量，思想觀念的不同，形成保守與進步的階級分野。保守階級從歷史上觀察，大多以維持既得的地位和權利，不願將利益讓給大衆享受。進步階級在歷史上多屬于被剝削的大衆，無特殊的利益，他們要把少數的特權使大衆共同獲得享受。保守階級用專制方法維護少數特權，進步階級利用民主方法擴張多數利益，這是保守階級與進步階級的衝突。

其次的一種階級衝突爲勞工階級與資本階級的衝突。二者因利益衝突，常有衝突的發生。

又其次一種階級爲歷史上的貴族階級或特權階級與奴役階級的衝突。後者爲爭取自由而前者爲保持特權而引起的一種衝突，結果是特權階級的消滅。除上述階級性的衝突外，尙有文化的衝突，種族的衝突，政治的衝突等。

文化的衝突亦稱「價值的衝突」。兩種不同社團相接觸時，彼此均以保持各個固有文化的優點，而視他社團的文化爲危險物，而思有以征服之或消滅之，此種衝突，謂之文化衝突。

種族衝突由于種族優劣觀念，種族利益差別的種族意識形態所造成。美國的黑人問題，和非洲的排斥白人問題，是最顯著的種族衝突。

政治衝突是反抗現政權而代以另一階級的政權的革命行動。此種衝突爲推翻統治階級而建立新的社會理想，是整個價值的轉變。其方法是破壞與建設並行的。

自孔德以來，一般社會學者，多認爲社會制度的秩序，在社會協調。但與此相反的理論，爲達爾文的生存競爭與馬克思的階級鬥爭。兩派不同的理論，仍繼續存在着。（張鏡予）

參考文獻：

G. Duncan Mitchell, Dictionary of Sociology, Chicago: Aldine Publishing Company, 1968.

衝突學說 (Conflict Theory)

人類社會生活，在人與人、團體與團體、民族與民族、階級與階級或個人與團體（「小我」與「大我」）之間有許多衝突或摩擦的現象。例如權力的爭取、地盤（生存空間）的攘奪，國內或國際間的戰爭，人世間的擾擾攘攘，種種爭權奪利互相衝突的事實，給社會衝突學說證明衝突原理是一種基本的人類特質和社會特質。斯賓塞以爲原始人是一種掠奪而好殺的動物。

甘普羅維茲 (L. Gumplowicz, 1838–1910) 是深信社會衝突學說的一位社會學家，他認為從古以來衝突狀態支配着人羣生活，初民部落便是憎恨其他部落的戰爭團體，當糧食不足時，部落戰爭就開始了，戰勝的部落將戰敗者殺戮、擄掠或奴役，征服者和被征服者乃形成主奴的關係，社會階級因此劃分。他又指出社會的生命是一聯串的衝突的循環，甚至家庭原是愛情和血緣的結合，但也常有婚姻的衝突和家人父子兄弟姊妹間的衝突，個人的自私，民族的自私或團體自身利益的濃厚意趣，是彼此衝突的主要原因。

根據龍烈(F.E. Lumley)的意見，衝突的方式，可分為六種：即(1)拳擊，(2)決鬥，(3)仇鬥，(4)戰爭，(5)訴訟，及(6)理想的衝突，常用辯論，批評或駁斥的方式。辛邁爾 (G. Simmel) 則分衝突方式為四種：(1)戰爭，(2)仇鬥或派系鬥爭，(3)訴訟，及(4)非私人的理想衝突。

衝突的結果可從兩方面看：一方面是分化的、消極的；另方面却是結合的和積極的。例如對外戰爭是破壞的，但可以團結內部，發揚愛國精神和民族意識，就是一個證明。（謝　康）

罷工(Strike)

這是雇主與受雇者之間所發生的一種關係，由受雇者組成一個集團，拒絕工作，直到雇主同意某些雇用條件為止。進行罷工與離開工作，並非同義。目前法律有許多保障，受雇者可以不因為從事罷工，或有組織的活動而被雇主的任意解雇。(D.S.)

罷工乃是多數工人為達到某種要求而同時間的停止工作。這種停止工作，是工人們結成了團體，而大家停工。至於所謂某種要求乃是指罷工工人向雇主提出的要求，大致可以分為下列兩項：一、要求增加工資，改良待遇，改良工人生活，或參加社會運動。二、要求維持現在的工資，待遇，或工人生活情形。第一項是工人們自動的罷工，對於雇主們採取一種攻勢。第二項是抵抗雇主們侵略的罷工，對於雇主們採取一種守勢。（陳國鈞著：勞工問題，第一八七頁，三民書局，五十七年。）（陳國鈞）

概化他人(Generalized Others)

一個人在社會互動過程中，從他人的態度及行動的共同要素中所發現的自我職務。這個職務使一個人形成自我像，擴展關係網絡的視野，將社會態度內心化，以及在自己所認同的社會規範內控制自己。一個人接受概化他人的職務後，始可能發展複雜與完整的人格，才可使複雜的合作過程與活動，以及人類社會的制度功能，成為可能或發揮作用。

社會心理學上對此概念提出詳細具體的討論者，到今天為止只有米特 (G. H. Mead) 一人，同時此一概念的表證材料也復闕如。

概化他人的概念應從以下四方面來討論分析：

一、概化他人為社會行動或社會期望的組織，個人透過團體生活而將之內心化。它是個人在團體活動中，直接地或觀念上所吸收的相互關係的職務。米特指出社區或社會團體給予個人的自我統一體 (unity of self) 即概化他人。因此概化他人的態度即整個社區或團體的態度。同樣的勞史 (A. Rose) 也指出，當團體的規模擴展後，傳播性質也隨之改變，即從直接與面對面的傳播變為間接與次級的傳播。個人所認同的職務不復是一個他人或一羣他人的態度而是社會一般他人的共同態度。

二、概化他人為自我發展之最後階段的關鍵要素。它是社會組織與人格組織的橋樑。如法里士(R. Faris)所謂，一個人從社會關係的參與中，所獲得的一套反應也概化成為自我的一部分，而這個自我部份也與團體中的組織相調和相符合。

三、概化他人又是一種內心化的過程。在此一過程中，一個人採借他人的職務（職務扮演 rale-play ）以接受他人的態度。這即藉他人職務的扮演而在內心裡實行自我檢討或反省或思想，以接受他人的看法或態度。思想一個人分享或接受社會期望與社會規範的機能。這種能力為正常的人所共有。正常人藉思想以加速自己的社會化。

四、概化他人為社會控制的橋樑。個人利用概化他人所代表的社會規範以限制自己的行為。自制係參考內心化的概化他人以實行。概化他人的過程又使一個人與他人發生內團體的關係，因為在此過程中，他與他人所使用的記號與規範將相接近。據林德斯密 (A. Lindesmith) 與斯德勞士 (A. Strauss) 的分析，概化他人一詞與其指實際上的人羣，毋寧係用以指一個人從經驗中在團體生活裡所發現的見解或所得到的感覺。一個人根據他所想像的他人意見或態度以管制自己的行為。他想像他人對某一情境的反應與評價，並藉此想像以修改自己的行為。再者，這裏所謂的「他人」一詞並非指特定的個人或一羣人，而是指謂一個人對抽象之道德標準的看法。這個標準隨着個人社會職務的擴大而增加其複雜程度。（范珍輝）

參考文獻：

D.S.S.,　"Generalized Others"

G.H. Mead, Mind, Self and Society (Chicago: University of Chicago Press, 1934).

Charles Horton Cooley, Human Nature and the Social Order (New York: Charles Scribner's Sons, 1902).

模仿（Imitation）

任何做效他人的行動，不論有意的或無意的，使自己的行動與對方相類似，謂之模仿。模仿的創說起于英國學者白芝浩 (Wolter Bagehot) 所著之「物理與政治」(Physics and Politics) 一書中。其後法國他爾特 G. Tarde 著有「模仿定律」(Les Lois de l'mitation) 一書，倡導社會模仿論，認為社會即是彼此互相模仿的一群人，因此社會即模仿。

依社會學的觀點，模仿可分三種：1.慣例模仿 (coventional imitation) 指同類的人相模仿；2.習俗模仿 (custom imitation) 指個人模仿社會風俗習慣的行動；3.時代模仿 (fashion imitation) 指模仿他人時髦的服裝，式樣等而言。（張鏡予）

賣淫（Prostitution）

賣淫是一種社會行為，社會現象或制度，同時也往往構成社會問題。其定義可分別述說如下：

(一)以性的服務 (sexual service) 作為買賣，普通由女性的娼妓自願或被脅迫提供這類服務；也有由男性充當的，但是數目很少，可視為例外。賣淫者所提供的服務行為範圍很寬，從正常的性交到各種特殊的或變態的性行為都包括在內。一般說來：賣淫是一種和顧客姦通（或雜交）而有代價的交易，賣淫者可能是獨立自主的誘惑者，也可以應召前往，或與別的娼妓同住在妓館(brothel) 裡面賣淫，有些國家賣淫是制度化的，有些國家禁止賣淫，認為非法，有些國家對這種行為採寬容態度。對這個問題多交由警察去處理。(D.S. pp. 138-239)

(二)賣淫可說是以自己肉體供人取樂而換取金錢或某種代價的行為。這種行為包含三要點：(1)報酬，(2)雜的性交，(3)情感的冷淡（此要素有時例外）。賣淫者多屬女性。此種人可分三種，即專業賣淫者，兼業賣淫及偶然賣淫者（龍冠海：社會學與社會問題論叢，頁四五五，引社會科學百科全書第七冊，頁五五二一五五九）

(三)賣淫大概是自己身體的某些部分為商品，供顧客玩弄，而獲得一些金錢或物質報酬。或通過經紀人以介成交易，賣淫者有時不經過中間人而直接與顧主成交。一般的公式是賣淫者＋經紀人＋顧客（嫖客）＝賣淫。賣淫以女性為多，普通稱為娼妓。（謝康編譯：東方各國禁販婦女問題，一九三八年，日內瓦國聯出版）（謝　康）

數理社會學（Mathematical Sociology）

數理社會學乃是應用數學的概念、理論、方法、及公式來描述和代表社會現象的一門學科。社會學中的數學方法是以這樣的假定為根據，即以相當的數量單位來代替眞正的單位並依巧妙的數理運算來進行，我們便得到數理的價值，此種價值能夠安全地予以轉變為眞正的單位，容許眞正事件的預測。(N.S. Timasheff, Sociological Theories, Third Edition, Doubleday and Co., 1968, p. 211.)

數理社會學新近被用以代替新實證主義。此主義有三個根原或要素，即定量主義，行為主義及實證主義的認識論。定量主義強調計算及測量為任何科學的研究領域，包括社會學所必需的研究方法。(Ibid, p. 139) 定量主義至少在十九世紀就已有人主張應用於社會現象的研究。迄本世紀美國若干社會學家，因受生物測量學的影響，乃漸漸提倡之；從一九二〇年代起倫德堡 (George A. Lundberg, 1895-1966) 更加予以提倡而成為最有影響的新實證主義者。到了近二十年來，定量主義便發展為數理社會學，其主要代表人物有西普 (G.K. Zipf) 拉雪夫斯基(N. Rashevsky)及哈特 (H. Hart) 等，現已成為社會學當中一重要學派，也有許多社會學系開設數理社會學這門課程，但同時也有若干社會學派，特別是索羅金 (P.A. Sorokin) 及狄馬舍夫等，對此派的主張予以嚴

厲的批評，指出數理社會學應用於社會研究有許多缺點。故其前途如何尚難逆料。（龍冠海）

參考文獻：

Pitirim A. Sorokin, Sociological Theories of Today, Ch. 4, Harper and Row, 1966; Timasheff, op. cit, ch. 15.

暴衆（Mob）

對外在目標實施積極攻擊活動的群衆，如私刑、恐怖行動及暴動的群衆等是。

暴衆的主要特徵爲軀體接近、善變、感情用事及非文化性。暴動的成立雖不一定靠軀體的接觸，尤其當今大衆傳播高度發達之際，情緒感染可藉報紙，廣播及電視等造成迅速的心理流動，然而面對面的互動可加速暗示感染性的進行，此乃不能否定的事實。暴衆又是常隨風轉舵，經常變化其行爲模式的群衆。這是因爲暴衆的領導人經常變動所致，因此之故，暴衆行爲的從善行惡，端視領導者的良窳。暴衆的非合理性也是至爲顯著。如法國社會心理學家黎朋(Gustav Le Bon)所描述的，一個人參與暴衆則無形中從文明梯階降下幾級，秉諸本能橫衝直闖，將善能良知拋之腦後。最後，暴衆行動又是反社會的行爲，其行動並不是按現行制度產生的，而是反民俗民德及法律的非文化行爲。

從其形式上看，則暴衆有以下三個特徵：第一是其活動性。暴衆是行動的群眾，而且其行動常帶有殘暴與破壞的性格。第二是有特定的目標。暴衆的成立以特定目標爲目的，其破壞行動也朝向此一目標。這可從私刑、革命、搶掠的暴衆來觀察到的特徵。第三是缺少組織或領導結構。在暴衆中主要的互動是個人間的，而不是領導者與其擁護者的互動。

如予以分類，暴衆可別爲以下四類：1.侵略性的暴衆，如私刑、騷動及恐怖行動的暴衆是。2.逃避性的暴衆，如恐慌的群衆是。3.獲取性的暴衆，如搶刼掠奪或搶購的暴衆是。4.抒情性的暴眾，如教派（sect）是。（范珍輝）

參考文獻：

D.S., "Mob"

D.S.S., "Mob"

Gustav Le Bon, The Crowd (London: Unwin, 1917), pp. 61-72.

H.D. Lasswell and A. Kaplan, Power and Society (New Haven: Yale University Press, 1950), p. 40.

R.W. Brown, "Mass Phenomenon," in Gardner Lindzey (ed.), Hand-Book of Social Psychology (Cambridge, Mass.: Addison-Wesley, 1954), Vol. 2. p. 841.

增減傾度（Gradient）

韋氏新大學辭典(Webster's New Collegiate Dictionary)對 gradient 有四種解釋：(一)路之坡度，(二)建築之傾斜，(三)變數之增減速度，(四)連接有關兩端間之遞變方式、情況或性質。「社會學名詞」（民國三十年十一月教育部公布）譯此爲「漸進度」，有「進」而無「退」，義欠周延，茲綜合韋氏之解釋改譯爲「增減傾度」。

「增減傾度」一詞，最先在蒲濟時（E.W. Burgess）的芝加哥社區研究中出現。蒲氏將城市構想爲圈形，其發展過程是由內向外擴張，有如水紋，即是內圈不斷「侵入」外圈，以擴大地盤，於是產生「接續」，至發展完成之時，成爲五個界限分明的同心圈。此卽爲有名的「同心圈說」（concentric-zone theory）。蒲氏提出一個假設：自市中心至市郊，有些社會的和經濟的特質，作有規則的分布，能用不同的比率表明之，此卽是增減傾度。他以硏究的實際資料（主要取自芝加哥）證實之，自芝加哥市中心圓環（loop）至市郊，其犯罪率、性比例、某些疾病、貧窮程度、國外出生移民百分數等，呈漸減傾度，而房屋自有則呈漸增傾度。(Burgess,"The Determination of Gradient in the Growth of a City,"Publication of the American Sociological Society,21: 178-84, 1927.)

一經蒲氏倡用，增減傾度成爲區位研究的一個重要概念，被許多社會學家所採用，如蕭氏與麥凱（C.R. Shaw and H. McKay）的「少年犯罪與都市地區」（Juvenile Deliquency and Urban Area），賴克萊斯（W.C. Reckless）的「芝城惡習」（Vice in Chicago），法里士和鄧漢（R.E.L. Faris & H.W. Dunhan）的「都市地區之精神錯亂」（Mental Disorder in Urban Areas），凱文（R.S. Cavan）的「自殺」（Suicide）等，均證實增減傾度之無誤。(N.P.G. Gist & L.A. Halbert, Urban Society, 4th ed., 1956, p. 86.)

蒲氏的同心圈說，譽之者衆，毁之者亦不少，却無人對其增減傾度提出指責，但在不同意同圈說的學者中，阿麗漢（Milla A. Alihan）利用增減傾度以進行其有力的批評，「以子之矛，攻子之盾。」她說城市之發展，如果眞合乎蒲氏的同心圈模式，則各圈內經濟與社會的特質，應自有其增減傾度，涇渭分明，方能見出圈與圈之別，但依蒲氏所提出之增減傾度，是從市中心或增或減地一直延續到市郊，則在半徑上可以任意分圈，十圈二十圈均可，何必以五圈爲限。（Alihan, Social Ecology: A Critical Analysis, New York: Columbia University Press, 1938, p. 225.）。有關蒲氏同心圈說之評論甚多，在此僅舉其與增減傾度有關者。（朱岑樓）

閱聽人分析（Audience Analysis）

閱聽人分析爲大衆傳播研究的一領域，其目的是瞭解各種傳播工具的消費層，尤其組織，嗜好及變遷。這種研究不僅有利科學知識的發展，並且也可供給傳播從業者寶貴的參考資料。有此實用功能，閱聽人分析自第一次世界大戰後迅速發展，成爲傳播研究中最發達的一部門。美國社會學家拉薩斯斐（Paul F. Lazarsfeld）曾謂，我們可安全地說，沒有一個社會行爲的領域比這個領域有更豐碩，更正確的知識。

閱聽人分析的範圍包括以下五方面：

一、各類傳播工具之閱聽人的性質與數量；

二、閱聽與個人特性的關係；

三、團體與閱聽行爲的關係；

四、閱聽行爲的其他因素；

五、知覺及解釋。

換言之，其主要的分析問題爲有多少人閱讀報刊雜誌，收聽廣播或觀看電影及戲劇；這些人屬於那一階層或那一種類；受誰的影響去接觸大衆媒介；接觸之後，如何感覺，如何解釋傳播內容。簡言之，閱聽人分析注重以下三個問題的研究：1.各種傳播的消費量，2.閱聽因素，及3.知覺與解釋。

閱聽消費量的研究注重單位人口的使用次數的統計分析，例如一百個人中有多少人每月看一本以上的雜誌，每天看一種以上的報紙，每天收聽三十分鐘以上的廣播，每天收看一小時以上的電視等。聯合國教科文組織的大衆傳播部（Department of Mass Communication）則從事這方面的調查與統計。

閱聽因素的分析包括以下各因素的研究：1.初級特性，2.人格因素，3.團體的性質及其影響，4.閱聽行爲的相互影響。社會心理學家發現團體對個人閱聽行爲的影響大於其他方面的影響，一個人的接觸傳播大部分由團體決定，故與團體的立場相符合的傳播資料，將受到團體的推薦而爲團體分子所接受，而與團體的立場相違的傳播意見則受團體的干涉而無法傳到團體分子。又個人的預存立場（predisposition）也干涉個人的閱聽行爲，與一個人的預存立場相反的傳播物，除偶然機會外，將受到個人的拒絕。預存立場卽團體所培植的良心、理想、態度及看法，亦卽個人的超我（superego）

就閱聽行爲的相互影響言，拉薩斯斐發現知識階層間傳播工具不存在競爭的現象，看電影的人也去看其小說，聽電視新聞的人也看報紙。但對教育水準低者說，傳播工具則互相競爭與排斥的。

知覺與解釋的分析所探討的問題爲：一個人讀了或聽了一則新聞報導或一意見後，如何瞭解，如何解釋，有無誤會或誤解的情形發生？在這些問題的研究上，社會心理學家發現：1.與個人預存立場相離的傳播，常受到誤會或曲解。2.傳播人的信度愈高，其傳播消息或意見愈有可能被接受。3.私人的關係可加強傳播效果。4.公開接納傳播意見則對其態度有較大的影響。（范珍輝）

參考文獻：

Paul F. Lazarsfeld, "Communication Research," in Wayne Dennis (ed.), Current Trends in Social Psychology (University of Pittsburgh Press, 1948), pp. 233-248.

I.E.S.S. "The Study of Mass Communication"

Bernard Berelson and Gary A. Steiner, Human Behavior (New York: Harcourt, Brace and Norld, 1964), pp. 536-540.

歷史法（Historical Method）

在社會科學上，普通所謂的歷史法係指應用科學的方法去探尋史料，檢驗歷史記錄及遺跡，追求其事實眞相，以組成一般原理的方法。（龍冠海「歷史法」，於其主編社會研究法，臺北廣文書局民國五十八年出版，頁二一五。）

歷史法在實施上含有史料的搜集、檢驗、分析及解釋四步驟。從這些步驟上可判知、歷史法有以下四個特點：1.它所研究的事件是過去而非目前發生的。2.它所利用的資料也是過去的記錄與遺跡。3.它只是一種間接的而非直接的觀察法。4.在某些限度之內，它可以幫助我們了解過去，重建過去，解釋現在，以及推測將來。（同上書，頁二一五—二一六。）

社會研究上的文獻利用法即歷史法的一種。文獻大致可分爲以下三類：統計與記錄、私人文件及大衆傳播資料。這些資料除上述用途外，又可以驗證假設，搜集有益社會學研究的觀點、方法及理論。因此之故，探索性研究常包括此一方法的運用。（參考范珍輝「文獻之利用」一文，刊在龍冠海主編上引書，第七章第一節。）（范珍輝）

歷史社會學 (Historical Sociology)

社會學的一部門，利用歷史資料，以探究過去的社會文化事實，尋求其共同特徵，然後下概括論斷，或造成各種有關類型，作爲說明或預測其存在情形與發展趨勢。

美國社會科學家巴安斯 (H.E. Barnes) 對歷史社會學特有研究，曾指出這門學科所探討的主要問題，藉以表示其範圍及目標，玆將其言譯述如下：

歷史社會學設法描述和說明人類結合生活之起源，這種描述和說明主要依賴人類地理學，人文區位學、生物學、及心理學所搜集的資料；它溯源社會組織、結構、及制度之發展；它詳述歷史過程中影響和形成社會活動及社會變遷的社會信仰與態度；它檢驗在社會生活與組織的發展中，特殊與普通階段論之正確性；它努力發現在社會演化中有無正確的定律或趨勢可以應用於所有的人類；它提出社會失調的歷史根據，在論述近代機械工藝學興起以來，這個時期特別注重文化失調。這樣做法，它不僅指出機器與制度間的不均衡，而且也指出在各種制度當中，相關的發展速度之差異。

所有這些的主要目的是提供一個廣泛的和進化的透視，使我們對目前的社會關係有更好的瞭解，並幫助計劃一個更加合理的，安全的和繁榮的美好社會。(Harry Elmer Barnes,"Historical Sociology", in Contemporary Sociology, edited by Joseph S. Roucek, pp. 238-239. Philosophical Library, New York, 1958.)

歷史社會學與歷史哲學有點同異。二者皆係對人類過去的社會文化變遷作概括論斷，但是在前者係注重過去社會之事實的分析和綜合論斷，而後者則多半屬於思考或揣測，比較空泛。例如，黑格爾 (T.W.F. Hegel) 和斯彭格拉(O. Spengler) 的歷史學說乃是屬於歷史哲學，而韋伯 (Max Weber) 的「新教倫理與資本主義精神論」(The Protestant Ethic and the Spirit of Capitalism) 及索羅金 (P.A. Sorokin)的社會文化動學 (Social and Cultural Dynamics) 則是屬於歷史社會學。（龍冠海）

參考文獻：

H.E. Barnes, Historical Sociology: Its Origin and Development. Philosophical Library, New York, 1948.

戰爭（War）

從社會學的觀點來講，戰爭是衝突的社會過程之一種，同時也是社會問題當中最嚴重的一個。它是民族團體或國家間的軍事衝突。普通別爲兩種，即內戰（civil war）與國際戰爭。前者通常稱爲反叛 (rebellion) 或革命，這是一國內不同派系或集團爲爭取政權而發生的武裝衝突或鬥爭。從當權者的立場來看，這是叛逆；但從謀集政權者方面來講，則爲革命。至於國際戰爭則常發生於具有主權國家之間，有時僅牽涉二國，有時則牽連好些國；例如，第一及第二次世界大戰，敵對雙方都包括有好幾洲的許多國家，而成爲世界性的。

無論那一種戰爭，其原因及影響總是相當複雜的，尤其國際戰爭爲然；歷來有很多思想家都曾提出關於戰爭的各種理論，包括戰爭原因的解釋以及消弭或防止戰爭的辦法，（參閱龍冠海編著「社會學與社會問題論叢」內「戰爭爲進步的原因論」及其附註之參考書），但是還沒有那一個理論能夠正確地說明所有的戰爭，也還沒有那一個人所提出來的辦法眞正能夠應用來解決戰爭這個問題。不過，社會學家當中對於戰爭的見解倒有幾點是大家似乎差不多一致的。第一，就其原因言，戰爭是多元的，任何單元的解釋都難令人滿意，也都非他們所贊同。第二，就其結果言，戰爭的影響是多方面的，在歷史上有好有壞，可是晚近由於原子武器及生物化學毒品的發展，對人類的影響卻更加嚴重而廣泛深遠。及第三，就其存在言，依照傳統的和現有的人類心理，文化水準，及社會組織的情形看來，要想把戰爭完全消滅，事實上恐怕還不大可能。（龍冠海）

參考文獻：
D.S., pp. 336-337;
D.S.S., pp. 753-755;
I.E.S.S., vol. 16, pp. 453-472;
龍冠海著：社會學，三民書局，民國五十五年，三二一—三二七頁。

戰爭社會學 (Sociology of War)

此名詞意指戰爭的社會學觀，即應用社會學的觀點、概念，及理論來探討戰爭的現象，包括它的起源、發展、原因、結果、方法、類型及其對歷史演變與社會、國家和其文化等因素之關係。

戰爭是有利害衝突的民族、國家、或有組織的團體之間所發生之大規範的武裝鬥爭或敵對的軍事行爲。它是衝突之過程當中最大的一種，同時也是各種社會問題當中最嚴重的一個。戰爭的表現有兩個主要類型：一是國際戰爭，另一是內戰。無論那一種，它與有關之國家或民族的歷史地理、人口、社會、文化及心理等方面多少都有關係。故在社會思想史上各種社會科學家，如政治學家、經濟學家、社會學家、及社會心理學家等，對戰爭都有探討的興趣，但是由於各家的觀點不同，他們對軍事現象的解釋也各有差異，因而產生了許多關於戰爭的學說。

在社會學中，早期的研究及其貢獻係集中於戰爭本身的現象。「衝突的社會學」(sociology of conflict) 幾乎佔據了最重要的位置，企圖尋求一適當理論來說明國際爭鬥，革命及暴亂。這種探究多半取材自歷史，少數取材自人類學，但皆非眞正科學的探究。後來，特別是在第二次世界大戰期間，社會學家乃集中於軍事組織的事實研究，所用方法也比較科學。然而，無論如何，直至現在我們還沒有一個完全適當的，可用的，或共同承認的戰爭社會學理論。
(龍冠海)

參考文獻：
P.A. Sorokin, Contemporary Sociology Theories. Chap. 6, Harper and Row, 1928.
Paul Walter, Jr. "Military Sociology", in Contemporary Sociology edited by Joseph S. Roucek, Philosophical Library, 1958.
"War" in I.E.S.S., Vol. 16.

學校社會工作 (School Social Work)

這是對有社會與情緒問題之學童的一種服務，因爲這種問題足以妨礙兒童與學校之間的調適。學校社會工作員的功能是協助有困難的個別兒童使其能夠適應學校環境、幫助學校當局對兒童的背景有更多和更深入的了解，同時也對兒童的家長解釋學校的教學方法與宗旨，使學校與家長之間建立良好的關係。

這種社會工作近幾十年來在美國特別發展，雖然學校社會工作員的職能尚有若干被爭論之處，但是實際經驗證明在解決行爲問題與訓導問題方面，她倒是常成功的。有時由於利用別的社區資源，團體工作機關，以及家庭福利服務，她能改進影響兒童在學校裡失敗或失調的情況，因而改變兒童的行爲。

學校社會工作員應有社會工作的專業訓練，並了解學校的教育過程，又應具有與兒童及成人共同工作的能力，而且要能夠和學校教職員建立合作的關係。她需要有幽默感、想像力、彈性，並對社區資源有豐富的知識。(陳國鈞)

參考文獻：
R.A. Skidmore and M.G. Thackeray, Introduction to Social Work, 1964, Chap. 6.
W.A. Friedlander, Introduction to Social Welfare, Second Edition, pp. 368-371.

學徒制度 (Apprentice System)

各種行業自行培養技術人才的工作，通常是由一師傅傳授其手藝於其徒弟，即是所謂學徒制度。此種制度，在歐洲從中世紀起盛行一直到近代。在我國民間各種行業裡，也甚爲普遍流行，但未見載諸政府法令，而事實上已有數千年的悠久歷史，因人民習之已久，各種行業及各公私營廠商，至今仍舊遵循此制而不衰。按此類學徒制度，有一種不成文的規定，即習藝期間多以三年爲準，授業之始，對授業師傅須行拜師大典，習藝期限屆滿，亦須行謝師禮，此日必須置酒邀宴同業先進，以示對習藝已成的認可，凡此皆旨在尊師敬業與愼始善終。(陳國鈞著：「勞工問題」，第八〇頁，三民書局，五十七年)(陳國鈞)

罹病率 (Morbidity)

疾病研究是研究人口病患疾疫及不健康等等。此類統計概稱爲疾病統計。由於健康與不健康標準難定，故二者不易分清。眞確地決定病患人數，尤非易事。健康統計包括了人口保健衛生的各方面，通常也包含死亡原因的統計。由於造成死亡病因不止一種，通常把死因與疾病混合編類加以統計。

死亡原因研究殊爲困難，因爲在許多情形下死因不止一種，而是二種以上或者二者併發。在這種情形下，我們可分直接的近因及根本的致死原因。或者從另一種觀點看，可分爲主因及輔因。病因別死亡率或死亡原因別死亡率，常以十萬爲基數，某種疾病之死亡數與全體死亡人數之比，通常稱爲死亡比例 (death ratio) 或比例死亡 (proportionate mortality)。

傷亡常係疾疫或傷害或遭受毒害之結果。傷害可能係意外或由於暴力行爲。暴行一類我們常分爲自殺，自殺未遂、他殺（謀殺）以及由於戰爭所造成之傷亡。

傳染病特別受人重視，以其在最短時間可以傳染大多數人。此類情形我們稱爲瘟疫，特別編製傳染病統計，以明其流行。許多國家制定法律，斯類疾疫需加申報，故又稱法定傳染病，材料之收集似較容易。此類疾病有急性與慢性之別，唯殊難眞確區分。急性者開始驟，爲時短；而慢性者開始緩，爲時久。並可能發生後遺症。

在死亡原因中，人口學家特別感興趣的是先天畸形、產前產後及懷孕期的婦嬰疾病，如產褥病等。因生產而致死亡者稱爲產婦死亡。計算產婦死亡率時，如以總人口爲準，則可視爲死亡原因之一種。如以產婦人數爲準（更準確地說懷孕人數）則可視之爲災禍意外死亡。如果死亡原因絕大部分標以老年或死因不明。這種情形可視爲死亡原因統計好壞的標準。

關於疾病方面，計算罹病率通常有三方面卽足，病患（案例）、患病久暫及嚴重程度。病患個案有兩種指數，一種稱爲蔓延率 (incidence rate)，一稱流行率 (prevalence rate)。蔓延率是指某一特定時期中平均人口中之罹病案例數。案例平均患病期或稱患疫率 (disability rate)，係每人患病平均日數，以量度患病久暫。病患致死率 (case fatality rate) 係某病已知的病患人數中致死者的比率，因爲衡量該病嚴重性的指數，常係用之於爲時短暫的急性流行病。

死亡統計經常係根據死亡登記而編製。當死亡發生時常需簽發死亡證明書。死亡統計之各項材料卽來自死亡證書上記載之事項。簽發死亡證書各國不同。由執業醫師在死者生前診治疾病，死後發出證明，此稱醫療死亡證書，爲了法定原因而登記死亡所發出的證明，則稱一般死亡證明。二者有別，宜加區分。（席汝楫）

參考文獻：

United Nations: Morbidity, in Multilingual Demographic Dictionary, English Section, pp. 27-29, United Nations, Department of Economic and Social Affairs, New York, 1958.

擇偶 (Mate Selection)

擇偶是某人選擇某人爲婚配之過程，其選擇範圍，在任何社會都予以相當嚴格之畫定。因此擇偶決非完全自由行動，祇能在社區或社會認爲婚姻之適當人選中去選擇。(G.P. Murdock, Social Structure, New York: MacMillan, 1919, pp. 314-22 and L.C. Freeman, "Marriage Without Love: Mate-Selection in Non-Western Societies", in R.F. Winch, Mate-Selection, New York: Harper, 1958, pp. 20-23.)

有兩個原則構成擇偶過程之基礎：(1)優先擇偶 (preferential mating) —依此原則畫出適合於結婚者之範圍，鼓勵個人在其中進行選擇；(2)婚姻安排 (marriage arrangement) ——婚姻當事者以外之人對擇偶過程之干預。

優先擇偶由兩套相反之規定管制着。一方面，所有社會均有某類人不能和某類人結婚之禁忌，例如亂倫禁忌 (incest taboo) 爲禁忌中之最者。在另一方面，各社會均懷有民族中心主義 (ethnocentrism)，常表現於禁止與種族不同或文化背景相異之外人通婚之上。前者通常稱爲外婚 (exogamy)，後者爲內婚 (endogamy)，二者在相反的方向發生作用，爲個人畫定擇偶之範圍。某些社羣之自族優越感特別強烈，結果造成近親間互相結婚，如古埃及是。另一些社羣特別重視亂倫禁忌，如我國規定同姓者不得通婚。由外婚與外婚所畫定之婚姻候選範圍，可能較大，可能較小，其限界可能較分明，可能較模糊。總之，任何社會一定爲擇偶加上限制。僅鬆緊有別而已。

由優先擇偶的原則畫定擇偶範圍以後，接着便是婚姻安排。事實上任何社會的擇偶過程都要受到第三者不同程度的干預。我們可以構想爲一個連續譜

(continuum)，一端爲包辦婚姻（通常由父母包辦），當事者全無選擇之餘地；另一端是自由婚姻，完全不受外人之任何影響。此兩端均爲理念型(ideal types)，實際並不存在 (freedman, op. cit., pp. 156-7) ，只是與之相接近而已。例如傳統的我國和封建時代的日本，所謂「父母之命，媒妁之言」，極力干預子女之婚姻，幾乎到了包辦的極端。另一些社會，如美國，婚姻由當事人自行決擇，干預的外力幾等於無。

在擇偶範圍內能由自己選擇對象的社會，誰與誰結婚，其決定之因素是甚麼？這是很令人困惑的一個問題。通常有兩種解釋：同質通婚（homogamy）與異質通婚 (heterogamy)，各持一說，均言之有理，尚無定論。所謂「質」主要是指人格的特質。晚近美國社會學家溫奇 (R.F. Winch) 所提出的「擇偶之需要互補說」(The Theory of Complementary Needs in Mate-Selection)，受到廣泛的重視，值得在此簡單介紹：

溫奇學說之重點在於：「男女於擇偶過程中各在候選者範圍內尋找能給予其需要以最大滿足之對象。」(Mate Selection. New York: Harper & Brothers, 1958, pp. 88-89.) 溫氏列舉十二種主要的需要：⑴謙卑 (abasement)，⑵成就 (achievement)，⑶接近 (approach)，⑷自主 (autonomy)，⑸敬服 (deference)，⑹統治 (dominance)，⑺敵視 (hostility)，⑻養育 (nurturance)，⑼贊揚 (recognition)，⑽性 (sex)，⑾爭取地位 (statuse striving)，⑿援助 (succorance)。玆假定甲乙互相求偶，其需要之滿足有兩種方式：

⑴二人之需要不同，如甲有贊揚之需要，乙有敬服之需要，彼此滿足之。

⑵二人之需要相同，但強度有別，如甲有高度之統治需要，乙有低度之統治需要，彼此仍能獲得滿足。

總之，溫奇學說的基本假設是：擇偶時從特殊需要模式 (specific need-pattern) 中獲得最大滿足之時，男女雙方之特質是異質之互補。(T.Ktsane and V.Ktsane, "The Theory of Complementary Needs in Mate-Selection", in R. F. Winch, et al. (eds.), Selected Studies in Marriage and the Family, 1962, pp. 517-32.)（朱岑樓）

機械主義社會學 (Mechanistic Sociology)

凡以物理學、化學和機械學的術語和概念來解釋社會現象的社會理論，都可稱爲機械主義社會學，或社會學上的機械學派。當十七世紀的時候，因機械學、物理學和數學的長足進步，引起人們特別努力去解釋社會現象，於是發生了十七世紀的「社會物理學」(據Sorokin: Contemporary Sociological Theories, p. 5 註四引 Spektorsky 語）這世紀的社會理論家研究社會的和心理的現象正如物理學家研究物理現象的自然法則一般，因此造成一種社會的機械派的解釋。他們所要建造的「社會物理學」或「社會機械學」的計劃，雖未能實現；但現代流行的十九世紀以來社會現象的機械的解釋，依然是十七世紀大思想家已建立的原則加以修正的發展。例如孔德的老師聖西門 (Saint-Simon) 會經用牛頓的引力律和機械體系解釋社會現象。孔德本人和統計學之父葛特勒 (A. Quetelet) 都襲用十七世紀這派思想的影響，將他們自己的社會研究稱爲「社會物理學」(Physique Sociale)，孔德的「社會靜力學」和「社會動力學」、都和社會機械論有關（孔德自己是天文學家和數學家）。華德(L. Ward) 和斯賓塞 (H. Spencer) 會經將社會學聯結到機械主義的宇宙論 (cosmologie me'cauiste) 和進化主義上面去，但他們所談的社會力 (forces sociales)，乃側重在精神方面。還有福利葉 (Fourier) 的學說中，也稍作歷史的機械的解釋。

至於比較晚近的這派社會學的代表，據索羅金所論述，（據其所著「當代社會學學說」第一章第六節，有黃文山中譯本，商務印書館出版）則以巴烈圖 (V. Pareto) 爲最重要。他在數學的經濟學上佔有很高的地位，他從純粹分析的經濟學開端，進入複雜的社會現象之比較綜合的研究，所用的是機械派的方法，所以被稱爲機械論的社會學者。他以爲社會學應該是邏輯的實驗科學，他要以社會現象的函數的相互依倚之定量的描述，代替片面的因果論，特別是他認定社會體系是一個動態的平衡。這種主張對社會學理論上是一個很大的貢獻。（據狄馬舍夫：社會學理論第十三章，謝康中譯本，商務印書館五十六年初版）（謝 康）

遺棄 (Desertion)

遺棄是夫妻同居非公開宣布之停止，未經正式離婚或分居，亦無其他有關家庭或子女扶養之共同協議。("Desertion", in D.S., p. 92.)

遺棄慣稱爲「窮人之離婚」(the poor man's divorce)，因遺棄總免不了要發生妻與子女無人贍養的問題，丈夫之所以逃避責任，主要由於社會經濟地位低微，收入菲薄，職業又不穩定，爲免於家庭之累，只好一走了之。

遺棄所產生之不良後果，克發特 (W.M. Kephart) 分爲個人與社會兩方面論述之：(The Family, Society, and the Individual, Boston: Houghton Mifflin Company, 1961, pp. 557-9.)

(一)個人——個人蒙其害者有三方面：(1)妻—遺棄所給予妻之損害比離婚更大。因爲離婚乾脆明快，可依法院判決獲得若干贍養費，且有再婚之自由，而遺棄常是分分合合，拖延時日，最後丈夫去向不明，生活無着，又在法律上不得再婚。(2)子女—史得曼 (J. Steigman) 指出：被遺棄之小孩，常遭受同伴之譏笑，心懷自卑，失去父愛及無父可愛和模倣，嚴重的心理後果會造成行爲上之失常或病態。少年犯罪者有許多出身於破裂家庭，而遺棄爲破裂家庭之一種("The Deserted Family", Social Casework, April. 1957, p. 1)。(3)夫——遺棄通常是丈夫造成的，他會遭受何種影響？可能由於他行蹤不明，未爲社會機構及社會工作所注意，但屈格塞爾 (A.G. Truxal) 和梅里爾(F.E. Merill) 則謂不應予以忽視。凡拋妻棄子之人，遠走他鄉，陌生人當然不知道他的底細，但他內心之負疚，則永難消除。人前自慚形穢，失去生活組織之穩定，故酗酒、流浪、嫖妓等，爲其生活之特徵。他可以逃離妻子兒女、親友和社區，但不能逃離自己 (Marriage and the Family in American Culture, Prentice-Hall, 1953, p. 511)

個人所遭受之經濟及其他損失，轉嫁於社會。最要者，遺棄乃代表家庭之破裂，而破裂家庭是社會解組的一個重要指數。遺棄意含失敗：在個人方面，未能克盡其家庭義務；在社會方面，未將此種重要社會價值徹底教育個人，以致規避責任，而不能維持家庭體制之整合與自給自足。(朱岑樓)

獨裁制 (Dictatorship)

古代羅馬人當國家極端危急時委任一人或二人爲獨裁者，賦予以絕對權力，期限爲六個月。那是一種合法的權威。近代的獨裁制及獨裁者二名詞雖然來源於古代羅馬，但所代表的事實卻大有異。

近代的所謂獨裁制是指一種政治體系或一種權威，由一個人或一小團體的人所完全操縱，至少表現有以下的若干特徵：

(1)統治者的行爲沒有法律或風俗可以用來作爲說明
(2)權威的範圍是無限制的。
(3)以違背先存法律的方法來獲取最高的權威。
(4)對於有秩序的承繼沒有條文的規定。
(5)權威的使用只爲極少數人的利益。
(6)被統治的服從完全由於恐懼。
(7)權力係集中於一人的手裡。(龍冠海)

參考文獻：

"Dictatorship" in D.S.S. and D.S.

興趣 (Interest)

社會心理學上所謂的興趣指一個人對某些富有吸引性的事物，付以密切注意及努力接近的態度或行爲而言。換言之，它是主體與客體的關係，一方面是個人的需要，他方面是需要的反映。派遜斯 (Talcott Parsons) 謂興趣爲動機朝向的樣式 (modes of motivational orientation)，係指後一方面而言。

派氏上述觀點在社會學上有悠久的歷史　斯賓塞 (Herbert Spencer) 強調社會現象的內心面及心理因素，即這種看法。社會是社會互動的網絡，而互動可從形式與內容兩方面分別觀察。從形式看，互動有合作、競爭、衝突、順應等方式，而從內容看，則有目的、動機、態度及感情等。這些內心面的因素才是社會最根本的原動力。

興趣與社會文化有密切的關係；興趣由團體和社會培植，由團體分享與支持。林頓 (R. Linton) 會謂，無論那些人與某一特殊事物有何等密切的關係，其興趣也非完全私人的。

政治學上所說的興趣指客觀利益或對某些情境的主張權而言。這種興趣只有在其構成爲個人注意及追求的情況，始成爲社會心理學上的興趣。

興趣可分爲健康、財富、知識、審美、公正等興趣，也可分爲情愛、生理、個人及社會等的興趣。最近社會學家傾向於細分興趣，並特著重於功利的分析。(范珍輝)

參考文獻：

D.S., p. 161

D.S.S., pp. 344-345.

R. Linton, The study of Man (New York: Appleton Century, 1937), p. 422.

福武直主編：社會學辭典，東京有斐閣，昭和三十五年，頁一二〇。

親屬 (Kinship)

英文Kin 原爲英國貴族用以稱呼親屬，由此而產生"kinship"此一專門術語。(參閱 "Kinship and Kinship System", in D.S.S., p. 366.) 親屬是人類社會的普遍現象之一，在行爲之管制與社會團體之形成兩方面，均擔任重要的職務。親屬體制 (kinship system) 通常指某社會或該社會某部分的規則叢體，經由嗣系、繼承、婚姻、婚外性關係、居住等之統制，以決定個人及團體在血族及婚姻的聯繫方面所處之地位。

成爲親屬之兩人，有兩種情況，一是兩人共一祖先，一是兩人互爲上下代。「祖先」一詞，在指某人立於父之社會地位，其子又生子，以繇延至今；某人立於母之社會地位者亦可。祖先不必要是生物學上的眞正祖先，族譜學家所追溯之親屬連環，爲社會關係之陳述，其過程不同於發生學家之探索血統來源。生育是生物的，但人類社會賦予文化的意義，可以用作社會關係之表現。不同的社會對生育有不同的看法，即使看法相同，其社會用途又不會相同。人類學家極力排除「親屬研究即是血統關係研究」的錯誤概念。至於說此二者毫無關聯，則是矯枉過正。社會以孩童之生育爲核心而發展分配權利與責任之體制。因此某種特殊的親屬體制爲何有其存在，非生物學所能解釋，但是出生此一生物事實，仍是進入親屬的「社會大廈」的自然鎖鑰 (Ibid)

所有社會都用嗣裔或血親以分出不同的關係，有些社會同時又用婚姻或姻親來區別關係。依一般辭典上的解釋，此兩類關係截然有別，但爲了應用之便利，常將親屬之意義予以擴大，含攝血親與姻親二者。有關「社會」之定義甚多，如果解釋「社會」爲「社會關係之總體」，則血親與姻親的關係體制，對社會之凝結與團結有很大的貢獻。同時親屬體制乃具體而微之社會，個人在其中習得社會朝向 (social orientation)，以之進入社會迷宮 (Social maze)。

各社會的親屬體制是不相同的，其差異主要是下述之五項特質所造成：(1)承認血親與姻親所含之社會目的；(2)血親與姻親之分類方式；(3)日常生活中管制親屬行爲特殊習俗；(4)親屬間斡旋之權利與義務；(5)用以指示不同親屬之稱謂。(參閱 "Kinship", in I.E.S.S., vol. 8, pp. 390-91. (朱岑樓)

整體論 (Universalism)

此名詞有各種不同的解釋(參閱 Webester's Third New International Dictionary)，這裡僅提出它在社會理論方面的主要用法。歐洲中世紀一切思想的一個特徵即整體論(亦譯爲同仁教)。它假定有一整體社會的存在，這個社會在凡俗方面乃古代羅馬帝國的繼承與延續；在宗教方面，它是基督化身所形成的教會。故同一社會既是一個帝國又是一個教會。在凡俗方面，爲了俗務，它有一個皇帝；在教會方面，爲了精神的東西，它有一個教皇。這二者的比重在中世紀，尤其後期，實爲思想界辯論的焦點。(參閱 Hearnshaw 主編 The Social and Political Ideas of Some Great Mediaeval Thinkers 書中E. Barker 的論文。)

更爲普通的一個解釋，整體論是一種社會學說，主張社會既是一個概念，也是一個現實，而且具有最高的價值。這又分爲極端的與緩和的兩種。前者視個人只是在社會整體的部分，部分離開整體是無價值的，並且整體比部分更爲有價值。後者承認離開社會整體向有個人的實體並有若干價值。(D.S.,p. 329)社會先於個人而存在，並且比個人更爲重要。這種思想來源很早，在古代希臘柏拉圖與亞里斯多德的社會政治理論中會經強調過。近代社會學家當中斯班 (Othmar Spann, 1878-1951) 乃首先提倡整體論者，他的社會學說就稱爲整體論。他主張在人類社會以及一般的現實境界，最初的實體不是來自個人而是來自整體，即社會。個人不是自己創造出來的，他是社會的一部分，他的本性係來自社會。斯班也應用他的整體論於經濟學，主張對個人主義及私人利益的追求嚴格地予以限制，而在每種實業中准工人與雇主的代表建立起來，把他們聯合成一中央組織。斯班的這種哲學雖然是在基爾特社會主義 (Guild Socialism) 與法西斯主義產生之前就提出來的，它倒與基爾特社會主義主張職業或功能團體自治及法西斯主義的社團國家的觀念很相類似。(龍冠海)

參考文獻：

H.E. Barnes, An Introduction to the History of Sociology, The University of Chicago Press, 1948, ch. 20, "The Universalistic Theory

of Othmar Spann and His School", by B. Landheer.
F.E. House, The Development of Sociology, pp. 403–6, McGraw-Hill Book Co. 1936.

聯合家庭(Joint Family)

依「人類學註解與問題」(Notes and Queries on Anthropology, British Association for the Advancement of Science, 6th ed., rev., London: Routledge, 1954) 之解釋，聯合家庭是血族中兩個或更多的性別相同之人，及其配偶和子女所組成者，他們同居於一住宅之內，服從相同的權威或接受一個家長的領導。如一個男人及其配偶、已婚之兒子兒媳、孫子孫女等所構成之家庭即是。

一般言之，聯合家庭與擴大家庭 (extended family) 相同。「社會學辭典」卽釋此二者爲同義 (See "Joint family" in D.S., p. 114)。有些學者謂應加以區別，認爲擴大家庭是聯合家庭的分散，因爲前者的構成分子，並不同住於一個住宅內，通常比鄰而居以從事共同的活動。嚴格言之，擴大家庭是一個短系，應在嗣系理論內討論之，或從血族 (kindred) 觀點分析之，而列入家庭，乃是泛用家庭之名。(See "Extended family" in I.E.S.S., p. 304.)

大多數家庭文獻，却未將二者嚴格畫分，而交互使用。事實上此種家庭組織普遍存在於人類社會，從前的中國社會和印度社會則視之爲理想的家庭，故常擧中國爲例以說明擴大家庭，以印度來說明聯合家庭。

印度的聯合家庭由家產共有者 (Co-parceners) 所構成，包括任何一代之所有兄弟及其子與孫等。所以置其重點於兄弟之上者，因依照印度傳統，男孩出生後卽享有家產之權。依大家庭之構成者言，中國和印度大體相同，但在家產之共有上則有顯著的區別。中國大家庭於父親死後，常由兄弟均分其家產，印度則否，通常保持家產之完整，卽使兄弟分居各處，只要繼續遵守共同義務（包括服從家長、共同預算、共同維持財務等），他們仍然認爲同屬於一個聯合家庭。家長是家庭中的最年長者，無權單獨處置家產。一九五六年印度聯合家庭之法律地位有一大的變更，姊妹與寡婦亦有權享有家產。由於聯合家庭含有許多難以克服的衝突因素（幾乎全與擴大家庭相同，參閱「擴大家庭」條），難以維持其存在。印度傳統很重視聯合家庭，許多地區的民意測驗均反映一般人民喜歡此種家庭，但理想與實際常有其距離，根據印度近十年來的調查，大多數家庭是核心家庭，尤以都市所占比例更大。(See W.J. Goode, The Family, New Jersey, Prentice-Hall, Inc., 1964, pp. 49–50.)（朱岑樓）

聯合組織 (Coalition)

旨趣不同的個人或團體爲達成某種目的，彼此暫時聯合組成社團，以避免衝突。此種聯合通常應用于政府組織或軍事行動，特別在遭遇到危機的時候。一般稱此種組織爲聯合政府或聯合部隊。

聯合組織可能是一種不穩定的組織，但爲達成某目標，在工作上可以發生有效作用。現代的工商業常用聯合組織以爭取更多的利源。亦有因研究關係或建設大規模工程而組織機構。教育機構如大學校的原子研究，考古學研究以及社會科學研究等，亦多採共同的聯合組織。

健全的聯合組織須有健全的人事關係，否則，聯合組織易于失敗。（張鏡予）

聯村(Line Village Community)

聯村爲一種法國式之農家居住方式。其特點爲農家房屋沿河流、湖沼、或公路兩旁順序而建，農田牧場則在諸農家房屋之後，向外延伸，成爲長狹形狀。此種農家定居方式可視爲分散居住與密集居住兩型間之改良型。此種安排一方面可與分散居住相同，使農家與其農場相接連，農事操作往來方便；另一方面又可近似密集居住，農家沿交通要道毗鄰居住，交通便捷，彼此作社會交往可暢通無礙。其可能的缺點爲農場過於狹長，使在經營管理上有某些困難。在遺產分配上，有愈分愈狹之慮。聯村因係一種法國農家定居方式，故在美國多見於原屬法國移民之區域。如在東北之梅因州 (Maine) 及南方之路易士安那州 (Louisiana)。在泰國，距曼谷市不遠之灌溉區，沿每一條幹線溝渠兩岸，均有單線式村落。其較大者除農家外，尙有碾米廠或糧食店，雜貨店、理髮鋪、寺廟，小學校等。儼然一村鎭。在我國，沿陸路交通要道，或主要河流兩岸，有長條式之集鎭或大村，家庭或店鋪之安排雖不只一線，可能兩線或三線，但未嘗不可視爲聯村之類型。（楊懋春）

參考文獻：

Lowry Nelson, Rural Sociology pp. 65–69, American Book Company,

1948.

T. Lynn Smith, The Sociology of Rural Life pp. 210-218, Harper & Brothers, 1940

Everett M. Rogers, Social Change in Rural Society, p. 137 Appleton-Century-Crafts, Inc. 1960.

應用社會學(Applied Sociology 或譯實用社會學)

社會學從純理的推論方面，擴展到正確而精細的應用方面，藉以幫助各種社會問題的解決。應用社會學可說是一種社會改進的技術，或是社會工程學，是對於特殊的個案，應用社會學的原理和方法，加以解決。

換言之，應用社會學的原理和方法，以解決實際的社會問題，例如醫藥、法律、教育、工業等等問題。(D.S.W.)

美國社會學家華德(L.F. Ward)將社會學劃分爲純理社會學(pure sociology)和應用社會學 (applied sociology)。據華德的解釋：「所謂應用社會學，是要研究在社會行程中關於社會力量的運用技術，討論目的，討論程序，說明社會學的原理和方法如何可以應用的問題。」(L. F. Ward: Applied Sociology, 1906)(陳國鈞)

應用研究 (Applied Research)

社會研究可分爲基本研究 (basic research) 與應用研究兩種。前者爲求知的研究，是尋求理論知識的純粹科學研究，其探究的問題是：是甚麼、怎麼樣及爲甚麼？應用研究是求用的研究，屬於應用科學部門。它探究的問題是：做何用？如何解決現實的問題。

兩種研究有相輔相成的關係。應用研究對基本研究有以下幾點貢獻：一、應用研究提供新經驗事實。二、應用研究雖依賴基本研究的方法與技術，以調查或診斷問題情境，並尋覓解決問題的方案。但在研究過程中常發展較具實用的精進方法與技術，提供基本研究的參考。理論知識或假設須在實際的情境裏驗證，而應用研究提供豐多的驗證機會，這也說明基本研究與應用研究相輔爲用的關係。三、應用研究有益於概念的澄清。應用研究與理論研究同，在研究進行之先，將概念演繹爲具體的事實，運用於研究程序上。這即澄清概念的工作。應用研究的長處是可利用實際資料以發展或構想概念。四、應用研究可加速概括論斷過程之完成。要解決現實問題須動員許多社會科學的知識，包括許多應用科學的原理法則與方法技術，因此整理與組織現存的科學知識爲應用研究的一項工作。這對於一般理論的發展有很大的貢獻。

基本研究對應用研究的貢獻是：一、基本研究發展一般原理與理論，協助實際問題的解決。二、協助應用科學發現實際問題的主因。三、提供行政程序的模式。四、發展許多代替性方案，以撙節經費。(范珍輝)

參考文獻：

S.A. Stouffer, in R.K. Merton and Paul F. Lazarsfeld, Continuities in Social Research (New York: The Free Press, 1950), pp. 198-199, and 203.

Pauline V. Young, Scientific Social Surveys and Research (Englewood Cliffs, New Jersey: Prentice-Hall, 1966), pp. 91-92.

William J. Goode and Paul K. Hatt, Methods in Social Research (New York: McGraw-Hill, 1952), pp. 34-39.

幫(Gang 或譯幫會)

根據英文本社會科學詞典 (A Dictionary of The Social Science) 上的解釋，依普通用法，此名詞可以用來指一起工作、一起旅行，或一起遊玩之有組織的一羣人。這樣用法，意指友誼聯繫的密切，而很少或完全沒有含有犯罪的活動。我國「辭海」上也有類似的註解：「凡結合之團體曰幫。」從這種普通用法，社會學便假借作爲一專門名詞，應用於犯罪或被認爲可能犯罪者(尤其青少年人)的組織或團體。

這名詞通常意指這種團體具有高度的團結力或聯繫性，但是在社會科學中尚沒有關於團體特徵的測量尺度能夠用來將社會學上所講的幫與別種團體劃分清楚。

社會學中的主要用法是在青少年犯罪的研究方面，其代表著作爲杜拉沙的「幫」(F.M. Thrasher, The Gang, Chicago: University of Chicago Press, 1935) 作爲社會學的專門名詞，除在青少年犯罪的研究中應用外，很少用於一般的青少年團體。絕大多數的青少年幫是由男性所組成的，但有些也包括女性，至於完全由女性所組成的則比較少見。男性的青少年幫，我國普通稱爲「十三太保」組織，女性的則稱爲「十三太妹」組織。近年來各國的這種組織實爲構成少年犯罪問題的一主要因素。故這類名稱組織在一般人的印象中，都不見得很好，甚至產生蔑視或厭惡的觀感。（龍冠海）

參考文獻：

D.S.S., pp. 280-281; D.S., p. 127.

壓力團體 (Pressure Group)

此名詞意指一個團體由其領導者所利用，以強迫別的團體或該團體所隸屬的較大組織改變其政策。此種強迫力量稱爲團體壓力 (group pressure)，通常是由團體的發言人代表提出，其建議認爲只是團體分子的需要和要求的表示。一個壓力團體通常所關切的是某些方面的「一般公共利益」，意指其領導者及團員獲得特別的權利。例如，議院外的運動者或遊說者 (lobbyist)，他們或代表製造業組織，或代表勞工團體，等等。（龍冠海）

參考文獻：

D.S., pp. 134-135; K. Young, Sociology, American Book Co., 1942.

矯正機關 (Correctional Institution)

指監獄、感化院及拘留所等。現代社會承認矯正機關的功能應超過罪犯的懲罰而及於保護、教育及重建。因此各類矯正機關皆增闢感化課程，擴充設備，以提高罪犯管理的效率。(D.S. p. 159)（范珍輝）

檢查 (Censorship)

一種政策，用以限制有害政府或社會的道德秩序之思想、意見、觀念及慾望的公開發表。檢查可分爲事前檢查與事後檢查兩種。事前檢查爲預防的檢查，目的在於防止危害秩序爲之言論的發表。這種檢查又可分爲刪除檢查與修改檢查。事後檢查爲對公開了的刊物，發現有危害公共利益或秩序時，科以刑罰處分的檢查。

檢查雖是中世紀教會及現代專制國家普遍實施的政策，但也爲自由民主國家所採行。現代的檢查由公共機關與私人機關執行之。後者的檢查比之前者較爲普遍，大衆傳播的自律運動卽這種檢查。此外，尚有宗教、道德及學術性的檢查。

據拉斯威爾 (H.D. Lasswell) 的看法，自由國家的採行檢查有三個根據。第一、危害或違反法律秩序的危險思想應被壓制或予以懲罰以維護公益。第二、有些人不能辨別適當與謬誤的思想，應由賢明的人代以判斷。這是英才論 (Elitism) 的看法，爲西方的政治傳統所不取，但學校教科書的審查制度則建立在此觀點之上，同時很多壓力團體也接受這個看法。第三、反社會的內容，如黃色黑色的書刊，應予以檢查，以維護善良風俗。（范珍輝）

參考文獻：

I.E.S.S., "Censorship"

D.S.S., "Censorship"

福武直主編　社會學辭典，東京有斐閣出版，昭和三十五年，「檢閱」（Ⅱ）條。

購買婚 (Marriage by Purchace)

購買婚通常由男人給予女家父母或親屬若干代價而與女成婚。有些社會視婦女爲財物，並可以轉移和繼承。當然這類社會爲數不多。所謂購買，不必拘泥於字面。男家所付之聘金 (bride-price)，也可以視爲贈送女方父母之養育酬勞。有時候女家以相等之禮物回贈。例如目前之交換結婚戒指卽是。男方付出之代價，並非在代價本身，而可用以表揚所娶女子之地位，或視作對女子的一種保障。反言之妝奩亦可以說買夫之代價。("Marriage by Purchace", in D.S., p. 186.)　總之，如此娶妻嫁夫，在世界上流傳又廣又久，只是出之以各種的方式而已。羅馬古代市民法規定結婚之方式有三：(1)共食式——凡結婚者最後之手續，爲夫婦共食一麥製之食物；(2)賣買式——於五證人之前，一人持秤而立，新夫以貨幣載之；(3)使用式——男子誘致女子於其家，起居與共，爲婦人之待遇，經一年卽生法律上之夫婦關係。（徐朝陽著，中國親屬法溯源，民國五十七年臺一版，第八〇頁。）

我國古代「伏羲制嫁娶以儷皮爲禮」（史記補三皇本紀），論者謂爲購買婚姻之濫觴。並用「買妾不知其姓則卜之」（曲禮）以證之。我國最早之婚姻可能源於購買，但以後演變爲聘娶式，而妾非正式婚姻之妻，故明文可以購買

，而婚姻則需要父母之命與媒妁之言，以及隆重的儀注。（朱岑樓）

優勢（Dominance）

在都市區位學，優勢是某地區對周圍地區所進行之活動，發生協調的(co-ordinating)和定向的(orienting)的影響，該地區通常是主城市或城市之中心商業區，前者對其衛星城市，後者對其周圍各區。雖然優勢用之於空間關係之上為多，亦常用以分析社會結構，則其所指者係某一種或一組特殊功能，決定其他功能於運作時所必備之情況。

上述優勢之用法，借自其他科學的兩個概念而予以類推：㈠植物區學家所提供者，謂優勢生物具備之功能，足以管制其他有關生物發揮功能時所不能缺少的情況。(W.B. McDougall, Plant Ecology, Philadelphia: Lea & Febiger, 1931, pp. 78-92.)㈡生理學家所提供者，一地區內之生物，對內在和外在兩者的刺激，均極靈敏，如響斯應，於是在某種環境下求生存所必備之整合性得能維持，該地區內生物便可以稱之為優勢。(C.M. Child, Physiological Foundations of Behavior, New York: Henry Holt, 1924, ch. X.)

派克(R.E.Park)運用此二概念於人類社區，首先，人口中某些分子經由某種重要功能之表演所發揮之優勢，是在社區結構的發展上展其所長。其次，社區結構建立以後，優勢所採取之方式，則類似生理學家所觀察者，即是優勢成為體系之特質，而非某些個人之特質。(Park, Human Communitres, Glencoe, Ill.: The Free Press, 1952, p. 161.)

麥根齊 (R.D. McKenzie) 使用優勢一詞，乃依照生理學家所提供之比論，謂優勢是經由地方分工而形成有組織之地區內，其組成部分間的主從關係(relations of superordination-subordination)。例如一城市之中心商業區及一都市地區之大都市，必為工商業總辦事處之所在地，加上經濟的、交通的及其他居間的功能，於是對於周圍的從屬地區發揮其控制或優勢。 (McKenzie, "The Concept of Dominance and World Organization", American Journal of Socoiology,vol. 33,1927-8, pp. 28-42.)麥氏又謂優勢自中心點向外，隨着距離的增加而逐漸減弱。(McKenzie, "The Metropolitan Community, New York: McGraw-Hill, 1933, p. 312.)（朱岑樓）

環境(Environment)

環境被解釋為「所有外在條件與勢力之總和，影響一機體之生命與發展」(Webster's New Collegiate Dictionary)。環境與有機體二者，表面看來，迥然有別，實則很難劃分，主要由於二者間之互動(interaction)。譬之弈象棋，舉手之先，楚漢為界，壁壘分明，一相交綏，兵來卒往，車馳馬躍，彼此深入對方腹地，期能制勝。環境與有機體之關係，亦頗類此。例如：某地盛產某植物，部分由於該土壤適宜該植物之繁殖，但土壤之性質亦部分被生長於其上之植物所決定。

人乃萬物之靈，與其環境的互動問題，較之動植物更為錯綜複雜。人在環境中所生之定向，所作之判斷，依賴其感覺系統，但心理學研究指出：人所領會之物，部分是制約與學習的結果。形色音味影響人之行為，但惡紫貴朱，嗜痂逐臭，鄭聲雅樂，智圓行方，又是人為形色音味所眞正創造出之意義。

造成人與其環境之犬牙交錯，難分難解，主要是文化。文化應否視為個人或社區之一部分？文化是否為環境之一部分？其答案因研究之性質而異。如欲明瞭某民族如何適應其自然環境，定要觀察他們以其血肉之軀如何運用其文化裝備(cultural equipment)。因此相同的物質條件，相同的自然環境，對茹毛飲血的原始文化，春耕夏耘的農業文化，利用機械的工業文化，產生三種截然不同的意義。我們所重視者是文化之適應性與失調性。許多地理學和人類學的研究即是如此進行。抱極端觀點者，可能視人性為常數，擱置一旁，而集中其研究重點於文化與環境的互動之上。在另一方面，有許多心理學研究，視文化特質(cultural traits)為環境之部分，注意個人如何被教導去接受其文化。

人類社區內有機體與其環境之間一直在繼續發生互動。我們常說出類拔萃之人具有改造環境的能力，即擴大環境中的物質條件與生物條件，創立光輝燦爛的人文景觀：篳路襤褸，以啓山林，到摩天巨廈，行空複道，入地火車。於是人類在「生命網絡」(web of life)之內發展高度的區位優勢 (ecological dominance)，給予其他生物以直接或間接的影響。

全世界的人類可以說都生活在經自己多少予以改造過的景觀之中。然而人類環境不僅是人類活動的結果，同時也是決定人類活動的一個因素。例如人創城市，反之，城市的性質也控制人的行為，正如樹林的性質控制樹上松鼠的行為一樣。此一複雜現象之說明，「人文區位體系」一詞即有其用武之地。(參閱 "Environment", in I.E.S.S., Vol. 5, pp. 9-93.)（朱岑樓）

輿論 (Public Opinion)

一公衆經由公開辯論所達成的協議。析言之，一、輿論是集體的產物。不過須注意的是，它並不是公衆中人人同意的意見，而是各種意見的綜合意見。二、輿論並不是一成不變的，相反的，它是經常變動的，昨日贊成的多數，今日可能變成少數；而昨日爲反對的少數，今日可能變成爲多數。輿論依各個客觀因素或情境的改變而變化。三、輿論以言論自由與出版自由爲基礎，因此與民主政治有密切的關係。從前專制時代與現代極權國家，雖然也有輿論，但這種輿論實際上往往下不達上，同時效力上也不能與民主國家的相提並論。四、輿論雖不必合於邏輯，含有理性，但經過公開反覆辯論後，往往含有理性成分。其理性成分的多寡，依公衆的教育程度而定，因此之故，輿論既不是暴民意見也不是群衆心理。五、輿論不必全體一致，但以多數人意見的一致做爲要件。又輿論一旦形成之後，則受全體分子的一致支持。

社會學家的研究輿論偏重於特性及形成過程的研究，這與社會心理學家的注重內容與動機，以及歷史學家與政治學家的關切於輿論與政治的關係，異其志趣。

輿論的形成建立在以下幾個條件上：第一、必須存在有若干個團體對某一公共問題持有不同的立場。這些團體可分爲兩類，一爲提出建設性或創造性意見的核心團體，稱爲意見團體，一爲接受或支持意見的從屬團體，稱爲仲裁團體。在今日社會組織趨向龐大複雜之情況下，全體公民的討論協議已成不可能，故內部構造的分化乃爲必然之勢。第二須有達成協議的方法。這以言論公開發表爲前提。輿論並不是公民一致同意的意見，也不是完全不同意的意見，而是介於二者間的協議。而協議的主要工具爲大衆傳播。第三、成立了的輿論須即被反映在政策或制度上，構成新的及普遍的生活習慣。第四、當此生活習慣無法適合社會情況時，新的意見隨之產生，並再形成新的輿論。因此，輿論也是社會變遷的工具。

社會學家的研究輿論肇端於一九三〇年代。此時歐美社會一般强烈要求直接民主的實施，但因社會情況已非昔比，於是輿論乃被視爲其代替工具。這刺激了社會學家對輿論的興趣與研究。當然當時方興未艾的市場研究也對輿論研究具有啟發性或開導性的作用。

社會學家的輿論研究具有以下幾個特徵：1.美國式，2.學術性，3.合作或集體工作，4.專題性與經驗的研究，5.技術性，6.定量研究，7.專門化，及8.偏重於輿論本身的研究。（范珍輝）

參考文獻：

H. Blumer, "Collective Behavior," in Alfred M. Lee (ed.), New Outline of the Principles of Sociology (New York: Barnes & Noble, 1951), pp. 191ff.

D.S.S., "Public Opinion"

B. Berelson, "The Study of Public Opinion," in L. D. White (ed.), The State of the Social Sciences (Chicago: University of Chicago Press, 1956), p. 304.

職務扮演(Role Playing)

職務（或譯角色）一詞從社會互動言係指一個人在一互動情境中所做的習得行爲模式。職務扮演因此是指在互動情境中，將自己置代別人的立場，以行別人之習得行爲模式的現象。

當孩童長大後，我們可看到他能將自己置代爲母親或其他家人，而將玩偶置代爲自己本身，並倣效母親或其他家人對他的行爲的愛護或譴責。這是孩童扮演職務的行爲。

扮演職務的概念係由米特 (G.H. Mead) 所創用。米氏認爲社會、人格發展及傳遞 (communication) 三者有密切相輔的關係。二人間要能溝通或交換消息，必須彼此都能相互置代對方的立場，擔任彼此的職務。因此扮演職務可說是社會互動的一重要要素。

扮演職務的概念在精神病理學上有特殊的涵義。莫連諾(Jacob L.Moreno)用此概念以發展行動理論及團體治療法 (group therapy) 的心理戲劇(psycho-drama) 與社會戲劇 (socio-drama)。莫氏說明此一概念時特注重動態與發展的面。對他而言，職務扮演含有職務創造的功能，不僅採行與接受現有的職務。米特所說的職務扮演則偏重於靜態面，而忽略職務創設的動態面。（范珍輝）

參考文獻：

Theordore R. Sarbin, "Role Theory," in Gardner Lindzey (ed.),

Handbook of Social Psychology (Cambridge, Mass.: Addison - Wesley, 1954), Vol. 1, p. 225.

D.S.S., "Role".

福武直主編：社會學辭典，東京有斐閣出版，昭和三十五年，頁九〇〇一九〇一及九〇三。

職業犯 (Professional Criminals 或譯專業的罪犯)

這種人是以犯罪為職業的；犯罪成了他們的人生觀和謀生的手段。他們也知道這種職業是危險的，不合法的；但他們甘願冒着判刑和坐牢的危險，為的是所獲得的利益很大，非別的普通工作所能比擬，故寧冒險而為之。他們可以在大小不同的社會單位中進行犯罪的事體，似乎毫無顧忌地為所欲為。這些人有特有的道德律，正如同中國古語說的「盜亦有道」他們所加入的黑社會（秘密幫會），規律和組織是相當嚴密的。其效率的標準、工具和技術，以及「業務上的秘密」都是很特殊的。他們為着本身的利益，可能僱用律師，打通關節，賄賂警員、或政府官吏、企圖取得他們的庇護或諒解。當他們不能利用法律（或「鑽法律漏洞」）的時候，就設法逃避或故意破壞法律。他們通常是社會上富有智慧的成員中之一份子，絕不是意志軟弱的或愚蠢者；常常能夠巧妙地運用他們那種無與倫比而又高度專門化的職業方式，以達成賺錢的目的。

根據蘇德蘭 (E.H. Sutherland) 的分類，造成犯罪者的途徑大約有兩種：㈠是傳統的途徑，即犯罪者貧窮的社區內形成的；㈡是白領階級的犯罪者，他們原有良好家庭和鄰居，經由高等教育以後纔逐漸形成，而在工商業的組織中從事犯罪。他們底行為雖為工商業的習俗所接納，實則是逃避法律制裁或鑽法律罅隙（粵語稱「走法律罅」）的行為。在一般罪犯當中最有創造天才的，就是那些終身研究和實行犯罪累戒不悛的人。至於白領的犯罪者之中，最有創造性天才的多數是律師。白領犯罪者品類也很多：例如專科醫師與介紹病人的醫生分攤利潤；公司中的董事或經理以低價買地然後以高價轉讓給公司；售賣貨品時短少尺寸或斤兩；又如監守自盜，或經手的人中飽私囊，或政治上的貪污和詐欺等。

至於第一類貧民的犯罪多是憑暴力而有形的行為，是公然的侵犯，因此，為公衆所認識和非難，這和那些高級而有力的人士所從事的商業和自由職業者（如律師、醫生等）的罪行，其內幕不易為局外人所能知曉；並且，由於他們的地位和社會關係，常常可以避免告發或檢舉。

犯罪者並非人類中唯一生來具有掠奪傾向的人，在所有各級社會階層中，均可能有犯罪行為的存在。多數罪行是法律有明文規定的；但有很多道德上的罪行，在法律上却不構成犯罪．因此之故，許許多多為人所共知的罪行得以繼續進行而不受制裁。(Paul H. Lands: Social Problems, pp. 381-384, 1959, N.Y.)（謝　康）

職業社會學 (Sociology of Occupation)

這是一門特殊社會學，注重研究討論職業結構和特殊職業如何與家庭、經濟、教育制度、和階級制度等有關的問題，並集中研究分工的原因及結果；勞動的功能、意義及有關現象，如休閒、失業、退休等；特殊職業中，如妓女、碼頭工人、建築師、醫生等。這種研究還包括計算報酬的方法、補充及訓練、職業形態、角色衝突、人格及職業間的關係、人力的分配及職業的尊嚴等論題。(Edited by G. Duncan Mitchell: A Dictionary of Sociology, Chicago, 1968)（陳國鈞）

職業指導 (Vocational Guidance 或譯職業輔導)

有系統地盡力協助青年人明智地選擇他們的職業，包括勸導中學年齡及更高年齡的人，去發掘他們自己的才能，去索取關於各種就業範圍的消息，去獲得充分的準備，使得他們得到合適的雇用，以便職業與經濟方面得到成功的調適。(D.S.)

換言之，職業輔導係幫助個人選擇，準備，暨改進職業的一種過程，即是主要地協助個人選擇與決定其將來事業的計劃與建立。此種選擇與決定，對圓滿而有效的職業適應，有其必要，（康代光著：「職業輔導」，青年輔導論文集，行政院青年輔導委員會編印，五十七年）（陳國鈞）

職業流動 (Occupational Mobility)

由一種職業轉變到另一種職業，謂之職業流動。在職業流動中，社會互動的數目和種類也隨之而改變。(D.S.)

將職業結構本身所發生的變遷，和在職業結構內所發生的變動，二者加以區別，乃是職業流動的一個有趣的研究。例如，「美國自一八七〇年以來，職業結構常發生巨大的變動：農業和天然物生產業已縮小其範圍；製造業和機械業正開始與自動機器的使用發生接觸；公共服務、商業、書記、專門職業等日在擴大之中。低層職業已在減少，而高層職業在相對比例和絕對數字兩方面均已增加。」（朱岑樓譯，蒲魯姆，塞茨尼克合著：社會學，第一七七頁，新陸書局，五十六年。）

這種研究不但可以說明個人在會地位和職務的變遷，同時也可以指出一個國家的社會經濟結構發展的趨向。因此，晚近社會學家特別着重職業流動之研討。（陳國鈞）

職業團體 (Occupational Group)

意指同一職業的人所組成的團體。根據我國非常時期人民團體組織法規定，凡人民團體以同一職業之會員組合者，稱職業團體。同法又規定，職業團體分類如下：一、農會。二、漁會。三、工會。四、商會及商業同業公會。五、工業會及工業同業公會。六、各業技師公會。七、各業醫師公會。八、護士公會。九、助產士公會。十、藥劑師公會。十一、教育會。十二、記者公會。十三、律師公會。十四、會計師公會。十五、其他公會。（劉修如、陳國鈞著：社會立法，第二六五—二六九頁，三民書局，五十五年。）（陳國鈞）

醫療社會工作 (Medical Social Work)

這是社會個案工作的一種，特別注重對案主在醫藥方面的服務問題。（D. S.W.）

醫療社會工作成爲一種專門化的社會工作方法乃是最近幾十年的事。它包括在醫院，診所，或其他醫療設施中，社會個案工作。以及團體工作的實地應用，使病人知道更有效地利用現有的衛生服務。醫療社會工作的着重點在於協助病人解除足以影響其病情與治療的社會與情緒問題。（W.A. Friedlarnder, Introduction to Social Welfare, Second Edition p. 389）（陳國鈞）

醫療社會學 (Medical Sociology)

此名詞首先見於一八九四年美國醫學會報告 (Bulletin of the American Academy of Medicine)所刊載麥堅泰兒(Charles McIntire)的「醫療社會學的研究之重要性」一文中。它意指從社會的觀點或社會學的立場來探究疾病和健康的問題。這種探究近二、三十年來已發展爲一專門學問，而被列爲一特殊社會學。顧名思義，它是與醫學合併而成，故二者實有密切關係，也互相影響，只是彼此注重點不同而已。醫學所注意研究的是人類有機體的疾病與健康狀態本身方面，包括疾病的原因，治療和預防，以及健康的保持和增進。至於醫療社會學則着重考察社會文化因素對疾病與健康之關係，包括社會的流行病，與疾病有關連的文化因素和社會關係，以及醫療的組織和治療的社會原理。

根據曼古斯 (Mangus) 的見解，醫療社會學的基本理論有三要點：(一)生命的諸過程是不確定的，而且一貫地互相潛透；其主要特徵不是結構而是平衡。(二)在壓力之下，平衡的喪失所發生的主要狀況就被認爲失調或疾病，不顧微生物的存在。(三)在人類中，平衡與壓力係經由互動、交通、及與別人共有之居間作用所造成。(A. R. Mangus, "Medical Sociology: Study of the Social Components of Illness and Health", Sociology and Social Research, Volume 39, 1955.)

由社會學的立場來看，醫院的組織是一種社會體系或制度；醫師，護士及病人各有其人格，地位，及角色；他們彼此間的互動都是制度化的，同時各有其社會文化背景，因而包含有態度和價值的因素互相影響作用。此外，醫院的組織係屬於整個社區或社會組織的一部分，故也必然受其影響。醫療社會學着重於這些方面的研究，這對疾病與健康的了解實有其特殊的貢獻。（龍冠海）

參考文獻：

N.G. Hawkins, Medical Sociology, Charles C. Thomas, Springfield, 1958.

G.G. Reader and M.E.W. Goss, "The Sociology of Medicine" in Sociology Today, edited by Merton, Broom and Cottrell, Basic Books, 1959.

Sanon Grabam, "Sociological Aspects of Health and Illness", in Handbook of Modern Sociology, edited by R.E.L. Faris, Rand McNally and Co., 1964.

擴大家庭(Extended Family)

擴大家庭是經由血緣關係，集父母子女或兄弟姊妹之多個核心家庭而成，或同居於一大住宅之內，或分居小住宅而聚於一處。(G.P. Murdock, Social Structure, New York: The Macmillan Co, 1949, p. 32 and "Extended Family" in D.S., p. 114) 在行父系制的社會，其擴大家庭之理想形式是包括夫之兄弟及其上下代所有男系的核心家庭，如行一夫多妻制，凡妾所生之子及其核心家庭亦含在內。我國社會過去卽以此種擴大家庭爲理想，累世同堂，人丁旺盛，自以爲榮，人所共羨。

擴大家庭有許多的特質，玆擇其要者分述於後：(W.J.Goode, The Family, New Jersey: Prentice-Hall, Inc., 1964, pp. 49–55.)

㈠擴大家庭立基於成年男女關係，而非夫婦聯繫。婚姻通常全歸家長安排。婚前婚後，男女有別。夫婦關係重敬而不重愛，在家人之前不能表現過份親暱，卽單獨相處時，亦復如此，蓋欲防止夫婦情感聯繫之强烈，而對擴大家庭之團結與生存發生危害。依擴大家庭之傳統規範，凡成年男人，有仰事父母及其他長輩，俯畜子女及其他幼輩的責任，休戚一體，此又能防止各對夫婦之脫離而單獨建立核心家庭。但在另一方面有許多壓力造成擴大家庭之分裂，在此祇言其來自夫婦關係者。妻對擴大家庭之忠誠較夫爲淡薄，常感乃夫對家之貢獻大於其所應得，子女未能獲得優待或公平待遇。翁姑難以侍候，妯娌難以相處，夫之情愛不能獨享，處處受壓迫。凡此種種，只要有機會，慫恿其夫分家，甚至於有意製造摩擦，引起爭吵而達成分家的目的。

㈡居住規則對家庭組織有很大的影響，擴大家庭通常是夫居(virilocality)或父族同居（patrilocality)，男子成年娶妻，在種種的文化鼓勵下，繼續住在父母的老家。例如我國對婚姻的傳統觀念是承先啟後，緜延家族。易云：「天地絪縕，萬物化醇，男女構精，萬物化生。人承天地，施陰陽，故施嫁娶之禮者，重人倫，廣繼嗣也。」在家庭內父親有至高之權力，或長兄當父，總攬家政。但是現代技術之突飛猛晉，使父兄之權威受到致命之打擊，受過新式教育的子弟，爲重要家務所提供之意見，有時比父兄爲高明。社會流動（social mobility) 又加速大家庭團結的崩潰。年輕者在家庭支持下接受高深教育而獲得待遇優厚的職業，不願意將其收入與大家庭共享。站在同一水平線上，共享卽是平等的交換，如果其中一個較爲富有，共享便成爲經常的付出。妻子自然會表示不滿，最後釀成大家庭組織的分裂。

㈢擴大家庭通常存在於非都市化與非工業化的社會情況之下，因其能供給種種社會服務，此是缺少許多專業化機構與組織的社會所最需要者。換言之，擴大家庭之一成員，能從其他成員獲得生存上的幫助。矜寡孤獨廢疾者在核心家庭內是難以負荷的重擔，而擴大家庭却能應付裕如，因其所費（包含物質的與非物質的）由多數成員分擔。例如愛斯基摩人(Eskimos)以往的核心家庭，在食物缺乏之時，棄其不能生產的老者於荒野而不顧。非洲有些社會男人有義務繼承他一男人的寡妻，卽部分寓有社會安全措施的意義。此就擴大家庭之優點而言，但在反方面，矜寡孤獨廢疾者經由集體照顧，責任雖然分散，但所費並未減少，還可能形成浪費，轉嫁於總收入上。富家子弟常因驕縱而遊手好閑，揮霍無度，終於傾家蕩產者比比皆是。尤其是在社會一旦進入都市化與工業化，時移境遷，擴大家庭便喪失了存在的基礎。

㈣擴大家庭較核心家庭爲持久，前者之成員生生死死，並不威脅其存在，共同財產與集體責任仍然維持如故，後者之父母一旦離異或某方死亡，必遭受嚴重的損害，甚至於消失。但從另一方面來說，治家如治國，將許多家人整合爲一個單體，需要優良的領導才具與經理能力，縱有傳統的規範畫分家人之義務、責任與權利，仍然難免於「人存政舉，人亡政息」。擴大家庭通常需要一個精明的婦人以主內，能幹的男人以主外，而男家長多半不是家庭中最能幹的人，但格於傳統，又非他主持家政不可，於是家中其他較能幹的男人或女人，便不肯俯首聽命，而滋生事端，導致分裂。

㈤擴大家庭有利於集合資金以舉辦事業，不論是準備聘金娶妻，醵資購田經商，或從事政治活動，培植子弟求學等，都要方便得多。受其恩惠者，成功之後，飲水思源，必圖報於家人。因此擴大家庭發揮一種儲蓄銀行的功能。核心家庭人數既少，資金來源有限，本小自然利微。西方國家工業化初期，上層階級高踞優勢者，卽由其家庭大，財力足，投資於新興事業而獲巨利。可是反過來說，擴大家庭之能夠存在，必以田地或其他財富爲其後盾，給予子弟以飛黃騰達的機會，以產生强大的向心力，而不敢稍懷異心。如果只是人丁增加，却無錢無勢，子弟無餘蔭可庇，便會遠走高飛，自求發展。因此大多數家庭不能一代又一代地長久保持其財富與權勢，結果是「昔日王謝堂前燕，飛入尋常百姓家。」這也是任何社會擴大家庭總是占極少數的主要原因之一。

以上五點說明擴大家庭之特質及其優劣。我國以往一直以擴大家庭爲理想家庭，實際上擴大家庭爲數不多，其主要原因有三：(1)父死諸子要求分產，自建核心家庭，此種壓力常來自兒媳，因在核心家庭內婦女之地位要高。(2)死亡率大，平均壽命短，「人丁旺盛」成爲難以實現的願想。(3)人口多，可耕地面積小，僅少數人擁有廣大的田畝或其他財富，給予多子多孫以充足的經濟機會，而成爲豪門巨室。（朱岑樓）

離婚 (Divorce)

離婚是婚姻所建立的法律聯繫之合法解散("Marriage" in I.E.S.S., vol. 10, p. 17)。依據法律，爲獲得離婚，原告首先要證明婚姻之存在。否則無合法之婚姻，即無離婚。

離婚之目的，是使解體的婚姻（參閱「婚姻解體」條），解除平時嚴格而繁重的婚姻控制。獲得團體准許之婚姻破裂，其歷史可能與婚姻本身一樣悠久。最原始的民族在某些情況下亦准許婚姻解散，但管制之民德則有很大的差異。某社會之婦女地位，能從離婚模式窺其端倪。在傳統的父權家庭，離婚很少發生，女權非常低微。例如我國古代家族主義的婚姻制度，稱離婚爲「出」或「去」。大戴禮記本命云：「婦人七去：不順父母，爲其逆德也；無子，爲其絕世也；淫爲其亂族也；妬爲其亂家也；有惡疾，爲其不可與共粢盛也；口多言，爲其離親也；竊盜爲其反義也。」所謂「七出」或「七去」，即以七事離婚之意。僅許夫能出妻，反於其妻之意亦强制行之，婦則決不能自絕於夫，充分表示男尊女卑（參閱徐朝陽著中國親屬法溯源，商務，民國五十七年，第一二六頁）。古之七出，後代亦無大改革，唐律有七出、三不去、義絕之條文，明則仍沿舊貫，清亦無增損，迨至民國，西方婚姻自由之風氣傳入我國，夫妻兩願得依法作平等之離婚。（參閱孫本文著現代中國社會問題，第一册家族問題，商務，民國三五年上海版，第一二八至一四〇頁。）

現代離婚之法定理由，因文化而差別很大，最普遍者是：通姦、遺棄、虐待、不贍養家庭等。但寇伯屈 (C. Kirkpatrick) 謂離婚之法定理由，是否爲婚姻解體之眞正原因，極可懷疑。又謂離婚可以作爲婚姻失調之指示，並非極端失調之爆發，因爲限制離婚之社會，能減少離婚之機會，但無補於婚姻失調之改善，但在另一方面，准許離婚之夫妻，其調適程度可能比某些未離婚者要大。社會學家之重視離婚，是家庭內的婚姻失調，而非法庭上的表面理由，所關心者是離婚的預防，而非離婚的懲罰。更有進者，一社會離婚率之增高，不一定表示婚姻制度之趨於破壞，而是代表現代家庭婚姻生活標準之提高 (C. Kirkpatrick, The Family, New York: The Ronald Press Company, 1955, pp. 509.)（朱岑樓）

離婚率 (Divorce Rate)

離婚率是一地區於某時期內依特定基數之離婚數比例。用甚麼作基數最好？這是很不容易決定的一個問題，迄今尚未發現滿意的解答。通常以同年離婚數與結婚數之比例來表示離婚率。「結婚者中有多少對離婚了？」這是一般人所最關心的問題，這在理論上似乎最有意義和最切實用，但在時間上有難以克服之困難。例如假定某年有一百對新婚，同年有十三對離婚，其離婚率爲百分之十三，但離婚者之婚姻並非全是該年締結，而是前若干年所累積下來的。如此得出某地某年以結婚數爲基數的離婚率，則未顧及其他影響此一離婚率的因素，必與實際情況不相符合，顯然此非合理之基數。

其他常用作離婚率基數者，有下列四種：(1)年中人口總數，(2)結婚夫婦數，(3)十五歲及其以上之人口數，(4)某特定期間內結婚數。至目前止，離婚率之應用，必須說明來自何種特定情況，方能表現其正確性，至於更標準的計算方式，尚有待於研究離婚的專家學者之努力。("Divorce", in D.S., p. 249 and R.S. Cavan, The American Family, New York: Thomas Y. Crowell Company, 1959, p. 12.)（朱岑樓）

邊際人 (Marginal Man)

廣義的邊際人指未充分參與任何社會團體的個人。狹義的邊際人則指同時參與對立的兩個以上團體，而且其行爲模式捉摸不定的個人。邊際性的程度及範圍與團體文化模式之差異，社會對此差異的看法與處置方法，個人所受團體之影響的深淺，以及邊際人對此差異的自覺等有密切的關係。

此名詞由派克 (R.E. Park) 於一九二八年創用，其後廣泛地爲社會學家採用與研究種族問題。惟使此一名詞成爲社會心理學的分析概念者爲勒溫 (R.

Lewin）。

社會學家一向强調邊際性的解組結果（disorganizing effects）。邊際人命運註定生活在對立的兩個文化之間，這導致高的犯罪率、家庭解組及情緒不安。這是失調的結果。從社會學的觀點說，則由於附文化（subculture）的衝突對立，而在個人價值體系上產生兩面性的結果。

從種族方面來說，邊際人可分爲以下四類：移民，其後裔、遷離種族區（如黑人區、華埠、猶太人街）的移民，以及混血人。從階層方面分，則有暴發戶、貶降階級者、都市的新鄉村移民，以及改變了職務功能的婦女。

晚近社會學家在邊際性的研究上，除探討種族、階級及社會的邊際性外，又復注意到各種功能團體及地位身分間的差異所造成的邊際性。更有進者，又有人研究所謂的「秘密邊際性」（secrect marginality）。這卽主觀上無法順應團體所期待的行爲模式者。（范珍輝）

參考文獻：

D.S., p. 182

D.S.S., p. 406

K. Lewin, Revolving Social Conflict (New York: Harper, 1951).

福武直主編：社會學辭典，東京有斐閣，昭和三十五年，頁八五六。

邊際團體（Marginal Group）

未完全同化的團體。對整個社會言，這種團體的社會意識及公共觀念皆微弱，並且其參與社會也僅止於部分而非全部的，故這種團體又稱爲限制參與團體（Conditioned Participation Group）。

邊際團體的形成有兩個前提，一爲文化的分化。此一情況造成相對立的新舊兩個文化集團；另一爲少數團體維持其原來的文化，但爲順應大社會的生活，部份採行多數團體的文化模式行爲。這在僑居美國的華人社區中看得明白。華僑團體在美國保持著相當强的團體意識，並且在同胞間應用中國傳統的行爲模式，但同時吸收美國價值體系，以適應美國的工作與社會環境。

邊際性的程度端視同化的程度與範圍。又同化是日漸擴大範圍，隨時間而累積的，因此從時間的觀點說，邊際團體也卽是處於部份過渡的狀態（state of segmental passing）。（范珍輝）

參考文獻：

D.S., p. 57.

Leonard Broom and Philip Solznick, Sociology (Barnes and Row, 1963) pp. 504-505.

福武直主編 社會學辭典，東京有斐閣，昭和三十五年出版，頁二二〇。

鏡中之我（Looking-Glass Self 亦譯以人爲鏡）

顧理（Charles Horton Cooley）創設以說明自我觀念形成過程的概念。鏡中之我卽社會我。一個人對他本身所做的各個判斷係他人對他的態度的反映。據顧氏的看法，這是鏡中之我的結果。鏡中之我是一種想像的過程，這種過程包括以下三步驟：首先，想像自己的容貌與行爲如何出現在別人腦中，其次則想像他人對其容貌或行爲的判斷或看法，最後產生某種自我的感覺，如好或壞，驕傲或羞恥。

社會我的觀念是社會心理學之職務學說（role theory）的基礎思想。早期社會心理學家中，對此觀念貢獻爲大的，除了顧理外，尙有詹姆斯（William James）、鮑爾文（James M. Baldwin）及米特（G.H. Mead）等人。米特在其所著「心理、自我與社會」一書中也指出自我的一個基本特徵是它的反省性質，卽我對自己可以是主與賓兩者，它能反省，能有自我感覺。自我觀念是習得的，係從社會互助中從自己的經驗中得來的。更有進者，隨之自我觀念的形成，一個人學習社會所規定的職務。現代社會學家中對自我觀念之研究，特有貢獻的，應推法里士（Ellsworth Faris）、派克（R.E. Park）、蒲濟時（E.W. Burgess）及楊京伯（Kimball Young）等人。（范珍輝）

參考文獻：

D.S., "Looking Glass Self"

Charles Horton Cooley, Human Nature and the Social Order (New York: Charles Scribner's Sons, 1902), pp. 152ff.

Theordore R. Sarbin, "Role Theory", in Gardner Lindzey (ed.), Handbook of Social Psychology (Cambridge, Mass.: Addison-Wesley, 1954), pp. 238-245.

類比法（Analogical Method）

理則學上，類比一詞指由於某些相似而進一步推理含有其他相似。(Webster's New World Dictionary of the American Language, New York: Merdian Books, 1960, Concise edition, p. 26.) 類比法因此是由一個特殊事實推論到另一個特殊事實的方法。即以兩個相似的現象，一爲已經知道的，一爲尚未完全知道的，而由已知者的性質與關係，推及未知者亦有同樣的性質與關係。（龍冠海著，社會學，臺北，三民書局，民國五十五年，頁六〇。）

十九世紀歐洲的社會進化論，主張社會是個有機體，而從有機體的構造推斷社會也具有滋養器官、分配器官及統制器官。更有進者，進化論者並從有機體的功能及部分組成要素間的關係，推論社會的功能及各部要素間的關係。

這一種推論法，嚴格的說，並不能算完全科學的，因爲宇宙間的現象很少是完全一樣的。同時這個方法的應用也很少能夠使我們發現新的東西。因此，它在社會研究上的價值是有限度的。它的主要用途是供給許多假設的來源，並幫助我們對某種有關的未知事實易於了解而已。（龍冠海，同上。）

最近社會科學上發展的一種改良類比法是所謂的模擬（simulation）。模擬是一個現象某些面的模型或類比。這種模型可以是自然的模型，也可以是符號的模型，更可以是二者的混合。最要者，這種模型必須可以操作，以便生產資料。模擬常被運用於實驗研究上。實驗研究藉因素的控制以觀察變數的變化。這是類比實驗情境與實際情境，以尋求因果關係的方法。

電腦的模擬是最爲進步的類比法。這種模擬發展多種模型，並操縱變數，以探究變數間的因果關係。（參閱 Bernard S. Phillips, Social Research, New York: Macmillan, 1966, pp. 145-152.）（范珍輝）

關係主義（Relationism）

亦可稱社會關係（rapports souciaux, social relations）論。這是一個很概括的術語，可包含社會過程（social processes）和社會關係狀態（social relationships）在內。但若干社會學家應用此名詞，則偏指社會關係方面，例如比利時社會學家都卜瑞葉（E. Dupreél, 1879-　　）於一九一二年著「社會關係」（Le Rapport Social）一書，指出社會學研究的對象，不是「社會」而是「社會關係。」其後於一九四八年出版「普通社會學」(Sociologie Generale) 時，重申此義。按照他的意見：「社會關係、存在於兩個人之間，其中一人所形成的某些精神狀態及其所完成的某些動作（包含語言、情感等），須得以另一人之存在以及和他的關係如何而定，而另人對他也有同樣的依存關係。都卜瑞葉這種看法，雖是從個人關係的角度看，他以爲實際上也就存着不自覺的社會關係，而且這關係可能是相當持久的。他認定社會實體的存在，相當依靠着這類個人間的互動關係。他又將這些社會關係，分爲積極的和消極的兩種，前者形成協調合作，後者造成敵對和破壞，他以爲社會學就是對於這些積極和消極的社會關係的研究之科學，又因爲社會關係形成社會集團（社羣 groupements sociaux），於是他底社會學定義，又轉變爲「研究社會集團之科學」了。（A. Cuvillier: Manuel de Sociologie, p. 140-141, Presses Universitaires de France, Paris, 1958）

在德國有所謂「純粹的關係主義」（Le relationisme par），創自馮維史（L. Von Wiese,1876-）他老早就認爲社會學是研究人與人間關係的獨立的科學，即是系統地研究社會關係與社會結構的種種過程之科學，也是研究人類交互行爲的科學。從這個觀點看來，馮維史也是一個社會關係論者。他底系統社會學，因此亦稱「關係社會學」（sociologie relationnelle）他以爲「社會的」就是「人類之間的」(das Zwischenmenschliche 意即 Interhumain) 而所謂「社會」不是有機體主義者所稱的實體或組織；乃是一種錯綜複雜的轉化。換句話說就是透過時間和空間，人對人的影響，也是人底聯合、接近、適應、同化、協和、分離、競爭，反對或衝突等關係交織而成的人際關係網。在這些社會關係當中，有時往往包含有非人的因素（éléments impersonnel）在內。（同上節註釋引 A. Cuvillier 社會學手册頁一五六—一五七）。

總之，社會關係有兩方面，聯合的關係（les relations associatives）縮短了社會距離（Social distance）；乖離的關係（les relations dissociatives）常常導致背畔或分開的結果。至於團體的的關係（les relations intragroupales）乃是指同一團體內的個人互相維繫或支持的意思，至於不同團體之間，彼此的代表互相接觸，那不是個人的關係，而是團體與團體間的關係了(E.Willems: Dictionnaine de Sociologie, 1961, Paris, Marcel Rivière.)（謝　康）

願望（Wish）

以本能爲根據的一種比較複雜的心理企求，同時也是人類行爲的動機。佛洛依德 (Sigmund Freud) 謂這種心理企求即是本我 (id)。本我是以解除心理緊張爲目的的心理機能。

願望的分類，依湯麥史 (W.I. Thomas) 說，基本者有以下四種：1.求新經驗的願望(wish for new experiences)，這即求變遷，求刺激的慾望；2.求安全的願望(wish for security)即避免危險，追求快樂舒適生活的慾望，包括追求各種願望的持久滿足的慾望；3.求反應的願望 (wish for response)，即追求愛情、友誼等的心理傾向；4.求讚揚的願望 (wish for recognition)，這表現於爭取名譽與地位。

願望又可分爲個人的與社會的。個人的願望是尋求私人慾望之滿足的願望。社會願望則只能在社會情境裏獲得滿足的個人或團體的慾望。(范珍輝)

參考文獻：

D.S., "Social Wish", "Individual Wish".

W. I. Thomas, The Unadjusted Girl (Boston: Little, Brown & Company, 1923), pp. 1240

Calvin S. Hall and Gardner Lindzey, "Psychoanalytic Theory and Its Applications in the Social Sciences," in G. Lindzey (ed.), Handbook of Social Psychology (Mass.: Addison-Wesley, 1954), pp.149-150.

競爭(Competition)

凡爲取得或利用某種有限事物，因而發生彼此互相爭奪，以達到佔有爲目的，謂之競爭。所謂事物，是指物質的或社會的價值，地位，名譽等而言。競爭的原因是利益的衝突，即此一個人或團體爲阻止另一個人或團體的一種行爲，以爭取其所欲佔有的目標。例如運動場上的互爭錦標，各種考試的爭取勝利，市場上的互爭營業，均屬於競爭的範圍。競爭的結果，不論直接的或間接的，均足以妨礙對方或本身利益，因競爭的目的，是在勝過或壓倒他人。

競爭可分下列幾種：

1.造因競爭 (causative competition) 例如商人化錢登廣告，爲求得營業的增加。

2.合作競爭 (cooperative competition) 爲參加與人合作而爭取共同目標的一種競爭。

3.文化競爭 (cultural competition) 各種不同的文化形態由各社會或各社團所採用，其被採用者，是與另一種文化經過自然的競爭。

4.地境競爭 (ecological competition) 生物在某種地域，因爭取營養資料的供應的一種競爭。

5.制度競爭 (institutional competition) 某種社會互動的過程，決定某種制度可以繼續存在，或因多數人的支持而使之擴大發展。反之，另一制度因乏人支持而趨于淘汰。這稱爲制度與制度的競爭。

6.社會競爭 (social competition) 個人或團體爲爭取社會地位而不顧他方的努力與社會的秩序的一種行動，謂之社會競爭。

競爭的方法有：(1)破壞法，(2)賄賂法，(3)煽動法，(4)宣揚法，(5)適應法，(6)專業化法。(張鏡予)

參考文獻：

龍冠海，社會學，三民書局，三一六—三二一頁。

權威主義(Authoritarianism)

視爲一種政治哲學及政府體制，權威主義乃民主主義的反面。它是一切非民主的政治哲學及政體的要素之一。在歷史上，權威主義可見於任何政體—君主政體、貴族政體或共和政體。政府的民衆基礎愈小，權威的趨勢愈强，而在一人統治的政府中，如絕對的君主制或獨裁制，權威的特徵最爲清楚。故權威這種現象的本身猶人類政治組織一樣的古老，但此一概念卻只在二十世紀才爲民主政治的反對者或擁護者所通用。後者特別用以指近代民主政治的仇敵，如納粹主義、法西斯主義及共產主義。應用時，此名詞與專制主義 (despotism)，壓制政治 (tyranny)，獨裁制 (dictatorship)，與極權主義 (totalitarianism) 等名詞的含義，普通無甚差別。

權威主義的主要特徵有三：(1)政府的權威不是來自被治者的同意，而是來自統治者本身特殊的及獨有的特質，因此，無別人有權統治。(2)它委諸政府在施政上權力的專利，使其意志超於一切，不受憲法的限制。(3)它以掌握權力者的決定代替討論及投票的政治技術。權威主義對民主完全缺少信仰，不相信平民能經由所選代表來管理自己，及利用自己判斷來作基本的政治決定。雖然權威主義的政府可能爲人民而統治，但依該名詞的定義，它並不包含民治或民有。權威主義所指的權威，作爲政府權力來源的辯護，有神聖的、立憲的或私人的性質。

第一種在法國特梅斯德（Joseph De Maistre（1753–1821）的著作中特別表明得清楚，它是以基督教的權威爲一切政府之來源及辯護。例如，俄國沙皇認爲他是上帝指定的。

第二種表明最清楚的是普魯士對國家的崇拜，特別見於黑格爾（Hegel）的著作。國家不只被視爲唯一最有權力的社會組織，而且是人在地球上所能達到的最高道德之善。國家有自己的性格，對人民的勞務有無限制的要求，有權決定一切。

權威主義含有「神傳的」（charistmatic）性質，卽一個人或一團體的人有超自然的條件，有天賦的領袖才，使其行爲有特別尊嚴，甚至無錯誤，使人民對其命令有服從之義務，這是合乎道德的與合法的。正如共產黨强調馬克思、列寧及史大林有決定性之貢獻，別人必須服從他們所定下的標準。（龍冠海）

參考文獻：

E.B., Vol. 2, pp. 782–783,
D.S.S., p. 42.

觀護（Probation 或譯試釋）

罪犯的特殊處置辦法。這卽將刑期中的不良少年或刑事犯置於受過嚴格訓練之觀護人員（probation officer —或譯監視緩刑的官吏）的監察之下，以代監禁或感化，期其獲得社會重建（social rehabilitation）。罪犯在觀護期間，行爲表現良好時，刑責卽停止執行。

觀護以觀護人員的監察爲前提，惟實際上除少數國家的都市置有受過專門訓練的觀護人員外，其他地方根本無此種設施，或者卽使有之，也祇對法官提出例行報告而已，並未完全盡觀護之責任。

學校的犯規或成績不良的學生被留校察看處分或試讀，或公立機關對違職人員的留職監察，也稱爲觀護。（參考 D.S., p. 234.）（范珍輝）

雲五社會科學大辭典(第一冊)

社會學索引

一畫

一夫一妻制(見「單婚制」)‥194
一夫多妻制…………… 1
一妻多夫制…………… 1

二畫

人口分佈……………… 2
人口成長(人口增長) 3
人口估計(見「人口成長」) 3
人口金字塔(見「人口組合」)…………… 4
人口查記(見「人口統計」) 8
人口政策(見「人口理論」)……………… 6
人口指數(見「人口統計」) 8
人口組合……………… 4
人口密度(見「人口分佈」) 2
人口理論……………… 6
人口替代(見「人口成長」)……………… 3
人口普查(見「人口統計」)……………… 8
人口統計……………… 8
人口循環(見「人口理論」)……………… 6
人口預測(見「人口成長」)……………… 3
人口學………………… 10
人口學的進化論……… 11
人文區位學…………… 12
人性…………………… 12
人格…………………… 13
人格解組……………… 14
人類關係……………… 14

三畫

工人階級……………… 14
工作人口(見「人口組合」)……………… 4
工作分析……………… 15
工會…………………… 15
工會工廠……………… 15
工會主義……………… 16
工業化………………… 16
工業社會學…………… 16
工業革命……………… 16
工業都市……………… 17
工業關係……………… 17
工團主義……………… 17
工廠制度……………… 18
大衆文化……………… 18
大衆社會……………… 18
大衆運動……………… 19
大衆傳播……………… 19
大衆傳播工具………… 19
大衆傳播工具分析…… 20
小村落………………… 20
小型社會學…………… 21
小團體………………… 21
土地所有及租佃制度… 22
土著社會……………… 23
上婚…………………… 23
下婚…………………… 24

四畫

分工…………………… 25
分居…………………… 25
分散化………………… 25
分散居住……………… 26
文化決定論…………… 26
文化個案研究………… 27
文化横斷面的研究…… 27
文藝社會學…………… 27
心理欠缺(見「智力不足」)……………… 189
心理學的進化主義…… 31
心理學派……………… 31
心理學派進化論(見「心理學的進化主義」) 31
反抗…………………… 28
反常行爲(見「偏差行爲」)……………… 173
反隔離………………… 28
反對…………………… 28
內心化………………… 28
內婚…………………… 29
內團體………………… 29
互生…………………… 30
互動…………………… 30
互動過程分析………… 30
中型的理論…………… 34
中距的理論(見「中距的理論」)………… 34
中等階級……………… 34
少年犯罪……………… 35
少年越軌行爲(見「少年犯罪」)………… 35
少年輕罪(見「少年犯罪」)……………… 35
公共救助……………… 32
公衆…………………… 32
父系…………………… 32
父權…………………… 33
友愛家庭……………… 33
友愛婚姻……………… 34
戶……………………… 35
方法學………………… 35
夫婦家庭……………… 36

五畫

犯罪…………………… 36
犯罪行爲……………… 36
犯罪地區……………… 37
犯罪社會學…………… 37
犯罪率………………… 37
犯罪組織……………… 37
犯罪學研究…………… 38
犯罪學說……………… 38
生育…………………… 38
生育率(見「人口成長」)……………… 3
生命表………………… 40
生命登記(見「人口統計」)……………… 8
生活水準……………… 41
生活史………………… 41
生活標準……………… 42
民主人格……………… 42

民主主義……………… 42
民主社會主義………… 42
民族中心主義………… 43
民族中心信仰（見「民族中心理論」）…… 43
民族主義（見「國家主義」）……………… 162
民族團體……………… 43
民意測驗……………… 43
正式組織……………… 45
正式結構（見「正式團體」）……………… 45
正式團體……………… 45
功利主義……………… 46
功能主義……………… 46
功能團體……………… 47
母系…………………… 47
母權…………………… 48
失業…………………… 48
失業保險……………… 48
外婚…………………… 49
外團體………………… 49
世俗社會（見「時俗社會」）……………… 144
世襲階級……………… 49
世襲階級社會………… 49
市郊（見「郊區」）… 128
市場研究……………… 50
以人爲鏡（見「鏡中之我」）……………… 250
巨型社會學…………… 50
比較法………………… 51
主幹家庭……………… 52
白領階級……………… 52
布爾塞維主義………… 52
代謝…………………… 53

六畫

同化…………………… 53
同心圈說……………… 54
同質通婚……………… 54
同輩團體……………… 55
同類意識……………… 55
自由主義……………… 56
自殺…………………… 56
自然區………………… 57
自然增加（見「人口成長」）……………… 3
老人學………………… 57
老年人問題…………… 58
共生…………………… 58
共產主義……………… 58
地理決定論…………… 59
地區研究……………… 60
死亡率………………… 60
合作…………………… 61
行爲模式……………… 61
因素分析……………… 61
血族家庭……………… 62
次級團體（見「間接團體」）……………… 195
仲裁…………………… 62
交換婚………………… 62
多種核心說…………… 62

七畫

角色…………………… 63
形式社會學…………… 63
住宅問題……………… 63
吸毒…………………… 64
投射技術……………… 64
技術學的進化論……… 65
系統社會學…………… 66
邪惡區………………… 66
求愛…………………… 67
村鎮社區……………… 67

八畫

社區(Community) …… 68
社區(Gemeinschaft)…… 69
社區金庫（見「社區聯合募捐」）………… 71
社區研究法…………… 69
社區組織……………… 70
社區發展……………… 70
社區資源……………… 71
社區調查……………… 71
社區聯合募捐………… 71
社會力………………… 72
社會工作……………… 72
社會工作研究………… 72
社會工程……………… 72
社會化………………… 73
社會分化……………… 73
社會公社……………… 73
社會互動……………… 74
社會心理學…………… 75
社會立法……………… 77
社會主義……………… 77
社會失調……………… 78
社會平衡……………… 78
社會安全……………… 79
社會行政……………… 79
社會行動……………… 80
社會行動學說………… 80
社會行爲主義………… 81
社會危機……………… 81
社會有機體說………… 81
社會我………………… 82
社會形態學…………… 82
社會決定論…………… 83
社會改革……………… 83
社會定向……………… 84
社會法則……………… 84
社會服務……………… 84
社會物理學…………… 84
社會事業（見「社會工作」）……………… 72
社會事實……………… 85
社會哲學……………… 85
社會革命……………… 86
社會契約……………… 86
社會計量學…………… 87
社會政策……………… 87
社會思想……………… 87
社會計劃（見「社會設計」）……………… 98
社會保險……………… 90
社會政體……………… 90
社會退步……………… 90
社會秩序……………… 90
社會氣氛……………… 91
社會個案工作………… 91
社會流動……………… 92
社會唯名論…………… 92
社會唯實論（見「社會現實主義」）……… 99
社會研究……………… 93
社會淘汰……………… 97
社會控制……………… 97
社會設計……………… 98
社會推進（見社會導進」）………………113
社會現實主義………… 99
社會基圖……………… 99
社會救濟……………… 99
社會組織………………100
社會問題………………100
社會進步………………100
社會統計………………101
社會階層化……………103
社會診斷………………104
社會距離………………104
社會距離量表…………104
社會運動………………105

社會解組……………… 106
社會過程……………… 106
社會達爾文主義……… 106
社會解體……………… 107
社會演化……………… 107
社會聚合……………… 107
社會福利……………… 107
社會態度……………… 107
社會團結……………… 108
社會團體……………… 108
社會調查……………… 109
社會調適……………… 111
社會學………………… 111
社會壓力……………… 112
社會整合……………… 112
社會學說（見「社會學理論」）…………… 112
社會學理論…………… 112
社會導進……………… 113
社會類屬……………… 113
社會變遷……………… 113
非正式訪問…………… 114
非正式團體（見「正式團體」）…………… 45
法西斯主義…………… 114
法律社會學…………… 114
宗教的進化論………… 115
宗教社會學…………… 115
受化…………………… 116
青少年問題…………… 116
放任政策……………… 117
居住…………………… 117
性犯…………………… 117
性犯罪者（見「性犯」）117
抵制…………………… 118
妾制…………………… 118
初級團體（見「直接團體」）…………… 119
服務婚………………… 118
直接團體……………… 119
拆散…………………… 119
兒童福利……………… 119
和解…………………… 119
杯葛（見「抵制」）… 118
糾察…………………… 119
事實問題……………… 119
協調…………………… 120
依賴…………………… 120
知識社會學…………… 120

九畫

封建制度……………… 120
封閉工廠……………… 121
封閉制度……………… 121
封閉階級……………… 121
重建…………………… 121
重商主義……………… 122
重農學派……………… 122
重點訪問……………… 122
科層制………………… 123
科學社會學…………… 123
保守主義……………… 124
保守急進尺度………… 124
美國化………………… 124
美術社會學…………… 124
侵入…………………… 124
怠工…………………… 125
前工業都市…………… 125
俗化…………………… 126
孤立…………………… 126
革命…………………… 127
陋巷（見「貧民窟」）164
政治社會學…………… 127
軍事社會學…………… 128
郊區…………………… 128
訂婚…………………… 128
帝國主義……………… 129
約會…………………… 129
宣傳…………………… 130
突轉…………………… 130
威權人格……………… 131

十畫

家計研究……………… 131
家庭…………………… 131
家庭大小……………… 132
家庭工業制度………… 133
家庭生命循環………… 133
家庭生活運動………… 133
家庭主義……………… 134
家庭危機……………… 134
家庭角色……………… 135
家庭改組……………… 135
家庭制度……………… 136
家庭社會學…………… 136
家庭津貼制…………… 137
家庭統一……………… 138
家庭順應……………… 138
家庭解組……………… 138
家庭解體……………… 139
家庭傳統……………… 139
家庭衝突……………… 139
家庭類型……………… 140
個人文獻……………… 140
個人主義……………… 141
個案史………………… 141
個案記錄……………… 141
個案研究法…………… 142
神才…………………… 142
神政（見「神權政體」）143
神聖社會……………… 143
神權政治（見「神權政體」）…………… 143
神權政體……………… 143
時尚…………………… 143
時俗社會……………… 144
時髦…………………… 144
院內救濟……………… 144
院外救濟……………… 144
烏托邦社會主義……… 144
烏托邦社會思想……… 145
原始社會……………… 146
原群…………………… 146
修正主義（見「修正社會主義」）……… 147
修正社會主義………… 147
核心家庭……………… 146
城市（見「都市」）…177
馬克斯主義…………… 147
效果分析……………… 148
記述性的研究………… 149
扇狀說………………… 149
消費合作社…………… 149
破裂的家庭…………… 150
迷亂…………………… 150
酒精中毒（見「酗酒」）173
徒黨…………………… 151

十一畫

區位分布……………… 151
區位位置……………… 152
區位易動……………… 152
區位結構……………… 152
區位距離……………… 153
區位過程……………… 153
區域…………………… 154
區域主義……………… 154
區域社會學…………… 155
區域設計……………… 155
區域設計調查………… 155
婚姻(Marriage) ……… 156
婚姻(Nuptiality)……… 156
婚姻失調……………… 158
婚姻成功……………… 158
婚姻預測……………… 158
婚姻解體……………… 159

婚姻儀注……………… 159
婚姻調適……………… 160
國民性………………… 160
國庫主義……………… 161
國家主義……………… 162
國家社會主義………… 162
基本人格結構………… 163
基本研究……………… 163
基督教社會主義……… 163
基爾特社會主義……… 164
貧民地區（見「貧民窟」 164
貧民院………………… 164
貧民窟………………… 164
貧窮…………………… 165
參考架構……………… 165
參考團體……………… 165
參與觀察……………… 165
混合…………………… 166
混合家庭……………… 166
控制分析……………… 166
控制觀察……………… 167
專制主義（見「專制政治」）……… 168
專制政治……………… 168
專業的罪犯（見「職業犯」）……… 246
專權政治……………… 168
情境社會學…………… 168
情境釋義……………… 168
理念型………………… 169
理解社會學…………… 169
殺人…………………… 170
移民…………………… 170
問卷…………………… 171
強制…………………… 172
教育社會學…………… 172
深度訪問……………… 172
酗酒…………………… 173
偏差行爲……………… 173
探索性的研究………… 173
訪問法………………… 174
密集居住……………… 174
部落…………………… 175
商業革命……………… 176
產業革命（見「工業革命」）……… 16
掠奪婚………………… 176
現象學派……………… 176
粗增加率（見「人口成長」）……… 3
接續…………………… 176

十二畫

都市…………………… 177
都市化………………… 177
都市更新……………… 178
都市社區……………… 178
都市社區發展………… 178
都市社會學…………… 178
都市狀態……………… 179
都市革命……………… 179
都市計劃……………… 180
都市問題……………… 180
都會地區……………… 181
勞工…………………… 181
勞工爭議……………… 181
勞工保險……………… 181
勞工流動……………… 182
勞工問題……………… 182
勞工運動……………… 182
勞工管理關係………… 182
勞資關係（見「勞工管理關係」）……… 182
階級…………………… 182
階級身分……………… 183
階級結構……………… 183
階級意識……………… 183
階級衝突……………… 183
階級鬪爭……………… 183
集中…………………… 183
集中化………………… 184
集鎮…………………… 184
集體主義……………… 187
集體行爲……………… 187
順從…………………… 188
順應…………………… 188
進化主義（見「進化論」）189
進化論………………… 189
貴族政治……………… 195
貴族政體（見「貴族政治」）……… 195
媒人…………………… 189
智力不足……………… 189
童工…………………… 189
創生社會學…………… 190
結合…………………… 190
場地說………………… 191
最低工資……………… 191
開放工廠……………… 192
量表技術……………… 192
描述性的研究（見「記述性的研究」）…… 149
越軌行爲區（見「犯罪地區」）……… 37
無政府主義…………… 194
單婚制………………… 194
間接團體……………… 195
虛無主義……………… 195
疏隔…………………… 196
就業服務……………… 196
閒暇階級……………… 196
統管學………………… 197
費賓社會主義………… 197
象徵主義……………… 197
循環論………………… 198
極權主義……………… 199

十三畫

鄉市化………………… 199
鄉村人口……………… 199
鄉村化………………… 200
鄉村生活運動………… 201
鄉村社區……………… 201
鄉村社區組織………… 203
鄉村社會學…………… 204
鄉村問題區…………… 205
鄉村都市兩分觀……… 206
鄉村都市連續觀……… 206
鄉村鄰落……………… 207
農民運動……………… 207
農村社區發展………… 209
農村問題……………… 209
農業推廣……………… 209
農業階梯……………… 211
農業勞動……………… 212
經濟決定論…………… 213
經濟的進化論………… 214
經濟社會學…………… 214
經濟流動人口（見「人口組合」）……… 4
新進化論……………… 215
新實證論……………… 215
群婚制………………… 216
群衆…………………… 216
亂倫禁忌……………… 217
亂婚…………………… 217
試婚…………………… 219
試釋（見「觀護」）… 253
感化院………………… 218
資本主義……………… 218
運作論………………… 218
解析性的研究………… 219
傳統主義……………… 219
道德社會學…………… 219
過激主義……………… 220

隔離……………………… 220
催覆法…………………… 220

十四畫
團體工作………………… 221
團體行爲………………… 221
團體協約………………… 221
團體治療………………… 221
團體動力學……………… 222
團體訪問………………… 222
團體整合（見「社會整合」）……………… 112
實用社會學（見「應用社會學」）………… 242
實地調查………………… 223
實際工資………………… 223
實證主義………………… 223
實驗法…………………… 224
精神病…………………… 225
精神病社會工作……… 226
領袖……………………… 226
領導才具………………… 226
種族……………………… 227
種族主義………………… 228
演生的社會學（見「創生社會學）」……… 190
綜合社會學……………… 228
認定……………………… 229
管理社會學……………… 229
構造類型法……………… 229
製圖分析………………… 229

十五畫
複婚制…………………… 225
複婚家庭………………… 225
複雜組織（見「正式團體」）……………… 45
衝突……………………… 230
衝突學說………………… 230
罷工……………………… 231
概化他人………………… 231
模仿……………………… 232
賣淫……………………… 232
數理社會學……………… 232
暴衆……………………… 233
增減傾度………………… 233
閱聽人分析……………… 234

十六畫
歷史法…………………… 234
歷史社會學……………… 235
戰爭……………………… 235
戰爭社會學……………… 236
學校社會工作…………… 236
學徒制度………………… 236
罹病率…………………… 236
擇偶……………………… 237
機械主義社會學……… 238
遺棄……………………… 238
獨裁制…………………… 239
興趣……………………… 239
親屬……………………… 240
整體論…………………… 240

十七畫
聯合家庭………………… 241
聯合組織………………… 241
聯村……………………… 241
應用社會學……………… 242
應用研究………………… 242
幫………………………… 242
幫會（見「幫」）…… 242
壓力團體………………… 243
矯正機關………………… 243
嬰兒死亡率（見「死亡率」）……………… 60
檢查……………………… 243
購買婚…………………… 243
優勢……………………… 244
環境……………………… 244
輿論……………………… 245

十八畫
職務扮演………………… 245
職業分析（見「工作分析」）……………… 15
職業犯…………………… 246
職業社會學……………… 246
職業指導………………… 246
職業流動………………… 246
職業輔導（見「職業指導」）……………… 246
職業團體………………… 247
醫療社會工作………… 247
醫療社會學……………… 247
擴大家庭………………… 248

十九畫
離婚……………………… 249
離婚率…………………… 249
邊際人…………………… 249
邊際團體………………… 250
鏡中之我………………… 250
類比法…………………… 251
關係主義………………… 251
願望……………………… 251

二十畫
競爭……………………… 252

二十二畫
權威主義………………… 252

二十五畫
觀護……………………… 253

Index

A

Absolutism 168
Accommodation 188
Acculturation 116
Agrarian movement 207
Agricultural extension service 209
Agricultural labor 212
Agricultural ladder 211
Alcoholism 173
Alienation 196
Amalgamation 166
Americanization 124
Analogical method 251
Anarchism 194
Anomie 150
Anomy 150
Antagonism 28
Applied research 242
Applied sociology 242
Apprentice system 236
Arbitration 62
Area research 60
Aristocracy 195
Assimilation 53
Association 190
Audience analysis 234
Authoritarian personality 131
Authoritarianism 252
Autocracy 168

B

Basic personality structure 163
Basic research 163
Behavior pattern 61
Bolshevism 52
Boycott 118
Broken home 150
Budgetary studies 131
Bureaucracy 123

C

Cameralism 161
Capitalism 218
Cartographic analysis 229
Case history 141
Case record 141
Case study method 142
Caste 49
Caste society 49
Censorship 243
Centralization 184
Charisma 142
Child labor 189
Child welfare 119
Christian socialism 163
City 177
City planning 180
Class 182
Class conflict 183
Class consciousness 183
Class identification 183
Class structure 183
Class struggle 183
Clique 151
Closed class 121
Closed system 121
Closed-shop 121
Coalition 241
Coersion 172
Collective agreement 221
Collective behavior 187
Collectivism 187
Commensalism 58
Commercial revolution 176
Communism 58
Community 68
Community chest 71
Community development 70
Community organization 70
Community resources 71
Community study method 69
Community survey 71
Compact settlement 174
Companionate marriage 34
Companionship family 33
Comparative method 51
Competition 252
Composite family 166
Compound family 166

Compromise 120
Concentration 183
Concentric-zone theory 54
Conciliation 119
Concubinage 118
Conflict 230
Conflict theory 230
Conformity 188
Conjugal family 36
Consanguine family 62
Consciousness of kind 55
Conservatism 124
Conservatism-radicalism scale 124
Constructive typology 229
Consumers' cooperative society 149
Control analysis 166
Controlled observation 167
Conversion 130
Cooperation 61
Correctional institution 243
Country life movement 201
Courtship 67
Crime 36
Crime rate 37
Criminal behavior 36
Criminal organization 37
Criminal sociology 37
Criminological research 38
Cross-culture study 27
Crowd 216
Cultural determinism 26
Culture case study 27
Cybernetics 197
Cyclical theory 198

D

Dating 129
Decentralization 25
Definition of the situation 168
Delinquency area 37
Democracy 42
Democratic personality 42
Democratic socialism 42
Demographic evolutionism 11
Demography 10
Dependency 120
Depth interview 172
Descriptive studies 149
Desegregation 28
Desertion 238
Deviant behavior 173
Dictatorship 239
Dissociation 119
Division of labour 25
Divorce 249
Divorce rate 249
Domestic system 133
Dominance 244
Drug addiction 64

E

Ecological distance 153
Ecological distribution 151
Ecological mobility 152
Ecological position 152
Ecological process 153
Ecological structure 152
Economic determinism 213
Economic evolutionism 214
Economic sociology 214
Educational sociology 172
Effect analysis 148
Employment service 196
Endogamy 29
Engagement 128
Environment 244
Ethnic group 43
Ethnocentrism 43
Evolutionism 189
Exogamy 49
Experimental method 224
Explanatory study 219
Exploratory study 173
Extended family 248

F

Fabian socialism 197
Factor analysis 61
Factory system 18
Factual questions 119
Fad 143
Familism 134
Family 131
Family accommodation 138
Family allowance 137
Family conflict 139
Family crisis 134
Family disintegration 139

Family disorganization 138
Family institution 136
Family life cycle 133
Family life movement 133
Family reorganization 135
Family role 135
Family size 132
Family tradition 139
Family type 140
Family unity 138
Fascism 114
Fashion 144
Fertility 38
Feudal system 120
Feudalism 120
Field theory 191
Field work 223
Focused interview 122
Folk society 23
Follow-up method 220
Formal group 45
Formal organization 45
Formal sociology 63
Frame of reference 165
Functional group 47
Functionalism 46

G

Gang 242
Gemeinschaft 69
Generalized other 231
Genetic sociology 190
Geographical determinism 59
Gerontology 57
Gradient 233
Group behavior 221
Group dynamics 222
Group interview 222
Group marriage 216
Group therapy 221
Group work 221
Guild socialism 164

H

Hamlet 20
Historical method 234
Historical sociology 235
Homicide 170
Homogamy 54
Horde 146
Household 35
Housing problem 63
Human ecology 12
Human nature 12
Human relations 14
Hypergamy 23
Hypogamy 24

I

Ideal type 169
Identification 229
Imitation 232
Imperialism 129
In-group 29
Incest taboo 217
Individualism 141
Indoor relief 144
Industrial city 17
Industrial relations 17
Industrial revolution 16
Industrial sociology 16
Industrialization 16
Informal interview 114
Interaction 30
Interaction process analysis 31
Interest 239
Internalization 28
Interview method 174
Invasion 124
Isolation 126

J

Job analysis 15
Joint family 241
Juvenile delinquency 35

K

Kinship 240

L

Labor 181
Labor dispute 181
Labor insurance 181
Labor management relation 182
Labor movement 182
Labor problem 182
Labor turnover 182
Laissez-faire policy 117

Leader 226
Leadership 226
Leisure class 196
Level of living 41
Liberalism 56
Life history 41
Life table 40
Line village community 241
Looking-glass self 250

M

Macrosociology 50
Managerial sociology 229
Marginal group 250
Marginal man 249
Marital adjustment 160
Marital disintegration 159
Marital maladjustment 158
Marital prediction 158
Marital success 158
Market research 50
Market town 184
Marriage 156
Marriage broker 189
Marriage by capture 176
Marriage by exchange 62
Marriage by purchase 243
Marriage by service 118
Marriage ritual 159
Marxism 147
Mass communication 19
Mass culture 18
Mass media 19
Mass media analysis 20
Mass movement 19
Mass society 18
Mate selection 237
Mathematical sociology 232
Matriarchy 48
Matrilineal 47
Mechanistic sociology 238
Media of mass communication 19
Medical social work 247
Medical sociology 247
Mental deficiency 189
Mental diseases 225
Mercantilism 122
Metabolism 53
Methodology 35
Metropolitan area 181
Microsociology 21
Middle class 34
Middle range theory 34
Migration 170
Military sociology 128
Minimum wage 191
Mob 233
Monogamy 194
Morbidity 236
Morphologie social 82
Mortality 60
Multi-nuclei theory 62

N

National character 160
Nationalism 162
Natural area 57
Neo-evolutionism 215
Neo-positivism 215
Nihilism 195
Nuclear family 146
Nuptiality 156

O

Occupational group 247
Occupational mobility 246
Old age problem 58
Open shop 192
Operationism 218
Opposition 28
Out-group 49
Outdoor relief 144
Owner and tenure system 22

P

Participant observation 165
Patriarchy 33
Patrilineal 32
Peer group 55
Personal documents 140
Personality 13
Personality disorganization 14
Phenomenological school 176
Physiocrats 122
Picket 119
Plane of living 41
Political sociology 127

Polyandry 1
Polygamous family 225
Polygamy 225
Polygyny 1
Poor house 164
Population composition 4
Population distribution 2
Population growth 3
Population statistics 8
Population theories 6
Positivism 223
Poverty 165
Preindustrial city...................125
Pressure group 243
Primary group 119
Primitive society 146
Probation 253
Problem of adolescent 116
Professional criminals 246
Projective techniques 64
Promiscuity 217
Propaganda 130
Prostitution 232
Psychiatric social work 226
Psychological evolutionism........... 31
Psychological school 31
Public 32
Public assistance 32
Public opinion 245
Public opinion poll 43

Q

Questionnaire 171

R

Race 227
Racism 228
Radicalism 220
Real wage 223
Reference group 165
Reformatory..........................218
Region 154
Regional planning 155
Regional planning survey 155
Regional sociology 155
Regionism 154
Rehabilitation 121
Relationism 251
Religious evolutionism 115
Residence 117
Revisionist socialism 147
Revolution 127
Role 63
Role playing 245
Rural community 201
Rural community development 209
Rural community organization 203
Rural neighborhood 207
Rural population.....................199
Rural problem 209
Rural problem area 205
Rural sociology 204
Rural-urban continuum 206
Rural-urban dichotomy 206
Ruralization 200
Rurbanization 199

S

Sabotage 125
Sacred society 143
Scaling techniques...................192
Scattered settlement 26
School social work 226
Secondary group 195
Sector theory 149
Secularization 126
Secular society 144
Segregation 220
Separation 25
Sex offender 117
Situational sociology 168
Slum 164
Small group.......................... 21
Social action........................ 80
Social action theory 80
Social adjustment 111
Social administration 79
Social aggregate 107
Social attitude 107
Social base maps 99
Social behaviorism 81
Social case work 91
Social category 113
Social change 113
Social climate 91
Social contract 86
Social control 97
Social crisis 81

Social Darwinism 106
Social determinism 83
Social diagnosis 104
Social differentiation 73
Social disintegration 107
Social disorganization 106
Social distance 104
Social distance scale 104
Social engineering 72
Social equilibrium 78
Social evolution 107
Social fact 85
Social force 72
Social group 108
Social insurance 90
Social integration 112
Social interaction 74
Social law 84
Social legislation 77
Social maladjustment 78
Social mobility 92
Social morphology 82
Social movement 105
Social nominalism 92
Social order 90
Social organismic theory 81
Social organization 100
Social orientation 84
Social philosophy 85
Social physics 84
Social planning 98
Social policy 87
Social pressure 112
Social problem 100
Social process 106
Social progress 100
Social psychology 75
Social realism 99
Social reform 83
Social relief 99
Social research 93
Social retrogression 90
Social revolution 86
Social security 79
Social selection 97
Social self 82
Social service 84
Social settlement 73
Social solidarity 108
Social statistics 101
Social stratification 103
Social survey 109
Social telesis 113
Social thought 87
Social welfare 107
Social work 72
Social work research 72
Socialism 77
Socialization 73
Sociocracy 90
Sociological theory 112
Sociology 111
Sociology of arts 124
Sociology of education 172
Sociology of knowledge 120
Sociology of law 114
Sociology of literature...................... 27
Sociology of morals 219
Sociology of occupation 246
Sociology of religion 115
Sociology of science 123
Sociology of the family 136
Sociology of war 236
Sociometry 87
Standard of living 42
State socialism 162
Stem family...................... 52
Strike 231
Suburb 128
Succession 176
Suicide 56
Symbiosis 30
Symbolism......................197
Syndicalism 17
Synthetic sociology......................228
Systematic sociology 66

T

Technological evolutionism 65
Theocracy......................143
Theory of crime...................... 38
Theory of middle range 34
Totalitarianism 199
Trade union 15
Trade unionism 16
Traditionalism......................219
Trial marriage......................219
Tribe 175

U

Unemployment 48
Unemployment insurance 48
Union shop 15
Universalism 240
Urban community 178
Urban community development 178
Urban planning 180
Urban problem 180
Urban renewal 178
Urban revolution 179
Urban sociology 178
Urbanism 179
Urbanization 177
Utilitarianism 46
Utopian social thought.................145
Utopian socialism 144

V

Verstehenden soziologie 169
Vice area 66
Village community 67
Vocational guidance 246

W

War 235
White-collar class 52
Wish 251
Wissensoziologie 120
Working class 14

社會學／龍冠海主編. -- 初版. -- 臺北市：
臺灣商務，1971［民60］
面； 公分. --（雲五社會科學大辭典；
1）
ISBN 957-05-1284-9（普及本平裝）

1. 社會學 - 字典，辭典

540.4 85003659

雲五社會科學大辭典普及本第一冊

社會學

定價新臺幣五〇〇元

名譽總編輯 王雲五
編輯委員會召集人 楊亮功 陳雪屏 羅志淵
本冊主編 龍冠海
出版委員會主任委員 劉季洪
出版者 印刷所 臺灣商務印書館股份有限公司
臺北市重慶南路一段三十七號
電話：（〇二）二三一一六一一八
傳眞：（〇二）二三七一〇二七四
郵政劃撥：〇〇〇〇一六五－一號
出版事業登記證：局版北市業字第九九三號

• 一九七一年十二月初版第一次印刷
• 一九九九年三月初版第十次印刷

ISBN 957-05-1284-9（平裝） 38725012

雲五社會科學大辭典

名譽總編輯：王雲五

出版委員會主任委員：劉季洪

每部十二冊

第一冊　社會學……………………………龍冠海主編

第二冊　統計學……………………………張果爲主編

第三冊　政治學……………………………羅志淵主編

第四冊　國際關係（增訂本）……………張彝鼎主編

第五冊　經濟學……………………………施建生主編

第六冊　法律學……………………………何孝元主編

第七冊　行政學……………………………張金鑑主編

第八冊　教育學……………………………楊亮功主編

第九冊　心理學……………………………陳雪屏主編

第十冊　人類學……………………………芮逸夫主編

第十一冊　地理學…………………………沙學浚主編

第十二冊　歷史學（增訂本）……………方　豪主編

廣　告　回　信
台灣北區郵政管理局登記證
第６５４０號

100臺北市重慶南路一段37號

臺灣商務印書館　收

對摺寄回，謝謝！

傳統現代　並翼而翔

Flying with the wings of tradition and modernity.

讀者回函卡

感謝您對本館的支持，為加強對您的服務，請填妥此卡，免付郵資寄回，可隨時收到本館最新出版訊息，及享受各種優惠。

姓名：______________________　　性別：□男 □女

出生日期：_____年_____月_____日

職業：□學生　□公務（含軍警）　□家管　□服務　□金融　□製造
　　　□資訊　□大眾傳播　□自由業　□農漁牧　□退休　□其他

學歷：□高中以下（含高中）　□大專　□研究所（含以上）

地址：□□□________________________________
　　　____

電話：（H）____________________（O）____________________

購買書名：________________________________

您從何處得知本書？
　　□書店　□報紙廣告　□報紙專欄　□雜誌廣告　□DM廣告
　　□傳單　□親友介紹　□電視廣播　□其他

您對本書的意見？（A/滿意　B/尚可　C/需改進）
　　內容_______　編輯_______　校對_______　翻譯_______
　　封面設計_______　價格_______　其他____________

您的建議：________________________________
　　　　　________________________________
　　　　　________________________________

臺灣商務印書館

台北市重慶南路一段三十七號　電話：（02）23116118・23115538
讀者服務專線：080056196　傳真：（02）23710274
郵撥：0000165-1號　E-mail：cptw@ms12.hinet.net